Beck-Wirtschaftsberater:
Management & Marketing Dictionary, Teil I

GW00722695

Beck-Wirtschaftsberater:
Management & Marketing Dictionary

Teil I: Englisch-Deutsch

Von Prof. Dr. Wilhelm Schäfer

Deutscher
Taschenbuch
Verlag

Februar 1991
Redaktionelle Verantwortung: Verlag C.H. Beck, München
Umschlaggestaltung: Celestino Piatti
Umschlagbild: Birgit Koch
Gesamtherstellung: C.H. Beck'sche Buchdruckerei, Nördlingen
ISBN 3 423 05815 3 (dtv)
ISBN 3 8006 1510 X (C.H. Beck/Vahlen)

Es zeugt von Bildung, nur soviel Genauigkeit zu fordern, wie dem Gegenstand angemessen ist.

It is a hallmark of the truly educated person to demand no greater precision than is congenial to the subject in hand.

Vorwort

Wenn der Markt ruft, sollte der Autor sich nicht zieren! Viele potentielle Benutzer, für die die Großausgabe des „Schäfer" (noch) nicht erschwinglich ist, wünschen sich seit längerem ein handlicheres und preisgünstiges Vademecum. Ihnen wird deshalb in zwei Taschenbuch-Bändchen ein terminologischer Querschnitt aus den verschiedensten Fachgebieten vorgelegt, der nach Meinung des Autors den Kernbedarf für Ausbildung und Praxis abdeckt.

Die Zielgruppe, die Verlag und Verfasser im Auge haben, wird nach den Gesetzen des Marktes darüber befinden, ob das Vorhaben suboptimal konzipiert und durchgeführt wurde. Kein Buch ist indes nach jedermanns Geschmack, und den täglichen Umgang gerade mit Wörterbüchern begleitet unvermeidlich Kritik an „Falschem" und „Fehlendem" (F&F). Es wäre deshalb erfreulich, wenn sich – entgegen den allgemeinen Gepflogenheiten – ein Feedback zwischen Benutzern und Autor entwickeln würde, letzterer also durch Kommentare und Anregungen in die Lage versetzt würde, in Folgeauflagen das F&F-Volumen zu korrigieren.

Wilhelm Schäfer*

* Anschrift: Mörsdorfer Str. 14, D-5449 Buch

Sachgebiete

AuW . . . . Außenwirtschaft
Bö . . . . . Börse
Bw . . . . . Betriebswirtschaft
com. . . . . General Commercial English
EDV . . . . Datenverarbeitung
EG . . . . . Europäische Gemeinschaften
Fin . . . . . Finanzwirtschaft/Banken
IndE . . . . Industrial Engineering
Kart . . . . Kartellrecht
KoR . . . . Kostenrechnung
MaW. . . . Materialwirtschaft
Mk . . . . . Marketing
Pat . . . . . Gewerbliche Schutzrechte
Pw . . . . . Personalwirtschaft
Re . . . . . Recht
ReW . . . . Rechnungswesen
StR . . . . . Steuerrecht
Vers . . . . Versicherung

Benutzerhinweise

1. Eine Besonderheit dieses Wörterbuchs: Alle Stichwörter sind an ihrem Platz im Alphabet zu finden. Das Ausbreiten ausgedehnter Wortfelder wurde gemieden, weil sie den eiligen Benutzer durch ihre Unübersichtlichkeit eher ärgern als unterstützen.

2. Eine Liste mit Abkürzungen wurde wegen des strikten Alphabetisierungsgrundsatzes nicht vorgeschaltet; sie sind im Textkorpus enthalten.

3. Die Zahl der zum Nachschlagen nötigen Abkürzungen hält sich in Grenzen; es sind:

US	US-American
GB	British
m	männlich
f	weiblich
n	sächlich
aF	alte Fassung
cf	vergleiche
eg	zum Beispiel
e-m	einem
e-r	einer
e-s	eines
esp	insbesondere
fml	formal
idR	in der Regel
ie	das heißt
i. e. S.	im engeren Sinne
infml	informell
i. w. S.	im weiteren Sinne
nF	neue Fassung
od	oder
opp	Gegensatz
pl	Mehrzahl
sl	Slang
syn	Synonym
usu	in der Regel

Einige grundsätzliche Bemerkungen

Wie reibungslos ginge es unter Menschen zu, wenn alle, die reden und schreiben, den Grundsatz beherzigten: „Für viele Widersprüche findet man meist eine leichte Lösung, wenn man zeigen kann, daß verschiedene Verfasser die gleichen Worte in verschiedener Bedeutung verwendeten."

Petrus Abaelardus schrieb dies, einer der Großen in Philosophie und Literatur des Hochmittelalters, von dessen verunglückter Romanze mit Héloise die meisten eher gehört haben als von seiner Auseinandersetzung mit Bernhard von Clairvaux. Immerhin: „He founded no lasting school, but he left a lasting spirit." Wer läse dieses Urteil eines modernen Kommentators nicht gern in seinem eigenen Nachruf!

In der Sprache der DIN-Normen liest sich der Grundsatz Abaelards so: Wörter benennen Begriffe. Das Wort gehört der Sprache zu, der Begriff ist (grob gesagt) eine Denkeinheit, und beide beziehen sich, oder sollen sich beziehen, auf die Wirklichkeit, sei sie konkret oder abstrakt.

Auf diesem elementaren Zusammenhang baut dieses Wörterbuch auf. Alle alphabetisierten Wörter, die (wie man sieht) nicht Begriffe sind, bezeichnen je einen Ausschnitt aus den Fachbereichen.

Für viele Zwecke genügen einfache Gleichungen auf der Wortebene. Hierzu gehört zum Beispiel das Abfragen von Vokabeln. Die Schwierigkeit beginnt, wenn Deutsche und Engländer/Amerikaner unter dem jeweiligen Wort sich etwas anderes vorstellen, davon einen anderen Begriff haben. Es kommt notwendig zu Mißverständnissen, wenn man, was in der Praxis die Regel ist, in die Einzelheiten des Faches geht. Die Begriffe, die Vorstellungen von der Sache, stimmen nicht mehr überein; die Begriffe müssen definiert werden.

Lehrbücher auch größeren Umfangs sind über weite Strecken nichts weiter als Begriffsdefinitionen, die in einen systematischen Zusammenhang eingebettet sind. Wer in der Verwendung von Wörtern und Begriffen eines Fachgebiets in zwei Sprachen sattelfest sein wollte, müßte für den Anfang also zwei Standardlehrbücher durcharbeiten. Dies hätte den Nebeneffekt, daß man erführe, in welche allgemeine Sprache, in ihre Logik, Grammatik und Rhetorik, diese Begriffe eingebettet sind.

Das Wörterbuch ist also ein erster, begrenzter Schritt auf diesem Wege. Der künftige Meister seines Fachs wird diesen ganz gehen wollen. Den unzähligen anderen ist das Wörterbuch dienlich zum raschen Nachschlagen von Wortgleichungen. Definitionen als Zusatzinformationen wurden in den großen Ausgaben bisher als sehr nützlich empfunden und hier in zulässigem Umfang angefügt.

A

abandon *v*
(Bw) außer Betrieb nehmen *(ie, retire fixed assets from service)*
(com) nicht annehmen *(eg, damaged consignment = beschädigte Sendung)*
(com) zurückziehen *(eg, bid)*
(com) aufgeben *(eg, business)*

abandonment
(Bw) Außerbetriebnahme *f (ie, retirement of fixed asset from service)*
(com) Nichtannahme *f (ie, e-r Sendung wegen Beschädigung)*
(Pat) Aufgabe *f (ie, of patent right)*

abandonment of patent
(Pat) Patentaufgabe *f (ie, inventor dedicates patent to public use)*

abandonment stage (Bw) Niedergangsphase *f (ie, in a product life cycle, qv)*

abate *v*
(com) herabsetzen
– ermäßigen
– erlassen
– nachlassen *(eg, prices, taxes)*

abatement
(com) Herabsetzung *f (eg, reduction of purchase price)*

abbreviate *v* (com) kürzen, abkürzen, verkürzen

ABC inventory control system
(MaW) Lagerhaltung *f* nach ABC-Klassifikation
(syn, selective inventory control, split inventory method, usage value analysis)

Abfallberater *m* (com) waste disposal consultant

abide by *v* (com) einhalten, sich halten an *(eg, decision, rules, verdict)*

ability
(com) Fähigkeit *f*
(Pw) Befähigung *f (syn, aptitude, capacity, qualification)*

ability to pay
(Fin) Zahlungsfähigkeit *f*, Solvenz *f*

ability to work (Pw) Arbeitsfähigkeit *f*, Erwerbsfähigkeit *f*

able to work (com) arbeitsfähig, erwerbsfähig

abolish *v*
(com) aufheben, abbauen *(eg, taxes, tariffs, customs duties)*

abolition (com) Aufhebung *f*, Abschaffung *f*

abolition of jobs
(Pw) Vernichtung *f* von Arbeitsplätzen
(eg, through technological advances, rationalization measures; syn, job destruction)

abort *v*
(com) scheitern lassen *(eg, plan, project)*

abortive takeover bid (com) erfolgloses Übernahmeangebot *n*

abound in *v*
(com) voll sein von, reichlich vorhanden sein, wimmeln von *(eg, opportunities, difficulties)*

above-the-line-promotion (Mk) Verkaufsförderung *f* durch normale Werbemaßnahmen

abridge *v* (com) kürzen *(eg, abridged version = Kurzfassung)*

absence due to illness (Pw) krankheitsbedingtes Fehlen *n*

absence of quorum (com) Beschlußunfähigkeit *f*

absence rate (Pw) Fehlzeitenquote *f (syn, absentee incidence, incidence of absence, rate of absenteeism)*

absence time (Pw) Abwesenheitszeit *f*

absenteeism
(Pw) Absentismus *m (ie, jedes entschuldigte und unentschuldigte Fernbleiben)*
(Pw) = absence rate

1

absent oneself from v (com, fml) fernbleiben *(eg, meeting; syn, stay
away from)*
absolute guaranty
(Re, US) selbstschuldnerische
Bürgschaft f
*(ie, guarantor (Bürge) has primary
liability; no defense of ‚beneficium
discussionis' = ohne Einrede der
Vorausklage; he pays when the
principal debtor does not; syn,
guaranty of payment; GB, absolute ... guarantee/suretyship; opp,
guaranty of collection = Ausfall-
bürgschaft)*
absolute liability
(Re) Gefährdungshaftung f *(syn,
strict liability, qv)*
absolute presumption
(Re) unwiderlegliche Vermutung f
*(syn, irrebuttable/irrefutable ...
presumption; opp, disputable/in-
conclusive/rebuttable ... presumption)*
absorb v
(com) absorbieren, aufnehmen
(com) übernehmen, tragen *(eg,
cost, losses)*
absorbing company
(com) übernehmende Gesellschaft f
*(ie, in a merger operation; syn, ac-
quiring company, qv)*
absorption
(com) Übernahme f *(eg, cost,
freight)*
(Bw) Übernahme f e–s Unternehmens
*(ie, a small company merges with a
large one; syn, amalgamation)*
absorption point
(Mk) Sättigungspunkt m, Sätti-
gungsgrenze f
abstain from voting v (com) e–r Abstimmung fernbleiben, s–e Stimme
nicht abgeben
abstentions (com) Stimmenthal-
tungen *fpl*
abuse of market power (Kart) Mißbrauch m von Marktmacht

accede to v
(com, fml) stattgeben *(eg, request,
application; syn, grant)*
(com) beitreten *(eg, the EC; syn,
join)*
accelerated depreciation
(ReW) beschleunigte (Sonder-)
Abschreibung f
accelerator
(com) Terminjäger m *(syn,
expediter, progress chaser)*
(MaW) Leiter m des Wareneingangs *(syn, traffic manager)*
accept v
(com) akzeptieren, hinnehmen
(com) annehmen, in Empfang
nehmen
(com) abnehmen *(ie, goods, merchandise; syn, take delivery)*
(com) abnehmen
– annehmen
– nicht verwerfen *(opp, reject)*
accept a bid v (com) Auftrag m vergeben, Zuschlag m erteilen *(syn,
accept a tender, award/let out ... a
contract)*
acceptability of risks (Bw) Tragbar-
keit f von Risiken
acceptable criterion (com) brauchba-
res Kriterium n
acceptable price (com) annehmbarer
Preis m *(syn, reasonable price)*
acceptable quality (com) annehmbare
Qualität f *(ie, fit for a particular
purpose)*
acceptance
(com) Zuschlag m *(ie, of bid or
tender; syn, award of contract)*
(Fin) Akzept n, akzeptierter
Wechsel m
*(ie, two kinds: trade acceptance and
bankers acceptance)*
(Fin) Handelswechsel m *(syn,
trade/commercial ... bill)*
acceptance certificate
(com) Abnahmezeugnis n
– Abnahmebescheinigung f
– Abnahmeprotokoll n
*(syn, test certificate, inspection re-
port, test report)*

acceptance criteria (com) Abnahme-
normen *fpl (ie, standards for
judging...)*

acceptance inspection (IndE) Abnahmeprüfung *f*, Abnahmekontrolle *f*
*(ie, in statistical quality control;
syn, acceptance testing)*

acceptance of bid (com) Zuschlag *m*,
Auftragsvergabe *f (ie, im Submissionsverfahren; syn, acceptance of
tender, bid award, award of contract)*

acceptance of order (com) Auftragsbestätigung *f*, Bestellungsan-
nahme *f*

acceptance of proposal (com) An-
tragsannahme *f (eg, agreement to
give insurance cover against payment of premium)*

acceptance of tender (com) = acceptance of bid

acceptance standards (IndE) Abnah-
mevorschriften *fpl (syn, quality
specifications)*

acceptance test
(Bw) Eignungstest *m*
*(ie, made in the early phase of a
project to make sure that finished
product fits the appointed purpose)*
(Mk) Markttest *m (syn, pretest,
product placement test)*
(IndE) Abnahmeprüfung *f*
*(ie, made by customer to determine
conformance of product to design
specifications; syn, specification
test; opp, inspection test)*

accept an order *v* (com) Auftrag *m*
hereinnehmen od annehmen

accepted lot (com) angenommene
Lieferung *f*

access (com) Zugang *m*, Zutritt *m*

access *v*
(EDV) zugreifen (auf) *(eg, file, option)*
– aufrufen

access authority (EDV) Zugriffsbe-
rechtigung *f (syn, access right)*

accession
(Pw) Einstellung *f*, Wiedereinstellung *f*

accessory advertising
(Mk) Ergänzungswerbung *f*,
Randwerbung *f*
– begleitende
– flankierende
– unterstützende ... Werbung *f*

accommodate *v*
(com) entgegenkommen

accommodate demand *v* (com) Nachfrage *f* befriedigen *(syn, meet,
satisfy)*

accommodating
(com) entgegenkommend, kulant

accommodation
(com) Entgegenkommen *n*
(com) Unterbringung *f (eg, hotel
accommodation)*
(Fin) kurzfristiges (ungesichertes)
Darlehen *n*
(Fin, US) Überbrückungskredit *m*
*(ie, granted when application of
credit is made to a bank; arranged
by means of the line of credit)*

accommodation address (com, GB)
Nachsendeadresse *f (syn, US, temporary mailing address)*

**accommodation of conflicting inter-
ests** (com) Interessenausgleich *m*

accommodation purchase (Mk) Vor-
zugskauf *m*

accompanying document
(com) Begleitpapier *n*
(com) Warenbegleitschein *m*

accompanying letter (com) Begleitschreiben *n*
*(syn, covering letter, letter of trans-
mittal)*

accomplishment of goals (Bw) Zielrealisierung *f (syn, achievement of
objectives)*

accord with *v* (com, fml) übereinstimmen mit *(eg, data, records;
syn, be in agreement, correspond to
/with)*

account
(com) Konto *n*
(com) Rechnung *f*
(com) Kunde *m*
(Fin) Bankkonto *n (syn, bank account)*

(Fin) Forderung *f (cf, UCC Sec 9)*

(Fin) Debitorenauszug *m*

(Mk) Kundenetat *m*, Etatkunde *m*

accountability (Bw) Rechenschaftspflicht *f*, Verantwortlichkeit *f*

accountable

(com) rechenschaftspflichtig

accountancy

(ReW) Rechnungswesen *n*

(ReW) Theorie *f* und Praxis *f* des Rechnungswesens

account classification

(Mk) Einstufung *f* von Kunden

account development (com) Kundenakquisition

account executive

(Mk) Kontakter *m*

– Kontaktmann *m*

– Sachbearbeiter *m* e-s Werbetats *(syn, account... manager/ supervisor)*

account for *v*

(com) erklären *(eg, position; syn, explain)*

(com) nachweisen *(eg, expenses, deficit; syn, give record of)*

accounting

(ReW) Rechnungswesen *n (ie, external and internal)*

(ReW) Buchführung *f (syn, bookkeeping)*

(ReW) Rechnungslegung *f*, Abrechnung *f*

Accounting Directives Law (ReW) Bilanzrichtliniengesetz *n*

accounting entity

(Bw) Wirtschaftseinheit *f* mit eigenem Rechnungswesen

accounting price (Bw) Schattenpreis *m (syn, shadow price, qv)*

accounting principles

(ReW) Bilanzierungsgrundsätze *mpl (ie, certain generalizations of accepted practices affecting financial statements)*

(ReW) Buchführungsrichtlinien *fpl*

accounting procedure (ReW) Methoden *fpl* der Rechnungslegung

accounting standards

(ReW) Grundsätze *mpl* des Rechnungswesens

– Bilanzierungsrichtlinien *fpl*

account management

(Mk) Großkundensteuerung *f*

account manager (com) Kundenbetreuer *m*

account of charges (com) Gebührenaufstellung *f*

account of sales (com) Verkaufsabrechnung *f*

(ie, of consignee, broker, or other commission merchant)

account planning (Mk) Medienplanung *f*, Werbeplanung *f (syn, advertising/media ... planning)*

account representative (com) Kundenberater *m*

accounts

(ReW) Bücher *npl*, Geschäftsbücher *npl*

(syn, books of account)

(ReW, GB) Abschluß *m*

(ReW, US) Forderungen *fpl*

(com) Kunden *mpl*

account sales (ReW) Zwischen- od Schlußabrechnung *f* e-s Kommissionärs

account supervisor (Mk) = account executive

accredited dealer (com) zugelassener Händler *m*

accretion (com) Wertzuwachs *m*

accumulation

(Fin) Aufzinsung *f (ie, act of compounding; opp, discounting)*

(Fin) Zuwachs *m (eg, interest, amortized discount = getilgtes Disagio)*

achieved penetration (Mk) Grad *m* der erreichten Marktdurchdringung *(ie, Verhältnis vorhandener zu potentiellen Kunden)*

achievement (com) Leistung *f*

achievement motivation (Pw) Leistungsmotivation *f*

achievement of objectives

(Bw) Zielerreichung *f*, Zielrealisierung *f*

(syn, accomplishment of goals)

achievement oriented (com) leistungsorientiert

achievement-oriented society (com) Leistungsgesellschaft *f*

achievement potential *n* (Pw) Leistungspotential *n (syn, performance potential, qv)*

achievement principle (com) Leistungsprinzip *n*

acknowledge *v*
(com) anerkennen
(com) bestätigen *(eg, receipt of letter)*

acknowledgment of order
(com) Auftragsbestätigung *f (ie, sent by seller to customer; cf, confirmation of order)*

acknowledgment of receipt (com) Empfangsbestätigung *f*, Eingangsanzeige *f*

acquire *v* (com) erwerben, anschaffen

acquire an equity investment *v* (com) Beteiligung *f* erwerben *(eg, in a foreign corporation)*

acquire an interest in *v*
(com) sich beteiligen an, Beteiligung *f* erwerben an *(syn, take an equity stake in)*

acquire by purchase *v* (com) käuflich erwerben

acquired company (com) übernommene Gesellschaft *f (syn, purchased/transferor... company; opp, acquiring company)*

acquired goodwill (Bw) derivativer Firmenwert *m (eg, § 266 II HGB; opp, self-generated goodwill = originärer Firmenwert)*

acquired rights (com) wohlerworbene Rechte *npl*, Besitzstand *m (syn, vested rights)*

acquire property *v* (com) Besitz *m* od Eigentum *n* erwerben

acquiring company
(com) übernehmende Gesellschaft *f*
– erwerbende Gesellschaft *f (ie, in an M&A transaction; syn, purchasing/absorbing/transferee...*

company; opp, acquired company)

acquiror (com) Erwerber *m*

acquisition
(com) Erwerb *m*, Anschaffung *f (opp, disposal)*
(com) Übernahme *f* e-s Unternehmens *(cf, acquisition of assets)*
(com) Akquisition *f*
(Mk, Vers) Akquisition *f*

acquisition agreement
(com) Übernahmevertrag *m*, Akquistionsvertrag *m (syn, takeover agreement)*
(com) Unternehmenskaufvertrag *m*

acquisition cost
(ReW) Anschaffungskosten *pl*

acquisition criteria (com) Übernahmekriterien *npl*

acquisition of assets
(com) Kauf *m* von Wirtschaftsgütern *(syn, purchase of assets)*
(com) Übernahme *f* e-s Unternehmens
(ie, form of merger in which the acquiring company purchases most or all of the assets of the company being acquired; geht über Beteiligungserwerb – purchase of shares – hinaus; cf, Clayton Act of 1914, Sec 7, and Celler Kefauver Antimerger Amendments of 1950)

acquisition of stock (com) Beteiligungserwerb *m (cf, acquisition of assets)*

acquisition strategy
(com) Aquisitions-Strategie *f*
– Übernahmestrategie *f*

across (com) horizontal

across the board
(com) allgemein
– linear
– pauschal

across-the-board cut (com) Globalkürzung *f*

across-the-board increase (com) allgemeine Erhöhung *f (eg, prices, taxes, wages)*

act as a chairman *v* (com) Vorsitz *m* führen *(syn, chair, qv)*

act as principal and agent v (Re) selbstkontrahieren

act for v
(com) vertreten, handeln für *(syn, act in place of, deputize for, substitute for)*

act in concert v (com) zusammenarbeiten *(syn, work together, qv)*

acting
(com) geschäftsführend
(com) stellvertretend

acting as general coordinator (com) federführend *(syn, leading, taking the lead)*

acting partner
(com) geschäftsführender Gesellschafter m
– tätiger Teilhaber m
(Auch:)
– im Außenverhältnis tätiger Gesellschafter m
– an der Leitung beteiligter Gesellschafter m
(syn, active/managing . . . partner; GB, working partner)

act in place of v (com) vertreten, handeln für *(syn, act for, qv)*

action
(Re) Klage f
(ie, in a civil court; of two types: ex contractu, arising out of contract; and ex delicto, arising out of tort; syn, lawsuit, legal proceedings, suit; cf, UCC Sec 1–201 (1))

action alternative (Bw) Handlungsalternative f *(ie, alternative course of action)*

action planning (Mk) Maßnahmeplanung f *(ie, to promote sales)*

action program (Bw) Handlungsprogramm n

action research (Bw) anwendungsbezogene Forschung f *(ie, application of scientific methods to practical problems)*

activation research (Mk) Kaufentschlußanalyse f

active backlog of orders (com) unerledigte Aufträge *mpl*

active market (com) lebhafter Markt m

active partner (com) = acting partner

activity
(Bw) Tätigkeit f
– Aktivität f
(ie, in Teilbereichen e–s Unternehmens)
(Bw) Organisation f
– Arbeitseinheit f
– Dienststelle f

activity head (Bw) Stellenleiter m

act jointly v (com) zusammenarbeiten *(syn, work together)*

act of God (Re) höhere Gewalt f
(ie, assumed to exist where the non-performance of an obligation could not have been avoided, even by the exercise of the highest degree of care; syn, force majeure)

actor (Bw) Handlungseinheit f, Aktor m *(eg, household, company; syn, operating unit)*

actual amount
(com) Istbetrag m *(ie, of outlay or expenditure)*

actual attainment (Bw) Istleistung f

actual carrier (com) technischer Frachtführer m

actual cash value (com) angemessener Marktpreis m
(ie, reasonable cash price obtained on the open market; syn, fair market value)

actual delivery time (com) effektive Lieferzeit f

actual life (Bw) tatsächliche Nutzungsdauer f

actual output (Bw) Ist-Leistung f *(syn, turn-out; opp, estimate)*

actual receipts (com) Ist-Einnahmen *fpl*

ad
(Mk, infml) = advertisement
(Mk) Werbung f *(eg, ad director)*

ad agent
(Mk) Anzeigenvertreter m
(Mk) Anzeigenagentur f

adapt v (com) anpassen

adapt oneself to *v* (com) sich anpassen an

ad budget (Mk) Werbebudget *n*, Werbeetat *m*

ad column (Mk) = advertisement column

add *v* (com) addieren, aufsummieren

ad director (Mk) Werbeleiter *m (syn, advertising manager)*

additional cargo (com) Beiladung *f (syn, extra cargo)*

additional cost (KoR) Zusatzkosten *pl (syn, extra cost)*

additions to plant and equipment (Bw) (Sach-)Anlagenzugänge *mpl*

addition to capacity (Bw) Kapazitätserweiterung *f (ie, expansion, purchase, and construction of plants; syn, increase in capacity, expansion of plant facilities)*

add on *v* (com) hinzufügen, hinzurechnen *(syn, include)*

add-on contract (Mk) Erweiterung *f* e–s Teilzahlungsvertrages *(ie, through additional purchases)*

add one's name to *v* (com) unterschreiben *(eg, document, contract)*

add-on product (com) Ergänzungsprodukt *n*

add-on sale (com) Anschlußauftrag *m (ie, made to a customer satisfied on earlier occasions)*

addressee (com) Adressat *m*, Empfänger *m (ie, of letters, parcels; syn, receiver, recipient)*

address label (com) Adressen-Aufkleber *m*

address oneself to *v*
(com, fml) sich zuwenden
– behandeln
– aufgreifen *(eg, problem, matter in hand, urgent task)*

add to one's nest egg *v* (com, infml) zusätzlich sparen, auf die hohe Kante legen

add workers *v* (Pw) = hire employees

adequate care (com) hinreichende Sorgfalt *f*

adequately funded (Fin) ausreichend finanziert

adhere to *v* (com, fml) festhalten an *(eg, offer, proposal, idea)*

adhesion contract
(Re) Knebelungsvertrag *m*, diktierter Vertrag *m (ie, weaker party has no realistic alternative; syn, oppressive contract)*

adhesive label (com) Aufklebezettel *m*, Aufkleber *m*

adhesive strip (com) Klebestreifen *m*

ad hoc decision (Bw) situative Entscheidung *f*, ad hoc-Entscheidung *f*

adhocracy (Bw) flexible Organisationsform *f (ie, mit e–m Minimum an hierarchischer Struktur)*

ad industry (Mk) Werbeindustrie *f*

ad insert (Mk) Anzeigenbeilage *f*

adjourn *v* (com) vertagen *(ie, for/till/until; eg, meeting, conference, trial)*

adjourn indefinitely *v* (com) auf unbestimmte Zeit vertagen

adjournment (com) Vertagung *f*

adjournment sine die (Re) Vertagung *f* auf unbestimmte Zeit

adjourn to *v* (com) sich begeben *(eg, to another place where business may be resumed)*

adjust *v* (com) anpassen

adjust an account *v* (ReW) Konto *n* glattstellen *(syn, settle, square)*

adjusted for inflation (ReW) inflationsbereinigt

adjusted for working-day variations (com) kalenderbereinigt

adjusted gross sales (com) berichtigter Bruttoauftragseingang *m*

adjusted selling price, ASP (Mk) berichtigter Verkaufspreis *m (ie, selling price minus expected profit and selling expense)*

adjustment of aspiration level (Mk) Anspruchsanpassung *f*

adjustment of claims (com) Anspruchsregulierung *f*

(ie, if goods are lost or damaged during transportation)

adjust oneself to *v* (com) sich umstellen auf *(eg, situation, condition)*

adjust seasonally *v* (Stat) saisonal bereinigen

adman (Mk) Werbefachmann *m*, Werbeagent *m (syn, advertising man)*

admass

(Mk) rücksichtslose Medien-Werbung *f*

(Mk, GB, sl) Werbevieh *n*, TV-Proletariat *n*

(ie, the gullible section of the public easily influenced by ads and other presentations; syn, mass media public)

administration

(com) Leitung *f*, Führung *f*, Verwaltung *f*

administration of inventory (MaW) Lagerwirtschaft *f (syn, inventory and materials management)*

administrative accounting (ReW) Finanzbuchhaltung *f*, Geschäftsbuchhaltung *f (syn, financial accounting, qv)*

administrative action (Bw) routinemäßige Entscheidungen *fpl* und Maßnahmen *fpl* der Unternehmensleitung *(opp, corporate action)*

administrative expense

(Bw) Verwaltungskosten *pl*

(KoR) Verwaltungsgemeinkosten *pl*

(ie, usually classed as general and administrative expense)

administrative expense budget (Bw) Verwaltungskosten-Budget *n*

administrative fee (com) Verwaltungsgebühr *f*

administrative machinery (Bw) Verwaltungsapparat *m*

administrative management (Bw) oberste Unternehmensleitung *f (syn, general/top ... management)*

administrative overhead (KoR) Verwaltungsgemeinkosten *pl*

administrator

(com) Verwaltungsfachmann *m*

– Verwaltungsleiter *m*

– Geschäftsführer *m*

– Behördenleiter *m*

admission

(com) Eintritt *m (ie, the ordinary word; cf, admittance, which is more formal)*

(com) Eintrittsgeld *(eg, admission is £ 5)*

(com) Aufnahme *f*

(com) Zulassung *f (ie, formal acceptance)*

admit *v*

(com) eingestehen, zugeben

(com) aufnehmen *(eg, admitted to hospital)*

admit of *v* (com, fml) zulassen *(eg, solution, interpretation, no contradiction)*

admit to *v* (com, fml) zugeben *(ie, being, doing; eg, being on the wrong side of 40)*

adopt a resolution *v* (com) beschließen, Beschluß *m* fassen, Entschließung *f* annehmen *(syn, pass a resolution)*

adopter (Mk) Werbeerfüller *m (ie, purchaser)*

adrate (Mk) Anzeigenpreis *m*, Anzeigentarif *m (syn, advertising rate)*

ad slogan (Mk) Werbeslogan *m*

ad spending (Mk) Werbeaufwand *m*

advance

(com) Preisanstieg *m (ie, price increase)*

(com) Vorauszahlung *f (ie, against future delivery)*

advance *v*

(com) anheben, erhöhen, heraufsetzen *(syn, increase)*

(com) steigen *(syn, rise)*

(Fin) vorauszahlen, Vorauszahlung *f* leisten

(Fin) Kredit *m* gewähren

(Pw) befördern *(syn, promote)*

advance arrangements (com) Vorausdispositionen *fpl*

advance booking (com) Vorbestellung *f*

advance clearance (Kart) Negativattest *n*

advanced manufacturing technology, AMT (com) moderne Fertigungstechnologie *f*

advanced ratio (Bw) sekundäre Kennziffer *f (syn, GB, supporting ratio)*

advanced technology (com) Spitzentechnologie *f (syn, high technology, qv)*

advance feedback (com, infml) Vorausinformation *f (ie, information obtained in advance)*

advance financing (Fin) Vorfinanzierung *f (syn, preliminary financing)*

advance guaranty (com) Anzahlungsgarantie *f (syn, advance payment bond, qv)*

advance notice (com) Voranzeige *f*

advance order (com) Vorausbestellung *f*

adventure (com) spekulatives Warengeschäft *n* (Bw) = joint venture

adverse health effects (com) gesundheitsschädigende Wirkungen *fpl*

advertise *v* (com) öffentlich bekanntmachen (com) werben, Werbung *f* treiben (com) Anzeige *f* aufgeben – inserieren – annoncieren

advertised article (Mk) beworbener Artikel *m*

advertised bidding (com) öffentliche Ausschreibung *f (syn, public invitation to bid)*

advertised price (Mk) angekündigter Bezugspreis *m*

advertised special (Mk) Werbesonderangebot *n*

advertise for *v* (com) durch Inserat suchen *(eg, programmer, secretary)*

advertise for bids *v* (com) ausschreiben *(syn, invite tenders, put out/up for tender)*

advertisement (Mk) Anzeige *f* – Inserat *n* – Annonce *f (syn, infml, ad; GB, ádvert)*

advertisement analysis (Mk) Werbemittelanalyse *f*

advertisement canvasser (Mk) Anzeigenakquisiteur *m*

advertisement column (Mk) Anzeigenspalte *f (syn, ad column)*

advertisement order (Mk) Anzeigenauftrag *m*

advertisement positioning (Mk) Anzeigenplazierungen *f*

advertisement rate (Mk) = advertising rate

advertisement rating (Mk) Wirksamkeitskontrolle *f* von Anzeigen

advertisement representative (Mk) Annoncenexpedition *f*

advertiser (Mk) Inserent *m*, Anzeigenkunde *m* (Mk) Werbeagentur *f (syn, advertising agency)*

advertising (Mk) Werbung *f*, Reklame *f*

advertising account (Mk) Kundenetat *m*, Etatkunde *m (syn, account, qv)*

advertising agency (Mk) Werbeagentur *f*

advertising allowance (Mk) Werbenachlaß *m (ie, reduction of price to sellers to encourage local advertising)*

advertising analysis (Mk) Werbeanalyse *f*

advertising appropriation (Mk) Bewilligung *f* des Werbeetats (Mk) Werbeetat *m*

advertising art (Mk) Gebrauchsgrafik *f*

advertising audience (Mk) Werbepublikum n

advertising base price (Mk) Anzeigengrundpreis m *(syn, open price)*

advertising brochure (Mk) Werbebroschüre f

advertising budget (Mk) Werbebudget n, Werbeetat m

advertising budgeting (Mk) Planung f des Werbebudgets

advertising campaign (Mk) Werbefeldzug m, Werbekampagne f

advertising canvasser (Mk) Werbeakquisiteur m

advertising circular (Mk) Werberundschreiben n

advertising consultant (Mk) (freiberuflicher) Werbeberater m *(syn, advertising counselor)*

advertising contract (Mk) Anzeigenvertrag m

advertising copy (Mk) Anzeigentext m

advertising costs
(Mk) Werbekosten pl *(ie, not ‚Werbungskosten‘ which is a German income tax term)*
(Mk) Anzeigenkosten pl *(syn, space costs)*

advertising counselor (Mk) = advertising consultant

advertising customer (Mk) Anzeigenkunde m

advertising department (Mk) Werbeabteilung f

advertising drive (Mk) = advertising campaign

advertising effect (Mk) Werbewirkung f

advertising effectiveness (Mk) Werbeerfolg m

advertising efforts (Mk) Werbemaßnahmen fpl

advertising expense
(com) Werbeaufwand m
– Werbeaufwendungen mpl
– Werbekosten pl

advertising gift (Mk) Werbegeschenk n

advertising industry (Mk) Werbewirtschaft f, Werbebranche f

advertising insert (Mk) Anzeigenbeilage f *(syn, advertising supplement)*

advertising journal (Mk) Anzeigenblatt n

advertising letter (com) Werbebrief m

advertising mail (com) Werbesendungen fpl

advertising man (Mk) Werbefachmann m

advertising manager (Mk) Werbeleiter m *(syn, ad director)*

advertising material (Mk) Werbematerial n

advertising matter (Mk) Werbedrucksache f

advertising medium (Mk) Werbemittel n, Werbeträger m

advertising message (Mk) Werbebotschaft f

advertising mix (Mk) Werbemix m

advertising office (Mk) Anzeigenannahme f

advertising order (Mk) Anzeigenauftrag m *(syn, space order)*

advertising pillar (Mk) Litfaßsäule f *(syn, advertising post)*

advertising planning (Mk) Werbeplanung f *(syn, account/media... planning)*

advertising post (Mk) = advertising pillar

advertising price (Mk) Einführungspreis m, Werbepreis m *(syn, introductory/get-acquainted... price)*

advertising psychology (Mk) Werbepsychologie f

advertising rate
(Mk) Werbetarif m
(Mk) Anzeigenkosten pl, Anzeigentarif m

advertising rate list
(Mk) Werbetarifliste f
(Mk) Anzeigenpreisliste f

advertising representative
(Mk) Anzeigenvertreter m
(Mk) Anzeigenagentur f

advertising research (Mk) Werbeforschung *f*

advertising return (Mk) Werberendite *f*

advertising revenue (Mk) Werbeeinnahmen *fpl*

advertising sales agency
(Mk) Anzeigenvertreter *m*, Anzeigenakquisiteur *m*
(Mk) Anzeigenagentur *f*

advertising salesman (Mk) Werbevertreter *m*, Anzeigenvertreter *m*

advertising sample (Mk) Werbemuster *n*

advertising slang (Mk) Werbeslang *m*

advertising slogan (Mk) Werbeslogan *m*

advertising space
(Mk) Reklamefläche *f*, Werbefläche *f*
(Mk) Anzeigenraum *m*

advertising space buyer
(Mk) Inserent *m*
(Mk) Anzeigenexpedition *f*

advertising specialist
(Mk) Werbefachmann *m (syn, advertising man, adman)*

advertising specialty
(Mk) Werbegeschenk *n*
(ie, low cost item with logo of seller on it: pens, pocket calculators, etc)

advertising spot (Mk) Werbespot *m*

advertising stunt (Mk) Werbegag *m*

advertising substantiation
(Mk) Nachweis *m* behaupteter Produkteigenschaften

advertising supplement
(Mk) Werbebeilage *f (syn, infml, stuffer)*

advertising TV (Mk) Werbefernsehen *n*

advice note
(com) Versandanzeige *f*
(syn, delivery/dispatch/shipping... note, forwarding advice, letter of advice)
(Fin) Gutschriftsanzeige *f*

advice of dispatch (com) Versandanzeige *f (ie, in foreign trade; sent from exporter to buyer)*

advice of receipt
(com, GB) Rückschein *m (syn, return receipt)*

advices (com) Lagebericht *m*
(ie, of agent to principal on general trading conditions)

advise *v* (com) mitteilen, benachrichtigen *(syn, inform, give notice, notify)*

advise on *v* (com) beraten über

adviser (com) Berater *m (syn, consultant, counselor)*

advisory activity (com) Beratungstätigkeit *f (syn, consulting activity)*

advisory body (com) beratendes Gremium *n*

advisory capacity (com) = advisory function

advisory contract
(com) Beratungsvertrag *m*
– Beratervertrag *m (syn, consultancy agreement)*

advisory council (com) Beirat *m*

advisory department (Bw) beratende Abteilung *f*

advisory function (com) beratende Funktion *f (syn, advisory capacity)*

advisory opinion (com) Gutachten *n*, gutachterliche Stellungnahme *f (syn, expert opinion)*

advocacy group (com) Interessengruppe *f*

aero engine maker (com) Flugmotoren-Hersteller *m (syn, aircraft engine maker)*

aerospace company (com) Luft- und Raumfahrtunternehmen *n*

aerospace group
(com) Luft- und Raumfahrt-Konzern *m (eg, Messerschmitt-Bölkow-Blohm in Germany)*
(com) Luft- und Raumfahrt-Gruppe *f*
(eg, comprising McDonnel Douglas, General Electric, Rolls Royce, MTU, Snecma, Aeritalia)

aerospace industry (com) Luft- und Raumfahrtindustrie *f*

aerospace transportation (com) Raumtransport *m*

affiliate (com) = affiliated company

affiliated company
  (com) angeschlossenes
  – angegliedertes
  – verbundenes ... Unternehmen *n*
  (ie, durch Beteiligung od Unternehmensvertrag; direct or indirect ownership of 5% or more of voting stock; under the U. S. Bankruptcy Code this is 20% or more; syn, affiliate, associated company)
  (com) Konzernunternehmen *n*
  (com) Zweigorganisation *f*

affiliated group
  (com, US) Konzern *m*
  (ie, the parent owns 80% of the stock of the controlled corporation; IRC § 1504 (a); entitled to file a consolidated federal income tax return; syn, group, group of affiliated companies)

affiliated to (com) angegliedert, angeschlossen, verbunden mit

affiliate to *v* (com) angliedern an

affiliation (com) Angliederung *f*

affirm *v* (com) bestätigen

affirmative disclosure
  (Kart, US) Offenlegung *f* negativer Eigenschaften beworbener Produkte und Dienstleistungen
  (ie, remedy of the Federal Trade Commission on deceptive advertising cases)

after-installation service (com) technischer Kundendienst *m*

after market
  (Mk) Anschlußmarkt *m (ie, for replacements; eg, the automotive aftermarket)*

after-sales service (com) Kundendienst *m (syn, customer service, qv)*

after-tax profit (Fin) Gewinn *m* nach Steuern *(syn, post-tax income, earnings after taxes)*

age
  (Bw) bisherige Nutzungsdauer *f* e–s Anlagegutes

age distribution
  (Bw) Altersverteilung *f (ie, of fixed assets)*

agency
  (com) Vertretung *f (syn, representation)*
  (com) Sitz *m* e–r Vertretung
  (Bw) Instanz *f*
  (Re) Vertretung *f*, Vertretungsverhältnis *n (ie, legal relationship between principal and agent; cf, § 164 BGB)*

agency agreement
  (Re) Vertretungsvertrag *m*
  (Mk) Vertrag *m* zwischen Kunde und Werbeagentur

agency fee
  (com) Vertreterprovision *f (syn, agent's commission)*

agenda (com) Tagesordnung *f (syn, order of the day, business to be transacted)*

agenda paper (com) Tagesordnung *f*, Liste *f* der Tagesordnungspunkte

agent
  (com) Vertreter *m*, Handelsvertreter *m*
  (com) Eigenhändler *m (ie, im eigenen Namen und auf eigene Rechnung)*
  (com) Beauftragter *m*, Bevollmächtigter *m*
  (Re) Stellvertreter *m (ie, jede Person, die der ‚principal‘ beauftragt, um s–e Rechtsverhältnisse zu gestalten; der Begriff nach § 164 BGB ist enger)*

agent abroad (com) Auslandsvertreter *m (syn, foreign representative)*

agent middleman
  (com) Oberbegriff, faßt Vertreter, Makler und Kommisssionäre zusammen
  (com) Handelsmakler *m (eg, broker, commission merchant, manufacturer's agent, selling agent, resident buyer)*

age profile (Mk) Altersprofil *n (ie, of a product)*

agglomeration area (Bw) Ballungsgebiet *n (ie, area of industrial concentration)*

aggravate *v* (com) verschärfen *(syn, exacerbate; infml, hot up)*

aggravating circumstances (com) erschwerende Umstände *mpl (opp, mitigating circumstances, qv)*

aggressive pricing policy (Mk) preisaggressives Vorgehen *n,* aggressive Preispolitik *f*

agree *v*
(com) zustimmen
– übereinstimmen
– einverstanden sein *(syn, assent, concur)*

agreed takeover
(com, GB) frei vereinbarte Übernahme *f*
(ie, where a majority of shareholders - normally 51% - agree to a bid when it is launched)

agree in principle *v* (com) grundsätzlich zustimmen

agreement
(com) Abrede *f,* Übereinkunft *f,* Vereinbarung *f,* Vertrag *m*
(Re) Vertrag *m (ie, general term: wider than contract*
(Re) Abkommen *n*
(ie, bilateral; on economic, financial, and technical matters; opp, convention)
(Re) schuldrechtlicher Vertrag *m (ie, equal to ‚contract‘)*
(Re) Vertragsklausel *f,* Bestimmung *f e–s Vertrages*
(Re) Willenseinigung *f,* Willensübereinstimmung *f (ie, ‚meeting/union... of minds‘ als wesentlicher Bestandteil e–s Vertrages)*

agreement in principle
(com) grundsätzliche Einigung *f*

agreement in restraint of competition
(Kart) wettbewerbsbeschränkender Vertrag *m*

agreement to divide a market (Kart) Marktaufteilungsabkommen *n (ie, among competitors)*

agree on/upon *v* (com) sich einigen über *(eg, prices, terms of sale)*

agree to *v* (com) zustimmen, akzeptieren
(eg, proposal, suggestion, terms; syn, accept, fall in with)

agree with *v* (com) zustimmen, e–r Meinung sein mit

ahead of schedule
(com) schneller als geplant
(Fin) vor Fälligkeit *(eg, to repay a loan...)*

AIDA model (Mk) AIDA-Modell *n (ie, used in advertising research; acronym for: attention, interest, desire, attention)*

ailing industry (com) notleidende Branche *f,* notleidender Wirtschaftszweig *m*

aim at *v*
(com) erstreben
– anstreben

air bill (com, US) Luftfrachtbrief *m (ie, „serving for air transportation as a bill of lading does for marine or rail transportation" – UCC 1-201 (6) – and includes an air consignment note or air waybill)*

air cargo (com) Luftfracht *f (syn, air freight)*

air cargo industry (com) Luftfrachttransport-Gewerbe *n*

air cargo shipment (com) Luftfrachtsendung *f*

air cargo traffic (com) Luftfrachtverkehr *m*

air carrier
(com) Luftverkehrsgesellschaft *f (syn, airline)*
(com) Luftfrachtführer *m (syn, air freight forwarder)*

air consignment note (com) = air bill

aircraft cargo manifest (com) Frachtmanifest *n* des Luftfahrzeugs

aircraft market (com) Fluggerätemarkt *m*

airline (com) Fluggesellschaft *f,* Luftverkehrsgesellschaft *f (syn, air carrier, qv)*

airline industry (com) Luftfahrtindustrie *f*

airmail (com) Luftpost *f (ie, first class (mainly letters) and second class (printed papers))*

airtel (com, sl) Flughafenhotel *n (ie, short for: airport hotel)*

airtight (com) luftdicht

air traffic (com) Flugverkehr *m*

air transportation (com) Beförderung *f* auf dem Luftwege *(ie, cargo and passenger; opp, surface transportation)*

air waybill (com) = air bill

airworthy (com) flugtauglich *(syn, in good operating condition and safe for flying)*

all commodity volume (Mk) Gesamtumsatzvolumen *n* aller Waren *(ie, in retailing)*

alleviating circumstances (com) mildernde Umstände *mpl (syn, extenuating/mitigating... circumstances)*

allied company
(com) Konzernunternehmen *n*, Tochtergesellschaft *f*
(com) verbundenes Unternehmen *n (syn, affiliate)*

all-in rate
(com) Pauschalsatz *m (syn, flat rate)*

allocate *v*
(com) zuteilen, zuweisen *(eg, funds, shares; syn, earmark, reserve)*

allocation
(KoR) Zurechnung *f*
– Verrechnung *f*
– Umlage *f (syn, apportionment, assignment)*

allocation of customers
(Kart, US) Marktaufteilung *f (ie, part of vertical restraint of trade; violative of Sec 1 Sherman Act)*

allocation of geographic markets
(Kart, US) Marktaufteilung *f (syn, territorial restriction; cf, allocation of customers)*

allocation of resources
(Bw) Allokation *f* der Ressourcen
– Ressourcen-Allokation *f*

allocation of responsibilities (com) Aufgabenverteilung *f*

allocation of sales territories (Kart, US) Marktaufteilung *f (syn, market allocation, qv)*

allot *v* (com) zuteilen, zuweisen

allotment
(com) Zuteilung *f*, Zuweisung *f*

allow *v*
(com) zubilligen, einräumen *(eg, reasonable time = angemessene Frist)*
(Fin) gewähren *(eg, credit)*

allowance
(com) Preisnachlaß *m (ie, wegen Schäden od Mindermenge, ohne Skonto und Rücksendungen)*
(com) Pauschale *f* zur Abgeltung bestimmter Aufwendungen

allow for *v* (com) berücksichtigen *(eg, fact, difficulty, problem; syn, take into... account/consideration, make allowance for)*

allow of *v* (com, fml) gestatten, zulassen *(eg, no argument, no deviation from)*

allow time for payment *v* (com) Zahlungsziel *n* einräumen

all-time high (com) Rekordhöhe *f*

all-time low (com) Tiefststand *m*

alternative cost
(Bw) Opportunitätskosten *pl (syn, opportunity cost, qv)*
(KoR) relevante Kosten *pl*
– Differenzkosten *pl*
– Grenzkosten *pl*

alternative course of action (Bw) Handlungsalternative *f*

alternative plan (Bw) Alternativplan *m (syn, contingency plan)*

alternative question
(Mk) Alternativ-Frage *f (syn, closed/dichotomous... question)*

amortization
(Fin) Amortisation *f*
– Tilgung *f*

– periodische Rückzahlung *f (syn, redemption)*

amortize *v*
(Fin) amortisieren, tilgen *(ie, retire debt gradually and as planned; syn, redeem, repay, pay off)*
(Fin) rückzahlen *(syn, pay back)*

amount to *v* (com) betragen, sich belaufen auf *(syn, add up to, come to, run at, tot up to)*

analog method (Bw) Analog-Methode *f*
(ie, of estimating cost by making comparisons with past information on similar alternatives; widely used method of cost analysis)

analysis
(com) Analyse *f*
(ie, examination of a complex, its elements, and relations; eg, to carry out, employ, introduce)
(com) Analyse *f (ie, statement of such analysis)*

analysis department (com) statistische Abteilung *f (ie, deals with operating data and cost accounting)*

analysis of advertising media (Mk) Werbemittelanalyse *f*

analysis of bids (com) Prüfung *f* von Angeboten

analytic expertise (com) Sachverstand *m (eg, there exists enough ... to place paper figures into perspective)*

anchor tenant (Mk) Absatzmagnet *m (ie, retailer that draws traffic to a shopping center)*

ancillary covenant
(Kart, US) wettbewerbsbeschränkende Nebenabrede *f (syn, ancillary restraint)*

ancillary restraint (Kart, US) = ancillary covenant

announcement advertising (Mk) Einführungswerbung *f (syn, launch advertising; GB, initial advertising)*

annual accounts
(ReW, GB) Jahresabschluß *m (syn, US, year-end financial statements, qv)*

annual audit (ReW) Jahresabschlußprüfung *f,* Prüfung *f* des Jahresabschlusses

annual auditor (ReW) Abschlußprüfer *m*

annual budget (Bw) Jahresbudget *n*

annual financial statement (ReW) Jahresabschluß *m*

annual general meeting, AGM
(com) Jahreshauptversammlung *f (ie, to be held once every calender year by limited companies)*

annualize *v*
(com) auf Jahresbasis umrechnen

annualized (com) auf Jahresbasis umgerechnet *(syn, at an annual rate)*

annualized rate of change (com) jährliche Änderungsrate *f*

annual net profit (ReW) Jahresüberschuß *m*

annual rate (com) Jahresrate *f (eg, construction costs rise at an ... of 13%)*

annual report
(com) Jahresbericht *m*
(ReW, US) Jahresabschluß *m (ie, includes balance sheet, income statement, statement of retained earnings, auditor's report, and comments on past and future developments; syn, annual statement)*

annual shareholders' meeting (com) Jahreshauptversammlung *f*

answering machine (com) Anrufbeantworter *m (syn, automatic answering set)*

answering service (com) Fernsprechauftragsdienst *m*

ante (com, US, infml) Preis *m*

antedate *v* (com) nachdatieren *(ie, write a date preceding today's date; syn, predate; opp, postdate = vordatieren)*

ante up *v* (com, US) zahlen, aufbringen *(syn, pay up; cf, to up the ante)*

antibusiness (Bw) unternehmerfeindlich *(opp, probusiness)*

anticipated average life (Bw) erwartete mittlere Nutzungsdauer *f (ie, of a fixed asset item)*

anticipation and intention data (Bw) Planungsdaten *pl (eg, capital, spending, consumer purchases)*

anticipatory pricing (Bw) Preisstrategie *f* mit vorweggenommener Inflationskomponente

anticompetetive behavior (Kart) wettbewerbsfeindliches Verhalten *n (syn, conduct)*

anticompetitive combination (Kart) wettbewerbsschädlicher Zusammenschluß *m*

anticompetitive conduct (Kart) = anticompetitive behavior

anticompetitive practice (Kart) wettbewerbswidriges Verhalten *n*

anticompetitive violation (Kart) Wettbewerbsverstoß *m*

anti-crisis cartel (Kart, EG) Krisenkartell *n*

antiplanning bias (Bw) Planungswiderstand *m (ie, resistance to planning)*

anti-raider directive
(Kart, EG) Transparenz-Richtlinie *f*
(ie, zum Schutz der Anleger und zur Koordinierung der Zulassungsbedingungen zur amtlichen Notierung an einer Wertpapierbörse)

anti-takeover proposal (com, US) Gegen-Übernahmeangebot *n*

antitrust
(Kart, US) Antitrust-... *(ie, das Adjektiv ist sprachlogisch ein ‚Eigenname‘, muß also unübersetzt bleiben)*
(Kart, EG) kartell-... *(ie, Wettbewerbsjuristen bedienen sich dieser ‚Übersetzung‘, weil sie mit den Eigenheiten der US/EG-Regelungen vertraut sind, die sprachliche Gleichsetzung insofern also unschädlich ist)*

antitrust enforcement agency
(Kart, US) Antitrust-Vollzugsbehörde *f*
(ie, Antitrust Division of the Department of Justice + Bureau of Competition of the Federal Trade Commission, both domiciled in Washington, D.C.)

antitrust hurdle
(Kart, EG) kartellrechtliche Hürde *f*
(Kart, US) Antitrust-Hürde *f*

antitrust law (Kart, US) Antitrustrecht *n*
(ie, Teil des US-Wettbewerbsrechts; Grundpfeiler: 1890 Sherman Act, 1914 Clayton Act, and 1914 Federal Trade Commission Act + related amendments; designed to prohibit monopolization or restraint of interstate or foreign trade or unfair trade practices; and otherwise to ensure the operation of competitive markets)
(Kart) Recht *n* der Wettbewerbsbeschränkungen
(ie, term sometimes used to cover European laws against restraint of competition; eg, West German antitrust law)

antitrust lawyer
(Kart, US) Antitrust-Jurist *m*
(Kart, EG) Kartelljurist *m*

antitrust legislation
(Kart, US) Antitrustgesetzgebung *f*
(Kart, EG) Kartellgesetzgebung *f*

antitrust movement
(Kart, US) Antitrust-Bewegung *f*
(ie, strong populist movement against price fixing and market dominance; the pioneer law is the Sherman Act of 1890)

antitrust review (Kart) Überprüfung *f* durch die AT-Behörden

antitrust violation (Kart) Verstoß *m* gegen die AT-Gesetzgebung

apparel industry (com) Bekleidungsindustrie *f (syn, garment industry)*

appeal
(Re) Rechtsmittel *n*
(ie, the German classification ‚Berufung – Revision – sofortige Beschwerde‘ – is unknown; you take an appeal from a decision to the

next higher court, so that ‚Rechts-mittelinstanz' is a ‚court of appeal')
(Re) Anfechtung *f*

appeal against/from *v*
(Re) Rechtsmittel *n* einlegen gegen
(Re) anfechten *(eg, judgment, de-cision)*

append *v* (com) (als Anlage) beifügen

appendix (com) Anhang *m*

appliance industry (com, US) Haus-haltsgeräteindustrie *f*

appliance manufacturer (com, US) Haushaltsgerätehersteller *m*

applicant
(com) Antragsteller *m*
(Pw) Bewerber *m*

application
(com) Antrag *m*

application form
(com) Anmeldeformular *n*, An-tragsformular *n* *(syn, application blank)*

application management (Bw) An-wendungsentwicklung *f*

applications engineering (IndE) An-wendungstechnik *f*

applications planning (Bw) Einsatz-planung *f*

applications software
(EDV) Anwendungs-Software *f*
(ie, programs written to perform actual tasks such as accounts re-ceivable or payroll: Debitoren- od Lohnbuchhaltung; syn, user soft-ware; opp, systems software)

apply for *v*
(com) beantragen
(syn, make an application for
(com) sich bewerben um *(ie, job, position, vacancy; to a company)*

appoint *v*
(com) ernennen, berufen *(ie, as/to be; eg, to a post or vacancy, as/to be chairman of a board)*
(ReW) bestellen *(ie, annual au-ditor = Abschlußprüfer)*

appointed day (com) Termin *m (syn, appointed time, deadline, time limit, target date)*

appointed time (com) = appointed day

appointment
(com) Verabredung *f (eg, I have an appointment to see Mr X)*
(com) Ernennung *f (ie, as/to be; eg, president)*
(com) Bestellung *f (eg, as/to be chairman of the board)*

appointment book (com, US) Ter-minkalender *m (eg, to pencil some-one in = vormerken)*

appointment calendar (com) Termin-kalender *m*

appointments diary (com) = appoint-ment book

apportioned contract (com) Sukzes-sivlieferungsvertrag *m (syn, open-end contract, qv)*

appraisal
(com) Auswertung *f*
(com) Bewertung *f*, Schätzung *f (eg, DM 300,000 is a fair . . . of this condominium = angemessener Wert der Eigentumswohnung)*

appraisal fee (com) Bewertungsge-bühr *f*, Taxe *f*

appraisal interview (Pw) Mitarbeiter-Beurteilungsgespräch *n*

appraisal of aptitude (Pw) Eignungs-beurteilung *f (ie, through aptitude tests or testing)*

appraisal of business (Bw) Unterneh-mensbewertung *f*
(ie, valuation of an enterprise as a whole)

appraisal report (com) Gutachten *n* e–s Schätzers

appraise *v*
(com) auswerten
(com) bewerten, schätzen, ta-xieren
(ie, systematische Wertbestimmung durch Besichtigung, Preisermitt-lung und Kalkulation anhand tech-nischer Daten; syn, assess, evalu-ate, rate value)

appraiser (com) Schätzer *m*, Taxa-tor *m*, Sachverständiger *m (syn, valuer, evaluator)*

appreciation
   (ReW, Fin) Wertsteigerung *f*
   (ie, of fixed asset and securities; may be realized or unrealized)
   (AuW) Aufwertung *f (syn, upvaluation, upward revaluation)*
apprenticeship openings (Pw) offene Lehrstellen *fpl*
apprenticeship training (Pw) Lehrlingsausbildung *f*
approach
   (com) Ansatz *m*
   – Forschungsansatz *m*
   – Erklärungsversuch *m*
   – Methode *f*
appropriate action (com) geeignete Schritte *mpl (eg, to take . . .)*
approval
   (com) Billigung *f*
   – Einwilligung *f*
   – Genehmigung *f*
   (Re) Zustimmung *f*
   (ie, innerhalb der Z. wird zwischen der Einwilligung als der vorherigen Zustimmung [§ 183 I BGB] und der Genehmigung als der nachträglichen Z. [§ 184 I BGB] unterschieden)
approval sale (com) Kauf *m* auf Probe *(syn, sale on approval)*
approve an application *v* (com) Antrag *m* genehmigen
aptitude test (Pw) Eignungsprüfung *f*, Eignungstest *m*
arbitrate *v*
   (com) schlichten *(syn, conciliate, mediate, settle amicably)*
   (com) schiedsrichterlich entscheiden
arbitration
   (com) Schlichtung *f (syn, conciliation, mediation)*
   (com) Schiedsgerichtsverfahren *n*
arbitration agreement (Re) Schiedsvertrag *m*
arbitration award (com) Schiedsspruch *m (syn, arbitral/arbitrator's . . . award)*
arbitration board (com) Schiedsstelle *f*

arbitration clause (com) Schieds(gerichts)klausel *f*
   (ie, im Außenhandel übliche Klausel zur Vereinbarung e-s bestimmten Schiedsgerichts = arbitration tribunal)
arbitration committee (com) Schiedsausschuß
arbitration proceedings (com) Schiedsverfahren *n*
arbitrator (com) Schiedsrichter *m*
   (ie, settles differences between two parties in controversy)
arbitrator's award (com) = arbitration award
area (com) Bereich *m*
area code (com, US) Vorwahl *m (ie, 3-digit number identifying telephone service area; syn, GB, dialing code)*
area controller (Bw) Bereichs-Controller *m*
area of accountability (Pw) Verantwortungsbereich *m*
area of attention (com) = field of attention
area of authority (Bw) = area of discretion
area of concentration (com) = field of attention
area of discretion
   (com) Kompetenzbereich *m*
   – Zuständigkeitsbereich *m (syn, area of authority)*
area of operations (Pw) Arbeitsbereich *m*
area of responsibility (com) Geschäftsbereich *m (syn, operating area)*
area specific (com) bereichsspezifisch
areas sensitive to capacity utilization (Bw) auslastungssensible Bereiche *mpl*
area under investigation (com) Untersuchungsgebiet *n*
argument
   (com) Argument *n*
   (Math) Argument *n*, unabhängige Variable *f*
   (ie, of a function)

arm (com, infml) Bereich *m (eg, the group's steelmaking arm; syn, operations, acitivities)*

arm's length (com) (rechtlich) unabhängig
(ie, independent, unrelated, competitive, straightforward; eg, arm's length purchase)

arm's length bargaining (com) Verhandlungen *fpl* unabhängiger Partner *(ie, not one dominating the other)*

arm's length principle (com) Grundsatz *m* der Unabhängigkeit

arm's length transaction (com) Abschluß *m* auf rein geschäftlicher Grundlage *(eg, aufgrund von Marktpreisen)*

arrange *v*
(com) einrichten, Vorkehrungen *fpl* treffen
(Re) Vergleich *m* schließen, sich vergleichen

arrange a demonstration *v* (com) Vorführung *f* vereinbaren

arrangement
(com) Abmachung *f*, Absprache *f (eg, make an arrangement with)*

array of goods (com) Warensortiment

array of products (com) Produktpalette *f (syn, range of products, qv)*

arrears (Fin) Rückstände *mpl (ie, money overdue; syn, arrearages)*

arrival
(com) Ankunft *f*
(com) Eingang *m*

article of exportation (AuW) Ausfuhrartikel *m*, Exportartikel *m (syn, article exported)*

articles (com, GB) = articles of association

articles of association (com, GB) Satzung *f* e–r AG *(ie, regelt das Innenverhältnis)*

articles of copartnership (com) = articles of partnership

articles of incorporation (com, US) Gründungsurkunde *f* e–r AG + Satzung *f* i. e. S.

articles of organization (com, US) Gründungsurkunde *f* e–r AG *(ie, used occasionally)*

articles of partnership (Re) Gesellschaftsvertrag *m*

artificial loss-making company (Fin) Abschreibungsgesellschaft *f*

ascertain *v*
(com) feststellen, ermitteln

as is
(com) wie besichtigt, wie die Ware liegt und steht
(ie, Formel für Haftungsausschluß beim Kauf)

ask (com) Preisangebot *n*

ask for an expert opinion *v* (com) Gutachten *n* einholen

asking price (com) ursprüngliche Preisforderung *f (ie, vor Gewährung von Nachlässen)*

as per order (com) auftragsgemäß

aspire to *v* (com, fml) anstreben *(eg, job of Chief Executive Officer)*

assemble *v*
(com) zusammenstellen *(eg, task force, syndicate)*
(com) montieren, zusammenbauen

assembler
(com) Monteur *m (syn, assembly-man, fitter)*
(com) Montagefirma *f*

assembly plant (IndE) Montagewerk *n*

assembly station (IndE) Fließbandstation *f*

assert a claim *v* (Re) Anspruch *m* od Forderung *f* geltend machen
(syn, make/prefer/put in/raise/set up . . . a claim)

assess *v*
(com) = appraise
(com) festsetzen, bemessen *(eg, fines, damages)*

assessment of current position (com) Bestandsaufnahme *f (syn, situation audit, qv)*

asset
(com) Vermögenswert *m*, Aktivposten

asset deal (com) Kauf *m* von Wirtschaftsgütern der Zielgesellschaft *(ie, beim Unternehmenskauf; syn, purchase of assets, asset purchase)*

asset disposal (Bw) Anlagenabgänge *mpl (syn, asset retirement)*

asset erosion (Bw) Substanzverlust *m*, Substanzverzehr *m*

asset financing (Fin) Anlagenfinanzierung *f*

asset management
(Re) Vermögensverwaltung *f (syn, property administration)*
(Fin) Aktiv-Management *n (ie, Umschichtung von Aktiva; opp, liability management)*

asset mix (Fin) Anlagenmix *m*

asset retirement (Bw) = asset disposal

assets
(com) Vermögen *n*
(ReW) Aktiva *npl*
(ie, classified as fixed, current, and deferred, and as tangible and intangible)
(com) Wirtschaftsgüter *npl*, Vermögensgegenstände *mpl*

assets and drawbacks (com) Vor- und Nachteile *mpl (eg, of a market economy)*

asset stripper
(com) Aufkäufer *m* ertragschwacher, aber substanzstarker Unternehmen zum Zwecke der Einzelverwertung
– (infml) Firmenausschlachter *m*

asset stripping (com, infml) Ausschlachten *n* von Unternehmen

asset transformation (Bw) Umwandlung *f* in e–e andere Vermögensform

assign a claim *v* (Re) Forderung *f* abtreten

assign a job *v* (Pw) Aufgabe *f* übertragen *(syn, assign a task)*

assign a task *v* (Pw) = assign a job

assignee
(Re) Zessionar *m*
– Neugläubiger *m (syn, transferee, assign; opp, assignor)*

assignment
(com) Aufgabe *f* (syn, task)
(com) Abtretung *f*
(Re) Abtretung *f*
– Zession *f*
(ie, includes transfers of all kinds of property, real or personal, including negotiable instruments; but usu intangible property such as mortgage, agreement of sale or a partnership; im Dt im Recht der Schuldverhältnisse geregelt: rechtsgeschäftliche Übertragung e–r Forderung vom bisherigern Gläubiger, dem Zedenten, auf den neuen Gläubiger, den Zessionar; cf, §§ 398-423 BGB)

assignment of activities (Pw) Arbeitsverteilung *f*, Arbeitszuordnung *f*

assignment of business (com) Geschäftsverteilung *f (syn, division of responsibilities)*

assignor
(Re) Zedent *m*
– Abtretender *m*
– Altgläubiger *m (syn, transferor; opp, assignee)*

assistant to top management (com) Direktionsassistent *m*

assistant to works manager (IndE) Betriebsassistent *m*

associated company
(com) verbundenes Unternehmen *n (syn, affiliate)*
(Bw) 50-prozentige Tochtergesellschaft *f*
(Bw, GB) Beteiligungsgesellschaft *f*

association advertising (Mk) Gemeinschaftswerbung *f (syn, cooperative advertising, qv)*

assort *v* (Mk) assortieren *(eg, goods or commodities)*

assortment of goods (com) Sortiment *n (syn, product range, qv)*

assortment of samples (Mk) Musterkollektion *f*

assume *v*
(com) annehmen

– von der Annahme ausgehen
– vermuten
– voraussetzen
(syn, proceed on the assumption, suppose)

assume an office *v* (com) Amt *n* übernehmen

assume a risk *v* (com) Risiko *n* übernehmen

assume liability *v* (Re) Haftung *f* übernehmen

assume obligation *v* (com) Verpflichtung *f* eingehen/übernehmen

assumption
(com) Annahme *f*
– Vermutung *f*
– Voraussetzung *f*

as the law stands (Re) nach geltendem Recht *(ie, under the law as it now exists)*

at an annual rate (com) auf Jahresbasis umgerechnet *(syn, annualized)*

at a premium (Fin) über pari *(syn, above par, qv)*

at buyer's option (com) nach Wahl des Käufers

at buyer's risk (com) auf Gefahr des Käufers

at constant prices (com) zu konstanten Preisen

at cost (ReW) zum Anschaffungs- od Herstellungswert

at current prices (com) zu jeweiligen Preisen *(syn, at ruling prices)*

at due date (com) fristgemäß, fristgerecht

at no charge (com) kostenlos, gebührenfrei
(syn, free of charge, qv)

at one's own charge (com) auf eigene Kosten *(opp, free of charge, qv)*

at one's own risk (com) auf eigene Gefahr

at par (Fin) zu pari, zum Nennwert

at reasonable discretion (Re) nach billigem Ermessen

at receiver's risk (com) auf Gefahr des Empfängers

at ruling prices (com) = at current prices

at seller's option (com) nach Wahl des Verkäufers

attain *v* (com) erreichen

attainable capacity (Bw) praktisch realisierbare Kapazität *f*

attendance fee
(com) Sitzungsgeld *n* (com) Betreuungsgebühr *f*

attendant circumstances (com) Begleitumstände *mpl (syn, surrounding circumstances)*

attendant expenses (com) Nebenkosten *pl (syn, incidental expenses)*

attend to interests *v* (com) Interessen *npl* wahrnehmen *(syn, promote/safeguard... interests)*

attention getter (Mk) Blickfang *m*

at the instance of (com) auf Veranlassung von

at the lower of cost or market (ReW) Bewertung *f* nach Niederstwertprinzip

attorney-at-law (Re, US) (Rechts-)Anwalt *m (syn, counselor-at-law, legal counsel)*

attorney-in-fact
(Re) Stellvertreter *m (ie, weiter als Vertreter nach § 164 BGB; syn, private attorney, agent, qv)*
(Re) Beauftragter *m*, Bevollmächtigter *m*

attractive offer (com) günstiges Angebot *n*

attract new business *v* (com) Aufträge *mpl* hereinholen
(syn, solicit new business; canvass/obtain/secure... new orders)

auction (com, Fin) Auktion *f*, öffentliche Versteigerung *f (syn, sale by public auction)*

auction off *v* (com) versteigern *(ie, at public sales; eg, materials, stocks, supplies)*

audience analysis (Mk) Leseranalyse *f (syn, reader survey)*

audience rating (com) Einschaltquote *f*

audio typist (com) Phonotypistin *f*

audit
(ReW) Buchprüfung *f*, Revision *f*

(ie, there are three prinicipal kinds: balance sheet audit – Abschlußprüfung –, cash audit, and detailed audit)

audit certificate
(ReW, US, short form) Bestätigungsvermerk *m*, Testat *n (syn, accountant's report, qv)*
(ReW, long form) Prüfungsbericht *m*
(ie, anstelle des „short-form report' od diesen erweiternd)

audited accounts (ReW) testierter Abschluß *m*

audit firm (ReW) Wirtschaftsprüfungsgesellschaft *f (syn, audit company, CPA firm)*

auditing association (ReW) Prüfungsverband *m*

auditor
(ReW) Prüfer *m*, Revisor *m*
(ReW) Abschkußprüfer *m*
(ReW, US) = certified public accountant

auditor of annual accounts (ReW, GB) Abschlußprüfer *m*

audit store (Mk) Testladen *m*

authoritative style of leadership (Bw) autoritärer Führungsstil *m (syn, directive style of leadership)*

authority (com) Befugnis *f (syn, competence, powers)*

authority in the field (com) Fachmann *m*, Experte *m*, Autorität *f (syn, expert, specialist)*

authority structure (Bw) Autoritätsstruktur *f*

authority to decide (Bw) Entscheidungsbefugnis *f (syn, competence to decide, power to take decisions, decision-making power)*

authority to sign (com) Zeichnungsvollmacht *f*

authorization
(com) Autorisierung *f*, Bevollmächtigung *f*
(Re) Bevollmächtigung *f*, Vollmachtserteilung *f (ie, delegation of power enabling another to act as attorney or agent)*

authorize *v* (com) bevollmächtigen, ermächtigen *(syn, empower)*

autocratic management (Bw) autokratische Führung *f (syn, Caesar management)*

autocratic managerial style (Bw) autokratischer Führungsstil *m*

auto distributor (com, US) = auto dealer

autograph signature (com) eigenhändige Unterschrift *f*
(ie, a person's handwritten signature; syn, personal signature)

auto industry (com, US) Autoindustrie *f*, Automobilindustrie *f*
(syn, automotive industry; GB, motor car industry)

automatic answering set (com) Anrufbeantworter *m (syn, answering machine)*

automatic assembly (IndE) vollautomatische Fertigung *f*

automatic UPC scale (Mk) Datenwaage *f*
(ie, elektronisches Wäge-Drucker-System, das gewichtswarenspezifischen Code samt Preis ausdruckt)

automobile industry (com) Autoindustrie *f*, Automobilindustrie *f*
(syn, auto industry, automotive industry; GB, motor industry, car industry)

automotive industry (com) = auto industry

autonomy of decision making (Bw) Entscheidungsautonomie *f*

auxiliary activities (Bw) betriebsfremde Tätigkeiten *fpl*

available at short notice (com) kurzfristig lieferbar

average
(com) Durchschnitt *m*, Mittelwert *m*
(Stat) Mittelwert *m (ie, mean, median, mode)*
(Stat, infml) arithmetischer Mittelwert *m*
(syn, arithmetic mean)
(Bö) Durchschnittskurs *m (syn, average price)*

average cost pricing (Bw) Preisbildung *f* auf Durchschnittskostenbasis

average days in receivables (Fin) Debitorenumschlagdauer *f (cf, debtor days)*

average industry margin (Mk) Branchenspanne *f*

average life
(Bw) mittlere Nutzungsdauer *f*
(Bw) betriebsgewöhnliche Nutzungsdauer *f (syn, useful life expectancy, qv)*

average markon (Mk) durchschnittlicher Preisaufschlag *m*

average out *v*
(com) Durchschnitt *m* ermitteln *(eg, profit, cost, revenue, for a period of...)*

(com) durchschnittlich betragen *(eg, output, takings, salary)*

average useful life (Bw) betriebsgewöhnliche Nutzungsdauer *f (syn, useful life expectancy, asset depreciation range)*

award (com) Schiedsspruch *m*

award a contract *v*
(com) Auftrag *m* erteilen, Auftrag *m* vergeben *(syn, place an order)*
(com) Zuschlag *m* erteilen, zuschlagen *(eg, to lowest bidder; syn, let out a contract to, accept a bid or tender)*

award of contract
(com) Zuschlag *m*
– Auftragsvergabe *f*
– Submissionsvergabe *f (syn, bid award, acceptance of bid/tender)*

B

back *v*
(Fin) finanziell unterstützen *(eg, a project)*

back charges (com) Rückspesen *pl*

backdate *v* (com) rückdatieren

backdoor selling (Mk) Verkauf *m* unter Umgehung der festgelegten Absatzwege

back down *v*
(com) nachgeben *(ie, in an argument)*
(com) zurücknehmen *(eg, a claim; syn, withdraw)*

back freight (com) Rückfracht *f (syn, freight home, freight homeward, homeward freight, return cargo, return freight)*

background (com) Vorbildung *f*, Ausbildung *f*

background advertising (Mk) Bandenwerbung *f*

backing
(com) Unterstützung *f (syn, support, promotion, patronage; aid, assistance, help)*
(Fin) finanzielle Unterstützung *f*

backlog
(com) Arbeitsrückstand *m*
(com) Auftragsrückstand *m*

backlog demand (com) Nachholbedarf *m (syn, catch-up demand, qv)*

backlogged orders (com) Auftragsbestand *m*, unerledigte Aufträge *mpl*

backlog of final orders (com) Bestand *m* an festen Aufträgen

backlog of investments (Bw) Investitionsstau *m*

backlog of orders
(com) Auftragsbestand *m*
(syn, level/volume... of orders, orders on hand, unfilled orders, order book)
(com) Auftragsrückstand *m*

backlog of work (com) Arbeitsrückstand *m*

backlog order books (com) Auftragsbestand *m (eg, look healthy)*

back off *v*
(com, US) = back down
(com) sich zurückhalten *(eg, corporations will... after a borrowing binge)*

back order (com) unerledigter Auftrag *m (syn, open/ outstanding/unfilled... order)*

back out/out of *v* (com) zurücktreten von, aussteigen *(eg, contract, deal; syn, drop out, pull out, opt out)*

back rent (com) rückständige Miete *f*

backselling (Mk) Verkaufsförderung *f* unter Umgehung e–s od mehrerer Glieder der Absatzkette

backstop technology
(com) Backstop-Technologie *f*
– Auffangtechnologie *f*
– (unter Umständen auch:) Alternativtechnologie *f*
(ie, Verwendung nicht erschöpfbarer natürlicher anstelle erschöpfbarer Ressourcen: Sonnenenergie, Kernfusion anstelle von Öl, Kohle)

backtrack *v* (com) sich zurückziehen *(ie, from plan, promise; syn, backpedal)*

back up *v*
(com) unterstützen *(syn, support)*
(com) sich stauen *(eg, orders are backing up because of the prolonged strike)*
(Fin) finanzieren

bad bargain (com) schlechter Kauf *m*, schlechtes Geschäft *n*

bad debtor (Fin) zahlungsunfähiger Schuldner *m (syn, defaulting debtor)*

bad loan (Fin) notleidender Kredit *m (syn, nonperforming credit)*

badly in debt (Fin) hoch verschuldet

bail out
(com) Notverkauf *m (syn, distress/ panic... sale)*

bail out *v*
(com, infml) aussteigen
(Fin, infml) helfen, retten *(eg, an unprofitable company by injecting fresh funds)*

bait (Mk) Lockartikel *m*, Lockvogel *m*
(syn, leader, leading article, loss leader; infml, lure, lowball)

bait and switch advertising (Mk, US) = bait type advertising

bait customers *v* (com) Kunden *mpl* anlocken
(ie, by unsolicited consignments – unbestellte Warensendungen –, leading articles, bait type advertising)

bait type advertising (Mk, US) Lockvogelwerbung *f (syn, loss leader selling)*

balance
(com) Rest *m (eg, of contract price)*
(ReW) Saldo *m (syn, credit balance, balance of account, account balance)*
(ReW) Kontoausgleich *m (eg, accounts are in balance)*
(Fin) Guthaben *n (syn, credit balance)*
(Fin) Kontostand *m*

balance *v*
(com) ausgleichen
(eg, mounting losses, by selling a key high-tech offshoot)
(ReW) saldieren, ausgleichen *(ie, an account; syn, settle, square)*

balance against/with *v*
(com) abwägen gegen *(eg, positive factors against/with negative factors)*

balance out *v*
(com) sich ausgleichen *(eg, figures for income and expense balance each other out)*

balance sheet
(ReW) Bilanz *f*
(ReW) Jahresabschluß *m (ie, includes balance sheet, earnings statement (GuV), and other related documents; syn, annual/year-end... financial statement; GB, annual accounts)*

balance sheet analysis (ReW) Bilanzanalyse *f (syn, financial statement analysis)*

balance sheet auditor (ReW) Abschlußprüfer *m*
(ie, today mostly: auditor; syn, independent auditor)

balloon *v*
  (com) (künstlich) hinauftreiben *(eg, prices)*
  (com) rasch steigen *(eg, deficit)*

banded pack
  (Mk) Packung *f* mit zwei komplementären Produkten *(ie, Rasierapparat/Rasierpinsel)*
  (MR) Mehrstückpackung *f*

band together *v* (com) zusammenarbeiten, sich zusammenschließen *(ie, often ‚against‘)*

baneful effect (com) nachteilige Wirkung *f (eg, of a regressive tax)*

bank bond
  (com) Leistungsgarantie *f (syn, performance bond, qv)*

bank credit transfer (Fin) Banküberweisung *f*
  (ie, between different accounts or different banks without the use of checks or drafts; sometimes known as telegraphic transfer in the case of large amounts of capital; syn, bank transfer, banker's order, bank remittance)

bank debts (Fin) Bankverbindlichkeiten *fpl*

bank giro credit system
  (Fin) bargeldloser Zahlungsverkehr *m*, Giroverkehr *m*
  (syn, cashless/noncash ... payment system)

bankrupt
  (com) bankrott, zahlungsunfähig
  (Re) Konkursschuldner *m*, Gemeinschuldner *m*
  (ie, the term has been replaced by the term ‚debtor‘; cf, Federal Bankruptcy Reform Act of 1978)

bankruptcy
  (com) Konkurs *m*
  (Re, US) Konkurs *m*
  (ie, früher unterschieden von ‚insolvency‘; in current usage the term covers both voluntary and involuntary situations; Konkurs im dt Sinne von Zahlungsunfähigkeit bzw. Überschuldung wird ‚straight bankruptcy‘ genannt; vgl. hierzu

die ‚rehabilitation provisions of Chapter 11 of the 1979 Bankruptcy Code‘, die dem dt Vergleich nahestehen)*

bankruptcy offense (Re) Konkursdelikt *n*

bankruptcy proceedings (Re) Konkursverfahren *n*

bankrupt estate (Re) Konkursmasse *f (syn, debtor's estate)*

bankrupt's creditor (Re) Konkursgläubiger *m*

bankrupty-prediction model (Bw) Konkurs-Prognose-Modell *n*

bank statement
  (Fin) Kontoauszug *m (syn, statement of accounts)*
  (Fin) Bankauszug *m*
  (Fin, US) Bankbilanz *f*

bank transfer payments (Fin) Überweisungsverkehr *m*, Giroverkehr *m*
  (ie, payment by cashless bank transfers; syn, giro credit transfers)

bank with *v* (Fin) Konto *n* unterhalten bei *(eg, where do you bank? I've always banked with Citicorp)*

bar code (Mk) Barcode *m*, Strichcode *m (eg, Universal Product Code, EAN)*

bar coded identification number (Mk) strichcodierte Artikelnummer *f*

bar coded product (Mk) strichcodiertes Erzeugnis *n*

bar code marking (Mk) Strichcodierung *f (ie, system of product identification)*

bar code reader (Mk) Strichcodeleser *m (syn, bar code scanner)*

bar code scanner (Mk) = bar code reader

bare majority (com) knappe Mehrheit *f (syn, narrow, thin)*

bar from *v* (com) ausschließen von; Praxis entziehen *(eg, barred from a company; barred from practising)*

bargain
  (com) Geschäft *n (syn, deal, transaction)*

(com) Gelegenheitskauf *m (syn, chance bargain; eg, it was a real good bargain)*

(com) günstiges Kaufobjekt *n*, billige Ware *f*

bargain about/over *v* (com) hartnäckig handeln, feilschen *(syn, dicker over, haggle over)*

bargain basement (com) Abteilung *f* für Sonderangebote *(ie, below-ground-level floor)*

bargain down *v* (com) herunterhandeln *(eg, your car dealer)*

bargaining path (Mk) Kette *f* von Preisangeboten und Gegenangeboten

bargaining position (com) Verhandlungsposition *f*

bargaining power (com) Verhandlungsmacht *f*, Verhandlungsstärke *f*

bargaining set (Bw) Verhandlungsbereich *m (ie, term used in decision theory)*

bargain price (com) sehr niedriger Preis *m*, Spottpreis *m*

bargain sale
(com) Sonderangebot *n*
(ie, sale at cut-rate prices; syn, premium offer, special bargain)
(com) Ausverkauf *m*, Verkauf *m* zu stark herabgesetzten Preisen *(syn, clean-up sale)*

bargain store (com) Billigpreisgeschäft *n (ie, sells at submarket prices)*

bar mark (Mk) Strichmarkierung *f*

bar period
(Re) Ausschlußfrist *f*
– Verwirkungsfrist *f*
– Verfallfrist *f*
(ie, Frist, nach deren Ablauf das Recht erlischt; im Dt besonders im Arbeitsrecht; syn, preclusive period)

barred (Re) verjährt *(ie, by limitation; syn, time barred)*

barriers to competition (Kart) Wettbewerbsbeschränkungen *fpl*

barriers to entry
(Vw) Marktzutrittsschranken *fpl*
– Zugangsbeschränkungen *fpl*
(eg, product differentiation, scale ecconomies, patents; syn, restrictions of entry)

barriers to innovation (Bw) Innovationsschranken *fpl (eg, huge bureaucracies)*

barriers to investment (Vw) Investitionshemmnisse *npl*

barriers to trade
(AuW) Handelshemmnisse *npl*
– Handelsschranken *fpl*
– Handelsrestriktionen *fpl (syn, trade restrictions)*

base
(com) Bezugswert *m (syn, reference value)*

base bidder (com) Hauptbieter *m (ie, in contract awarding)*

based (com) mit Sitz in *(eg, New York-based company, based in New Yoprk)*

base data
(com) Basisdaten *pl*
– Ausgangsdaten *pl*
– Grunddaten *pl*
– Primärdaten *pl*
– Urdaten *pl*
(syn, initial, primary, raw data)

base line
(Mk) Baseline *f (ie, Schlußzeile e–r Anzeige; opp, headline)*

base price (com) Grundpreis *m*

base rate (Mk) Anzeigengrundpreis *m*

basic activity (Bw) Grundaktivität *f*

basic agreement (Re) Grundsatzabkommen *n*, Rahmenabkommen *n (syn, skeleton/framework . . . agreement)*

basic concept (com) Grundbegriff *m (syn, primitive . . . concept/notion/term)*

basic function (Bw) Kernfunktion *f (syn, key function)*

basic household needs (Mk) Verbraucher-Grundbedürfnisse *npl*

basic objectives (Bw) Primärziele *npl*

basic stock (Mk) Grundbestand *m*

basic terms of a contract (Re) Vertragsgrundlage *f*

basic time limit (com) Ecktermin *m*

basing point system (com, US) Frachtbasissystem *n*, System *n* der Frachtparitäten
(ie, each firm quotes identical delivered prices for each customer at a given delivery point, regardless of the origin of shipments; it is a special case of geographical price discrimination; basing points are, for instance, applied by the German steel industry)

basis of calculation (com) Berechnungsgrundlage *f (syn, basis of computation)*

basis price
(com) Grundpreis *m*, Basispreis *m (syn, basic rate)*

battle for *v* (com) kämpfen um
(eg, a share in the market; company battles for its existence = ums Überleben)

battle for world markets (com) Kampf *m* um Weltmärkte

battle inflation *v* (Vw) Inflation *f* bekämpfen *(syn, combat fight)*

be about/around *v* (com) vorhanden sein *(eg, commodity, consumer article)*

be abreast of *v* (com) auf dem laufenden sein *(eg, latest developments)*

be after *v* (com) sich bemühen um, haben wollen *(eg, a well-paid job)*

bear costs *v* (com) Kosten *pl* tragen, Kosten *pl* übernehmen

bearer bill of lading (com) Inhaberkonnossement *n (ie, B/L made out to bearer)*

bear hug (com, infml) Übernahmeangebot *n* ohne Vorverhandlungen
(ie, notice to a target company's board that a tender offer is imminent or under consideration; variations include „strong bear hug" in which the tender offer is made public, while the „teddy bear hug" is

when the target indicates that it is in favour of the merger, but only at a higher price than that offered)

bear risks *v* (com) Gefahren *fpl* tragen, Risiken *npl* tragen

beat down *v*
(com) herunterhandeln *(ie, beat sb down to $150)*
(com) drücken *(eg, price)*

be awarded a contract *v* (com) Zuschlag *m* erhalten *(eg, for supplying a petrochemical plant; syn, win a contract)*

be down on *v* (com) verlangen *(eg, suppliers were down on him for payment of his bills)*

behavioral assumption (Bw) Verhaltenshypothese *f*

behavior pattern (Bw) Verhaltensweise *f (ie, of firms)*

be in charge of *v* (com) zuständig sein für, leiten

be in force *v* (Re) in Kraft sein, rechtskräftig sein

be in the chair *v* (com) Vorsitz *m* führen *(syn, chair, qv)*

bellwether industry (com, infml) Schlüsselindustrie *f (syn, key industry)*

bellwether market (com) führender Markt *m (syn, key market)*

belly-to-belly selling (com, sl) persönlicher Verkauf *m (syn, face-to-face selling)*

below-the-line promotion (Mk) Verkaufsförderung *f* durch Nachlässe usw.

benchmark
(com) Bezugsmarke *f*
– Bezugspunkt *m*
(ie, reference point from which measurements can be made)

benchmark figure
(com) Eckwert *m*
– Ausgangszahl *f*
– Vergleichszahl *f*

benchmark figures (com) Eckdaten *pl (syn, key data)*

bench-scale production (IndE) Pilotfertigung *f*

(syn, pilot plant scale production; opp, commercial production = großtechnische Fertigung)

benefit analysis (Bw) Nutzwertanalyse *f (ie, analysis of a set of complex action alternatives)*

benefits

(com) Leistungen *fpl (syn, payments – cash or in kind)*

be out of order *v* (com) außer Betrieb sein *(eg, elevator, telephone)*

best bid (com) Höchstgebot *n (syn, highest bid, highest tender, closing bid)*

best bidder (com) Meistbietender *m (syn, highest bidder)*

best solution (Bw) optimale Lösung *f (syn, optimum solution)*

beyond one's control (Re) nicht zu vertreten haben

(eg, for reasons beyond our control = aus von uns nicht zu vertretenden Gründen)

bid

(com) Gebot *n (ie, at an auction)*

(com) Submissionsangebot *n*

(ie, nach Ausschreibung = invitation to . . . bid/tender; syn, tender)

(com) Kostenanschlag *m*, Kostenvoranschlag *m*, Angebot *n*

(syn, quotation; opp, cost estimate, qv)

(com) = takeover bid

bid *v* (com) bieten *(syn, make/submit . . . a bid)*

bid analysis (com) Angebotsanalyse *f (ie, in contract awarding)*

bid award (com) Zuschlag *m (syn, award of contract, qv)*

bid battle (com) Übernahmeschlacht *f (syn, takeover battle, qv)*

bid bond (com) Bietungsgarantie *f*

(ie, furnished by a bank, esp in public invitations to bid = öffentliche Ausschreibungen; syn, earnest money, proposal bond, provisional bond)

bidder

(com) Anbieter *m*

(com) Bieter *m*

– Submittent *m*

– Submissionsbewerber *m (syn, tenderer)*

(com) Bieter *m (ie, company, individual or group making an offer to control another company)*

bidding

(com) Abgabe *f* von Angeboten *(ie, submission of bids)*

(com) Bieten *n*, Preisgebot *n*

bidding period (com) Ausschreibungsfrist *f*

bidding requirements (com) Ausschreibungsbedingungen *fpl (syn, terms/ conditions . . . of tender)*

bidding syndicate (com) Ausschreibungskonsortium *n*, Bietungskonsortium *n*

bidding war (com) Übernahmeschlacht *f (syn, takeover battle, qv)*

bid for *v* (com) bieten für *(ie, at an auction)*

bid opening (com) Angebotseröffnung *f (syn, opening of tenders)*

bid price

(com) gebotener Preis *m*, Angebotspreis *m (syn, offer/supply/ quoted . . . price)*

bid up *v* (com) hochbieten *(ie, at an auction)*

big customer (com) Großkunde *m (syn, bulk/large-lot . . . buyer, major account, leading edge account; infml, big-ticket customer)*

big industrial user (com) Großabnehmer *m (syn, bulk buyer, qv)*

big-ticket customer (com) Großkunde *m*, Großabnehmer *m (syn, big customer, qv)*

big-ticket item (com) Großauftrag *m*

big-ticket items (com) teure Konsumgüter *npl*

big-ticket project (com) Großprojekt *n (syn, jumbo/large-scale . . . project)*

big-ticket transaction (com) Großabschluß *m (ie, large contract or deal)*

bill *v*

(Mk) durch Anschlag bekanntmachen

bill advertising (Mk) Bogenan-
schlag *m (opp, permanent advertising)*

billboard
(Mk) Anschlagtafel *f*
– Reklamefläche *f*
– Werbefläche *f (syn, GB,
hoarding)*
(Mk) Plakat *n*, Außenplakat *n*

billboard advertising (Mk) Anschlag-
werbung *f*

billing
(Mk) Werbung *f (ie, mainly billboard advertising)*

billings
(com) Umsatz *m*
*(eg, our worldwide... rose to
$13bn; syn, sales; GB, turnover)*
(Mk) Umsatz *m*
*(ie, of an advertising agency; eg, ...
in excess of $2m)*

billion (com) Milliarde *m (ie, now accepted as a thousand million on
both sides of the Atlantic)*

bill of lading
(com) Konnossement *n*, Seefracht-
brief *f*
(com, US) Frachtbrief *m (syn,
GB, consignment note, waybill)*

bill of materials (IndE) Stückliste *f*
*(ie, list of parts needed to manufac-
ture a product: description, quantity needed, order number, unit cost)*

binding agreement (Re) bindende
Abmachung *f*
*(syn, agreement binding upon the
parties)*

binding effect (Re) bindende Wirkung *f (ie, on/upon)*

binding in law (Re) rechtsverbindlich
(syn, legally binding)

binding offer
(com) verbindliches Angebot *n*
(com) bindendes
– festes
– verbindliches... Angebot *n*
*(syn, firm offer, binding tender/bid/
proposal)*

binding promise (com) bindende Zusage *f*

binding tender (com) = binding offer, qv

black book (com) strategischer Ab-
wehrplan *m* für den Fall e–s feind-
lichen Übernahmeversuchs

blacklisting (Kart) geheimes Wettbewerbsverbot *n*

blank
(com) Formblatt *n*
– Formular *n*
– Vordruck *m (syn, form, qv)*

blanket (com) Abruf *m*

blanket market penetration (Mk)
weitreichende Marktdurchdringung *f*

blanket order (com) Abrufauf-
tragg *m*
*(ie, mit laufendem Abruf = call off;
usually a year)*

blanket order quantity (com) Abruf-
menge *f*

blanket purchase (order) (com) Ab-
rufbestellung *f*

blanket release (com) Abruf *m (syn,
call off)*

blended demand (com) gemischter
Bedarf *m*

blind selling (com) Verkauf *m* tel
quel *(ie, ohne Recht auf Prüfung
und Rückgabe)*

blister package (com) Sichtpackung *f*

blockbuster advertising (Mk) aggressive Werbung *f*

blockbuster product (com, infml)
Marktrenner *m*

block competition *v* (com) Wettbewerb *m* verhindern

blocked operation (IndE) Werkstattfertigung *f*
*(syn, job shop operation, cellular
organization of production;
Zusammenfassung gleicher Ma-
schinenarbeiten am gleichen Ort;
term taken over from chemical engineering)*

blocking minority (com) Sperrmino-
rität *f (ie, 25% + 1 share; syn,
blocking stake)*

blocking stake (com) = blocking minority

29

block of shares (Fin) Aktienpaket *n*
(ie, größerer Nominalbetrag von Aktien, der maßgeblichen Einfluß auf e–e Gesellschaft sichert; syn, parcel of shares, block of stock)

block of stock (Fin, US) = block of shares

blow up a sample *v* (com) Stichprobe *f* hochrechnen *(syn, extrapolate, raise)*

blue-chip customers (com) erste Adressen *fpl*, Kunden *mpl* höchster Bonität

blurb (Mk) Waschzettel *m (ie, relating to books)*

blurred lines of responsibility (Bw) unklare Verantwortlichkeits-Beziehungen *fpl*

board meeting (com) Sitzung *f* des Board of Directors

board of directors (com) Board of Directors *m*
(ie, the governing body of a corporation; may be composed of an ‚inside' group – handling day-to-day operations – and an outside' group; often called ‚the board'; stop trying to translate the term into German)

board system (com) Board-System *n*
(ie, vereinigt Geschäftsführung und Aufsichtsfunktion in einem Gremium; opp, Aufsichtsratssystem mit Aufspaltung in management board und supervisory board; cf, 5. EG-Richtlinie, American Law Institute)

body copy (Mk) Fließtext *m*

bogey (Bw, infml) Leistungsvorgabe *f (ie, numerical standard of performance to be aimed at in production, marketing, etc)*

bona fide purchaser
(Re) gutgläubiger Erwerber *m*
(ie, one buying without notice of any defects in the title of seller)

bonus
(com) Bonus *m*
– Prämie *f*
– Zugabe *f*

(Pw) Prämie *f*
– Zuwendung *f*

book *v*
(com) bestellen *(eg, orders; syn, place orders)*
(com, GB) buchen, reservieren *(eg, hotel suite, rental car; syn, US, reserve)*

book advertising space *v* (Mk) Anzeigenraum *m* buchen

booking of new orders (com) Auftragseingang *m (syn, inflow/intake . . . of new orders, order bookings, rate of new orders)*

booking orders (com) Bestelltätigkeit *f*

book value
(ReW) (Rest-)Buchwert *m*
– Nettobuchwert *m*
– fortgeführter Anschaffungswert *m*
(ie, net amount at which an asset is recorded on the books of account; syn, net book value, depreciated book value, amortized cost, carrying value; opp, gross book value; market value)

boom
(Vw) Boom *m,* starker Aufschwung *m*

boomerang method (Mk) Bumerang-Methode *f (ie, of sales talk)*

boom in capital investment (Vw) Investitionsboom *m*

boom in orders (com) Auftragsschwemme *f*

boost *v*
(com) erhöhen *(eg, pay)*
– in die Höhe treiben *(eg, prices)*
– steigern *(eg, productivity)*
(Vw) ankurbeln *(eg, economic activity, the economy; syn, infml, pep up, give a shot in the arm)*

borrowing
(Fin) Kreditaufnahme *f*
(syn, credit intake, raising/taking/taking up . . . credits; opp, lending, qv)
(Fin) Aufnahme *f* von Fremdmitteln *(syn, raising external funds)*

(Fin) Fremdfinanzierung f *(syn, debt financing)*

(Fin, GB) Kauf m e-s Metallkontraktes mit kurzer Restlaufzeit bei gleichzeitigem Terminverkauf e-s neuen Kontrakts mit längerer Laufzeit; term used on the London Metal Exchange

bottleneck investment (Bw) Engpaßinvestition f

bottleneck monopoly (Kart, US) Engpaßmonopol n *(ie, one that operates a key physical facility)*

bottleneck segment (Bw) Minimumsektor m *(ie, in operative planning)*

bottom
(com) Tiefstand m *(syn, low)*

bottom line
(com) Grundgeschäft n, Hauptsparte f
(ie, of a business, trade, or industry; syn, mainstay business)
(com) Endergebnis n *(syn, final result)*

bottom lines
(com) Grundgeschäft n
– Grundsortiment n
– Kerngeschäft n
– Massengeschäft n *(syn, infml, bread-and-butter lines, meat and potatoes, staple diet)*

bottom price
(com) niedrigster Preis m, äußerster Preis m *(syn, lowest/knockdown/rock-bottom ... price)*

bottom-up approach (Bw) Aggregationsmethode f *(opp, top-down approach)*

bottom-up information (Bw) Informationsfluß m von unten nach oben

bottom-up management (Bw) partizipative Unternehmensführung f

bottom-up planning (Bw) progressive Planung f, progressives Planungsverfahren n

bottom-up replanning (Bw) Neuplanung f von unten nach oben

bought-in parts (MaW) bezogene od fremdbezogene Teile npl

(syn, bought-in supplies, bought-out parts, purchased components)

bought-in supplies (MaW) = bought-in parts

bought-out materials (MaW) fremdbezogene Stoffe mpl

bought-out parts (MaW) = bought-in parts

bounce up v (com) scharf ansteigen *(eg, prices; syn, shoot up, qv)*

bounded discretion (Bw) eingeschränkte Ermessensfreiheit f

bounded rationality (Bw) eingeschränkte Rationalität f *(ie, permitting no optimum solution)*

bound upward v (com) steigen *(eg, profits have bounded upward at an 80% rate)*

box number advertisement (Mk) Chiffreanzeige f

branch
(com) (Zweig-)Niederlassung f
– Zweigbetrieb m
– Zweigstelle f
– Filiale f *(syn, branch ... organization/ establishment/office, field organization)*

branch abroad (com) = foreign branch

branch establishment (com) = branch

branching out (Bw) Diversifikation f *(syn, diversification)*

branch manager
(com) Geschäftsstellenleiter m
– Filialleiter m
– Zweigstellenleiter m

branch network
(com) Geschäftsstellennetz n
– Zweigstellennetz n
– Filialnetz n

branch office
(com) = branch
(com) Agentur f

branch operation
(com) = branch
(com) Zweigbetrieb m, Zweigwerk n

branch out v (Bw) diversifizieren *(syn, diversify)*

branch plant (com) = branch operation

branch potential (Mk) Marktgröße f der eigenen Branche

branch store (com, US) Verkaufsfiliale f, Zweiggeschäft n

brand
(Mk) Warenzeichen n, Handelsname m
(Mk) Markenartikel m

brand acceptance (Mk) Markenakzeptanz f

brand advertising (Mk) Markenartikel-Werbung f

brand comparison (Mk) Markenvergleich m

brand competition (Mk) Markenwettbewerb m

branded article (Mk) Markenartikel m

branded goods (Mk) Markenartikel mpl

brand extension (Mk) Markenerweiterung f
(ie, to bring out a new product under a successful brand)

brand family
(Mk) Markenfamilie f
(Mk) Markenbild n

brand figure (Mk) Markenzeichen n

brand identification (Mk) Markenidentität f

brand image (Mk) Markenprofil n, Markenbild n

branding (Mk) Warenzeichenpolitik f

brand label
(Mk) Markenetikett n
(Mk) Marke f

brand leader (Mk) Markenführer m, Spitzenmarke f

brand loyalty (Mk) Markentreue f

brand manager (Mk) Produktmanager m *(ie, Vertriebsleiter für e–n bestimmten Markenartikel)*

brand name
(Mk) Markenname m
– Gütezeichen n
– Verbandszeichen n *(ie, für e–e bestimmte Klasse von Artikeln)*

brand name loyalty (Mk) Markentreue f *(syn, brand loyalty)*

brand policy (Mk) Markenpolitik f

brand preference (Mk) Markenpräferenz f

brand recognition (Mk) Markenbewußtsein n

brand selection (Mk) Markenwahl f

brand trend survey (Mk) Markenindex m

breach a market v (com) Fuß fassen *(syn, get a toehold in the market, qv)*

breach of contract (Re) Vertragsverletzung f
(syn, violation of contract, breach of duty to perform)

bread-and-butter lines (com, infml) Grundgeschäft n *(syn, bottom lines, qv)*

break
(com, infml) plötzliches und starkes Sinken n von Preisen und Kursen

break bulk v (com) Sammelladungen fpl zerlegen *(ie, consolidated shipments)*

breakbulk cargo (com, US) Stückgut n
(ie, miscellaneous goods packed in boxes, bales, crates, bags, cartons, barrels, or drums)

breakdown
(com) Aufgliederung f, Aufschlüsselung f *(syn, subclassification)*
(com) detaillierte Aufstellung f
(com) Betriebsstörung f *(syn, equipment failure, plant interruption, stoppage)*

break down v
(com) aufschlüsseln
– aufgliedern
– zerlegen *(eg, figures; syn, apportion, classify, subclassify, itemize, subdivide)*
(com) ausfallen *(eg machinery, car)*

break even v
(com) Kosten pl decken
– ohne Verlust arbeiten
– mit Plus-minus-Null arbeiten

breakeven analysis
  (KoR) Break-Even-Analyse f
  – Gewinnschwellen-Analyse f
  – Deckungspunktanalyse f *(syn, profitgraph)*
breakeven point (Fin) Break-even Punkt m
  – Gewinnschwelle f
  – Kostendeckungspunkt m
  (ie, no profit/no profit situation: total costs are equal to total sales volume)
breakeven threshold (KoR) = breakeven point
breakeven time (KoR) Deckungszeitpunkt m
  (ie, point of time in a planning period where the cumulative profit contributions are higher than the cumulative fixed costs = Zeitpunkt, in dem die kumulierten Deckungsbeiträge erstmals die kumulierten fixen Kosten überschreiten)
breakeven volume (KoR) = breakeven sales volume
breaking bulk (com) Zerlegen n e–r Sendung
  (ie, durch Großhändler in einzelhandelsfähige Abmessungen od Mengen)
break off v
  (com) abbrechen *(eg, discussion, negotiations, talks)*
brick areas (Mk, US) Absatzgebiete npl mit ähnlichem Marktpotential
bridge a gap in the market v (com) Marktlücke f schließen
brief
  (com) Kurzbericht m *(syn, summary/condensed . . . report)*
brief v
  (com) beauftragen, informieren über
bring a case to the court v (Re) Klage f einreichen
bring a claim forward v (Re) Anspruch m geltend machen *(syn, advance a claim, qv)*

bring action v
  (Re) klagen
  – Klage f . . . anhängig machen/einreichen/erheben
  (syn, bring suit, file a suit, bring/institute . . . legal proceedings, proceed against, take legal action)
bring charges against v (Re, infml) verklagen *(syn, take to court, qv)*
bring down v
  (com) senken *(eg, prices, inflation rate)*
  (com, US) amtlich bekanntgeben *(eg, new spending plans)*
bring up to date v (com) aktualisieren, auf den neuesten Stand bringen *(syn, update)*
broach a question to/with v (com) Frage f anschneiden od zur Sprache bringen (bei)
broadcast advertising (Mk) Funkwerbung f
broaden product base v (com) Produktpalette f erweitern
broadsheet (Mk, GB) Handzettel m
  (syn, US, throwaway, broadside)
broad span of control (Bw) große Kontrollspanne f *(opp, shallow span of control, qv)*
broker
  (com) Makler m, Broker m
  (ie, brings together buyers and sellers of the same commodity or security and executes their orders, receiving a commission or brokerage; principal-agent relationship; more common than in Germany)
  (Bö, GB) Broker m
  (ie, das Trennsystem zwischen Broker und Jobber besteht nicht mehr; seit 1986 nur noch market maker, qv)
brokerage
  (com) Maklergeschäft n
  (com) Maklergebühr f
  – Courtage f
  – Provision f *(syn, brokerage commission, broker's commission)*
brokerage contract (com) Maklervertrag m

33

brokerage firm (com) Maklerfirma *f*
Bruttoergebnis *n* (com) gross profit
bubble policy
    (Bw) Blasenpolitkk *f*
    – Glockenpolitik *f*
    (ie, Konzept der Luftreinhal-
    tepolitik für Produktionsbetriebe)
budget (Bw) Budget *n*
budget accounting (KoR) Planko-
    stenrechnung *f (syn, standard cost-*
    ing, qv)
budgetary accounting (ReW) Pla-
    nungsrechnung *f,* Vorschaurech-
    nung *f*
budget authorization form (Bw) Bud-
    getgenehmigungsblatt *n*
budget control
    (Bw) Plankontrolle *f,* Planüberwa-
    chung *f*
budget cost (KoR) Plankosten *pl*
budgeted cost
    (KoR) Sollkosten *pl*
    – Vorgabekosten *pl*
    – Budgetkosten *pl (syn, target/at-*
    tainable/ standard/current stan-
    dard/ideal standard . . . cost)
budgeted output (Bw) Sollausbrin-
    gung *f (syn, planned output)*
budgeted standards (Bw) Soll-Kenn-
    ziffern *fpl*
budgeting
    (Bw) Planung *f (ie, preparing state-*
    ments of plans and expected results
    in numerical terms; syn, planning,
    master minding)
    (Bw) Budgetierung *f,* Budgetauf-
    stellung *f (ie, operational planning)*
    (Fin) Budgetierung *f (ie, in the*
    sense of financial planning)
budget of sales volume (Mk) Absatz-
    mengenplan *m*
    (ie, part of overall sales planning;
    syn, volume budget)
budget target (Bw) Budgetziel *n (ie,*
    in the shape of a numberized goal)
build cost (com, US) Herstellungsko-
    sten *pl*
build in/into *v* (com) einfügen *(eg,*
    clause/proviso/stipulation . . . into a
    contract)

build market share *v* (com) Marktan-
    teil *m* aufbauen
build up *v* (com) aufbauen *(eg, firm,*
    reputation)
build up from scratch *v* (com) von
    vorn beginnen
build up inventories *v* (MaW) Be-
    stände *mpl* auffüllen
build up product cost *v* (KoR) Stück-
    kosten *pl* kalkulieren
build up reserves *v* (ReW) Rückla-
    gen *fpl* bilden *(syn, accumulate)*
built-in obsolescence (Bw) geplantes
    Veralten *n (syn, planned obsolesc-*
    ence)
bulk buyer (com) Großabnehmer *m*
    (syn, bulk purchaser, big industrial
    user, quantity buyer)
bulk buying
    (MaW) Mengeneinkauf *m,* Groß-
    einkauf *m (syn, volume pur-*
    chasing)
bulk commodity (com) Massengut *n*
bulk consumer (com) Großverbrau-
    cher *m*
bulk discount (com) Mengenrabatt *m*
    (syn, quantity/volume . . . discount)
bulk goods (com) Massengüter *npl*
    (syn, bulk commodities)
bulk order
    (com) Großauftrag *m (syn, big*
    ticket item, large-scale order)
bulk purchaser (com) = bulk buyer
bulletin board advertising (Mk)
    Großflächenwerbung *f*
bumper store (MaW) Zwischenla-
    ger *n (syn, intermediate inventory,*
    qv)
bump up *v* (com, infml) erhöhen
    (syn, boost, beef up, hike up)
bundle bidding (com) Paketange-
    bot *n (ie, R&D + production)*
bundle of services (Bw) Nutzungsvor-
    rat *m (ie, of tangible assets)*
burden of proof (Re) Beweislast *f*
    (ie, duty of proving a disputed as-
    sertion = Pflicht des Beweises e–r
    umstrittenen Behauptung; syn,
    onus of proof; civil law: onus prob-
    andi)

business

(com) Unternehmen *n (ie, any kind of business enterprise, not only ,Geschäft')*

(com) jede wirtschaftliche Tätigkeit *f (cf, trade, industry)*

business acquaintance (com) Geschäftsfreund *m (ie, not close enough to call a friend in the everyday sense of the word)*

business administration

(Bw) Betriebswirtschaftslehre *f*

(Bw) Unternehmensführung *f (syn, management)*

business appointment (com) geschäftliche Verabredung *f*, Termin *m*

business area

(Bw) Geschäftsbereich *m*

– Geschäftsfeld *n*

– Operationsfeld *n*

– Tätigkeitsbereich *m*

business arithmetic (com) Wirtschaftsrechnen *n*, kaufmännisches Rechnen *n (syn, commercial arithmetic)*

business associate (com) Geschäftsfreund *m (syn, business . . . acquaintance/friend, customer)*

business backlog (com) Auftragsbestand *m*

business budget (Bw) betriebliches Gesamtbudget *n*

business combination (com) Unternehmenszusammenschluß *m (syn, merger, tie-up)*

business community

(com) die Wirtschaft *f*, Privatwirtschaft *f (ie, all business enterprises as a whole; syn, business world)*

(com) Geschäftswelt *f*

business consultant (com) Unternehmensberater *m*, Betriebsberater *m (syn, management consultant, qv)*

business contacts (com) geschäftliche Verbindungen *fpl*, Geschäftsbeziehungen *fpl*

business-controlled pricing (Bw) administrierte Preisfestsetzung *f*

business corporation (com) (Kapital-) Gesellschaft *f*, die sich auf Handel

und Gewerbe beschränkt *(opp, financial corporation)*

business customers (com) Firmenkundschaft *f (syn, commercial customers; opp, private customers)*

business day (com) Werktag *m*

business enterprise

(com) (gewerbliches) Unternehmen *n*

– Unternehmung *f*

– Wirtschaftsunternehmen *n (syn, enterprise, firm, undertaking, company, concern, qv)*

business entity (com) Wirtschaftseinheit *f (syn, economic entity; opp, legal entity)*

business entrepreneur (com) Unternehmer *m (syn, business man)*

business environment (Bw) betriebliches Umfeld *n*, betriebliche Umwelt *f (syn, external environment)*

business ethics (Bw) Unternehmensethik *f (syn, corporate ethics)*

business executive (com) Unternehmensleiter *m (syn, top . . . manager/executive)*

business failures (com) Firmenpleiten *fpl*, Insolvenzen *fpl*

business finance

(Fin) betriebliche Finanzwirtschaft *f*

– Finanzwirtschaft *f* der Unternehmen

– Unternehmensfinanzierung *f (syn, corporate/company . . . finance, managerial finance)*

business firm (com) = business enterprise

business formation (com) Unternehmensgründung *f*

business forms of organization (com) Unternehmensformen *fpl*

business friend (com) = business associate

business goal (Bw) Unternehmensziel *n (syn, corporate enterprise . . . goal)*

business hours
  (com) Dienststunden *fpl*, Dienstzeit *f*
  (syn, office hours)
  (com) Geschäftsstunden *fpl*
business information agency (com)
  Auskunftei *f*
business intelligence consulting (Bw)
  Unternehmensberatung *f* *(ie,
  durch Informationsbeschaffung)*
business-judgment rule
  (com, US) Ermessensspielraum *m*
  von Directors bei Übernahmen,
  begrenzt durch die Interessen der
  Aktionäre
  *(ie, this rule of virtual immunity
  from shareholder suits is often in-
  voked when directors and management are accused of acting out of
  self-interest during takeover bids;
  recent court decisions have lessen-
  ed the immunity provided by the
  rule)*
business law (Re) Handelsrecht *n*
  *(ie, do not translate by ,Wirtschafts-
  recht' which in German is a subdivision of Administrative Law =
  Law of the Economy; syn, commercial law)*
business lawyer (Re) Wirtschaftsju-
  rist *m*
business link
  (com) Geschäftsverbindung *f (eg,
  build up ...)*
  (com) Zusammenschluß *m*
business loan (Fin) gewerblicher Kredit *m*
business logistics (Bw) betriebswirtschaftliche Logistik *f (syn, logistics
  of the firm)*
businessman
  (com) Unternehmer *m*
  (com) Geschäftsmann *m*
business management agreement
  (Re) Betriebsführungsvertrag *m*,
  Verwaltungsvertrag *m*
business mix (com) Sortiment *n (syn,
  product range, qv)*
business objective (Bw) Unternehmensziel *n*

business paper
  (com) Verkaufsunterlagen *fpl (eg,
  sales invoice)*
business patronage (com) Kundschaft *f*
  (syn, clientele, qv)
business planning (Bw) Unternehmensplanung *f (syn, corporate
  planning)*
business policy
  (Bw) Unternehmenspolitik *f (syn,
  company corporate ... policy)*
  (Bw) Grundsätze *mpl* der Unternehmensführung
business premises (com) gewerbliche
  Räume *mpl*, Geschäftsräume *mpl*
business press (com) Wirtschafts-
  presse *f*
business purchases (com) gewerbliche Anschaffungen *fpl (eg, trucks,
  computers)*
business radar (Bw) betriebliches
  Warnsystem *n (syn, warning
  system)*
business reply (Mk) Werbeantwort *f*
business reply card (com) Antwort-
  karte *f*
business risk
  (Bw) unternehmerisches Risiko *n*
  *(opp, insurable and imputed risks
  = kalkulierbare Risiken)*
business rival (com) Konkurrent *m*
  (syn, competitor, contender)
business secret (com) Betriebsge-
  heimnis *n*, Dienstgeheimnis *n*
  (syn, industrial/trade ... secret)
business segment
  (com) Geschäftsfeld *n*
  – Geschäftsbereich *m (syn,
  operating area)*
business services (com) Dienstleistungen *fpl* im gewerblichen Bereich *(eg, public relations, temporary help, management consulting)*
business slowdown (Vw) konjunktureller Abschwung *m*
business spending (Fin) Investitionsausgaben *fpl*, Investitionen *fpl*
  *(syn, capital ... spending/expendi-
  ture, investment spending)*

business start-up (com) Existenzgründung *f*, Unternehmensgründung *f*

business startup scheme (com, GB) Programm *n* zur Gründung von Unternehmen

business strategy (Bw) Unternehmensstrategie *f (syn, corporate strategy)*

business studies (com, infml) Betriebswirtschaft *f (ie, if taking place at university level; eg, earn a degree in business studies)*

business taxation (StR) Unternehmensbesteuerung *f*

business tie-up (com) wirtschaftliche Zusammenarbeit *f*

business to be transacted (com) Tagesordnung *f (syn, agenda, order of the day)*

business transaction (com) Geschäft *n (syn, deal)*

business trip (com) Geschäftsreise *f*

business undertaking (com) = business enterprise

business unit (com) Geschäftsbereich *m*, Sparte *f* (com) = business enterprise

business upswing (Vw) = business upturn

business upturn (Vw) Konjunkturaufschwung *m*

business usage (com) Handelsbrauch *m*, Verkehrssitte *f (syn, usage of the market, qv)*

businesswoman (com) Unternehmerin *f*

business world (com) = business community

business year (com) Geschäftsjahr *n*, Wirtschaftsjahr *n (syn, financial/ fiscal . . . year)*

bust (com, infml) Konkurs *m*, Bankrott *m (eg, go bust)*

buy (com) Geschäft *n (eg, the article is a good buy; syn, bargain)*

buy *v* (com) kaufen
– anschaffen
– beziehen
– einkaufen
– erwerben *(syn, purchase)*

buyer (com) Käufer *m (syn, purchaser; fml, vendee)* (com) Kunde *m*, Abnehmer *m (syn, customer)*

buyer confidence (Mk) Konsumklima *n (syn, consumer sentiment)*

buyers' market (Mk) Käufermarkt *m (syn, sellers' market)*

buyer's resistance (Mk) Kaufwiderstand *m*

buy firm *v* (com) fest kaufen

buy in *v* (com) sich eindecken *(ie, accumulate inventory)*

buying agent (com) Einkaufsagent *m (ie, vermittelt Einkaufsquellen)* (MaW) Einkäufer *m*, Einkaufskommissionär *m (syn, purchasing agent)*

buying behavior (Mk) Kaufverhalten *n (syn, buying pattern)*

buying cartel (Kart) Einkaufskartell *n (syn, purchasing cartel)*

buying center (Mk) Buying Center *n* – Einkaufgremium *n (ie, Konstrukt für die Erklärung des organisatorischen Kaufverhaltens)*

buying commission (com) Einkaufsprovision *f*

buying group (Mk) Einkaufsvereinigung *f*

buying habits (Mk) Kaufgewohnheiten *fpl*

buying incentive (Mk) Kaufanreiz *m*

buying-in price (com) Ankaufspreis *m*

buying intention (Mk) Kaufabsicht *f*

buying motive (Mk) Kaufmotiv *n*

buying pattern (Mk) Kaufverhalten *n (syn, buying behavior)*

buying power (Mk) Kaufkraft *f (syn, purchasing power)*

buying resistance (Mk) Kaufwiderstand *m*

buying syndicate
(Fin) Übernahmekonsortium *n*, Emissionskonsortium *n* *(syn, underwriting group, qv)*

buy into *v* (com) Beteiligung *f* erwerben an

buy off *v*
(com, infml) aufkaufen *(eg, intending purchaser buys off a business rival)*
(com) abfinden *(ie, cause sb to give up a claim)*

buy on credit *v* (com) auf Kredit kaufen, auf Ziel kaufen

buy oneself in/into *v* (com) Anteil *m* erwerben an *(ie, obtain a share in a business by buying stock)*

buy on hire purchase *v* (com, GB) auf Abzahlung kaufen *(syn, US, buy on the installment plan)*

buy on the installment plan *v* (com, US) auf Abzahlung kaufen *(syn, GB, buy on hire purchase)*

buyouts (com, US) Unternehmen *npl*, die von den bisherigen Managern im Zuge e–r Konzernbereinigung erworben werden

buyout specialist (com) Übernahme-Spezialist *m*

buy over *v* (com, GB) bestechen *(syn, bribe)*

buy turnover (com, GB) hoher Umsatz *m* mit geringer Gewinnspanne

buy up *v*
(com, Fin) aufkaufen *(ie, all the supplies of a commodity or security)*
(com) aufkaufen *(ie, a business to gain complete control; syn, buy out, acquire, take over)*

by-bidder (com) Scheinbieter *m*
(ie, employed to bid at an auction in order to raise prices for the auctioneer or seller)

by-bidding (com) = bidding up

by order of (com) im Auftrag von

byproduct
(com) Nebenerzeugnis *n*, Nebenprodukt *n*
(ie, in joint production = Kuppelproduktion; syn, co-product, residual/subsidiary ... product; opp, main product)
(com) Abfallprodukt *n* *(syn, spinoff)*

by return mail (com) postwendend *(syn, GB, by return post)*

by return post (com, GB) postwendend

by tender (com) auf dem Submissionswege

by value (com) wertmäßig *(eg, 30% of the market by value; syn, in terms of value, in value)*

by volume (com) mengenmäßig *(eg, sales dropped 23% ...)*

C

cabotage
(com) Kabotage *f* *(ie, coasting trade)*
(Re) Kabotage *f*
(ie, right of a country to license air transport within its borders; of little relevance in Europe)
(Re) Kabotage *f*
(ie, Staat behält sich das Recht vor, im Falle des von ausländischen Verkehrsunternehmen durchge-führten Verkehrs zwischen zwei Orten des gleichen Staatsgebiets (Binnenverkehr) diesen Verkehr auszuschließen)

Caesar management (Bw) autokratische Unternehmensführung *f*
(ie, power vested in one executive; syn, autocratic management)

cafeteria question (Mk) Auswahlfrage *f*, Speisekartenfrage *f (syn, multiple choice question)*

cahier des charges (com) Lastenheft *n (syn, tender specifications)*

calculate *v* (com) rechnen, errech-
nen, berechnen *(syn, compute,
work out)*

calculated risk (com) kalkuliertes Risiko *n
(ie, with alternatives carefully
studied in order to select the course
with the highest probabilities of
success)*

calculation
(com) Berechnung *f*
(com) Ausrechnung *f (ie, worked-
out figures)*

calculation of economy (Bw) Wirtschaftlichkeitsberechnung *f (syn,
economy calculation, qv)*

call a meeting *v* (com) Sitzung *f* einberufen *(syn, convene)*

call a strike *v* (Pw) Streik *m* ausrufen

call at a port *v* (com) Hafen *m* anlaufen

callback
(com) Rückruf *m (ie, of defective
products; eg, by auto manufacturer; syn, recall, qv)*
(Mk) Nachfaßinterview *n (syn, follow-up interview)*
(Mk) Kontrollinterview *n*

call bird (Mk) Lockvogel *m (syn, loss
leader, qv)*

call credit (com) Gutschrift *f* für Wa-
renrückgabe

call-forward notice (com) Abruf *m
(ie, instruction to send off consignment)*

call in *v*
(com) rückrufen *(eg, defective
parts)*

call in an expert *v* (com) Sachverständigen *m* hinzuziehen *(ie, employ
the services of an expert; syn, consult)*

call off *v* (com) abrufen *(ie, goods ordered and ready for shipment)*

call-off amount (MaW) Abrufmen-
ge *f (ie, of
materials)*

call off as required (com) Abruf *m*
nach Bedarf

call off a strike *v* (Pw) Streik *m* abbrechen od beenden

call-off purchase agreement (com)
Abrufvertrag *m*

call on a customer *v* (com) Kunden *m*
aufsuchen od besuchen

call order (com) Abrufauftrag *m*

call out on strike *v* (Pw) zum Streik
aufrufen

call purchase (com) Kauf *m* mit
Preisoption *(ie, within stated range
of the present price)*

call sale (com) Verkauf *m* mit Preisoption *(opp, call purchase)*

call schedule (Fin) Tilgungsplan *m
(syn, loan/ redemption/repay-
ment . . . schedule)*

camouflaged advertising (Mk)
Schleichwerbung *f (syn, masked
advertising)*

cancel *v*
(com) annullieren, stornieren *(eg,
purchase order)*
(com) durchstreichen *(syn, strike
out, cross out, delete)*

cancel a contract *v* (Re) Vertrag *m*
aufheben, vom Vertrag zurücktreten *(syn, annul, avoid, rescind, nullify, terminate)*

cancel a sale *v* (Re) wandeln, Kauf *m*
rückgängig machen *(syn, rescind,
set aside)*

cancellation of sale (Re) Wandlung *f
(ie, Rückgängigmachung f e–s
Kaufs; cf, § 462 BGB; syn, rescission of sale)*

cannibalize *v* (com) ausschlachten
*(ie, to use a broken or retired
machine or plant for the repair of
another; syn, disassemble)*

canvass
(Mk) Befragung *f* e–r. Grundge-
samtheit
(Mk) persönliche Werbung *f*

canvass customers *v* (Mk) Kunden *mpl* werben *(syn, solicit)*

canvasser (Mk) Akquisiteur *m (syn,
solicitor)*

canvassing
(Mk) Akquisition *f*
(Mk) Direktverkauf *m (ie, Haus zu Haus)*
(Mk) persönliche Werbung *f (ie, generally regarded as an act of unfair competition)*

canvassing costs (Mk) Akquisitionskosten *pl (syn, sales development costs)*

canvass new orders *v* (com) Aufträge *mpl* beschaffen od hereinholen *(syn, obtain/secure... new orders; attract new business)*

capability of a company (Bw) Leistungspotential *n* e-s Unternehmens

capability planning (Bw) Ressourcen-Planung *f*

capability profile (Bw) Leistungsprofil *n*
(ie, based on an appraisal of assets and liabilities; part of a situation audit for strategic planning purposes)

capable of work (Pw) erwerbsfähig *(syn, employable)*

capacity
(Bw) Kapazität *f (ie, potential output of a plant per period)*

capacity adjustment (Bw) Kapazitätsanpassung *f*

capacity barrier (Bw) Kapazitätsgrenze *f (ie, limit of plant capacity; syn, capacity limit)*

capacity constraint (Bw) Kapazitätsengpaß *m*

capacity cost
(KoR) Kosten *pl* der Betriebsbereitschaft
– beschäftigungsunabhängige Kosten *pl*
– fixe Kosten *pl (syn, standby cost, ready-to-serve cost)*

capacity decrease (Bw) Kapazitätsverminderung *f*

capacity factor (Bw) Kapazitätsfaktor *m (ie, ratio of utilized capacity to installed capacity; syn, load factor)*

capacity gap (Bw) Kapazitätslücke *f*

capacity output (Bw) = capacity production

capacity overshoot (Bw) Überkapazität *f (syn, excess capacity, qv)*

capacity planning (Bw) Kapazitätsplanung *f*

capacity policy (Bw) Kapazitätspolitik *f*

capacity production (Bw) Beschäftigung *f* an der Kapazitätsgrenze, Vollbeschäftigung *f (syn, capacity... output/ working)*

capacity shortage (Bw) Unterkapazität *f*

capacity use (Bw) = capacity utilization rate

capacity use in manufacturing (Bw) Kapazitätsauslastung *f* im Fertigungsbereich *(eg, rose to 80%)*

capacity utilization (Bw) Kapazitätsauslastung *f*, Kapazitätsausnutzung *f (eg, is down to 70%, or: is at a healthy 95%; syn, plant utilization)*

capacity utilization rate
(Bw) Beschäftigungsgrad *m*
– Kapazitätsausnutzungsgrad *m*
(ie, ratio of actual utilization to attainable capacity working; syn, degree/level... of capacity utilization, plant utilization rate, operating rate)

capacity working (Bw) Vollauslastung *f*, Vollbeschäftigung *f (syn, full capacity utilization, qv)*

capital
(Bw) Kapital *n (ie, may be physical assets or financial resources)*

capital assets (Bw) = assets

capital budget
(Bw) Investitionsplan *m*
(syn, capital spending/investment... plan; opp, operating budget)
(Fin) Kapitalbudget *n*, Finanzbudget *n (syn, financial budget)*
(Fin) Investitionsplanung *f (syn, capital expenditure planning)*

(Fin) Investitionsrechnung *f*
– Wirtschaftlichkeitsrechnung *f*
– Rentabilitätsrechnung *f* *(ie, compares the profitability of alternative investment projects; syn, preinvestment analysis, investment appraisal, estimate of investment profitability)*

capital contribution
(Fin) Kapitaleinlage *f*

capital cost
(Fin) Kapitalkosten *pl (syn, capital charges)*
– Finanzierungskosten *pl*
(Fin) Investitionskosten *pl*

capital employed
(Fin) eingesetztes od investiertes Kapital *n (ie, current and fixed assets; syn, invested capital)*
(Bw) Nettogesamtvermögen *n (ie, fixed assets + current assets – current liabilities)*

capital equipment
(Bw) Investitionsgüter *npl (syn, capital goods)*

capital equipment industry (Bw) Produktionsgüterindustrie *f (syn, producer goods industry)*

capital equipment spending (Bw) Anlageinvestitionen *fpl*

capital expansion (Bw) Erweiterungsinvestition *f (syn, expansion investment, qv)*

capital expenditure
(Fin) Investitionsausgaben *fpl (syn, capital spending, qv)*

capital expenditure expansion (Bw) = capital expansion

capital expenditure planning (Fin) Investitionsplanung *f (syn, capital budgeting, qv)*

capital expenditure program (Fin) Investitionsprogramm *n (syn, capital spending program)*

capital from outside sources (Fin) Fremdkapital *n (syn, borrowed/ debt/loan/outside . . . capital)*

capital funds (Fin) Eigenmittel *pl*

capital gains
(StR) Veräußerungsgewinne *mpl*

– Vermögenszuwachs *m* aus Veräußerungen
– realisierte „Kapitalgewinne" *mpl (ie, sales price – cost basis remaining at time of sale after deducting depreciation and other writeoffs)*

capital gains tax
(StR) Kapitalgewinnsteuer *f (ie, no equivalent in German; tax on the net appreciation in the value of an asset)*
(StR) Kapitalertragsteuer *f (ie, so translated in general business practice and in tax treaties, in disregard of differences in tax bases and statutory definitions; cf, § 43 I EStG)*

capital gearing (Fin, GB) Kapitalstruktur *f*, Leverage-Effekt *m (ie, Verhältnis Fremdkapital zu Eigenkapital; fixed interest capital to ordinary share capital)*

capital gearing ratio (Fin, GB) Nettofremdkapitalquote *f (ie, Nettoverbindlichkeiten in % des Sachvermögens, bewertet zu Anschaffungskosten)*

capital goods
(com) Kapitalgüter *npl*, Anlagegüter *npl (syn, investment/instrumental . . . goods)*
(com) Anlagegüter *npl*, Investitionsgüter *npl (syn, investment/industrial/equipment . . . goods)*

capital goods industry (com) Investitionsgüterindustrie *f*

capital goods manufacturer (com) Investitionsgüter-Hersteller *m*

capital goods market (com) Investitionsgütermarkt *m*

capital increase (Fin) Kapitalerhöhung *f (ie, through retained earnings or additional capital contributions; syn, increase of capital stock)*

capital intensive (Bw) anlagenintensiv, kapitalintensiv

(ie, production in which substantial use is made of fixed assets)

capital intensive industries (Bw) kapitalintensive Wirtschaftszweige *mpl*

capital intensive production (Bw) kapitalintensive Produktion *f*

capital interest (Fin) Kapitalbeteiligung *f*
(ie, equity participation)

capital invested (Fin) = capital employed

capital investment
(Fin) Kapitalanlage *f*, Geldanlage *f*
(Fin) Investitionsausgaben *fpl* *(syn, capital spending, qv)*
(com) Anlageinvestitionen *fpl (ie, in capital or fixed assets)*

capital investment company (Fin) Kapitalanlagegesellschaft *f*

capital investment financing (Fin) Investitionsfinanzierung *f (ie, financing of capital projects)*

capital investment planning (Fin) Investitionsplanung *f*

capital investment project (Fin) = capital spending project

capital investments (Fin) langfristige Investitionen *fpl (eg, fixed assets, long-term securities)*

capitalization
(Fin) Kapitalausstattung *f (ie, nach Art und Höhe; the aggregate of the authorized par value of the stocks and bonds of a corporation; there are several bases: cost of property less depreciation, cost of replacement on the basis of the present technical arts, capitalization of earning power; and prudent investment theory)*
(Bö) Börsenkapitalisierung *f (syn, market capitalization)*

capitalization of earning power (Bw) Kapitalisierung *f* des Ertragswertes
(ie, value of a business = present worth of an indeterminable series of probable incomes discounted at a current rate of interest)

capitalization ratio
(Bw) Anlagenintensität *f (ie, fixed assets to net worth)*

capitalize *v*
ReW) aktivieren, kapitalisieren
(ie, carry as assets; opp, expense = als Periodenaufwand verbuchen)
(Fin) kapitalisieren *(ie, discount the present value of future earnings)*
(Fin) Wertpapiere *npl* ermitteren
(ie, stocks or bonds to cover an investment)

capitalized expense (ReW) kapitalisierte Aufwendungen *mpl*

capital market paper (Fin) Kapitalmarktpapiere *npl*

capital movements
(Fin) Kapitalverkehr *m*, Kapitalbewegungen *fpl (syn, capital… flows/transfers)*
(Fin) Kapitalflucht *f (ie, flight of capital)*

capital outlay (Fin) = capital spending

capital productivity (Bw) Kapitalproduktivität *f*

capital reorganization (Fin) Kapitalneuordnung *f*
(ie, change in the financial structure of a company; may be recapitalization or merger; cf, reorganization)

capital requirements (Fin) Kapitalbedarf *m*

capital resources (Fin) Kapitalausstattung *f*
(syn, capitalization)

capital spending
(Fin) Investitionsaufwendungen *mpl*
– Investitionsaufwand *m*
– Investitionsausgaben *fpl (syn, capital expenditure, investment expenditure)*

capital spending authorization (Fin) Genehmigung *f* von Investitionsprojekten *(syn, capital appropriation)*

capital spending control (Bw) Investitionskontrolle *f (ie, comparison of* *budgeted and actual figures to determine budget variances)*

capital spending decision (Bw) Investitionsentscheidung f

capital spending on replacement (Fin) Ersatzinvestition f

capital spending plan (Fin) Investitionsplan m

capital spending policy (Bw) Investitionspolitik f des Unternehmens

capital spending program (com) Investitionsprogramm n

capital spending project (Fin) Investitionsobjekt n, Investitionsprojekt n *(syn, capital investment project, investment... project/object/proposal)*

capital spending requirements (Fin) Investitionsbedarf m

capital spending requisition (Fin) Investitionsantrag m *(ie, by division, department, subsidiary, etc)*

capital turnover (Fin) Kapitalumschlag m, Kapitalumschlaghäufigkeit f
(ie, one of the components of the RoI ratio system; syn, GB, turnover to average total assets, investment turnover; opp, percentage return in sales, qv)

capsule cargo (com) Containerfracht f *(syn, containerized freight)*

captive (Bw) Unternehmen n, das für den Eigenbedarf e–r Muttergesellschaft produziert

captive contractor (com) abhängiger Lieferant m

captive items (com) Erzeugnisse npl für den Eigenbedarf

captive shop (IndE) Betrieb m od Betriebsabteilung f für die Eigenfertigung
(ie, operated for a company's own needs rather than for the open market; eg, captive forge = unternehmenseigene Schmiede)

capture a market v (com) Markt m erobern *(syn, conquer)*

capture model (EDV) Einstiegsmodell n *(syn, entry-level model)*

carbon tax (FiW, EG) Kohlendioxydsteuer *(ie, the EEC commission is considering a scheme that would tax emissions by EEC countries)*

career
(Pw) Karriere f
– berufliche Laufbahn f
– Beruf m *(ie, job or profession for which one is trained and which is often pursued for a whole lifetime)*

career counseling (Pw) Berufsberatung f

career development (Pw) Aufbau m e–r Karriere *(ie, systematic development of potential for advancement*

career development prospects (Pw) Aufstiegschancen fpl, Aufstiegsmöglichkeiten fpl *(syn, career growth opportunities, scope for advancement)*

career growth opportunities (Pw) = career development prospects

career guidance (Pw) = career counseling

career history (Pw) beruflicher Werdegang m *(syn, career path, work history)*

career mobility (Pw) berufliche Mobilität f *(ie, willingness to move from one position to another)*

career monograph (Pw) ausführlicher Lebenslauf m *(syn, detailed career history, qv)*

career-oriented training (Pw) berufsbezogene Ausbildung f

career path (Pw) = career history

career planning (Pw) Karriereplanung f, Berufsplanung f

career planning workshop (Pw) Karriereplanungs-Seminar n

career promotion (Pw) Bewährungsaufstieg m *(ie, simply based on merit)*

career prospects (Pw) Aufstiegsmöglichkeiten fpl *(ie, prospects of promotion)*

career woman (Pw) Karrierefrau f

cargo
(com) Fracht *f*
− Frachtgut *n*
− Ladegut *n (syn, freight)*
(com) Seefracht *f*
− Schiffsladung *f*
− Kargo *m (syn, ocean freight)*

cargo area (com) Ladefläche *f (syn, loading area)*

cargopack (com) seemäßige Verpakkung *f (syn, seaworthy packing)*

carriage
(com) Beförderung *f*, Transport *m (syn, conveyance, shipment, haulage, transportation)*
(com, GB) Frachtkosten *pl*
− Transportkosten *pl*
− Rollgeld *n (syn, cartage)*

carrier
(com) Beförderungsunternehmen *n (ie, carries goods and passengers for hire)*
(com) Zustellbote *m (ie, delivers newspapers)*
(com) (Luft-)Frachtführer *m (syn, haulage contractor)*
(com) Verfrachter *m (ie, in ocean transportation)*
(com) Fernmeldeunternehmen *n*
(com) Spediteur *m (syn, forwarding agent, qv)*

carrier's receipt (com) Ladeschein *m*, Spediteurbescheinigung *f*

carrier's risk (com) Risiko *n* des Frachtführers

carry *v*
(com) befördern *(syn, convey, ship, transport)*
(com) führen *(eg, Ware, Artikel)*
ReW) verbuchen, ausweisen *(ie, on books of account; syn, enter in/ on, post to, recognize on)*

carry an account with a bank *v* (Fin) Bankkonto *n* haben

carry a product *v* (com) Produkt *n* führen

carry as asset *v* (ReW) aktivieren *(syn, capitalize, recognize as an asset, charge to capital)*

carry as liability *v* (ReW) passivieren

carrying charges
(MaW) = carrying cost

carrying cost
(MaW) Lagerkosten *pl*
− Lagerhaltungskosten *pl*
− Kosten *pl* der Lagerhaltung
(syn, carrying charges, cost of carrying, holding cost)

carry in stock *v* (com) am Lager haben, führen

carry on business *v* (com) Geschäft *n* betreiben, sich geschäftlich betätigen

carry on the books *v* (ReW) ausweisen, zu Buche stehen *(eg, at historical cost; syn, show on the books)*

carry out *v* (com) ausführen, durchführen

carry out an order *v* (com) Bestellung *f* od Auftrag *m* ausführen *(syn, complete/execute/fill... an order)*

carry out the terms of a contract *v* (Re) Vertrag *m* erfüllen
(syn, perform a contract, discharge obligations under a contract)

carryover effect (Mk) Überlagerungseffekt *m*

carry to reserves *v* (ReW) den Rücklagen zuführen

cartel (Kart) Kartell *n (ie, kein rechtstechnischer Ausdruck: it is an englicized term for the German Kartell)*

cartel agreement
(Kart) Kartellabkommen *n*
− Kartellvereinigung *f*
− Kartellvertrag *m (eg, between major EEC synthetic fiber makers to cut their production capacity)*

cartelization (Kart) Kartellierung *f*, Kartellbildung *f*

cartelize *v* (Kart) kartellieren, zu e−m Kartell zusammenschließen

carve out a market niche *v* (com) Fuß fassen, Marktnische *f* erobern *(syn, get a toehold in a market)*

carve out a reputation v (com, infml) sich e–n Namen machen *(ie, for)*

carve up a market v (com, infml) Markt m aufteilen *(syn, divide, partition)*

case-by-case approach (Bw) Fallmethode f *(syn, case method)*

cash
(com) Bargeld n *(ie, notes and coin)*
(Fin) liquide Mittel pl *(ie, currency, money orders, demand deposits)*

cash v
(com) kassieren
(Fin) einlösen *(eg, check, matured coupon)*

cash advance
(com) Barvorschuß m
(Fin) Barkredit m

cash against bill of lading (com) Konnossement n gegen Kasse

cash against documents, c.a.d.
(com) Kasse f gegen Dokumente

cash amount (com) Barbetrag m

cash and cash items (Fin) liquide Mittel pl

cash assets (Fin) liquide Mittel pl *(ie, cash on hand and bank deposits, but without marketable securities = Wertpapiere des Umlaufvermögens)*

cash balance
(Fin) Kassenbestand m *(syn, cash in hand)*
(Fin) Barsaldo m

cash before delivery (com) Barzahlung f vor Lieferung

cash bid (com) Bar-Übernahmeangebot n *(cf, cash tender)*

cash budget
(Fin) Einnahmen-Ausgaben-Plan m, Liquiditätsbudget n *(ie, receipts and disbursements)*

cash budgeting (Fin) Einnahmen-Ausgaben-Planung f, kurzfristige Liquiditätsplanung f

cash buying
(com) Bareinkauf m *(syn, cash purchase)*

cash buyout (com) Übernahme f durch Barabfindung *(opp, all-paper buyout)*

cash contribution (Fin) Bareinlage f

cash cow (com, infml) Unternehmen n mit hohen Liquiditätsreserven *(ie, geeignet für Übernahmeversuche)*

cash desk (com) Kasse f *(syn, checkout, qv)*

cash discount
(com) Skonto m od n *(pl, Skonti)*
(com) Barrabatt m
– Barzahlungsnachlaß m
– Barzahlungsrabatt m

cash dividend (Fin) Bardividende f, Barausschüttung f
(syn, cash distribution; opp, commodity/property... dividend, dividend in kind = Sachdividende)

cash down (com, infml) in bar *(syn, cash, cash!)*

cash flow statement (Fin) Kapitalflußrechnung f
(syn, funds statement, statement of cash receipt and disbursements, flow of funds)

cash holding (Fin) Bargeldbestand m, Kassenbestand m *(syn, cash in hand)*

cash injection (Fin) Finanzspritze f, Liquiditätsspritze f
(eg, an extra $15bn are pumped into the economy; syn, injection of fresh funds; infml, fiscal hypo, fiscal shot in the arm)

cashless shopping (com) bargeldloses Einkaufen n *(ie, electronic funds transfer at point of sale = EFT/POS)*

cash on delivery, c.o.d., cod
(com) Barzahlung f bei Lieferung *(ie, Kaufpreis zahlbar bei Übergabe der Ware, nicht der Dokumente)*

cash order (com) Bestellung f mit vereinbarter Barzahlung *(ie, no credit being given)*

cash-out merger (com, US) Fusion f mit Barabfindung

45

*(ie, term has a negative conno-
tation; syn, freeze-out/squeeze-
out ... merger)*

cash planning (Fin) Liquiditätsplanung *f*

cash pressures (Fin) Liquiditäts-
schwierigkeiten *fpl (syn, cash
problems, financial trouble; infml,
financial hot water)*

cash resources (Fin) flüssige Mittel *pl*

cash return
(Fin) Barrentabilität *f*
(Fin) Einnahmenreihe *f (ie, in
preinvestment analysis)*

cash sale
(com) Barverkauf *m (ie, in retailing)*
(Mk) Abschluß *m*
*(ie, in wholesaling and industry;
mit Zahlung innerhalb bestimmter
Frist)*

cash tender (com, US) Barabfin-
dungs-Angebot *n (ie, in a takeover
tussle; opp, paper tender)*

cash with order, c.w.o.
(com) Zahlung *f* bei Auftragserteilung

cast (com) Addition *f*

casting vote (com) ausschlaggebende
Stimme *f (eg, at a board meeting;
syn, deciding/tie-breaking ... vote)*

cast up *v* (ReW) addieren *(eg, an account)*

casual customer
(com) Laufkunde *m (syn, infml,
off-the-street customer)*
(com) Gelegenheitskunde *f (syn,
occasional customer)*

catalog buying (Mk) Einkauf *m* nach
Katalog *(opp, buying through retail outlets)*

catalog company (Mk, GB) Versandhaus *n (syn, US, mail order company)*

catalog discount store (Mk) Katalog-
warenhaus *n*

catalog price (com) Katalogpreis *m*

catch at *v* (com) nutzen, ergreifen
*(eg, chance of making a profit; syn,
grab at, snap at)*

catchment area (com) Einzugsge-
biet *n (syn, area of supply, trading
area)*

catch on *v* (com) sich durchsetzen *(ie,
become popular; eg, new product)*

catch up *v* (com) aufholen

catch-up demand (com) Nachholbedarf *m (syn, backlog/pent-up ...
demand)*

catch with pants down *v* (com, sl) völlig unvorbereitet treffen *(eg, legis-
lators could just be caught with
their pants down)*

categorize *v* (com) einstufen, katego-
risieren *(syn, classify, grade, scale)*

category analysis (Mk) Käufer-
struktur-Analyse *f*

caterer (com, GB) Gaststättenbe-
trieb *m (syn, US, restaurateur)*

catering group (com, GB) Restau-
rant-Kette *f (syn, restaurant chain)*

catering trade (com, GB) Hotel- und
Gaststättengewerbe *n (syn, hotels
and restaurants)*

cats and dogs
(com, infml) Ladenhüter *mpl*
– Penner *mpl (syn, shelf warmer,
drug on the market)*

CATY system (Mk) = computer-aided telephone interviewing

cave in *v*
(com) nachgeben *(eg, to pressures)*
(com) bankrott machen, pleite gehen *(eg, firm caved in)*

ceiling
(com) Plafond *m (syn, limit)*
(Fin) Höchstbetrag *m,* Obergren-
ze *f (syn, maximum/threshold ...
amount)*

ceiling price (com) Höchstpreis *m*

cellular organization of production
(IndE) Werkstattfertigung *f (syn,
job shop production, qv)*

cellular telephone (com, US) mobiles
Telefon *n*

census survey (Mk) Gesamtmarkta-
nalyse *f (opp, sample survey)*

center in/on/upon *v* (com) sich konzentrieren auf *(eg, activity, field of
attention)*

central agency (Bw) Preismeldestelle *f (ie, collates and distributes price information; syn, open price association)*

central buying (MaW) Zentraleinkauf *m (syn, centralized purchasing, qv)*

central buying office (MaW) Zentraleinkauf *m*

central department (Bw) Zentralabteilung *f*

central filing department (com) Hauptablage *f*

central handling
(com) zentrale Bearbeitung *f*
(com) Federführung *f (syn, lead management)*

central headquarters (com) Hauptverwaltung *f (syn, headquarters, qv)*

centralized dispatching (IndE) zentrale Arbeitszuweisung *f*

centralized maintenance (IndE) zentrale Wartung *f*

centralized management (Bw) einheitliche Leitung *f (syn, unified management, common control)*

centralized processing (com) zentrale Bearbeitung *f (eg, of transferred funds)*

centralized purchasing (MaW) Zentraleinkauf *m (syn, central buying)*

central management (com) = centralized management

central order processing system, COP (Bw) zentrale Auftragsbearbeitung *f*

central processing unit, CPU (EDV) Zentraleinheit *f*, CPU *f*

central stockroom (MaW) = central store

central store (MaW) Hauptlager *n (syn, central stockroom)*

central wholesale market (com) Großmarkt *m*

CEO (Bw) = Chief Executive Officer

certificate
(com) Bescheinigung *f*
(ie, übliche Form der Überschrift: To whom It May Concern)

certificate *v* (com) zulassen *(eg, aircraft for regular service)*

certificate of compliance
(IndE) Werksbescheinigung *f (opp, Werkszeugnis)*

certificate of conduct (Pw) Führungszeugnis *n*

Certificate of Deposit, CD
(Fin) Depositenzertifikat *n*
– Euro-CD
– Geldmarktzertifikat *n*
–Einlagenzertifikat *n*
(ie, im Finanzierungsalltag meist nicht übersetzt; a product of the U. S. money market; normally sold in $1m units; issued at face value, with interest paid at maturity; CDs can have any maturity longer than 14 days; im Dt auch verbriefte Bankeinlagen genannt)

certificate of incorporation (Re) Gründungsurkunde *f*
(ie, franchise that empowers the incorporators – Gründer – of a company to act as a corporation; issued by the secretary of state of the state of incorporation; in GB, by Registrar of Companies)

certificate of manufacture (com) = certificate of origin

certificate of origin
(com) Ursprungszeugnis *n (ie, same as invoice, but with prices omitted)*
(com) Provenienz-Zertifikat *n (ie, evidencing origin or quality, esp of bulk commodities in world trade)*

certificate of value and origin (com) Wert- und Ursprungszertifikat *n*

certificate of warranty (com) = certificate of gurantee

certificate to be final (com) Bescheinigung *f* über Warenqualität ist bei Abnahme der Ware vom Käufer anzuerkennen

certification
(com) Zulassung *f (eg, of aircraft by the Federal Aviation Administration)*

certification and approval requirements (AuW) Bescheinigungs- und Zulassungs-Vorschriften *fpl*

certification fee (Re) Beglaubigungsgebühr *f*

certified
(com) beglaubigt, bestätigt
(com) konzessioniert

certified copy (com) beglaubigte Abschrift *f* od Kopie *f*

certified financial statement (ReW) Abschluß *m* mit Bestätigungsvermerk, testierter Abschluß *m*

certified mail (com, US) Einschreibsendung *f (syn, registered mail)*

certified public accountant, *CPA* (ReW, US) Wirtschaftsprüfer *m (syn, GB, chartered accountant, CA)*

certify *v*
(com) bescheinigen, bestätigen
(Re) beglaubigen
(eg, certified to be a true an correct copy of the original = für die Richtigkeit der Abschrift; syn, authenticate, legalize)

certifying body (Re) bescheinigende Stelle *f*

chain
(Mk) Einzelhandelskette *f (syn, retailing chain)*

chain buffer time (IndE) Kettenpufferzeit *f*

chain discount (Mk) Stufenrabatt *m*

chain of command (Bw) Kontrollspanne *f (syn, span of control, qv)*

chain of evidence (com) Beweiskette *f (eg, unbroken... = lückenlose...)*

chain store
(Mk) Filialkette *f (syn, GB, multiple shop)*
(Mk) Filialgeschäft *f*
(ie, Laden in e–r freiwilligen Kette)

chain store company (Mk) Filialgesellschaft *f*

chain store manager (Mk) Filialleiter *m*

chain trade (Mk) Kettenhandel *m*

chair (com) Vorsitz *m (syn, chairmanship, qv)*

chair *v* (com) Vorsitz *m* führen
(eg, a meeting; syn, be in the chair, act as chairman, preside over)

chairman (com) Chairman *m*, Vorsitzender *m*
(ie, Americans now prefer the term ‚chairperson' if the term is understood to include both male and female or refers to at least one of them; it is customary in U.S. organization bylaws)

chairmanship (com) Vorsitz *m (syn, chair, presidency)*

chalk out *v* (com) planen, skizzieren

chalk up *v*
(com, infml) anschreiben *(eg, can you chalk it up to me?)*

challenge *v*
(com) herausfordern
(Re) anfechten, bestreiten *(syn, contest)*

challenger
(com) Herausforderer *m*
(Bw) zweite Alternative *f*
(ie, Investitionsobjekt, das als Ersatz in Erwägung gezogen wird; opp, defender)

chamber of commerce (com, US) Handelskammer *f (ie, local association of business promoting the area's trade; syn, board of trade)*

champion a view *v* (com) Ansicht *f* vertreten

chance bargain (com) Gelegenheitskauf *m (syn, bargain)*

change *v* (Fin) umtauschen *(eg, money; syn, exchange, convert, qv)*

change agent (Bw) Berater *m* in der Organisationsentwicklung

change in control (Bw) Wechsel *m* der Eigentumsverhältnisse

change in demand
(Mk) Nachfrageänderung *f*

change in inventories
(MaW) Bestandsänderungen *fpl*, Vorratsveränderungen *fpl*

change in leadership (Bw) Führungswechsel *m*

change in plant operation (Bw) Betriebsänderung f *(ie, closing down, locational shift = Standortänderung, object of company, etc)*

change in supply
(Mk) Angebotsänderung f

change in tastes (Mk) Änderung f der Bedarfsstruktur

change in the level of activity (Bw) Änderung f des Beschäftigungsgrades

change money v (Fin) Geld n wechseln

change of inventories (MaW) Bestandsänderung fpl

change of legal form (Bw) Umgründung f, Änderung f der Rechtsform

change of location (Bw) Standortverlegung f *(syn, locational shift)*

change one's business mix v (com) Sortiment n umstellen

change order (com) Auftragsänderung f

change-over cost
(KoR) Umstellkosten pl
– Umrüstkosten pl
– Kosten pl der Umrüstung

change-over time (IndE) Umrüstzeit f, Umstellzeit f

channel
(Mk) = distribution channel

channel into v (com) einschleusen *(eg, goods into a market)*

channel of distribution
(Mk) Absatzweg m
– Absatzkanal m
– Vertriebsweg m *(syn, distributive/marketing/trade ... channel)*

channel off v (com) abzweigen *(eg, money for a different purpose)*

channel of information (com) Informationsweg m

channel of trade (Mk) = channel of distribution

Chapter 11 (Re, US) Chapter 11 *(ie, section of the Federal Bankruptcy Act under which a company continues to operate with the court's protection against lawsuits*

while it tries to work out a plan for paying its debts; eg, creditors may throw the company into Chapter 11 proceedings)

charge
(com) Preis m, Gebühr f *(syn, price, fee)*
(com) Kosten pl *(syn, cost, expense)*

charge v (com) berechnen

chargeable weight (com) Taxgewicht n

charge account
(com) Kreditkonto n
(ie, customer is allowed to pay at the end of a stipulated period; syn, GB, credit account, account)

charge against v (com) belasten *(eg, charge the consignment against my account)*

charge an account v (ReW) Konto n belasten *(syn, debit)*

charge as expense v (ReW) als Aufwand verrechnen *(syn, expense)*

charge as incurred v (ReW) als laufenden Aufwand verbuchen

charge a tax (on) v
(StR) besteuern *(syn, tax, impose/levy ... a tax)*

charged off (ReW) ausgebucht *(syn, written off)*

charge down v (com, US) belasten *(eg, goods to one's account)*

charge fancy prices v (com) Phantasiepreise mpl verlangen

charge fees v (com) Gebühren fpl berechnen

charge for v (com) berechnen, verlangen *(eg, for goods, hotel room)*

charge of collusion (Kart) Verdacht m des abgestimmten Verhaltens

charge off
(ReW) Abbuchung f, Ausbuchung f

charge off v
(ReW) abbuchen, ausbuchen *(ie, as an expense or loss)*
(ReW) abschreiben *(syn, depreciate, write down off, qv)*

49

charge pro rate v (KoR) anteilig belasten

charges
(Fin) Nebenkosten pl
(ie, involved in execution of a shipment of goods, such as commission, interest, insurance, freight)

charge sale (com, US) Kreditkauf m, Zielkauf m *(syn, credit line, qv)*

charges forward (com) Nachnahme f

charges prepaid by sender (com) franko

charge (sth) to tax v (StR, GB) besteuern

charge to v
(KoR) zurechnen *(syn, allocate to, qv)*

charge what the traffic will bear v (com) nehmen, was der Markt hergibt

charge with v (com) beauftragen mit

charter v (com) chartern *(syn, hire)*

charter a business v (Re, infml) Unternehmen n gründen

charter business (com) Chartergeschäft n

chartered accountant, CA
(ReW, GB) Wirtschaftsprüfer m
(ie, corresponding roughly to Certified Public Accountant (CPA) in the US and Wirtschaftsprüfer (WP) in Germany)

charterer (com) Charterer m, Befrachter m

charter flight (com) Charterflug m

chartering (com) Chartern n *(ie, of ocean-going vessel – Seeschiff – or airplane)*

chartering agent (com) Lademakler m
(ie, broker engaged in finding cargo space)

chartering a whole ship (com) Vollcharter f *(syn, full charter, qv)*

chartering broker (com) Befrachtungsmakler m

charter market (com) Charter-Markt m
(ie, for ships and aircraft; mainly in London)

charterparty
(com) Charterpartie f *(cf, § 557 HGB)*
(com) Chartervertrag m
(syn, contract of affreightment for the carriage of a full cargo of merchandise; signed for a single voyage, a number of voyages, or a definite time)

chaser (com) Terminjäger m *(syn, progress chaser, qv)*

chasing the tickler (com, infml) Terminjägerei f

chattel (Re) bewegliche Sache f *(syn, personal property)*

chattel mortgage (Re) Pfandrecht n an beweglichen Sachen
(ie, transfer of legal right in personal property; now superseded by other types of security agreements under § 9 UCC; cf, secured transactions)

cheap
(com) billig *(ie, inexpensive, low-priced)*
(com) von schlechter Qualität f, „billig"

check
(Fin, US) Scheck m
(ie, drawn against a bank deposit and payable on demand; gehört zu den ‚commercial paper' nach § 3 UCC; macht über 90% des unbaren Zahlungsverkehrs aus; etwa 250 Schecks jährlich je Haushalt; syn, GB, cheque)

check v
(com) prüfen
(com) eindämmen
(com, US) = to tick

checking account
(Fin, US) Girokonto n
– Kontokorrentkonto n
– laufendes Konto n *(ie, über das mit Scheck verfügt werden kann; syn, GB, current account)*

checking accounts (Fin, US) Sichteinlagen fpl *(syn, demand deposits)*

checkout
(com) Kasse f *(ie, im Supermarkt;*

syn, checkout... counter/point; cash desk)

checkout facility (com) Kassensystem n

checkout point (com) = checkout

checkout scanner (com) Scanner-Kassensystem n

check study (IndE) Kontrollzeitstudie f

check up on v (com) nachprüfen (eg, a claim)

chemical industry (com) Chemieindustrie f, chemische Industrie f

chemicals (Fin) Chemiewerte mpl

chemicals company (com) Chemieunternehmen n

chemicals giant (com) Chemieriese m

chemicals group (com) Chemiekonzern m

chemicals market (com) Chemiemarkt m

cheque (Fin, GB) = check

cheque account (Fin, GB) = checking account

cherry picking (com, infml) preisbewußtes, wählerisches Einkaufen n und Verkaufen n (ie, go from shop to shop and buy where things are cheapest)

chief designer (com) Hauptkonstrukteur m

chief economist (Bw) Leiter m der volkswirtschaftlichen Abteilung

chief executive officer, CEO, ceo (com, US) Chief Executive Officer m (ie, highest-ranking top executive of a corporation; usually also company president; member of the board of directors; term should not be translated by ,Vorstandsvorsitzender' who has different functions, status and responsibilities)

chief financial officer (Fin) Finanzleiter m

chief guarantor (Re) Hauptbürge m

chief negotiator
(com) Chefunterhändler m
(com) Verhandlungsführer m

chief operating officer (com) oberste Führungskraft f (ie, one step below chief executive)
– (roughly) Geschäftsführer m

Chinese wall (Bw) Informationsbarriere f (ie, between parts of an organization to avoid leaking confidential information)

chip card (Fin) maschinenlesbare Kreditkarte f, Chip-Karte f

chisel v (com) betrügen

chlorofluorocarbon (com) Fluorchlorkohlenwasserstoff m, FCKW

choice activity (Bw) Auswahlphase f (ie, phase of selecting the best alternative to follow)

choice articles (com) Qualitätsware f

choice criteria (Bw) entscheidungsrelevante Kriterien npl

choice of location (Bw) Standortwahl f

choices (com) Wahlmöglichkeiten fpl

choke off v (com) stoppen, unterbinden (eg, flow of imports)

choosy customer (com) wählerischer/anspruchsvoller Kunde m

chop back v (com) stark beschneiden (eg, public spending)

chop off v (com, infml) unterbrechen (eg, a speaker)

chop off heads v (com, infml) Köpfe mpl rollen lassen

CIF (com) = cost, insurance, freight

CIF contract (com) cif-Geschäft n (syn, CIF transaction)

CIF transaction (com) = CIF contract

circuitous route of production (com) Umwegproduktion f

circular (com) = circular letter

circular check (Fin) Reisescheck m (syn, traveler's check)

circular letter (com) Rundschreiben n (syn, circular; infml, mail shot)

circumstances of the case (Re) Umstände mpl des Einzelfalles

circumstantial evidence (Re) Indizienbeweis m

City editor (com, GB) Wirtschaftsredakteur *m (syn, financial editor)*
civil action (Re) Zivilprozeß *m (syn, civil suit)*
civil aviation (com) Zivilluftfahrt *f (syn, commercial aviation)*
civil commotion (com) innere Unruhen *fpl*
civil contractor (com) Tiefbauunternehmen *n*
civil engineering (com) Tiefbau *m (ie, planning, design, construction, and maintenance of fixed structures and ground facilities; opp͙ building construction = Hochbau)*
civil engineering project (com) Tiefbauprojekt *n*
civil liability (Re) zivilrechtliche Haftung *f*
civil litigation (Re) bürgerliche Rechtsstreitigkeiten *fpl*
civil proceedings (Re) = civil action
civil suit (Re) = civil action
civil wrong (Re) unerlaubte Handlung *f (syn, tort, tortious act)*
CKD (com) = completely knocked down
claim
(com) Forderung *f*
(com) Beanstandung *f*, Beschwerde *f (syn, complaint)*
(Re) Anspruch *m* (auf: for/to), Rechtsanspruch *m (ie, legal capability to require a positive or negative act of another person, § 194 BGB)*
claim *v*
(com) behaupten *(ie, in the face of possible contradiction; syn, assert)*
(Re) beanspruchen, Anspruch *m* erheben
claimant
(com) Antragsteller *m (syn, applicant)*
(Re) Berechtigter *m*, Anspruchsberechtigter *m (syn, beneficiary)*
(Re) Kläger *m*
claim arises (Re) Anspruch *m* entsteht

claim as tax exempt *v* (StR) steuerlich geltend machen
claim back *v* (com) zurückfordern *(syn, reclaim)*
claim damages from *v* (Re) Schadenersatzansprüche *mpl* geltend machen (gegen)
claim expires (Re) Anspruch *m* erlischt
claim for damages (Re) Schadenersatzanspruch *m*, Entschädigungsanspruch *m*
claim in contract (Re) Anspruch *m* aus Vertrag, schuldrechtlicher Anspruch *m*
claim in tort (Re) Anspruch *m* aus unerlaubter Handlung
claim is barred (Re) Anspruch *m* ist verjährt
claim letter (com) Mängelrüge *f (syn, letter of complaint, qv)*
claims past due (com) überfällige Forderungen *fpl*
claim under contract (Re) vertraglicher Anspruch *m (syn, contract claim, qv)*
clamp a lid on *v* (com) beschneiden *(eg, spending)*
clamp down on credits *v* (Fin, infml) Kreditbremse *f* ziehen *(syn, sl, jam on the credit brake)*
clashing interests
(com) kollidierende Interessen *npl* – Interessenkonflikt *m (syn, conflicting interests)*
class *v* (com) klassifizieren, einstufen *(ie, as, among, with)*
classified ad (Mk) Kleinanzeige *f (eg, deals with offers or requests for jobs, used cars, apartments, etc; syn, want ad)*
classified advertising (Mk) Kleinanzeigenwerbung *f (syn, small space advertising)*
classified telephone directory (com) Branchenverzeichnis *n (syn, infml, the yellow pages)*
classify *v*
(com) einstufen
– einteilen

– unterteilen
(ie, into; syn, grade, scale, categorize)

class market (Mk) Markt *m* für hochwertige Güter *(syn, upend/upscale... market; opp, mass market)*

class pricing (Kart) Preisdifferenzierung *f* nach Kundengruppen

clause
(Re) Klausel *f*, Bestimmung *f*
(Re) Abschnitt *m*, Absatz *m (ie, single paragraph or subdivision of a contract, will, or other legal document)*

Clayton Act (Kart, US) Clayton Act *n (ie, passed in 1914, extended the 1890 Sherman Act's prohibition of price discrimination and other anticompetitive activities)*

clean bill of exchange (com) reiner Wechsel *m (ie, no documents attached = ohne Dokumente; bankers' bills are usually clean)*

clean bill of lading (com) reines Konnossement *n (ie, contains no notation that goods received by carrier were defective)*

clean credit
(Fin) reines Akkreditiv *n (ie, requires no documentary support, such as B/L)*
(Fin) Blankokredit *m (ie, not secured by documents or credit commitment; syn, blank credit, open account)*

clean documents (com) reine Verladedokumente *npl*

clean out *v* (com) aufzehren, aufbrauchen *(eg, savings)*

clean shipped on board bill (com) reines Bordkonnossement *n*

clean up *v* (com, infml) Gewinn *m* einstreichen *(ie, may be unlawfully or unfairly)*

clean-up sale (com) Ausverkauf *m (ie, cleanout of inventories of unsold goods; syn, close-out/clearance... sale, closeout, sellout)*

clear (com, infml) schuldenfrei *(eg, house is clear of mortgages; syn, free and clear)*

clear *v*
(com) räumen *(ie, sell at cheap prices to dispose of old stock)*
(com) Kosten *pl* decken *(ie, one's costs; syn, breakeven)*
(Fin) abrechnen, verrechnen *(ie, check through a clearinghouse)*
(Fin) tilgen *(ie, mortgage)*

clearance
(Fin) Abrechnung *f*
(Fin) Tilgung *f*
(Kart) Genehmigung *f (ie, of merger or acquisition; eg, in US: by the FTC or Antitrust Division of the Department of Justice; in UK: by Office of Fair Trading; in Germany: by the Federal Cartel Office whose decision may be overruled by the federal economics minister)*

clearance of stocks (MaW) Lagerräumung *f (ie, clearout of inventories of unsold goods)*

clearance sale (com) Ausverkauf *m (syn, cleanup sale, qv)*

clear-cut definition (com) eindeutige Definition *f (syn, hard-and-fast/unique... definition)*

clearing
(Fin) Clearing *n*
– Abrechnung *f*
– Verrechnung *f (ie, method of exchanging and offsetting commercial paper and accounts; Ausgleich von Forderungen und Gegenforderungen durch gegenseitige Aufrechnung; eg, durch Euro–Clear und CEDEL)*

clearing account (Fin) Verrechnungskonto *n (syn, offset account)*

clearing house (Fin, GB) Clearing House *n*
– Clearingstelle *f*
– Abrechnungsstelle *f (ie, members are: Bank of England, Barclays, Central Trustee*

53

Savings Bank, Co-operative Bank, Coutts & Co., Lloyds, Midland, National Girobank, National Westminster, William & Glyn's)

(Fin, US) Abrechnungsstelle *f*, Verrechnungsstelle *f*
(ie, association of banks joined to ease the daily exchange of checks, drafts and notes among its members; Sec 4–104(d) UCC)

(Fin, US) Terminkontrakt-Vermittlungsstelle *f*
– Liquidationskasse *f*
(ie, an institution through which futures contracts are cleared, in which the clearing house assumes the role of being the buyer to each seller and the seller to each buyer, collecting losses and paying profits; deals only with approved members)

clearing office (Fin) Verrechnungsstelle *f*

clearing sale (com) = clearance sale

clearing transactions (Fin) Abrechnungsverkehr *m*

clear off *v*
(com) zu Ende bringen *(eg, whatever work was left)*
(com) zu niedrigen Preisen abstoßen *(eg, summer articles)*

clear of taxes (StR) versteuert, nach Steuern *(eg, bonds return 5%, . . .)*

clear stocks *v* (com) Lager *n* räumen *(syn, infml, offload stocks)*

clear the antitrust hurdle *v* (Kart) Kartellhürde *f* nehmen

clear with *v* (com, infml) Genehmigung *f* erhalten für *(eg, proposed merger with antitrust agency)*

clerical error (com) Schreibfehler *m*

clerical operations (com) Büroarbeiten *fpl (syn, office work)*

clerical personnel (com) Büroangestellte *pl*

clerical staff (com) Angestellte *pl*

clerical worker (com) Büroangestellter *m*

client
(com) Kunde *m*
– Käufer *m*

– Abnehmer *m (syn, customer; GB, custom)*
(Fin) Klient *m*, Anschlußkunde *m (ie, company using the services of the factor: als Nachfrager des Factoring)*
(com) Mandant *m (eg, of a lawyer, CPA)*

clientele (com) Kundschaft *f (syn, custom, patronage)*

client reference number (com) Kundennummer *f*

client service (com) Kundendienst *m (syn, customer service, qv)*

cliffhanging company (com, infml) konkursgefährdetes Unternehmen *n*

climate for new issues (Fin) Emissionsklima *n*

clinch a deal *v* (com, infml) Geschäft *n* (erfolgreich) abschließen

clock stamp (com) Zeitstempel *m (ie, prints hour and day on incoming mail)*

clock time analysis (Bw) Kalenderzeitanalyse *f (ie, developed by McDongall and Neal)*

clog up the labor market *v* (Vw) Arbeitsmarkt *m* verstopfen
(ie, by minimum wage laws, shortages of skills, employment laws that penalize firing and so deter hiring, etc)

close a business *v* (com) Betrieb *m* od Geschäft *n* aufgeben
(syn, discontinue, terminate; infml, shut up shop)

close a deal *v* (com) Geschäft *n* abschließen *(syn, strike)*

close a meeting *v* (com) Sitzung *f* aufheben *(syn, end, terminate)*

close combination (Kart, US) enger Zusammenschluß *m*
(ie, enge kapitalmäßige Verflechtung; comprises trust proper, holding company, outright consolidation; opp, loose combination)

close company (com, GB) Gesellschaft *f* mit geringer Mitgliederzahl

(ie, controlled by the directors or by five or less participants)

close corporation (com, US) Gesellschaft f mit beschränkter Mitgliederzahl
(eg, Delaware max 30, California max 10; Verbot des öffentlichen Zeichnungsangebots = public offering; Einschränkung der Aktienübertragung; cf, closely held corporation)

closed bid (com) Ausschreibung f ohne Nachverhandlungsphase

closed bidding (com) geschlossene Ausschreibung f *(opp, open bidding)*

closed decision model (Bw) geschlossenes Entscheidungsmodell n
(ie, based on fully formulated decision matrix and given decision rules; eg, linear programming model)

closed-end investment company (Fin) geschlossene Investmentgesellschaft f
– geschlossener Fonds m
(ie, with a limited number of shares outstanding, and whose shares are not redeemable; opp, open-end investment company)

closed indent (com) geschlossenes Indentgeschäft n
(ie, Indentgeber legt Lieferanten oder Ware fest; opp, open indent)

close down v (com) schließen *(eg, plant, business; syn, discontinue, shut down)*

close down a shop v (com) Geschäft n aufgeben *(syn, infml, shut up shop)*

close down plant facilities v (Bw) Kapazitäten fpl stillegen

closed question (Mk) = alternative question

close knit combination (Kart, US) = close combination

closely held company (com, GB) Gesellschaft f mit beschränktem Aktionärskreis *(syn, US, closely held corporation)*

closely held corporation (com, US) = close corporation

closeout (com) = closeout sale

closeout sale (com) Ausverkauf m *(syn, cleanup sale, qv)*

close price (com) scharf kalkulierter Preis m

closing (Bw) Übergabestichtag m
(ie, in Unternehmens- und Beteiligungskaufverträgen: in diesem Zeitpunkt geht Unternehmen mit Nutzungen und Lasten auf den Käufer über)
(Bw) Vertragsschluß m
(ie, Akt des Vertragsschlusses nach Beibringen aller Unterlagen, Erklärungen usw.)

closing date
(com) Anmeldeschluß m
– Schlußtermin m
(syn, deadline, final deadline, time limit for application)
(com) Einreichungsfrist f
– Einreichungsschluß m
– Endtermin m *(ie, for invitation to tender = Ausschreibung; syn, bid closing)*

closing down (Bw) Betriebsschließung f *(syn, plant closure)*

closing-down sale (com) Verkauf m wegen Geschäftsaufgabe *(syn, winding-up sale)*

closing hours (com) Betriebsschluß m

closing inventory (MaW) Endbestand m

clout (com) Einfluß m, Macht f, Stärke f *(eg, political, financial)*

cluster analysis (Mk) Clusteranalyse f *(eg, of market segments, customer groups, commodity grades)*

CNC (IndE) = computerized numerical control

coal chemicals industry (com) Kohlenwertstoffindustrie f
(ie, related to the recovery of coal chemicals; syn, coal derivative industry)

coal derivative industry (com) = coal chemicals industry

co-beneficiary (Re) Mitbegünstigter *m*

co-creditor (Re) Mitgläubiger *m*

c.o.d. (com) = cash on delivery

co-debtor (Re) Mitschuldner *m*

co-debtors (Re) Gesamtschuldner *m (syn, joint and several debtors)*

code date
(com) Datumsangabe *f*
– Frischhaltedatum *n (ie, printed on perishable goods)*

code number
(com) Kennzahl *f (syn, reference number)*

code of conduct (com) Verhaltenskodex *m*
(ie, international instrument that lays down standards of behavior by nation states or multinational corporations deemed desirable by the international community, such as the Antidumping Code)

code of ethical practice (com) Ehrenkodex *m*

code of professional guidelines (com) = code of ethical practice

c. o. d. expenses (com) Nachnahmekosten *pl*

c. o. d. letter (com) Nachnahmebrief *m*

coercive power (Bw) Macht *f* durch Zwangsausübung *(ie, in leadership behavior)*

co-founder (Bw) Mitgründer *m*

co-general contracting (com) gemeinsame Federführung *f*

cogent argument (com) schlüssige Begründung *f (ie, compelling evidence)*

cold call (com) unangemeldeter Besuch *m (ie, without prior notice)*

cold canvassing (Mk) ungezielte Kundenwerbung *f*

cold storage (com) Kaltlagerung *f (ie, usually above freezing)*

cold storage plant (com) Kühlanlage *f*

cold store (com) Kühlhaus *n (syn, refrigerated warehouse)*

collaborate with *v* (com) zusammenarbeiten mit *(syn, cooperate)*

collaborative program (com) Gemeinschaftsprogramm *n*

collaborator (com) Mitarbeiter *m (ie, esp in intellectual endeavors; syn, co-worker)*

collapse (com) Zusammenbruch *m*

collapse *v* (com) zusammenbrechen

collapse of a market (com) Zusammenbruch *m* e–s Marktes

collate *v*
(com) vergleichen, kollationieren *(syn, compare, reconcile)*

collateral
(Re) = collateral security
(Re) Sicherungsgegenstand *m*

collateral agreement (Re) Nebenabrede *f*
(syn, side agreement)

collateral claim (Re) Nebenanspruch *m*
(syn, accessory claim, qv)

collateral contract (Re) Zusatzvertrag *m (syn, accessory contract)*

collateralization (Fin) Besicherung *f*, Beistellung *f* e–r Sicherheit *(ie, provision of collateral or security for a loan)*

collateralize *v* (Fin) besichern, Sicherheit *f* beistellen *(ie, durch Verpfändung beweglicher Sachen)*

collateralized loan (Fin) besichertes Darlehen *n (ie, loan against collateral)*

collateral securities (Fin) lombardierte od beliehene Wertpapiere *npl*

collateral security (Re) akzessorische Sicherheit *f*
(ie, property, negotiable interest, documentary evidence of a claim against, or ownership in, property, giving title to the holder as a pledge for the repayment of money lent; syn, GB, asset cover; opp, personal security, qv)

collateral unit (Bw) Abteilung *f* außerhalb der Linienhierarchie *(eg, staff management unit)*

collect *v*
(com) abholen *(eg, parcels, consignments; syn, pick up)*

collection
(Fin) Inkasso *n*
– Einziehung *f*
– Einzug *m (ie, by commercial agents or banks)*

collection at source
(StR) Quellenbesteuerung *f*, Steuererhebung *f* nach dem Quellenprinzip *(syn, stoppage at source)*

collection business (Fin) Inkassogeschäft *n*, Einziehungsgeschäft *n (ie, debt recovery service)*

collection department (Fin) Inkassoabteilung *f*

collection letter (com) Mahnschreiben *n (syn, dunning letter)*

collective advertising (Mk) Gemeinschaftswerbung *f (syn, cooperative advertising, qv)*

collective bill of lading (com) = grouped bill of lading

collective consignment (com) Sammelladung *f*, Beipacksendung *f (syn, consolidated shipment, pooled consignment)*

collective decision (Bw) Kollektiventscheidung *f*

collective power of attorney (Re) Gesamtvollmacht *f*

collective pricing (Bw) kollektive Preispolitik *f*

collective refusal to deal (Kart, US) Gruppenboykott *m (ie, boycott on the part of a group of sellers to sell; a per se violation of Sec 1 of the 1890 Sherman Act; syn, concerted refusal to deal, group boycott)*

collective refusal to sell (Kart, US) = concerted refusal to deal

collective resale price maintenance (Kart) horizontale Preisbindung *f*

collusive bidding (com) Anbieterabsprache *f (syn, bid rigging, common pricing)*

collusive tendering (com) = collusive bidding

combat inflation *v* (Vw) Inflation *f* bekämpfen *(syn, fight)*

combination
(com) Unternehmenszusammenschluß *m (syn, busines combination, merger, tieup)*

combination in restraint of trade (Kart, US) wettbewerbsbeschränkender Zusammenschluß *m*

combination of circumstances (com) Bedingungskonstellation *f*

combination rate (Mk) kombinierter Anzeigentarif *m*

combine (com) Unternehmenszusammenschluß *m (ie, Verband, Trust, Kartell, Konzern)*

combined bill of lading (com) Sammel(ladungs)konnossement *n (syn, grouped bill of lading, qv)*

combined certificate of value and origin
(com) kombiniertes Wert- und Ursprungszeugnis *n*

combined shipment (com) Sammelladung *f (syn, consolidated shipment, qv)*

combined transportation (com) gebrochener Verkehr *m (syn, rail/road, rail/truck)*

combined transport bill of lading, CT-BL
(com) kombiniertes Transportkonnossement *n*

combined transport document (com) kombiniertes Transportdokument *n (ie, may be negotiable or nonnegotiable; replaces the bill of lading)*

combined transport freight traffic (com) Kombinations-Güterverkehr *m*

combined transport operator, CTO (com) Kombinationstransport-Unternehmer *m*

come cheap to *v* (com) billig sein für

come down *v* (com) zurückgehen, fallen *(eg, prices, demand)*

come into force *v* (Re) in Kraft treten *(syn, enter into force, take effect)*

come off line *v* (com) reduzieren, abbauen

(eg, large amounts of capacity will have to... to get supply and demand back in balance)

come off the line *v* (com) auf den Markt kommen

come-on bid (com) subventioniertes Angebot *n*
(ie, mit der Absicht höherer Gewinnerzielung in e-r späteren Phase)

come on line *v* (com) = come on stream

come on stream *v* (com) in Betrieb gehen *(syn, go into operation)*

come on to the market *v* (com) = come off the line

come out in favor of *v* (com) sich entscheiden für, sich aussprechen für

come out on strike *v* (Pw) in den Streik treten

come out to *v* (com) sich belaufen auf *(syn, come to)*

come through unscathed *v* (com) ungeschoren davonkommen *(eg, in the world banking crisis)*

come to *v* (com) betragen, sich belaufen auf *(syn, amount to, add up to, run at)*

come to market *v* (com) = come off the line

come up with *v* (com) entwickeln, anbieten *(eg, solution, new technique)*

comfortable majority (com) sichere Mehrheit *f*

command *v* (com) haben, erzielen *(eg, price, stock market value)*

commando sales team (Mk) Verkaufsvertreter-Gruppe *f (ie, für e-e besondere Verkaufsförderungsaktion)*

command top money *v* (com) Spitzeneinkommen *n* haben

commencement of business operations (com) Aufnahme *f* der Geschäftstätigkeit

commencement of duties (Pw) Dienstantritt *m*

commencing salary (Pw) Anfangsgehalt *n (syn, initial/starting... salary)*

commerce (com) Handel *m (ie, esp on a large scale; Binnen- und Außenhandel)*

commercial
(com) kaufmännisch
– kommerziell
– (betriebs-)wirtschaftlich
(Mk) Werbesendung *f*, Werbespot *m*

commercial agent (com) Handelsvertreter *m*

commercial and industrial buildings (com) gewerbliche Bauten *mpl*

commercial and industrial loans (Fin) gewerbliche Kredite *mpl (ie, except those secured by real estate)*

commercial art (Mk) Gebrauchsgrafik *f (syn, advertising art)*

commercial artist (Mk) Gebrauchsgrafiker *m (syn, industrial artist)*

commercial bank (Fin, US) Geschäftsbank *f*
(ie, nach geographischer Ausbreitung und Geschäftsumfang heute praktisch "Quasi-Universalbank" europäischer Prägung; opp, investment bank)

commercial buildings (com) gewerbliche Bauten *mpl*

commercial compulsion (Re, US) wirtschaftlicher Zwang *m*

commercial condo (com) = office condo(minium)

commercial credit documents (com) Akkreditiv-Dokumente *npl (eg, bill of lading, warehouse receipt, packing list)*

commercial custom (Re) Handelsbrauch *m (syn, trade usage, qv)*

commercial failures (com, US) Insolvenzen *fpl (ie, weekly figures released by Dun & Bradstreet)*

commercial grounds (com) betriebswirtschaftliche Gesichtspunkte *mpl (eg, take decisions on...)*

commercial invoice
(com) Handelsrechnung *f*, Faktura *f*
(ie, seller's bill addressed to the buyer; syn, GB, trading invoice)

commercialize *v* (com) kommerzialisieren

commercial letter of credit, *L/C, clc* (Fin) Akkreditiv *n* *(ie, Auftrag an e–e Bank, aus e–m Guthaben des Auftraggebers (Akkreditivsteller) e–m Dritten (Akkreditierter) e–n bestimmten Geldbetrag zur Verfügung zu stellen; meist gegen Übernahme bestimmter Dokumente*

commercial loan (Fin) gewerblicher Kredit *n* *(syn, short-term loans or acceptances)*

commercial markets (com) zivile Märkte *mpl (opp, military/government . . . markets)*

commercial name (com) Firmenname *m (syn, business name, qv)*

commercial production (IndE) großtechnische Fertigung *f (opp, pilot plant scale/bench scale . . . production = Pilotfertigung)*

commercial quantities (com) handelsübliche Mengen *fpl*

commercial reasons (com) wirtschaftliche Gründe *mpl*

commercial risk (com) betriebswirtschaftliches Risiko *n* *(opp, economic, political, currency . . . risks)*

commission *v* (com) in Auftrag geben *(eg, an in-depth study)* (com) in Betrieb nehmen *(syn, put/take . . . into operation/service/action, put/bring . . . on stream, start up, fire up)*

commission buyer (com) Einkaufskommissionär *m (syn, purchasing commission agent)*

commit *v* (com) zusagen, sich verpflichten *(ie, oneself; to/to doing; syn, undertake)*

commit funds *v* (Fin) Mittel *pl* od Gelder *npl* festlegen

commitment (com) Zusage *f,* Verpflichtung *f*

committed research (com) Auftragsforschung *f,* auftragsgebundene Forschung *f (syn, contract/outside . . . research; opp, uncommitted research)*

committee chairman (com) Ausschußvorsitzender *m*

committee meeting (com) Ausschußsitzung *f*

committee member (com) Ausschußmitglied *n*

committee of experts (com) Gutachterausschuß *m,* Fachausschuß *m*

committee on economic affairs (com) Ausschuß *m* für Wirtschaft, Wirtschaftsausschuß *m*

committee on economic cooperation (com) Ausschuß *m* für wirtschaftliche Zusammenarbeit

committee on finance (Fin) Finanzausschuß *m*

commodities (com) Rohstoffe *mpl (syn, primary goods)* (com) Massengüter *mpl (eg, wheat, copper; syn, bulk goods)*

commodity approach (Mk) güterbezogener Ansatz *m* des Marketing

commodity approach of distribution (Mk) warenanalytischer Ansatz *m*

commodity conglomerate (Mk) Warenhandels-Konglomerat *n*

commodity marketing research (Mk) Rohstoff-Marktforschung *f*

commodity restriction scheme (Kart, US) Quotenkartell *n*

commodity trade (com) Warengeschäfte *npl (ie, wholesale and retail, including external trade)*

commodity trader (com) Rohstoffhändler *m*

commodity trading (com) Warenhandel *m*

commodity trading adviser (com, US) Berater *m* im Warenhandel *(cf, 7 USC § 2)*

common carrier (com) Spediteur *m,* Transportunternehmen *n* (com) öffentliches Verkehrsunternehmen *n*

(com, US) Fluggesellschaft *f*

(com) (gewerbsmäßiger) Frachtführer *m*

(ie, undertakes transportation as a regular business, must furnish services to all who apply = Kontrahierungszwang; eg, railroads, motor carriers, steamship companies, express companies; includes all public service corporations)

common control (Bw) einheitliche Leitung *f (syn, unified centralized/central . . . management)*

common management (Bw) gemeinsame Leitung *f (syn, unified control)*

common pricing
(Kart) Preisabsprache *f (syn, price fixing)*

(com) Preisabsprache *f*
(ie, by contractors in tendering for contracts; syn, collusive tendering)

common stock (Fin) Stammaktien *fpl*
(ie, represent the last claim upon assets and dividends; syn, shares of common stock; GB, ordinary shares; opp, preferred stock)

common stock dividend (Fin) Stammdividende *f (ie, may be payable in cash or in stock)*

common stock equivalent, *CSE*
(Fin) Stammaktien-Äquivalent *n (ie, Wertpapier, das zur Berechnung des Gewinns je Aktie – earnings per share – dieser gleichgesetzt wird; eg, convertible bonds, warrants)*

common stockholder (Fin) Stammaktionär *m (syn, GB, ordinary shareholder)*

communication channel (Bw) Kommunikationsweg *m (ie, oral or written, formal or informal, one-to-one, one-to-many)*

communications common carrier company (com) Post *f*

communications network (Bw) Kommunikationsnetz *n*

communications process (Bw) Kommunikationsprozeß *m*

communications system (Bw) Kommunikationssystem *n*

communicatios breakdown (Bw) Kommunikationsstörung *f (ie, message received is distorted)*

Community budget (EG) Gemeinschaftsbudget *n*, Gemeinschaftsetat *m*

Community cash (EG) = Community funds

Community ceiling (EG) Gemeinschaftsplafond *m*

community center (Mk) Einkaufszentrum *n* mit überörtlichem Einzugsbereich

Community country (EG) Gemeinschaftsland *n*

Community curreny (EG) Gemeinschaftswährung *f*

Community exchange rate system (EG) Gemeinschafts-Wechselkurssystem *n*

Community expert (EG) EG-Experte *m*

Community funds (EG) Gemeinschaftsmittel *pl (syn, Community cash)*

Community goods (EG) Gemeinschaftswaren *fpl*

Community institutions (EG) Gemeinschaftsorgane *npl*

Community instruments (EG) Gemeinschaftsinstrumente *npl*

Community law (EG) Gemeinschaftsrecht *n*

Community levy (EG) Gemeinschaftsabgabe *f*

Community loan (EG) Gemeinschaftsanleihe *f*

Community market (EG) Gemeinschaftsmarkt *m*

Community market price (EG) EG-Marktpreis *m*

community project (com) Gemeinschaftsprojekt *n (syn, consortium project)*

Community transit document (EG) gemeinschaftlicher Versandschein *m*

Community transit operation (EG) gemeinschaftliches Versandverfahren *n*

Community treatment (EG) Gemeinschaftsbehandlung *f (syn, intra-Community treatment)*

company
(com, GB) Gesellschaft *f*, (esp) Kapitalgesellschaft *f*
(ie, an artificial legal person invested by the law with most of the powers and responsibilities (Rechte und Pflichten) of a natural person)
(com, US) Unternehmen *n*
(ie, informal term; does not necessarily denote incorporation; it often stands for a partnership or even a one-man business)

company agreement (Re) Gesellschaftsvertrag *m*

company assets (Bw) Betriebsvermögen *n*

company auditor (ReW) Abschlußprüfer *m*

company buildings (com) Betriebsgebäude *npl*

company car (com) Firmenwagen *m*

company finance (Fin) Unternehmensfinanzierung *f (syn, corporate finance, qv)*

company formation (com) Gesellschaftsgründung *f*

company funding (Fin) Unternehmensfinanzierung *f*
(eg, in GB geared to bank lending rather than equity finance)

company headquarters (com) Hauptverwaltung *f (syn, headquarters, qv)*

company in general meeting (com, GB) Hauptversammlung *f*

company in liquidation (Re) Liquidationsgesellschaft *f*

company law (Re, GB) Gesellschaftsrecht *n*

company limited by guarantee (com, GB) Gesellschaft *f*, deren Mitglieder für Verbindlichkeiten in bestimmter Höhe über ihre Einlagen hinaus haften

company limited by shares (com, GB) Aktiengesellschaft *f*
(syn, public limited company, PLC, plc)

company meeting (com) Aktionärsversammlung *f*
(ie, may be ordinary, extraordinary, or special)

company memorandum (com, GB) Satzung *f* e–r AG

company model (Bw) Unternehmensmodell *n*

company not for gain (com) gemeinnützige Gesellschaft *f*
(ie, may seek profit but not for private ends)

company officers (com, GB) Organe *npl* e–r Gesellschaft

company organization (com) Unternehmensorganisation *f*

company planning (Bw) = corporate planning

company policy (Bw) Unternehmenspolitik *f*
(syn, business/corporate . . . policy)

company premises (com) Betriebsgrundstücke *npl*

company president (com, US) Präsident *m* e–r Gesellschaft

company promoter (com) Gründer *m* e–r Gesellschaft

company secretary (com, GB) höchster Verwaltungsbeamter *m* e–r Gesellschaft, Leiter *m* Allgemeine Verwaltung

company spokesman (com) Firmensprecher *m*, Unternehmenssprecher *m*

comparative advertising (Mk) vergleichende Werbung *f*
(ie, competitive claims inviting comparison with a group of products or other products in the same field)

comparative analysis (Bw) Betriebsvergleich *m (syn, interplant comparison, qv)* comparative external analysis (Bw) zwischenbetrieblicher Vergleich *m* *(syn, interfirm comparison)*

comparative product test (Mk) vergleichender Warentest *m*

comparative shopping (Mk) vergleichende Warenprüfung *f*

comparison shopping (Mk) = comparative shopping

compelling evidence (com) zwingender Beweis *m*

compelling interest (Re) zwingendes Interesse *n*

compelling reason (com) wichtiger Grund *m*

compensate *v* (com) entschädigen, abfinden *(syn, indemnify)*

compensation
(com) Entschädigung *f (ie, reimbursement of loss incurred; syn, indemnification)*
(com) Abfindung *f*
(Pw) (jede Art von) Arbeitsentgelt *n*
(Pw) Entschädigung *f* für Betriebsunfall

competence
(com) Sachkunde *f (syn, professional expertise)*
(com) Zuständigkeit *f (syn, responsibility, scope of authority)*
(com) Befugnis *f (syn, authority, power, powers)*
(Re) Geschäftsfähigkeit *f (syn, legal capacity to contract, qv)*
(com) Fähigkeit *f*, Eignung *f*
(ie, properly qualified, possessing the ability to consistently perform a task to an acceptable standard)

competence to decide (Bw) Entscheidungsbefugnis *f (syn, authority to decide, qv)*

competent (com) befugt *(syn, authorized, empowered)*

competent to contract (Re) geschäftsfähig

compete on price *v* (com) preislich konkurrieren

compete with *v* (com) konkurrieren mit

competing goals (Bw) = conflicting goals

competition
(com) Wettbewerb *m*, Konkurrenz *f*
(com) Konkurrenz *f (eg, the competition; syn, GB, the opposition)*

competition authority (Kart) Wettbewerbsbehörde *f*

competition from abroad (com) ausländische Konkurrenz *f*, Auslandskonkurrenz *f (syn, foreign competition, qv)*

competition hots up (com) Wettbewerb *m* wird schärfer

competition proceedings (Kart) Kartellverfahren *n (eg, against a large machine tool maker)*

competition watchdogs (Kart) Wettbewerbshüter *mpl*
(eg, Antitrust Division of the DOJ and FTC in U. S., Monopolies and Mergers Commission in GB, Bundeskartellamt – Federal Cartel Office – in West Germany)

competitive (com) wettbewerbsfähig

competitive advantage (com) = competitive edge

competitive advertising (Mk) konkurrierende Einzelwerbung *f*

competitive behavior (com) Wettbewerbsverhalten *n*

competitive consequences (Kart) wettbewerbsrechtliche Konsequenzen *fpl (eg, of corporate conduct)*

competitive distortion (Kart) Wettbewerbsverzerrung *f (syn, distortion of competition, qv)*

competitive drawback
(com) Wettbewerbsnachteil *m*

competitive edge (com) Wettbewerbsvorteil *m*, Wettbewerbsvorsprung *m (syn, competitive advantage)*

competitive incentives (Bw) wettbewerbliche Anreize *mpl*

competitive injury (Kart, US) wettbewerbsschädigendes Verhalten *n (ie, justifies a charge of price dis-*

crimination under the 1936 Robinson Patman Act)

competitive management (Bw) operatives Management *n*

competitiveness (com) Wettbewerbsfähigkeit *f*, Konkurrenzfähigkeit *f* *(ie, ability to compete or meet competition effectively; syn, competitive strength)*

competitive position (com) Wettbewerbslage *f*, Wettbewerbsposition *f*

competitive pressure (com) Wettbewerbsdruck *m* *(eg, to be immune to . . .; syn, pressures of competition)*

competitive price (com) Wettbewerbspreis *m*, freier Marktpreis *m (syn, free market price)*

competitive pricing (Mk) Wettbewerbspreisbildung *f*

competitive situation (com) Wettbewerbssituation *f*

competitive strategy (Mk) Wettbewerbsstrategie *f*

competitive strength (com) Wettbewerbsfähigkeit *f (syn, competitiveness, qv)*

competitive war of extermination (Kart) Verdrängungswettbewerb *m (syn, destructive competition)*

competitor
(com) Konkurrent *m*
– Konkurrenzbetrieb *m*
– Konkurrenzunternehmen *n* *(syn, rival, contender)*

competitor analysis (Mk) Analyse *f* konkurrierender Produkte

complain about *v* (com) beanstanden *(eg, defective goods)*

complaint (com) Mängelrüge *f*, Reklamation *f*

complete a contract *v* (Re) Vertrag *m* erfüllen *(syn, execute, fulfill)*

complete an order *v* (com) Auftrag *m* od Bestellung *f* ausführen *(syn, carry out/execute/fill . . . an order)*

complete information (Bw) vollkommene Information *f*

(ie, of relevant events in past, present and future)

completion bond (com) Leistungsgarantie *f*, Erfüllungsgarantie *f (syn, performance bond)*

completion guarantee (com) Fertigstellungsgarantie *f* *(ie, um Fertigstellungsrisiko in der Projektfinanzierung abzufangen)*

completion of contract (Re) Vertragserfüllung *f*

completion time (com) Fertigstellungstermin *m*, Endtermin *m*

comply with the terms of a contract *v* (Re) Vertrag *m* erfüllen od einhalten

component
(IndE) Bauteil *n*
– Bauelement *n*
– Bestandteil *m*

component parts (IndE) Teile *npl*, Einzelteile *npl*

component requirements quantity (MaW) Teilebedarfsmenge *f*

component supplier (com) Zulieferer *m*, Zulieferbetrieb *m (syn, supplier, outside supplier)*

composite advertisement (Mk) Kollektivanzeige *f*

composition
(Re, US) Vergleich *m (ie, voluntary insolvency proceeding; common law device; now largely superseded by proceedings under the Bankruptcy Code)*
(Re, GB) vergleichsweise Einigung *f (ie, between debtors and all his creditors)*

compound *v*
(Fin) aufzinsen *(syn, accumulate; opp, discount)*
(com) sich einigen *(ie, with)*
(Re) Vergleich *m* schließen *(ie, with creditors)*

compound problems *v* (com) Probleme *npl* verschärfen od vergrößern

compromise proposal (com) Kompromißvorschlag *m*

comptroller (com, GB) = controller

compulsory acquisition (com) zwangsweise Übernahme f *(eg, of remaining shares of a company ; cf, U.K. Companies Act 1985)*

compulsory licensing (Kart) Zwangslizensierung f *(ie, if the effect of patent acquisition is to substantially lessen competition)*

computational formula (com) Berechnungsformel f
– Berechnungsschema n
– Berechnungsschlüssel m

compute v (com) berechnen

computer-aided design, CAD (EDV) rechnergestütztes Konstruieren n, CAD n

computer-aided manufacturing, CAM (EDV) rechnergestützte Fertigung f

computer-aided planning, CAP (EDV) rechnergestützte Planung f

computer-aided quality assurance, CAQ (IndE) rechnergestützte Qualitätssicherung f

computer-aided telephone interviewing (Mk) rechnergestütztes Telefoninterview-Verfahren n

computer-based production planning (IndE) rechnergestützte Produktionsplanung f

computer-integrated manufacturing, CIM (IndE) computer-integrierte Fertigung f *(links variable islands into integrated systems under the management of computers)*

computerize v (EDV) computerisieren

computerized numerical control, CNC (IndE) numerische Steuerung f über e–n Rechner

computerized order entry system (com) EDV-gestütztes Bestelleingabesystem n *(eg, über Portables od Handheld Computer)*

computerized production control (IndE) EDV-Fertigungssteuerung f

computerized production process (IndE) rechnergesteuerter Fertigungsprozeß m

computer science (EDV) Informatik f *(syn, informatics, information science)*

computer specialist (EDV) EDV-Fachmann m

concave production cost (Bw) unterproportionale Produktionskosten pl, degressive Kosten pl

concentration movement (Kart) Konzentrationsbewegung f

concept testing (Mk) Akzeptanztest m e–r Produktidee

concern (com) Firma f, Unternehmen n *(ie, any economic unit: unabhängig von Größe und Rechtsform; syn, firm, qv)*

concerted action (Kart) abgestimmtes Verhalten n *(syn, concerted practice, parallel behavior; cf, conscious parallelism)*

concerted practice (Kart) = concerted action

concerted refusal to deal (Kart) abgestimmte Liefersperre f, Gruppenboykott m

concession (com) Konzession f, behördliche Zulassung f

concessionary terms (com) günstige Bedingungen fpl, Vorzugskonditionen fpl

conclude v (com) schließen, folgern *(ie, process of arriving at a logically necessary inference at the end of a chain of reasoning; syn, deduce, infer)*

conclude an agreement v (Re) Vertrag m schließen *(syn, contract/enter into/make/sign . . . an agreement)*

conclusion of a purchase order contract (com) Abschluß m e–s Kaufvertrages

conclusion of a sale (com) Verkaufs-abschluß *m*

conclusion of a transaction (com) Abschluß *m* e–s Geschäfts

conclusions of fact (Re) Tatsachen-feststellung *f*

conclusions of law (Re) rechtliche Folgerungen *fpl*

conclusive presumption (Re) unwiderlegliche Vermutung *f* *(ie, cannot be overturned by facts; syn, irrebuttable presumption, qv)*

conclusive proof (com) zwingender Beweis *m*

concrete proposal (com) konkretes Angebot *n* *(ie, contains definite provisions)*

condense *v* (com) zusammenfassen *(syn, combine, mold into)*

condensed report (com) Kurzbericht *m* *(syn, brief, summary report)*

condition
  (com) Bedingung *f*
  (eg, impose, submit, make it . . . a condition; accept, comply with . . . a condition; create, fulfill)
  (Re) Bedingung *f* *(ie, as a general term, cf, §§ 158 ff BGB)*
  (Re) wesentliche Vertragsbestimmung *f*

conditional sale (Re) Kauf *m* unter Eigentumsvorbehalt
  (ie, a ‚condition precedent' transaction by which title does not vest in the buyer until payment in full has been made; now classified as secured transaction under Art 9 UCC)

conditions of delivery (com) Lieferbedingungen *fpl*

conditions of sale and delivery (com) Verkaufs- und Lieferbedingungen *fpl (syn, terms and conditions)*

conditions of tender (com) Ausschreibungsbedingungen *fpl*
  (syn, terms of tender, bidding requirements)

conferee (com) Konferenzteilnehmer *m*

conference (com) Konferenz *f*, Tagung *f (syn, infml, get-together)*

conference call (com) Konferenz-Gespräch *n (ie, by telephones linked by a central switching unit)*

conference center (com) Konferenzzentrum *n*

confirm *v* (com) bestätigen *(ie, what you have done or are about to do; opp, acknowledge)*

confirmation of order (com) Auftragsbestätigung *f (ie, sent by buyer to seller; cf, acknowledgment of order)*

confirming house (com, GB) Exportvertreter *m (ie, vermittelt zwischen Käufer und Exporteur)*

conflicting goals
  (com) Zielkonflikt *m*
  – Zielkonkurrenz *f*
  – Zielinkompatibilität *f*
  (syn, competing goals, goals conflict, inconsistency of goals)

conflicting interests (com) Interessenkonflikt *m*, widerstreitende Interessen *npl (syn, clashing interests)*

conflicting lines of authority (Bw) Kompetenzstreitigkeiten *fpl*
  (ie, between different departments in any organization; syn, conflicts over competence to decide; GB, demarcation disputes)

conforming to specification (com) technisch einwandfrei

confusion of lines of authority (Bw) Kompetenzüberschneidungen *fpl*
  (syn, instances of plural executives, qv)

conglomerate (com) Konglomerat *n*, Mischkonzern *m*
  (ie, group of jointly owned or controlled firms operating in several unrelated markets; eg, bread, copper, motion pictures)

conglomerate company (com) = conglomerate

conglomerate merger
  (com) = conglomerate
  (Kart, US) konglomerater Zusammenschluß *m*

(ie, of firms which formerly were neither customers, suppliers, nor direct competitors of one another; three forms: 1. pure; 2. product extension; 3. market extension; cf, horizontal merger, vertical merger)

connecting carrier (com) Anschlußspediteur *m*

conquer foreign markets *v* (com) Auslandsmärkte *mpl* erobern *(syn, penetrate)*

conscious parallelism (Kart) bewußtes Parallelverhalten *n (opp, concerted action)*

consecutively numbered (com) fortlaufend numeriert

consecutive numbering (com) fortlaufende Numerierung *f*

consent (Re) Zustimmung *f (eg, of both parties to the contract)*

consent decree (Kart, US) Unterwerfungsentscheidung *f*
(ie, based on the admission that decree is a just determination of rights upon the real facts of the case)

consequential (com) wichtig, folgenreich *(eg, decision)*

conservative estimate (com) vorsichtige Schätzung *f*

conservater (Bw) Liquidator *m*

consider *v*
(com) erwägen, berücksichtigen, prüfen

consideration (Re) Gegenleistung *f*
(ie, essential element of an enforceable contract; eg, in a sale, it is known as the price; may be money, property, services; syn, quid pro quo, compensation; strictly speaking, the doctrine of ‚consideration‘ has no equivalent in German law)

consign *v*
(com) abschicken *(syn, send off)*
(com) in Konsignation geben

consignation selling (com) Konsignationshandel *m*
(ie, im Welthandel übliche Form des Kommissionsgeschäfts: type of export selling in which consignee does not take title to the goods

which passes upon sale to final buyer)

consigned goods (com) Konsignationsware *f (syn, consignment merchandise, qv)*

consignee
(com) Empfänger *m*, Destinatar *m (ie, recipient of goods named in a waybill)*
(com) Konsignatar *m*, Verkaufskommissionär *m*
(ie, party receiving goods on consignment; usually commission merchant acting as selling agent for a commission fee or factorage; opp, consignor = Konsignant)

consignment
(com) Versand *m*, Verfrachtung *f*
(com) Sendung *f*
(com) Konsignation *f*, Konsignationsware *f*

consignment merchandise (com) Konsignationsware *f (syn, consignment goods, goods out on consignment)*

consignment note
(com, GB) Frachtbrief *m (syn, waybill; US, bill of lading)*
(com, GB) Luftfrachtbrief *m (syn, air consignment note, air waybill)*

consignment on appro (com, GB, infml) Ansichtssendung *f*

consignment purchasing (MaW) Konsignations-Beschaffung *f (ie, vendor maintains a merchandise inventory on buyer's premises to which title passes when materials are used)*

consignor
(com) Absender *m (ie, of letters, parcels, etc)*
(com) Versender *m (ie, concludes freight contract with carrier in his own name)*
(com) Konsignant *m (ie, shipper of consigned goods: owner who consigns goods for sale; opp, consignee)*

consolidated accounts (ReW, GB) = consolidated financial statement

consolidated balance sheet (ReW) konsolidierte Bilanz f, Konzernbilanz f (syn, GB, consolidated accounts, group balance sheet)

consolidated financial statement
(ReW) konsolidierter Abschluß m
– Konzernabschluß m
– Gruppenabschluß m (ie, involves elimination of intercompany accounts; syn, group financial statement; GB, group accounts)

consolidated group
(Bw) konsolidierte Unternehmensgruppe f

consolidated income statement
(ReW) konsolidierte Gewinn- und Verlustrechnung f,
– Konzern-GuV f
(syn, GB, consolidated profit and loss accounts)

consolidated profit and loss account
(ReW, GB) = consolidated income statement

consolidated sales (com) Konzernumsatz m (syn, group sales)

consolidated set of accounts (ReW) = consolidated financial statements

consolidated shipment (com) Sammelladung f
(syn, consolidation, mixed/pooled... consignment, joint cargo; GB, grouped... consignment/shipment, collective consignment)

consolidated statement of condition
(ReW) Konzernabschluß m

consolidated subsidiary (com) konsolidierte Tochtergesellschaft f, Konzerntochter f

consolidated world accounts (ReW) Welt-Konzernbilanz f (syn, worldwide consolidated financial statements, qv)

consolidation
(com) Fusion f
(ie, transfer of net assets to a new corporation: Verschmelzung durch Neugründung; opp, merger = Fusion als Verschmelzung durch Aufnahme)

(com) konsolidierte Unternehmensgruppe f (syn, consolidated group)
(com) Sammelladung f (syn, consolidated shipment)
(ReW) Erstellung f e–s konsolidierten Abschlusses

consolidation of a market (com) Marktbefestigung f

consortium
(com) Arbeitsgemeinschaft f, Konsortium n (ie, pl, consortia, consortiums; syn, syndicate)
(Fin) Konsortium n
(ie, a syndicate of banks that pool their resources in order to offer larger loans, greater capability in international banking, and various currency resources)

consortium project (com) Gemeinschaftsprojekt n (syn, community project)

conspiracy (Kart, US) abgestimmtes Verhalten n (ie, Common Law term; Verbotstatbestand nach Sec 1 Sherman Act)

conspiracy in restraint of trade (Kart, US) wettbewerbsbeschränkende Abrede f

constant rate of selling (Mk) konstante Absatzgeschwindigkeit f

constituent company (com) verbundenes Unternehmen n

constitute a quorum v (com) beschlußfähig sein (syn, form a quorum)

constrain from v (com) hindern an (ie, gewaltsam od mit rechtlichen Mitteln: by force or by law)

constraining factor (com) Engpaßfaktor m (syn, critical factor)

construction
(com) Bau m
– Bauen n
– Errichtung f
(Re) Auslegung f, Interpretation f (eg, put a broad/strict... upon)

construction acitivity
(com) Bautätigkeit f

construction boom (com) Bauboom *m*
construction company (com) Bauunternehmung *f*, Baufirma *f*
construction consortium
(com) (Bau-)
Arbeitsgemeinschaft *f*
construction financing (Fin) Baufinanzierung *f*
construction firm (com) = construction company
construction industry (com) Baugewerbe *n*, Bauhauptgewerbe *n* *(opp, construction-related trade)*
construction machinery maker (com) Baumaschinenhersteller *m*
construction of contract (Re) Vertragsauslegung *f*
construction order (Bw) Innenauftrag *m*, Bauauftrag *m* als innerbetriebliche Leistung
construction period (com) Bauzeit *f*
construction project
(com) Bauvorhaben *n*
– Bauobjekt *n*
– Bauprojekt *n*
construction-site manufacture (IndE) Baustellenfertigung *f*
consultancy
(com) Beratung *f*
(com) Beratungsfirma *f (syn, consultants, consulting firm)*
consultancy agreement
(com) Beratungsvertrag *m*
– Beratervertrag *m (syn, advisory contract)*
consultancy fee (com) Beratungsgebühr *f*
consultant (com) Berater *m (syn, counselor, adviser)*
consultants (com) = consultancy
consultant to management (com) = management consultant
consultation
(com) = consulting
consultation fee (com) Beratungskosten *pl*
consultative committee (com) beratender Ausschuß *m*
consulting (com) Beratung *f (syn, consultation, counseling)*

consulting activity (com) Beratungstätigkeit *f (syn, advisory activity)*
consulting agency (com) Beratungsstelle *f*
consulting company (com) Beratungsunternehmen *n*
consulting engineer (com) Beratungsingenieur *m*, technische Beratungsfirma *f*
consulting firm (com) Beratungsfirma *f (syn, consultancy, consultants)*
consulting service (com) Beratungsservice *m*
consult with *v*
(com, US) heranziehen
– befragen
– sich beraten lassen *(eg, expert, tax lawyer)*
consumer (com) Verbraucher *m*, Konsument *m (syn, final ultimate ... consumer)*
consumer acceptance (Mk) Akzeptanz *f*
consumer advertising (Mk) Konsumentenwerbung *f*, Verbraucherwerbung *f*
consumer analysis (Mk) Konsumentenanalyse *f*
consumer behavior (Mk) Verbraucherverhalten *n*
consumer diary panel (Mk) Haushaltspanel *n*
consumer disposables (com) kurzlebige Konsumgüter *npl*
consumer durables (com) Gebrauchsgüter *npl*, dauerhafte Konsumgüter *npl (syn, durable consumer goods)*
consumer electronics (com) Unterhaltungselektronik *f*
consumer expectations (Mk) Verbraucher-Erwartungen *fpl (eg, to meet ...)*
consumer goods
(com) Konsumgüter *npl (syn, consumption goods)*
(Mk) Verbrauchsgüter *npl (ie, either durables or nondurables)*

consumer goods advertising (Mk) Konsumgüterwerbung f

consumer goods industry (com) Konsumgüterindustrie f

consumer goods maker (com) Konsumgüterhersteller m

consumer goods market (com) Konsumgütermarkt m

consumer goods marketing (Mk) Konsumgüter-Marketing n *(opp, industrial marketing = Investitionsgüter-Marketing)*

consumer habits (Mk) Konsumgewohnheiten fpl, Verbrauchsgewohnheiten fpl *(syn, consumption pattern)*

consumer information (Mk) Verbraucherinformation f

consumer jury method (Mk) Verbraucherjury-Methode f – Mustertest m

consumer loyalty (Mk) Konsumententreue f

consumer market (com) Konsumgütermarkt m

consumer non-durables (com) Konsumgüter npl *(syn, single-use goods)*

consumer panel (Mk) Verbraucherpanel n

consumer product advertising (Mk) Konsumwerbung f

consumer research (Mk) Konsumforschung f, Verbraucherforschung f

consumer sentiment (Mk) Konsumklima n, Verbrauchererwartungen fpl *(eg, is steadily deteriorating; syn, buyer confidence)*

consumption demand (Mk) Konsumgüternachfrage f

contact (com) Ansprechpartner m – Kontakt m

contact point (com) Anlaufstelle f, Kontaktstelle f

contacts abroad (com) Auslandskontakte mpl *(syn, contacts in foreign countries)*

contain costs v (com) Kosten pl dämpfen

contend against v (com, fml) konkurrieren gegen *(syn, compete against/with)*

contender (com, fml) Konkurrent m *(syn, competitor, rival)*

contend with v (com, fml) = contend against

content analysis (Mk) Inhaltsanalyse f

contentious issue (com) Streitfrage f

contest (com) Wettbewerb m, Kampf m *(eg, for market shares)*

contest v (com) anfechten, bestreiten *(eg, a decision, a right; syn, challenge)*

contest against v (com, fml) konkurrieren gegen *(syn, compete, contend)*

contingency (com) ungewisses künftiges Ereignis n (Re) Bedingung f

contingency plan (com) Alternativplan m, Schubladenplan m

contingency planning (com) Alternativplanung f – Eventualplanung f – Schubladenplanung f *(syn, alternative planning)*

contingent fee (com) Erfolgshonorar n

contingent liability (ReW) Eventualverbindlichkeit f

continuance (com) Laufzeit f, Gültigkeit f *(eg, during the... of the contract; syn, currency, term)*

continued existence (com) Fortbestand m *(eg, of a company)*

continuing education (Pw) Fortbildung f *(syn, further training)*

continuing sales contract (com) Sukzessivlieferungsvertrag m *(syn, open-end contract)*

continuous budget (Bw) rollendes Budget n *(syn, perpetual/rolling... budget)*

continuous planning (Bw) rollende Planung *f (syn, perpetual/rolling . . . planning)*

continuous process production (IndE) Fließfertigung *f (syn, flow line/flow shop . . . production)*

continuous purchase contract (com) Sukzessivlieferungsvertrag *m*, Bezugsvertrag *m (syn, open-end contract)*

continuous text (com) Fließtext *m (syn, running text)*

contract
(com) Kontrakt *m*, Vertrag *m*
(com) Auftrag *m (eg, delivery contract)*
(com) Abschluß *m*

contract *v*
(Re) vertraglich festlegen, sich vertraglich verpflichten

contract award process (com) Auftragsvergabe *f*

contract away customers *v* (com) Kunden *mpl* abwerben

contract combination (Kart, US) vertraglicher od loser Zusammenschluß *m (syn, loose combination, qv)*

contracting-out clause (Re) Freizeichnungsklausel *f*
(ie, disclaiming defects liability = schließt Sachmängelhaftung aus; syn, disclaimer, exemption/ exculpatory/exoneration/hold harmless/non-warranty . . . clause)

contracting parties (Re) Vertragsparteien *fpl (syn, parties to an agreement/contract; fml, the parties hereto)*

contract in one's own name *v* (com) in eigenem Namen abschließen

contract in restraint of competition (Kart) wettbewerbsbeschränkender Vertrag *m*

contract mix (Mk) Kontrahierungsmix *m*

contract of employment (Pw) Arbeitsvertrag *m*, Anstellungsvertrag *m (syn, employment/labor/service . . . contract)*

contractor
(com) Auftragnehmer *m*
(com) Unternehmer *m*, Unternehmen *n*
(com) Bauunternehmen *n*

contract out *v* (Re) freizeichnen *(ie, of statutory liability = gesetzliche Haftung; syn, disclaim)*

contract out work *v* (com) Arbeiten *fpl* vergeben

contract penalty (Re) Konventionalstrafe *f*, Vertragsstrafe *f*
(ie, due if work is not carried out within stipulated time; syn, penalty for breach of contract, time penalty under contract; GB, liquidated damages, qv)

contract price
(com) Vertragspreis *m (ie, generic term)*

contract research (com) Auftragsforschung *f*, auftragsgebundene Forschung *f (syn, committed/outside/sponsored . . . research)*

contractual capacity (Re) Geschäftsfähigkeit *f (syn, legal capacity to contract, qv)*

contractual claim (Re) Anspruch *m* aus Vertrag, vertraglicher Anspruch *m (syn, contract claim)*

contractual duties (Re) vertragliche Pflichten *fpl*, Vertragspflichten *fpl (syn, contractual obligations, duties under a contract)*

contractual incapacity (Re) Geschäftsunfähigkeit *f*
(syn, incapacity to contract, legal disability, contractual incompetence)

contractual incentives (Bw) vertragliche Anreize *mpl*

contractual joint venture
(com) Projektkooperation *f*
– Ad-hoc-Kooperation *f*
(ie, vorübergehende Kooperation in der Investitionsgüterindustrie: Konsortium, Arbeitsgemeinschaft, Projektgemeinschaft)

contractual territory (com) Vertragsgebiet *n*

contract value
(com) Auftragswert *m*, Bestellwert *m (syn, order value)*

contribution
(Fin) Einlage *f (ie, cash or property, made to a commercial undertaking)*
(KoR) Deckungsbeitrag *m (syn, contribution margin, qv)*

contribution costing (KoR) Deckungsbeitragsrechnung *f (ie, today mostly synonymous with ,Grenzplankostenrechnung'; syn, contribution analysis, contribution margin technique; US, direct costing; GB, marginal costing)*

contribution margin
(KoR) Deckungsbeitrag *m*, Bruttogewinn *m (ie, net sales minus all variable expenses; syn, profit contribution, variable gross margin, marginal... income/balance)*
(Bö) Einschuß *m (syn, trading margin, margin requirement, initial deposit)*

contribution to profit (KoR) = contribution margin

control
(com) Beherrschung *f*
– Einfluß *m*
– beherrschender Einfluß *m (syn, dominating influence)*
(Bw) Leitung *f*, Steuerung *f*
(Bw) Überwachung *f*, Kontrolle *f (syn, supervision)*

control *v*
(com) beherrschen, beeinflussen
(Bw) leiten, steuern
(Bw) überwachen, kontrollieren

control agreement (com) Beherrschungsvertrag *m (ie, under which a corporation subordinates its management to that of another enterprise)*

control devices (Bw) Mittel *npl* der Einflußnahme

control engineering
(IndE) Fertigungskontrolle *f (syn, production control)*

controlled company (com) beherrschte Gesellschaft *f*, Untergesellschaft *f (cf, abhängiges Unternehmen = dependent enterprise; cf, §17 German AktG)*

controlled corporate group (com) Beteiligungskonzern *m*

controlled process
(IndE) beherrschte Fertigung *f*, beherrschter Fertigungsprozeß *m (syn, process under control)*

controller
(com) Controller *m (ie, Leiter des Rechnungs-, Finanz- und Steuerwesens; syn, comptroller)*

controlling company (com) herrschendes Unternehmen *n*, Obergesellschaft *f (syn, controlling/dominant... enterprise; opp, controlled company)*

controlling interest (Fin) Mehrheitsbeteiligung *f*, Mehrheit *f (syn, majority interest, qv)*

controlling share (Fin) = controlling interest, qv

controlling stockholder (Fin) Mehrheitsaktionär *m (syn, majority shareholder)*

control of advertising effectiveness (Mk) Werbeerfolgskontrolle *f*, Werbekontrolle *f*

control panel (Mk) Prüfpanel *n*

control systems engineering (EDV) Regeltechnik *f*

convene a meeting *v* (com, fml) Sitzung *f* einberufen *(syn, call a meeting)*

conversion privilege (Fin) Wandlungsrecht *n (ie, right to convert debt or preferred stock to common stock; syn, right of conversion)*

conversion rate
(Fin) Umrechnungskurs *m*
(Fin) Konversionsquote *f (ie, Zahl der pro Schuldverschreibung eintauschbaren Aktien)*

convert *v*
(Fin) umtauschen *(eg, one type of security into another)*

(Fin, fml) umtauschen *(ie, foreign currency)*
(IndE) umrüsten

convertible bond (Fin) Wandelschuldverschreibung f, Wandelanleihe f
(ie, fixed-interest security that is convertible into the borrower's common stock; the difference between the price of common stock at the time of the issue of the bonds and the rate at which they can be converted is the convertible premium = Wandlungsprämie; vgl hierzu: § 221 AktG)
(Fin, GB) festverzinsliches Papier n mit Wandlungsrechten
(ie, all loan stock, qv, with the additional right to exchange the stock into another class of security, usually ordinary shares, at specified dates and at a pre-agreed conversion rate)

convertible currency (Fin) konvertierbare Währung f

convertibles (Fin) = convertible bonds

cooling period
(com) Karenzzeit f, Wartezeit f

cooperation agreement (com) Kooperationsvertrag m

cooperative (com) Genossenschaft f *(syn, co-op)*

cooperative advertising (Mk) Gemeinschaftswerbung f, Verbundwerbung f *(syn, joint/collective/association/tie-up . . . advertising; opp, individual advertising)*

cooperative agreement (com) = cooperation agreement

cooperative chain (Mk) Großhandelskette f *(ie, Träger sind unabhängige Einzelhändler)*

cooperative deal (com) Kooperation f

cooperative marketing association (Mk) Absatzgenossenschaft f

cooperative style of leadership (Bw) kooperativer Führungsstil m *(ie, supportive pattern of leadership)*

coordinate v (com) koordinieren *(ie, one's efforts)*

coordinating mechanism (Bw) Abstimmungsmechanismus m

cop out v (Pw, infml) sich drücken *(ie, by using a flimsy excuse)*

co-product (com) Nebenerzeugnis n *(syn, byproduct, qv)*

co-production (IndE) Koproduktion f *(eg, carried on a joint venture basis)*

copy
(com) Kopie f
(com) Abschrift f *(eg, certified copy = beglaubigte Abschrift)*
(com) Exemplar n
(Mk) Werbetext m

copy v (com) Kopie f schicken *(eg, could you copy me in any correspondence?)*

copycat
(com) Markenpirat m
(com, GB) Kopierer m *(syn, copier)*

copy chief (Mk) Cheftexter m *(ie, supervises copywriters)*

copy deadline (Mk) Anzeigenschluß m

copy department (Mk) Textabteilung f

copy strategy (Mk) = copy thrust

copytesting (Mk) Copytesten n *(ie, to measure the effectiveness of advertising copy)*

copy thrust (Mk) Werbetextstrategie f *(ie, message to be communicated; syn, copy strategy)*

copywriter (Mk) Werbetexter m, Texter m

copy writing (Mk) Werbetexten n, Texten n

cordon off v (com) absperren *(eg, an area)*

cordon pricing system (com) Zonengebührensystem n *(ie, to make private car journeys in inner cities more expensive)*

core activity (com) Haupttätigkeit f

core business (com) Hauptgeschäftsbereich m

(eg, management had let some core businesses deteriorate)

core operations (com) Kernbereich *m (syn, key operation)*

core time (Pw) Kern(arbeits)zeit *f (ie, periods during the day when employees are required to be present at work; the rest is flextime = Gleitzeit; usu. from midmorning to midafternoon)*

core workers (Pw) Stammbelegschaft *f (opp, low-paid peripheral workers)*

corporate adjustment (com, US) Sanierung *f (syn, capital . . . reconstruction/ reorganization)*

corporate agent (Bw) Organ *n* e–r Gesellschaft

corporate appraisal (Bw) Bestandsaufnahme *f (syn, position /situation . . . audit, assessment of current position)*

corporate articles (com) Gründungsurkunde *m*, Satzung *f*

corporate bond (Fin) Industrieschuldverschreibung *f*

corporate bond market (Fin) Rentenmarkt *m*

corporate borrowing (Fin) Kreditaufnahme *f* von Unternehmen *(opp, government/public sector . . . borrowing)*

corporate charter (com) = corporate articles

corporate concentration (com) Unternehmenskonzentration *f*

corporate design (Bw) visuelles Erscheinungsbild *n* e–s Unternehmens *(ie, Zusammenhang mit corporate identity)*

corporate dinosaur (com, infml) Riesenunternehmen *n*

corporate divestment (com) Entflechtung *f* von Unternehmen

corporate ethics (Bw) Unternehmensethik *f (syn, business ethics)*

corporate finance (Fin) Unternehmensfinanzierung *f (syn, business company/managerial . . . finance)*

corporate financial manager (Fin) Finanzleiter *m*, Finanzvorstand *m*

corporate goals (Bw) Unternehmensziele *npl (syn, business . . . goals/ objectives)*

corporate governance (Bw) Unternehmensführung *f*

corporate group (com) Konzern *m*

corporate headquarters (com) Hauptverwaltung *f*, Unternehmenszentrale *f (syn, headquarters, qv)*

corporate identity (Bw) Corporate Identity *f (ie, Gesamtbild des Unternehmens in der Öffentlichkeit; Ausdruck für die Unternehmensphilosophie)*

corporate image (Bw) Unternehmens-Image *n*

corporate income tax (StR) Körperschaftsteuer *f (syn, corporation tax)*

corporate interlock (Kart) Überkreuzverflechtung *f*

corporate level (Bw) Unternehmensebene *f*

corporate management (Bw) Unternehmensleitung *f*

corporate marriage (com, infml) Fusion *f (syn, merger, qv)*

corporate name (com) Firmenname *m (syn, business name, qv)*

corporate planning (Bw) Unternehmensplanung *f (syn, business /company/managerial . . . planning)*

corporate policy (Bw) Unternehmenspolitik *f (syn, business/company . . . policy)*

corporate productivity (Bw) Gesamtproduktivität *f*

corporate profit (Fin) Unternehmensgewinn *m*

corporate purpose (Bw) Gesellschaftszweck *m*

corporate readjustment (com, US) = quasi-reorganization

corporate reconstruction (com) Sanierung *f (syn, corporate adjustment)*

corporate records (com) Gesell-schafts-Unterlagen *fpl (ie, certifi-cate of incorporation, bylaws, book of minutes, stock transfer book, etc)*

corporate seat (Re) Sitz *m* e–r Ge-sellschaft

corporate shell (Bw) Firmenman-tel *m*, Mantel *m
(ie, without assets or active business operations of its own; syn, shell company, non-operating company)*

corporate strategy (Bw) Unterneh-mensstrategie *f (syn, business strategy)*

corporate structure (Bw) Unterneh-mensstruktur *f*

corporation
(com) Kapitalgesellschaft *f*, Ak-tiengesellschaft *f
(ie, but includes associations, joint-stock companies, certain types of li-mited partnerships)*

corporation charter (com) Grün-dungsurkunde *f* e–r AG

corporation finance (Fin) Unterneh-mensfinanzierung *f (ie, concerned with promotion, capitalization, fi-nancial management, consolida-tion, and reorganization)*

corporation income tax (StR) Kör-perschaftsteuer *f (syn, corporate income tax)*

corporation kit (com, US) Grün-dungsunterlagen *fpl
(ie, stock book, minute book, cor-poration seal, etc; essential documentary material needed by every corporation)*

correct *v* (com) berichtigen, berei-nigen
(eg, mistakes; syn, put right, rectify, straighten out)

corrective advertising (Mk) berichti-gende Werbung *f*

corrective antitrust policy (Kart, US) Antitrustpolitik *f* nach dem Miß-brauchsprinzip *(ie, according to G. Stigler)*

correlate with *v* (com) entsprechen, in Übereinstimmung bringen

correspond *v* (com) korrespondieren *(ie, exchange letters, memos, etc)*

correspondent
(com) (ausländischer) Geschäfts-freund *m (ie, one who has regular business relations with another; esp at a distance)*

co-signer
(com) Mitunterzeichner *m*

cost
(com) Aufwand *m (ie, auch: Zeit f, Mühe f, Arbeit f)*
(com) Kosten *pl*
(ReW) Anschaffungs- od Herstel-lungskosten *pl*
(ReW) Buchwert *m*

cost *v*
(ReW) Kosten *pl* ermitteln *(ie, de-termine the costs of a product or service)*
(KoR) Kosten *pl* bewerten

cost absorption
(KoR) Vollkostenrechnung *f (syn, absorption costing)*
(KoR) Periodenverrechnung *f* von Aufwand

cost accountant
(KoR) Kostenrechner *m*

cost accounting (KoR) Kostenrech-nung *f*, Betriebsabrechnung *f*

cost a price *v* (com) Preis *m* fest-setzen

cost behavior pattern (KoR) Kosten-verlauf *m (syn, pattern of cost be-havior)*

cost-benefit analysis (Bw) Kosten-Nutzen-Analyse *f*

cost center (KoR) Kostenstelle *f (syn, expense center, department)*

cost center accounting (KoR) Kosten-stellenrechnung *f (syn, departmen-tal accounting)*

cost containment (com) Kostendäm-mung *f*

cost containment program (com) Ko-stensenkungsprogramm *n*

cost cutting program (com) Kosten-senkungsprogramm *n*

cost earnings situation (Bw) Kosten- und Ertragslage *f*

cost effective alternative (com) kostengünstige Alternative *f*

cost effectiveness (Bw) Kostenwirksamkeit *f*, Nutzwert *m* von Kosten od Aufwendungen

cost estimate
(com) Kostenvoranschlag *m* (*syn, preliminary estimate; GB, bill of quantity*)
(KoR) Kalkulation *f*

cost estimating (com) Kalkulation *f*, Angebotskalkulation *f* (*ie, on which supply offer is based*)

cost function (Bw) Kostenfunktion *f*

cost improvement (Bw) Kostensenkung *f* (*ie, systematic approach to containing cost*)

costing point (KoR) = cost center

costing unit (KoR) = cost unit

cost in inventory (MaW) Lagerkosten *pl* (*syn, inventory carrying cost, holding cost, Storage expenses*)

costly (com) teuer, aufwendig (*ie, commanding a high price; syn, expensive*)

cost of acquisition
(MaW) Beschaffungskosten *pl* (*syn, procurement/ordering... cost*)
(KoR) Anschaffungskosten *pl* (*ie, includes incidental cost = Nebenkosten*)

cost of carrying (MaW) Kosten *pl* der Lagerhaltung

cost of closure (Bw) Stillegungskosten *pl*

cost of collecting information (Bw) Informationskosten *pl*, Info-Beschaffungskosten *pl*

cost of disposition (Mk) Absatzkosten *pl*

cost of employee orientation (Pw) Einarbeitungskosten *pl*

cost of goods sold
(ReW) Umsatzkosten *pl*
– Umsatzaufwendungen *mpl*

– Kosten *pl* der verkauften Erzeugnisse
(*ie, die gesamten Herstellungskosten, die auf die verkauften Produkte entfallen; in der BRD ist seit langem die Gliederung der GuV nach dem Gesamtkostenverfahren (Produktionserfolgsrechnung) üblich und aktienrechtlich vorgeschrieben; cf, § 157 AktG a.F.; nach § 275 HGB kann zwischen Gesamtkosten– und Umsatzkostenverfahren gewählt werden; international ist das Umatzkostenverfahren die vorherrschende Ausweisform der Ergebnisrechnung; syn, cost of sales; opp, expenditure style of presentation = Gesamtkostenverfahren*)

cost of production
(ReW) Herstellungskosten *pl* (*syn, final manufacturing cost, mill cost of sales*)
(KoR) Fertigungskosten *pl* (*syn, process/output... cost*)
(KoR) Kosten *pl* der Fertigungsbereitschaft

cost of readiness (KoR) Kosten *pl* der Betriebsbereitschaft *f* (*syn, capacity/standby/ready-to-serve... cost*)

cost of sales
(ReW) Umsatzaufwendungen *mpl* (*ie, GuV nach Umsatzkostenverfahren; syn, cost of goods sold, qv*)
(KoR) Einstandspreis *m* der verkauften Handelsware
(*ie, cost of sales – sales = pretax net earnings*)

cost or market whichever is lower (ReW) Niederstwert *m* (*syn, lower of cost or market*)

cost out *v* (com) Kosten *pl* ermitteln (*eg, a purchase order*)

cost overrun (com) Kostenüberschreitung *f*, Mehrkosten *pl*

cost package (Bw) Kostenpaket *n*

cost per unit of volume (KoR) Stückkosten *pl* (*syn, unit cost*)

cost pressure (com) Kostendruck *m* (*ie, upward pressure on costs*)

cost price
(ReW) Anschaffungs- od Herstellungspreis *m (ie, component of acquisition cost)*
(com) Einstandspreis *m (ie, to retailer)*

cost price squeeze (com) Preis-Kosten-Schere *f*

cost recovery
(KoR) Kostendeckung *f*

cost squeeze (com) Kostenzange *f*

cough up money *v* (com, infml) Geld *n* aufbringen od „herausrücken" *(ie, usually reluctantly)*

counseling (com) = consulting

counselor (com) Berater *m (syn, consultant, adviser)*

count against *v* (com) anrechnen *(eg, a quota)*

counteradvertising (Mk) freiwillige Gegendarstellung *f* in der Werbung

counter deal (com) Gegengeschäft *n (syn, back-to-back transaction)*

counter display (Mk) Thekenaufsteller *m*

counterfeit products (com) Fälschungen *fpl*
(ie, a well-known label of a manufacturer's brand name is illegally fixed to inferior merchandise which is sold at inflated markup; syn, bogus merchandise, fakes)

countermand *v*
(com) stornieren *(ie, purchase order)*

counter-offensive advertising (Mk) Abwehrwerbung *f*

counter offer (com) Gegenangebot *n*, Gegenofferte *f (syn, counterbid)*

counterpart (com) zweite Ausfertigung *f*, Duplikat *n (eg, of bill of lading)*

counter-performance (Re) Gegenleistung *f (cf, §§ 323–325 BGB)*

counter tender (com) konkurrierendes Übernahmeangebot *n*

country survey (com) Länderbericht *m*

count up *v* (com) zusammenzählen

coupon
(Fin) Kupon *m*, Zinsschein *m (ie, detachable part of the certificate exchangeable for dividends)*
(Fin) Anleihezins *m (ie, rate of interest on a fixed interest security)*

coupon bonds (Fin) Inhaberschuldverschreibungen *fpl (ie, negotiable bonds payable to bearer; opp, registered bonds)*

coupon clearing (Mk) Coupon-Abwicklung *f (ie, bei Verkaufsförderungs-Aktionen)*

coupon date (Fin) Zinstermin *m (syn, interest due date)*

coupon holder (Fin) Kuponinhaber *m*

coupon issue (Fin) Anleiheemission *f*

course of the economy (Vw) wirtschaftliche Entwicklung *f (syn, general thrust of the economy)*

court above (Re) nächsthöhere Instanz *f*, übergeordnete Instanz *f (syn, next higher court)*

court below
(Re) untergeordnete Instanz *f*
– Vorinstanz *f*
(syn, minor court, lower-instance court)

court fees (Re) Gerichtsgebühren *fpl*

court of arbitration (Re) Schiedsgericht *n (syn, arbitration tribunal)*

court-type evidence (Re) gerichtsverwertbare Tatsachen *fpl*

covenant in restraint of trade (Re) Konkurrenzklausel *f*, Wettbewerbsklausel *f (syn, ancillary covenant, restraining clause)*

cover against *v* (com) sichern gegen *(eg, damage, incapacity, theft)*

coverage
(Fin) Deckung *f (ie, von Zinsen, Tilgung, Dividenden durch Unternehmenserträge)*
(Fin) Verhältnis *n* Gewinn vor Steuern/Zinsen *(ie, für Festverzinsliche)*
(Mk) Streubreite *f*, Abdeckung *f* des Marktes

covered employment (SozV) versicherungspflichtige Beschäftigung *f*

covered price cut (com) versteckte Preissenkung *f*

cover expenses *v* (com) Ausgaben *fpl* od Kosten *pl* decken

co-worker (com) Mitarbeiter *m (syn, collaborator, qv)*

CPA (ReW, US) = certified public accountant

CPA firm (ReW, US) Wirtschaftsprüfungsgesellschaft *f (syn, audit firm, qv)*

crank up *v* (com) in Gang setzen, „ankurbeln" *(eg, volume production)*

crashed program (Bw) Programm *n* mit Minimaldauer

crash point (Bw) Punkt *m* der Minimaldauer

crash program (com) Blitzprogramm *n*, Sofortprogramm *n*

crash reaction (com) Sofortreaktion *f*

crash time (Bw) absolute Minimalfrist *f*

create *v* (com) gründen *(ie, any kind of business; syn, form, establish, launch, organize, set up)*

create a mortgage *v* (Re) Hypothek *f* bestellen

create a right *v* (Re) Recht *n* begründen *(syn, establish)*

create new jobs *v* (com) Arbeitsplätze *mpl* schaffen

creation (com) Gründung *f (eg, of a company)*

creation of demand (Mk) Bedarfsweckung *f*

credit
(Fin) Kredit *m (syn, loan, advance)*
(Fin) Akkreditiv *n (syn, letter of credit)*
(Fin) Kreditwürdigkeit *f*, Kredit *m (syn, credit rating)*
(ReW) Gutschrift *f (opp, debit)*
(ReW) Habenseite *f* e–s Kontos *(syn, credit side)*
(ReW) Habensaldo *m (syn, credit balance)*

credit *v*
(com) kreditieren, auf Kredit verkaufen
(eg, credit an account with/credit to an account)
(ReW) gutschreiben
(ie, enter upon the credit side of an account; opp, debit = belasten)

creditable (com) anrechenbar

credit against *v* (com) anrechnen

credit balance (Fin) Guthaben *n*

credit call telephone (com, GB) bargeldloses Telefon *n (ie, accepts credit cards of banks)*

credit evaluation procedure (Fin) Kreditwürdigkeitsprüfung *f (syn, credit . . . investigation/ review)*

credit facility (Fin) Kreditfazilität *f*, Darlehen *n*

credit for returned goods (com) Retouren-Gutschrift *f*

credit investigation (Fin) Kreditwürdigkeitsprüfung *f*, Bonitätsprüfung *f (ie, relating to capacity, capital, conditions; syn, credit . . . evaluation /review)*

credit line (Fin) Kreditlinie *f*, Kreditrahmen *m (ie, limit of credit extended to customer;· syn, line of credit, lending . . . line/ceiling; the nearest British equivalent is ‚overdraft')*

credit note (com, GB) Gutschriftsanzeige *f*, Gutschrift *f (syn, credit slip, qv)*

creditor
(com) Gläubiger *m (ie, one to whom money is due)*
(Re) Gläubiger *m*
(cf, § 241 BGB; syn, fml, obligee; opp, debtor = Schuldner)

creditors (ReW) Kreditoren *mpl*, Verbindlichkeiten *fpl*

credit rating (Fin) Kreditwürdigkeit *f*, Bonität *f*
(syn, credit . . . standing/worthiness, financial standing)

credit sale (com) Kreditkauf *m*, Zielkauf *m (syn, sale for the account; US, charge sale)*

credit worthiness (Fin) = credit rating

creeping takeover (com, US) schleichende Übernahme *f*
(ie, gradual accumulation of a company's stock through open-market purchases; public disclosure of stock ownership or takeover intentions is not required until the stake reaches 5)

crisis management (Bw) Krisenmanagement *n*

criterion (com) Kriterium *n (syn, yardstick, test)*

critical factor (com) Engpaßfaktor *m*

cross-border intelligence (com) grenzüberschreitende Informationen *fpl*

cross-border link (com) internationale Zusammenarbeit *f (eg, among steel companies)*

cross-border mergers and acquisitions
(com) grenzüberschreitende Unternehmenskäufe *mpl*

cross-border trade (AuW) grenzüberschreitender Warenverkehr *m*

crosscheck *v* (com) Gegenprobe *f* machen, gegenchecken

cross-frontier movement of goods (AuW) grenzüberschreitender Warenverkehr *m (syn, cross-border trade)*

cross-frontier project (com) grenzüberschreitendes Projekt *n*

cross holding (Fin) gegenseitige Beteiligung *f*

cross impact analysis (Bw) Interaktionsanalyse *f*

cross off *v* (com) ausstreichen, durchstreichen
(ie, a name off a list; syn, cross out, strike . . . off/out/through, delete)

cross out *v* (com) = cross off

cross selling
(com) Gegenseitigkeitsgeschäfte *npl (eg, of financial services)*
(Mk) Cross Selling *n*
– Verbundabsatz *m*
(ie, Ziel: neben Abnahme e–r Lei-

stung auch Kauf von Produkten, die nicht unmittelbar nachgefragt werden)

cross-skilled team (com) interdisziplinäre Arbeitsgruppe *f*

cross subsidization (Bw) Verlustausgleich *m*, Quersubventionieren *n (ie, between subsidiaries of the same group)*

cross-subsidize *v* (Bw) quersubventionieren

crosswalk
(Bw) Verzahnung *f* zwischen System und Struktur

crowd out *v*
(com) ausschließen *(ie, refuse entry)*

crown jewel lockup option
(com, infml) Option *f*, besonders lukrative Geschäftszweige (crown jewels) weit unter Marktpreis zu erwerben
(ie, von e–r Zielgesellschaft meist e–r Bank eingeräumt)

crude steel output (com) Rohstahlproduktion *f*

crunch (com) Knappheit *f*, krisenhafter Zustand *m (ie, shortage, severe economic squeeze)*

cultivate a market *v* (com) Markt *m* pflegen

cumulative total (com) Gesamtbetrag *m*

curb an abuse *v* (com) Mißbrauch *m* eindämmen

currency
(com) Laufzeit *f*, Gültigkeit *f (syn, term, continuance; eg, during the . . . of the contract)*
(Fin) Währung *f*, Fremdwährung *f*

current assets
(Bw) Gegenstände *mpl* des Umlaufvermögens

current cost accounting
(ReW, US) Rechnungslegung *f* zum Tages- od Marktwert
(ie, at current cost or lower recoverable cost at balance sheet date or date of sale)

(ReW, GB) Rechnungslegung *f* mit Bewertung zum unternehmenstypischen Wert *(ie, damit werden ‚holding gains' ausgeschlossen)*

current exit value (Bw) Veräußerungspreis *m (ie, Tages- od Marktwert)*

current funds (Fin) flüssige Mittel *pl (syn, liquid funds, qv)*

current income
(Fin) laufende Erträge *mpl (eg, from bonds)*

current investment (Fin) Wertpapiere *npl* des Umlaufvermögens *(syn, marketable securities, qv)*

current liabilities (ReW) kurzfristige Verbindlichkeiten *fpl (syn, shortterm liabilities, current debt)*

current market value (Re) Marktwert *m (syn, market value, qv)*

current planning (Bw) laufende Planung *f*

current price
(com) gegenwärtiger Preis *m*, Marktpreis *m (syn, going/prevailing... price)*
(ReW) Marktpreis *m*, Tagespreis *m (syn, market/ruling... price)*

current rate
(com) geltender Satz *m*

current value
(ReW) Marktwert *m*
– Tageswert *m*
– Zeitwert *m (syn, market value)* ·

current yield (Fin) laufende Rendite *f (ie, coupon payments on a security as a percentage of the security's market price; in many instances the price should be gross of accrued interest)*

curriculum vitae (Pw) Lebenslauf *m (syn, personal... history/record)*

curtail *v* (com) beschränken, beschneiden, kürzen

curtailment (com) Beschränkung *f*, Beschneidung *f*, Kürzung *f*

cushion of existing orders (com) Auftragspolster *n*

cushion the impact *v* (com) auffangen *(eg, of cost increases)*

custodial function (Bw) verwaltende Funktion *f*

custodian of an estate (Re) Vermögensverwalter *m (syn, manager of an estate, qv)*

custom
(com, GB) Kundschaft *f (ie, habitual customers; syn, clientele, business patronage)*
(com, GB) Kunde *m (syn, customer)*
(Zo) Zoll *m (ie, duties, tolls, and imposts)*

customary business practices (com) Handelsbräuche *mpl*

customary risk (com) handelsübliches Risiko *n*

customer
(com) Kunde *m*, Abnehmer *m (syn, client, buyer, purchaser)*
(Fin) Klient *m*
– Kunde *m*
– Drittschuldner *m (ie, in factoring)*

customer acceptance test (Mk) begrenzter Markttest *m*

customer approval (com) Kundenfreigabe *f*

customer base (com) Kundenbestand *m*

customer complaint (com) Mängelrüge *f (syn, notice of defect, letter of complaint)*

customer engineer (com) Außendiensttechniker *m (syn, field service technician)*

customer engineering (com) technischer Kundendienst *m*, Außendienst *m (syn, field service)*

customer order (com) (Kunden-) Auftrag *m*, Bestellung *f (syn, purchase/sales... order)*

customer sales proceeds (ReW) Außenumsatzerlöse *mpl (ie, of a group of companies; syn, external sales)*

customer's deposit (com) Kundenanzahlung *f*

customer segmentation (Mk) Kunden-Segmentierung *f*

customer service (com) Kundendienst *m (syn, client/after-sales post-sales/sales . . . service)*

customer service department (com) Kundendienstabteilung *f*

customer service organization (com) Kundendienstorganisation *f*

customer support (com) Kundenbetreuung *f*

customer survey (Mk) Marktstudie *f*

customize *v*
(com) nach Bestellung anfertigen

customized
(com) kundenspezifisch *(syn, custom, tailored, made-to-order)*

customized engineering (IndE) kundenspezifische Entwicklung *f (ie, design and development)*

custom-make *v* (com) nach Kundenspezifikation herstellen *(ie, tailor chips to a customer's specifications)*

custom manufacturing (IndE) Kundenauftragsfertigung *f*
(syn, make-to-order production, job order production, production to order; opp, make-to-stock production = Lagerfertigung)

custom of the trade (com) Handelsbrauch *m (syn, usage of the market, qv)*

customs
(FiW, meist) Einfuhrzölle *mpl*
(Zo, GB) Zollbehörde *f (syn, Her Majesty's Customs)*

customs and excises (FiW) Zölle *mpl* und Verbrauchsteuern *fpl*

customs authorities (Zo) Zollbehörden *fpl*

customs clearance
(Zo) Zollabfertigung *f*

customs cleared (Zo) verzollt *(syn, duty paid)*

customs declaration
(Zo) Zollerklärung *f*
– Zolldeklaration *f*
– Deklaration *f (syn, declaration, bill of entry)*

customs documents (Zo) Zollpapiere *npl*

customs duty (Zo) Zoll *m (syn, duty, tariff; US also, custom duty)*

customs formalities (Zo) Zollformalitäten *fpl*

cut (com) Kürzung *f (syn, cutback, curtailment, reduction)*

cut *v* (com) kürzen *(syn, cut back, pare down, reduce, trim)*

cut back capacity *v* (Bw) Kapazität *f* reduzieren

cutback in capacity (Bw) Kapazitätsabbau *m (syn, cut/reduction . . . in capacity, shutting production capacity)*

cutback in employment (Pw) Personalabbau *m*
(syn, cut in staff, manpower reduction, paring workforce, slimming manning levels)

cut back on orders *v* (com) Aufträge *mpl* zurückhalten, weniger Aufträge erteilen

cut back operations *v* (com) Betrieb *m* einschränken od zurückfahren

cut costs *v* (com) Kosten *pl* senken

cut down *v* (com) einschränken *(eg, smoking, capital spending)*

cut down the labor force *v* (Pw) Personalbestand *m* abbauen

cut in capacity (Bw) = cutback in capacity

cut in production (IndE) Produktionseinschränkung *f (syn, production cutback, qv)*

cut in staff (Pw) Personalabbau *m (syn, cutback in employment)*

cut in working time (Pw) Arbeitszeitverkürzung *f (syn, reduction of working hours, shorter working hours)*

cutoff method
(Mk) Auswahl *f* nach dem Konzentrationsprinzip *(ie, in der Investitionsgüter-Marktforschung)*

cutoff point
(Mk) Sperrpunkt *m (ie, in advertising)*

cut order delivery times v (com) Lieferzeiten fpl kürzen

cut out v (com, infml) ausschalten (eg, go-between, financial institution)

cut out dead wood v (com, infml) durchforsten (syn, shake up an organization)

cut out rivals v (com) Konkurrenz f verdrängen (syn, wipe out, put out of the market)

cut overtime v (Pw) Überstunden fpl kürzen

cut-price imports (AuW) Billigeinfuhren fpl, Billigimporte mpl

cut staff v (Pw) Personal n abbauen (syn, reduce personnel, qv)

cut taxes v (StR) Steuern fpl senken

cut-throat competition (com) ruinöse Konkurrenz f (syn, destructive competition)

cutting edge (com) vorderste Front f (eg, of technological progress)

cutting-edge producer (com) technisch führender Hersteller m (eg,

of next-generation computer memories)

CV (Pw) = curriculum vitae

c.w.o. (com) = cash with order

cyclical expansion (Vw) Konjunkturaufschwung m

cyclical fluctuations (Vw) konjunkturelle Schwankungen fpl

cyclical movement (Vw) Konjunkturbewegung f

cyclical overstrain (Vw) Konjunkturüberhitzung f

cyclical revival (Vw) Konjunkturbelebung f (eg, in inventory growth)

cyclical unemployment (Vw) konjunkturelle Arbeitslosigkeit f, zyklische Arbeitslosigkeit f (syn, deficiency-of-demand unemployment)

cyclical upswing (Vw) Konjunkturaufschwung m, Aufschwung m (syn, upturn, business cycle expansion)

cyclical upturn (Vw) = cyclical upswing

D

daily allowance (com) Tagegeld n (syn, perdiem, per diem allowance)

daily cash receipts (com) Tageseinnahme f, Tageskasse f (ie, in retailing; syn, daily takings)

daily expense allowance (com) Spesensatz m

daily money (Fin) tägliches Geld n

daily record keeping (com) tägliche Aufzeichnungen fpl

daily report (com) Tagesbericht m

daily sales (com) Tagesumsatz m (syn, GB, daily turnover)

daily statement (Fin) Tagesauszug m

daily throughput (com) Tagesdurchsatz m

day order (Fin) Tagesauftrag m

daisy chain
(com, US, infml) undurchsichtiger Unternehmenskomplex m

(ie, used in the oil industry to confuse investigators)
(Fin, GB) künstliche Marktaktivität f (ie, to lure genuine investors)

damage
(com) Schaden m, Einbuße f
(com, infml) Kosten pl (eg, what's the damage?)
(IndE) Schaden m, Beschädigung f
(ie, injury short of complete destruction inflicted upon persons, equipment, or installations)
(Re) Schaden m (syn, injury, loss)

damage by breakage (com) Bruchschaden m

damage by intrinsic defects (com) Schaden m durch inneren Verderb

damaged goods (com) beschädigte Waren fpl

damage in transit (com) Transportschaden *m* *(syn, transport... damage/loss)*

damages (Re) Schaden(s)ersatz *m* *(ie, pecuniary indemnity, not compensation in kind: sum of money recovered to redress a legal wrong or injury)*

damage suit (Re) Schadenersatzklage *f*

damage to property (Re) Sachschaden *m* *(syn, injury to property, physical damage)*

damp down *v* (com) dämpfen *(eg, demand)*

dangerous goods (com) Gefahrgüter *npl*

danger spot (com) Schwachstelle *f*

data (com) Daten *pl*, Informationen *fpl* *(ie, data are or is)*

data acquisition (EDV) Datenerfassung *f* *(ie, offline = mittelbar; online = unmittelbar)*

data base (EDV) Datenbank *f* *(ie, complete collection of information such as contained in automated files, a library, or a set of computer disks; syn, data bank)*

data capture (EDV) Datenerfassung *f (syn, data... acquisition/collection)*

data carrier (EDV) Datenträger *m* *(syn, data medium)*

data collection (EDV) = data capture

date as postmark (com) Datum *n* des Poststempels

dated billing (com) Verlängerung *f* des Zahlungsziels durch Vordatieren der Rechnung

date forward *v* (com) vordatieren *(syn, postdate, qv)*

date of acquisition
(ReW) Anschaffungszeitpunkt *m*
(com) Übernahmezeitpunkt *m (ie, in the case of a merger)*

date of application (com) Anmeldetermin *m*

date of delivery (com) Liefertermin *m (syn, delivery date, target date)*

date of dispatch (com) Abgangsdatum *n (syn, date of forwarding)*

date of expiration (com) Fälligkeitstag *m*, Verfalltag *m (syn, maturity date, qv)*

date of expiry (com) = date of expiration

date of invoice (com) Rechnungsdatum *n (syn, billing date)*

date of issue
(com) Ausstellungstag *m*

date of payment (com) Zahlungstermin *m*

date of quotation (com) Angebotsdatum *n*

date of receipt (com) Eingangsdatum *n*

date of required payment (com) Zahlungsziel *n (syn, time allowed for payment, period of payment)*

date of shipment (com) Versandtag *m*, Versandtermin *m*

dater (com) = date stamp

date shipped (com) Lieferdatum *n (syn, delivery date)*

date stamp
(com) Poststempel *m (syn, postmark)*
(com) Datumstempel *m*, Bearbeitungsstempel *m (syn, receipt stamp, dater)*

daughter company (com) Tochtergesellschaft *f (syn, subsidiary)*

days of inventories (MaW) Lagerdauer *f*

days of payables (ReW) Umschlagdauer *f* von Verbindlichkeiten

days of receivables (ReW) Umschlagdauer *f* von Forderungen

day-to-day business (com) laufender Geschäftsbetrieb *m*, tagesaktuelles Geschäft *n*
(syn, running operations; infml, nuts and bolts)

day-to-day loan (Fin, GB) täglich kündbares Darlehen *n (syn, US, call loan, qv)*

day-to-day money (Fin, US) tägliches Geld *n*
(ie, lent by banks to stock exchange

brokers, callable at any time; syn, call money, demand money)

dcf analysis (Fin) = discounted cash flow analysis

DCF, dcf (Fin) = discounted cash flow

dead-end job (Pw) Arbeitsplatz *m* ohne Aufstiegsmöglichkeiten, „Sackgasse" *f*

dead freight
(com) Fehlfracht *f*
– Fautfracht *f*
– Leerfracht *f*

dead horse (com) bezahlte, aber noch nicht gelieferte Güter *npl* und Dienste *mpl*

dead letter
(com) unzustellbarer Brief *m*

deadline
(com) Termin *m (syn, time limit, target date, appointed ... day/time)*
(com) Endtermin *m (syn, finish/target ... date)*
(com) Einsendeschluß *m (syn, closing date)*
(com) Anmeldeschluß *m (syn, time limit for application, final deadline, closing date)*

deadline for application
(com) Einreichungsfrist *f*, Einreichungsschluß *m*
(com) Anmeldeschluß *m (syn, closing date, qv)*

deadline for repaying (Fin) Rückzahlungstermin *m (syn, maturity date)*

deadlock
(com) Sackgasse *f*, festgefahrene Situation *f*
(com) Pattsituation *f*

dead plant (com, infml) überalterte Anlage *f (eg, keep ... still in being)*

deal
(com) Geschäft *n*, Abschluß *m*
(com) Sonderangebot *n (syn, special offer)*

dealer
(Mk) (Direkt-)Händler *m (ie, takes title to goods = wird Eigentümer der Ware; opp, broker und agent)*

dealer aid advertising (Mk) Produzentenwerbung *f (ie, zur Unterstützung von Händlern)*

dealer aids (Mk) Verkaufshilfen *fpl (ie, die Hersteller an Einzelhändler liefert)*

dealer brand (Mk) Handelsmarke *f* e–s Großhändlers

dealer chain (Mk) Händlerkette *f*

dealer financing (Mk) Händlerfinanzierung *f*

dealer interview (Mk) Händlerinterview *n*

dealer-listed promotion (Mk) Händlerlisten-Förderung *f*

dealer margin (com) Händlerspanne *f*

dealer network (Mk) Händlernetz *n*

dealer organization (Mk) Händlerorganisation *f (syn, dealership network)*

dealer rebate (com) Händlerrabatt *m (syn, distributor discount)*

dealer's brand (Mk) Handelsmarke *f*, Handelszeichen *n (ie, used by wholesalers and retailers; opp, manufacturer's brand = Fabrikmarke)*

dealer's buyer (com) Wiederverkäufer *m*

dealership network (com) Händlerorganisation *f (syn, dealer organization)*

dealer's price (com) Wiederverkaufspreis *m*

deal in *v* (com) handeln mit *(ie, buy and sell; opp, trade in)*

dealing (com) Handel *m*

deal proneness (Mk) Kaufneigung *f*

deal with *v*
(com) behandeln, betreffen
(com) in Geschäftsbeziehung stehen mit *(syn, do with, trade with)*

dear (com, GB) teuer *(syn, pricey, qv)*

dearth of orders (com) Auftragsmangel *m (syn, lack of orders)*

debar from *v* (com) ausschließen von, Betätigung *f* (als . . .) untersagen

debenture
(Fin) Sammelbegriff *m* für alle ungesicherten, langfristigen Verbindlichkeiten
(Fin, US) ungesicherte Schuldverschreibung *m*
(ie, secured only generally by the assets and the general credit of the obligor)
(Fin, GB) (meist) gesicherte Schuldverschreibung *f*
(ie, backed by an agreement similar to a real estate mortgage, by which trustees are appointed who, in case of default, can take the company's assets and sell them off to repay the loan)

debenture bonds
(Fin, US) ungesicherte Anleihe *f*
(ie, without any security other than the general assets and credit of the issuer; issued by government or corporations; syn, plain debentures)
(Fin, GB) gesicherte od ungesicherte Anleihe *f* in gleicher Stückelung

debenture capital
(Fin, GB) Anleihekapital *n (syn, loan capital)*
(Fin, GB) Anleiheerlös *m (syn, loan yield)*

debenture holder (Fin) Obligationär *m*

debt
(com, Re) Schuld *f*, Verbindlichkeit *f (ie, money obligation of a debtor)*
(Fin) Fremdkapital *n (syn, debt capital)*

debt bomb (AuW) Schuldenbombe *f*
(ie, potential explosive repercussions of a default by a major international debtor on the Western financial system)

debt capital
(Fin) Fremdkapital *n (syn, borrowed/outside . . . capital)*
(Fin) Anleihekapital *n (syn, loan capital)*

debt collection (Fin) Inkasso *n*, Forderungseinzug *m*

debt conversion (Fin) Umschuldung *f (syn, debt refunding)*

debt counsellor (Fin, GB) Finanzberater *m*

debt equity ratio (Fin) Verschuldungsgrad *m*, Verschuldungskoeffizient *m (ie, total liabilities to total equity)*

debt financing (Fin) Fremdfinanzierung *f (syn, borrowing, loan financing; opp, equity financing)*

debtor
(com) Schuldner *m*
(Re) Schuldner *m (ie, anyone liable on a claim, whether due or to become due; syn, obligor)*

debtor days
(Fin) Debitorenumschlagsdauer *f* – durchschnittliche Außenstandsdauer *f*
(ie, durchschnittliche Dauer zwischen Leistung und Gegenleistung; syn, average days in receivables)

debtor in arrears (com) säumiger Schuldner *m*, Restant *m (syn, defaulting debtor, qv)*

debtor in default (com) = debtor in arrears

debt paying ability (Fin) Zahlungsfähigkeit *f*

debt-plagued (Fin) hoch verschuldet

debt ratio
(Fin) = debt equity ratio
(Fin, GB) Leverage-Kennziffer *f*

debt rescheduling (Fin) Umschuldung *f (ie, postponing repayment of debt)*

debt service (Fin) Schuldendienst *m*, Kapitaldienst *m*
(ie, payment of matured interest and principal on borrowed funds; syn, debt servicing)

debt servicing (Fin) = debt service

debt servicing burden (Fin) Tilgungs- und Zinslast *m (ie, repayment and service of existing debt)*

debt-strapped (Fin, infml) verschuldet

debt-to-net-worth-ratio (Fin) = debt equity ratio

decapitalization (Fin) Grundkapitalsenkung *f*, Kapitalschnitt *m* *(ie, may be accomplished by a reverse split: stockholders get one share for a larger number of shares)*

decartelization (Kart) Entflechtung *f*

decartelize *v* (Kart) entflechten, dekartellisieren

decentralize *v* (Bw) dezentralisieren

decentralized decision-making (Bw) dezentralisierte Willensbildung *f*

decentralized management system (Bw) dezentrales Führungssystem *n*

decentralized planning (Bw) dezentrale Planung *f*

deceptive advertising (Mk) irreführende Werbung *f*, Falschwerbung *f* *(syn, misleading advertising)*

deceptive packaging (com) = deceptive packing

deceptive packing (com) Mogelpackung *f (syn, deceptive packaging, deception packaging, dummy package)*

deceptive practices (Kart) irreführende Praktiken *fpl*

decidability (Bw) Entscheidbarkeit *f*

deciding vote (com) ausschlaggebende/entscheidende Stimme *f (syn, casting/tie-breaking vote)*

decision
(com) Entscheidung *f*
(Re) Entscheidung *f*, Urteil *n (syn, ruling, judgment)*

decision analysis (Bw) Entscheidungsanalyse *f*

decision center
(Bw) Entscheidungszentrum *n*, Entscheidungsinstanz *f (syn, locus of decision making)*

decision content (Bw) Entscheidungsgehalt *m*

decision control (Bw) Steuern *n* des Entscheidungsprozesses

decision data (Bw) Entscheidungsdaten *pl*

decision logic (Bw) Entscheidungslogik *f*

decision maker (Bw) Entscheidungsträger *m*, Entscheider *m (syn, decider, decision unit)*

decision making (Bw) Prozeß *m* der Willensbildung, Entscheidungsfindung *f*

decision-making aid (Bw) Entscheidungshilfe *f*

decision-making behavior (Bw) Entscheidungsverhalten *n*

decision-making body (Bw) beschließendes od beschlußfassendes Organ *n*

decision-making center (Bw) Willensbildungszentrum *n*

decision-making hierarchy (Bw) Entscheidungshierarchie *f (syn, hierarchy of authority)*

decision-making power (Bw) Entscheidungsbefugnis *n (syn, authority to decide, qv)*

decision-making process (Bw) Entscheidungsprozeß *m*

decision-making unit (Bw) (funktionaler) Entscheidungsträger *m*, Entscheidungsinstanz *f*

decision matrix (Bw) Entscheidungsmatrix *f*

decision model (Bw) Entscheidungsmodell *n*

decision parameter (Bw) Entscheidungsparameter *m*

decision plan (Bw) Entscheidungsplan *m*

decision problem (Bw) Entscheidungsproblem *n*

decision program (Bw) Entscheidungsprogramm *n (ie, written to solve routine problems)*

decision rules (Bw) Entscheidungsregeln *fpl*

decision space (Bw) Entscheidungsraum *m (ie, set of all possible decisions = Menge aller möglichen Entscheidungen)*

decision support system (Bw) Entscheidungs-Unterstützungssystem *n*

decision support system, DDS (Bw) Entscheidungsunterstützungssystem *n*

decision-taking unit (Bw) = decision-making unit

decision technology (Bw) Entscheidungstechnologie *f*

decision theory (Bw) Entscheidungstheorie *f* *(ie, set of concepts and techniques developed both to describe and rationalize the process of decision making, that is, making a choice among several possible alternatives)*

decision tree (Bw) Entscheidungsbaum *m (syn, logical tree)*

decision under risk and uncertainty (Bw) Entscheidung *f* bei Unsicherheit und Risiko

decision unit (Bw) = decision maker

decision variable (Bw) Entscheidungsvariable *f,* Instrumentvariable *f*

decision variables (Bw) entscheidungsrelevante Größen *fpl*

decisive expert opinion (com) Obergutachten *n*

decisiveness (Bw) Entscheidungsbereitschaft *f (ie, willingness to take decisions)*

decisive vote (com) ausschlaggebende Stimme *f*

declare dead *v* (com) für gescheitert erklären *(eg, a plan to merge steel interests)*

declare null and void *v* (Re) annullieren, für ungültig erklären

decline *v* (com) fallen, sinken, zurückgehen *(ie, the most general word to indicate a lowering of prices or similar figures; others in the group are: drop, fall, recede, retreat, sag, sell off, shade off, slip, slump, soften, weaken)*

decline an offer *v* (com) Angebot *n* ablehnen

decline comment *v* (com) Stellungnahme *f* verweigern

decline in economic activity (Vw) Konjunkturrückgang *m*

decline in sales (com) Umsatzrückgang *m*

decline of marginal unit cost (Bw) Kostendegression *f (ie, one phase of the cost behavior pattern)*

decline stage (Mk) Degenerationsphase *f (ie, of product life cycle, qv)*

declining trend (com) rückläufige Tendenz *f*

decommission *v* (com) stillegen, außer Betrieb setzen *(eg, power plant)*

deconcentration (Kart) Entflechtung *f (syn, decartelization)*

deconglomeration (Bw) Schrumpfung *f,* Gesundschrumpfen *n (ie, abandon low-return assets to maximize long-term returns of remaining assets)*

decontamination (IndE) Entsorgung *f*

decrease in sales (com) Umsatzrückgang *m (syn, decline/drop/ slump . . . in sales)*

dedicated line (EDV) Standleitung *f,* fest geschaltete Leitung *f (syn, leased line; opp, dial/ switched . . . line = Wählleitung)*

de-diversification (Bw) Rückgängigmachen *n* der Diversifikation *(ie, which was all the rage during the 70s)*

deduct from *v* (com) abziehen von *(eg, personal exemption from taxable income)*

deductible (StR) abzugsfähig

deduction
(com) Abzug *m (ie, Kosten von Erlös od Einkommen)*
(com) Nachlaß *m,* Rabatt *m (syn, discount, allowance, reduction, rebate)*
(StR) Absetzung *f* von der Einkommensteuer

deduction at source (StR) Quellenabzug *m,* Quellenbesteuerung *f (syn, stoppage/withholding . . . at source)*

deductions during period (Bw) Anlagenabgänge *mpl (syn, fixed asset retirements)*

deep in the red (Fin, infml) tief in den roten Zahlen

deep organization (Bw) Organisation *f* mit kleiner Leitungsspanne *(syn, narrow; opp, shallow organization)*

de-escalate *v* (com) sinken *(eg, prices, rate of inflation; opp, escalate)*

de facto company (com) faktische Gesellschaft *f*
(ie, one without legal basis, perhaps due to nullity of constituting agreement; but accepted for all practical purposes; syn, company frappé de nullité)

de facto merger (com) de facto-Fusion *f (ie, reorganization by sale or asset acquisition, treated as statutory merger)*

default
(Re) Verschulden *n*
– Fahrlässigkeit *f*
– schuldhaftes Unterlassen *n*
– Vertragswidrigkeit *f*
– Schlechterfüllung *f*
– Leistungsstörung *f*
(Re, US) Eintritt *m* des Sicherungsfalles *(cf, UCC Art 9)*

default *v* (Fin) zahlungsunfähig werden, Zahlungsverpflichtungen nicht nachkommen *(eg, on payment for goods)*

defaulting debtor (com) säumiger od in Verzug geratener Schuldner *m (syn, delinquent debtor, debtor . . . in arrears/default)*

default in performance (Re) Leistungsstörung *f*

default of delivery (com) Lieferverzug *m*

defeat competitors *v* (com) Konkurrenz *f* schlagen

defect
(com) Fehler *m*, Mangel *m (syn, fault)*
(IndE) Fehler *m*, Qualitätsmangel *m*

defective delivery (com) fehlerhafte Lieferung *f*

defective goods (com) Ausschußware *f (syn, substandard goods)*

defective items (com) fehlerhafte Stücke *npl (syn, defective units)*

defective material and workmanship (com) Material- und Herstellungsfehler *mpl*

defective performance
(Re) mangelhafte Erfüllung *f*
– Schlechterfüllung *f*
– Leistungsstörung *f (syn, faulty performance, default in performance)*

defect liability guaranty (com) Gewährleistungsgarantie *f*

defender (Bw) erste Alternative *f* bei Ersatzinvestitionen *(cf, challenger)*

defensive conditions (com) Abwehrkonditionen *fpl (ie, resulting from full capacity operations = Vollauslastung)*

defensive investment policy (Bw) vorsichtige Investitionspolitik *f (ie, low risk policy)*

defer *v*
(com) aufschieben *(eg, action; syn, put . . . off/back, postpone, delay)*

deferment
(com) Aufschieben *n*, Aufschub *m*

deferred taxes
(ReW) latente Steuern *fpl*
(ie, dienen der Periodenabgrenzung des Steueraufwandes: Differenz zwischen der fiktiven Steuer auf den handelsrechtlichen Gewinn und den tatsächlichen Steuern auf den Steuerbilanzgewinn; durch die unterschiedlichen Bilanzansätze ergeben · sich unterschiedliche Gewinnausweise in Handels- und Steuerbilanz, die passivisch zu Rückstellungen und aktivisch zu Abgrenzungsposten führen; soweit sie sich aus der Konsolidierung ergeben, sind sie zu passiviern und auch zu aktivieren; cf, § 274 HGB)

deficiency
(com) Fehlbestand *m*

deficiency in title (Re) Rechtsmangel *m (syn, defect of/in... title)*

deficiency operation (Bw) Zuschußbetrieb *m*

deficit on current account (AuW) Leistungsbilanzdefizit *n (syn, current account deficit, qv)*

define *v*
(Log) definieren *(ie, describe or explain the meaning of a word or phrase)*
(com) bestimmen, festlegen

defined goals and objectives (Bw) Zielvorgaben *fpl*

defined product (IndE) definiertes Erzeugnis *n*

defining argument (EDV) Ordnungsbegriff *m*

definite price (com) Festpreis *m (syn, firm price)*

definition of a concept (Log) Begriffsbestimmung *f*

definition phase (com) technischwirtschaftliches Vorstadium *n* e–s Projektes

defray *v* (com) zahlen, bestreiten *(eg, expenses)*

defunct company (Re) erloschene Gesellschaft *f*

defuse *v* (com) entschärfen *(eg, crisis, situation, shopfloor unrest)*

deglomerate *v* (Kart) entflechten

deglomeration (Kart) Entflechtung *f*

degree of automation (IndE) Automationsgrad *m*, Automationsstufe *f*

degree of capacity utilization (Bw) Beschäftigungsgrad *m (syn, capacity utilization rate)*

degree of centralization (Bw) Zentralisierungsgrad *m*

degree of goal accomplishment (Bw) Zielerreichungsgrad *m*

degree of goal performance (Bw) Zielerfüllungsgrad *m*

degree of unionization (Pw) Organisationsgrad *m*

delay
(com) Aufschub *m (syn, deferment, postponement)*

– Verspätung *f*
– Verzögerung *f*

delay *v* (com) aufschieben, hinausschieben, verzögern *(ie, doing sth; syn, put off, postpone, defer)*

delayed delivery
(com) verspätete Lieferung *f (syn, late delivery)*

delay in delivery (com) Lieferverzögerung *f*

delaying tactics (com) Verzögerungstaktik *f*

delay in payment (com) Zahlungsverzug *m*

delegate (com) Delegierter *m*, Vertreter *m (ie, acts as representative)*

delegate *v* (com) delegieren *(eg, work, decision making)*

delegate authority *v* (Bw) (Kompetenz) delegieren *(syn, delegate responsibility)*

delegated decision area (Bw) Delegationsbereich *m*

delegation (Bw) Delegation *f (ie, of authority and activity to subordinate units = nachgeordnete Stellen)*

delete *v*
(com) durchstreichen, ausstreichen *(syn, cross off/out, strike off/out/through, cancel)*

delight in work (Pw) Arbeitsfreude *f*

delineate *v* (com) skizzieren, beschreiben

delineation of powers (Bw) Kompetenzabgrenzung *f*

delinquent debtor (com) säumiger Schuldner *m (syn, defaulting debtor, qv)*

delinquent loan (Fin) notleidender Kredit *m (syn, nonperforming loan)*

delinquent taxes (StR) rückständige Steuern *fpl (syn, unpaid taxes)*

deliver *v*
(com) aushändigen, überbringe, syn, hand over)
(com) liefern, ausliefern, andienen
(com) zustellen *(eg, mail, parcels)*

delivered price (com) Preis *m* frei Haus

(ie, includes all costs incurred in getting the goods to the buyer's premises; syn, door-to-door price)

delivered pricing (com) Preisstellung f frei Haus

deliver from stock v (com) ab Lager liefern

deliver on time v (com) pünktlich liefern

deliver the goods v (com, infml) Zusage f od Versprechen n einhalten, Erwartungen fpl erfüllen *(syn, produce the goods)*

delivery
(com) Aushändigung f, Überbringung f
(com) Lieferung f
– Auslieferung f
– Andienung f
(com) Zustellung f *(eg, mail, parcels)*
(Re) Übergabe f *(eg, agreement and delivery = Einigung und Übergabe; cf, § 929 BGB)*

delivery-by-hand service (com) Hauszustellung f *(syn, door delivery, qv; cf, hand delivery)*

delivery date
(com) Liefertermin m
– Lieferzeitpunkt m
– Lieferdatum n *(syn, date shipped)*

delivery note
(com) Lieferschein m *(syn, delivery ticket, receiving slip)*
(com) Versandanzeige f *(syn, advice note, qv)*

delivery on call (com) Lieferung f auf Abruf

delivery on condition (com) bedingte Lieferung f
(ie, tender of delivery by seller conditioned upon payment; Sec 2–507(2) UCC)

delivery promise (com) Lieferzusage f

delivery time
(com) Lieferzeit f

delphi forecasting technique
(Bw) Delphi-Prognoseverfahren n

– Delphi-Technik f
– Delphi-Methode f

deluge of orders (com, infml) Auftragschwemme f

demand
(com) Nachfrage f

demand analysis
(Mk) Bedarfsanalyse f

demand control (Mk) Bedarfssteuerung f

demand coverage (Mk) Bedarfsdeckung f

demand deposits (Fin) Sichteinlagen fpl
(ie, payable within 30 days; subject to check and withdrawable immediately and without notice of the intended withdrawal; syn, checking accounts)

demand distribution
(Mk) Bedarfsverteilung f

demand for
(com) Nachfrage f nach
(com) Bedarf m an *(syn, need for, requirements of)*

demand forecast (Mk) Bedarfsprognose f

demand recognition (Mk) Bedarfserkennung f

demarketing (Mk) Anti-Marketing n

demerge v (Kart) entfusionieren *(ie, break up into independent smaller units)*

demerit (com) Nachteil m, Schwäche f

demonstration
(com) Vorführung f, Demo f

demonstration plant (IndE) Demonstrationsanlage f, Pilotanlage f *(syn, pilot plant)*

demonstration strike (Pw) Warnstreik m *(syn, protest strike, qv)*

demurrage
(com) Überliegezeit f
(com) Liegegeld n

denied list (com) schwarze Liste f *(eg, companies are put on the . . .; syn, black list)*

denigration (Kart) diskreditierende od anschwärzende Werbung f *(ie,* *of competitive products in advertising)*

dent (com) Absinken *n (eg, in blue chip values)*

department
(com) Abteilung *f (ie, any division of a business enterprise)*
(com, infml) Zuständigkeit *f (eg, that's your department)*

departmental costing
(KoR) Abteilungskalkulation *f*
(KoR) Abteilungskostenrechnung *f*, Abteilungsrechnung *f*
(KoR) Kostenstellenrechnung *f (syn, cost center accounting)*

departmental head (com) = department head

departmental hierarchy (Bw) Abteilungshierarchie *f (ie, of an organization)*

departmentalization
(Bw) Aufgliederung *f* in Abteilungen

departmentalize *v* (Bw) in Abteilungen aufgliedern

departmental structure (Bw) Abteilungsgliederung *f*

departmentation (Bw) Abteilungsbildung *f*

department head (com) Abteilungsleiter *m*
(syn, departmental head, head of department/division, department manager, superintendent)

department manager (com) = department head

department manual (Bw) Abteilungshandbuch *n*

department store (com) Kaufhaus *n*, Warenhaus *n (syn, GB, departmental store)*

department store chain (com) Warenhauskette *f*

department stores group (com) Kaufhausgruppe *f*

dependability
(IndE) Zuverlässigkeitsgrad *m (ie, of machines)*

dependency relation (Bw) Abhängigkeitsverhältnis *n*

dependent company (com) abhängige Gesellschaft *f (syn, controlled company)*

dependent employment (Pw) unselbständige od abhängige Beschäftigung *f*

deposit
(com) Anzahlung *f*, Kaution *f (ie, money given as downpayment or pledge)*
(Fin) Einzahlung *f (ie, putting in a bank; syn, deposition)*
(Fin) (Bank-)Einlage *f (ie, money deposited in a bank)*
(Fin) = security deposit
(Fin) Depot *n (syn, securities account)*

deposit *v*
(Fin) einzahlen
(Fin) hinterlegen, deponieren

deposit account (Fin) Einlagenkonto *n*, Depositenkonto *n*
(ie, subject to several days' notice of withdrawal = mehrtägige Kündigung)

deposit accounts (Fin) Termineinlagen *fpl*

deposit at call (Fin, GB) Sichteinlage *f*

deposit at notice (Fin, GB) Kündigungsgeld *n*

deposit banking (Fin, GB) Einlagengeschäft *n*, Depositengeschäft *n*
(ie, kurzfristiges Einlagen- und Kreditgeschäft + Abwicklung des Zahlungsverkehrs; Erwerb von Aktien auf eigene Rechnung, Emissionsgeschäft, Beteiligung an Nichtbanken, Zugang zur Börse verboten; cf, merchant bank)

deposit interest rates (Fin, US) Einlagenzinsen *mpl (ie, paid on savings and time deposits)*

deposit money *v* (Fin) Geld *n* einzahlen *(eg, at/with a bank)*

deposit payment (com) Anzahlung *f (ie, on purchase contract)*

deposits
(Fin) Einlagen *fpl*
– Depositen *pl*

– Depositengelder *npl (ie, de-mand and time deposits)*

deposits at call (Fin) täglich fällige Gelder *npl*

deposits at notice (Fin) Kündigungs-gelder *npl*

deposits at short notice (Fin, GB) kurzfristige Einlagen *fpl (syn, US, short-term deposits)*

depreciable fixed assets (ReW) ab-nutzbares Anlagevermögen *n*, ab-nutzbare Wirtschaftsgüter *npl* des Anlagevermögens

depreciate *v*
(com) an Nutzwert verlieren
(ReW) abschreiben *(syn, write down/off, charge off, charge to de-preciation)*
(AuW) abwerten *(ie, currency; syn, devaluate)*

depreciation
(com) Wertminderung *f*, Wertver-lust *m (ie, drop in value)*
(com) Abschreibung *f (ie, usually of fixed assets)*
(ReW) Abschreibungsaufwand *m*, aufgelaufene Abschreibungen *fpl*
(ReW) Ermittlung *f* und Vertei-lung *f* der Wertminderung von An-lagegütern über die Nutzungs-dauer
(Fin) (Währungs-)Abwertung *f*

depreciation base
(ReW) Abschreibungs-Ausgangs-betrag *m*
– Abschreibungsgrundlage *f*
– Abschreibungsbasis *f*
– Abschreibungssumme *f (ie, total depreciation during useful life, ex-cluding resale or salvage value; syn, cost to be depreciated, depreciable cost, service cost)*

depreciation financing (Fin) Ab-schreibungsfinanzierung *f*
(ie, recovery of fixed-asset costs through depreciation charges)

depreciation for reporting purposes
(ReW) bilanzielle Abschreibung *f*
(syn, balance sheet depreciation ex-pense, bookkeeping allowance for depreciation, accounting provision for depreciation; syn, tax writeoff = steuerliche Abschreibung)

depreciation method (ReW) Ab-schreibungsmethode *f (eg, straight-line or declining balance = linear od degressiv)*

depressed business (com) schleppen-des Geschäft *n*

depressed industry (com) notleiden-der Wirtschaftszweig *m*

depressed level (com) niedriger Stand *m (eg, of factory utilization)*

depth interview
(Mk) offenes Interview *n*
– Intensiv-Interview *n*
– Tiefeninterview *n (syn, qualita-tive interview)*

deputize for *v* (com) vertreten *(syn, act for, stand in for)*

deputy (com) Stellvertreter *m (syn, substitute, standby)*

deputy chairman (com) stellvertre-tender Vorsitzender *m*

derail *v* (com, infml) aus dem Gleis laufen *(eg, company appeared to derail)*

deregister *v* (com) abmelden *(eg, automobile)*

deregulate *v* (Kart, US) deregulie-ren, entregulieren

deregulation (Kart, US) Deregulie-rung *f*, Entregulierung *f*
(ie, Aufhebung der öffentlichen Bindung: returning ,regulated in-dustries' to the private sector of the economy)

dereliction of duty
(Pw) Pflichtverletzung *f*, Verlet-zung *f* von Amtspflichten
(ie, intentional or conscious neg-lect)

describe as *v* (com) sich ausgeben als *(eg, he describes himself as . . .)*

describe in detail *v* (com) ausführlich beschreiben

description
(com) Beschreibung *f (syn, ac-count, report, specification)*

descriptive labeling (Mk) Produktkennzeichnung *f* ohne Verwendung anerkannter Normvorschriften

descriptive material (com) Prospektmaterial *n*

deseasonalize *v* (Stat) saisonal bereinigen *(syn, adjust seasonally)*

design
(IndE) Entwurf *m*, Konstruktion *f*
(IndE) Entwicklung *f (syn, design and development)*

design *v* (IndE) auslegen, konstruieren

design activity (Bw) Entwurfsphase *f* des Entscheidungsprozesses

design center (Bw) Entwicklungszentrum *n (eg, where customers can design semicustom circuits)*

design data
(IndE) Konstruktionsunterlagen *fpl*

design flaw (IndE) Konstruktionsfehler *m (syn, design weakness)*

design leader (com) federführende Entwicklungsfirma *f*

design philosophy (IndE) Konstruktionsprinzipien *npl*

designs (IndE) = design data

desist from an abuse *v* (Kart) Mißbrauch *m* abstellen *(ie, of market power)*

desk jobber
(com) Großhändler *m* für Streckengeschäft

desk research
(Mk) Schreibtischforschung *f*

desktop publishing (EDV) Desktop-Publishing *n*
(ie, Erzeugen druckreifer Vorlagen mittels Arbeitsplatzrechner und spezieller Software)

destination
(com) Bestimmungsort *m*

destock *v* (MaW) Lager *n* od Vorräte *mpl* abbauen, Bestände *mpl* verringern
(ie, cut/run down/trim/work off/reduce/liquidate... inventories)

destocking (MaW) Lagerabbau *m (syn, inventory... cutting/workoff,*

liquidation/reduction of... inventories, stock reduction)*

destruction (com) Zerstörung *f*

destructive competition (com) ruinöse Konkurrenz *f*, Vernichtungswettbewerb *m (syn, cut-throat/ruinous... competition)*

detailed career history (Pw) ausführlicher Lebenslauf *m*
(syn, career monograph, full career history, detailed CV = curriculum vitae)

detailed planning (Bw) Detailplanung *f*, Feinplanung *f (syn, fine-tuned planning)*

detailed procurement planning (MaW) Beschaffungs-Vollzugsplanung *f*
(ie, broken down on a quarterly or monthly basis)

detailing (Mk) Einzelwerbung *f*

detention time (com) Wartezeit *f (ie, of a carrier, due to lack of loading or unloading equipment)*

determinant (com) Bestimmungsfaktor *m*, Determinante *f*

determine *v*
(com) bestimmen, feststellen, festsetzen

determining factor (com) Bestimmungsfaktor *m*

detriment
(com) Schaden *m (syn, damage, injury)*

detrimental (com) schädlich *(eg, effects of air pollution)*

devaluate a currency *v* (Fin) Währung *f* abwerten *(syn, depreciate, devalue)*

devaluation (Fin) Abwertung *f (ie, official government act that produces a substantial decline in exchange rates, usually immediately)*

develop *v*
(com) entwickeln *(syn, design and develop)*
(com) aufschließen, erschließen *(eg, land or natural resources)*

develop a clientele *v* (com) Kundschaft *f* aufbauen

developed real estate (com) bebaute
Grundstücke npl

developer (com) Erschließungsunter-
nehmen n
*(ie, one that improves and sub-
divides land and builds and sells
houses thereon; syn, property developer; US, real-estate developer)*

developing country (Vw) Entwick-
lungsland n
*(syn, less developed country, LDC,
ldc)*

develop land v (com) Grundstük-
ke npl erschließen

development
(IndE) Entwicklung f
*(ie, required to determine the best
production technique to bring new
process or equipment to the production stage)*
(com) Erschließung f

development and improvement costs
(com) Erschließungsaufwendun-
gen fpl

development area policy (Vw, GB)
Strukturpolitik f *(syn, structural
policy)*

development cost
(com) Erschließungskosten pl *(ie,
cost of developing real estate)*

development department (IndE) Ent-
wicklungsabteilung f
*(ie, cooperates closely with research
and deals with improvements,
rationalization, new salable products)*

development engineering (Bw) Ent-
wicklungsforschung f

development loan (Fin) Investitions-
kredit m

development stage enterprise (Bw,
US) junges Unternehmen n
*(ie, in der Anfangsphase: principal
operations have not started or significant revenue has not yet been
generated)*

development work (com) Gründungs-
vorbereitungen fpl
*(ie, initial efforts in setting up a new
business enterprise)*

devotion to duty (Pw) Pflichteifer m

diadic product test (Mk) Zweipro-
dukttest m *(ie, paired comparison
test)*

diagonal expansion (Bw) diagonales
Wachstum n

dial line (EDV) Wählleitung f *(syn,
switched line; opp, leased/dedicated
line = Standleitung)*

dichotomous question (Mk) Alterna-
tivfrage f

differential cost (Bw) Grenzkosten pl
(syn, marginal cost)

differential costing (KoR) Grenzplankostenrechnung f *(syn, direct
costing, qv)*

differential discounts (Mk) unterschiedliche Preisnachlässe mpl *(ie,
as part of discriminatory pricing)*

differential pricing (Mk) diskrimini-
erende Preisgestaltung f

difficult to place (Pw) schwer vermittelbar

digit
(com) -stellig *(eg, two digit inflation = zweistellige Inflation)*

dig up money v (Fin, infml) Geld n
beschaffen

diligentia quam in suis (Re) Sorgfalt f
in eigenen Angelegenheiten
*(ie, ... rebus adhibere solet: the
same degree of care and prudence
that men prompted by self-interest
generally exercise in their own affairs; cf, § 277 BGB)*

dilute v (Fin) verwässern *(syn, water)*

diluted earnings per share (Fin, US)
Gewinn m je Aktie einschl. aller
Umtauschrechte

dilution of equity (Fin) Verwässe-
rung f des Aktienkapitals
*(ie, proportion of earnings of each
share is reduced by an increase in
the number of shares without corresponding increase in total earning
power or asset value; typically in
connection with conversion of
bonds, debentures, preferred stock,
and convertible common stock;
syn, stock watering)*

diminution of service yield
    (Bw) Abnahme *f* des Nutzungs-
    potentials
    – Brauchbarkeitsminderung *f*
    – Wertminderung *f (ie, of depreci-*
    able assets; syn, lost usefulness, qv)

direct *v* (com) leiten *(eg, project)*

direct advertising (Mk) Direktwer-
    bung *f (ie, mostly mail advertising)*

direct buying (com) Direktein-
    kauf *m,* Direktbezug *m (syn, direct*
    purchasing)

direct cost
    (KoR) Einzelkosten *pl,* direkte
    Kosten *pl*
    (ie, identifiable directly with a par-
    ticular activity, product or service:
    in der Kostenträgerkalkulation dem
    Erzeugnis unmittelbar zurechen-
    bar; opp, overhead)
    (KoR) leistungsabhängige Ko-
    sten *pl*
    (cf, direct costing; gleich variable
    Kosten in bezug auf die Beschäfti-
    gung; syn, GB, marginal cost)

direct costing
    (KoR) Direct Costing *n*
    – Grenzplankostenrechnung *f*
    Auch:
    – Deckungsbeitragsrechnung *f*
    – Teilkostenrechnung *f*
    (syn, standard direct differential . . .
    costing; variable cost activity/func-
    tional . . . accounting; GB, marginal
    costing)

direct damage (Re) unmittelbarer
    Schaden *m*

direct exporter (com) Direktexpor-
    teur *m*

direct exporting
    (com) direkte Ausfuhr *f*
    – direkter Export *m*
    – Direktexport *m*
    (ie, shipping goods to a country
    without using any of its domestic
    intermediaries; channels that use
    foreign agents or distributors or the
    manufacturer's own foreign sales
    facilities, for example, are direct;
    syn, direct export selling)

direct export selling (com) = direct
    exporting

direct financing (Fin) Direktfinanzie-
    rung *f (ie, bypassing the capital*
    market and banking syndicates)

direct foreign investment (AuW) aus-
    ländische Direktinvestitionen *fpl*
    (syn, direct outward investment)

direct importer (com) Direktimpor-
    teur *m*

direct importing (com) direkte Ein-
    fuhr *f,* direkter Import *m*

direct imports (com) Direktimpor-
    te *mpl*

directing (Bw) Führung *f,* Leitung *f*
    (ie, als Führungsfunktion; syn, di-
    rection, leading, leadership, man-
    agement)

direct investment
    (Fin) Direktinvestitionen *fpl*
    (ie, funds given by an investor in
    one country to overseas affiliates
    (subsidiaries, associates and bran-
    ches) in the form of share capital,
    loans, trade credit and retained
    profits; opp, portfolio inveestment)
    (Fin) Beteiligungsinvestition *f*

direction (Bw) = directing

directional device (Bw) Führungsin-
    strument *n (syn, instrument of*
    management)

directional system (Bw) Leitungssy-
    stem *n (syn, system of command)*

direction of economic activity (Vw)
    Konjunkturverlauf *m (eg, the*
    Commerce Department tries to pre-
    dict the . . .)

direct labor
    (KoR) Fertigungslohn *m (syn,*
    manufacturing productive . . .
    labor)
    (KoR) Lohneinzelkosten *pl*

direct mail advertising (com) Direkt-
    versandwerbung *f (ie, sending in-*
    formative literature to selected
    prospects)

direct marketing (com) Direktab-
    satz *m*
    (ie, selling direct to consumer, thus
    bypassing any retail outlets; in-

cludes mail order houses and direct response firms that sell through the media or post)

director (com) Director *m (ie, Mitglied e–s board of directors, qv)*

directorate
(com) = board of directors
(com) Direktorium *n*

directory (com) Adreßbuch *n*

directory assistance (com, US) Fernsprechauskunft *f*

direct outward investment (AuW) = direct foreign investment

direct purchase (com) Beziehungskauf *m (ie, bypassing the retailing trade = unter Umgehung des Einzelhandels)*

direct purchasing (MaW) Direkteinkauf *m,* direkte Beschaffung *f (ie, bypassing all trade intermediaries)*

direct selling
(Mk) Direktverkauf *m*
– Direktabsatz *m*
– Direktvertrieb *m (ie, from manufacturer to final user)*

direct shipment (Mk) Direktlieferung *f (ie, Umgehung von Handelsstufen = bypassing trade intermediaries; syn, drop shipment)*

dirty cash (com, infml) „ungewaschenes" Geld *n (cf, laundered money)*

disability
(Re) Rechtsunfähigkeit *f (syn, legal incapacity)*
(Re) Geschäftsunfähigkeit *f (syn, contractual incapacity)*
(Pw) Arbeitsunfähigkeit *f (syn, unfitness for work)*

disabled people (SozV) Behinderte *mpl*
(ie, physically handicapped, deaf, hard of hearing, blind, partially sighted, speech impaired, mentally handicapped or ill)

disabled person
(Pw) Arbeitsunfähiger *m*
(SozV) Behinderter *m*

disallow *v*
(com) ablehnen
– abweisen

– Anerkennung *f* versagen *(syn, refuse, turn down)*

disallowable against tax (StR) steuerlich nicht abzugsfähig *(opp, tax deductible)*

disappreciation
(Mk) Korrektur *f* überhöhter Preise

disbenefit (com) Nachteil *m (syn, demerit, disadvantage, drawback)*

disbursement (Fin) Auszahlung *f (syn, outpayment, outgo)*

disbursement of funds
(Fin) Auszahlung *f* e–s Darlehens *(ie, actual making of a loan)*
(Fin) Verausgabung *f* von Mitteln

discharge
(com) Entlastung *f (eg, of executive board)*
(Fin) Begleichung *f (eg, of a debt)*
(Re) Entlassung *f (syn, removal from office, release)*

discharge *v*
(Fin) begleichen *(eg, a debt; syn, pay)*
(Pw) entlassen *(syn, dismiss; fire, sack)*
(Re) erfüllen *(syn, perform)*
(com) entlasten, Entlastung *f* erteilen

discharge a contract *v* (Re) Vertrag *m* erfüllen *(syn, perform fulfill)*

discharge a debt *v* (Fin) Schuld *f* begleichen *(syn, pay, settle)*

discharge an obligation *v* (Re) Verpflichtung *f* erfüllen *(syn, answer, qv)*

discharge for cause (Pw) begründete Entlassung *f*

disclaim *v* (Re) Anspruch *m* aufgeben *(syn, abandon/renounce/waive . . . a claim)*

disclaimer
(Re) Verzicht *m (ie, denial of legal claim; syn, waiver)*
(Re) Verzichterklärung *f (ie, notice of disclaimer, waiver)*
(Re) Freizeichnungsklausel *f (syn, contracting-out clause)*

disclaimer clause (Re) Haftungsaus-
schußklausel *f (syn, non-liability
clause)*

disclaimer of liability (Re) Haftungsausschluß *m*

disclaim liability *v* (Re) Haftung *f* ablehnen

disclose *v* (ReW) offenlegen

disclosure
(ReW) Offenlegung *f*
– Berichterstattung *f*
– Veröffentlichung *f*

disclosure obligations (ReW) Offenlegungspflichten *fpl*

disclosure of business secrets (Kart)
Geheimnisverrat *m (cf, §§ 17ff
UWG)*

disclosure requirements (ReW) Pu-
blizitätsvorschriften *fpl*, Offenle-
gungsvorschriften *fpl*

disclosure threshold (Bw) Offenle-
gungsschwelle *f*

discontinuance (com) Aufgabe *f* e–s
Unternehmens *(ie, weiter als ‚business failure‘: Beendigung, Aufhören, Erlöschen)*

discontinue *v*
(com) einstellen, aufhören
(com) auslaufen *(syn, run out,
phase out)*
(com) aufgeben *(ie, a business =
Unternehmen; syn, close down,
give up, shut down, terminate;
infml, shut up shop)*

discontinued business (com) aufgege-
benes Unternehmen *n*

discontinuous
(com) diskontinuierlich, nicht kon-
tinuierlich

discount
(com) Nachlaß *m (ie, general term)*
(com) = cash discount
(com) niedriger Preis *m* für Güter
des täglichen Bedarfs
(Fin) Bankdiskont *m*
(Fin) Disagio *n*
– Abgeld *n*
– Damnum *n (ie, on securities)*
– Abschlag *m*, Deport *m (eg, on
forward dollars)*

discount *v* (Fin) diskontieren
*(eg, seller may discount a bill of ex-
change, that is, give it to a financial
institution in exchange for immediate payment of an amount less than
the face value to reflect the time the
bill has still to run)*

discounted cash flow analysis (Fin)
DCF-Analyse *f*

discounted cash flow, DCF, dcf
(Fin) diskontierter Einnahmeüber-
schuß *m*

discounted cash flow method
(Fin) Interne-Zinsfuß-Methode *f
(syn, current usage: internal rate of
return method)*
(Fin, GB, pl) dynamische od fi-
nanzmathematische Methoden *fpl*
der Investitionsrechnung *(syn,
time-adjusted methods, qv)*

discounter (com) Diskontwaren-
haus *n*, Diskonthaus *n
(ie, retail outlet selling far below
usual or suggested prices, mostly
self-service; syn, discount . . .
house/store)*

discount factor
(Fin) Abzinsungsfaktor *m*, Dis-
kontierungsfaktor *m
(ie, $1/(1 + i)^n$; opp, accumulation
factor = Aufzinsungsfaktor)*
(Fin, US) Diskontierungskenn-
zahl *f
(ie, in petroleum engineering: ratio
of present worth of one or a series
of future payments to the total un-
discounted amount of such future
payments; syn, average discount/
deferment/present-worth . . . factor)*

discounting
(Fin) Diskontierung *f*, Abzinsung *f
(ie, determine the present value –
Barwert – of a future amount of
money; syn, discounting back)*
(Fin) Wechseldiskontierung *f*

discount rate
(Fin) Diskontsatz *m
(ie, charged for buying bills of exchange in advance of maturity)*
(Fin, US) Diskontsatz *m*

(ie, it is the Federal Reserve bank discount rate: applies to the rate at which member banks may borrow funds for short periods direct from district Federal Reserve banks) (Fin) Abzinsungssatz *m*

discount rate policy (Vw) Diskontpolitik *f (ie, one of the traditional instruments of central bank monetary policy)*

discount schedule (com) Rabattstaffel *f (ie, graduated discount scale)*

discounts lost (com) nicht in Anspruch genommene Nachlässe *mpl*

discount the market *v* (Fin) die Marktentwicklung *f* antizipieren

discover a defect *v* (com) Mangel *m* feststellen

discretion (com) Ermessen *n*

discretionary award of contract (com) freihändige Auftragsvergabe *f*

discretionary power
(Re) Ermessensfreiheit *f (syn, power of discretion)*
(Bw) Marktmacht *f* von Großunternehmen

discrimination
(Vw) Preisdiskriminierung *f*, Preisdifferenzierung *f*
(AuW) Diskriminierung *f (eg, the various nontariff barriers to trade = nichttarifäre Handelshemmnisse)*

discriminatory pricing (Kart) Preisdiskriminierung *f*
(ie, different prices are charged for the same product in different markets; syn, price discrimination)

discussion document (com) = discussion paper

discussion in principle (com) Grundsatzdiskussion *f*

discussion paper (com) Diskussionspapier *n*
(syn, discussion document, exposure draft)

dishonest trading (Kart) unlauterer Wettbewerb *m (syn, unfair competition)*

dish out *v* (com, infml) verteilen *(ie, give away too freely)*

dish up *v* (com, infml) servieren *(eg, biased news to a gullible audience)*

disinterested (com) unparteiisch, vorurteilsfrei, nicht auf eigenen Vorteil aus *(ie, do not mix up with ‚uninterested')*

disinvestment program (Bw) Desinvestitionsprogramm *n*
(ie, to shed unnecessary assets = zwecks Aufgabe unrentabler Betriebsteile)

dislocation of markets (com) Marktzerrüttung *f*

dismantle *v*
(com) abbrechen
– demontieren
– zerlegen
(com) abbauen *(eg, tariffs, import restrictions; syn, reduce)*

dismantlement (com) Abbruch *m (eg, of plant and equipment)*

dismantling of trade barriers (AuW) Abbau *m* von Handelsschranken *(syn, lowering of . . .)*

dismemberment order (Kart, US) Entflechtungsanordnung *f (syn, divesting order)*

dismiss *v*
(com) abberufen *(eg, board member; syn, recall, withdraw)*
(Pw) entlassen *(eg, from a post; syn, infml, fire; GB, sack, give the sack)*

dismiss a case *v* (Re) Klage *f* abweisen

dismiss a claim *v* (Re) Anspruch *m* zurückweisen od abweisen *(syn, reject a claim)*

dismiss a complaint *v* (Re) Klage *f* abweisen

dismissal
(com) Abberufung *f*
(Pw) Entlassung *f (syn, permanent layoff)*

dismissal for cause (Pw) begründete Entlassung *f*

dismissal notice period (Pw) Kündigungsfrist *f*

dismissal without cause (Pw) grundlose Entlassung *f (syn, unfair dismissal)*

dismissal without notice (Pw) fristlose Entlassung *f (syn, instant dismissal)*

dismiss for cause *v* (Pw) aus wichtigem Grunde entlassen

dismiss without notice *v* (Pw) fristlos entlassen

disparagement of competitor (Kart) Betriebsgefährdung *f (ie, making a false statement about a competitor's business, its management and products)*

disparagement of goods (Kart) Anschwärzung *f (ie, making a false statement about a rival's product; syn, slander of goods)*

disparaging advertising (Mk) herabsetzende Werbung *f*

disparaging reference (Kart) herabsetzender Hinweis *m (ie, to a rival's product)*

dispatch
(com) Versand *m*, Versendung *f*
(com) rasche Erledigung *f (eg, act with dispatch)*

dispatch *v*
(com) absenden, versenden *(syn, forward, send off, ship)*

dispersion (Stat) Streuung *f*, Dispersion *f*
(ie, degree of scatter shown by observations, usually measured by ,mean deviation', ,standard deviation', etc)

display allowance (Mk) Display-Nachlaß *m*

display article (Mk) Ausstellungsstück *n*

display case (Mk) Schaukasten *m*

display designer (Mk) Schauwerbegestalter *m*

display fitment (Mk) Standeinrichtung *f*, Displaymaterial *n*

display goods (Mk) Ausstellungsstücke *npl*

display materials (Mk) Auslagematerial *n (ie, for shop window)*

display model (Mk) Ausstellungsmodell *n*

display package (com) Schaupackung *f*

display selling (com) Sichtverkauf *m*

disposable container (com) Einwegbehälter *m (syn, one-way container)*

disposable cup (com) Wegwerfbecher *m*

disposable earnings (Pw) Nettolohn *m* od -gehalt *n*
(ie, not exactly the same as the take-home pay; voluntary reductions – eg, union dues – may further reduce it)

disposable funds (Fin) frei verfügbare Mittel *pl*

disposable packaging (com) Einwegverpackung *f (syn, non-returnable packaging)*

disposable products (com) Wegwerfgüter *npl (syn, disposables)*

disposables (com) = disposable products

disposal of
(Re) Verfügung *f* über
(com) Veräußerung *f*, Verkauf *m*

disposal of fixed assets (Bw) Abgang *m* von Gegenständen des Anlagevermögens

disposals (ReW) Abgänge *mpl (eg, fixed assets, inventory items; syn, retirement)*

dispose of *v* (com) veräußern, verkaufen

disrupt *v*
(com) stören
(com) unterbrechen *(eg, interrupt normal operations)*

disruption of production (IndE) Produktionsunterbrechung *f*

disruptive capital movements (AuW) störende Kapitalbewegungen *fpl*

dissipate resources *v* (Bw) Ressourcen *fpl* verschwenden *(syn, waste . . .)*

dissociate from *v* (com) sich distanzieren von *(eg, opinion, statement)*

dissolution
(com) Auflösung *f* e–s Unternehmens
(ie, termination of a firm's existence followed by winding up)
(Kart) Entflechtung *f (syn, divestment)*

dissolve a company *v* (com) Gesellschaft *f* auflösen

distort competition *v* (Kart) Wettbewerb *m* verzerren

distortion of competition (Kart) Wettbewerbsverzerrung *f (syn, distorted competition, competitive distortion)*

distribute *v*
(com) verteilen *(ie, among/to)*
(Fin) ausschütten *(ie, dividends)*

distributed profit (Fin) ausgeschütteter Gewinn *m*

distributing warehouse (com) Auslieferungslager *n (ie, from which customers are supplied direct; syn, field store)*

distribution
(Mk) Distribution *f*, Vertrieb *m*
(Fin) Verteilung *f*, Ausschüttung *f*

distributional policy
(Mk) Distributionspolitik *f*

distributional restraint (Mk) Vertriebsbindung *f*

distribution area (Mk) Absatzgebiet *n (syn, sales area)*

distribution center (Mk) Absatzzentrum *n*

distribution chain (Mk) Distributionskette *f*

distribution channel (Mk) Absatzweg *m (syn, sales chain)*

distribution cost
(Mk) Vertriebskosten *pl*
– Absatzkosten *pl*
– Distributionskosten *pl*

distribution cost analysis (Mk) Vertriebskostenanalyse *f*

distribution facilities (Mk) Vertriebseinrichtungen *fpl*

distribution methods (Mk) = marketing methods

distribution middleman (Mk) Absatzmittler *m*

distribution mix (Mk) Distributions-Mix *m*

distribution network (Mk) Verteilernetz *n*

distribution-of-business plan (com) Geschäftsverteilungsplan *m (syn, plan of task division)*

distribution of dividends (Fin) Ausschüttung *f* von Dividende *(syn, dividend payout)*

distribution plan (Mk) Absatzplan *m (syn, marketing/sales . . . plan, sales budget)*

distribution planning (Mk) Distributions-Planung *f*

distribution policy
(Mk) Vertriebspolitik *f*, Absatzpolitik *f (syn, marketing policy)*

distribution statistics (Mk) Absatzstatistik *f (syn, sales statistics)*

distribution system (Mk) Absatzsystem *n (syn, marketing system)*

distributive channel (Mk) = channel of distribution

distributive costing (Mk) Vertriebskostenrechnung *f*

distributive trade (Mk) Absatzwirtschaft *f (syn, marketing; „The Trade")*

distributor
(com) Händler *m*
– Vertragshändler *m*
– Regionalvertreter *m*
(com) Großhändler *m (ie, wholesaler, wholesale dealer; opp, retailer)*

distributor confinement (Mk) Beschränkung *f* selbständiger Vertragshändler auf ein bestimmtes Verkaufsgebiet

distributor discount (com) Händlerrabatt *m*

distributor's brand
(Mk) Händlermarke *f (ie, also called „Own Brand")*
(Mk) Gemeinschaftsmarke *f (ie, used by a group of retailers)*

diversification (Mk) Diversifizierung f, Diversifikation f (syn, branching out)

diversification of risks (Bw) Risikomischung f, Risikostreuung f (syn, risk spreading)

diversified giant (Bw) diversifiziertes Großunternehmen n

diversified product line (com) breite Produktpalette f

diversify v
(com) diversifizieren (syn, branch out)

diversion of customers (com) Kundenabwerbung f

divert custom v (com) Kunden mpl abwerben
(syn, entice away/ poach/alienate . . . customers)

divest v
(Fin) abstoßen, ausgliedern (ie, security holdings, foreign assets, subsidiaries; syn, sell off, shed, unload)
(Kart, US) abtrennen, veräußern

divesting order (Kart, US) Entflechtungsanordnung f (syn, dismemberment order)

divestiture
(com) Veräußerung f (ie, of a subsidiary or equity holding)
(com, US) Abtrennung f, Zwangsverkauf m
(ie, to create competing corporations; remedy in the case of mergers held to be violative of Sec 7 of the 1914 Clayton Act; disposition of the acquired company or its stock over a specified period)

dividend
(Fin) Dividende f
(ie, paid to shareholders and representing earnings of the company; four kinds: cash, scrip, stock, property)

dividend-bearing shares (Fin) Dividendenpapiere npl

dividend coupon
(Fin) Kupon m, Dividendenschein m

– Dividendenschein m
– Gewinnanteilschein m
(syn, coupon, interest coupon, dividend warrant)

dividend in liquidation (Bw) Liquidations-Dividende f (ie, represents the liquidation of the assets of a business upon dissolution; syn, liquidating dividend)

dividend papers (Fin) Dividendenpapiere npl (syn, dividend sharing shares)

dividend payment (Fin) Dividenden-Ausschüttung f, Dividendenzahlung f (syn, dividend . . . payout distribution)

dividend payout (Fin) = dividend payment

dividend per share (Fin) Dividende f pro Aktie

dividend yield (Fin) Dividendenrendite f, Effektivrendite f (ie, gross cash dividend per share in % of market price)

divide up a market v (com) Markt m aufteilen (syn, fragment, partition)

division
(com) Geschäftsbereich m
– Unternehmensbereich m
– Sparte f
– Division f
(syn, operation, group, functional area)

divisional director (com, GB) Bereichsleiter m (syn, division manager)

divisionalization
(com) Bildung f von Geschäftsbereichen
– Bildung f von Sparten
– Divisionalisierung f

divisional management (com) Spartenmanagement n

divisional manager (com) = division manager

divisional organization (com) divisionale od divisionalisierte Organisation f, Spartenorganisation f

divisional structure (com) Spartenstruktur f

division area supervisor (com) Gebietsleiter *m (syn, regional manager)*

division into submarkets (Bw) Marktspaltung *f (ie, through price differentials, dumping, most-favored-nation clause, etc)*

division manager (com) Bereichsleiter *m*, Spartenmanager *m (syn, GB, divisional director)*

division of responsabilities (com) Geschäftsverteilung *f (syn, assignment of business)*

divisive voting (com) Kampfabstimmung *f (ie, vote on a controversial issue)*

do business *v* (com) Geschäfte *npl* tätigen

doctor's certificate (Pw) Attest *n (ie, evidencing a person's temporary unfitness for work; syn, GB, medical certificate)*

documentary draft (Fin) Dokumententratte *f*, Rembourswechsel *m (ie, requires presentation of documents, such as documents of title or invoices; cf, Sec 4–104(1) (f) UCC)*

documentary evidence of origin (com) Ursprungsnachweis *m*

documentary letter of credit (Fin, US) Dokumentenakkreditiv *n (ie, can be drawn upon by presentation of a draft accompanied by supporting documents; syn, commercial letter of credit)*

documentation
(com) Dokumentation *f*, Unterlagen *fpl*
(com) Bereitstellung *f* von Dokumenten

documents
(com) Dokumente *npl*
(com) Verschiffungspapiere *npl (eg, bill of lading, invoice, certificate of inspection)*

documents against acceptance, D/A, d/a
(Fin) Akzept *n* gegen Dokumente *(ie, Importeur erhält Ware erst,*

nachem der Exporteur e–e Tratte auf den Importeur od die Importeurbank akzeptiert hat)*

documents against payment, D/P, d/p
(Fin) Kassa *f* gegen Dokumente *(ie, Importeur erhält Dokumente erst nach Zahlung der Vertragssumme auf e–m Konto der Exporteurbank)*

dodge taxes *v*
(StR, infml) Steuern *fpl* umgehen *(syn, avoid)*
(StR, GB) Steuern *fpl* hinterziehen *(syn, evade)*

dog (Mk, infml) Produkt *n* mit geringem Marktanteil und schwachem Wachstum *(opp, star)*

do-good organizaton (com, US, infml) Wohltätigkeitsorganisation *f (syn, charitable organization, charity)*

doldrums (com, Bö) Flaute *f (eg, in the doldrums)*

domain
(com) Bereich *m (syn, range, scope, sector, sphere)*

domestic
(com) inländisch
(com, US) einzelstaatlich

domestic appliance industry (com) Haushaltsgeräte-Industrie *f*

domestic company
(Bw) inländische Gesellschaft *f*
– (oft:) inländisches Unternehmen *n*

domestic competition (com) inländische Konkurrenz *f*

domestic corporation
(com, US) einzelstaatlich zugelassene Gesellschaft *f (ie, organized under the laws of a state)*

domestic demand (com) Binnennachfrage *f*, Inlandsnachfrage *f*

domestic economy (Vw) Binnenwirtschaft *f (opp, external sector of the economy, external economic relations)*

domestic intercity freight traffic (com) zwischenstädtischer Güterverkehr *m*

Domestic International Sales Corporation, DISC
(Bw, US) steuerbegünstigte Ausfuhr-Tochtergesellschaft *f*
(ie, derives 95% of its income from export sales and may defer paying tax on a portion of that income; usually organized as a subsidiary of a parent domestic company; part of the fiscal package proposed by the Nixon Administration on Aug 15, 1971; the term DISC is used in the Internal Revenue Code; cf, §§ 291(a)(4), 991-995 IRC)

domestic investment (Vw) Inlandsinvestitionen *fpl*

domestic market (com) Binnenmarkt *m*, Inlandsmarkt *m (syn, home/internal . . . market)*

domestic market share (com) inländischer Marktanteil *m*

domestic sales
(com) Inlandsabsatz *m*

domestic tariff (com) Binnentarif *m*

domestic trade (Vw) Binnenhandel *m (syn, internal trade)*

domestic transport operation (com) innerstaatliche Beförderung *f*

domestic wholesaling (com) Binnengroßhandel *m*

domicile
(Re) Wohnsitz *m (ie, more than mere residence = gewöhnlicher Aufenthaltsort)*
(Re) Sitz *m* e–r Firma *(syn, corporate domicile)*

domicile *v* (Fin) zahlbar stellen

dominant advertising (Mk) dominante Werbung *f*
(opp, accessory advertising = akzidentelle Werbung)

dominant firm (com) marktbeherrschendes Unternehmen *n*

dominant maker (com) marktbeherrschender Hersteller *m*
(ie, may have wide price discretion before significant diversion of sales to other products begins)

dominant market position (com) marktbeherrschende Stellung *f*

dominate *v*
(com) beherrschen
(Mk) beherrschen, majorisieren
(ie, have a commanding position in a market)

dominate a market *v* (com) Markt *m* beherrschen

dominate the business *v* (com) = dominate a market

dominate the marketplace *v* (com) = dominate a market

donation (com) Spende *f*

donor (com) Spender *m*

do one's taxes *v* (StR, infml) Steuern *fpl* machen, Steuererklärung *f* ausfüllen

door delivery (com) Hauszustellung *f (syn, home delivery, delivery-by-hand)*

door-to-door selling (Mk) Haustürverkauf *m*, Direktverkauf *m* über Haushaltsreisende

door-to-door time (IndE) Durchlaufzeit *f (syn, throughput time)*

dormant partner (com) stiller Gesellschafter *m*

dormant partnership (com, US) stille Gesellschaft *f (ie, both silent and secret; syn, secret/silent . . . partnership, qv)*

double-bill *v* (com) doppelt berechnen *(ie, illegal practice)*

double-bind situation (com) Dilemmasituation *f*

double ordering (com) Zweifachbestellung *f*
(ie, placing of order with two suppliers for the same product; upon delivery the second order is cancelled)

double-page spread (Mk) doppelseitige Anzeige *f*

double pricing (Mk) doppelte Preisauszeichnung *f (ie, to mislead consumers)*

double-space *v* (com) zweizeilig schreiben *(ie, in typing)*

double-spaced
(com) zweizeilig *(opp, single-spaced = einzeilig)*

double taxation (StR) Doppelbe-
steuerung *f*
double taxation treaty (StR) Doppel-
besteuerungsabkommen *n* *(syn,
tax treaty)*
double truck (Mk) = double-page
spread
doubtful accounts receivable
(ReW) zweifelhafte Forderungen *fpl*
– dubiose Forderungen *fpl*
– Dubiosen *pl*
downgrade *v*
(com) niedriger einstufen
– herabstufen
– herunterstufen
– rückstufen
(ie, put into a lower group)
downpayment (com) Anzahlung *f*
(syn, advance payment)
downperiod (IndE) Stillstandszeit *f*
(ie, for repair and maintenance)
downscale market (com) Markt *m*
der unteren Einkommensschichten
(opp, upscale market)
downsize staff *v* (Pw) Personalbestand *m* verringern
downstairs merger (com, US) =
downstream merger
downstream industries (Bw) nachgelagerte Wirtschaftszweige *mpl*
downstream investment (Bw) Investition *f* auf nachgelagerter Wirt-
schaftsstufe
downstream markets (com) Nach-
märkte *mpl*
downstream merger (com) „Ab-
wärts"-Fusion *f*
*(ie, between parent and subsidiary,
the latter being the surviving organization; syn, downstairs merger;
opp, upstream merger)*
downstream operations (com) Wei-
terverarbeitung *f*
*(eg, refining and petrochemical
plants)*
downstream stage of distribution
(Mk) nachgelagerte Absatzstufe *f*
down stroke (com, US) Anzahlung *f*
(ie, in retail trade and automobiles)

downswing (com) Abschwung *m (eg,
of economic or business activity;
syn, downturn)*
down the line
(com) nachgelagert, nachgeordnet
(syn, downstream)
downtrend (com) = downward trend
downturn (com) Abschwung *m (eg,
of economic or business activity;
syn, downswing)*
downward blip (com) kurze Abwärtsbewegung *f (eg, of leading indicators)*
downward movement
(com) Abwärtsbewegung *f (eg, of
prices)*
downward revision (com) Korrektur *f* nach unten *(syn, scaling
down)*
downward tendency (com) fallende
Tendenz *f*
downward trend (com) Abwärt-
strend *m*, Abwärtsbewegung *f*
(syn, downtrend)
draft
(com) Entwurf *m (eg, letter, document)*
(WeR) Tratte *f*, gezogener Wechsel *m*
(WeR, US) Wechsel *m (syn, bill of
exchange; cf, Sec 3–104 UCC)*
draft *v* (com) aufsetzen, entwerfen
(eg, contract, letter)
draft letter (com) Entwurf *m* e–s
Schreibens
draft proposal (com) Vorschlagsent-
wurf *m*
drag on *v* (com) sich hinziehen *(eg,
negotiations)*
drag on investment (Bw) Investitions-
hemmnis *n (eg, low profits)*
drain on purchasing power (FiW)
Kaufkraftentzug *m (eg, through
punitive taxation as practiced by the
modern industrial state)*
drawdown (com) Abbau *m (eg,
1.5% ... of inventories; syn, liquidation, runoff)*
draw down *v*
(com) abbauen *(eg, inventories)*

drawing samples (com) Besichtigung f
(ie, to determine the average qualitiy of goods)

draw money v (Fin) Geld n abheben
(ie, from bank account; syn, withdraw)

draw up v
(com) aufsetzen, entwerfen *(ie, letter, minutes, contract; syn, draft, prepare)*
(com) ausstellen *(eg, document)*
(ReW) aufstellen *(eg, balance sheet)*

draw up a financial statement v (ReW) Abschluß m machen *(syn, make/prepare . . . a financial statement)*

draw up a list v (com) Liste f aufstellen

draw up a report v (com) Bericht m ausarbeiten/erstellen *(syn, prepare)*

draw up the annual accounts v (ReW, GB) Jahresabschluß m aufstellen

drift v (com) langsam fallen *(eg, prices)*

drift down v (com) abbröckeln, nachgeben *(eg, prices)*

drive a bargain v (com) vorteilhaftes Geschäft n abschließen

drive a hard bargain v (com) harte Bedingungen fpl stellen, hart verhandeln

drive down a price v (com) Preis m drücken

drive out v (com) verdrängen *(eg, rivals out of business)*

drive out of the market v (com) vom Markt verdrängen *(syn, eliminate, squeeze, freeze)*

drive up prices v (com) Preise mpl hochtreiben

drop in earnings (Fin) Ertragsrückgang m

drop in economic activity (Vw) Beschäftigungseinbruch m *(syn, sudden slump in employment)*

drop in inventories (MaW) Bestandsminderung f

drop in orders (com) Auftragsrückgang m *(syn, dropoff in orders, falling-off of orders, order decline)*

drop in output (Bw) Produktionsrückgang m

drop in performance (com) Leistungsabfall m

drop in prices (com) Preisrückgang m

drop in sales (com) Umsatzeinbuße f, Absatzrückgang m

drop in sales revenue (com) Erlöseinbuße f

dropoff in orders (com) = drop in orders

dropoff in prices (com) Preissturz m *(syn, tumble in prices)*

drop out v
(com, infml) aussteigen *(eg, of business, contract, deal; syn, back/opt/pull . . . out of)*
(com, infml) verfallen *(ie, in the phrase: the bottom drops out of the market/of world price)*

drop shipment (Mk) = direct shipment

drop shipment business (com) Streckengeschäft n

drop shipper (com) Großhändler m für Streckengeschäft

drug in/on the market (com, infml) Ladenhüter m *(syn, cats and dogs, shelf warmer)*

drugs industry (com) Arzneimittelindustrie f, pharmazeutische Industrie f

drug trafficking (com) Drogenhandel m

drumbeating (Mk) Intensivwerbung f *(eg, heavy . . . in print and on TV; syn, intensive coverage)*

drummer
(Mk, infml) Reisender m, Vertreter m

drum-tight efficiency (Bw, infml) höchste Effizienz f *(eg, needed to produce high returns)*

drum up customers v (com) Kunden mpl werben

dubious (com) unlauter, zwielichtig *(eg, business practices)*

due (Fin) fällig *(ie, payable, due and payable, matured)*

due and payable (Fin) = due

due at call (Fin) täglich fällig *(syn, due on demand)*

due date
(com) Fälligkeitstermin *m*
– Verfalltag *m*
– Erfüllungstag *m*
(Fin) Fälligkeitsdatum *n* *(syn, maturity date, qv)*

due date schedule (com) Terminplan *m*
(syn, time schedule)

due diligence
(Re) verkehrsübliche Sorgfalt *f (ie, diligentia boni patris familiae)*
(com) Überprüfungsstadium *n (ie, bei e–r Buy-Out-Transaktion: die vom Unternehmen übernommenen Annahmen werden überprüft)*

dues
(com) Mitgliedsbeiträge *mpl*, Beiträge *mpl*

dues checkoff system (com) Beitragseinzugsverfahren *n*

dullness (com) Flaute *f*

duly authorized (Re) ordnungsgemäß bevollmächtigt

duly authorized agent (Re) Bevollmächtigter *m*

duly authorized representative (Re) = duly authorized agent

duly authorized signatory (com) Zeichnungsbevollmächtigter *m*

duly convened meeting (com) ordnungsgemäß einberufene Sitzung *f*

dumb barge (com) Schleppkahn *m (ie, to be pushed or towed)*

dummy
(Re) Strohmann *m (syn, strawman, man of straw, prête-nom)*

dummy argument (Log) Scheinargument *n*

dummy corporation (com, US) Scheingesellschaft *f*
(ie, inactive company organized to conceal the actual owners of the business)

dummy invoice (com) vorläufige Rechnung *f*

dummy package
(com) Leerpackung *f*, Schaupackung *f (ie, displayed in a shop window)*
(com, infml) Mogelpackung *f (syn, defective packing, qv)*

dummy tender (com) Scheinangebot *n (ie, beim Submissionsverfahren)*

dump *v*
(com) verschleudern
(ie, sell large quantities of goods without regard to price)

dump a money-losing business *v* (com) Verlustbringer *m* abstoßen

dumping (AuW) Dumping *n*
(ie, selling goods at prices lower than those charged in the domestic market; syn, sl, unloading)

dumping practices (Kart) Dumping-Praktiken *fpl*

dumping price (AuW) Dumping-preis *m*

dumpster (com, US) (Abfall-)Container *m*

dump truck (com) Kipper *m*

dun (com) Mahnung *f (ie, urgent request for payment; eg, sent them a dun)*

dun *v* (com) Zahlungen *fpl* anmahnen, häufig mahnen *(ie, ask repeatedly for payment of debt)*

Dun & Bradstreet (com, US) älteste Auskunftei *f* der Welt

dunning notice (com) Mahnschreiben *n (syn, reminder)*

duplicate
(com) Zweitausfertigung *f*
– Zweitschrift *f*
– Duplikat *n (syn, second copy)*

duplicate *v*
(com) vervielfältigen

duplicate consignment note (com, GB) Frachtbriefdoppel *n* *(syn, counterfoil waybill)*

durability (com) Haltbarkeit *f*

durable consumer goods (com) Gebrauchsgüter *npl*, dauerhafte Konsumgüter *npl (syn, consumer durables, durables)*

durable goods (com) Gebrauchsgüter *npl*, dauerhafte Güter *npl (ie, in production and consumption; opp, consumer consumption... goods = Konsumgüter od Verbrauchsgüter)*

durables (com) = durable goods

duration
(com, fml) Dauer *f*
(eg, he will be abroad for the duration of two years)
(Re) Dauer *f*, Laufzeit *f*
(eg, during the... of the contract; syn, continuance, currency, term)

duration of employment (Pw) Beschäftigungsdauer *f (syn, length of ... employment/service)*

duration of unemployment (SozV) Dauer *f* der Arbeitslosigkeit
(eg, decision to tax benefits did indeed reduce the ... as predicted)

Dutch bargain (com) einseitiges Geschäft *n*
(ie, one side gets all he wants at the expense of the other)

dutiable (Zo) zollpflichtig

dutiable goods (Zo) abgabenpflichtige Waren *fpl (syn, chargeable goods)*

dutiable value (Zo) Zollwert *m (syn, customs value)*

duty
(Pw) Aufgabe *f*, Pflicht *f (syn, job, task, assignment)*

(Zo) Zoll *m (syn, customs duty)*

duty free (Zo) zollfrei *(syn, free of duty)*

duty-free entry (Zo) zollfreie Einfuhr *f*

duty-free goods (Zo) zollfreie Ware *f*

duty of care (Re) Sorgfaltspflicht *f (syn, duty to take care)*

duty of disclosure (Re) = duty to notify

duty of discretion (Re) Schweigepflicht *f*

duty of notification (Re) = duty to notify

duty of secrecy
(com) Geheimhaltungspflicht *f*
(Pw) Schweigepflicht *f*

duty paid (com) verzollt *(syn, customs cleared)*

duty station (Pw) Arbeitsplatz *m*, Einsatzort *m*

duty to disclose information (com) Auskunftspflicht *f*

duty to inform (com) Informationspflicht *f*

duty to report (com) Meldepflicht *f*

duty to warn (Re) Aufklärungspflicht *f*
(ie, imposed on producer)

duty unpaid (com) unverzollt

dynamic enterprise (Bw) dynamisches Unternehmen *n (syn, go-ahead company)*

dynamization (Pw) Dynamisierung *f*
(eg, of company pensions)

E

EAN bar code (com) EAN-Strichcode *m (ie, in Warenwirtschaftssystemen = merchandise information systems, MIS)*

EAN bar coding (com) Strichcodierung *f*

early closing (com, GB) früher Ladenschluß *m (ie, by 13.00 hrs on one weekday)*

early-out program (Pw, US) Vorruhestandsprogramm *n*

early redemption (Fin) vorzeitige Tilgung *f*

early retirement
(Pw) Vorruhestand *m*

early retirement scheme
(Pw) Vorruhestandsregelung *f*
(Pw) Abfindungsangebot *n (syn, retirement offer)*

early retirer (Pw) Frührentner *m*, Vorruhestländler *m*

early season (com) Vorsaison *f*

early warning signal (Bw) Frühwarnsignal *n*

early warning system (Bw) Frühwarnsystem *n*

earmark
(com) Eigenschaft *f*
(com) Kennzeichen *n*, Merkmal *n*

earmark *v* (com) an e–n bestimmten Zweck binden *(syn, appropriate)*

earmarked funds (Fin) zweckgebundene Mittel *pl*

earned income
(ReW) realisierter Gewinn *m*
(StR) Einkünfte *pl* aus selbständiger und unselbständiger Arbeit
(com) Arbeitseinkommen *n (syn, employment/servic... income; opp, unearned/property... income)*

earnest money
(com) Bietungsgarantie *f*
(ie, furnished by a bank; syn, bid/proposal... bond, provisional deposit)
(com) Anzahlung *f*, Handgeld *n*
(ie, part payment, deposit)
(com) Draufgabe *f*
(ie, sum of money paid by a buyer at the time of entering a contract to indicate the intention and ability of the buyer to carry out the contract; Beweisanzeichen für den Abschluß e–s Vertrages; praktische Bedeutung heute gering; cf, §§ 336-338 BGB; syn, bargain money, token payment)

earning capacity (Fin) = earning power

earning capacity standard (Bw) Kapitalisierungsformel *f*
(ie, bei der Unternehmensbewertung = valuation of an enterprise as a whole)

earning capacity value (Fin) = earning power

earning power
(Fin) Ertragsfähigkeit *f*, Ertragskraft *f (syn, earning capacity value, profitability)*
(Fin) Ertragswert *m (ie, Unternehmen und Wertpapiere)*

earnings
(com) Ertrag *m*
– Gewinn *m*
– Einkommen *n*
(com) Arbeitseinkommen *n*, Verdienst *m*
(ReW) Reingewinn *m (syn, net... earnings /profit)*
(ReW, US) = comprehensive income *(ie, FASB in 1980)*

earnings after taxes (Fin) Gewinn *m* nach Steuern *(syn, after-tax profit, qv)*

earnings before taxes (ReW) Gewinn *m* vor Steuern *(syn, profit before taxes)*

earnings cap (Mk) Verdienstgrenze *f (ie, maximum earnings level of sales force)*

earnings from operations (ReW) Betriebsgewinn *m*
(ie, operating revenue minus operating cost of a period; syn, operating profit, earned surplus; GB, trading profit)

earnings net of taxes (com) Nettoeinkommen *n (syn, net income)*

earnings of management (Bw) Unternehmerlohn *m (syn, wages of management)*

earnings per share (Fin, US) Gewinn *m* je Aktie
(ie, primary EPS and fully diluted EPS divide the available profits by not only the shares of common stock – Stammaktien – but by everything that can be turned into common stock: convertible stock and bonds, options, warrants, etc; this measure of company profitability is not required by German law and is rarely found in practice)

earnings position (Fin) Ertragslage *f*, Ertragssituation *f*
(syn, earnings situation, operating position, revenue picture)

earnings reserves (ReW) Gewinnrücklagen fpl
(ie, tritt an die Stelle des bisherigen Terminus „Offene Rücklagen"; umfassen: gesetzliche Rücklage, satzungsmäßige Rücklagen, andere Rücklagen und Rücklagen für eigene Anteile; cf, § 273 III HGB)

earnings retained in the business (ReW) einbehaltene Gewinne *mpl (syn, retained earnings, qv)*

earnings situation (Fin) = earnings position

earn one's keep *v* (com) Lebensunterhalt *m* verdienen

ease *v* (com) erleichtern

ease back *v* (com) senken *(eg, interest rates)*

ease off *v*
(com) sich abschwächen, nachlassen
(com, Bö) nachgeben *(ie, prices; syn, edge down, drift down)*

easy terms (com) günstige Bedingungen *fpl (syn, reasonable terms)*

easy terms of payment (com) günstige Zahlungsbedingungen *fpl*

easy-to-follow (com) übersichtlich, leicht verständlich *(eg, diagram, user instructions)*

easy-to-use (com) benutzerfreundlich *(syn, user friendly)*

eat away *v* (com) aufzehren, schrumpfen *(eg, reserves are being eaten away)*

eat into reserves *v* (Fin) Rücklagen *fpl* angreifen

echelon (com) Ebene *f (ie, of a business organization)*

echelons of authority (Bw) Hierarchiestufen *fpl (syn, levels of authority)*

ecological unconcern (com) ökologische Sorglosigkeit *f*

ecology (com) Ökologie *f*

economic
(Vw) volkswirtschaftlich
– wirtschaftlich
– ökonomisch
(Bw) betriebswirtschaftlich

(eg, for economic reasons; syn, operational, managerial)

economic activity
(com) wirtschaftliche Tätigkeit *f (ie, of any person or entity)*

economic adviser (com) Wirtschaftsberater *m*

economical (Bw) wirtschaftlich, sparsam
(syn, cost-effective, low-cost, money-saving)

economic analysis
(Bw) Wirtschaftlichkeitsanalyse *f*, Wirtschaftlichkeitsstudie *f*

economic behavior (Bw) wirtschaftliches od ökonomisches Verhalten *n*

economic capacity (Bw) wirtschaftliche Kapazität *f (ie, mostly 85% of maximum capacity)*

economic climate
(com) wirtschaftliches Klima *n*

economic constraints (Bw) wirtschaftliche Restriktionen *fpl*

economic consultancy (com) Wirtschaftsberatungs-Unternehmen *n (eg, Data Resources, Inc.)*

economic efficiency (Bw) Wirtschaftlichkeit *f*, ökonomische Effizienz *f (syn, operational efficiency)*

economic feasibility study (Bw) Wirtschaftlichkeits-Analyse *f*

economic lot size (Bw) optimale Losgröße *f*
(ie, number of units of a product to be manufactured at each setup or purchased on each order so as to minimize the cost of setup or purchasing, and the cost of holding the average inventory, usually over a year; syn, optimum lot size, standard run quantity)

economic obsolescence (Bw) wirtschaftliches Veralten *n*
(ie, due to causes other than wear and tear; opp, physical obsolescence)

economic order quantity, EOQ
(MaW) optimale Bestellmenge *f*
(ie, number of orders required to fulfill the economic lot size; syn,

optimum lot quantity, optimum order quantity)

economic performance (com) wirtschaftliche Leistung *f,* wirtschaftliches Ergebnis *n*

economic slowdown (Vw) konjunkturelle Abkühlung *f*

economic upswing (Vw) Konjunkturaufschwung *m,* Konjunkturbelebung *f*

economic upturn (Vw) = economic uspwing

economize *v* (com) sparen, sparsam wirtschaften

economy
(Vw) Wirtschaft *f,* Volkswirtschaft *f*
(Bw) Wirtschaftlichkeit *f (syn, economic efficiency)*

economy calculation (Bw) Wirtschaftlichkeitsberechnung *f (syn, efficiency calculation, qv)*

economy campaign (Bw) Kostensenkungsaktion *f*
(ie, may be carried out by a hitquick task force; syn, cost cutting campaign)

eco-sensitive
(com) umweltbewußt

ecosystem (com) Ökosystem *n (ie, short for: ecological system)*

edge
(com) Vorsprung *m,* Vorteil *m (eg, XY company continues to have a clear profit edge on its rivals; syn, competitive edge)*

edge ahead *v* (com) steigen, ansteigen *(eg, profits)*

edge down *v* (com, Bö) nachgeben *(ie, prices; syn, ease off, drift down)*

edge in productivity (com) Produktivitätsvorsprung *m*

educate *v*
(com, fml) aufklären *(eg, the public on the lavish spending habits of politicians)*

educated guess (com) begründete Vermutung *f (ie, one likely to be right)*

effective
(com) wirksam, leistungsfähig

effective date
(com) Stichtag *m (syn, key/target/relevant . . . date)*
(Re) Datum *n* od Zeitpunkt *m* des Inkrafttretens

effective life (Bw) Nutzungsdauer *f (syn, service life, qv)*

effective rate
(Fin) effektiver Zins *m,* Effektivverzinsung *f*
(syn, effective yield, market/real/ negotiated . . . rate of interest, redemption yield, true . . . yield/rate of return, yield rate; formula:
$(1 + i\,n) - 1)$
(Fin) effektiver Zinsfuß *m*

effect payment *v* (com) zahlen, Zahlung *f* leisten *(syn, make/ meet . . . payment)*

effects doctrine (Kart, US) „Wirkungs"-Doktrin *f (ie, a state applies its laws to conduct by non-nationals occurring entirely outside its territory but which has some effect within the prescribing state)*

effect shipment *v* (com) versenden, Versand *m* durchführen

efficacy
(Bw) Nutzeffekt *m*
(com) Wirkung *f (eg, of a drug)*

efficiency
(com) Effizienz *f*
– Wirksamkeit *f*
– Leistungsfähigkeit *f*
(Bw) Produktivität *f (syn, productivity, physical/production/technological . . . efficiency)*
(Bw) Wirtschaftlichkeit *f (syn, economic/ operational . . . efficiency)*
(Fin) Rentabilität *f (syn, profitability, qv)*
(IndE) technischer Wirkungsgrad *m (syn, physical/engineering . . . efficiency)*

efficiency calculation (Bw) Wirtschaftlichkeitsrechnung *f (syn, economy calculation, evalua-*

tion of economic efficiency, estimate of operating economy)

efficiency expert (IndE) Rationalisierungsfachman *m (ie, obsolescent term: replaced by the ,management and systems analyst')*

efficiency rule
(Bw) Wirtschaftlichkeitsprinzip *n*
– ökonomisches Prinzip *n*
– Rationalprinzip *n*
(ie, to produce at a given rate with lowest cost; or to produce at the highest rate with the same cost)

efficient (IndE) rationell

elapsed time (com) Dauer *f*

elect *v*
(com) wählen
(com) sich entscheiden für *(ie, to do)*

election (com) Wahl *f (eg, by secret ballot = geheime . . .)*

electrical engineering (com) Elektrotechnik *f (ie, deals with practical application of electricity)*

electrical engineering industry
(com) Elektroindustrie *f*
– Elektrobranche *f*
– elektrotechnische Industrie *f*

electrical group (com) Elektrokonzern *m*

electricity bill (com) Stromrechnung *f*

electricity supply (com) Stromversorgung *f*, Elektrizitätsversorgung *f (syn, power supply)*

electricity supply industry (com) Elektrizitätswirtschaft *f*

electronics industry (com) Elektroindustrie *f*

electro-technology (Pw) Elektrotechnik *f (ie, als Ausbildungsfach)*

elementary ratios (Bw) primäre Kennziffern *fpl*

elementary understanding (com) Grundkenntnisse *fpl (eg, of economics; syn, basic knowledge, the ABC of . . .)*

eligibility for aid (com) Förderungswürdigkeit *f*

eligibility for discount (Fin) Diskontfähigkeit *f*

eligible bill (Fin) rediskontfähiger Wechsel *m*

eligible for discount (Fin) diskontfähig *(syn, bankable)*

eligible for favorable treatment (StR) förderungswürdig

eligible for promotion (Pw) förderungswürdig

eliminate competitors *v* (com) Konkurrenz *f* ausschalten

elimination of additional revenues (Kart) Mehrerlösabschöpfung *f*

elimination of competition (com) Verdrängungswettbewerb *m*

elimination of rivals (com) Ausschaltung *f* der Konkurrenz

employee (Pw) Arbeitnehmer *m*, Arbeitskraft *f*

employee activity rate (Vw) Erwerbsquote *f*
(syn, labor force participation rate, qv)

employee compensation
(Pw) Arbeitsentgelt *n*
– Arbeitslohn *m*
– Arbeitnehmereinkommen *n*
(syn, employee . . . earnings/pay)

employee development program (Pw) Fortbildungsprogramm *n*

employee-elected representative
(Pw) Arbeitnehmervertreter *m (eg, on company board of directors, as in German ,co-determination' schemes)*

employee-oriented style of leadership (Bw) mitarbeiterbezogener Führungsstil *m*

employee pension scheme (Pw) betriebliche Altersversorgung *f (ie, covers old age, disability, and survivor's pensions)*

employer's pension scheme (Pw) betriebliche Pensionskasse *f*

employment cost
(Pw) Arbeitskosten *pl*
(ie, bill for wages, salaries, and fringe benefits; syn, labor cost)

employment creating measures (Vw) Arbeitsbeschaffungsmaßnahmen *fpl*

employment manager (Pw) Personalleiter *m*, Personalchef *m (syn, personnel manager)*

employment market (Pw) Stellenmarkt *m*

employment of outside experts (com) Hinzuziehung *f* von Sachverständigen

employment opportunities (Pw) Beschäftigungsmöglichkeiten *fpl*

employment outlook (Pw) Beschäftigungsaussichten *fpl (syn, employment prospects)*

employment security (Pw) Arbeitsplatzsicherheit *f (syn, job... security/safety)*

employment situation (Vw) Beschäftigungssituation *f*, Arbeitsmarktsituation *f*
(syn, job/labor market /manpower... situation)

empower *v* (com) bevollmächtigen, ermächtigen *(syn, authorize)*

empowered (com) befugt, bevollmächtigt, ermächtigt *(syn, authorized)*

encash a check *v* (Fin) Scheck *m* einlösen

encashment
(Fin) Einlösung *f*
– Inkasso *n*
– Einlösung *f*

enclosure (com) Anlage *f (ie, attached to a letter)*

encroach *v*
(Re) beeinträchtigen *(eg, a right)*
(com) in Anspruch nehmen *(ie, make unreasonable demands on/ upon)*

encroachment (on) (Re) Beeinträchtigung *f (syn, infringement of, interference with)*

endanger jobs *v* (Pw) Arbeitsplätze *mpl* gefährden

end consumer (com) Endverbraucher *m (syn, end user)*

end-of-season clearance sale (com) Saisonschlußverkauf *m (ie, at reduced prices)*

end-of-year financial statement
(ReW) Jahresabschluß *m (syn, year-end financial statement)*

endorse *v*
(Re) billigen, zulassen
(eg, state statutes unequivocally... resale price maintenance = Preisbindung der zweiten Hand)
(com) unterzeichnen *(eg, one's signature)*

end product (com) Enderzeugnis *n*, Endprodukt *n (syn, final product)*

endproduct warehouse (MaW) Endlager *n*

end user
(com) Endabnehmer *m (syn, ultimate buyer)*

energy-efficient (com) energiesparend

energy industry (com) Energiewirtschaft *f (syn, power-supply industry)*

enforce *v*
(Re) vollziehen
– vollstrecken
– durchsetzen

enforce a claim *v* (Re) Anspruch *m* durchsetzen

enforce a contract *v* (Re) aus e–m Vertrag klagen, Rechte *npl* aus e–m Vertrag geltend machen

enforcement fine (Kart) Zwangsgeld *n*

engage *v* (Pw) einstellen
(eg, workers, employees; syn, hire, take on)

engage employees *v* (Pw) Arbeitskräfte *fpl* einstellen *(syn, hire add... employees, take on labor)*

engine efficiency
(IndE) Motorleistung *f*
(ie, ratio between energy supplied to an engine to the energy output of the engine)
(IndE) Triebwerksleistung *f (ie, of aircraft engine)*

engineer
(com) Techniker *m (ie, in the most general sense)*
(com) Ingenieur *m*
(com, US) = engine driver

111

engineer *v*
(com) entwickeln, konstruieren, konzipieren *(eg, systems)*

engineering changes
(IndE) technische Änderungen *fpl*

engineering constraints
(IndE) technische Grenzen *fpl*

engineering data
(IndE) technische Daten *pl*

engineering design automation, EDA
(EDV) Automation *f* der technischen Planung
(ie, on-screen work of deriving electrical schematics, laying out circuits, generating plans for manufacturing processes and feeding instructions to production tools; it is an extension of CAD)

engineering economy
(Bw) technisch-mathematische Analyse *f* betrieblicher Willensbildung

engineering efficiency
(Bw) Kosteneffizienz *f*
(ie, relation between volume output and costed input = Verhältnis zwischen Mengenausbringung und bewertetem Input)
(IndE) technischer Wirkungsgrad *m*

engineering fee (com) Ingenieurhonorar *n*

engineering proposal (com) technisches Angebot *n (ie, price usually excluded)*

engineering specifications (com) technische Lieferbedingungen *fpl*

engineering support (com) technischer Kundendienst *m*

engine of growth
(com, infml) Wachstumsmotor *m*
(eg, transform a lackluster company into an . . .)

enhanced voting rights (com) erweiterte Stimmrechte *npl*

enlightened form of management
(Bw) aufgeklärte Unternehmensführung *f*
(ie, whatever this may mean to its self-appointed proponents)

enlightened self-interest (com) aufgeklärtes Eigeninteresse *n*

entail *v*
(com) zur Folge haben

enter for *v* (com) anmelden *(eg, for an examination)*

enter into force *v* (Re) in Kraft treten *(syn, come into force, take effect)*

enter new lines of business *v* (com) Geschäftsbereich *m* ausweiten *(ie, enter into new activities)*

enterprise
(com) = business enterprise

enterprise finance (Fin) Unternehmensfinanzierung *f (syn, company finance, qv)*

enterprise goals (Bw) Unternehmensziele *npl (syn, corporate objectives)*

enterprise value (Bw) Wert *m* des fortgeführten Unternehmens *(syn, going concern value, qv)*

entice away *v* (com) abwerben *(eg, customers, top executive)*

entire billboard (Mk) Ganzstelle *f (ie, reserved for a single advertisement)*

entitlement society (com) Anspruchsgesellschaft *f*

entitle to *v* (com) berechtigen *(eg, entitled to payment of damages)*

entrenched product lines (Mk) eingeführte Produktlinien *fpl*

entrepot facilities (MaW) Zwischenlager *n (syn, intermediate inventory, qv)*

entrepreneur
(com) Unternehmer *m*, Arbeitgeber *m*
(syn, business man, business entrepreneur)
(com) wagemutiger junger Unternehmer *m*
(ie, often starting with an innovative idea and venture capital)

entrepreneurial risk (Bw) Unternehmerwagnis *n*

entrepreneurial spirit (Bw) Unternehmergeist *m*

entrepreneurial wages (ReW) Unternehmerlohn *m (syn, management wages, qv)*

entry-level model (EDV) Einstiegsmodell *n*
(syn, capture model)

environment (com) Umwelt *f*, Umfeld *n (syn, infml, the outside world)*

environmental committee (com) Ausschuß *m* für Umweltfragen

environmental conservation (com) = environmental protection

environmental constellation (com) Umweltzustand *m*

environmental control system (IndE) System *n* zur Umweltüberwachung, Lebenserhaltungssystem *n (ie, used in a closed area, esp in a spacecraft, to permit life of the occupants to be sustained; syn, life support system)*

environmental economics (Vw) Umweltökonomie *f*

environmental forces (com) Umweltbedingungen *fpl*

environmental impact analysis (Bw) Analyse *f* der Umweltwirkungen *(ie, of the extent of pollution or environmental degradation involved in a mining or processing project)*

environmental impact statement (Bw, US) Unterlagen *fpl* über Umweltwirkungen *(ie, of programs or projects ·that may harm the environment)*

environmentalist (com) Umweltschützer *m (ie, defender of the environment)*

environmental policy (com) Umweltpolitik *f*

environmental pollution (com) Umweltverschmutzung *f*

environmental protection (com) Umweltschutz *m (syn, environmental conservation)*

Environmental Protection Agency (Re, US) Umweltschutzbehörde *f (ie, independent agency established in the executive branch in 1970)*

environmental restrictions (Bw) Umweltrestriktionen *fpl*, Umweltschutz-Auflagen *fpl*

environment surveillance system (Bw) Umwelt-Überwachungssystem *n*

equal opportunity (com) Chancengleichheit *f*

equal pay (Pw) gleicher Lohn *m (ie, for work of equal value)*

equate with *v* (com) gleichsetzen *(ie, set equal to)*

equilibrium (Bw) Gleichgewicht *n (ie, condition in which no change occurs in the state of a system as long as its surroundings are unaltered)*

equipment
(com) Ausrüstung *f*, Geräte *npl (ie, one or more assemblies capable of performing a complete function)*
(Bw) Ausrüstungsgüter *npl (ie, Sec 9–102[2] UCC: „ . . . used or bought for use primarily in business, including farming or a profession . . .")*

equipment goods (com) Investitionsgüter *npl (syn, investment/capital . . . goods, qv)*

equipment investment (Bw) Ausrüstungsinvestitionen *fpl (syn, equipment spending)*

equipment leased to customers (com) vermietete Erzeugnisse *npl*

equipment leasing (Fin) Investitionsgüter-Leasing *n*

equipment outlays (Bw) = equipment spending

equipment rental (com) Gerätemiete *f*

equipment replacement (Bw) Ersatzinvestition *f*

equipment replacement study (IndE) Ersatzbeschaffungs-Analyse *f (ie, cost analysis based on estimates of operating costs over a stated time for the old facility compared with the new facility)*

equipment spending (Bw) Investitionsausgaben *fpl*

equip with *v* (com) ausstatten mit, ausrüsten mit *(syn, fit out/up)*

equities

(Fin, US) Aktien *fpl (ie, common + preferred)*

(Fin, GB) Stammaktien *fpl (ie, often used instead of ‚ordinary shares'; so called because holders share in the ‚equity' of the company: they take the risks and profit from success)*

(Fin) Beteiligungsrechte *npl*

(ReW) Gesamtheit *f* der Passiva *(ie, claims of creditors and owners against corporate assets, liabilities + owners' equities)*

equity

(Re) Billigkeit *f*

(Re) Billigkeitsrecht *n (ie, system of jurisprudence apart from, and collateral to, the law; today most American courts have both equitable and legal jurisdiction)*

(Bw) Eigentumsrecht *n (ie, ownership interest)*

(ReW) Eigenkapital *n (syn, stockholders' equity, qv)*

equity base (Fin) Eigenkapitalbasis *f (syn, equity capital base, qv)*

equity buyback (Fin) Eigenkapitalrückkauf *m (syn, capital buyback, equity redemption)*

equity capital (Fin, US) Eigenkapital *n*
(ie, a composite of the following capital accounts: preferred stock, common stock, surplus, undivided profit, reserves for contingencies, and other capital reserves; syn, stockholders' equity)

equity capital base (Fin) Eigenkapitalbasis *f*

equity capital formation (Fin) Eigenkapitalbildung *f*

equity capitalization (Fin) Eigenkapitalausstattung *f*

equity financing

(Fin) Aktienfinanzierung *f,* Eigenfinanzierung *f*
(ie, injection of new shareholders' equity; syn, external equity financing)

(Fin) Finanzierung *f* mit Eigenkapital *(ie, equity + retained earnings)*

equity holding (Fin) = equity stake

equity income (Fin) Beteiligungsertrag *m*

equity position (Fin) Kapitaldecke *f (eg, thin)*

equity ratio

(Fin) Eigenkapitalquote *f (eg, of total assets = des Gesamtkapitals)*

(Fin) Verschuldungsgrad *m (syn, debt equity ratio)*

equity requirements (Fin) Eigenkapitalbedarf *m*

equity research (Fin) Aktienanalyse *f (ie, Prognose von Aktienkursen durch Fundamental- und technische Analyse)*

equity return

(Fin) Eigenkapitalrendite *f,* EKR – Eigenkapitalrentabilität *f*
(syn, income-to-equity ratio, percentage return on equity, return on equity)

equity rights (Fin) = equities

equity security (Fin) Anteilspapier *n,* Dividendenpapier *n*
(ie, evidences ownership of a company; eg, common stock and preferred stock; syn, dividend-bearing paper)

equity share (Fin, GB) Stammaktie *f*

equity share capital (Fin, GB) Eigenkapital *n*

equity shareholder (Fin) Aktionär *m*

equity stake

(Fin) Kapitalbeteiligung *f*

(Fin) Beteiligung *f* am Eigenkapital *(syn, equity . . . holding/interest)*

erosion of assets in real terms (Bw) Substanzaushöhlung *f*

error

(com) Fehler *m*

(Re) Irrtum *m (eg, error in fact, error in law, qv)*

errors and omissions excepted, E&OE (com) Irrtum *m* vorbehalten

escape clause
(Re) salvatorische Klausel *f (cf, separability clause)*
(AuW, GATT) Schutzklausel *f*
– Ausweichklausel *f*
– Befreiungsklausel *f*
(ie, ermöglicht in internationalen Handelsverträgen das Unterlaufen der Meistbegünstigung; syn, safeguard clause)

establish *v*
(com) gründen, herstellen, schaffen
(com) gründen *(eg, a company; syn, create, qv)*

establish a right *v* (Re) Recht *n* begründen
(syn, create)

establish defenses *v* (Re) Einwände *mpl* geltend machen

established clientele
(com) Kundenstamm *m*
– Stammkundschaft *f*
– Dauerkundschaft *f*
– fester Kundenkreis *m*

established competitors (com) etablierte Konkurrenz *f*

established law (Re) geltendes Recht *n*

estate agent (com, GB) Grundstücksmakler *m*, Immobilienmakler *m (syn, house/land . . . agent; syn, US, real estate agent)*

estimate
(com) Schätzung *f*, Ermittlung *f (ie, arrived at by guessing or careful calculation)*
(com) Angebot *n (ie, you ask for a number of estimates before placing the order; syn, quotation, quote)*

estimate *v*
(com) schätzen, (rechnerisch) ermitteln *(ie, not entirely definitive; syn, appraise, assess, evaluate, value)*
(com) anbieten *(ie, for a certain price)*

estimate cost *v* (KoR) kalkulieren *(syn, cost)*

estimated cost
(com) geschätzte Kosten *pl*, Schätzkosten *pl*

estimated useful life (ReW) geschätzte Nutzungsdauer *f (ie, of a fixed asset = Anlagegegenstand; syn, expected life, estimated service life, life expectancy)*

estimated value
(com) geschätzter Wert *m*, Schätzwert *m (syn, estimate)*

estimate of investment profitability (Fin) Investitionsrechnung *f (syn, capital budgeting, qv)*

estimate of operating economy (Bw) Wirtschaftlichkeitsrechnung *f*

Eurobonds (Fin) Eurobonds *pl*, Euroanleihen *fpl (ie, U. S. dollar bonds issued in European countries; they are all bearer, unregistered bonds = Inhaberschuldverschreibungen)*

Eurocurrency market (Fin) Euro-Geldmarkt *m (ie, also termed ‚xenocurrency market')*

Eurodollar bond issue (Fin) Euro-Dollaranleihe *f*

Eurodollar borrowing (Fin) Kreditaufnahme *f* am Euro-Dollarmarkt

Eurodollar market (Fin) Euro-Dollarmarkt *m*

Euro-equities
(Fin) Euro-Equities *pl (ie, an internationalen Kapitalmärkten plaziert und gehandelte Aktien)*

Euro loan (Fin) Euro-Anleihe *f*

Euro loan market (Fin) Euro-Anleihemarkt *m*

Euro operations (Fin) Euromarkt-Geschäfte *npl*

European company law (EG) europäisches Gesellschaftsrecht *n (ie, Regelung zur Internationalen Unternehmensverfassung, wie Europäische Aktiengesellschaft, Europäische Wirtschaftliche Interessenvereinigung, sowie 5. und 9. EG-Richtlinie zur Harmonisierung der europäischen Aktienrechte)*

European Currency Unit, ECU, ecu
(EG) Europäische Währungseinheit f

European Economic Community,
EEC
(EG) Europäische Wirtschaftsgemeinschaft f

European Free Trade Association,
EFTA, efta
(AuW) Europäische Freihandels-Assoziation f
(ie, set up by the 1960 Stockholm Convention; original members Denmark, Norway, Sweden, Austria, Switzerland, Portugal, and United Kingdom)

European Monetary Agreement,
EMA
(AuW) Europäisches Währungsabkommen n

European Monetary System, EMS
(EG) Europäisches Währungssystem m

European product coding (Mk) Europäische Artikelnumerierung f, EAN

European trading company (EG) Europäische Handelsgesellschaft f

European unit of account, EUA
(Fin) Europäische Rechnungseinheit f, RE

evade taxes v (StR) Steuern fpl hinterziehen

evaluate v
(com) bewerten, ermitteln *(ie, determine the value of; syn, appraise, value)*

evaluation
(com) Bewertung f, Ermittlung f *(syn, appraisal, valuation)*
(com) Datenauswertung f

evaluation of economic efficiency
(Bw) Wirtschaftlichkeitsrechnung f *(syn, efficiency calculation, qv)*

evaluations (Bw) Bewertungsgrößen fpl

evaluator (com) Schätzer m, Taxator m *(syn, appraiser)*

even off/out (com) ausgleichen *(ie,*

become level or equal; eg, prices, differences)*

evidence
(Re) Beweismittel n/npl
– Beweismaterial n
– Beweis m
(Re) Beweisurkunde f über Grundstückseigentum

evidence v (Re) beurkunden

exacerbate v (com) verschärfen, verschlimmern *(eg, slump of the U.S. economy; syn, aggravate; infml, hot up)*

exacting (com) anspruchsvoll *(eg, job, market)*

exaggerate v (com) übertreiben

exceed authority v (com) Befugnisse fpl überschreiten *(syn, exceed powers)*

exception
(Re) Einrede f *(syn, defense, qv)*

exceptional price (com) Sonderpreis m *(syn, special price, qv)*

exception of fraud (Re) Einwand m der unzulässigen Rechtsausübung *(syn, defense of fraud, qv)*

excess capacity (Bw) Überkapazität f *(syn, surplus/redundant . . . capacity, overcapacity, capacity overshoot)*

excessive foreign control (Bw) Überfremdung f

excessive indebtedness (Fin) Überschuldung f *(syn, debt overload, qv)*

excessive inventory (MaW) Überbestand m *(syn, excess stock, oversupply, long position)*

excessive price (com) überhöhter Preis m

exchange
(com) Tausch m, Umtausch m
(Fin) Devisen pl *(syn, foreign . . . exchange /currency)*

exchange v
(com) tauschen
(Fin) umtauschen, wechseln *(eg, DM for $; syn, change, convert)*

exchange of ideas (on) (com) Gedankenaustausch m

exchange of views (com) Meinungs-austausch *m*

exclusionary conduct (Kart) Verdrän-gungswettbewerb *m*
(ie, auf den Ausschluß der Konkur-renz gerichtetes Verhalten)

exclusive agent (com) Alleinvertre-ter *m*

exclusive dealing
(Kart, US) Ausschließlichkeitsbin-dung *f*
(ie, exclusive arrangement between manufacturer and dealer)
(Mk) Exklusivvertrieb *m*

exclusive dealing arrangement (Kart, US) Ausschließlichkeitsvertrag *m*
(ie, purchaser agrees to buy exclu-sively from a supplier for a specified period of time; one type is the ,requirements contract' = Be-darfsdeckungsvertrag)

exclusive dealing right (com) Exklu-sivrecht *n*

exclusive distributor (Mk) Alleinver-treter *m*

exclusive franchise (Mk) Alleinver-kaufsrechte *npl (ie, sole and exclu-sive selling rights)*

exclusive marketing (Mk) Alleinver-trieb *m*
(ie, by a sole agent, a sole pro-prietor, or a company-owned trad-ing operation)

exclusive of (com) ausschließlich, ohne

exclusive purchasing agreement (Kart) Exklusivvertrag *m*

execute *v*
(com) ausführen *(eg, a contract; syn, carry out, fulfill)*
(Re) ausfertigen *(eg, document, contract)*
(Re) unterzeichnen *(eg, document)*
(Re) vollstrecken *(ie, a will)*

execute a contract *v*
(Re) Vertrag *m* ausfertigen
(Re) Vertrag *m* erfüllen

execute an order *v* (com) Bestellung *f* ausführen *(syn, carry out/complete/ fill . . . an order)*

executive
(Bw) Führungskraft *f*
– Leitungsbeauftragter *m*
– leitender Angestellter *m*

executive committee (com) Leitungs-ausschuß *m*, Leitungsgremium *n*

executive decision (Bw) Führungsent-scheidung *f*

executive floor (com) Chefetage *f*, Vorstandsetage *f*

executive function (Bw) Leitungs-funktion *f (ie, of running a busi-ness)*

executive officer (com, US) Füh-rungskraft *f (ie, a top official of a company; may be president, vice president, trust officer, cashier, sec-retary, treasurer)*

executive personnel (Pw) Führungs-kräfte *fpl (syn, senior staff)*

executive position (com) Führungspo-sition *f*, leitende Position *f (syn, management/supervisory . . . posi-tion)*

executive post (Pw) = executive posi-tion

executive skill (com) Führungsqualitä-ten *fpl (syn, managerial quali-ties)*

executive talent (com) Führungsei-genschaften *fpl*

exempt from *v* (com) befreien von

exemption (StR) (Steuer-)Freibe-trag *m (syn, allowable deduction, tax-free amount)*

exemption from liability (Re) Haf-tungsbefreiung *f*

exemption from tax liability (StR) Steuerbefreiung *f (syn, tax exemp-tion)*

exemptions (StR) Befreiungen *fpl*

exercise *v*
(com) anwenden *(eg, a rule)*
(com) üben *(eg, price restraint)*
(com) ausüben *(eg, right)*

exhaustive enumeration (com) er-schöpfende Aufzählung *f*

exhibit
(com) Anlage *f (ie, zu e–m Schrift-stück; syn, enclosure)*

(Mk) Ausstellungsstück n *(syn, display article, showpiece)*
(Re) Beweisstück n

exhibit v
(com) ausstellen *(eg, at a fair)*
(com) vorzeigen

exhibition
(com) Ausstellung f *(syn, fair, show, exposition)*

exhibition advertising (Mk) Ausstellungswerbung f, Messewerbung f

exhibition of capital goods (Mk) Investitionsgütermesse f

exhibition site (com) Messegelände n

exhibition space (com) Ausstellungsfläche f

exhibition stand (com) Messestand m, Ausstellungsstand m

exhibitor (com) Aussteller m

exhibits (com) Ausstellungsgut n *(ie, exported or imported for use at trade fair)*

exit presentation (com) Schlußbericht m
(eg, submitted by a group of experts)

exoneration
(Re) Exkulpation f, Entlastung f
(ie, from, von)

exoneration clause (Re) Freizeichnungsklausel f *(syn, contracting-out clause)*

exorbitant (com) astronomisch, maßlos, übertrieben
(ie, grossly exeeding normal limits; eg, prices, terms and conditions)

exorbitant price (com) Wucherpreis m

expand v
(com) expandieren, wachsen
(com) ausbauen *(eg, plant facilities)*

expandability (com) Erweiterungsfähigkeit f

expanding industry (com) Wachstumsbranche f *(syn, growth industry)*

expand in sales v (com) Umsatz m steigern *(eg, expand from in $ 1 bn to $ 12 bn sales)*

expand on v (com) erläutern, ausführlich eingehen auf

expand operations v (com) expandieren
(syn, extend operations)

expand plant capacity v (com) Kapazität f erweitern

expansion
(com) Ausweitung f, Erweiterung f
(Bw) Unternehmenswachstum n, Betriebserweiterung f *(ie, internally or externally)*

expansion demand (Mk) Erweiterungsbedarf m

expansion head-on (Bw) stürmisches Wachstum n

expansion investment (Bw) Erweiterungsinvestition f
(ie, investment in new plant capacity; syn, capital expansion, capital expenditure expansion)

expansion of plant facilities (Bw) Kapazitätserweiterung f *(syn, addition to capacity, qv)*

expansion plan (Bw) Erweiterungsplan m

expect v (com) erwarten, rechnen mit
(ie, from/of)

expected service life (Bw) = expected useful life

expected useful life (Bw) erwartete Nutzungsdauer f *(syn, life expectancy)*

expected utility (Bw) = expected value

expected value
(Bw) erwarteter Nutzen m
(ie, Nutzenmaß in der Entscheidungstheorie: measure of the utility expected from a given strategy; syn, expected utility)

expedite v
(com) beschleunigen
(com) kommissionieren *(ie, make a customer order ready for processing on the shop floor)*

expediter (com) Disponent m, Terminjäger m *(syn, infml, progress chaser)*

expediting (com) Terminüberwachung f

expel from v (com) ausschließen

expenditures for plant and equipment (Bw) Anlageinvestitionen fpl

expend on v
(com) ausgeben für *(syn, spend, lay out, pay out)*
(com) aufwenden für *(eg, care, money)*

expense
(com) Kosten pl
(ie, cost in money, time, or effort; eg, went to a lot of expense to make the book a success)
(ReW) Kosten pl
(ie, item of business outlay)
(ReW) Aufwand m *(opp, revenue = Ertrag)*

expense v (ReW) als (Perioden-)Aufwand verbuchen *(ie, charge as current/present... operating cost; opp, capitalize, qv)*

expense account
(com) Spesenkonto n
(ie, record of money spent in travel, hotels, etc. paid by one's employer)

expense allowance
(com) Spesenpauschale f

expense report (com) Spesenabrechnung f

expenses
(com) Auslagen fpl *(syn, outlays)*
(ReW) Aufwendungen fpl

expensive
(com) teuer, aufwendig *(syn, costly)*
(com) hochpreisig

experience figures (com) Erfahrungswerte mpl

experimental stage (com) Versuchsstadium n

experimental station (Bw) Versuchsabteilung f

expert
(com) Experte m, Sachverständiger m *(syn, outside/special... expert, specialist, authority in the field)*
(com) Gutachter m

expert committee (com) Sachverständigenausschuß m

expert group (com) Expertengruppe f, Fachgremium n

expertise
(com) = expert opinion
(com) Fachwissen n, Sachverstand m *(ie, skill of an expert)*

expert opinion
(com) (Fach-)Gutachten n
– Expertise f
– Sachverständigengutachten n
(syn, expert's report; GB, expertise)

expert power (Bw) Macht f durch Wissen und Fähigkeiten *(ie, in leadership behavior)*

expert's report (com) = expert opinion

expert system (EDV) Expertensystem n
(ie, wissensbasiertes Programm, das die Problemlösungsfähigkeiten menschlicher Experten erreicht od übertrifft = intended to solve problems in a similar way to the human brain)

expert valuation (com) Begutachtung f
(syn, appraisal, evaluation)

expiration (Re) Ablauf m, Erlöschen n durch Zeitablauf *(syn, lapse, termination)*

expire v
(Re) ablaufen
– erlöschen
– verfallen *(syn, lapse)*

expired term (com) abgelaufene Frist f

expired utility
(Bw) Brauchbarkeitsminderung f, Wertminderung f
(ie, of fixed assets; syn, lost usefulness, qv)

expiring date (com) Verfallsdatum n
(syn, date of expiration)

expiry
(Re, GB) Ablauf m, Erlöschen n

explanatory booklet (com) Informationsbroschüre f

119

explanatory memorandum (com) Erläuterungen *fpl*, Begründung *f* *(syn, explanatory notes)*

explanatory notes (com) = explanatory memorandum

exploit *v*
(com) nutzen, ausbeuten

exploitation
(com) Nutzung *f*, Ausbeutung *f* *(eg, resources)*

exploratory contacts (com) erste Kontakte *mpl*, Fühlungnahme *f*

exploratory talks (com) Sondierungsgespräche *f*, Fühlungnahme *f*

explore a market *v* (com) Markt *m* erkunden od abtasten *(syn, sound out, study)*

explore possibilities *v* (com) Möglichkeiten *fpl* erkunden

export
(com) Export *m*, Ausfuhr *f* *(syn, exportation)*
(com) Exportartikel *m*

export *v* (com) exportieren, ausführen *(ie, to other countries)*

export advertising (com) Exportwerbung *f*

export agent
(com) Ausfuhragent *m*
– Exportagent *m*
– Exportvertreter *m*
(ie, commission agent in a foreign market)

export and import merchant (com) Außenhandelskaufmann *m*

export article (com) Exportartikel *m*

export association (com) Exportgemeinschaft *f*

exportation (com) Ausfuhr *f*, Export *m*

exportation of goods (com) Warenausfuhr *f*

export business
(com) Exportwirtschaft *f*
(com) Exportgeschäft *n*

export commission agent (com) Ausfuhrkommissionär *m*, Exportkommissionär *m*

export commodities (com) Ausfuhrgüter *npl*, Exportgüter *npl*

export consignment (com) Ausfuhrsendung *f*

export contract (com) Ausfuhrvertrag *m*
(ie, legal transaction by which a resident agrees to supply goods to a customer in a foreign country)

export cost accounting (com) Exportkalkulation *f*

export customer (com) Exportkunde *m*

export department (com) Exportabteilung *f*

export-dependent company (com) exportabhängiges Unternehmen *n*

export document (com) Ausfuhrdokument *n*, Exportdokument *n*

export earnings (com) Ausfuhrerlöse *mpl*, Exporterlöse *mpl (syn, export proceeds)*

exporter
(com) Exporteur *m*, Exportfirma *f* *(syn, export . . . firm/trader)*

export exhibition (com) Exportmesse *f*
(syn, export fair)

export fair (com) = export exhibition

export firm (com) = exporter

export guaranty
(AuW) Ausfuhrbürgschaft *f*, Exportbürgschaft *f (ie, covers risks inherent in transactions with foreign governments)*
(com) Ausfuhrgarantie *f*, Exportgarantie *f*
(ie, covers risks relating to transactions with private firms)

export house (com, GB) Exportvertreter *m*
(ie, als Eigenhändler, Handelsvertreter, factor, confirming house, Lieferant)

export industry (com) Exportindustrie *f*, Exportbranche *f*

exporting (com) Ausfuhr *f*, Export *m*
(ie, subterms: direct/indirect . . . exporting)

exporting country (AuW) Ausfuhrland *n*, Exportland *n (syn, country of export)*

export intelligence (com) Exportinformationen *fpl*

export-intensive industry (com) exportintensive Branche *f*

export invoice (com) Ausfuhrrechnung *f,* Exportrechnung *f*

export management company, EMC (com, US) Außenhandelsunternehmen *n (syn, GB, import-export merchant; foreign trade firm)*

export manager (com) Exportleiter *m (syn, export sales manager, qv)*

export market (com) Exportmarkt *m,* Ausfuhrmarkt *m*

export merchant (com) Ausfuhrhändler *m,* Exporthändler *m (syn, export trader)*

export offer (com) Exportangebot *n*

export opportunities (com) Exportmöglichkeiten *fpl*

export order (com) Exportauftrag *m*

export packing (com) Exportverpackung *f*

export permit (com) Exportlizenz *f,* Ausfuhrlizenz *f (syn, export license)*

export price (com) Exportpreis *m*

export proceeds (com) = export earnings

export-promoting cartel (Kart) Ausfuhrkartell *n,* Exportkartell *n*

export ratio (Bw) Exportanteil *m (ie, exports as percentage of sales)*

export rebate (com) Ausfuhrrückvergütung *f*

export-related risk (com) Ausfuhrrisiko *n,* Exportrisiko *n*

export risk (com) Ausfuhrrisiko *n,* Exportrisiko *n*

export risk liability (com) Exportrisikohaftung *f*

exports (com) Exporte *mpl,* Ausfuhr *f (ie, volume of goods exported)*

export sales manager (com) Exportleiter *m (syn, head of export department)*

export share (com) Exportquote *f (ie, of sales abroad to total sales)*

export terms (com) Exportbedingungen *fpl*

export trader (com) Ausfuhrhändler *m,* Exporthändler *m (syn, export merchant)*

export trading company (com, US) Exporthandelsgesellschaft *f (cf, Bank Export Services Act of 1982 that amended Sec 4 of the Bank Holding Company Act)*

export transaction (com) Exportgeschäft *n*

export turnover (com, GB) Auslandsumsatz *m (syn, sales abroad, international sales)*

export wave (com) Exportwelle *f (syn, surge of export orders)*

exposition (com) Ausstellung *f (syn, fair, show)*

exposure
(Fin) Risiko *n*
(ie, of a bank or an investor; eg, Chase Manhattan's Latin American exposure is 198% of equity = Darlehensforderungen betragen das 1,98-fache des Eigenkapitals)
(Fin) offene Position *f,* Engagement *n*

exposure draft (com) Arbeitspapier *n,* Diskussionspapier *n (syn, discussion... document/paper, working paper)*

exposure management (Fin) Risikomanagement *n*

express agreement (Re) ausdrückliche Vereinbarung *f*

express condition (Re) ausdrückliche Bedingung *f (opp, implied condition)*

express consignment (com) Expreßgut *n,* Expreßsendung *f*

express delivery (com, GB) Eilzustellung *f*

express delivery consignment (com) Eilbotensendung *f*

express freight (com, GB) Eilfracht *f (syn, US, fast freight)*

express mail (com, US) Eilzustellung *f (ie, speedy mail service to meet customer's needs)*

express messenger (com, GB) Eilbote *m (syn, special delivery messenger)*

express order (com) Eilauftrag *m*

express parcel (com) Eilpaket *n*

express postal service (com) Eilpost *f*

extend *v*
(com) verlängern, prolongieren *(eg, time limit)*
(com) voll nutzen *(eg, resources, staff)*
(Bw) ausbauen *(eg, plant facilities; syn, expand)*
(com) Gesamtbetrag *m* ermitteln *(ie, in preparing an invoice)*

extend a credit *v* (Fin) Kredit *m* gewähren od hinauslegen

extend a loan *v* (Fin) Darlehen *n* gewähren

extend operations *v* (com) expandieren, Kapazität *f* erweitern *(syn, expand)*

extensible (Bw) ausbaufähig

extension
(com) Nebenstelle *f (ie, a telephone extension)*
(com) Fristverlängerung *f*
– Prolongation *f*
– Stundung *f*
(com) ausgeworfener Betrag *m*, Ausrechnung *f (ie, Menge × Preis)*
(Fin) Gewährung *f (ie, of a loan)*

extensional capability (com) Erweiterungsmöglichkeiten *fpl*

extension of plant facilities (com) Betriebserweiterung *f (syn, plant extension)*

extension of time limit (com) Fristverlängerung *f*, Nachfrist *f*

extensive coverage (com) breite Berichterstattung *f (eg, by press, TV, and radio)*

extent of liability (Re) Haftungsumfang *m*

extent of liquidity (Fin) Liquiditätsdecke *f*

extenuating circumstances (com) mildernde Umstände *mpl (syn, alleviating /mitigating ... circumstances)*

external accounts (AuW) Zahlungsbilanz *f (syn, balance of payments)*

external analysis (Bw) Betriebsvergleich *m (syn, interplant comparison)*

external balance sheet comparison (ReW) externer Bilanzvergleich *m (ie, covers several firms in the same industry, of about the same size, and for the same period)*

external commerce (com) Außenhandel *m*

external environment (Bw) betriebliches Umfeld *n*, betriebliche Umwelt *f (syn, business environment)*

external facts (com) äußere Umstände *mpl (eg, are controlling)*

external finance (Fin) Fremdkapital *n (syn, debt capital)*

external financing (Fin) Außenfinanzierung *f (ie, equity + debt = Eigen- und Fremdkapital; syn, outside financing, financing out of outside funds; opp, internal financing)*

external flexibility (Bw) umweltbezogene Flexibilität *f (ie, of a business enterprise)*

external flexibility strategy (Bw) Strategie *f* der externen Flexibilität

external growth (Bw) externes Wachstum *n*

external investment (Bw) Fremdinvestition *f (ie, investment in other enterprises; opp, internal investment)*

external procurement (MaW) Fremdbezug *m (syn, outside purchasing)*

external sales
(com) Auslandsabsatz *m*
(ReW) Außenumsatzerlöse *mpl*, Fremdumsatz *m (ie, of a group of companies; syn, GB, external turnover)*

external services (Bw) Fremdleistungen *fpl*

external transaction (com) Außenhandelsgeschäft *n (syn, export import transaction)*

external turnover (ReW, GB) = external sales

external value of a currency (Vw) Außenwert *m* e-r Währung *(cf, trade-weighted exchange rate)*

extra cost
(com) Mehrkosten *pl (syn, additional cost)*

extractive company (com) = extractive enterprise

extractive enterprise
(com) Betrieb *m* der Urproduktion
– Gewinnungsbetrieb *m*
– Abbaubetrieb *m (syn, extractive company, natural resource company)*

extractive industry (Vw) Grundstoffindustrie *f (eg, forestry, mining, oil and gas production)*

extra expense (com) Mehrausgabe *f*

extra lay days (com) Überliegezeit *f (ie, allowed for loading and unloading)*

extraordinary general meeting (com, GB) außerordentliche Hauptversammlung *f (syn, special meeting of shareholders)*

extraordinary resolution (com) außerordentlicher Beschluß *m*

extra-plant training (Pw) überbetriebliche Ausbildung *f*

extrapolate a sample *v* (com) Stichprobe *f* hochrechnen *(syn, blow up raise . . . a sample)*

extra proceeds (com) Mehrertrag *m*

extraterritorial application (Kart, US) extraterritorialer Geltungsanspruch *m*
(ie, enforcement of U.S. antitrust laws with respect to conduct occurring largely outside the territorial boundaries of the United States)

ex warehouse (com) ab Lager *(syn, ex store)*

ex works (com) ab Werk, ab Fabrik *(syn, ex factory, ex mill; cf, Incoterms)*

eye *v* (com, infml) planen, in Aussicht nehmen *(eg, additional cuts in capacity; syn, consider)*

eye catcher (Mk) Blickfang *m*

F

facetious advertising (Mk) scherzhafte Reklame *f*

face-to-face selling (Mk) persönlicher Verkauf *m (syn, sl, belly-to-belly selling)*

face up to *v* (com) sich abfinden mit

face value
(Fin) Nennwert *m*, Nennbetrag *m (syn, nominal/ par . . . value)*

facilitator (com) Distributionsorgan *n* ohne middleman-Funktionen *(eg, Speditionen, Banken, Beratungsfirmen)*

facflity
(com) Einrichtung *f*
(IndE) (Betriebs-)Anlage *f*, Betriebsstätte *f (syn, operation, plant)*
(Fin) Fazilität *f*, Kredit *m (syn, credit, loan)*

facsimile (com) Fernkopie *f*, Telefax *n*

facsimile signature (com) Faksimileunterschrift *f*

facsimile stamp (com) Faksimilestempel *m*

factor
(com) Verkaufskommissionär *n (ie, sells goods on consignment; his compensation is known as commission or factorage; largely replaced by other methods of doing business; syn, commission merchant)*
(Fin) Faktor *m*
– Factoring-Institut *n*
– Factoring-Unternehmen *n (ie, accounts receivable financing institution; discounts on a non-recourse, notification basis; syn, secured party, as defined by UCC)*

factor *v*
(com) fakturieren
(eg, crude oil in $)
(com) einschließen, einrechnen
(eg, inflation rate into our sales forecast)
factor in dollars *v* (com) in Dollar fakturieren *(syn, invoice in dollars)*
factoring (Fin) Factoring *n*
(ie, Forderungsankauf: primarily involves the purchase of a client's receivables, along with the assumption of credit risk, making of collections and accounts-receivable ledgering)
factor of disturbance (Bw) unbekannter Faktor *m*, Störfaktor *m*
factor of production (Bw) Produktionsfaktor *m (syn, productive . . . factor/resource, input)*
factors of demand (Mk) Bedarfsfaktoren *mpl (ie, determined in market analysis)*
factors of evaluation (com) Bewertungsgrößen *fpl*
factors of performance (Bw) Erfolgsfaktoren *mpl*
factory
(com) Betrieb *m*
– Fabrik *f*
– Werk *n*
(ie, buildings where goods are manufactured; syn, manufacturing plant)
factory building
(com) Fabrikgebäude *n*
– Fabrikhalle *f*
– Werkshalle *f*
– Betriebsgebäude *n (syn, plant building)*
factory buildings (com) Fabrikbauten *mpl*
factory closure (com) Betriebsschließung *f*, Betriebsstillegung *f (syn, plant . . . closure/shutdown)*
factory-data collection (EDV) Betriebsdatenerfassung *f*
(ie, continuous input of data in a working area: worker inserts a pre-coded card into a device connected

to a computer; syn, industrial data capture)
factory discount (com) Werksrabatt *m (ie, retailers may overorder to quality for the best . . .)*
factory gate price (com, infml) Preis *m* ab Werk
factory management (IndE) Betriebsleitung *f*, Werksleitung *f (syn, plant management)*
factory manager (IndE) Betriebsleiter *m*, Werksleiter *m (syn, plant superintendent)*
factory of the future (IndE) Fabrik *f* der Zukunft
(ie, run by computers and built around software products: computer integrated manufacturing, CIM)
factory operating rate (Bw) Auslastung *f* im Fertigungsbereich, Anlagenauslastung *f (syn, capacity use in manufacturing)*
factory overhead (KoR) Fertigungsgemeinkosten *pl (syn, factory expense, operating/production . . . overhead)*
factory price (com) Preis *m* ab Werk, Fabrikpreis *m (syn, price ex works, qv)*
factory rebate (com) Werksrabatt *m*
factory representative (com) Werksvertreter *m (ie, not independent)*
factory site (com) Werksgelände *n*
factory-site land (Bw) Betriebsgrundstücke *npl (syn, plant-site land, land in use as a plant site)*
fact sheet
(com) Informationsblatt *n (ie, outline of major product data)*
(com) Projektübersicht *f*
factual constraint (com) Sachzwang *m*
factual control (com) faktische Beherrschung *f*
faculty
(com) Begabung *f*, Fähigkeit *f*
(ie, natural disposition; eg, for putting things right; syn, gift)
(com) Fakultät *f (ie, of a university)*

fail v
(Re) unterlassen
(com) versagen, ausfallen
(com) bankrott gehen

failing company merger (Kart, US) Sanierungsfusion f *(cf, Sec 7 Clayton Act of 1914)*

fail of v (com) verfehlen *(eg, getting an order)*

failure
(IndE) (Maschinen-)Ausfall n
(Re) Unterlassung f
(Re) Insolvenz f *(ie, Konkurs od Vergleich; syn, business failure)*

failure rate
(com) Zahl f der Konkurse
(com) Ausfallrate f, Ausfallquote f
(Mk) Ausfallrate f
(ie, bei repräsentativen Erhebungen; syn, non-response rate, non-achievement rate)

failure report (IndE) Störungsbericht m

fair (com) Ausstellung f, Messe f *(syn, trade fair, show, exposition, exhibition)*

fair average quality, faq
(com) Handelsgut n mittlerer Art und Güte

fair catalog (com) Messekatalog m

fair competition (Kart) lauterer Wettbewerb m *(syn, healthy competition)*

fair grounds (com) Ausstellungsgelände n, Messegelände n *(syn, exhibition grounds)*

fairly and squarely (com) eindeutig *(eg, tell somebody . . . that . . .)*

fair market value (com) angemessener Marktpreis m
(ie, reasonable cash price obtained on the open market; syn, actual cash value)

fair office (com) Messeamt n

fair presentation (ReW, US) wirtschaftlich angemessene Darstellung f
(ie, Grundforderung an Inhalt und Form von Jahresabschlüssen; cf, GAAP, Disclosure, Consistency,

Comparability; cf, GB, true and fair view)*

fair to middling (com) durchschnittlich, mittelmäßig

fair trade
(Kart, US) vertikale Preisbindung f
(ie, retail price is fixed by manufacturer)
(com, infml) Schmuggelware f

Fair Trading Act (Kart, GB) Gesetz n gegen Wettbewerbsbeschränkungen

fair value
(com) angemessener Wert m
(ReW) Zeitwert m *(eg, assignment of . . . to inventories)*

fall away v
(com) sinken, verfallen *(eg, prices)*
(com) abwandern *(eg, customers)*

fall back v (com) erneut sinken *(eg, prices)*

fall back on v (com) zurückgreifen auf *(eg, emergency stocks)*

fall-back price (com) Mindestpreis m *(syn, reserve/upset . . . price)*

fall behind with v (com) in Rückstand geraten mit *(eg, payment, rent)*

fall by the wayside v (com, infml) Pleite f machen *(syn, go bust, qv)*

fall down on a job (com, infml) versagen, e-r Aufgabe nicht gewachsen sein

fall due v (Fin) fällig werden *(syn, become due, mature)*

fall foul of v (com) verletzen *(eg, competitive rules; syn, violate)*

falling-off of orders (com) Auftragsrückgang m
(syn, drop in orders)

falling orders (com) schrumpfender Auftragsbestand m

fall in prices (com) Preisrückgang m *(syn, drop, decline)*

falloff (com) Rückgang m *(eg, in investment)*

fall off v (com) zurückgehen, fallen *(eg, prices)*

fallout (com, infml) (unerwartetes) Nebenergebnis n *(syn, spinoff)*

fall through v (com) mißlingen, scheitern *(eg, plan, project; syn, fall flat)*

fall vacant v (Pw) frei werden *(eg, job, position)*

false advertising (Mk) irreführende Werbung *f*

false pretenses
(com) Vorwand *m (syn, pretext; he was here under . . .)*
(Re) Vorspiegelung *f* falscher Tatsachen *(eg, obtain goods by . . .)*

familiarization (Pw) Einarbeitung *f (ie, of new employee; syn, orientation, settling-in)*

familiarize v (Pw) einarbeiten, einweisen

family brand (com) Familienmarke *f*

family of parts (IndE) Teilefamilie *f*

family-owned business (com) Familienbetrieb *m*

family-owned corporation (com) Familien-Aktiengesellschaft *f*

family partnership (com) Familiengesellschaft *f*

family shareowner (Fin) Familien-Aktionär *m*

family size package (com) Familienpackung *f*, Großpackung *f (syn, bulk/jumbo/large . . . package)*

fancy article (com) Luxusartikel *m*

fares war (com) Tarifkrieg *m (ie, in aviation)*

far-flung trade connections (Bw) weltweite Handelsbeziehungen *fpl (ie, covering the whole world; syn, globe-spanning)*

farmed-out production (Bw) Lohnherstellung *f*

farm equipment industry (com) Landmaschinenbranche *f*

farm exports (EG) Agrarexporte *mpl (syn, agricultural exports, agri-exports)*

farmgate prices (com) landwirtschaftliche Preise *mpl*

farming (com) Landwirtschaft *f (syn, agriculture)*

farming out (Bw) Auswärtsvergabe *f*, Untervergabe *f*

(ie, of contracts, work; syn, subcontracting)

farming-out contract (com) Lohnauftrag *m (syn, commission order)*

farm out v (com) (an Subunternehmer) vergeben *(ie, contract, work; syn, subcontract)*

farm prices (EG) Agrarpreise *mpl (syn, agricultural prices)*

fas (com) = free alongside ship = frei Längsseite Seeschiff bzw. benannter Verschiffungshafen; cf, Incoterms

fast selling merchandise (com, infml) Schnelldreher *m (ie, walks off the shelves at a fast clip; syn, money spinner)*

fat-cat client (com, infml) Großkunde *f (eg, in consulting)*

fat contract (com) dickes od gewinnbringendes Geschäft *n (syn, profitable deal)*

fat profits (com, infml) hohe Gewinne *mpl*, satte Gewinne *mpl*

fault
(Re) Verschulden *n*, Versagen *n (ie, der Begriff ist erheblich weiter als in der deutschen Systematik: it implies a failure, not necessarily culpable, to reach some standard of perfection; it may be shortcoming, impropriety, blame but also misdemeanor)*
(Re, civil law) Verschulden *n (ie, Vorsatz + Fahrlässigkeit = intent and gross negligence)*
(Re) Mangel *m*, Sachmangel *m (syn, defect, physical defect)*

fault tree analysis (Bw) Fehlerbaumanalyse *f (ie, in accident prevention)*

faulty design (IndE) Fehlkonstruktion *f*, fehlerhafte Konstruktion *f*

faulty material and workmanship (com) Material- und Herstellungsfehler *mpl*

fax v (com, infml) faxen *(auch: to fax in)*

fax machine (EDV, GB) = facsimile terminal

feasibility (com) Durchführbarkeit *f*, Realisierbarkeit *f*

feasibility study
(com) Durchführbarkeitsstudie *f*
– Projektstudie *f*
– Vorstudie *f*
– Feasibility Study *f*

feature
(com) Merkmal *n*, Eigenschaft *f* *(syn, attribute, qv)*

Federal Trade Commission, FTC (Kart, US) Federal Trade Commission *f*
(ie, established in 1914 as the „watchdog of competition" – Wettbewerbshüter; zusammen mit der Antitrust Division des Department of Justice wacht sie über die Einhaltung des Wettbewerbsrechts)

fee
(com) Honorar *n*, Gebühr *f* *(ie, for professional services of accountants, auditors, lawyers, doctors; syn, honorarium)*
(com) Gebühr *f* *(eg, admission/entrance/parking ... fee)*

fee ceiling (com) Höchstgebühren *fpl*

feedback of operational data (Bw) Betriebsdatenrückmeldung *f*

feed materials (IndE) Einsatzmaterial *n (syn, charge materials, qv)*

feedstock
(IndE) Vormaterial *n*, Vorprodukt *n (ie, material supplied to plant or machine; syn, start material)*
(IndE) = feed materials

feedstocks (IndE) Einsatzmaterial *n (syn, charge/feed /input/start ... materials)*

feed through *v* (com) durchschlagen *(eg, into the prices = auf die Preise)*

fee for professional services (com) Honorar *n (syn, fee, qv)*

fee for service
(com) Einzelhonorar *n (syn, individual fee; opp, flat rate fee = Pauschalhonorar)*
(com) Zustellgebühr *f*

fee per unit of services rendered (com) leistungsabhängiges Honorar *n*

fellow subsidiary (com) Schwestergesellschaft *f (syn, sister company)*

fend off *v* (com) abwehren *(eg, unwanted bidders)*

Fibor (Fin) Fibor
(ie, Frankfurt Interbank Offered Rate; deutscher Referenzzinssatz; ab 12. 8. 1985 melden zwölf deutsche Kreditinstitute täglich ihre Briefsätze für den Drei- und Sechs-Monatsbereich der Privat-Diskont AG; Durchschnittssatz auf 0,05 gerundet; wird in der Frankfurter Wertpapierbörse publiziert; ermöglicht Floating-Rate-Anleihen in DM)

fictitious firm (com) Scheinfirma *f (syn, bogus firm)*

fiddle a bit on the side *v* (com, infml) auf die Seite schaffen *(ie, increase one's income by shady transactions)*

fidelity rebate (com) Treuerabatt *m (syn, loyalty rebate, qv)*

field allowance (com) Auslösung *f*, Ablöse *f (ie, paid during employment abroad)*

field assembly (IndE) (Außen-)Montage *f*

field assembly operations (IndE) Montagearbeiten *fpl*

field engineer (com) Außendiensttechniker *m*

field engineering service (com) technischer Kundendienst *m*

field expense (KoR) Außendienstkosten *pl*

field of attention
(com) Studienfach *n*, Arbeitsgebiet *n (syn, area/field ... of concentration, study area, study field)*

field of concentration (Log) = field of attention

field of duties (com) Aufgabenbereich *m*, Aufgabengebiet *n*

field office (com) Außenstelle *f (opp, headquarters)*

field of operation (com) Tätigkeitsbereich *m*

field organization
(com) Niederlassung *f* *(syn, branch, qv)*
(com) Außendienstorganisation *f*

field representative (com) Außenvertreter *m*

field research (Mk) Feldforschung *f*, Primärforschung *f* *(syn, first-hand research)*

field service (com) Außendienst *m*, Kundendienst *m* *(syn, customer/ field . . . engineering)*

field service technician (com) Außendiensttechniker *m* *(syn, customer/ field . . . engineer)*

field staff (com) Mitarbeiter *pl* (im Außendienst)
(opp, indoor staff)

field store (com) Auslieferungslager *n*
(ie, from which customers are supplied direct; syn, distributing warehouse)

field tested (com) bewährt

field workers (com) Außendienstmitarbeiter *mpl*

fierce competition (com) scharfe Konkurrenz *f*
(syn, bitter, intense, keen, severe, stiff . . . competition)

fiercely competitive market (com) heiß umkämpfter Markt *m* *(syn, hotly contested market)*

fight *v*
(com) bekämpfen *(eg, inflation)*
(com) hart verhandeln *(eg, over the terms of a contract)*

fight off a takeover bid *v* (com) Übernahmeangebot *n* abwehren

fight tooth and nail *v* (com) nichts unversucht lassen
(eg, senators . . . to get their local projects approved)

figure ahead *v* (com) planen

figure in *v* (com, US) einrechnen

figure out *v* (com, US) ausrechnen
(eg, a sum; syn, work out)

file
(com) Akte *f* *(ie, collection of papers on one subject)*
(com) Ablage *f*
(com) Datei *f*

file *v*
(com) einreichen, vorlegen
(com) ablegen

file an application *v*
(com) anmelden

file a tax return *v* (StR) Steuererklärung *f* abgeben

file away *v* (com) ablegen *(eg, letters)*

filing date (com) Abgabefrist *f*, Einreichungsfrist *f*
(syn, due date, final date for acceptance)

filing date of application (com) Anmeldedatum *n*

filing extension (com) Verlängerung *f* der Abgabefrist

filing fee (com) Anmeldegebühr *f*

filing of an application (com) Einreichung *f* e–s Antrages

filing of documents (com) Einreichen *n* od Vorlage *f* von Schriftstücken

filing office (com) Anmeldestelle *f*

filing requirements (Re) Publizitätserfordernisse *npl*, Registrierungsvorschriften *fpl* *(syn, disclosure requirements)*

fill an order *v* (com) Bestellung *f* od Auftrag *m* ausführen
(syn, carry out/complete/execute . . . an order)

fill in *v*
(com) ausfüllen
(eg, form, document, check; syn, fill out, fill up, make out, write out)
(com) eintragen *(eg, details)*

fill-in order (com) Füllauftrag *m* *(syn, stop gap order)*

fillip
(com) Anreiz *m*, Anstoß *m* *(eg, gave an added . . . to economic activity)*

fill out *v* (com) = fill in

fill up *v* (com, GB) = fill in

filter question (Mk) Filterfrage *f* *(syn, strip question)*

final
(Re) rechtskräftig *(ie, legally effective)*

final acceptance (IndE) Schlußabnahme *f*

final account (com) Endabrechnung *f*

final assembly (IndE) Endmontage *f*, Fertigmontage *f*

final billing (com) Schlußabrechnung *f*

final checkout (IndE) abschließende Abnahmeprüfung *f (syn, final inspection)*

final conference (com) Abschlußbesprechung *f*

final consumer (com) Endverbraucher *m (syn, ultimate consumer)*

final date (com) Endtermin *m (syn, terminal date)*

final date for acceptance (com) Abgabefrist *f (syn, due date, filing date)*

final deadline
(com) Endtermin *m (syn, finish date)*
(com) Anmeldeschluß *m (syn, closing date, time limit for application)*

final evelution (com) Endauswertung *f*

final inspection (IndE) Endabnahme *f*, Endprüfung *f (ie, of products ready for delivery)*

final invoice (com) Schlußrechnung *f*

final payment (com) Abschlußzahlung *f*

final price (com) Endpreis *m (ie, price charged to the ultimate consumer)*

final product (com) Enderzeugnis *n*, Endprodukt *n (syn, end product)*

final result (com) Endergebnis *n (syn, net result)*

final vote (com) Schlußabstimmung *f*

finance *v*
(com) finanzieren *(ie, to buy or sell on credit; eg, automobile)*

financial audit committee (Bw) Bilanzausschuß *m*

financial backer (Fin) Geldgeber *m (syn, sponsor)*

financial backing
(Fin) finanzielle Unterstützung *f* od Hilfe *f*
– Finanzhilfe *f*
– Finanzierungshilfe *f (syn, financial . . . aid/assistance/support)*

financial center (Fin) Finanzplatz *m*, Finanzzentrum *n*

financial clout (Fin, infml) Finanzkraft *f*

financial collapse (Fin) finanzieller Zusammenbruch *m (syn, financial failure)*

financial condition (Fin) finanzielle Lage *f* od Situation *f* od Status *m (syn, financial situation)*

financial consultant (Fin) Finanzberater *m (syn, financial adviser)*

financial counseling (Fin) Finanzberatung *f*

financial cushion (Fin) Finanzpolster *n*

financial department (Fin) Finanzabteilung *f*

financial institution
(Fin) Kreditinstitut *n*
(Fin) Finanzinstitut *n*
(eg, any bank or bank-like organization licensed by a state or the U. S. government to do financial business)

financial instrument (Fin) Finanzierungsinstrument *n*

financial interest (Fin) finanzielle Beteiligung *f*

financial interlocking (Fin) Kapitalverflechtung *f (syn, interlocking capital arrangements)*

financial investment
(Fin) Geld- oder Kapitalanlage *f (ie, employment of capital or funds)*
(Fin) Finanzinvestition *f (eg, loans, securities, participations)*

financial leasing (Fin) Finanzierungs-Leasing *n (ie, medium- and long-term; opp, operating leasing)*

financially distressed (Fin) in finanziellen Schwierigkeiten

financially solid (Fin) finanziell solide *(eg, government budget)*

financially stricken (Fin) finanziell angeschlagen

financially strong company (Fin) finanzkräftiges Unternehmen *n*, finanzstarkes Unternehmen *n*

financial management (Fin) Finanzmanagement *n (ie, institutional and functional)*

financial markets (Fin) Finanzmärkte *mpl*, Kreditmärkte *mpl*

financial paper (Fin) Finanzzeitung *f*, Wirtschaftsblatt *n*

financial policy committee (Fin) = financial committee, qv

financial reorganization (Fin) Sanierung *f*
(ie, usually under an agreement involving creditors and owners, and done to reduce debt etc)

financial restructuring (Fin) finanzielle Konsolidierung *f*, Sanierung *f*

financial securities (Fin) Finanztitel *mpl*

financial services
(Fin) Finanzdienstleistungen *fpl*
(Fin) = financial facility

financial services company (Fin) Finanzdienstleistungsunternehmen *n*

financial services group (Fin) Finanzgruppe *f*

financial standing
(Fin) Kreditwürdigkeit *f*
– Kreditfähigkeit *f*
– Bonität *f*
(syn, credit... rating/standing/worthiness)
(Fin) = financial position

financial statement
(ReW, US) Jahresabschluß *m*
(ReW) (jeder) Abschluß *m*, Finanzausweis *m*
(ie, balance sheet, income statement, statement of changes in financial position, notes, and other explanatory material)

financial strength
(Fin) Finanzkraft *f*

– finanzielle Leistungsfähigkeit *f*
– Kapitalkraft *f (ie, strength of capital resources; syn, financial clout)*

financial year
(ReW) Geschäftsjahr *n (syn, business/fiscal . . . year, fiscal)*

financing lease (Fin) Finanzierungs-Leasing *n (ie, generally full pay-out lease)*

financing vehicle (Fin) Finanzierungsinstrument *n*, Finanzierungsform *f*

find a market *v* (com) Abnehmer *m* od Absatz *m* finden

find a ready market *v* (com) sich gut verkaufen lassen *(syn, sell readily)*

find money *v* (Fin) Geld *n* beschaffen *(syn, raise/procure . . . money or funds)*

fine-tuned planning (Bw) Feinplanung *f*
(syn, detailed planning, qv)

fine tuning (Vw) Feinsteuerung *f (eg, of economic policy)*

finish date (com) Endtermin *m (syn, deadline, target date)*

finished goods
(ReW) Fertigerzeugnisse *npl*
– Fertiggüter *npl*
– Fertigwaren *fpl (syn, finished . . . products/stock)*

finished goods industry (com) Fertiggüterbranche *f*

finished product (IndE) Enderzeugnis *n*, Fertigerzeugnis *n*

fire *v* (Pw, infml) entlassen, „feuern" *(ie, long replaced by the following – in increasing order of unpleasantness: laid off, made redundant, let go, pink slipped, discharged, deposed, cashiered, canned, bounced, booted, excommunicated, axed, terminated, exterminated . . . kicked upstairs)*

fire sale (com) Notverkauf *m (syn, distress/emergency . . . sale)*

fire up *v* (IndE) in Betrieb nehmen *(eg, coke-oven battery; syn, commission, qv)*

firm
(com) Firma *f*
– Unternehmen *n*
– Unternehmung *f*
(ie, jede Rechtsform e–r Unternehmung: any economic unit, such as proprietorship, partnership, corporation; syn, business enterprise, qv)
(com) Personengesellschaft *f (ie, a patnership)*

firm *v* (com, Bö) anziehen, sich festigen *(ie, prices)*

firm bargain (com) = firm deal

firm name (com) Firmenname *m*, Firma *f (ie, name under which business is carried on; syn, business/ commercial/corporate/ trade... name)*

firm offer
(com) festes Angebot *n*, verbindliches Angebot *n (syn, binding offer)*
(com) Festgebot *n*

firm order (com) Festauftrag *m*, feste Bestellung *f*

firm price (com) Festpreis *m*

firm purchase (com) Festkauf *m*

first cost (ReW) Anschaffungskosten *pl (syn, initial /original/asset... cost)*

first-half operating profit (ReW) Halbjahres-Betriebsergebnis *n (syn, operating profit in the first six months)*

first-half profits (Fin) Halbjahres-Gewinne *mpl*

first-half report (ReW) Halbjahresabschluß *m (syn, interim accounts and report, half-yearly accounts)*

first-half result (ReW) Halbjahresergebnis *n*

first-line management (Bw) unterste Leitungsebene *f*

first order (com) Erstauftrag *m (syn, initial order)*

first-order forecast (Bw) Prognose *f* erster Ordnung

first tier (com) erstklassig *(syn, top flight, first class)*

first-time buyer (com) Ersterwerber *m*

first visit (com) Antrittsbesuch *m (syn, infml, get-acquainted visit)*

fiscal
(com) = fiscal year

fiscal considerations (StR) steuerliche Gesichtspunkte *mpl od* Erwägungen *fpl*

fiscal shot in the arm (Fin, infml) Geldspritze *f*

fiscal year
(com) Geschäftsjahr *n*, Wirtschaftsjahr *n*

fishbone diagram (Bw) Ursache-Wirkung-Diagramm *n (syn, cause-and-effect diagram, qv)*

fishy-back service (com, US) Seetransport *m* von Container-Lkws

fishy price (com, sl) saftiger Preis *m*

fit for limited employment (Pw) bedingt arbeitsfähig

fit for storage (com) lagerfähig

fit for work (Pw) arbeitsfähig

fitness for storage (com) Lagerfähigkeit *f*

fitness for work (Pw) Arbeitsfähigkeit *f*

fitting-out trade (com) Ausbaugewerbe *n (eg, plumbing, painting, etc)*

fix *v* (com) festlegen, festsetzen, fixieren

fix a deadline *v* (com) Termin *m* festlegen

fix a deal *v* (com) Geschäft *n* zustandebringen

fix a time limit *v* (com) Frist *f* setzen *(syn, set a deadline)*

fixed asset (ReW) Anlagegegenstand *m*, Gegenstand *m* des Anlagevermögens *(opp, current asset)*

fixed assets
(ReW) Anlagevermögen *n (opp, current assets = Umlaufvermögen)*
(Bw) Güter *npl* des Anlagevermögens

fixed-assets retirements (Bw) Anlagenabgänge *mpl (syn, disposals/deductions... during period)*

fixed-asset-to-net-worth ratio (Bw) Anlagendeckungsgrad *m*

fixed-based operator (com, US) Charter-Fluggesellschaft *f (syn, irregular/non-sked... operator)*

fixed-budget cost accounting (KoR) starre Plankostenrechnung *f*

fixed capital goods (com) = capital goods

fixed capital spending (Bw) Anlageinvestitionen *fpl (syn, capital equipment spending, qv)*

fixed cost (KoR) fixe Kosten *pl*, Fixkosten *pl*
(ie, remain unchanged during short-term changes in production level; syn, constant/nonvariable standby/standing/volume/capacity... cost; opp, variable cost)

fixed cost per unit (KoR) fixe Stückkosten *pl*

fixed/current assets ratio (Bw) Verhältnis *n* Anlage- zu Umlaufvermögen

fixed-interest securities (Fin) Festverzinsliche *pl*, festverzinsliche Werte *mpl*

fixed overhead (KoR) fixe Gemeinkosten *pl*

fixed percentage (com) konstanter Prozentsatz *m*

fixed price (com) Festpreis *m*

fixed-price contract (com) Auftrag *m* zu Festpreisen *(ie, no escalator clause = Preisgleitklausel)*

fixed-price order (com) Festpreisauftrag *m*

fixed resale price (com) Mindestverkaufspreis *m*

fixed term (com) Festlaufzeit *f*

fixed term deposits (Fin) Festgeldanlagen *fpl*

fizzle out *v* (com, infml) auslaufen *(eg, building boom, syn, peter out)*

flack (Mk, US) PR-Mann *m*

flagging orders (com) nachlassender Auftragseingang *m*

flagging sales (com) Absatzflaute *f*, Absatzrückgang *m*

flag of convenience (com) billige Flagge *f (ie, Panama, Honduras, Liberia; benefits: tax preferences and subsidies; syn, flag of necessity)*

flag of necessity (com) = flag of convenience

flagship store (com) Hauptgeschäft *n (ie, where executive personnel is stationed)*

flail *v* (com) bekämpfen *(eg, lavish government expenditure)*

flash estimate (Vw, US) Blitzprognose *f (ie, published by the Department of Commerce 20 days before the end of each quarter)*

flash report (com) Vorabbericht *m*

flat (com) Großpalette *f*

flat broke (com, sl) pleite, bankrott *(syn, broke, qv)*

flat charge (com) Pauschalgebühr *f (syn, flat fee)*

flate-rate freight (com) Pauschalfracht *f*

flate-rate tariff (com) Pauschaltarif *m (ie, charged to electricity users)*

flat fee (com) = flat charge

flat-growth industry (Bw) wachstumsschwacher Wirtschaftszweig *m*

flat organization (Bw) Organisation *f* mit großer Leitungsspanne *(syn, shallow organization, qv)*

flat price
(com) Pauschalpreis *m*

flat rate
(com) Einheitstarif *m*
(com) Pauschalpreis *m*, Pauschalgebühr *f*
(com) Grundgebühr *f (ie, water, telephone)*

flat-rate fee (com) Pauschalhonorar *n (ie, lump-sum payment for professional services; opp, fee for service = Einzelhonorar)*

flat-rate price (com) Pauschalpreis *m (syn, all-inclusive price)*

flat-rate sales commission (Mk) pauschale Absatzprovision *f (syn, US, override)*

flat yield (Fin) Umlaufrendite *f*, laufende Rendite *f*
(opp, issuing yield = Emissionsrendite; (syn, running yield, qv)

fledgling high tech firm (Bw) junges Unternehmen *n* der Spitzentechnik
(ie, unable to secure sufficient capital from conventional sources)

fleece *v*
(com, infml) schröpfen *(syn, skin)*

fleet of trucks (com) Lkw-Flotte *f*

fleet operator (com) Fuhrpark *m*

flexible budget (Bw) flexibles Budget *n (syn, variable sliding-scale . . . budget)*

flexible budgeting (KoR) flexible Plankostenrechnung *f*

flexible exchange rate (AuW) flexibler Wechselkurs *m*, frei schwankender Wechselkurs *m*
(syn, floating/fluctuating . . . exchange rate)

flexible manufacturing system, FMS (IndE) flexibles Fertigungssystem *n*
(ie, basically, it links production machinery, handling devices and transport systems using computer control and communications systems so that different components of the same size and kind can be made in any sequence, without major upheavals each time there is a product change)

flexible planning (Bw) flexible Planung *f (ie, multi-phase decision process under conditions of uncertainty)*

flexible retirement age (Pw) flexible Altersgrenze *f*

flexible standard cost (KoR) flexible Plankosten *pl*

flextime
(Pw) Gleitzeit *f*
– gleitende Arbeitszeit *f*
– flexible Arbeitszeit *f*
(ie, workers are permitted to choose their work times within stated limites; syn, flexitime)

flick through *v* (com) rasch durchblättern *(eg, a wad of paper)*

flier
(Mk, US) Flugblatt *n (syn, flyer)*

flip chart (com) klappbares Schaubild *n*, Flipchart *f*

float a bond issue *v*
(Fin) Anleihe *f* auflegen od begeben
(syn, float a loan, launch a bond offering, offer bonds for subscription)

float a company *v* (com) Gesellschaft *f* gründen

float a loan *v* (Fin) = float a bond issue

float an issue *v* (Fin) = float a bond issue

floater
(com) Gründer *m* e-r Gesellschaft

float off *v*
(com) veräußern *(eg, stake was floated off in a public offering)*
(com) abtrennen *(eg, as a separate company; syn, spin off)*
(Pw) abwandern *(eg, workers)*

flood the market *v* (com) Markt *m* überschwemmen *(eg, with high-quality equipment)*

floor
(com) Mindestpreis *m* *(syn, minimum price, qv)*

flop
(com, infml) Pleite *f*, Bauchlandung *f*

flow control (IndE) Ablaufkontrolle *f*
(ie, in continuous manufacture)

flow diagram (com) = flow chart

flow-line production (IndE) Fertigung *f* nach dem Flußprinzip *(eg, Fließfertigung, Reihenfertigung)*

flow of work (Bw) Arbeitsablauf *m*
(syn, operational sequence)

flow-over inventory (MaW) Überfließlager *n*

flow process (IndE) Fließverfahren *n*
(ie, in which solids or fluids are handled in continuous movement during chemical or physical processing or manufacturing)

flow process chart (IndE) Arbeitsablaufbogen *m*

flow shop production (IndE) = flow line production

fluctuation inventory (MaW) Sicherheitsbestand *m (syn, minimum inventory level, qv)*

fluctuations in activity (KoR) Beschäftigungsschwankungen *fpl*

fluctuations in plant utilization (Bw) Schwankungen *fpl* des Beschäftigungsgrades

flunk *v* (com, infml) nicht erfüllen *(eg, IMF conditions for a loan)*

flush with cash (Fin) sehr liquide, "in Geld schwimmend"

flyer (Mk) = flier

flying crew (Bw) mobile Einsatzgruppe *f (ie, to handle urgent situations; syn, flying squad)*

fly-up of prices (com, infml) Preisexplosion *f (eg, to meet the much higher market clearance level = Preis, bei dem der Markt geräumt wird)*

FMS (IndE) = flexible manufacturing system

fob (com) free on board = frei an Bord benannter Verschiffungshafen; cf, Incoterms

f.o.b. airport (com) frei an Bord benannter Abflughafen; cf, Incoterms

f.o.b. calculation (com) fob-Kalkulation *f (ie, of export prices)*

f.o.b. delivery (com) fob-Lieferung *f*

fob off on/onto *v* (com, infml) "andrehen" *(ie, an article of shoddy quality; syn, foist off on, palm off on)*

fob off with *v* (com) abspeisen *(eg, with empty promises)*

f.o.b. price (com) fob-Preis *m*

f.o.b. sale (com) fob-Geschäft *n*

focal problem (com) Kernproblem *n (syn, key problem)*

focus on *v* (com) sich konzentrieren auf

focussed interview (Mk) zentriertes Interview *n*

fog over *v* (com) überlagern *(syn, conceal)*

foist off on *v* (com) = fob off on

folder (Mk) Faltblatt *n*

fold up *v* (com, infml) Unternehmen *n* auflösen *(ie, stop trading, go into liquidation)*

foliate *v* (com) paginieren

follow-on question (Mk) Anschlußfrage *f*

follow up *v* (Mk) nachfassen

follow-up advertising (Mk) Erinnerungswerbung *f*, Nachfassen *n (syn, reminder advertising)*

follow-up call (Mk) Nachfaßbesuch *m*

follow-up conference (com) Nachfolgekonferenz *f*

follow-up contract (com) Anschlußgeschäft *n*

follow-up costs (com) Folgekosten *pl*

follow-up financing (Fin) Anschlußfinanzierung *f*

follow-up interview (Mk) Nachfaßinterview *n (syn, callback)*

follow-up investment (Bw) Folgeinvestition *f*

follow-up letter (com) Nachfaßbrief *m*

follow-up order (com) Anschlußauftrag *m (syn, renewal/sequence... order)*

follow-up planning (Bw) Anschlußplanung *f*

food chain (com) Lebensmittelkette *f*

food industry (com) Nahrungsmittelindustrie *f*

food labeling (Mk) Lebensmittelkennzeichnung *f*

food poisoning (Mk) Lebensmittelvergiftung *f*

food processing (com) Nahrungsmittelverarbeitung *f*

food processing industry (com) = food industry

food processor (com) Nahrungsmittel-Verarbeiter *m*

food store (com) Lebensmittelgeschäft *n (syn, grocery store)*

food store chain (com) Lebensmittelkette f *(syn, multiple food retailers)*

foot a bill v (com, infml) Rechnung f
begleichen *(syn, pay, settle)*

footloose (com) beweglich, mobil *(eg,
skilled people are . . . and always
ready to leave)*

footloose funds (Fin) vagabundieren-
de Gelder *npl*

footloose industries (Bw) nicht stand-
ortgebundene Wirtschaftszweige
mpl

foot up v (com) aufaddieren *(syn, add
up, sum up; infml, tot up)*

footwear industry (com) Schuhindu-
strie f

for account of whom it may concern
(com) für Rechnung wen es angeht

for a consideration (Re) gegen Entgelt *(syn, against quid pro quo)*

forced selling (Mk) persuasiver Direktverkauf m

force-field analysis (Bw) Ursachen-
analyse f

force majeure (Re) höhere Gewalt f
*(ie, has a wider meaning than act of
God; includes strike, war, etc; syn,
act of God, qv)*

force through a price rise v (com)
Preiserhöhung f durchsetzen

force up a price v (com) Preis m
hochtreiben *(eg, at an auction)*

forecast (com) Prognose f, Vorhersa-
ge f *(syn, prediction)*

forecast budget (Bw) Planbudget n

forecaster (Bw) Prognostiker m *(syn,
prognosticator)*

forecast of advertising effectiveness
(Mk) Werbeerfolgsprognose f

forecast of economic growth (Vw)
Wachstumsprognose f

foreclosure
(Kart, US) Wettbewerbsaus-
schluß m *(ie, rival competitors are
unfairly shut out of markets)*

foreclosure sale (Re) Zwangsverstei-
gerung f

foreign account
(AuW, infml) Zahlungsbilanz f
(eg, for the . . . to return to bal-

*ance . . . = der Ausgleich der ZB er-
fordert . . .)*

foreign bookings (com) Auftragseingang m aus dem Ausland

foreign branch (com) Auslandsnie-
derlassung f, Auslandsfiliale f
*(ie, set up by residents in foreign
countries to establish permanent
business relations; syn, overseas
branch, branch abroad)*

foreign carrier (com, US) ausländische Fluggesellschaft f

foreign company (Bw, GB) Aus-
landsunternehmen n
*(ie, set up outside GB but having a
place of business there; syn, overseas company)*

foreign competition (com) ausländische Konkurrenz f, Auslandskonkurrenz f
*(syn, competition from abroad,
foreign . . . competitors/rivals)*

foreign competitors (com) = foreign
competition

foreign currency (Fin) Fremdwährung f
*(ie, currency on deposit in a bank
owned by someone outside the issuing country; syn, xeno-currency)*

foreign customer
(com) Auslandskunde m
– ausländischer Kunde m
– ausländischer Abnehmer m
(syn, overseas buyer)

foreign demand (AuW) Auslands-
nachfrage f

foreign direct investment (Fin) ausländische Direktinvestition f
*(ie, management control resides in
the investor lender; lender is often
the parent corporation and the borrower its foreign subsidiary or affiliate, both being part of a multinational or transnational corporation)*

foreign exchange rate (Fin) Wechselkurs m, Devisenkurs m
*(syn, exchange rate, rate of ex-
change)*

foreign exchange reserves (AuW) De-
visenreserven *fpl*

(ie, holdings of foreign currency or long-term credit instruments = Bestand e–r Volkswirtschaft an internationalen liquiden Zahlungsmitteln; syn, currency/foreign currency... reserves)

foreign exchange risk (Fin) Währungsrisiko *n (syn, currency risk)*

foreign exchange trading (Fin) Devisenhandel *m,* Devisengeschäft *n (syn, foreign exchange dealings)*

Bitte 1 Zeile ergänzen!

foreign fair (com) Auslandsmesse *f*

foreign funds (Fin) Auslandsgelder *npl*

foreign lending (Fin) Auslandskredit *m (ie, loan extended to foreigner)*

foreign market (com) Auslandsmarkt *m*

foreign network (com) Auslandsnetz *n*

foreign operations department (com) Auslandsabteilung *f*

foreign order (com) Auslandsauftrag *m (syn, order from abroad)*

foreign participation (Fin) Auslandsbeteiligung *f*

foreign representative (com) Auslandsvertreter *m (syn, agent abroad)*

foreign rivals (com) = foreign competition

foreign sales corporation, FSC (com, US) Exportgesellschaft *f (ie, inaugurated by U.S. Congress in 1985: true subsidiaries - no paper corporations - established outside the U.S. and employing at least one director who lives abroad; cf, DISC corporation)*

foreign selling (com) Auslandsabsatz *m*

foreign-source income (StR) ausländische Einkünfte *pl (syn, income received from abroad)*

foreign subsidiary (com) ausländische Tochtergesellschaft *f,* Auslandstochter *f (syn, overseas subsidiary)*

foreign trade (AuW) Außenhandel *m (ie, commerce with other nations; syn, external trade)*

foreign trade balance (AuW) Außenhandelsbilanz *f*

foreign trade firm (com) Außenhandelsunternehmen *n (syn, US, export management company, EMC; GB, import/export... merchant)*

foreign trader (com) = foreign trade firm

foreign trade relations (AuW) Außenhandelsbeziehungen *fpl*

foreign trade wholesaling (com) Außengroßhandel *m*

FOR, for (com) = free on rail

for/fot (com) free on rail/free on truck = frei Waggon/Lastwagen benannter Abgangsort; cf, Incoterms)

for further action (com) zur weiteren Veranlassung

forged signature (com) gefälschte Unterschrift *f*

fork out *v* (com, infml) austeilen, zahlen *(eg, taxpayers fork out money for...?)*

form
(com) Formblatt *n*
– Formular *n*
– Vordruck *m*
(syn, blank, blank/printed... form)

form *v* (com) gründen *(syn, create, qv)*

formal communication channel (Bw) formaler Kommunikationsweg *m (ie, based on a chain of command from the top of the organization down)*

formal corporate planning (Bw) formale Unternehmensplanung *f*

formality (com) Formalität *f (eg, legal/customs... formality)*

formal legal requirements (Re) gesetzliche Formvorschriften *fpl*

formal organization structure (Bw) Formalstruktur *f* der Organisation

form a quorum *v* (com) beschlußfähig sein *(syn, constitute a forum)*

format (com) Aufmachung *f*, Anordnung *f*

formation of a company (com) Errichtung *f* e–r Gesellschaft

formation of a shell company (com) Fassongründung *f (ie, with no intention of carrying on business)*

form franchise agreement (Mk) Franchise-Vertragsformular *n*

form of application (com) Antragsformular *n (syn, application form)*

form set (com) Belegsatz *m*

forms of business organization (com) Unternehmungsformen *fpl*

forms of organization (Bw) Organisationsformen *fpl*

forms of organization structure (Bw) Kompetenzsysteme *npl*, Leitungssysteme *npl*

for reasons beyond our control (Re) aus von uns nicht zu vertretenden Gründen

forthcoming (com) bevorstehend, ins Haus stehend *(syn, upcoming)*

for the time being (com) jeweilig *(eg, owner, holder, president)*

forward *v* (com, fml) abschicken, absenden, befördern *(syn, send, send off, dispatch, ship)*

forward contract (com) Terminkontrakt *m* *(ie, for deferred delivery of a given quantity of specified types and quantities at a given price between the two parties named in the contract; cf, futures contract)*

forwarder (com) Spediteur *m (syn, forwarding agent, qv)* (com) Ablader *m (ie, neither exporter nor carrier; syn, shipper)*

forwarder's agent (com) Speditionsagent *m*

forwarder's documents (com) Spediteurdokumente *npl*

forwarder's receipt (com) Spediteur-Übernahmebescheinigung *f (syn, Forwarding Certificate of Receipt, FCR)*

forwarder's through bill of lading (com) Spediteurdurchkonnossement *n*

forward freight *v* (com) befrachten *(ie, up to ship's berth)*

forwarding (com) Versand *m*, Expedition *f (syn, shipping, dispatch, sending off)*

forwarding address (com) Nachsendeadresse *f*

forwarding advice (com) Versandanzeige *f (syn, advice note, qv)*

forwarding agent (com) Spediteur *m (ie, engaged in collecting, transferring, warehousing, and delivering goods; syn, forwarder, freight forwarder)*

forwarding business (com) Speditionsgeschäft *n*

forwarding by rail (com) Bahnversand *m*

Forwarding Certificate of Receipt, FCR (com) (internationale) Spediteur-Übernahmebescheinigung *f*

forwarding charge (com) Versandgebühr *f*

forwarding commission (com) Speditionsprovision *f*

forwarding company (com) Speditionsgesellschaft *f*

forwarding contract (com) Beförderungsvertrag *m (syn, shipping contract; GB, contract of carriage)*

forwarding department (com) Versandabteilung *f*, Expeditionsabteilung *f (syn, shipping department)*

forwarding industry (com) Speditionsgewerbe *n*

forwarding instructions (com) Versandanweisungen *fpl*, Versandvorschriften *fpl (syn, shipping instructions)*

forwarding of mail (com) Nachsendung *f (der Post)*

forwarding regulations (com) Abfertigungsvorschriften *fpl*

forward integration (Bw) Vorwärtsintegration *f (opp, backward integration)*

forward mail *v* (com) Post *f* nachsenden *(ie, to changed address)*

forward planning (Bw) Vorausplanung *f*

forward purchase (com) Kauf *m* zur späteren Auslieferung

forward sales projection (Mk) Absatzprognose *f (syn, sales forecast)*

forward strategy (Mk) Vorwärtsstrategie *f*

forward to *v* (com) weiterleiten an *(ie, instructions to post office on envelope; syn, GB, redirect to)*

forward vertical integration (Bw) vertikale Vorwärtsintegration *f*

found *v* (com) gründen *(syn, create, set up)*

foundation member (com, GB) Gründungsmitglied *n*

founder (com) Gründer *m (ie, of any type of business)*

Fourth Directive (ReW, EG) Vierte EG-Richtlinie *f (ie, enthält Rechnungslegungsvorschriften für Kapitalgesellschaften: accounting standard that deals with the content, object, and format of corporate accounts, including specific disclosure provisions)*

fractional franchise (Mk) Partialfranchise *f*

fraction defective (IndE) Ausschußanteil *m (ie, number of units per 100 pieces which are defective in a lot; expressed as a decimal; syn, rate of defectives)*

fragment a market *v* (Kart) Markt *m* aufteilen *(syn, divide up, partition)*

framework agreement (Re) Rahmenvertrag *m*, Rahmenabkommen *n (syn, basic/overall/outline/skeleton . . . agreement)*

franchise (Re) Konzession *(ie, behördlich verliehenes Alleinverkaufsrecht)*
(Re) Gründungsbescheinigung *f* e–r AG

(Mk) Franchise *f*, Alleinverkaufsrecht *n (ie, granted by a company to a retailer to market a product or service in a specific territory; there are three types: straight product distribution, product license, trade name)*

franchise *v* (Mk) franchisieren

franchise agreement (Mk) = franchise contract

franchise arrangements (Mk) Franchise-Vereinbarungen *fpl*

franchise company (Mk) Franchiseunternehmen *n*

franchise contract (Mk) Franchisevertrag *m (syn, franchise agreement)*

franchised dealer (Mk) Vertragshändler *m (syn, authorized dealer)*

franchised distribution (Mk) Franchising *n* im Handel

franchised outlet (Mk) franchisierter Ortshändler *m*

franchisee (Mk) Franchisenehmer *m (ie, grantee of franchise; opp, franchisor)*

franchise fee (Mk) Franchisegebühr *f (syn, franchise royalty)*

franchiser (Mk) = franchiser firm

franchiser company (Mk) = franchiser firm

franchiser firm (Mk) Franchisegeber *m*, Kontraktgeber *m (syn, franchiser company)*

franchise royalty (Mk) = franchise fee

franchise system (Mk) Franchising-System *n*

franchising (Mk) Franchising *n (ie, ein vertraglich straff geführtes „Quasi"-Filialsystem)*

franchising system (Mk) Franchisesystem *n*

franchisor (Mk) Franchisegeber *m (ie, grantor of franchise; opp, franchisee)*

franco invoice (com, GB) Exportrechnung *f*, ausgestellt in der Sprache und in den Maßeinheiten/der Währung des Einfuhrlandes

franking machine (com, GB) Freistempler *m*, Frankiermaschine *f* *(syn, US, postage meter)*

fraud
(Re) arglistige Täuschung *f* *(ie, misrepresentation intended to deceive; cf, § 123 BGB; macht die Willenserklärung anfechtbar)*
(Re) Betrug *m* *(cf, § 263 StG)*

fraudulent
(Re) arglistig *(cf, fraud)*
(Re) betrügerisch

fraudulent bankruptcy (Re) betrügerischer Konkurs *m*

fraudulent misrepresentation (Re) wissentlich falsche Darstellung *f*

fraudulent trading (Kart) unlautere Wettbewerbshandlungen *fpl*

fraudulent transaction (com) Schwindelgeschäft *n*

free agent (com) unabhängige Handelsvertretung *f*

free airport (com) frei Flughafen

free alongside quay, faq (com) längsseit Kai

free alongside ship, fas
(com) frei Längsseite Seeschiff bzw. Binnenschiff benannter Verschiffungshafen; cf, Incoterms

free and clear (Fin, infml) schuldenfrei *(syn, clear, qv)*

free at point of dispatch (com) ab Werk

freeboard certificate (com) Freibordzeugnis *n*

free carrier (com) frei Frachtführer an benanntem Ort; cf, Incoterms

free consumers' choice (Vw) freie Konsumwahl *f*

free delivery (com) Lieferung *f* frei Bestimmungsort

free discretion (Re) freies Ermessen *n (syn, absolute discretion)*

free domicile (com) frei Haus *(ie, free of charge to address of buyer; syn, free house, franco domicile)*

freedom of competition (Vw) Wettbewerbsfreiheit *f*

freedom of contract (Re) Vertragsfreiheit *f (ie, constitutionally protected right to make contracts)*

freedom of economic action (Kart) wirtschaftliche Bewegungsfreiheit *f*

freedom of establishment (EG) Niederlassungsfreiheit *f*

freedom of scope (com) Gestaltungsfreiheit *f (ie, liberty to make one's own arrangements)*

free from debt (Fin) schuldenfrei *(syn, free of debt)*

free frontier (com) frei Grenze

free gift (Mk) Zugabe *f*

free gift ‚come-on' (Mk) Zugabe *f (ie, for new accounts)*

free house (com) frei Haus *(syn, free domicile)*

free lance (com) freiberuflich *(eg, journalist, interpreter)*

free lance collaborator (com) freier Mitarbeiter *m*, freiberuflicher Mitarbeiter *m*

freelancer (com) Freiberuflicher *m (ie, independent worker taking assignments from various employers)*

free lance work (com) freiberufliche Tätigkeit *f*

free market economy (Vw) freie Marktwirtschaft *f (syn, private enterprise)*

free market price
(com) freier Marktpreis *m (syn, competitive price)*

free markup (Mk) freie Spanne *f*

free movement of goods (com) freier Warenverkehr *m*

free of charge (com) gebührenfrei, kostenlos *(syn, at no charge, without charge; opp, at one's own charge)*

free of debt (Fin) schuldenfrei

free of expense (com) spesenfrei

free on board, fob
(com) frei an Bord benannter Verschiffungshafen; cf, Incoterms

free on board vessel (com) fob Schiff

free on rail, FOR, for
(com, GB) frei Bahnstation, frei

139

Eisenbahnwaggon *(syn, free on board railroad station)*

free on rail/free on truck (com) frei Waggon/Lastwagen benannter Abgangsort; cf, Incoterms

free on truck, FOT, fot
(com, US) frei Lkw
(com, GB) frei Waggon

free play of market forces (Vw) freies Spiel *n* der Marktkräfte

free professional (com) Freiberuflicher *m*

free sheets (Mk) Anzeigenblatt *n (ie, found in weekly journalism)*

free up capital *v* (Fin) Kapital *n* freisetzen

free warehouse (com) frei Lager

freeze out (com) Verdrängen *n* von Minderheitsaktionären *(syn, squeeze out)*

freeze out *v* (com) verdrängen *(eg, rival from/out of a market; syn, drive out)*

freight
(com, US) Frachtgut *n (ie, bei allen Beförderungsarten)*
(com, GB) Frachtgut *n (ie, bei See- und Lufttransport)*
(com) Frachtkosten *pl*, Beförderungskosten *pl (syn, transport expenses, cost of transport)*

freight *v*
(com) befrachten *(ie, ship)*
(com) befördern, verfrachten *(ie, goods)*
(com) chartern *(ie, ship)*

freight absorption (com) Preisstellung *f* mit teilweiser Übernahme der Frachtkosten

freightage (com) Frachtkosten *pl (syn, freight)*

freight allowed pricing (com) Preisstellung *f* frei Haus

freight-allowed system (com, US) Zonenpreissystem *n (syn, zone-delivered pricing)*

freight and carriage paid (com) frachtfrei

freight and charges prepaid (com) fracht- und spesenfrei

freight bill (com) Frachtbrief *m (syn, railroad bill of lading)*

freight booking (com) Frachtbuchung *f*

freight broker (com) Frachtmakler *m*

freight brokerage (com) Frachtmaklergebühr *f*

freight broking (com) Frachtmaklergeschäft *n*

freight bureau (com) Frachtausschuß *m*

freight capacity (com) Frachtraum *m*

freight/carriage and insurance paid to (com) frachtfrei versichert benannter Bestimmungsort; cf, Incoterms

freight charges (com) Frachtgebühren *fpl*, Frachtkosten *pl*

freight claim (com) Frachtanspruch *m*

freight clause (com) Frachtvermerk *m*

freight collect (com) unfrei *(syn, freight forward; GB, carriage forward)*

freight conference (com) Schiffahrtskonferenz *f*

freight contract (com) Frachtvertrag *m (syn, GB, contract of carriage)*

freight delivery office (com) Güterausgabe *f*

freight depot (com) = freight station

freight equalization (Kart) (diskriminierender) Frachtausgleich *m*

freighter
(com) Befrachter *m (ie, loads or charters and loads a ship)*
(com) Absender *m*, Verlader *m (ie, for whom freight is transported; syn, shipper)*

freight fixing (com) Frachtabschluß *m*

freight forwarder (com) Spediteur *m (syn, forwarding agent, qv)*

freight forward, frt, fwd
(com, GB) Fracht *f* gegen Nachnahme

freight goods *v* (com) Güter *npl* verfrachten

freight handling (com) Güterverladung f

freight handling facilities (com) Güterverladeanlagen fpl

freight home (com) Rückfracht f *(syn, back freight)*

freight homeward (com) = freight home

freight in (com) = freight inward

freighting (com) Befrachtung f

freighting by the case (com) Stückgutfracht f *(syn, package freight)*

freighting on measurement (com) Maßfracht f

freight in transit (com) rollende Fracht f od Ladung f

freight inward (com) Eingangsfracht f *(syn, freight in; GB, carriage inward)*

freight list (com) Ladeliste f, Ladeverzeichnis n

freight offered (com) Frachtangebot n

freight office (com) Frachtbüro n

freight or carriage paid to (com) frachtfrei *(ie, named port of destination; cf, Incoterms 1953)*

freight out (com) Ausgangsfracht f *(syn, GB, carriage outward)*

freight out and home (com) Hin- und Rückfracht f

freight outward (com) Hinfracht f *(syn, outward... cargo freight)*

freight penalty (com) Frachtzuschlag m, Straffracht f *(ie, für unvorschriftsmäßig verpackte Güter)*

freight prepaid (com) Fracht bezahlt, frachtfrei *(syn, GB, carriage paid, C/P)*

freight prepayment mark (com) Frankaturvermerk m

freight pro rate (com) Distanzfracht f

freight rebate (com) Frachtnachlaß m

freight receiving office (com) Güterannahme f

freight release (com) Frachtfreigabe-Bescheinigung f *(ie, issued when freight has been paid)*

freight route (com) Frachtweg m

freight sent abroad (com) Auslandsfracht f

freight shed (com) Güterschuppen m

freight surcharge (com) Frachtaufschlag m

freight traffic (com) Frachtverkehr m, Güterverkehr m *(syn, goods traffic, freight... business/movement)*

freight volume (com) Frachtaufkommen n

freight zone (com) Frachtzone f

fresh finance (Fin) zusätzliche Mittel pl *(syn, injection of funds)*

friendly acquisition (com) „freundliche" Übernahme f *(opp, hostile takeover)*

fringe benefits (Pw) Lohnnebenleistungen fpl
(eg, supplemental unemployment benefits, health insurance, pensions, travel pay, vacation pay, and – the ultimate, a dying breed – a secretary still willing to make coffee; freiwillig od gesetzlich vorgeschrieben)

fringe market (Mk) Nebenmarkt m, Zusatzmarkt m

from time to time
(Re) in angemessenen Abständen – jeweils
(ie, occasionally, at intervals, now and then)

from warehouse to warehouse (com) von Haus zu Haus

front-end load (com) hohe Anfangskosten pl

front runner in a bidding (com) erfolgreicher Anbieter m

frt (com, GB) = freight forward

frustrate v (com) vereiteln, zu Fall bringen

frustration of contract (Re) Wegfall m der Geschäftsgrundlage
(ie, vital change in the circumstances assumed by the parties at the time the contract was signed; syn, lapse of purpose)

FTC (Kart, US) = Federal Trade Commission

fuel v (com) anheizen, steigern *(eg, demand pressure, inflation)*

fuel efficient
(com) sparsam *(eg, advanced jet engines)*
– mit niedrigem Treibstoffverbrauch

full absorption costing (KoR) Vollkostenrechnung *f*

full capacity operation (Bw) = full capacity utilization

full capacity use (Bw) = full capacity utilization

full capacity utilization (Bw) Vollauslastung *f*, Vollbeschäftigung *f* *(syn, full capacity... operation/use, capacity working)*

full career history (Pw) ausführlicher Lebenslauf *m (syn, detailed career history)*

full charter (com) Vollcharter *f (ie, used in tramp trade)*

full costing (KoR) = full absorption costing

full-line department store (Mk) Kaufhaus *n* mit Vollsortiment

full-line forcing (Kart) Zwang *m* zur Abnahme e–s ganzen Sortiments *(ie, durch Anbieter mit Monopol- od Oligopolmacht)*

full-line supplier (com) Anbieter *m* e–r vollständigen Produktpalette

full order books (com) volle Auftragsbücher *npl*

full-page advertisement (Mk) ganzseitige Anzeige *f*

full partner (com) Vollhafter *m*, Komplementär *m (syn, general partner; opp, limited partner)*

full public company (com, GB) Aktiengesellschaft *f (syn, public company limited by shares, plc)*

full range of products (com) Vollsortiment *n (syn, full line)*

full report (com) vollständiger Bericht *m*

full requirements contract (Kart) Vertrag *m*, nach dem der Gesamtbedarf bei e–m Lieferer zu decken ist

full set (com) voller Satz *m (eg, of bills of lading)*

full-time employee (Pw) Vollzeitkraft *f*

full-time job
(Pw) Vollzeitarbeit *f*
– Ganztagsbeschäftigung *f* *(syn, full-time... employment/work; opp, part-time job)*

full-timer (Pw) = full-time employee

full-time work (Pw) = full-time job

fully automatic assembly (IndE) vollautomatische Fertigung *f*

fully automatic operation (IndE) vollautomatischer Betrieb *m*

fully automatic plant (IndE) vollautomatische Fabrik *f*

fully-fledge a company v (com, infml) Unternehmen *n* voll ausbauen *(eg, it took two years to raise the capital needed to...)*

fully fledged (com) voll qualifiziert, professionell

fully stretched (com, infml) voll ausgelastet *(eg, I find it hard to take on extra work)*

fumble along v (com, infml) sich durchwursteln *(syn, muddle through)*

function
(Bw) Funktion *f (ie, auch im Sinne von Abteilung od Organisationseinheit)*
(Pw) Funktion *f*, Aufgabe *f*, Tätigkeit *f*

functional area
(Bw) Geschäftsbereich *m*, Unternehmensbereich *m (syn, operation, division)*

functional departmentation (Bw) Funktionsgliederung *f*

functional grouping (Bw) funktionelle Untergliederung *f*

functional issue (Bw) prozessuales Problem *n*

functional management (Bw) Mehrliniensystem *n*, Funktionsmeistersystem *n*

functional manager (Bw) Funktionsmanager *m*

functional organization (Bw) funktionale Organisation *f (ie, Mischung aus Stab und Linie)*

functional subplan (Bw) Teilbudget *n*

functional unit (com) Funktionseinheit *f*

fund
(Fin) Fonds *m,* zweckgebundene Mittel *pl (ie, set aside for a specific purpose)*
(Fin) Investmentfonds *m (syn, investment fund; US, mutual fund; GB, unit trust)*
(Fin) Immobilienfonds *m (syn, US, real estate investment trust, REIT; GB, property fund)*

fund *v*
(Fin) finanzieren, Mittel *pl* bereitstellen od beschaffen *(syn, finance, provide finance)*
(Fin) refinanzieren
(Fin) fundieren, konsolidieren *(syn, consolide)*

funding
(Fin) Finanzierung *f* e-s Projekts, Ausstattung *f* mit Mitteln
(Fin) Refinanzierung *f*

funds
(Fin) verfügbare finanzielle Mittel *pl (ie, cash or its equivalents)*
(Fin) Kapital *n*
(Fin) Einlagen *fpl (ie, on which checks and drafts can be drawn)*

(Fin) Liquiditätsüberschuß *m (syn, net working capital, qv)*
(Fin, GB) Wertpapiere *npl* der öffentlichen Hand
(ie, stock of the National Debt; used in the phrase ‚the funds')

fungible goods
(com) fungible Waren *fpl,* vertretbare Waren *fpl (syn, fungibles, merchantable goods)*

fungibles
(com) = fungible goods

funnel-type interview (Mk) Trichterinterview *n*

funny business (com, GB, infml) betrügerische Geschäfte *npl (syn, dishonest dealing)*

furnish *v*
(com) liefern *(syn, supply)*
(com) ausstatten, möblieren

furnish a certificate *v* (com) Bescheinigung *f* beibringen od vorlegen *(syn, submit)*

furnish collateral *v* (Re) Sicherheit *f* bestellen

furnish evidence *v* (Re) Beweis *m* antreten od liefern *(syn, offer proof)*

further training (Pw) Fortbildung *f,* Weiterbildung *f*

fuse *v* (Bw) verschmelzen, fusionieren *(syn, merge)*

fwd (com, GB) = freight forward

G

gain
(com) Wertzuwachs *m (opp, income)*
(com) Verdienst *m*
(ReW) Gewinn *m (ie, excess of revenue over costs; syn profit, income, earnings)*

gain *v* (com) gewinnen, erwerben, verdienen

gainful employment (Pw, fml) Erwerbstätigkeit *f,* Berufstätigkeit *f (eg, be in...; syn, gainful/remunerative... occupation)*

gainfully employed (Pw) berufstätig, erwerbstätig

gainfully employed person (Pw) Berufstätiger *m,* Erwerbstätiger *m (ie, either dependent or independent)*

gain on/upon *v* (com) Vorsprung *m* gewinnen vor *(eg, the rest of the population)*

gap in the market (Mk) Marktlücke *f (syn, untapped/virgin... market)*

garment industry (com) Bekleidungsindustrie *f (syn, apparel industry)*

gatekeeper (Bw) Person *f* mit Informationsfilter-Eigenschaften, Informationsregulator *m*

gate money (com) Eintrittsgeld *n*

gateways (Kart) Rechtfertigungsgründe *mpl*

GDP, gdp
(Vw) = gross domestic product

gear up *v*
(com) ausbauen, erweitern *(eg, marketing operations)*
(com) sich rüsten für *(ie, to get ready)*

gear up for *v* (com) sich rüsten für *(eg, an anticipated onslaught of rivals)*

general ability to pay (Fin) Bonität *f*

general accounting principles (ReW) allgemeine Bilanzierungsgrundsätze *mpl*

general agency
(com) Generalvertretung *f*

general agent
(com) Generalvertreter *m* *(syn, general representative)*

General Agreement on Tariffs and Trade, GATT
(AuW) Allgemeines Zoll- und Handelsabkommen *n*, GATT *n*

general bill of lading
(com) Sammelkonnossement *n*
(com, US) Sammelfrachtbrief *m*

general business conditions (Vw) allgemeine Wirtschaftslage *f* *(syn, state of the economy, general economic activity)*

general business statistics (com) allgemeine Wirtschaftsdaten *pl*

general cargo (com, GB) Stückgut *n*, Stückgutladung *f* *(syn, US, less-than-carload, less-than-truckload)*

general cargo liner (com) konventioneller Linienfrachter *m*

General Conditions of Sale (com) Allgemeine Verkaufsbedingungen *fpl*

general contractor (com) Generalunternehmer *m* *(syn, main/prime/primary . . . contractor)*

general delivery (com, US) postlagernd

(ie, mail delivery at post office window to persons who call for it; syn GB, poste restante)

general line wholesaler (Mk, US) Sortimentsgroßhändler *m*

Generally Accepted Accounting Principles, GAPP
(ReW, US) Grundsätze *mpl* ordnungsmäßiger Rechnungslegung
(ie, grundlegender Unterschied zwischen den deutschen GoB – Grundsätze ordnungsmäßiger Buchführung – und den GAAP liegt darin, daß dem Gläubigerschutzprinzip des AktG 1965 das Schutz- und Informationsbedürfnis – fair presentation, qv – des amerikanischen Anlegers gegenübersteht; Fortentwicklung obliegt dem Berufsverband AICPA, seit 1973 dem FASB)

generally accepted auditing standards (ReW) Grundsätze *mpl* ordnungsmäßiger Prüfung

general marketing risks (com) Vertriebsrisiken *npl*

general meeting (of shareholders)
(com) Hauptversammlung *f*
(ie, of a public . . . company/corporation)
(com) Generalversammlung *f*
(ie, of a private company, GmbH, etc)

general mortgage (Re) Gesamthypothek *f*

general overhaul (IndE) Generalüberholung *f*, Großreparatur *f*

general overview (of) (com) allgemeiner Überblick *m* (über) *(syn, broad overview)*

general partner
(com) Vollhafter *m*
– Komplementär *m*
– persönlich haftender Gesellschafter *m*
(ie, participates fully in the profits, losses, and management of the partnership and is fully liable for its debts; syn, full/unlimited/ personally liable . . . partner; opp, limited partner)

general partnership (com, appr) allgemeine Personengesellschaft f *(ie, nicht auf Einzelzweck beschränkt; opp, limited partnership)*

general personal identifier (EDV) Personenkennzeichen n, PK, PKZ

general plant construction (com) Anlagenbau m *(syn, project building, systems engineering)*

general price level (Vw) = general level of prices

general public (com) Allgemeinheit f, Öffentlichkeit f *(syn, public at large, body of the people at large)*

general representative (com) = general agent

General Terms and Conditions of Delivery (com) Allgemeine Lieferbedingungen fpl

general thrust of the economy (Vw) wirtschaftliche Entwicklung f *(syn, course of the economy)*

general usage (Re) Verkehrssitte f

generate profits v (com) Gewinne mpl erwirtschaften *(eg, ... $1bn in profits)*

generic drugs (com) Generika pl *(ie, unbranded and sold at a lower price than the branded/proprietary product)*

generic goods (Re) Gattungssachen fpl *(syn, unascertained goods; opp, specific/ascertained ... goods = konkrete Sachen)*

generic name (Kart) Gattungsbezeichnung f *(ie, of a product, not protected by industrial property law; syn, established name)*

generics (com) markenlose Produkte npl

genetic engineering (com) Gentechnik f, Genmanipulation f

gentlemen's agreement (com) Gentlemen's Agreement n – Vereinbarung f nach Treu und Glauben – mündliche Absprache f *(ie, formlose Vereinbarung ohne*

rechtliche Durchsetzbarkeit; eg, Frühstückskartell, freiwillige Kreditkontrollen)*

geographic dispersion (Mk) geographische Streuung f

geographic restrictions (Kart, US) Gebietsbeschränkung f *(syn, territorial restrictions)*

get-acquainted discount (com) Einführungsrabatt m

get-acquainted visit (com, infml) Antrittsbesuch m *(syn, first visit)*

get a fix on v (com) verstehen *(ie, understand by observation and analysis)*

get ahead v (com) vorwärtskommen *(eg, on the corporate ladder)*

get a toehold in a market v (com) Fuß m fassen in e–m Markt *(syn, breach a market, carve out a market niche)*

get down to brass tacks v (com, US, sl) zur Sache kommen

get down to the put-to v (com, GB, infml) zur Sache kommen *(ie, take action after all; syn, get down to brass tacks)*

get orders v (com) Aufträge mpl beschaffen *(opp, take orders)*

get the axe v (Pw, infml) entlassen werden, „fliegen" *(cf, fire)*

get-together (com, infml) Tagung f, Besprechung f

getup (Mk) Aufmachung f *(syn, presentation)*

get up v (com) vorbereiten *(eg, ... report ready for a meeting)*

giant company (com) Mammutgesellschaft f

giant merger (com) Großfusion f – Mammutfusion f *(syn, jumbo merger, qv)*

gift (Mk) Zugabe f (Re) Schenkung f *(ie, gratuitous transfer of title to property: Eigentumsübertragung ohne Gegenleistung)*

145

gin and tonic brigade (com, sl) mittleres Management *n (ie, with little hope of ever making it to the top)*

girl Friday (com, infml) Mädchen *n* für alles *(ie, applies to individuals of either sex)*

give an accounting *v*
(com) Rechenschaft *f* ablegen
(com) abrechnen *(syn, account for, settle the accounts)*

give an edge *v* (com) Vorteil *m* verschaffen

give a new lease on life *v* (com) wiederbeleben *(eg, management changes and a government bailout have given . . .)*

give an expert opinion *v* (com) begutachten, Gutachten *n* erstellen

give an order for *v* (com) bestellen, Bestellung *f* aufgeben *(syn, order, qv)*

give a shot in the arm *v* (com) ankurbeln, in Schwung bringen *(eg, the economy, an ailing company)*

give-away articles (Mk) Werbegeschenke *npl*

give-away price (com) Schleuderpreis *m (syn, knock-out slaughtered . . . price)*

give notice of *v* (com) avisieren *(syn, inform, notify)*

give notice to quit *v* (Pw) kündigen *(ie, by employee)*

give notice to terminate *v*
(Re) kündigen *(eg, contract)*

given period (com) Berichtszeitraum *m*

give the floor to *v* (com) jem das Wort erteilen

give the go-ahead to *v* (com) jem grünes Licht *n* geben

give the lie to *v* (com) widerlegen *(eg, this debate would seem to . . . that notion)*

give up the business *v* (com) Geschäft *n* aufgeben

global credit (Fin) Rahmenkredit *m*

global downturn (AuW) weltweite Rezession *f*
(syn, world recession)

global economy (Vw) Weltwirtschaft *f*

global financial statement (ReW) Weltbilanz *f (syn, worldwide balance sheet)*

gloomy forecast (Vw) düstere Prognose *f*

GNP, gnp
(Vw) = gross national product

go after *v* (com) sich bemühen um, anstreben
(eg, market, position, job; syn, pursue, try to get)

go-ahead (com, infml) Genehmigung *f*, ‚grünes Licht' *n*
(eg, to give the . . . for final agreement, for an investment program)

go-ahead company
(com) dynamisches
– fortschrittliches . . . Unternehmen *n*

goal (Bw) Ziel *n (syn, objective, target)*

goal analysis (Bw) Zielanalyse *f*

goal analysis and review (Bw) Zielrevision *f*

goal conflict (Bw) Zielkonflikt *m (syn, conflicting goals, qv)*

goal content (Bw) Zielinhalt *m*

goal-directed (Bw) zielgerichtet

goal direction (Bw) Zielrichtung *f*

goal displacement (Bw) Zielverschiebung *f*

goal formulation process (Bw) Zielentscheidungsprozeß *m*

goal search (Bw) Zielsuche *f*

goal setting (Bw) Zielbildung *f*, Festlegen *n* von Zielen

goal setting process (Bw) Prozeß *m* der Zielbildung

goals of performance (Bw) Erfolgsziele *npl*

goals of the organization (Bw) Unternehmensziele *npl*

goal succession (Bw) Zielnachfolge *f*

goal system (Bw) Zielsystem *n (syn, system of objectives)*

goal variable (Bw) Zielvariable *f*

go awry *v* (com) schief gehen *(eg, flight, plans)*

go bankrupt v (Re) in Konkurs gehen, Konkurs m machen *(syn, infml, go bust, go to the wall)*

go-between
(com) Mittelsmann m *(syn, GB, link)*

go between v (com) vermitteln *(syn, bring together)*

go by the book v (Pw, infml) streng nach Vorschrift arbeiten

godfather offer
(com) großzügiges Übernahmeangebot n
(ie, tender offer so generous that the target's management is not in a position to refuse it)

go down v (com) sinken *(eg, prices)*

go down the tubes v (com, infml) Pleite gehen od machen

go down well with v (com, infml) gut ankommen bei *(eg, product)*

go for v (com) erzielen, verkauft werden für *(eg, car went for $500)*

go-go (com) dynamisch *(syn, dynamic, aggressive)*

going business (com) erfolgreiches Unternehmen n *(syn, successful venture)*

going concern (Bw) arbeitendes Unternehmen n
(ie, business enterprice in operation; cf, going concern concept; Grundannahme der Rechnungslegung: das Unternehmen wird unbegrenzt fortgeführt; history of and prospects for profits are considered; gilt in U.S., nach AktG und 4. EG-Richtlinie)

going concern concept
(Bw) Zielsystem n e-r auf Dauer angelegten Unternehmung
(ReW) Grundsatz m der Fortführung e-s Unternehmens
(ie, in business valuation = Unternehmensbewertung)

going-concern value (StR) Teilwert m, Buchwert m
(ie, based on the assumption of the continuation of the business as a whole; opp, break-up value; cf,

Teilwert nach § 6 I 1 EStG, § 10 BewG)

going-out-of-business sale (com) Totalausverkauf m

going-over (com, infml) Prüfung n, Untersuchung f

going price
(com) Marktpreis m

go into a tailspin v (com, infml) absacken, ins Trudeln geraten
(eg, stock prices went into a tailspin; syn, sharp downturn, slump)

go into bankruptcy v (com) bankrott machen *(syn, go bankrupt)*

go into effect v (Re) in Kraft treten

go into operation v (com) in Betrieb gehen *(syn, come on stream, be commissioned)*

go into service v (com) = go into operation

go into the red v (Fin) in die roten Zahlen geraten, rote Zahlen fpl schreiben

golden handshake (Pw, infml) hohe Abfindung f *(ie, large cash bonus paid to high employees; syn, ex gratia payment)*

golden parachute (Pw, infml) großzügige Abfindung f
(ie, in takeovers and mergers: designed to cushion the fall of executives who are bounced after a hostile takeover of their company; the bigger they are, the softer they fall)

golden parachute employment contract (Pw, infml) Anstellungsvertrag m für Führungskräfte mit hoher Abfindung
(ie, for top executives in companies threatened by a takeover; also called ‚executive incompetence insurance')

good bargain (com) guter Kauf m, gutes Geschäft n

good offices (com, fml) Vermittlung f
(eg, through the... of the President...)

good reasons (com) wichtige Gründe mpl

goods and services (com) Güter *npl* und Dienste *mpl*

goods in consignment (com) Kommissionsware *f*

goods industries (com) güterproduzierende Wirtschaftszweige *mpl* *(eg, mining, construction, manufacturing; opp, service industries)*

goods in transit (com) unterwegs befindliche Güter *npl*, Transitgüter *npl (syn, afloats)*

goods on commission (com) Kommissionsware *f*

goods on consignment (com) Kommissionsgut *n*, Kommissionsware *f* *(syn, consignment/consigned... goods)*

goods on hand (MaW) Lagerbestand *m*, Vorräte *mpl* *(syn, goods in stock, stock on hand, stores)*

goods out on consignment (com) Konsignationsware *f (syn, consignment merchandise)*

goods receiving department (MaW) Warenannahme *f*

goods traffic (com, GB) Güterverkehr *m*, Frachtverkehr *m*

goodwill
(ReW) Geschäftswert *m*, Firmenwert *m*
(ie, excess of the cost of an acquired company over the sum of identifiable net assets; or value of the business which has been built up through the reputation of the business concern and its owners)

go on *v* (com) entfallen auf *(eg, two thirds of earnings... office overheads)*

go on strike *v* (Pw) streiken *(syn, strike)*

go out of business *v* (com) Betrieb *m* schließen, Geschäft *n* aufgeben

go to the wall *v* (com, infml) pleite machen *(syn, go bust)*

go to work *v* (com) in Betrieb gehen *(eg, computer system, power plant)*

go up *v* (com) bestehen, sich durchsetzen *(eg, against a big rival)*

government contract (com) öffentlicher Auftrag *m*

grab a chunk of the market *v* (com, infml) Marktanteil *m* erobern *(syn, conquer)*

grade
(com) Sorte *f*
– Qualität *f*
– Güteklasse *f*

grade *v*
(com) sortieren *(syn, sort)*

grading key (com) Bewertungsschlüssel *m*

graduated price (com) Staffelpreis *m*

graduated tariff (com) Staffeltarif *m*

grand total
(com) Gesamtsumme *f (syn, total, total amount, sum total)*

grant a credit *v* (Fin) Kredit *m* gewähren od einräumen

grant a delay *v* (com) Aufschub *m* gewähren *(syn, grant a respite)*

graph
(Stat) Grafik *f*
– Diagramm *n*

graph *v* (com) grafisch darstellen *(ie, represent graphically)*

graphic representation (com) grafische Darstellung *f*

graphic symbol (com) Grafik *f*
– Bild *n*

gratuitous
(com) gratis
– kostenlos
– (infml) umsonst
(syn, at no charge, for nothing)

gratuitous acquisition (Re) unentgeltlicher Erwerb *m*

gratuity
(com) Trinkgeld *n (syn, tip)*
(com) Geldzuwendung *f (ie, often in the neighborhood of bribe)*

greenback (com, infml) Dollar *m*

Green Clause (com) Green Clause *f* *(ie, gesicherte Bevorschussung duerch Lagerschein; cf, Red Clause)*

green field (com, GB) völlig neues Projekt *n (ie, project started completely from scratch)*

greenfield site (com) grüne Wiese *f
(ie, building plot without any infrastructure; eg, set up a plant on
a . . .)*

green grass (com, GB) = green field

green light (com, infml) ‚grünes
Licht' *n*, (amtliche) Genehmigung *f*

grid theory (Bw) Gittertheorie *f (ie,
in jeder Organisation drei in-
teragierende Faktoren: Personal,
Produktion, Leitungshierarchie)*

grievance
(Pw) Mißstand *m*, Beschwerde-
punkt *m (ie, unsatisfactory working condition)*
(Pw) Beschwerde *f (ie, complaint
by employee of unfair treatment)*

grind down *v* (com, infml) herunterhandeln *(eg, to a comfortably low
price)*

gross domestic product, GDP, gdp
(VGR) Bruttoinlandsprodukt *n*,
BIP

gross earnings
(com) Bruttoeinkommen *n*, Bruttoverdienst *m (syn, gross . . . pay/
income)*

gross for net (com) brutto für netto

gross freight (com) Bruttofracht *f*

gross income
(com) Bruttoeinkommen *n*, Bruttoverdienst *m (syn, gross . . . pay/
earnings)*
(Mk) Roheinkommen *n (ie, of advertising agency)*

gross income margin (com) Brutto-
verdienstspanne *f*

gross margin
(ReW) Bruttospanne *f
(ie, Überschuß der Umsatzerlöse
über die direkten Kosten der verkauften Erzeugnisse = absolute difference between cost price and sales
price of an article)*
(ReW) Bruttogewinn *m*, Rohgewinn *m*

gross national product, GNP, gnp
(VGR) Bruttosozialprodukt *n*,
BSP

gross negligence (Re) grobe Fahrlässigkeit *f
(ie, die Unterscheidung des dt
Rechts ‚Vorsatz und grobe Fahrlässigkeit' samt dem Oberbegriff ‚Verschulden' ist dem englischen
Rechtskreis unbekannt; der Kom-
plex wird dort unter dem Stichwort
‚negligence' abgehandelt; Schwere-
grade, degrees, sind: gross – wilful/
wanton/reckless – ordinary
– slight; the majority of lawyers refer to ‚different amounts of care'; es
kommt also offenbar auf eine
operative Definition und, dem
pragmatischen Geist des englischen
Rechts entsprechend, auf die Auslegung im Einzelfall an)*

gross pay
(Pw) Bruttoentgelt *n*
– Bruttoeinkommen *n*
– Bruttoverdienst *m*   (syn,
gross . . . earnings /income)*

gross price (com) Bruttopreis *m (ie,
prior to discounts or rebates)*

gross proceeds (com) Bruttoertrag *m*

gross profit margin (com) Bruttoge-
winnspanne *f*

gross profit on sales (com) Bruttogewinn *m*, Rohgewinn *m (eg, wholesaling and retailing)*

gross purchase price (com) Brutto-
einkaufspreis *m*

gross receipts (com) Bruttoeinnah-
men *fpl (syn, gross takings)*

gross sales
(com) Bruttoauftragseingang *m*
(com) Bruttoumsatz *m (syn, GB,
gross turnover)*
(com) Bruttoerlöse *mpl (syn, gross
revenue)*

gross selling price (com) Bruttover-
kaufspreis *m*

gross takings (com) Bruttoeinnah-
men *fpl (syn, gross receipts)*

gross trading profit
(ReW) Bruttowarengewinn *m*
(ReW, GB) Gewinn *m* vor Abschreibungen und Wertberichti-
gungen

149

gross turnover (com, GB) = gross sales

gross value added (VGR) Bruttowertschöpfung *f*
(ie, net value added + indirect taxes (− subsidies) + depreciation; opp, net value added)

gross world product (VGR) Weltbruttosozialprodukt *n*

grounds for dismissal (Pw) Entlassungsgrund *m*

grounds of justification (Re) Rechtfertigungsgründe *mpl (syn, legal justification)*

group
(com) Unternehmensbereich *m (syn, operating group)*
(com) Firmengruppe *f*
(com) Konzern *m*
(ie, group of affiliated companies under common centralized management of the controlling enterprise; cf, §§ 15–21 and §§ 291–338 AktG)

group accounts
(ReW, GB) Gruppenabschluß *m*
– Konzernabschluß *m*
– konsolidierter Abschluß *m (syn, consolidated financial statement)*

groupage traffic (com) Sammelladungsverkehr *m*

group balance sheet (ReW, GB) konsolidierte Bilanz *f*

group buying (Mk) = group purchasing

group capacity (Bw) Gruppenkapazität *f*
(ie, total capacity of a number of comparable plants of the same type)

group deliveries (com) Konzernumsatz *m*

group discount (com) Mengennachlaß *m*

group division (com) Gruppenbereich *m*, Konzernbereich *m*

grouped bill of lading (com) Sammel-(ladungs)-Konnossement *n (syn, collective/combined/omnibus... bill of lading)*

grouped consignment (com, GB) Sammelladung *f (syn, consolidated shipment, qv)*

grouped consignment forwarder (com) Sammelladungs-Spediteur *m*

grouped consignment forwarding (com) Sammelladungs-Spedition *f*

grouped shipment (com, GB) = grouped consignment

group executive (com) Geschäftsbereichsleiter *m*, Unternehmensbereichsleiter *m*

group executive committee (com) Konzernleitungsausschuß *m*

group goal (Bw) Gruppenziel *n (syn, unit objective)*

group income statement (ReW) Konzern-GuV *f*, konsolidierte Gewinn- und Verlustrechnung *f*

group integration (Bw) Konzernverflechtung *f*

group manager (com) Gruppenleiter *m (ie, head of organizational group)*

group of companies
(com) Unternehmensgruppe *f*

group purchasing (Mk) Gemeinschaftseinkauf *m*, Sammeleinkauf *m (ie, by retail traders, wholesalers, department stores; syn, group buying)*

group rate
(com) Sammeltarif *m*
(com) einheitliche Frachtrate *f* für ein größeres Gebiet

group sales (com) Konzernumsatz *m*

group selling (Mk) Gruppenverkauf *m (ie, to two or more persons at the same time)*

group taxation (StR) Konzernbesteuerung *f*

group technology (IndE) Inselfertigung *f*

growth in asset volume (Bw) Substanzzuwachs *m*

growth industry (Bw) Wachstumsbranche *f*, Wachstumsindustrie *f*

growth market (com) Wachstumsmarkt *m*

growth rate (com) Wachstumsrate *f*
– Zuwachsrate *f*
– Expansionsrate *f (syn, rate of . . .
growth/expansion/increase)*
growth stage (Mk) Wachstumsphase *f (cf, product life cycle)*
guarantee
(com) Garantie *f*, Gewährleistung *f*
*(ie, written promise by the maker of
a product to repair or replace it if it
is found defective within a period of
time; syn, warranty)*
(Re, GB) Bürgschaft *f*, Garantie *f*
(syn, suretyship; US, guaranty)
(Re) Bürgschaftsnehmer *m (syn,
guaranteed creditor; opp, guarantor)*
(Fin) Aval *n*
*(ie, Bankbürgschaft oder Bankga-
rantie)*
guarantee *v*
(com) Garantie *f* leisten *(syn, warrant)*
(Re) garantieren, Garantie *f* leisten
*(syn, guaranty, give/furnish . . .
guaranty)*
(Fin) avalieren *(eg, bill of exchange)*
**guarantee against defective material
and workmanship**
(com) Gewährleistungsgarantie *f*
– Leistungsgarantie *f*
– Lieferungs- od Erfüllungsgarantie *f*
guarantee period (com) Garantiezeit *f (syn, warranty period)*
guarantor
(com) Garantiegeber *m (syn, war-
rantor)*
(Re) Bürge *m (syn, surety)*
(Re, US) Ausfallbürge *f*
(ie, secondarily liable for the debt

*of the principal; opp, surety = selb-
stschuldnerischer Bürge)*
guarantor of collection (Re, US) Ausfallbürge *m (syn, GB, deficiency
guarantor)*
guarantor primarily liable (Re)
selbstschuldnerischer Bürge *m*
guaranty
(Re) Bürgschaft *f*, Garantie *f*
*(ie, making guarantor secondarily
liable for debt or default of another
person, but see ‚guaranty of payment‘; syn, suretyship; GB,
guarantee)*
(Re) Common Law-Bürgschaft *f*
(ie, today: surety)
(Fin) Aval *m* od *n*
*(ie, irrevocable bank guaranty for a
bill of exchange)*
guaranty *v* (Re) = guarantee
guaranty of collection (Re, US) Aus-
fallbürgschaft *f (ie, guarantor –
Bürge – has only secondary liability: creditor must first exhaust his
legal remedies against the principal
debtor; he pays if the latter cannot;
syn, GB, deficiency guarantee, indemnity bond; opp, US, absolute
guaranty, guaranty of payment =
selbstschuldnerische Bürgschaft)*
guaranty of payment (Re, US) selbstschuldnerische Bürgschaft *f (syn,
absolute guaranty, qv)*
guard interests *v* (com) Interessen *fpl*
wahren
guidelines (com) Leitlinien *fpl (syn,
guideposts)*
guideposts (com) = guidelines
gyp out of *v* (com, US, infml) betrügen um *(eg, a certain amount of
money)*
gyrate *v* (com) stark schwanken/aus-
schlagen

H

habit persistence hypothesis (Mk) Hypothese *f* kontinuierlicher Konsumgewohnheiten

habits of consumption (Vw) Konsumgewohnheiten *fpl (syn, consumption pattern)*

hack away *v* (com, infml) reduzieren, abbauen *(eg, at surplus steel capacity; syn, cut, trim)*

haggle *v* (com) feilschen *(eg, over EEC farm prices; syn, higgle)*

half-cocked (com) unzureichend vorbereitet *(eg, go off . . .)*

half-yearly (com, GB) halbjährlich *(syn, semi-annual)*

half-yearly accounts (ReW) Halbjahresabschluß *m (syn, first-half report)*

halt *v*
(com) zum Stillstand kommen od bringen
– unterbrechen
– anhalten *(eg, project, production, work)*

hamper *v* (com) behindern *(eg, the free flow of goods)*

hand assembly (IndE) manuelle Fertigung *f*

handbill (Mk) Handzettel *m (syn, throwaway)*

hand-held optical character reader (com) OCR-Lesestift *m*

hand-held reader (com) Lesestift *m*

hand-held scanner (com) Hand-held Scanner *m*, Hand-Scanner *m*

hand in *v* (com) einreichen, vorlegen *(eg, protest, resignation)*

hand in notice to quit *v* (Pw) Kündigung *f* einreichen, kündigen

handle *v*
(com) führen *(eg, a bookseller handles books on economics)*
(com) bearbeiten, abwickeln *(syn, process)*
(com) sich befassen mit, sich beschäftigen mit

handling charges (com) Ladekosten *pl (syn, loading charges, qv)*

handling cost (com) Bearbeitungskosten *pl*

handling equipment (IndE) Handhabungsgeräte *npl*

handling fee (com) Bearbeitungsgebühr *f*

handling system (IndE) Handhabungssystem *n (ie, Systemtyp der Industrieroboter; für Werkzeuge und Werkstücke)*

handout
(com) Pressemitteilung *f (syn, press memo)*
(Mk) kostenlos verteilter Artikel *m (ie, product distributed free of charge)*

hand out *v* (com) verteilen

hand over *v* (com) übergeben *(eg, job, power)*

hands-on competitor (com) aggressiver Konkurrent *m*

hands-on management (Bw) straffe Unternehmensleitung *f*

hands-on training (Pw) intensive Ausbildung *f*

„hand to addressee only" (com) eigenhändig

hang on to *v*
(com, infml) festhalten an
– behalten
– nicht aufgeben *(eg, market share, profits, lead; syn, hold on to, keep, retain)*

hang out one's shingle *v* (com, infml) Geschäft *n* eröffnen

hangup (com) Schwierigkeit *f*

harbor dues (com) Hafengeld *n*

harbor master (com) Hafenmeister *m*

hardcore unemployed (Pw) schwer od nicht vermittelbare Personen *fpl*

hardcore unemployment (Vw) Bodenarbeitslosigkeit *f*, Restarbeitslosigkeit *f*

(ie, Sockel nicht reduzierbarer Arbeitslosigkeit)

hard goods (com) Gebrauchsgüter *npl (syn, consumer durables)*

hardheaded (com) realistisch, nüchtern *(eg, appraisal of our financial situation)*

hard hitting (com) aggressiv, wirksam *(eg, advertising campaign)*

hard landing (com, infml) Rezession *f (opp, soft landing)*

hard put (com) in Schwierigkeiten *(eg, we are... to repay our $1m loan)*

hard savings (Bw) quantitative Vorteile *mpl (opp, soft savings)*

hard sell (Mk, infml) aggressive Verkaufsmethode *f*
(eg, exposed to the hard sell; opp, soft sell)

hard-sell technique (Mk) aggressive Absatzmethode *f*

hard up (com, infml) ohne Geld, knapp bei Kasse

harmful emissions (com) Schadstoffemissionen *fpl*

Hart-Scott-Rodino Antitrust Improvements Act of 1976 (Kart, US) führte e–e erweiterte Anzeigepflicht ein, die Premerger Notification Rule: Zusammenschlußvorhaben bestimmter Größe müssen der Antitrust Division des Department of Justice und der Federal Trade Commission mitgeteilt werden; 1969 war die Post-Merger Notification Rule eingeführt worden

haul *v* (com) befördern

haulage
(com) Beförderung *f*, Transport *m (syn, carriage, shipment, transportation)*
(com) Beförderungskosten *pl (ie, in road transport)*

haulage contractor
(com, GB) Lkw-Transportunternehmen *n*
– Kraftverkehrspedition *f*
– Kraftverkehrunternehmen *n (syn, US, trucking company)*

haulage fleet (com) Fahrzeugpark *m*, Fahrzeugflotte *f*

haulage industry (com) Transportgewerbe *n*

haulage service (com) Rollfuhrdienst *m (syn, cartage service)*

haulier (com) Transportunternehmen *n (syn, transport contractor)*

have an account with a bank *v* (Fin) Bankkonto *n* haben *(syn, carry an account)*

hazardous waste (com, US) Risikomüll *m*
(ie, contributes to an increase in mortality or in serious irreversible illness: poses a substantial hazard to human health or the environment; cf, Resource Conservation and Recovery Act of 1976)

head *v* (com) leiten *(eg, company, task force)*

header information (com) Vorlaufinformationen *fpl*

heading
(com) Briefkopf *m*
(com) Überschrift *f*

headline (Mk) Schlagzeile *f (eg, news item hitting the headlines)*

head of department (com) Abteilungsleiter *m* *(syn, department head)*

head of division (com) Bereichsleiter *m*

head of export department (com) Exportleiter *m (syn, export sales manager)*

head off *v*
(com) abwehren *(eg, worldwide financial collapse)*
(com) verhindern *(eg,... regulatory action by the government; syn, prevent)*

head office
(com) Hauptverwaltung *f (syn, headquarters, qv)*
(com, GB) Hauptverwaltung *f (syn, US, home office)*

headquartered (com) mit Sitz in...
(eg, headquartered at; syn, based at)

headquarters
  (com) Hauptverwaltung *f*
  – Hauptsitz *m*
  – Sitz *m*
  – Zentrale *f (syn, central/company/corporate . . . headquarters; head/main . . . office)*

headquarters building (com) Verwaltungsgebäude *n*, Hauptverwaltung *f*

head the pack *v* (com, infml) an der Spitze liegen, führen *(eg, heading the pack was the business service industry)*

head-to-head talk (com, infml) persönliches Gespräch *n*

head up *v* (com) steigen *(eg, rates are heading up again)*

heady growth (com) starkes Wachstum *n*

hearing
  (com) Hearing *n*, Anhörung *f*

heartland (Mk) Hauptabsatzgebiet *n*

heat up *v* (com) steigen *(eg, interest rates . . . again)*

heavy capital goods industry (com) Schwerindustrie *f*

heavy cargo (com) Schwergut *n*

heavy consumer (com) Großabnehmer *m (syn, big ticket consumer)*

heavy equipment maker (com) Industriegüter-Ausrüster *m*

heavy hauler (com) Schwergut-Transportunternehmen *n*

heavy hitter (Pw, US, infml) Spitzenkraft *f*, Top-Mann *m*

heavy industry (com) Schwerindustrie *f*

heavy price (com) überhöhter Preis *m*

heavy spending (com) hohe Aufwendungen *mpl*

heavy-up (Mk, infml) konzentrierte Werbung *f*

hedge *v*
  (Fin) sich schützen, sichern *(ie, protect oneself financially; eg, against costs)*

hedge a risk *v* (Fin) Risiko *n* abdecken

hedge pricing (Bw) Preisstrategie *f* mit vorweggenommener Inflationskomponente

heightened competition (com) verschärfter Wettbewerb *m (eg, is exerting strong pressure on profit margins)*

hell-for-leather marketing (Mk, infml) aggressives Marketing *n*

hidden discount (com) versteckter Preisnachlaß *m (ie, in industrial purchasing)*

hidden liabilities (Bw) verdeckte Verbindlichkeiten *fpl*
  (eg, noch nicht anhängig gemachte Schadensfälle mit nachfolgenden Produkthaftpflichtkosten, unterdotierter Pensionsplan, bevorstehender Produktrückruf, bevorstehende Untersuchung wegen Steuerhinterziehung usw)

hierarchy of authority (Bw) Entscheidungshierarchie *f (syn, decision-making hierarchy)*

hierarchy of goals (Bw) Zielhierarchie *f*, Rangordnung *f* von Zielen *(syn, goal ranking)*

hierarchy of needs
  (Bw) Bedürfnishierarchie *f*, Bedürfnispyramide

hierarchy of organizational units (Bw) Instanzenzug *m*

higgledy-piggledy organization structure (Bw, infml) undurchsichtige Organisationsstruktur *f (syn, muddled structure)*

high (com) Höchststand *m*
  (Fin) Höchstkurs *m*

high achiever (Pw) Spitzenkraft *f*, Leistungsträger *m (syn, high performer, qv)*

high-caliber management (com) hochkarätiges Management *n (syn, top flight management)*

high end (com) obere Preisklasse *f*

high-end market (com) Markt *m* für Käufer hoher Einkommensschichten

highest bid (com) Höchstgebot *n (syn, best bid)*

highest bidder (com) Meistbieten-der *m (syn, best bidder)*

highest bidding (com) meistbietend

highest price
(com) Bestpreis *m (syn, best price)*

highest tender (com) Höchstgebot *n (syn, best bid)*

high flier
(com) Spitzenunternehmen *n*

high-grade
(com) hochwertig, von hoher Qua-lität
(com) hochgrädig *(ie, in Notierungen der Rohstoffmärkte; eg, Zink, hochgrädig)*

high-level consultations (com) Spit-zengespräche *npl (syn, top-level talks)*

high level of order backlog (com) ho-her Auftragsbestand *m (syn, strong order book)*

highlight *v*
(com) aufmerksam machen auf *(syn, throw attention to)*

highlight report (com) Bericht *m* über die wichtigsten Ereignisse

highlights (com) Überblick *m (ie, knappe Zusammenfassung auf-schlußreicher Daten)*

highly advertised products (Mk) wer-beintensive Produkte *npl*

highly geared company (Bw, GB) Unternehmen *n* mit hohem Fremdkapitalanteil *(syn, US, high-ly leveraged company)*

highly leveraged (Fin) stark fremdfi-nanziert

highly leveraged company (Fin, US) Unternehmen *n* mit hohem Fremdkapitalanteil

highly leveraged transaction
(Fin, US) risikoreiche Transak-tion *f*
– HTL-Transaktion *f*

high-margin business
(com) Unternehmen *n*, das mit ho-hen Gewinnspannen arbeitet
(com) lukratives Geschäft *n*

high-margin goods (com) Produk-te *npl* mit hoher Gewinnspanne

high-powered selling (Mk) aggressive Verkaufsmethoden *fpl*

high-pressure into *v* (com, US) drän-gen zu *(ie, persuade by high-prssure methods)*

high-pressure sales talk (Mk) aggres-sives Verkaufsgespräch *n*

high priced
(com) teuer

high-priced goods (com) hochpreisige Güter *npl*

high-profit margin (com) gewinn-trächtig *(eg, specialty chemicals)*

high-quality product (com) Qualitäts-erzeugnis *n*, hochwertiges Erzeug-nis *n*

high-risk project deal (Bw) risikorei-ches Projekt *n*

high-tech enterprise (com) Hochtech-nologie-Unternehmen *n*, Unter-nehmen *n* der Spitzentechnologie

high tech, hi-tech
(com) = high technology

high technology (com) Hochtechno-logie *f*, Spitzentechnologie *f (syn, advanced/state-of-the-art... technology; infml, high tech, hi-tech)*

high technology goods (com) hoch-technologische Güter *npl*

high technology product
(com) Produkt *n* der Spitzen-technik
– spitzentechnisches Produkt *n*
– Spitzenprodukt *n*

high ticket (com) hochpreisig *(eg, product)*

high-volume items (Mk) Produk-te *npl* mit hohem Absatz

high-volume product (Mk) Massenar-tikel *m*, Massenprodukt *n*

high-volume production (IndE) Mas-senfertigung *f*

hike up *v* (com, US, infml) erhöhen *(ie, increase suddenly and steeply; syn, bump up, beef up, boost, step up)*

hire away labor *v* (Pw) Arbeitskräf-te *fpl* abwerben *(syn, bid away, en-tice away)*

historical cost accounting (ReW) Ist-kostenrechnung *f*

historical standards (Bw) auf betriebsindividuellen Daten der Vergangenheit aufbauende Standardkennziffern *fpl*

hit a low *v* (com) Tiefstand *m* erreichen

hit-quick campaign (com) Blitzaktion *f*
(eg, to weed out redundant staff, hidden pensioners, etc)

hit the headlines *v* (com) Schlagzeilen *fpl* machen

hit the market *v* (com) einschlagen
(ie, product)

hive-down (Bw) besondere Form *f* des Unternehmenserwerbs
(ie, a number of assets are ,hived down' into a new company usually prior to sale)

hive off *v*
(com, GB) ausgründen *(ie, separate part of a company and start a new firm)*
(Fin) abstoßen *(eg, a stake; syn, spin off, unload)*

hive off a stake *v* (Fin) Beteiligung *f* abstoßen *(syn, spin off, unload)*

hive off operations *v*
(Bw) Unternehmensteile *mpl* abstoßen, syn, spin off
(com) Betriebsteile *mpl* ausgliedern *(syn, split off)*

hoarding
(Mk, GB) Werbefläche *f*
– Anschlagfläche *f*
– Reklamefläche *f* *(syn, US, billboard)*

hobble *v* (com) behindern *(eg, almighty $ is hobbling U.S. exporters; syn, hamper, impede, obstruct)*

hock *v* (com, infml) verpfänden
(eg, a company's physical assets and receivables; syn, pawn)

hold a meeting *v* (com) Tagung *f* abhalten

hold an office *v* (com) Amt *n* innehaben

holdback (com) zurückbehaltener Teil *m* der Vertragssumme *(ie, until specified conditions have been fulfilled)*

hold down costs *v* (com) Kosten *pl* niedrig halten

holder
(Re, WeR) Inhaber *m*
(Re) Besitzer *m* *(syn, possessor, occupier)*

hold fast on *v* (com) festhalten an *(eg, official prices)*

holding
(Fin) Beteiligung *f* *(eg, equity/industrial . . . holding)*
(Fin) Bestand *m*

holding company
(com) Holding-Gesellschaft *f*
– Holding *f*
– Dachgesellschaft *f* *(ie, set up to control and dominate affiliated companies)*

holding-out partner (com, GB) Scheingesellschafter *m* *(syn, ostensible partner)*

hold off *v* (com) sich zurückhalten
(eg, competitors are holding off because . . .)

hold out for *v* (com, infml) herauszuholen suchen *(syn, stick out for, qv)*

hold responsible for *v* (Re) haftbar machen für

hold-up
(com) Verzögerung *f* *(eg, production hold-up; syn, delay)*

hold up *v* (com) verzögern *(syn, put back, retard, slow)*

home demand (Vw, GB) Inlandsnachfrage *f* *(syn, domestic /inland . . . demand)*

home market (com, GB) Binnenmarkt *m*, Inlandsmarkt *m* *(syn, domestic market)*

home order (com) Inlandsauftrag *m*, Inlandsbestellung *f*

home phone (com, infml) Privatanschluß *m* *(ie, private telephone extension)*

home port (com) Heimathafen *m*

homeward freight (com) Rückfracht *f (syn, back freight)*

honor a bill *v* (Fin) Wechsel *m* einlösen *(syn, discharge/meet pay/take up . . . a bill)*

honorarium (com) Honorar *n (pl, honorariums or honoraria; used when the term fee might seem crass)*

horizontal combination (com) horizontaler Zusammenschluß *m*

horizontal communication channel (Bw) horizontaler Kommunikationsweg *m*

horizontal cooperation (com) horizontale Kooperation *f*

horizontal diversification (com) horizontale Diversifikation *f*

horizontal expansion (Bw) horizontales Wachstum *n (ie, expand a business in the same product line it is producing or selling)*

horizontal group (com) Horizontalkonzern *m (ie, of affiliated companies)*

horizontal integration (Bw) horizontale Integration *f (syn, horizontal expansion)*

horizontal merger (com) horizontaler Zusammenschluß *m (ie, unites side-by-side competitors in the same line of business; opp, vertical merger, conglomerate merger)*

horse trading (com, infml) Kuhhandel *m*

hostile takeover
(com) „unfreundliche" Übernahme *f*
– feindliche Übernahme *f*
– *(besser)* unabgestimmter Übernahmeversuch *m*
(ie, öffentliches Angebot an große Zahl von Minderheitsaktionären, die Mehrheit am Unternehmen zu übernehmen, ohne dies mit der Geschäftsleitung abgestimmt zu haben)

hot area of a market (com) gewinnbringender Teil *m* e–s Marktes *(eg, large cars)*

hot card (com) verloren gegangene Kreditkarte *f*

hot number (com, infml) Verkaufsschlager *m (syn, hot selling line)*

hot seller (com, sl) Schnelldreher *m*

hot-selling area (com) umsatzstarker Bereich *m*

hot-selling line (com) Verkaufsschlager *m (syn, top selling article; infml, runner, hot number; sl, smash hit)*

hotshot
(com) Spezialist *m (eg, computer hotshot)*
(com, US) Expreßfracht *f (ie, fast freight)*

hot spot (com, infml) Gefahrenherd *m*

hot up *v* (com, infml) verschärfen *(eg, air fare war; syn, aggravate, exacerbate)*

hot water (com, infml) Schwierigkeiten *fpl (eg, get into/ be in . . .)*

house agent (com, GB) Grundstücksmakler *m,* Immobilienmakler *m (syn, real estate broker, qv)*

house bill
(com) Spediteurkonnossement *n (ie, made out by forwarder; it is not a document of title – Traditionspapier – nor a genuine bill of lading)*

house brand (Mk) Eigenmarke *f,* Hausmarke *f (syn, own brand)*

household panel (Mk) Haushaltspanel *n*

household research (Mk) Haushaltsforschung *f*

housing construction (com) Wohnungsbau *m (syn, residential construction, qv)*

housing finance (Fin) Wohnungsbaufinanzierung *f*

human engineering (IndE) Ergonomie *f (syn, ergonomics, qv)*

human-factors engineering (IndE) = human engineering

human resources department (Pw) Personalabteilung *f (syn, personnel department)*

human resources management (Pw) Personal-Management *n (syn, personnel management)*
human resources planning (Pw) Personalplanung *f (syn, manpower/ personnel . . . planning)*
hushmail (com, GB, infml) Rückkauf *m* e–r großen Anzahl von Aktien von e–m Director mit hohem Aufschlag

(ie, in return for his silence on sensitive internal corporate information)
hype (Mk) übertriebene Werbung *f (ie, extravagant advertising)*
hypermarket (com) Kaufmarkt *m,* Verbrauchergroßmarkt *m (ie, stores with 54,000 sq ft are commonly so called)*

I

ICC
(com) = International Chamber of Commerce
ID card (com) = identity card
ideal capacity (Bw) Betriebsoptimum *n,* Kapazitätsoptimum *n (syn, practical capacity)*
identification (com) Kennzeichnung *f,* Kennung *f*
identification card (com) Personalausweis *m (syn, identity card, ID card)*
identification card reader (com) Magnetkartenleser *m*
identification initials (com) Diktatzeichen *n (syn, GB, reference initials)*
identification number (com) Kennnummer *f*
identification of goods (com) Warenbeschreibung *f,* Warenbezeichnung *f*
identification test (Mk) Identifikationstest *m (ie, in advertising)*
identify *v*
(com) identifizieren, kennzeichnen
identity card (com) Personalausweis *m (syn, ID card)*
idle (com) frei, ungenutzt, außer Betrieb
idle *v* (IndE) leerlaufen *(ie, run without a load)*
idle capacity (Bw) freie od ungenutzte Kapazität *f,* Kapazitätsreserve *f (syn, spare capacity, qv)*

idle time
(IndE) Stillstandszeit *f,* Leerzeit *f (ie, unproductive time caused by machine breakdowns, material shortages, sloppy production scheduling; syn, downtime, dead/ lost . . . time)*
(IndE) Wartezeit *f (ie, worker is not active because waiting for materials or fresh instruction; syn, waiting time)*
iffy proposition (com, infml) unsichere Sache *f (ie, mit Wenn und Aber)*
if undelivered return to (com) falls unzustellbar, zurück an . . .
ignite *v*
(com) zünden
(com) auslösen *(eg, price spiral; syn, set off, trigger)*
illegal competition (Kart) unerlaubter Wettbewerb *m*
illegal strike (Pw) wilder Streik *m (syn, unofficial/wildcat . . . strike)*
ill-fated talks (com) erfolglose Verhandlungen *fpl*
illicit advertising (Mk) unerlaubte Werbung *f*
Illiquidity (Fin) Illiquidität *f*
ill-structured problem (com) schlecht strukturiertes Problem *n*
illuminated advertising (Mk) Leuchtwerbung *f*
image (com) Image *n (eg, of a company)*
image building (com) Imagepflege *f*

image consultant (com) Image-Berater *m (ie, the latest fad of big corporate firms and banks)*

image research (Bw) Image-Forschung *f*

imagineer (com, US, inmfl) Ideen-Ingenieur *m*

immediately effective (Re) mit sofortiger Wirkung

impact analysis (Bw) Wirkungsanalyse *f*

impact of advertising (Mk) Werbewirkung *f*

impact study (Mk) Untersuchung *f* der Werbewirksamkeit *(ie, how advertising affects the audience)*

impair *v*
(com) schaden

impasse (com) Sackgasse *f (eg, in labor-management relations; syn, deadlock)*

implement *v*
(com) durchführen, ausführen, realisieren *(syn, carry out)*

implementable results (com) praktisch anwendbare Ergebnisse *npl*

implement a contract *v* (Re) Vertrag *m* erfüllen *(ie, give practical effect to)*

implementation
(com) Vollzug *m*
(com) Durchführung
– Ausführung *f*
– Realisierung *f*

implication
(com) Folgerung *f*
– Begleiterscheinung *f*
– Folge *f*
(com) Folge *f*
– Wirkung *f (eg, joblessness has political implications)*

implicit understanding
(com) stillschweigende Übereinkunft *f*

implied warranty
(Re) gesetzliche Gewährleistung *f (ie, unabhängig von Parteienerklärungen)*
– stillschweigende Mängelhaftung *f*

– vermutete Zusicherung *f* des Verkäufers *(eg, seller implies that his product is fit for the purpose it purports to serve)*

imply *v* (com) implizieren, schließen lassen auf, bedeuten

import (com) Import *m*, Einfuhr *f*

import *v* (com) importieren, einführen

importation (com) Import *m*, Einfuhr *f*

import authorization (com) Einfuhrgenehmigung *f*

import cartel (Kart) Importkartell *n*, Einfuhrkartell *n*

import documentation (com) Einfuhrpapiere *npl*

importer (com) Importeur *m*, Importfirma *f*, Einführer *m (syn, importing firm)*

impose on/upon *v*
(Re) auferlegen, verhängen *(eg, conditions, restrictions)*

improved real estate (com) erschlossene Grundstücke *npl*

improved site (com) erschlossenes Gelände *n*

improvement
(com) Grundstückserschließung *f*
(com) Steigen *n (ie, of prices)*

improvement area (com) Erschließungsgebiet *n*

improvement in the general economy (Vw) konjunkturelle Besserung *f*

impulse buying (Mk) Impulskauf *m*, Spontankauf *m*
(ie, purchase on the spur of the moment)

inability to pay (Fin) Zahlungsunfähigkeit *f (syn, insolvency)*

in absolute terms (com) absolut

in advance
(com) im voraus

inapplicable (com) nicht zutreffend, nicht anwendbar

inapt (Pw) unfähig, untauglich

inaptitude (Pw) Unfähigkeit *f*, Untauglichkeit *f*

in arrears (Fin) in Verzug, im Rückstand

inbound logistics (Bw) innerbetriebliche Logistik f *(opp, outbound logistics)*

incentive
(Bw) Anreiz m *(syn, inducement)*

incentive bonus (Pw) Leistungszulage f

incentive to invest (Bw) Investitionsanreiz m *(syn, investment incentive)*

in charge of (com) beauftragt mit, zuständig für *(ie, in control or custody of)*

inch up v (com) langsam steigen *(eg, borrowing will . . . again later in the year)*

incidence of usage (Bw) Einsatzhäufigkeit f

incidental acquisition cost (ReW) Anschaffungsnebenkosten pl

incidental expenses (com) Nebenkosten pl *(ie, minor items that are not particularized; syn, incidentals, attendant expenses)*

incidentals (com) = incidental expenses

inclination to buy (Mk) Kaufneigung f

inclination to invest (Bw) Investitionsneigung f

include in v (com) einschließen, enthalten sein *(eg, general expenses are included in . . .)*

inclusive of (com) einschließlich *(eg, cost of production, . . . materials)*

inclusive price (com) Gesamtpreis m

income
(com) Einkommen n
(ReW) Ertrag m *(syn, revenue)*
(ReW, EG) Erträge mpl
(ReW) Einnahme f *(ie, in retailing)*
(com) Gewinn m *(syn, earnings, profit)*

income and expense (ReW, US) Aufwand m und Ertrag m *(syn, revenue and expense)*

income and outgo (com) Einnahmen fpl und Ausgaben fpl *(ie, of a store)*

income for the year (ReW) Jahresgewinn m, Jahresüberschuß m

income liable in taxes (StR) steuerpflichtiges Einkommen n *(syn, taxable income)*

income per share (Fin) Gewinn m pro Aktie *(syn, earnings per share)*

income-producing (com) ertragbringend *(syn, earning, profitable)*

income productivity (Bw) Ertragsfähigkeit f
(syn, earning power, qv)

income property (Fin) Renditeobjekt n

income statement (ReW, US) Gewinn- und Verlustrechnung f, GuV f
Auch:
– Erfolgsrechnung f
– Erfolgsbilanz f
– Ertragsbilanz f
– Ergebnisrechnung f
– Umsatzrechnung f
– Aufwands- und Ertragsrechnung f
(ie, Gegenüberstellung von Aufwendungen und Erträgen zur Ermittlung des Unternehmungsergebnisses; cf, § 275 HGB; syn, statement of earnings, statement of loss and gain; GB, profit and loss account)

income tax (StR) Einkommensteuer f *(ie, on annual earnings of a person, a corporation, or other entity)*

incoming business (com) = incoming orders

incoming goods inspection (MaW) Wareneingangsprüfung f

incoming invoice (com) Eingangsrechnung f

incoming-lot control (MaW) Wareneingangskontrolle f *(ie, inspection of incoming consignments)*

incoming mail
(com) Eingangspost f, Eingang m
– Eingang m
– Einlauf m *(opp, outgoing mail)*

incoming merchandise (MaW) Wareneingang m

incoming orders (com) Auftragseingang *m (syn, new orders, qv)*

in-company (com) innerbetrieblich,
betriebsintern *(syn, in-house, in-
plant, inter-office, internal)*

incompatible (com) unvereinbar,
nicht verträglich (mit), widersprüchlich

inconclusive (com) nicht schlüssig *(ie,
without definite result, unconvinc-
ing; eg, evidence, argument)*

inconsistency (com) Widersprüchlich-
keit *f*

inconsistency of goals (Bw) Zielkonflikt *m (syn, conflicting goals)*

inconsistent (com) widersprüchlich,
unverträglich, inkonsistent

in contemplation of law (Re) rechtlich
(syn, in the eyes of the law, legally)

incontestable (com) unbestreitbar,
unanfechtbar

incorporate *v*
(com) (Kapitalgesellschaft) gründen

incorporated company
(com, US) Aktiengesellschaft *f*
(com, GB) rechtsfähige Gesellschaft *f*

incorporation (com) Gründung *f* e–r
juristischen Person *(eg,
Kapitalgesellschaft)*

incorporation procedure (com) Grün-
dungsvorgang *m (ie, legal process
of bringing a corporation into
being)*

incorporation requirements (Re)
Gründungsformalitäten *fpl (syn,
formalities of formation)*

incorporator (com) Gründer *m*,
Gründungsmitglied *n*

Incoterms (com) Incoterms *pl*, Internationale Regeln *fpl* für die Auslegung handelsüblicher Vertragsfor-
meln *(syn, trade terms)*
*(cf, ex works - for/fot - fas - fob - cif
- freight or carriage paid - ex ship -
ex quay - delivered at frontier - delivered duty paid - fob airport -
freight/carriage and insurance paid
to)*

increase
(com) Erhöhung *f*
– Zunahme *f*
– Steigerung *f*

increase *v*
(com) erhöhen
– heraufsetzen
– anheben
– steigern *(syn, raise, lift, advance,
put up; infml, beef up, boost, bump
up, hike up, step up)*
(com) steigen
– zunehmen
– anwachsen
– größer werden

increase from *v* (com) erhöhen gegenüber, steigen gegenüber *(eg,
pay increases/is increased ... from
the level fixed when I was hired)*

increase in capacity (Bw) Kapazitätserweiterung *f*

increment
(com) Zunahme *f*, Erhöhung *f*
(com) Wertzuwachs m

incremental cost
(Bw) Grenzkosten *pl (syn, marginal cost)*

incur debts *v* (Fin) Schulden *fpl* machen, sich verschulden

in demand (com) gefragt, nachgefragt

indemnification (Re) Entschädigung *f*, Schadenersatz *m (syn,
damages, qv)*

indemnify *v*
(com) entschädigen, abfinden
(syn, compensate)

indemnity
(Re) Abfindung *f (ie, a one-time
money compensation to settle a legal claim)*
(Re) Schadenersatz *m (syn,
damages, compensation in
damages)*
(Re) Schadloshaltung *f (syn, indemnification)*

indent
(com) Indentgeschäft *n*, Auslandsauftrag *m (ie, purchase order from
abroad)*

indentor (com) Indentkunde *m*

independent (com) unabhängig *(ie, of = von)*

independent agent (com) selbständiger Handelsvertreter *m*

independent contractor (com) selbständiger Unternehmer *m*

independent director (com) unabhängiges Mitglied *n* e–s Board of Directors *(ie, not an officer of the corporation, and does not represent concentrated or family holdings)*

independent, pl, independents (com) unabhängiges Unternehmen *n*

in-depth analysis (com) gründliche Analyse *f* *(syn, to be preferred: deep study, study in depth)*

indicator of performance (Bw) Erfolgsmaßstab *m (syn, yardstick of performance, performance criterion)*

indifference map (Vw) Indifferenzkurvensystem *n*

indirect exporting (com) indirekter Export *m*, indirekte Ausfuhr *f* *(ie, in which the manufacturer relies on export middlemen in the target country)*

indirect importing (com) indirekter Import *m*, indirekte Einfuhr *f (cf, indirect exporting)*

indirect interest (com) mittelbares Interesse *n (syn, proximate interest; opp, ultimate interest)*

indirect selling (Mk) indirekter Vertrieb *m (ie, of industrial products)*

individual advertising (Mk) Alleinwerbung *f*, Eigenwerbung *f* *(syn, self-advertising; opp, cooperative advertising = Gemeinschaftswerbung, qv, and interindustry advertising = Sammelwerbung)*

individual business (com) Einzelfirma *f (syn, sole proprietorship)*

individual customer (com) Einzelabnehmer *m*

individual exhibitor (Mk) Einzelaussteller *m*

individual fee (com) Einzelhonorar *n* *(syn, fee for service; opp, flat rate fee = Pauschalhonorar)*

individual goal (Bw) Einzelziel *n* *(syn, personal goal)*

individual order (com) Einzelauftrag *m (opp, collective order)*

individual panel (Mk) Individualpanel *n*

individual proprietorship (com) Einzelfirma *f (syn, sole proprietorship, qv)*

individual shareholder (com) Einzelaktionär *m*

inducement article (Mk) Anreizartikel *m (syn, leader article)*

industrial advertising (Mk) Investitionsgüterwerbung *f*

industrial and commercial buildings (com) gewerblich-industrielle Bauten *mpl*, Wirtschaftsbauten *mpl*

industrial and organization psychology (Bw) Arbeitspsychologie *f (cf, industrial psychology)*

industrial artist (Mk) Gebrauchsgrafiker *m (syn, commercial artist)*

industrial association (com) Wirtschaftsverband *m*

industrial buildings (com) Industriebauten *mpl*

industrial buyer (com) gewerblicher Abnehmer *m* *(syn, industrial user)*

industrial capacity utilization (Bw) Auslastung *m* im Fertigungsbereich *(syn, capacity use in manufacturing)*

industrial concentration (Kart) industrielle Konzentration *f*

industrial conflict (Pw) Arbeitskampf *m*, Arbeitsstreitigkeiten *fpl* *(syn, industrial/labor/trade... dispute, industrial... action/strife)*

industrial counselling and brokering (com) Industrievermittlungen *fpl*

industrial data capture (EDV) Betriebsdatenerfassung *f*, BDE

industrial design
(IndE) industrielle Formgebung *f*
(syn, styling)

industrial designer (com) Formgestalter *m*

industrial engineering (IndE) Industrial Engineering *n*
(ie, concerned with the design, improvement, and installation of integrated systems of people, materials, and equipment; syn, management engineering)

industrial equity holding (com) Industriebeteiligung *f*
(ie, equity stakes that a bank holds in industry)

industrial espionage (Bw) Industriespionage *f*, Wirtschaftsspionage *f*

industrial fair (Mk) Industriemesse *f*

industrial goods (Bw) Investitionsgüter *npl*
(syn, capital goods)

industrial goods advertising (Mk) Industriegüterwerbung *f*

industrial holding (com) Beteiligung *f*

industrial logistics (Bw) betriebswirtschaftliche Logistik *f*

industrial market (Mk) Absatzmarkt *m* für industrielle Erzeugnisse

industrial marketing
(Mk) Investitionsgüter-Marketing *n* (*ie, industrial goods comprise: physical products, services, rights, nominal goods; opp, consumer goods marketing*)
(Mk) Industriegüter-Marketing *n*

industrial market research (Mk) Marktforschung *f* für Investitionsgüter

industrial operating rate (Bw) = operating rate

industrial power (com) Wirtschaftsmacht *f (eg, U. K. as a strong . . . within the EEC)*

industrial product (com) Industrieerzeugnis *n*

industrial property rights (Pat) gewerbliche Schutzrechte *npl*

industrial psychology
(Bw) Arbeitspsychologie *f*, Betriebspsychologie *f*
(ie, this term has a limited connotation, so the field is increasingly referred to as ‚industrial and organizational psychology‘ or ‚I/0 psychology‘; syn, personnel psychology)

industrial relations
(Pw) Industrial Relations *pl*
– industrielle Arbeitsbeziehungen *fpl*
– Arbeitgeber-Arbeitnehmer-Beziehungen *fpl*

industrial salesman (Mk) Vertriebsbeauftragter *m* im Industriegüterbereich

industrial-sales operations (Bw) Bereich *m* Investitionsgüter-Marketing

industrial secret (com) Dienstgeheimnis *n*, Geschäftsgeheimnis *n*
(syn, business/trade . . . secret)

industrial sector
(com) industrieller Sektor *m*
(com) Branche *f*

industrial selling price (com) Industrieabgabepreis *m*

industrial undertaking (Bw) Industriebetrieb *m*

industrial user (com) = industrial buyer

industrial vehicles (com) Industriefahrzeuge *npl*

industry
(com) Industrie *f (eg, steel or chemicals industry)*
(com) Wirtschaftszweig *m*, Branche *f*

industry custom (com) branchenübliche Usancen *pl*

industry forecast (com) Branchenprognose *f*

industry leader (Bw) Branchenführer *m*

industry location (Bw) Industriestandort *m*

industry ratio (Bw) Branchenkennziffer *f*

163

industry study (Bw) Branchenuntersuchung *f*
(ie, study of a particular branch of industry)

industry-wide (com) branchenweit

industry-wide control (Bw) Beherrschung *f* e–r ganzen Branche

industry-wide exemptions (Kart) Bereichsausnahmen *fpl (ie, agriculture, banks, insurance companies, public utilities; opp, industrial exemptions)*

inefficiency
(com) Ineffizienz *f,* Unwirtschaftlichkeit *f*
(ie, implies wasting scarce resources in all areas of economic activity)

inefficient
(com) ineffizient, unwirtschaftlich
(ie, wasteful of time or energy)

inequitably restrained (Kart) unbillig eingeschränkt

inertia selling (Mk) Trägheits-Verkauf *m*
(ie, goods are delivered on a sale-or-return basis without the previous consent of the prospect; recipient need not retain or pay for the goods)

infant company (com) junges Unternehmen *n*

infant industry (Vw) junger, unentwickelter Wirtschaftszweig *m*

in-feeding (Bw) Eigenverbrauch *m*
(ie, of goods and services; syn, in-house consumption)

inferior quality (com) mindere Qualität *f*

inflow of orders (com) Auftragseingang *m (syn, new orders, qv)*

influence on the market (com) Markteinfluß *m*

influencer (Mk) Beeinflusser *m*

inform *v*
(com) mitteilen, benachrichtigen
(ie, about/of)
(com) avisieren
(eg, that consignment is under way; syn, advise, notify, give notice)

inform against/on *v* (com, infml) auspacken, verpfeifen
(syn, grass peach/rat/shop/sneak/tell . . . on)

informal arrangement (com) formlose Vereinbarung *f*

informal communication system (Bw) informelles Kommunikationssystem *n*
(ie, mostly oral; information so transmitted is often called „scuttlebud')

informal interview (Mk) formlose Befragung *f*

informal marketing agreement (Mk) Marktabsprache *f*

information
(com) Informationen *fpl*
– Angaben *fpl*
– Unterlagen *fpl (ie, set of facts or other data; syn, details, data, particulars)*

information agreement (Kart) Preisinformationsabsprache *f*

informational advertising (Mk) informierende Werbung *f*
(ie, used to introduce new products and services, or to remind people of existing products or services)

information-based advertising (Mk) informierende od informative Werbung *f (syn, informational advertising; opp, suggestive advertising = Suggestivwerbung)*

information kit (com) Pressemappe *f (syn, press kit)*

information reporting agreement (Kart) Informationsabsprache *f (ie, related to prices and other conditions)*

information seeker (Mk) informationsaktiver Verbraucher *m*

information technology, IT
(Bw) Informations-Technologie *f*

informative labeling (Mk) Herkunftsbezeichnung *f (eg, of consumer goods; syn, origin marking)*

informative price (com) Orientierungspreis *m (syn, introductory price)*

informed estimate (com) fundierte Schätzung f

infrastructure (com) Infrastruktur f *(ie, term less often used than in Germany; no accepted definition exists but it is roughly equal to Hirschman's ‚social overhead capital'; opp, directly productive activities, DPA)*

inherent coercion (Kart, US) Verdrängungswettbewerb m ohne offene Anwendung von Marktmacht

in-house (com) innerbetrieblich, betriebsintern *(syn, in-company)*

in-house consumption (Bw) Eigenverbrauch m *(syn, in-feeding of goods and services)*

in-house counsel (Re) Hausjurist m, Justitiar m *(syn, company lawyer, corporate . . . attorney/counsel)*

in-house customer (com) konzerninterner Kunde m

in-house entrepreneur (Bw) betriebsinterner Innovator m *(cf, intrapreneuring; syn, internal entrepreneur)*

in-house job posting (Pw) interne Stellenausschreibung f *(ie, publication of job openings within a company)*

in-house magazine (Bw) Werkszeitung f *(syn, company/employee . . . magazine, house organ)*

in-house memorandum (com) Hausmitteilung f, Memo n

in-house requirements (com) herstellereigener Bedarf m

in-house training (Pw) betriebliche Ausbildung f *(syn, in-plant/in-service/industrial . . . training)*

initial v (com) abzeichnen *(eg, a letter)*

initial advertising (Mk, GB) Einführungswerbung f *(syn, announcement/launch . . . advertising)*

initial cost (ReW) Anschaffungskosten pl *(syn, first/original/asset . . . cost)*

initial fee (Mk) Einstandsgebühr f *(ie, in franchising)*

initial interview (Mk) Aufnahmeinterview n *(syn, intake interview)*

initial order (com) Erstauftrag m *(syn, first order)*

initial sale (Mk) Erstverkauf m *(ie, customer becomes a prospect for repeat purchases)*

initial stage (com) Anfangsstadium n

initiating source (com) auslösender Faktor m *(eg, of excess demand and a soaring price level)*

inject fresh capital v (Fin) Kapital n zuführen *(ie, into a company)*

injection of capital (Fin) Kapitalzuführung f *(syn, cash injection)*

injection of fresh funds (Fin) Finanzspritze f *(syn, cash injection)*

injection of funds (Fin) Mittelzuführung f

injection of money (Fin) Mittelzuführung f, Geldspritze f *(syn, infml, shot in the arm)*

injunctive relief (Kart, US) Abhilfe f durch Verfügung der Federal Trade Commission *(eg, obtain . . . against)*

injurious falsehood (Re) herabsetzende Feststellung f (Kart) Anschwärzung f *(syn, disparagement of goods)*

in kind (com) in Sachwerten *(opp, cash)*

inland collection (com) Aufnahme f von Gütern *(ie, from exporter)*

in money terms (com) nominell, zu jeweiligen Preisen *(opp, in real terms)*

innocent misrepresentation (Re) unwissentlich falsche Angaben fpl

innocent party (Re) redlicher Erwerber m *(syn, transferee in good faith)*

innocent purchaser (Re) gutgläubiger Erwerber m *(syn, bona fide purchaser)*

innocent third party (Re) gutgläubiger Dritter m *(ie, third party acting in good faith)*

innovation (Bw) Innovation f *(ie, realization of new products and* *new methods in production, management, and organization)*

innovation research (Bw) Innovationsforschung *f*

innovative structure (Bw) Innovationsstruktur *f*

in operating order (com) betriebsbereit *(syn, ready to operate)*

in operation (com) in Betrieb *(syn, on stream)*

inoperative
(com) außer Betrieb *(syn, out of... action/ operation/work)*
(Re) außer Kraft, ungültig *(ie, frappé de nullité)*
(Re) rechtsunwirksam *(syn, invalid, null and void)*

in-pack premium (Mk) eingepackte Zugabe *f*

in-payment (com) Einzahlung *f*

in-plant (Bw) innerbetrieblich *(syn, in-company)*

in-plant training (Pw) betriebliche Ausbildung *f (syn, in-service in-house/industrial... training)*

in-plant transportation (IndE) betriebliches Förderwesen *n (syn, internal transportation)*

in-process inspection (IndE) Zwischenabnahme *f*

in-process inventory (ReW) Bestand *m* an unfertigen Gütern *(syn, work-in-process inventory)*

input
(Bw) Einsatzgüter *npl (ie, sum total of all productive factors)*

input factor (Bw) Einsatzfaktor *m*

input function
(Bw) Faktorfunktion *f*, Produktorfunktion *f*

input materials (IndE) Einsatzmaterial *n (syn, charge materials)*

inquire about *v* (com) sich erkundigen nach, Erkundigungen *fpl* einziehen über *(eg, the credentials of a job applicant)*

inquire after *v* (com) sich erkundigen nach, suchen
(eg, books that might be in the library)

inquire for *v* (com) fragen nach, sprechen wollen

inquire into *v* (com) untersuchen *(ie, try to get information about)*

inquire of *v* (com, fml) sich erkundigen bei

inquiry (com) Anfrage *f*

in real terms (com) real, in konstanten Preisen *(ie, after allowing for inflation; opp, in money terms)*

in representative capacity (com) als Vertreter, für fremde Rechnung

in return for (Re) gegen, als Gegenleistung

inroads into a market (com) Einbruch *m* in den Markt

insert (Mk) Beilage *f*, Werbebeilage *f*

insertion of an advertisement (Mk) Insertion *f*, Anzeigenauftrag *m*

in-service training (Pw) betriebliche Ausbildung *f (syn, in-house training)*

insignificant competition (Kart) unwesentlicher Wettbewerb *m*

insolvency
(Fin) Zahlungsunfähigkeit *f (ie, inability to meet debts as they mature)*
(Fin) Überschuldung *f (ie, in the bankruptcy sense: excess of liabilities over assets)*

insolvency rate (Bw) Insolvenzquote *f (syn, rate of failures)*

insolvent (Fin) insolvent, zahlungsunfähig *(ie, unable to pay debts as they fall due)*

insolvent company (Fin) zahlungsunfähiges Unternehmen *n (eg, can in the U. K. be dealt with in three ways: 1. by receivership – probably followed by liquidation; 2. by voluntary liquidation, or 2. by compulsory liquidation through the official receiver)*

inspect *v* (com) besichtigen, prüfen, abnehmen

inspection
(com) Prüfung *f*
– Überprüfung *f*
– Inspektion *f*

install *v* (com) installieren, anschließen, aufstellen
(syn, set up)
installation
(IndE) Aufstellen *n*
– Einbau *m*
– Installieren *n* *(ie, of plant, machinery)*
(IndE) Anlage *f (syn, facility)*
installment
(Fin) Teilzahlung *f*
– Ratenzahlung *f*
– Rate *f*
installment buying (com) Kauf *m* auf Raten
installment credit (Fin) Teilzahlungskredit *m*, Abzahlungskredit *m*
instances of multiple functions (Bw) Funktionsüberschneidungen *fpl*
instances of plural executives (Bw) Kompetenzüberschneidungen *fpl (ie, leading to multiple subordination; syn, confusion of lines of authority, multiple command)*
instant dismissal (Pw) fristlose Entlassung *f (ie, dismissal without notice)*
instigate corrective action *v* (com) Abhilfemaßnahmen *fpl* in Gang setzen
institutional advertising
(Mk) Firmenwerbung *f*
(Mk) Produktgruppenwerbung *f*
institutional investor (Fin) Kapitalsammelstelle *f*, institutioneller Anleger *m*
(syn, banks, insurance companies, pension fund trustees, investment trust companies, and unit trusts; syn, institutional buyer)
institutional shareholder (com) institutioneller Aktionär *m*
in stock (com) auf Lager, vorrätig *(syn, in store, on hand)*
in store (com) = in stock
in-store advertising (Mk) Ladenwerbung *f (ie, by mass display of goods)*
in strict confidence (com) vertraulich *(syn, strictly confidential)*

instruct *v*
(com) anweisen, beauftragen
instruct a bank *v* (Fin) Bank *f* anweisen
instructions for delivery (com) Lieferanweisung *f*
instructions for use (com) Bedienungsanleitung *f*, Gebrauchsanleitung *f*
instrument (Re) Urkunde *f (ie, formal legal document)*
instrument of management (Bw) Führungsinstrument *n (syn, directional device)*
insurable and imputed risks (Bw) kalkulierbare Risiken *npl (opp, business risk = unternehmerisches Risiko)*
intake interview (Mk) Aufnahmeinterview *n*
intake of new orders (com) Auftragseingang *m (syn, new orders, qv)*
intangible assets
(ReW) immaterielle Aktiva *npl*
– immaterielle Vermögensgegenstände *mpl*
(syn, intangibles)
intangible fixed assets (ReW) immaterielles Anlagevermögen *n (eg, patents, trademarks, licenses, goodwill)*
integrate *v* (com) integrieren *(ie, incorporate into a larger unit)*
integrated unit (IndE) geschlossene Anlage *f*
integration (com) Integration *f*
intelligence (Bw) Informationen *fpl (eg, on developments in the field of mergers and acquisitions)*
intelligence activity (Bw) Informationsbeschaffung *f*
intended audience (Mk) Zielgruppe *f*
intended use (com) bestimmungsgemäßer Gebrauch *m (syn, contractual use)*
intended user (com) Endabnehmer *m (syn, end user, ultimate buyer)*
intense competition (com) scharfer Wettbewerb *m (syn, fierce competition, qv)*

intensely competitive (com) wettbewerbsintensiv

intensify competition v (com) Wettbewerb m verschärfen

intensity of interference (Kart) Eingriffsintensität f

intensive coverage (Mk) Intensivwerbung f (ie, frequent, large-scale advertising in a market; syn, infml, heavy drumbeating)

intention and gross negligence (Re) Vorsatz m und grobe Fahrlässigkeit f

interaction matrix (Bw) Interaktionsmatrix f

interchange (com) Austausch m (eg, of ideas, notes, gifts)

intercompany agreement (Bw) konzerninterne Vereinbarung f

intercompany balances (ReW) konzerninterne Bilanzen fpl (ReW) konzerninterne Salden mpl

intercompany billing price (ReW) interner Verrechnungspreis m

intercompany clearing account (ReW) Verrechnungskonto n

intercompany consolidation (ReW) Zwischenkonsolidierung f

intercompany elimination (ReW) Erfolgskonsolidierung f (ie, Eliminierung des konzerninternen Lieferungs- und Leistungsverkehrs; Regulation S–X, 408; syn, consolidation of earnings)

intercompany financing (Fin) konzerninterne Finanzierung f

intercompany participation (com) interne Beteiligung f

intercompany prices (ReW) Konzernverrechnungspreise mpl

intercompany pricing (ReW) Verrechnung f konzerninterner Leistungen

intercompany profit (ReW) Gewinn m aus konzerninternen Geschäften

intercompany receivables (ReW) konzerninterne Forderungen fpl

intercompany sales (ReW) konzerninterne Umsätze mpl, Innenumsätze mpl (syn, internal deliveries, intra-group sales)

intercompany shipment (com) Verbundlieferung f

intercompany squaring (ReW) Konzernausgleich m

intercompany traffic (IndE) Verbundverkehr m

interdependence (com) Verflechtung f, gegenseitige Abhängigkeit f (syn, interlinking, qv)

interdisciplinary team (Bw) Arbeitsgruppe f (syn, task... force/group, work group)

interest (Fin) Zins m (opp, principal = Kapital) (Fin) Kapitalertrag m jeder Art (syn, capital yield) (Fin) Beteiligung f, Anteil m (syn, holding, stake)

interest bearing (Fin) zinsbringend, zinstragend (syn, interest... earning/yielding)

interest rate (Fin) Zinssatz m, Zinsfuß m (syn, rate of interest)

interface (com) Schnittstelle f (ie, place at which two different systems or subsystems meet and interact with each other) (com) Zusammenarbeit f (eg, between parent and subsidiary)

interface v (com, infml) zusammenarbeiten (eg, the candidate will interface with senior management in handling the options business)

interfere v (com) eingreifen, stören (ie, with)

interference (com) Eingreifen n, Störung n

interfirm comparison (Bw) zwischenbetrieblicher Vergleich m (syn, comparative external analysis)

intergroup profit (ReW) Konzernzwischengewinn m

interim accounts and report (ReW) Halbjahresabschluß *m (syn, first-half report)*

interim arrangement (com) Zwischenlösung *f*

interim committee (com) Interimsausschuß *m*

interim financing (Fin) Überbrückungsfinanzierung *f*, Zwischenfinanzierung *f*
(syn, bridge finance)

interim loan (Fin) Überbrückungskredit *m*, Zwischenkredit *m (syn, bridging loan)*

interim report
(com) Zwischenbericht *m*

inter-industry business combination (Bw) branchenfremder Zusammenschluß *m*

interlace *v*
(com) verflechten *(syn, interlink, interpenetrate)*

interlink *v* (com) verflechten *(syn, interlace)*

interlinked production lines (IndE) verkettete Fertigungslinien *fpl*

interlinking (com) Verflechtung *f (syn, interdependence, interlacing, interpenetration, linkage, mutual dependence)*

interlock (com) = interlocking directorate

interlocked sequence of decision steps (Bw) Entscheidungssequenzen *fpl*

interlocking directorate (com, US) Überkreuzverflechtung *f*, Überkreuzmandat *n*
(ie, common directors of two companies; interlocks between banks and between competing corporations are prohibited by Sec 8 of the 1914 Clayton Act)

interlocutor (com) Gesprächspartner *m*

intermediary
(com) Vermittler *m (ie, links parties to a deal)*

intermediate dealer (com) Zwischenhändler *m (syn, intermediary, middleman)*

intermediate forwarder (com) Zwischenspediteur *m*

intermediate goal (Bw) mittelfristiges Ziel *n (syn, medium-range target)*

intermediate goods (Bw) Zwischenerzeugnisse *npl*

intermediate holding company (com) Zwischenholding *f*

intermediate port (com) Transithafen *m (syn, port of transit)*

intermediate product (Bw) Zwischenprodukt *n*

intermediate seller (com) Zwischenverkäufer *m*

intermediate target (Bw) Zwischenziel *n*

intermediate term (Fin) mittelfristig *(ie, refers to maturities greater than one year and less then ten years)*

intermediate wholesale trade (com) Zwischenhandel *m*

intermittent production (IndE) Werkstattfertigung *f (syn, job shop production)*

intermodal traffic (com, US) kombinierter Verkehr *m*

in terms of real value (com) real *(syn, real, in real terms; opp, in money terms)*

in terms of value (com) wertmäßig *(syn, in value, by value)*

in terms of volume (com) mengenmäßig *(syn, by volume; opp, in terms of money)*

internal configuration (Bw) unternehmensinterne Konstellation *f*

internal diseconomies of scale (Bw) betriebsinterne Größennachteile *mpl*

internal economies of scale (Bw) betriebsinterne Größenvorteile *mpl*, interne Kostendegression *f*

internal flexibility (Bw) unternehmensinterne Flexibilität *f*

internal frontier (com) Binnengrenze *f*

internal handling (Bw) Innentransport *m*

internal investment (Bw) Eigeninvestition *f (opp, external investment)*

internal lines of command (Bw) Befehlskette *f (syn, chain of command)*

internal lines of communication (Bw) innerbetriebliche Kommunikationswege *mpl*

internally produced goods (IndE) Eigenerzeugnisse *npl*, Eigenfertigung *f*

internal rate of discount (Fin) Kalkulationszinsfuß *m*
(ie, applied in preinvestment analysis = Investitionsrechnung; syn, proper discount rate, required rate of return, adequate target rate, minimum acceptable rate, conventional interest rate)

internal rate of return (Fin) interner Zinsfuß *m*
(ie, found by determining the discount rate that, when applied to the future cash flows, causes the present value of those cash flows to equal the investment; problems must be solved by iteration; syn, dcf rate of return, time-adjusted rate of return; rare: yield rate; derjenige Diskontierungssatz, bei dem sich für e–e Investition ein Kapitalwert von Null ergibt)

internal reporting (Bw) internes Berichtswesen *n*

internal reporting system (Bw) internes Berichtssystem *n*

internal requirements (com) Eigenbedarf *m*

internal resources (Fin) Eigenfinanzierungsmittel *pl (eg, capital consumption, investment grants, retained income)*

internal sales (com) Binnenumsätze *mpl (syn, intra-company sales; GB, internal turnovers)*

internal sales revenues (ReW) Innenumsatzerlöse *mpl*
(ie, of an affiliated group of companies; syn, proceeds from intercompany sales)

internal services (Bw) innerbetriebliche Leistungen *fpl*

internal source of information (Bw) interne Informationsquelle *f*

internal talent hunt (Pw) betriebsinterne Talentsuche *f*

internal traffic (com) Binnenverkehr *m*

internal turnover (com) Eigenumsatz *m (ie, user of own finished products, own repairs, own buildings, etc)*

internal turnovers (com, GB) Binnenumsätze *mpl (syn, internal sales)*

internal use (com) Eigennutzung *f*

international business (com) Auslandsgeschäft *n*

international call (com) Auslandsgespräch *n*

International Chamber of Commerce, ICC (com) Internationale Handelskammer *f*

International Commercial Terms (com) = Incoterms, qv

international company (Bw) Weltunternehmen *n*

international consignment note (com) internationaler Frachtbrief *m*

international container transport (com) internationaler Behälterverkehr *m*

international department (com) Auslandsabteilung *f (eg, in banks)*

international economy (AuW) Weltwirtschaft *f (syn, world/global ... economy)*

international express parcels consignment note (com) internationaler Expreßgutschein *m*

international fair (Mk) internationale Messe *f*

international forwarders (com) internationale Spedition *f*

internationally recognized (com) international gebräuchlich

international monetary system (AuW) Weltwährungssystem *n*

international operating subsidiary (Bw) Tochtergesellschaft *f* mit internationaler Geschäftstätigkeit

International Organization for Standardization (com) Internationaler Normenausschuß *m*

international trade (AuW) Welthandel *m*, internationaler Handel *m* *(syn, world/global... trade)*

international transport (com) grenzüberschreitende Beförderung *f*

interoffice (com) innerbetrieblich

interoffice mail (com) Hauspost *f (ie, often labeled ASAP = as soon as possible)*

interoffice memo (com) innerbetriebliche Mitteilung *f*

interpenetrate *v* (com) verflechten *(syn, interlace)*

interpenetration (com) gegenseitige Durchdringung *f*, Verflechtung *f* *(syn, interlinking)*

interpenetration agreement (Mk) Marktabgrenzungsabkommen *n* *(eg, French and German companies limit volume of steel exported into one another's home markets)*

interplant comparison (Bw) Betriebsvergleich *m (syn, interfirm comparison, comparative/external... analysis)*

interplant mobility (Pw) zwischenbetriebliche Mobilität *f*

interpose *v* (com) einschalten, sich einschalten *(ie, between; verb has no negative connotation)*

interstate carrier (com, US) zwischenstaatlich tätiger Frachtführer *m (ie, der sich über die Grenzen e–s Bundesstaates hinaus betätigen darf)*

interstate commerce (Vw, US) zwischenstaatlicher Wirtschaftsverkehr *m (ie, trade among the states of the Union; opp, intrastate commerce)*

Interstate Commerce Commission, ICC (Vw, US) Interstate Commerce Commission *f (ie, unabhängige Behörde, die das Transport- und Verkehrswesen re-*

guliert: rates and service of interstate surface transportation companies - Schiene, Straße, Wasser -, railroads, motor carriers, certain domestic water carriers)

interstate trade (Kart, US) zwischenstaatlicher *(nicht: internationaler)* Wirtschaftsverkehr *m*

interviewee (Mk) Proband *m (syn, respondent)*

interviewer rating (Mk) Einstufung *f* durch den Interviewer

in the bag (com) bevorstehend *(eg, a rise is... for)*

in the black (com) mit Gewinn arbeiten, in der Gewinnzone liegen

in the original (com) im Original

in the red (com) mit Verlust arbeiten, in der Verlustzone liegen

in the works (com, infml) in Bearbeitung *(syn, under way; GB, on the stocks)*

intra-brand competition (Mk) markenspezifischer Wettbewerb *m*

intra-company sales (Bw) Binnenumsätze *mpl (syn, internal sales)*

intra-company transfers (Pw) innerbetriebliche Umsetzungen *fpl*

intra-day fluctuations (com, Bö) Tagesschwankungen *fpl*

intra-departmental (com) abteilungsintern

intra-enterprise conspiracy (Kart, US) Wettbewerbsverstoß *m* im Unternehmensverband *(ie, between parent and subsidiary or between companies under common control; violates Sec 1 of the 1890 Sherman Act)*

intra-European flight (com) innereuropäischer Flug *m*

intra-firm comparison (Bw) innerbetrieblicher Vergleich *m*

intra-group sales (ReW) Innenumsätze *mpl*, konzerninterne Umsätze *mpl (syn, intercompany sales)*

intra-group transactions (com) Konzerngeschäfte *npl*

intra-industry specialization (Bw) brancheninterne Spezialisierung *f*

intra-plant materials handling (IndE) innerbetriebliches Transportwesen *n*

introduction charges (com) Vermittlungsgebühr *f*

introductory price (com) Einführungspreis *m*, Orientierungspreis *m (syn, informative price)*

intuitive-anticipatory planning (Bw) improvisierende Planung *f*

invalid (Re) ungültig, nichtig, rechtsunwirksam *(syn, void)*

in value (com) wertmäßig *(eg, exports rose 16% in value; syn, in terms of value, by value)*

inventory
(ReW) Inventur *f*, körperliche Bestandsaufnahme *f (syn, physical inventory, stocktaking)*
(ReW) Inventar *n*, Inventarliste *f (syn, stock list)*
(ReW) Vorräte *mpl*
– (Lager-)Bestände *mpl*
– Vorratsvermögen *n (syn, inventories, stock(s), stock on hand; GB, stock-in-trade)*

inventory *v* (MaW) inventarisieren, Bestände *mpl* aufnehmen

inventory accounting (MaW) Lagerbuchführung *f*

inventory accounting department (MaW) Lagerbuchhaltung *f*

inventory accounting system (MaW) Lagerbuchführung *f*

inventory and materials management (MaW) Lagerwirtschaft *f*

inventory buffer (MaW) Sicherheitsbestand *m (syn, inventory . . . cushion/reserve, safety inventory)*

inventory buildup
(MaW) Auffüllung *f*
– Aufstockung *f*
– Aufbau *m . . .* von Lagerbeständen *(syn, accumulation/replenishment . . . of inventories)*

inventory changes
(MaW) Bestandsveränderungen *fpl*

inventory control
(MaW) Bestandskontrolle *f*

(MaW) Lagerwirtschaft *f (ie, systematic management of the balance on hand of inventory items: supply, storage, distribution, recording)*

inventory cushion (MaW) Sicherheitsbestand *m (syn, inventory buffer)*

inventory lead time (MaW) Beschaffungszeit *f (syn, procurement lead time)*

inventory level (MaW) Lagerbestand *m*, Lagergröße *f*

inventory losses (MaW) Lagerverluste *mpl*

inventory management
(MaW) Lagerwirtschaft *f*
– Bestandsverwaltung *f*
– Bestandsführung *f (syn, inventory control, qv)*

inventory planning (MaW) Lagerplanung *f (syn, materials requirements planning)*

inventory policy (MaW) Lagerhaltungspolitik *f*

inventory pricing (ReW) Vorratsbewertung *f (syn, inventory valuation)*

inventory profit
(ReW) Lagergewinn *m*
– Bestandsgewinn *m*
– Scheingewinn *m* aus Vorratsbewertung
(ie, excess of one valuation base over another; eg, fifo vs lifo; unavailable for reinvestment or dividend payout; syn, phantom inventory gain, fool's profit)

inventory-sales ratio (Bw) Umschlaghäufigkeit *f* des Warenbestandes *(syn, rate of merchandise turnover)*

inventory scheduling (MaW) Lagerhaltungsplanung *f*

inventory taking (MaW) Bestandsaufnahme *f*, Bestandsermittlung *f (syn, stocktaking)*

inventory turnover (MaW) Lagerumschlag *m*, Lagerumsatz *m (ie, ratio of annual cost of goods sold to average inventory; syn, in-*

ventory-sales ratio, rate of gibt an, wie oft der durchschnittliche Bestand im Jahr umgesetzt wird; *inventory-sales ratio, rate of inventory turnover, merchandise/stock... turnover)*

inventory updating (MaW) Bestandsfortschreibung *f*, Skontration *f* *(syn, perpetual inventory)*

inventory valuation (ReW) Bestandsbewertung *f*, Bewertung *f* des Vorratsvermögens *(syn, inventory pricing)*

invest *v* (Fin) Geld *n* anlegen, investieren *(ie, in; to earn a financial return; syn, put/sink... money into)*

investigate a market *v* (Mk) Markt *m* beobachten

investing public (Fin) Anlagepublikum *n*, anlagesuchendes Publikum *n*

invest long term *v* (Fin) langfristig anlegen

investment
(Bw) Investition *f*
(Fin) Kapitalanlage *f*, Investition *f*
(Fin) = investment spending
(Fin) Wertpapier *n*
(Fin) Beteiligung *f*

investment abroad (AuW) Auslandsinvestition *f* *(syn, foreign investment)*

investment activity (Bw) Investitionstätigkeit *f*
(eg, steep drop in...)

investment analysis (Fin) Investitionsrechnung *f* *(syn, capital budgeting, preinvestment analysis, qv)*

investment appraisal
(Fin) = investment analysis
(Fin) Anlagebewertung *f* *(syn, investment rating)*

investment barriers (AuW) Investitionsschranken *fpl* *(ie, to foreigners)*

investment confidence (Bw) Investitionsbereitschaft *f (eg, has been remarkably strong)*

investment consultant (Fin) Anlageberater *m*
(syn, investment... adviser/counsel/consultant)

investment decision (Bw) Investitionsentscheidung *f*, Anlageentscheidung *f*

investment diversification (Fin) Anlagestreuung *f*

investment earnings (Fin) Beteiligungserträge *mpl*

investment expenditure (Fin) Investitionsausgaben *fpl (syn, capital spending, qv)*

investment goods (Bw) Investitionsgüter *npl (syn, capital/industrial... goods)*

investment incentive (Bw) Investitionsanreiz *m (syn, incentive to invest)*

investment opportunities (Fin) Investitionsmöglichkeiten *fpl (syn, investment outlets)*

investments
(ReW, EG) Wertpapiere *npl*
(ReW) Wertpapiere *npl* des Anlagevermögens *(opp, marketable securities)*
(Fin) Beteiligungen *fpl*, Finanzanlagevermögen *n*

investment spending
(Fin) Investitionsaufwendungen *fpl*

investment strategy (Fin) Anlagestrategie *f (cf, portfolio selection)*

investment surge (Bw) Investitionsschub *m*

investment vehicles (Fin) Anlageformen *fpl*, Anlageinstrumente *npl* *(eg, savings accounts, time deposits, annuities, notes, acceptances, bills of exchange, corporate bonds and stocks, chattel mortgages, real estate)*

investor (Fin) Investor *m*, Kapitalanleger *m*

investor abroad (Fin) ausländischer Anleger *m*

invest short *v* (Fin) kurzfristig anlegen

invitation to bid (com) Ausschreibung f, Submission f
(ie, published notice that competitive bids are requested; syn, invitation to tender)

invitation to tender (com) = invitation to bid

invite tenders v (com) ausschreiben *(syn, put out/up . . . for tender, advertise for bids)*

invoice (com) (Waren-)Rechnung f, Faktura f

invoice v
(com) berechnen *(syn, charge, bill)*
(com) fakturieren, Rechnung f ausstellen

invoice in dollars v (com) in $ fakturieren *(syn, factor in dollars)*

invoice price (com) Rechnungspreis m

invoice value (com) Rechnungswert m, Fakturenwert m

invoicing (com) Abrechnung f, Fakturierung f *(syn, billing)*

invoicing currency (com) Fakturawährung f

invoicing department (com) Rechnungsabteilung f *(syn, US, billing department)*

in volume terms (Vw) real, zu konstanten Preisen

inward bill of lading (com) Importkonnossement n

inward investment (Bw, GB) ausländische Direktinvestition f

in working order (com) betriebsbereit *(syn, ready to operate)*

iron and steel industry (com) Eisen- und Stahlindustrie f, eisenschaffende Industrie f

iron and steel works (IndE) Hüttenwerk n

iron ore mining (com) Eisenerzbergbau m

iron reserves (com) eiserne Reserve f *(ie, against unpleasant surprises such as a sudden rise in prices)*

irregular operator (com, US) Charter-Fluggesellschaft f *(syn, fixed-based operator, qv)*

irrevocable letter of credit (Fin) unwiderrufliches Akkreditiv n

ISO Code (Fin) ISO Code m
ie, enthält international übliche Abkürzungen für Währungsbezeichnungen; besteht aus drei Buchstaben: die ersten beiden Stellen bezeichnen das Land, die dritte die Währung; zum Beispiel: CHF Schweizer Franken, FRF Französischer Franc, GBP Pfund Sterling, USD US-Dollar

issuance of material (MaW) Materialausgabe f

issue
(com) Frage f, Problem n
(Fin) Begebung f od Emission f von Wertpapieren *(ie, of shares and other securities)*

issue v
(com) ausstellen
(Fin) emittieren *(eg, shares)*
(Fin) auflegen *(eg, a bond issue; syn, to float, to launch)*

issue from v (com) herrühren *(eg, problems issue from a lack of investment)*

issue of materials (MaW) Materialausgabe f

issuer (Fin) Emittent m
(ie, company offering shares of its stock or bonds to the public)

issue shares v (Fin) Aktien fpl ausgeben od emittieren *(syn, issue stock)*

issuing activity (Fin) Emissionstätigkeit f

issuing date (com) Ausstellungstag m *(eg, of a policy)*

issuing group
(Fin) Begebungskonsortium n
– Plazierungskonsortium n
– Verkaufsgruppe f *(syn, issuing syndicate, selling . . . group/syndicate)*

issuing syndicate (Fin) = issuing group

item analysis (Mk) Artikelanalyse f

item code number (Mk) individuelle Artikelnummer f *(ie, in the UPC Code)*

item cost (Mk) Artikeleinstands-
wert *m*
itemization (com) Aufgliederung *f*
(syn, breakdown)
itemize *v* (com) einzeln aufführen,
aufgliedern *(syn, break down)*
itemize costs *v* (com) Kosten *pl* aufgliedern od spezifizieren
itemized list (com) Einzelaufstel-
lung *f (syn, detailed statement)*
item made to order (IndE) Sonderan-
fertigung *f*

item markup (Mk) Artikelauf-
schlag *m*
item master (MaW) Teilestamm *m*
item on the agenda (com) Beratungs-
gegenstand *m*, Gegenstand *m* der
Tagesordnung
item pricing (Mk) Einzelpreisaus-
zeichnung *f*
item-related profit margin (Mk) Arti-
kelspanne *f (ie, difference between
purchase and sales price of a single
article)*

J

jack up *v* (com, infml) erhöhen, steigern *(eg, productivity)*
jam on the credit brake *v* (Fin, sl)
Kreditbremse *f* ziehen *(syn, infml,
clamp down on credits)*
Jason clause (com) Konnossements-
klausel *f*
*(ie, requires the cargo owner to
contribute to the general average
loss even if the loss was caused by
negligence = schreibt Beteiligung
an großer Havarie vor)*
jetliner (com) Düsenverkehrsflug-
zeug *n*
job
(com) Beschäftigung *f*, Tätigkeit *f*
(com) Vorgang *m (syn, job file)*
(Bw) Arbeitsvorgang *m*, Operation *f (syn, operation)*
job advertisement (Pw) Stellenausschreibung *f*
job applicant (Pw) Stellenbewer-
ber *m*
job application (Pw) Bewerbung *f*,
Stellengesuch *n*
job assignment (Pw) Aufgabenverteilung *f (syn, task assignment)*
jobber
(com, GB) Großhändler *m*
(com, US, *older name for:)* Großhändler *m (syn, wholesaler)*
jobbing
(com, US) Großhandel *m*
(com, GB) Zwischenhandel *m*

job candidate (Pw) Bewerber *m*
job change (Pw) Arbeitsplatzwechsel *m (syn, job shift)*
job creation (Pw) Arbeitsbeschaf-
fung *f*
job creation measures (Vw) Arbeitsbeschaffungsmaßnahmen *fpl*
job creation program (Vw) Beschäfti-
gungsprogramm *n*
*(ie, spending program to create
jobs or to promote employment
and increase investment; syn,
make-work scheme, jobs plan)*
job description
(Pw) Stellenbeschreibung *f*
– Arbeitsplatzanalyse *f*
– Arbeitsplatzbeschreibung *f (ie,
a detailed description of the essential activities required to perform a
task; syn, job definition)*
job destruction (Pw) Arbeitsplatzver-
nichtung *f*
*(syn, job shedding, abolition of
jobs)*
job discrimination (Pw) Benachteili-
gung *f* am Arbeitsplatz
job evaluation (Pw) Arbeits(platz)be-
wertung *f*
*(ie, appraisal of each job either by a
point system or by comparison of
job characteristics; used for estab-
lishing a job hierarchy and wage
plans; syn, job rating; GB, labour
grading)*

job fostering scheme (Vw) Arbeitsbeschaffungsprogramm n
job freeze (Pw) Einstellungsstopp m *(syn, hiring freeze)*
jobholder (Pw) Stelleninhaber m *(syn, incumbent of a job)*
job interview (Pw) Einstellungsgespräch n *(syn, hiring/employment... interview)*
job killers (Bw) Arbeitsplätze vernichtende Faktoren *mpl*
job layoffs (Pw) Freisetzungen *fpl*
jobless
(Pw) arbeitslos
(syn, unemployed)
(Pw) Arbeitsloser m
jobless growth (Bw) Wachstum n ohne Schaffung von Arbeitsplätzen
joblessness (Pw) Arbeitslosigkeit f *(syn, unemployment)*
jobless person (Pw) Arbeitloser m *(syn, unemployed person, person out of work)*
jobless rate (Vw) Arbeitslosenquote f *(syn, unemployment rate)*
job loss (Pw) Arbeitsplatzverlust m
job offer (Pw) Stellenangebot n *(ie, offer of employment)*
job opening (Pw) offene Stelle f, unbesetzter Arbeitsplatz m *(syn, vacant job, vacancy)*
job opportunities (Pw) Beschäftigungsmöglichkeiten *fpl (syn, job... outlook/perspectives/prospects)*
job-order plant (IndE) Betrieb m mit Kundenauftragsfertigung *(syn, job shop, make-to-order plant)*
job-order production (IndE) Kundenauftragsfertigung f *(syn, custom manufacturing)*
job out v (com) Aufträge *mpl* weitervergeben
job preservation (Pw) Erhaltung f von Arbeitsplätzen
job production (IndE) Einzelfertigung f *(syn, individual production)*
job prospects (Pw) = job opportunities

job pruning (Pw) Abbau m von Arbeitsplätzen *(syn, slimming jobs, slashing of manning level)*
job requirements (Pw) Stellenanforderungen *fpl*
job retraining (Pw) Umschulung f
job search (Pw) Stellensuche f *(syn, infml, job hunt)*
job security (Pw) = job safety
job seeker (Pw) Stellensuchender m
job shift (Pw) Arbeitsplatzwechsel m *(syn, job change)*
job shop (IndE) Betrieb m mit Kundenauftragsfertigung *(syn, job order plant, make-to-order plant)*
job shop production (IndE) Werkstattfertigung f *(ie, custom manufacturing operation; eg, tool and die making; syn, cellular organization of production, intermittent production)*
job site (Pw) Arbeitsplatz m *(syn, workplace, workstation)*
job-site production (IndE) Baustellenfertigung f *(syn, fixed-site production)*
job specification
(Pw) Anforderungsprofil n
– Arbeitsplatzbeschreibung f
– Stellenbeschreibung f
job study (Bw) Arbeitsanalyse f
job switch (Pw) Stellenwechsel m
job vacancy (Pw) = job opening
join forces v (com) zusammenarbeiten, sich zusammenschließen *(syn, work together)*
joint advertising (Mk) Gemeinschaftswerbung f *(syn, cooperative advertising)*
joint cargo (com) Sammelladung f *(syn, consolidated shipment, qv)*
joint committee (com) gemeinsamer Ausschuß m
joint financing (Fin) Gemeinschaftsfinanzierung f *(syn, group financing)*
joint holder (com) Mitaktionär m
joint marketing (Mk) Gemeinschaftsvertrieb m

joint overall performance (Bw) gemeinsame Gesamtleistung f
joint owner (Re) Miteigentümer m
joint ownership (Re) gemeinschaftliches Eigentum n (syn, joint tenancy, co-ownership)
joint product (IndE) Kuppelprodukt n (syn, complementary product)
joint-product cost (KoR) Kosten pl der Kuppelprodukte (ie, incurred up to the point of separation of the different products – Gabelungspunkt = splitoff point)
joint-product costing (KoR) Kuppelkalkulation f
joint-product production (IndE) Kuppelproduktion f, verbundene Produktion f
joint purchasing (com) gemeinsame Beschaffung f (ie, by two or more organizations)
joint research (Bw) Gemeinschaftsforschung f (ie, undertaken by several firms)
joint sales organization (Mk) gemeinschaftliche Absatzorganisation f (ie, sales office, distributing warehouse, traveling salesmen, etc)
joint ship building (com) Baureederei f
joint shipowner (com) Mitreeder m (syn, co-owner of a ship)
joint stock association (Bw, US) = joint stock company
joint stock company
(Re, US, rare) Gesellschaft f in Form e–r körperschaftlich organisierten Personengesellschaft (ie, no legal person; unlimited liability of members; treated for tax purposes as a corporation)
(Re, GB) Aktiengesellschaft f (ie, now: public limited company, plc)
joint study team (com) gemeinsame Arbeitsgruppe f
joint undertaking (com) Gemeinschaftsunternehmen n
joint venture
(com) Joint Venture, Gemein-

schaftsunternehmen n (ie, agreement by two or more firms to cooperate in manufacturing, distribution, R & D, etc; each party makes a substantial contribution; eg, in the form of capital, technology, marketing experience, personnel, or physical assets; it may take various legal forms, although it usually involves the creation of a separate jointly-owned subsidiary)
(com) Arbeitsgemeinschaft f (syn, ad hoc consortium)
join up v (com) zusammenschließen (eg, two firms; syn, link up, marry up)
jot down v (com) (sofort) aufschreiben (eg, when you have a good idea during a sleepless night)
journey order (com, GB) Auftrag m an Vertreter (ie, retailer to sales representative)
journey planning (Mk, GB) Optimierung f der Route e–s Reisenden (ie, organizing a salesman's route, rate of call, and customer priority rating)
juggernaut merger (com, infml) Großfusion f (syn, jumbo merger, qv)
jumble sale (com, GB) Ramschverkauf m (syn, US, rummage sale)
jumbo deal (com) Großgeschäft n
jumbo loan (Fin) Großkredit m (syn, big/large-scale/massive . . . loan)
jumbo loan issue (Fin) Großemission f
jumbo meeting (com) Marathon-Sitzung f
jumbo merger
(com) Großfusion f
– Mammutfusion f
– „Elefanten-Hochzeit" f (syn, giant/juggernaut/mega/megabuck/megadollar . . . merger)
jumbo package (com) Großpackung f
jumbo project (com) Großprojekt n (syn, big-ticket project)
jumpy market (com) Markt m mit starken Schwankungen

jurisdictional disputes
   (Re) Kompetenzstreitigkeiten *fpl*
   (Bw) = conflicting lines of authority
jurisdiction risk (AuW) Länderrisiko *n*
   (ie, legal officials may not be impartial)
justifiable (com, Re) vertretbar *(syn, defensible, reasonable)*
justifiable cause (Re) sachlich gerechtfertigter Grund *m*
just-in-time (JIT) inventory method (MaW) fertigungssynchrone Materialwirtschaft *f*
   (ie, aims at maintaining just the

level needed to meet current demand)
just-in-time (JIT) production (IndE) JIT-Produktion *f*
just-in-time (JIT) purchasing
   (MaW) beständelose Beschaffung *f*
   – fertigungssynchrone Beschaffung *f*
   – einsatzsynchrone Beschaffung *f*
   – JIT-Beschaffung *f*
   (ie, procurement method alleged to be a Japanese invention; older terms denoting the same thing are: stockless buying, job lot control, qv)

K

keen competition (com) scharfer Wettbewerb *m (syn, fierce competition, qv)*
keenly contested market (com) heiß umkämpfter Markt *m (ie, fiercely competitive market)*
keen price (com) extrem niedriger od scharf kalkulierter Preis *m*
keep *v* (com) führen *(eg, certain articles in stock)*
keep about/around *v* (com) vorrätig haben
keep afloat *v* (com) über Wasser halten *(eg, a failing company)*
keep ahead of *v* (com) besser sein als *(eg, rivals)*
keep a tight grip/rein on *v* (com) knapp halten *(eg, money supply)*
keep a time limit *v* (com) Frist *f* od Termin *m* einhalten
keep down *v* (com) niedrig halten *(eg, prices; syn, hold down)*
keep in *v* (com) vorrätig halten *(syn, have in)*
keep on *v*
   (com) weitermachen *(ie, continue in the face of difficulties)*
   (Pw) weiterbeschäftigen *(syn, continue to employ)*

keep up *v*
   (com) hoch halten, hoch bleiben *(eg, prices)*
   (com) weitermachen *(eg, studies, English lessons, payments)*
keep up with *v* (com) Schritt halten mit
keep within bounds *v* (com) in Grenzen halten *(eg, costs)*
key account
   (com) Hauptauftraggeber *m*, Hauptkunde *m*
   (eg, of consulting firm, advertising agency)
   (Mk) Großkunde *m (ie, in industrial marketing)*
key area (com) Hauptbereich *m*
keyboard capability (Pw) Fertigkeit *f* im Umgang mit Computern, Textverarbeitung usw.
keyboard entry (EDV) manuelle Eingabe *f*, Tastatureingabe *f*
keyboarder (EDV) Datentypistin *f*, Datentypist *m*, DV-Schreibkraft *f*
key commodity (Vw) Schlüsselrohstoff *m (eg, crude oil, copper, wheat)*
key currency (AuW) Leitwährung *f*, Schlüsselwährung *f*

key currency country (AuW) Leitwährungsland *n*

key customer (com) wichtiger Kunde *m*

key data (com) Eckdaten *pl (syn, benchmark figures)*

key date
(com) Berichtszeitpunkt *m (syn, reporting date)*
(com) Stichtag *m (syn, effective/relevant/ target ... date)*

key economic data (Vw) gesamtwirtschaftliche Eckdaten *pl*

keyed advertisement (Mk) Chiffreanzeige *f (syn, box number advertisement)*

key employee (Pw) Schlüsselkraft *f*

key executive (Pw) Top-Führungskraft *f*

key function (Bw) Kernfunktion *f (syn, basic function)*

key goal (Bw) Hauptziel *n*

key in *v* (EDV) eingeben *(ie, at computer terminal)*

key industry (com) Schlüsselbranche *f (syn, infml, bellwether industry)*

key interest rate (Fin) Leitzins *m*

key issue (com) Grundsatzfrage *f*

key job (Pw) Schlüsseltätigkeit *f*

key lending rate (Fin) Leitzins *m*

key man (Pw) Schlüsselkraft *f*

key note speech (com) Grundsatzrede *f*, Grundsatzreferat *n*

key operations (com) Kernbereich *m (syn, core operations)*

key position (Pw) Schlüsselposition *f (syn, infml, key slot)*

key problem (com) Kernproblem *n (syn, focal problem)*

key question (com) Schlüsselfrage *f*

key ratio (Bw) Spitzenkennzahl *f (eg, RoI)*

key responsibility center (Bw) Hauptverantwortungsbereich *m*

key result area (Bw) Hauptergebnisbereich *m*

key slot (Pw, infml) Schlüsselposition *f (eg, bring fresh faces into key slots)*

key strike (Pw) Schwerpunktstreik *m (syn, selective strike)*

key technology (IndE) Schlüsseltechnologie *f (eg, based on ICs and microprocessors)*

key workers (Pw) Stammbelegschaft *f*

kick in *v*
(com, infml) Geld *n* zuschießen *(eg, members can always ... more money)*
(com, infml) sich beteiligen an *(eg, ... 10% of the cost)*

kick off *v* (com) beginnen, den Anfang machen *(ie, with)*

kick sb upstairs *v* (Pw, infml) wegloben *(ie, promote a person with an unsatisfactory job performance to a higher position where she/he can do no harm)*

kick the wind out of *v* (com, infml) Wasser *n* abgraben *(eg, one's rivals)*

kick up *v* (com) erhöhen *(eg, prices upwards)*

Knapsack problem
(Bw) Ladungsproblem *n*
– Rucksackproblem *n (ie, elementares logistisches Optmierungsproblem)*

knock down *v*
(com) verdienen *(ie, income, salary; syn, earn, get)*
(com) zuschlagen *(ie, to the highest bidder)*

knock-down price (com) äußerster Preis *m*
(syn, bottom/lowest /rock-bottom ... price)

knockdown to the highest bidder (com) Zuschlag *m* an den Meistbietenden

knocked-down bid (com, infml) preisgünstigstes Angebot *n (syn, lowest bid)*

knocked-down price (com) niedrigster Preis *m*, Mindestpreis *m (syn, minimum price, price floor)*

knockoff (com, infml) Imitation *f* e–s Konkurrenzprodukts)

knock off *v*
(com, infml) nachlassen *(eg, ...*
$10 off the retail price)
(Pw, infml) Pause *f* machen *(eg, 15*
minutes)
(Pw, infml) Arbeit *f* einstellen *(eg,*
we usually ... at 4.30)
knock-on impact (Bw) Anstoßwir-
kung *f (eg, of a decision)*
knockout agreement (com) Vereinbarung *f* von Bietern
(ie, not to bid against each other;
syn, bidder's ring)
knockout price (com) Schleuderpreis *m (syn, give-away/slaugh-*
tered ... price)

knock prices down *v* (com) Preis-
e *mpl* senken
knock the stuffing out of *v* (com,
infml) Luft *f* herauslassen *(eg, as-*
sets traded, such as stocks, bonds,
commodities)
knowledge-based management system
(Bw) wissensbasiertes Manage-
mentsystem *n*
knowledge industry (Bw) Informa-
tions-Industrie *f*
(ie, production, storage, and dis-
tribution of information; umbrella
phrase coined by F. Machlup; cov-
ers the educational system, the
media, libraries, research institutes,
etc)

L

label
(com) Etikett *n*
– Anhänger *m*
– Schild/chen *n*
(com) Aufkleber *m (ie, slip with*
adhesive back)
(com) Aufschrift *f (ie, in postal ser-*
vice)
(com) Schallplattenfirma *f (ie,*
company issuing trademarked re-
cordings)
(Mk) Kennzeichnung *f (cf,*
labeling)
label *v*
(com) etikettieren, markieren
labeling
(Mk) Kennzeichnung *f*
– Markierung *f*
– (Waren–)Auszeichnung *f*
(eg, the Food and Drug Adminis-
tration and the Consumer Product
Safety Commission require prod-
ucts to be labeled or marked with
warnings, instructions, certifica-
tions, and manufacturer's identifi-
cation)
labeling instructions (com) Markierungsvorschriften *fpl (syn, mark-*
ing instructions)

labeling requirements (Mk) Kenn-
zeichnungsvorschriften *fpl*
labor
(Pw) Arbeitskräfte *fpl*
(Pw) Arbeitnehmer *mpl (ie, collec-*
tively)
(Pw) Gewerkschaften *fpl (ie, labor*
and management)
labor agreement (Pw) Tarifvertrag *m*
(ie, between employer and union)
laboratory education (Pw) = laboratory training
laboratory training (Pw) Labor-Train-
ing *n*
(ie, formal training through ex-
periencing group activities specially
created for such a purpose; sensiti-
vity training is its most common
form; syn, lab education)
labor bargaining (Pw) Tarifverhandlungen *fpl*
labor bottleneck (Vw) Arbeitskräf-
teengpaß *m (syn, manpower bot-*
tleneck)
labor certification (Pw, US) Arbeits-
erlaubnis *f (ie, required before a*
permanent visa is issued)
labor contract (Pw) = employment
contract

labor cost (Pw) Arbeitskosten *pl*
*(ie, sum total of wages and salaries
+ fringe benefits; syn, employment
cost, bill for wages, salaries, and social cost)*

laborer (Pw) ungelernter Arbeiter *m*
*(ie, mostly heavy work; eg, build-
er's laborer)*

labor explosion chart (IndE) Arbeitsablaufplan *m*, Arbeitsablaufdia-
gramm *n*

labor force
(Pw) Personalbestand *m*, Belegschaft *f (syn, workforce, staff)*

labor force participation rate (Vw)
Erwerbsquote *f (syn, activity/em-
ployment . . . rate, labor force activity)*

labor force potential (Vw) Arbeits-
kräftepotential *n*
*(ie, pool of workers potentially a-
vailable for work; syn, manpower
potential)*

labor force statistics (Stat) Arbeits-
kräftestatistik *f*

labor intensive (Bw) arbeitsintensiv

labor legislation (Re) Arbeitsgesetz-
gebung *f*

labor managed firm (Bw) arbeitsge-
leitete Unternehmung *f (ie, die
Leitungsbefugnis ist auf die Arbeitnehmer übertragen)*

labor-management peace (Pw) = industrial peace

labor market (Vw) Arbeitsmarkt *m*
*(syn, job/unemployment . . .
market)*

labor market policy (Vw) Arbeits-
marktpolitik *f (syn, manpower
policy)*

labor market research (Vw) Arbeits-
marktforschung *f*

labor market situation (Vw) Arbeitsmarktsituation *f*, Beschäftigungssituation *f*
*(syn, employment/job/manpow-
er . . . situation)*

labor market statistics (Stat) Arbeits-
marktstatistik *f (syn, labor force
statistics)*

labor mix (Pw) Verhältnis *n* Ar-
beiter/Angestellte

labor mobility (Pw) Mobilität *f* der
Arbeitnehmer, Arbeitskräftemobilität *f (ie, free movement of
labor)*

labor monopoly (Vw) Arbeitsmarkt-
monopol *n*

labor movement (Pw) Arbeiterbewe-
gung *f*, Gewerkschaftsbewegung *f*

labor negotiations (Pw) Lohn- und
Tarifverhandlungen *fpl*

labor orientation (Bw) Arbeitsorien-
tierung *f (ie, in location theory =
Standorttheorie)*

labor piracy (Pw, infml) Abwer-
bung *f (ie, offering higher pay and
other benefits)*

labor productivity (Vw) Arbeitspro-
duktivität *f*
*(ie, ratio of output to labor input;
syn, labor efficiency)*

labor protection (Pw) Arbeits-
schutz *m (syn, job protection)*

labor protection law (Re) Arbeits-
schutzgesetz *n*

labor relations
(Pw) Arbeitgeber–Arbeitnehmer–
Beziehungen *fpl*
(Pw) industrielle Beziehungen *fpl*
*(ie, on a higher labor-management
level)*

labor-saving equipment (IndE) ar-
beitsparende Maschinen *fpl* und
Geräte *npl*

labor-saving production (IndE) ar-
beitskräftesparende Fertigung *f*

labor settlement (Pw) Tarifab-
schluß *m*

labor shed (Vw, infml) Arbeitskräf-
tereservoir *n (ie, area from which
labor supply is drawn)*

labor shortage (Vw) Arbeitskräftemangel *m*

labor slowdown (Pw) Bummelstreik *m*

labor's share (Vw) (gesamtwirtschaftliche) Lohnquote *f*
*(ie, share of labor in the national
income: quotient of total wage bill*

*and national income or: of average
real wage rate and labor productivity)*

labor turnover (Pw) Arbeitskräfte-
fluktuation *f (ie, zwischenbetrieblicher Arbeitsplatzwechsel; syn,
employee/manpower/personnel/
staff... turnover)*

labor union (Pw, US) Gewerkschaft *f
(syn, GB, trade union; cf, union)*

labor wastage (Pw) Arbeitskräfteabgang *m*

lackluster performance (com) mittel-
mäßige Leistung *f*, schwaches Ergebnis *n (syn, mediocre)*

lack of agreement (Re) Einigungs-
mangel *m*, Dissens *m*

lack of capital (Fin) Kapitalmangel *m*

lack of cash (Fin) Liquiditätsknapp-
heit *f*

lack of money (Fin) Geldmangel *m*

lack of orders (com) Auftragsmangel *m (syn, dearth of orders)*

lack of sales (Mk) Absatzmangel *m*

lade *v*
(com) verladen
– Ladung *f* übernehmen *(ie, vehicle)*
– Ladung *f* an Bord nehmen *(ie,
ship)*

laden in bulk (com) mit Schüttgut beladen

laden weight (com) Ladegewicht *n*

lading
(com) Ladung *f (ie, cargo in vehicle or ship)*
(com) Verladen *n*

lading charges (com) Ladekosten *pl*

lading port (com) Verladehafen *m
(opp, discharge port)*

lady executive (Pw) weibliche Führungskraft *f (syn, woman executive)*

lag (com) Verzögerung *f*

lag behind *v*
(com) in Rückstand sein *(eg, with
payments)*
(com) hinterher hinken

laid off (Pw) freigesetzt, freigestellt
(cf, lay off)

laid up (Pw) krank *(eg, with a splin-
tered fraction)*

lamb
(com, infml) leicht zu überreden-
der Käufer *m*

lame duck
(com, GB) nicht lebensfähiges Unternehmen *n*

LAN (EDV) = local area network

land
(com) Grundstücke *npl*
(ReW) unbebaute Grundstük-
ke *npl*
*(syn, land not built on, unde-
veloped real estate, vacant land)*

land agent
(com, GB) Grundstücksmakler *m*,
Immobilienmakler *m (syn, estate
agent)*
(com, GB) Schiffsmakler *m*, Seehafenspediteur *m*

land a job *v* (Pw) Stelle *f* od Posten *m*
erhalten

land and buildings (ReW) Grundstücke *npl* und Bauten *mpl*

land-borne freight (com) Landfracht-
geschäft *n (syn, GB, land carriage)*

land carriage (com, GB) = land-
borne freight

land development (com) Erschließung *f* von Grundstücken od Bau-
gelände

land development plan (com) Grund-
stückserschließungsplan *m*

land earmarked for development
(com) Bauerwartungsland *n*

landed cost
(com) Kosten *pl* bis zum Löschen
*(ie, includes cif and other charges
+ insurance)*

landed price (com) Preis *m* bei Anlieferung, Preis *m* frei Bestimmungshafen

land held for future plant sites (ReW)
Vorratsland *n*

land improvements
(com) Aufschließungsmaßnah-
men *fpl*
– Grundstückseinrichtungen *fpl*
– Erschließungsanlagen *fpl*

landing (com) Anlanden *n*

landing agent (com) Anlandevertreter *m (ie, of a shipping company)*

landing certificate (com) Löschbescheinigung *f*

landing charges (com) Löschungskosten *pl*

land in use as a plant site (ReW) Betriebsgrundstück *n*

land not built on (ReW) unbebaute Grundstücke *npl (syn, land, qv)*

land ready for building (com) Erschließungsgelände *n*, baureife Grundstücke *npl*

landscaped office (com) Büroland-schaft *f*
(syn, open office area, panoramic office)

land transport (com) Beförderung *f* auf dem Landwege

lapse
(Re) Ablauf *m*
– Erlöschen *n*
– Verfall *m (ie, of rights or claims)*

lapse *v* (Re) ablaufen, erlöschen, verfallen *(syn, expire)*

lapse of time (com) Fristablauf *m*, Zeitablauf *m (syn, expiration/passage... of time)*

large borrower (Fin) Großkreditnehmer *m*

large buyer (com) Großabnehmer *m*

large-scale advertising (Mk) Massenwerbung *f*

large-scale chain organization (Mk) Massenfilialbetrieb *m*

large-scale integrated system (com) Großverbundnetz *n*

large-scale order (com) Großauftrag *m*

large-scale production (IndE) Großproduktion *f*, Großfertigung *f*

large-volume production (IndE) Massenfertigung *f*

laser checkout (Mk) = laser scanning checkout

laser scanning (Mk) elektronisches Beleglesen *n*

laser-scanning checkout (Mk) Laser-Kasse *f (syn, laser-scan till)*

laser-scan till (Mk) = laser-scanning checkout

lastage (com) Frachtraum *n* e–s Schiffes

last and highest bid (com) Meistgebot *n*

last bid (com) letztes Gebot *n*

last day (com) Einreichungstermin *m*, letzter Termin *m (eg, on which we are to receive...)*

last offer (com) Letztgebot *n*

late bloomer (Pw, infml) Spätzünder *m (ie, matures later than normal)*

late delivery (com) verspätete Lieferung *f (syn, delayed delivery)*

latency period (Mk) Wartezeit *f*

latent competiton (Vw) latente Konkurrenz *f (ie, by potential suppliers)*

latent demand
(Mk) latenter Bedarf *m*, Erschließungsbedarf *m*

late opening (com) Abendverkauf *m (syn, night-time sales)*

lateral entry (Pw) Quereinsteiger *m*

lateral integration (Bw) horizontale Integration *f (syn, horizontal integration)*

lateral-pass *v* (com) zuspielen, zukommen lassen *(eg, copy of a sensitive letter)*

lateral thinking (Log) unkonventionelles Problemlösen *n*
(ie, bypassing disconcerting details; or changing approach, even reformulating the problem)

latest filing date (com) Anmeldetermin *m*

latitude (com) Ermessensspielraum *m (ie, scope for a range of choices)*

launch
(com) Barkasse *f*
(com) Gründung *f (eg, of a company)*
(com) Einführung *f (eg, of a product)*
(Fin) Emission *f (eg, of a new issue of shares)*

launch *v*
  (com) gründen *(syn; create, qv)*
  (com) einführen *(ie, put a product on the market)*
  (Fin) begeben, auflegen *(eg, securities issues)*
launch a bond issue *v* (Fin) Anleihe *f* auflegen *(syn, float)*
launch advertising (Mk) Einführungswerbung *f (syn, announcement/initial . . . advertising)*
launch aid (com, infml) Starthilfe *f*
launch an issue *v* (Fin) Emission *f* begeben
launch customer
  (com) Erstbesteller *m*
  – erster Kunde *m*
  – Pilotkunde *m*
  (eg, in the sale of new aircraft; eg, BCal is the . . . for a new 150-seater, the A320)
launching cost (Bw) Anlaufkosten *pl (syn, starting cost,qv)*
launching of new products (Mk) Einführung *f* neuer Produkte *(syn, product pioneering)*
launching pad (Pw, infml) Sprungbrett *n*
launching period (IndE) Anlaufzeit *f (syn, break-in/start-up . . . period)*
launching strategy (Mk) Einführungsstrategie *f*
launch order (com) Erstbestellung *f*
launder money *v* (Fin, infml) Geld *n*„waschen" *(ie, legitimize illegally obtained money by processing it through a legitimate third-party business or organization; the result is ‚white money')*
law firm (Re) Anwaltskanzlei *f*
lawful (Re) rechtmäßig, gesetzlich *(ie, authorized by law; the term contemplates the substance of law; opp, legal = rechtlich)*
lawful holder (Re) rechtmäßiger Inhaber *m*
lawful representative (Re) rechtmäßiger Vertreter *m (cf, legal representative)*
lawsuit (Re) Klage *f*, Gerichtsverfahren *n (ie, vernacular term for a civil action; syn, action, qv)*
law to apply (Re) geltendes Recht *n (ie, in contract wording; syn, applicable/governing . . . law)*
lawyer
  (Re) Jurist *m (ie, any person learned in the law; not ‚jurist', qv)*
  (Re, infml) Anwalt *m*, Rechtsanwalt *m*
lay aside *v* (com) zurückstellen *(syn, shelve)*
layaway (com) zurückgelegte Ware *f (ie, downpayment is made, and the goods are picked up when the balance – or final installment – has been paid)*
lay claim to *v* (Re) Anspruch *m* erheben auf *(syn, claim)*
lay days (com) Liegezeit *f*, Liegetage *mpl (ie, specified in a charterparty for unloading and loading a ship; syn, lay time)*
layer of management (Bw) Führungsebene *f (syn, level of management, qv)*
layoff (Pw) Personalfreisetzung *f (ie, temporary or final loss of a job)*
layoff notice (Pw) Entlassungsschreiben *n (syn, letter/notice . . . of dismissal)*
layoff rate (Pw) Abgangsrate *f (syn, separation rate)*
layout
  (com) Entwurf *m*, Skizze *f*
  (IndE) Auslegung *f (eg, of plant facilities, factory)*
  (Mk) Layout *n*
  – Aufmachung *f*
  – Gestaltung *f (ie, of printed material)*
lay out *v*
  (com) entwerfen, skizzieren
  (com) ausgeben *(syn, spend, pay out)*
  (Mk) layouten
lay out a strategy *v* (Bw) Strategie *f* entwickeln
layout man (Mk) Layouter *m*
layout plan (com) Lageplan *m*

lay time (com) = lay days
LCL (com, US) less-than-carload
lead
  (com) Vorsprung *m*
  (com) Hinweis *m*
  (Pw) Spitzenposition *f (eg, take the lead in . . .)*
lead *v*
  (Pw) leiten, führen
  (Fin) Konsortium *n* führen *(syn, lead manage)*
lead a market *v* (com) Markt *m* beherrschen
lead bank (Fin) = leading manager
lead banking (Fin) Konsortialgeschäft *n*
leader
  (Mk) Lockartikel *m*, Lockvogel *m (syn, bait, leading article, loss leader; infml, lure)*
  (Fin) Konsortialführerin *f (syn, leading manager)*
leader article (Mk) Anreizartikel *m (syn, inducement article)*
leader of negotiations (com) Verhandlungsführer *m*
leadership (Bw) Führung *f*, Leitung *f (syn, directing, qv)*
leadership attitude (Bw) Führungsverhalten *n*
leadership style (Bw) Führungsstil *m*
lead-free gasoline (com) bleifreies Benzin *n (syn, unleaded, nonleaded gasoline)*
leading
  (Bw) Führung *f*, Leitung *f (ie, als Führungsfunktion; syn, directing)*
leading article (Mk) Lockartikel *m*, Lockvogel *m (syn, bait, qv)*
leading bank (Fin) = leading manager
leading edge (com, infml) vorderste Front *f (eg, of technological development; syn, cutting edge)*
leading edge account (com) Großkunde *m (syn, big customer, qv)*
leading edge company (com) Spitzenunternehmen *n*
leading feature (com) Hauptmerkmal *n*

leading manager
  (Fin) Konsortialführer *f*
  – federführende Konsortialbank *f*
  – federführendes Konsortialmitglied *n*
  – konsortialführende Bank *f*
  (syn, leader, lead/principal/syndicate... manager, managing... bank/underwriter, prime underwriter, syndicate leader)
leading member (com) federführende Firma *f (ie, of a group)*
leading position (Pw) führende Position *f*, führende Stellung *f*
leading price (com) Richtpreis *m*
leading producer (com) führender Hersteller *m*
leading product (Mk) Hauptprodukt *n*
leading question (Mk) Suggestivfrage *f (ie, suggests the anticipated answer)*
leading shareholder (com) Hauptaktionär *m (syn, major shareholder)*
leading variable (Bw) Leitvariable *f*
lead-in period (Pw) Einarbeitungszeit *f (syn, orientation period)*
lead management
  (com) Federführung *f (syn, central handling)*
  (Fin) Konsortialführung *f*
lead manager (Fin) Konsortialführer *m*
  (ie, Bank an der Spitze e–s Kredit– oder Anleihekonsortiums; syn, managing bank, manager, managing underwriter, prime underwriter, principal manager, syndicate leader, consortium leader)
lead manager *v*
  (com) federführend sein, Federführung *f* haben
  (Fin) Konsortium *n* führen *(eg, an underwriting syndicate; syn, lead)*
lead time
  (Bw) Vorlaufzeit *f*
  (MaW) Beschaffungszeit *f (syn, procurement lead time)*
lead time for innovation (Bw) Innovations-Laufzeit *f*

185

lead time inventory (MaW) Grundbestand *m* (syn, cycle/turnover/working... inventory)

lead underwriter (Fin) = lead manager

lead-up (com) Vorbereitungsphase *f*

leaflet (com) Flugblatt *n*, Prospekt *m*, Werbezettel *m* (ie, usually folded printed sheet for free distribution)

leak *v* (com) unter der Hand Informationen *fpl* weitergeben (eg, ... sensitive material to the press)

leakage
(com) Leckage *f*, Rinnverlust *m* (ie, in freight traffic)

leakage clause (com) Leckage-Klausel *f*

leap *v* (com) scharf ansteigen (syn, shoot up, qv)

learning-curve pricing (Mk) Preisbildung *f* nach Lernkurve (ie, conceived by Boston Consulting: company moves initial prices down by learning ahead of actual cost reductions; idea is to create bigger demand faster, spur cost reductions, and discourage new competitors)

learning function (Bw) Lernfunktion *f*

learning process (Bw) Lernprozeß *m* (ie, takes place between a system and its environment)

lease (Re) Miete *f*, Pacht *f* (ie, agreement transferring the use of occupancy of land, space, structures, or equipment in consideration of rent; may be for a limited period or even for life)

lease *v*
(Re) mieten (eg, house, building; syn, rent, hire)
(Re) vermieten (ie, convey to another by lease)
(Re) pachten (syn, take on lease)
(Re) verpachten (syn, let on lease, hire out)

lease agreement (Re) Mietvertrag *m*, Pachtvertrag *m* (syn, lease)

leased line (EDV) Standleitung *f*

(syn, dedicated line; opp, dial/switched... line = Wählleitung)

leasing (Bw) Leasing *n* (ie, arrangement providing the use of an asset without its legal ownership: Überlassung e-s Gegenstandes zur Nutzung gegen Zahlung e-r Miete; Parteien: lessor-lessee)

leasing activities (Bw) Leasing-Geschäft *n*

leasing company (Bw) Leasing-Gesellschaft *f*

leasing of capital assets (Bw) Vermietung *f* von Investitionsgütern

least-cost combination (Bw) Minimalkostenkombination *f* (syn, minimum cost combination)

leather industry (com) Lederindustrie *f*

leave *v* (Re) hinterlassen (eg, real estate; syn, infml, cut up for)

leave holding the bag/baby *v* (com, infml) e-e Sache *f* ausbaden lassen

leave of absence (Pw) Beurlaubung *f* (ie, time off but with assurance that employee will be reinstated)

leave without pay (Pw) unbezahlter Urlaub *m*

leave with pay (Pw) bezahlter Urlaub *m*

lecture tour (com) Vortragsreise *f* (ie, tour to carry out speaking engagements; eg, he is off on a...)

legal (Re) rechtlich, gesetzlich (ie, this contemplates the form, not the substance of law; syn, in law, de iure; opp, lawful = rechtmäßig)

legal adviser (Re) Rechtsberater *m* (ie, may be any lawyer = Jurist)

legal arrangements (Re) rechtliche Regelung *f*

legal capacity
(Re) Rechtsfähigkeit *f*
(Re) Geschäftsfähigkeit *f*

legal capacity to contract (Re) Geschäftsfähigkeit *f* (syn, contractual capacity, capacity... to transact legal business/to enter into legal transactions)

legal consulting service (Re) Rechtsberatung *f*

legal counsel (Re) Rechtsbeistand *m*

legal counseling (Re) Rechtsberatung *f*

legal department (Re) Rechtsabteilung *f*

legal disability (Re) Geschäftsunfähigkeit *f (syn, contractual incapacity, qv)*

legal efficacy (Re) Rechtskraft *f (syn, legal force, validity)*

legal entity (Re) Rechtssubjekt *n*, Rechtspersönlichkeit *f (syn, legal person, qv)*

legal fees and charges (Re) Rechtskosten *pl (ie, including attorney fees)*

legal force (Re) Rechtskraft *f (syn, legal efficacy, validity)*

legal form of business organization (Re) Rechtsform *f* der Unternehmung
(eg, sole proprietorship, partnership, corporation = Einzelunternehmen, Personengesellschaft, Kapitalgesellschaft)

legalize *v*
(Re) beglaubigen *(eg, a signature; syn, authenticate, certify)*
(Re) genehmigen

legally binding (Re) rechtsverbindlich *(syn, binding in law)*

legally effective
(Re) in Kraft
– rechtskräftig
– rechtsgültig *(eg, contract; syn, in force, legally valid)*

legally enforceable claim (Re) rechtskräftiger Anspruch *m*

legal name (Bw) Firmenname *m (ie, one that is considered sufficient in all legal matters)*

legal obligation (Re) rechtlich bindende Verpflichtung *f*

legal opinion (Re) Rechtsgutachten *n*

legal person (Re) juristische Person *f (ie, individual, proprietorship, partnership, corporation that, in contemplation of law, has the capacity to make contracts, assume*

obligations, and discharge debts; can be sued for damages; syn, legal entity, artificial/juristic... person, juridical personality, body corporate, corporate body)

legal proceedings
(Re) Gerichtsverfahren *n*
– Klage *f*
– Verfahren *n*
(ie, in a civil court; syn, action, qv)

legal representative (Re) gesetzlicher Vertreter *m*
(ie, ordnungsgemäß bevollmächtigter od tatsächlich legitimierter Vertreter; bedeutungsgleich mit ‚lawful representative‘; er ist ferner ‚Vertreter in Rechtssachen‘; eg, als Oberbegriff zu Testamentsvollstrecker (executor/executrix of an estate) od Nachlaßverwalter (administrator/administratrix of an estate); beide werden als ‚personal representative‘ Rechtsnachfolger; auch der ‚court-appointed guardian‘ ist legal representative; ferner trustee, curator, etc)

legal requirements (Re) Rechtsvorschriften *fpl*
(syn, legal/statutory ... provisions)

legal transaction (Re) Rechtsgeschäft *n*
(ie, act having legal consequences in the intention of the parties; cf, §§ 104–285 BGB; syn, legal ... act/business; GB, act of the party, act in the law)

legal validity (Re) Rechtskraft *f*, Rechtsgültigkeit *f*

legitimate (com, Re) legitim

legitimate *v* (Re) legitimieren *(syn, legitimize)*

legitimate power (Bw) Macht *f* durch Legitimation *(ie, in leadership behavior)*

legitimize *v* (Re) = legitimate

leisure activity market (Mk) Freizeitmarkt *m*

lemon (com, infml) Zielgesellschaft *f*, die nach Übernahme weit hinter Renditeerwartung zurückbleibt

187

lend *v*
    (Fin) ausleihen *(ie, let out money on condition of repayment with interest)*
    (Fin) Kredit *m* gewähren

lender
    (Fin) Darlehensgeber *m*, Kreditgeber *m (opp, borrower)*
    (Fin) Geldgeber *m (syn, moneylender)*

lending
    (Fin) Darlehensgewährung *f*, Kreditgewährung *f (syn, loan grant, extension of loans; opp, borrowing)*
    (Fin) Beleihung *f*

lending charges (Fin) Kreditkosten *pl*

lending commitment (Fin) Kreditzusage *f*

lending interest (Fin) Kreditzinsen *mpl*

lending limit (Fin) = lending ceiling

lending line (Fin) Kreditlinie *f (syn, borrowing limit, lending ceiling, line of credit)*

lending operations (Fin) Kreditgeschäft *n (syn, lending... activities/ business)*

lending rate (Fin) Kreditzins *m*, Zins *m* für Ausleihungen *(ie, rate at which funds are loaned; syn, loan rate; opp, interest paid on time and savings deposits of banks)*

lending terms (Fin) Kreditbedingungen *fpl*, Kreditkonditionen *fpl*

lending value (com) Beleihungswert *m (ie, of a plot of land)*

lend long term *v* (Fin) langfristig ausleihen

lend money *v* (Fin) Geld *n* ausleihen *(syn, give out money to)*

lend money interest-free (to) *v* (Fin) zinsfreies Darlehen *n* gewähren (an)

lend out *v* (com) ausleihen, verleihen

lend short term *v* (Fin) kurzfristig ausleihen

length of time to maturity (Fin) Laufzeit *f* *(syn, time to maturity, qv)*

lessee
    (Bw) Leasingnehmer *m*

lessor
    (Bw) Leasinggeber *m*

less-than-carload, LCL
    (com, US) Eisenbahn-Stückgut *n*

less-than-truckload, LTL
    (com, US) Lkw-Stückgut *n*

let a contract *v* (com) Zuschlag *m* erteilen, zuschlagen *(eg, to lowest bidder; syn, award contract)*

let out a contract *v* (com) Auftrag *m* vergeben *(syn, award a contract, accept a bid)*

letter box company (com) Briefkastenfirma *f (ie, empty cover without economic functions of its own)*

letter of acknowledgment (com) Bestätigungsschreiben *n*

letter of advice
    (com) Versandanzeige *f (syn, advice note, qv)*

letter of application
    (Pw) Bewerbungsschreiben *n*

letter of appraisal (Pw) Empfehlungsschreiben *n*, Referenzschreiben *n*

letter of attorney (Re) Vollmacht *f*, Vollmachtsurkunde *f*

letter of authority
    (com) Ermächtigungsschreiben *n*

letter of comfort (Fin) Patronatserklärung *f* *(ie, im Anleihe- und Kreditgeschäft verwendet: Erklärung e-r Konzernmutter, durch die e-m Kreditgeber e-r Tochtergesellschaft ein Verhalten der Mutter in Aussicht gestellt wird, durch das sich die Befriedigungsaussichten des Kreditgebers verbessern; kein unmittelbarer Zahlungsanspruch gegen die Mutter; weder Bürgschaft oder Garantievertrag; Mutter muß der Tochter jedoch die notwendigen Mittel zuführen; syn, comfort letter)*

letter of complaint
    (com) Beschwerdebrief *m*
    (com) Mängelrüge *f*, Mängelanzeige *f (syn, customer complaint)*

letter of confirmation (com) Bestätigungsschreiben *n (ie, I confirm what I said or did myself)*

letter of consignment (com, GB) Frachtbrief *m (syn, railroad bill of lading, qv)*

letter of dismissal (Pw) Kündigungsschreiben *n (syn, notice to terminate)*

letter of guarantee (com) Garantieschreiben *n*

letter of indemnity
(Bw, GB) Garantieerklärung *f (ie, über Schadloshaltung)*
(com) Konnossementsgarantie *f*

letter of intent
(com, US) vorläufige Bestellung *f (ie, mit aufschiebender Bedingung = condition precedent)*

letter of introduction (com) = letter of recommendation

letter of recommendation (com) Empfehlungsschreiben *n*

letter of reference (Pw) Zeugnis *n (syn, testimonial)*

letter of transmittal
(com) Begleitschreiben *n (syn, accompanying/ covering . . . letter)*

letter of understanding (Re) Vorvertrag *m*

letter sent abroad (com) Auslandsbrief *m*

letter to be called for (com) postlagernder Brief *m*

letting out of contract (com) Auftragsvergabe *f*

level
(com) Ebene *f*
(Bw) Hierarchie-Ebene *f (eg, upper level management = obere Führungsebene; syn, echelon)*

level *v* (com) einebnen

level against *v* (Re) jem anklagen wegen
(eg, charge of embezzlement was leveled against him; bring/lay/prefer . . . against)

level-by-level planning (Bw) stufenweise Planung *f*

level down *v* (com) senken, nach un-

ten angleichen *(ie, to an equal level; eg, prices, incomes)*

level of activity
(Bw) Beschäftigungsgrad *m*

level of authority (Bw) Instanz *f (syn, organizational unit)*

level of capacity utilization (Bw) Kapazitätsausnutzungsgrad *m (syn, capacity utilization rate, qv)*

level of competition (Vw) Wettbewerbsgrad *m*

level of customer service (com) Lieferbarkeitsgrad *m*

level of decision-making (Bw) Entscheidungsstufe *f*

level of employment
(Pw) Beschäftigtenstand *m (ie, number of persons employed)*

level off *v* (com) abflachen, stabilisieren *(eg, prices, rates; syn, stabilize)*

level of management (Bw) Führungsebene *f*, Leitungsebene *f (syn, layer of management, managerial level)*

level of orders (com) Auftragsbestand *m (syn, backlog of orders, qv)*

level of prices (com) Preisniveau *n*

level of time (Bw) Zeithorizont *m (syn, time . . . horizon/shape)*

level of training (Pw) Ausbildungsstand *m*

level of unemployment (Pw) Arbeitslosigkeit *f (ie, number of people out of work)*

level out *v* (com) ausgleichen *(ie, differences)*

levels of authority (Bw) Hierarchiestufen *fpl (syn, echelons of authority)*

level tendering (com) Scheinangebote *npl*
(ie, aufgrund von Anbieterabsprachen; syn, collusive/dummy . . . tendering)

level up *v* (com) auf ein höheres Niveau bringen *(eg, the general standard of English)*

leverage (Fin, US) Leverage *n*, Hebelwirkung *f*

(ie, use of debt capital increases the effectiveness – and risk – of equity capital; Verhältnis zwischen Schuldverschreibungen Vorzugsaktien und Stammaktien; syn, capitalization leverage; GB, gearing)

(Fin) jede Kreditaufnahme *f (ie, besonders zu Anlagezwecken)*

leveraged buy-out, LBO

(Fin) Leveraged Buyout *m*

– fremdfinanziertes Übernahmeangebot *n*

(ie, spekulativer Firmenaufkauf mit anschließendem stückweisen Verkauf; Hauptziel ist die Buchwertaufstockung der Wirtschaftsgüter des gekauften Unternehmens; Folge: erhöhtes Abschreibungsvolumen; technique for financing acquisitions with borrowings repayable from the acquired company's operations or through the sale of its assets; highly developed in the USA; an important factor in takeover activity; made possible by the development of an extensive market in the USA for high-coupon, subordinated debt, which alllows acquirors to raise substantial amounts of bank financing from a relatively small equity base)

liabilities

(ReW) Passiva *npl (opp, assets = Aktiva)*

(ReW) Verbindlichkeiten *fpl*

– Kreditoren *mpl*

– Schulden *fpl (syn, accounts payable, qv)*

liabilities under warranties (ReW) Verbindlichkeiten *fpl* aus Gewährleistungsverträgen

liability

(Re) Haftung *f*

(ReW) Verbindlichkeit *f,* Schuld *f*

liability based on causation (Re) Kausalhaftung *f*

(ie, irrespective of fault; opp, liability based on fault = Verschuldenshaftung)

liability based on fault (Re) Verschuldenshaftung *f (syn, liability for default)*

liability for damages (Re) Schadenersatzpflicht *f*

liability in tort

(Re) Haftung *f* aus unerlaubter Handlung

(ie, in civil-law countries – Ländern des kontinentalen Rechtskreises – predicated upon proof of fault = Verschuldensprinzip; syn, tort/tortuous . . . liability)

liable (Re) haftbar *(ie, to/for; syn, accountable, answerable)*

liable in damages (Re) schadenersatzpflichtig *(syn, liable to pay damages)*

liable in income tax (StR) einkommensteuerpflichtig *(syn, taxable to income tax)*

liable in taxes (StR) steuerpflichtig *(syn, liable to pay taxes)*

liable to pay damages (Re) = liable in damages

liable to pay taxes (StR) steuerpflichtig *(ie, subject to payment of taxes; syn, liable in taxes)*

liable to recourse (Re) regreßpflichtig

liable to tax (StR) steuerpflichtig

liberal (com) freizügig

liberal professions (com) freie Berufe *mpl*

license

(Re, US) Genehmigung *f*

– Zulassung *f*

– Konzession *f*

(ie, grant of permission; includes agency permit, certificate, approval, registration, charter, etc; 5 USC § 551 (8); eg, export/import/building . . . license)

license *v*

(Re) genehmigen, zulassen, konzessionieren

licensed construction (com) Lizenzbau *m*

licensed production (Pat) Lizenzfertigung *f (syn, production under license)*

licensee
(Re) Konzessionsinhaber *m*

license fees
(Pat) Lizenzgebühren *fpl* *(syn, royalties)*

license holder (Pat) Lizenzinhaber *m*, Lizenznehmer *m* *(syn, licensee)*

licensing (Re) Konzessionserteilung *f*, Konzessionsvergabe *f*
(ie, includes grant, renewal, denial, revocation, suspension, annulment, withdrawal, limitation, amendment, modification, or conditioning of a license; cf, 5 USC § 551 (9))

licensor
(Re, US) Konzessionsinhaber *m*
(Pat) Lizenzgeber *m* *(syn, grantor of a license)*

life
(Fin) Laufzeit *f* *(eg, of a bond issue; syn, time to maturity, qv)*
(Bw) Lebensdauer *f* *(ie, of a fixed asset, investment project; syn, life span, physical life)*

life cycle (Mk) Lebenszyklus *m*, Produktlebenszyklus *m*
(ie, assumption that a product starts, grows, stabilizes, tends to decline, and finally disappears; syn, product life cycle)

life cycle balance (Mk) Ausgleich *m* der Produktlebenszyklen

life expectancy
(Bw) erwartete od geschätzte Nutzungsdauer *f* *(ie, the predicted useful service life of an item of equipment; syn, expected useful life)*

life hours of work (Pw) Lebensarbeitszeit *f*
(ie, number of years spent in the labor force; syn, working life; lifetime resources, qv)

life insurance
(Vers) Lebensversicherung *f*
(ie, als Sparte: contractual system of risk-sharing under which contributions are accumulated and distributed as the need arises)
(Vers) Lebensversicherung *f*
(ie, three basic types are term,

whole life, and endowment insurance; qv; syn, GB, life assurance)

life span
(Bw) Lebensdauer *f* *(syn, life, qv)*
(Fin) Laufzeit *f* *(syn, time to maturity, qv)*

lifetime employment (Pw) lebenslange Anstellung *f*, Beschäftigung *f* auf Lebenszeit

lift *v*
(com) erhöhen, heraufsetzen, anheben *(syn, increase, qv)*
(com) aufheben *(eg, price controls)*

lift interest rates *v* (Fin) Zinsen *mpl* erhöhen

light crude (oil) (com) leichtes Rohöl *n*

lighter (com) Leichter *m* *(ie, used in loading /unloading ships; syn, barge)*

lighter-aboard-ship (com) LASH-Schiff *n* *(ie, type of intermodal transportation: it lies offshore and receives a cargo of barges)*

lighterage
(com) Leichtern *n*
(com) Leichtergebühr *f* *(ie, fee paid for hiring lighters or barges)*

lighter manufacturing (com) Leichtindustrie *f*

lighter risk (com) Leichter-Gefahr *f*

light metals industry (com) Leichtmetallindustrie *f*, (also:) Aluminiumindustrie *f*

lightning strike (Pw) Blitzstreik *m*

like grade and quality (Kart, US) gleiche Güte *f* und Qualität *f* *(cf, 15 USC § 13 (a))*

limit
(com) Grenze *f*, Begrenzung *f*

limit *v* (com) beschränken, begrenzen *(syn, restrict, confine)*

limitation (com) Begrenzung *f*, Einschränkung *f*

limited company (Bw, US, appr) Personengesellschaft *f*
(ie, it may indicate a general or limited partnership; abbreviated to „Co.,“ „& Co.,“ or „& Company“; in U.S. practice: „Corp.,“ „Incor-

porated," or „Inc."; limited partnerships are provided for by law in
four states in the U.S.)
(Bw, GB) Gesellschaft f mit Haftungsbeschränkung
(ie, by shares or by guarantees)

limited employment contract (Pw) befristetes Arbeitsverhältnis n

limited function wholesaler (Mk, US)
Großhandelsunternehmen n mit
geringem od ohne Kundendienst
(syn, limited service wholesaler)

limited in time (com) befristet
(syn, having a time limit or cutoff
date, with a limited time)

limited liability company (com) Gesellschaft f mit beschränkter Haftung
(ie, corporate form used in Europe
for smaller enterprises and enterprises owned by a limited number
of shareholders; cf, US, close corporation or closely held corporation)

limited life asset (Bw) Wirtschaftsgut n mit begrenzter Nutzungsdauer
(syn, wasting asset)

limited line wholesaler (com, US)
Großhändler m mit beschränktem
Sortiment (ie, carries only a few
product lines)

limited partner (com) Teilhafter m,
Kommanditist m
(ie, not liable beyond the funds
brought into the partnership; syn,
special partner; opp, general partner = Vollhafter, Komplementär)

limited partnership (com, appr)
Kommanditgesellschaft f
(ie, with one or more general partners and one or more limited partners; the latter are not liable for obligations of the partnership)

limited warranty (com) begrenzte
Gewährleistung f

line
(Bw) Fertigungsprogramm n
(Mk) Sortiment n, Lieferpro-
gramm n

(Pw) Linie f, Linienkräfte fpl (cf,
line and staff)
(Fin, GB) Aktienpaket n (eg, line
of stocks, block of stocks)

line activity (Bw) Linientätigkeit f

line and staff organization (Bw) Stablinienorganisation f
(ie, combines functional subunits
with staff officers in line function)

linear tariff cut (AuW) lineare Zollsenkung f (ie, reduction in all
tariffs by the same percentage)

line balancing (IndE) Bandabglei-
chung f
(ie, reassigning and redesigning
work done on an assembly line to
make work cycle times at all sta-
tions approximately equal)

line chart (com) Kurvendiagramm n

line diagramm
(Stat) Liniendiagramm n, Strich-
diagramm n

line function (Bw) Linienfunktion f
(ie, having direct authority and responsibility; eg, purchasing, production, marketing; opp, staff function)

line manager (Bw) Linienmanager m

line of business (com) Sparte f

line-of-business reporting (Kart, US)
Branchenberichterstattung f

line of commerce (Kart, US) Wirtschaftszweig m
(ie, to be determined by reference to
product market and geographic
markets; cf, Sec 7 Clayton Act of
1914)

line of credit (Fin) Kreditlinie f (syn,
borrowing limit, lending line, lending ceiling)

line of duty (Pw) Aufgabenbereich m, Pflichtenkreis m

line of merchandise (Mk) Sortiment n
(syn, product range, qv)

line of occupation (Pw) Berufs-
zweig m

line of production (IndE) Produk-
tionszweig m

line of reasoning (comg) Argumenta-
tion f

line of thought (comg) Gedanken-
gang *m*
line organization (Bw) Linienorganisation *f*
line position (Bw) Linienstelle *f*
line production (IndE) Linienferti-
gung *f*, Straßenfertigung *f*
liner
(com) Linienschiff *n*
(com) Verkehrsflugzeug *n (syn, air
liner)*
line rate (Mk) Zeilenpreis *m*
liner rates (com) Linienfrachten *fpl
(ie, rates charged for transportation
by liners; determined by shipping
conferences; syn, cargo liner rates)*
lines of authority (Bw) Leitungsstruktur *f (syn, management structure,
qv)*
lines of command (Bw) = lines of authority
lines of decision (Bw) Entscheidungs-
wege *mpl*
lines of information (Bw) Kommuni-
kationsstruktur *f*
line-staff organization structure (Bw)
= line and staff organization
line subordinate (Bw) Mitarbeiter *m*
in der Linie
line-up (com) Warteschlange *f (syn,
waiting line, qv)*
link
(com) Zusammenhang *m*, Verbindung *f*
(com, GB) Mittelsmann *m*
linkage
(com) Verflechtung *f (syn, interlinking, qv)*
linkage point (com) Nahtstelle *f (syn,
interface, qv)*
linked (com) indexiert
linked industry (Bw) verbundener In-
dustriezweig *n
(ie, with many stages of manufacturing and suppliers; eg, the aircraft
industry)*
linked transaction (com) Kopplungsgeschäft *n*
linked transactions (Re) verbundene
Rechtsgeschäfte *npl*

linking pin (Bw) Bindeglied *n (ie, between systems of groups)*
liquid (Fin) flüssig, liquide
liquidate *v*
(ReW) abrechnen
(Fin) flüssig machen, verwerten,
versilbern *(ie, convert into money)*
(Fin) tilgen, zurückzahlen *(syn, repay, pay off)*
(Re) abwickeln, liquidieren *(syn,
wind up)*
liquidated damages (Re) Vertragsstrafe *f*, Konventionalstrafe *f
(ie, sum stipulated by the parties to
a contract as an estimate of the extent of the injury which a breach of
contract will cause; Vereinbarung
über Schadenspauschalierungen;
syn, contract penalty; cf, Sec 2-718
UCC))*
liquidating sale (com) Realisations-
verkauf *m*
liquidating value
(Re) Liquidationswert *m (ie, actual value left over from a company)*
(Fin) Liquidationswert *m (syn, net
asset value)*
liquidation
(Re) Abwicklung *f*, Liquidation *f*
(Fin) Verwertung *f*, Verflüssi-
gung *f* von Vermögenswerten
*(ie, cash realization, selling of hold-
ings in stocks or commodities)*
(Fin) Tilgung *f (syn, repayment, redemption)*
liquidation of inventories (MaW) Lagerabbau *f*, Bestandsabbau *m
(syn. decrease, reduction; opp, replenishment of inventories)*
liquidation of reserves (ReW) Auflösung *f* von Rücklagen *(syn, re-
transfer, qv)*
liquidation proceeds (Fin) Liquida-
tionserlös *m*
liquidation sale
(com) Räumungsverkauf *m (syn,
GB, closing-down sale)*
liquidator (Re) Liquidator *m (ie,
court-appointed to wind up a company)*

liquid funds (Fin) liquide Mittel *pl*
(ie, cash and bank balances, notes, and marketable securities; syn, cash resources, current funds, liquid assets)
liquidity
(Fin) Liquidität *f (syn, solvency, ability to pay)*
(Fin) = liquids funds
(Fin) Überschußkasse *f* e–r Bank
liquidity crunch (Fin) Zahlungsstockung *f*
liquidity drain (Fin) Liquiditätsentzug *m*
liquidity management (Fin) Liquiditätsdisposition *f*
liquidity position (Fin) Liquiditätslage *f (syn, cash position, qv)*
liquidity ratio
(Fin) Liquiditätsgrad *m*, Deckungsgrad *m (ie, balance sheet ratio; Liquidität ersten, zweiten, dritten Grades)*
(Fin) Liquiditätsquote *f (ie, ratio of free liquidity reserves of commercial banks to deposit volume held by nonbanks and foreign banks)*
liquidity requirements (Fin) Liquiditätsbedarf *m*
liquidity screw (Fin) Liquiditätsschraube *f*
liquidity squeeze (Fin) Liquiditätsklemme *f*, Liquiditätsengpaß *m (syn, cash . . . bind/crunch/squeeze)*
liquid ratio (Fin) Liquidität *f* ersten Grades
list
(com) Liste *f*
(com) = list price
list *v*
(com, EDV) auflisten, Listings *pl* ausdrucken lassen
list broker (Mk) Adressenverlag *m (ie, rents direct-mail lists to advertisers)*
listing contract (com) Maklervertrag *m (ie, über Verkauf od Vermietung von Immobilien)*
list of orders (com) Bestelliste *f*

list price (com) Listenpreis *m*
litigants (Re) streitende Parteien *fpl*, Prozeßparteien *fpl (syn, contending parties, qv)*
litigate a claim *v* (Re) Anspruch *m* einklagen
litigation (Re) Rechtsstreit *m*
litigation expenses (Re) Prozeßkosten *pl*
(syn, cost of litigation)
litigious claim (Re) strittige Forderung *f*
litmus test (com, infml) Nagelprobe *f (syn, acid test)*
litmus test of success (com) Erfolgskriterium *n*
living allowance (com) Tagegeld *n (syn, daily allowance)*
load
(com) Ladung *f*
(com) Belastung *f (eg, taxes, interest)*
load *v*
(com) laden, beladen *(ie, put cargo on/in)*
(com) befrachten *(ie, on board a ship)*
load capacity (com) Ladefähigkeit *f (syn, carrying capacity)*
load center (IndE) Belastungsgruppe *f*
load chart (IndE) Belegungsübersicht *f*, Auslastungskarte *f*
load displacement (com) Ladetonnage *f*
loaded (com, infml) sehr reich
loaded question (Mk) Suggestivfrage *f*
loaded weight (com) = laden weight
load factor (com) Auslastung *f*, Auslastungsfaktor *m*
(ie, of commercial aircraft: ratio of passengers to seats on a given flight)
(Bw) Kapazitätsfaktor *m*, Kapazitätsauslastung *f (syn, capacity factor)*
load-factor pricing (com) Preisgestaltung *f* entsprechend der Kapazitätsauslastung

loading
(com) Beladen *n*, Verladung *f*, Befrachtung *f*

loading and unloading business (com) Ladegeschäft *n*

loading area (com) Ladefläche *f (syn, cargo area)*

loading berth (com) Schiffsliegeplatz *m* *(syn, loading wharf)*

loading board (IndE) Maschinenbelegungsübersicht *f*

loading broker (com) Lademakler *m (ie, Vertreter des Frachtführers im Seefrachtgeschäft)*

loading capacity (com) Ladefähigkeit *f*, Ladekapazität *f (syn, carrying capacity)*

loading charges
(com) Ladegebühr *f*
– Ladegeld *n*
– Ladekosten *pl* *(syn, handling charges)*

loading days (com) Ladefristen *fpl*

loading equipment (IndE) Ladehilfsmittel *npl*

loading expenses (com) = loading charges

loading factor (com) = load factor

loading list (com) Belegungsliste *f*

loading machinery (com) Verladeeinrichtungen *fpl*

loading period (IndE) Belegungszeit *f*

loading ramp (com) Laderampe *f*

loading schedule (IndE) Auslastungsplan *m*

loading space (com) Laderaum *m*

loading ticket (com, GB) Ladeschein *m*

loading time
(com) Ladezeit *f*
(IndE) Belegungszeit *f*

loading wharf (com) = loading berth

load instruction (com) Ladeanweisung *f*

load into/onto *v* (com) laden, unterbringen

load limit (com) Beladungsgrenze *f (syn, maximum load)*

loadline (com) Lademarke *f*, Ladelinie *f (syn, loadline mark, Plimsoll line)*

loadline mark (com) = loadline

load planning (IndE) Belastungsplanung *f*

load projecting (IndE) Belastungshochrechnung *f*

load the pipelines *v* (MaW, infml) Lager *n* auffüllen *(syn, restock)*

load type (IndE) Belastungsart *f*

load up *v* (com) sich eindecken (on = mit)

loan
(Fin) Kredit *m*, Darlehen *n*
(ie, money lent at interest; syn, credit, advance)
(Fin) Anleihe *f*
(ie, large-scale long-term borrowing on the capital market against the issue of fixed-interest bonds; syn, bond issue, bonds)

loan account (ReW) Darlehenskonto *n*

loan against collateral (Fin) besichertes Darlehen *n (syn, collateralized loan)*

loan agreement
(Fin) Darlehensvertrag *m*, Kreditvertrag *m* *(syn, credit… agreement/contract)*
(Fin) Anleihevertrag *m*

loan amount (Fin) Darlehensbetrag *m*, Darlehenssumme *f*

loan applicant (Fin) Kreditantragsteller *m*

loan application (Fin) Kreditantrag *m (syn, request for a loan)*

loan approval (Fin) Kreditzusage *f*

loan at call (Fin) Darlehen *n* mit täglicher Kündigung

loan business (Fin) Darlehensgeschäft *n*, Kreditgeschäft *n* *(syn, lending business)*

loan capital
(Fin) Fremdkapital *n*
(ie, furnished by long- and short-term creditors; eg, bond-holders, note holders, banks, etc; syn, debt capital)

(Fin) festverzinsliche (besicherte) Wertpapiere *npl*

loan chargeoffs (Fin) Debitorenausfälle *mpl (ie, by a bank)*

loan charges (Fin) Kreditgebühren *fpl*, Darlehenskosten *pl*

loan commitment (Fin) Darlehenszusage *f*, Kreditzusage *f*

loan commitment charges (Fin) Kapitalbereitstellungskosten *pl*

loan commitment fee (Fin) Kreditprovision *f (ie, the older term is ,Bereitstellungsprovision')*

loan containers (com) Leihemballagen *fpl*

loan contract (Fin) = loan agreement

loan debt
(Fin) Darlehensschuld *f*
(Fin) Anleiheschuld *f*, Anleiheverbindlichkeit *f (syn, bond/bonded... debt, bonded indebtedness)*

loan debtor (Fin) Anleiheschuldner *m*

loan debt service (Fin) Anleihedienst *m*

loan delinquencies (Fin) notleidende Kredite *mpl (syn, nonperforming loans)*

loan demand (Fin) Kreditnachfrage *f (syn, credit demand)*

loaned employees (Pw) Leiharbeitskräfte *fpl*

loan employment (Pw) Leiharbeit *f*

loan-employment agency (Pw) Leiharbeitsfirma *f*

loan interest
(Fin) Darlehenszinsen *mpl*, Kreditzinsen *mpl (syn, lending rate)*
(Fin) Anleihezins *m*

loan liabilities (Fin) Darlehensverbindlichkeiten *fpl*

loan limit (Fin) Disporahmen *m*, Kreditlinie *f*

loan loss (Fin) Kreditausfall *m*

loan market
(Fin) Markt *m* für mittel- und langfristige Darlehen
(Fin) Geldmarkt *m* für sehr kurzfristige Kredite

loan maturities (Fin) Kreditlaufzeiten *fpl*

loan package (Fin) Finanzierungspaket *n*

loan payback (Fin) Darlehensrückzahlung *f (syn, loan repayment)*

loan payout (Fin) Kreditauszahlung *f*

loan proceeds (Fin) Darlehensvaluta *f*, Anleiheerlös *m (syn, bond yield)*

loan processing (Fin) Kreditabwicklung *f*, Kreditbearbeitung *f (syn, credit management)*

loan processing charge (Fin) Kreditbearbeitungsprovision *f*

loan renewal (Fin) Kreditverlängerung *f*

loan repayment (Fin) Kreditrückzahlung *f*

loans in transit (Fin) durchlaufende Kredite *mpl (syn, conduit credits, qv)*

loan stock (Fin, GB) festverzinsliche Wertpapiere *npl*
(ie, common forms are:
1. mortgage debentures, qv;
2. debenture stocks, qv;
3. subordinated unsecured loan stocks, qv;
4. convertible stocks, qv)

loan syndicate (Fin) Anleihekonsortium *n (syn, bond syndicate)*

loan syndications (Fin) Konsortialkredite *mpl*

loan transaction (Fin) Kreditgeschäft *n*

loan value (Fin, Vers) Beleihungswert *m*
(ie, highest amount a lender can safely lend on property, life insurance, etc; based on cash value)

loan window (Fin) Kreditfenster *n*

loan worker (Pw) Leiharbeiter *m*

loan writeoffs (Fin) = loan chargeoffs

local agent (com) Gebietsvertreter *m (ie, in a particular area)*

local area network, LAN
(EDV) lokales Netz *n*
(ie, Übertragung zwischen mehreren unabhängigen Datenstationen

mit hoher Übertragungsgeschwin-
digkeit und geringer Fehlerrate)
local call (com) Ortsgespräch *n*
local content (AuW) eigener Ferti-
gungsanteil *m (ie, im Abnehmer-*
land)
local integration (Bw) einheimische
Beteiligung *f*
(ie, to produce a certain percentage
of value added in the host country)
localized strike (Pw) örtlich begrenzter Streik *m*
local letter (com) Ortsbrief *m*
local market
(com) örtlicher Markt *m*
(com) Inlandsmarkt *m (syn,*
domestic/home ... market)
local rent (com) ortsübliche Miete *f*
local subscriber (com) Ortsteilneh-
mer *m*
local trade (com) Platzhandel *m*
local workers (Pw) einheimische Arbeitskräfte *fpl (syn, indigeneous*
workers)
location (Bw) Standort *m*
locational advantage (Bw) Standort-
vorteil *m*
locational change (Bw) Standortver-
schiebung *f*
locational choice (Bw) Standortwahl *f*
locational concept (Bw) Standortkon-
zept *n*
locational conditions (Bw) Standort-
bedingungen *fpl*
locational pattern (Bw) Standortver-
teilung *f*
locational planning (Bw) Standort-
planung *f*
locational preference (Bw) Standort-
präferenz *f*
locational pull (towards)
(Bw) Standortbindung *f*
location factors (Bw) Standortfakto-
ren *mpl*
location theory (Bw) Standorttheorie *f*
lock away *v* (Fin) festlegen *(eg,*
shares for a couple of years in a
share ownership scheme)

locked-up capital (Fin) gebundenes
Kapital *n (syn, tied-up capital)*
lockout
(Pw) Aussperrung *f*
(ie, closing a plant and shutting out
workers)
lock out *v* (Pw) aussperren
lock up capital *v* (Fin) Kapital *n* binden *(syn, tie up)*
lock up funds *v* (Fin) Mittel *pl* binden
(eg, in inventories)
loco price (com) Loco-Preis *m*, Preis
ab ... *m*
locus of decision making (Bw) Entscheidungszentrum *n (syn, deci-*
sion center)
locus of minimum cost per unit (Bw)
optimaler Kostenpunkt *m (ie, in-*
tersection of marginal and average
cost curves)
lodge a claim *v* (Re) Anspruch *m* geltend machen *(syn, advance)*
lodge an application *v* (com) beantragen, Antrag *m* einreichen *(syn, file*
an application)
lodgment (com) Einreichung *f (syn,*
filing, submission)
logical tree (Bw) Entscheidungsbaum *m (syn, decision tree)*
logistics of the firm (Bw) logistisches
System *n* von Betriebswirtschaften
(syn, business logistics)
logo (com) Signum *n*, Logo *n*
(ie, sign or picture used as
trademark; also on letterheads,
business cards, etc; syn, logograph)
logograph (com) = logo
London Interbank Offered Rate,
Libor
(Fin) Londoner Interbanken-An-
gebotssatz *m*
(ie, rate at which banks in London
place Eurocurrencies and/or
Eurodollars with each other; it is a
prime bankers' rate, so it is often
used as a basic rate; eg, LIBOR
plus ⅛% of 1%; considered to be a
truer reflection of market rates than
the U. S. prime)

long-distance haulage (com, GB) Güterfernverkehr *m*, Fernlastverkehr *m*
(syn, US, long-haul trucking)

long-distance passenger traffic (com) Personen-Fernverkehr *m*

long-distance road haulier
(com, GB) Güterfernverkehrs-Unternehmer *m (syn, US, long-haul trucker)*

long-distance trading (com) Fernhandel *m*

long-distance transport (com) Fernverkehr *m*

long-distance trucking (com) Güterverkehr *m*, Fernlastverkehr *m*
(syn, GB, long-distance haulage)

long-haul aircraft (com) Langstreckenflugzeug *n*

long-haul flight (com) Langstreckenflug *m*

long-haul freight traffic (com) Fernfrachtverkehr *m*

long-haul system (EDV) Weitverkehr *m (syn, long-range communication)*

long-haul trucker (com) Güterfernverkehrsunternehmer *m*
(syn, GB, long-distance road haulier)

long-haul trucking (com) Güterfernverkehr *m*

long in the tooth (com, infml) veraltet
(ie, ripe for replacement)

long-lead item (MaW) Langläufer *m*

long lead-time materials (MaW) Material *n* mit langen Beschaffungszeiten

long-lived assets (Bw) langlebige Wirtschaftsgüter *npl*

long position
(MaW) Überbestand *m (syn, excess inventory)*

long-range communication (EDV) Weitverkehr *m (syn, long-haul system)*

long-range forecast (Bw) Langzeitprognose *f*

long-range plan (Bw) langfristiger Plan *m*, Langzeitplan *m*

long-range planning (Bw) = long-term planning

long-run goal (Bw) langfristiges Ziel *n*

long-term contract
(com) langfristiger Vertrag *m (ie, in the production of heavy equipment)*

long-term corporate policy (Bw) langfristige Unternehmenspolitik *f (ie, long-term lines of approach)*

long-term corporate strategy (Bw) langfristige Unternehmensstrategie *f*

long-term financing (Fin) langfristige Finanzierung *f*

long-term fixed assets (Bw) langfristiges Anlagevermögen *n*

long-term funds (Fin) langfristige Finanzierungsmittel *pl*

long-term investments
(Fin) langfristige Finanzanlagen *fpl*
(ReW) Wertpapiere *npl* des Anlagevermögens

long-term investor (Fin) Daueranleger *m*

long-term lending (Fin) langfristige Kreditgeschäfte *npl*

long-term planning (Bw) Langzeitplanung *f*, langfristige Planung *f*
(syn, long-range planning)

long-term profitability (Fin) langfristige Rentabilität *f*

long-term profit planning (Bw) langfristige Erfolgsplanung *f*

long-term settlement (com) langfristige Vereinbarung *f*

long-term storage (MaW) Langzeitlagerung *f*

long-term supply contract (com) langfristiger Liefervertrag *m*

long-term unemployed (Pw) Langzeitarbeitsloser *m*

look for a job *v* (Pw) Arbeit *f* suchen
(syn, seek a job)

look for employment *v* (Pw) = look for a job

look the other way *v* (com) wegschauen, übersehen

(ie, ... is not a policy for dealing with the Third World crisis)

look up *v* (com) besser werden *(eg, business; syn, improve)*

loose cargo (com) Stückgut *n (syn, break-bulk cargo)*

loose combinations (Kart, US) lose Zusammenschlüsse *mpl (ie, comprise agreements, pools, trade associations; syn, loose knit combinations, contract combinations; opp, close combinations)*

loose knit combinations (Kart, US) = loose combinations

loose-leaf edition (com) Loseblattausgabe *f*

loose-leaf system of bookkeeping (ReW) Loseblattbuchführung *f*

loose material (com) Schüttgut *n (syn, bulk material)*

loosen up *v* (com, US, infml) Geld *n* herausrücken

lop off *v* (com) kürzen *(syn, cut, pare)*

lose a job *v* (Pw) Arbeitsplatz *m* verlieren

lose one's shirt *v* (com, sl) bankrott machen *(syn, take a bath)*

lose out *v* (com) verlieren, Verluste *mpl* hinnehmen müssen *(eg, on a deal)*

lose track of *v* (com) aus dem Auge verlieren, roten Faden *mpl* verlieren *(eg, of the main argument)*

losing bargain (com) Verlustgeschäft *n (syn, money-losing deal, losing proposition)*

losing proposition (com) = losing bargain

losses wedge (KoR) Verlustzone *f (ie, in a breakeven chart)*

loss in competitiveness (com) Verlust *m* an Wettbewerbsfähigkeit

loss in weight (com) Gewichtsverlust *m*

loss leader (Mk) Lockvogel *m*, Lockartikel *m (syn, bait, qv)*

loss leader sales promotion (Mk) Lockvogelwerbung *f (syn, loss leader selling, bait-type advertising)*

loss leader selling (Mk) = loss leader sales promotion

loss limit (com) Schadenmaximum *n*

loss-making (Fin) unrentabel *(eg, operations = Unternehmensteile)*

loss of custom (com) Kundenverlust *m*

loss of demand (com) Bedarfsverlust *m (ie, tritt ein, wenn Fehlmengen nicht aufgefüllt werden können = if stockouts cannot be supplied)*

loss of earnings (Pw) Verdienstausfall *m*

loss of expected return (com) entgangener Gewinn *m (syn, profit loss, qv)*

loss of output (IndE) Produktionsausfall *m*

loss of pay (Pw) Lohnausfall *m⁻*

loss of serviceability (Bw) = lost usefulness

loss of up-to-dateness (com) Aktualitätsverlust *m*

loss of use (Bw) Nutzungsentgang *m*

loss of weight (MaW) Gewichtsverlust *m*, Abgang *m (ie, due to storage)*

loss on disposal (ReW) Veräußerungsverlust *m*

loss on takeover (Fin) Übernahmeverlust *m*

loss-sharing agreement (Bw) Verlustübernahmevertrag *m*

loss wedge (KoR) Verlustzone *f (ie, in a breakeven chart)*

lost discounts (Fin) nicht in Anspruch genommene Nachlässe *mpl*

lost profit (com) entgangener Gewinn *m (syn, loss of expected returns, profit loss)*

lost serviceability (Bw) = lost usefulness

lost time (IndE) Stillstandszeit *f*, Brachzeit *f (syn, idle/dead ... time, qv)*

lost usefulness (Bw) Brauchbarkeitsminderung *f*, Wertminderung *f (ie, of fixed assets; syn, loss of ser-*

199

viceability, decline in economic usefulness, diminution of service yield, expired utility)

lot
(com) Lieferposten *m*, Partie *f*
(com) Grundstück *n (syn, plot of land, parcel of real property, qv)*
(IndE) Los *n*
– Fertigungslos *n*
– Charge *f*
– Partie *f*
– Auflage *f*
– Serie *f (syn, batch, lot size)*
(IndE) Prüflos *n (ie, in quality control)*

lot-size calculation (Bw) Losgrößen-
bestimmung *f*

louse up *v* (com, US, infml) verder-
ben, vermasseln *(eg, driving test, exam)*

low
(com) Tiefstand *m (syn, bottom)*

lowball (com, infml) Lockvogel *m (syn, bait, qv)*

low cost (com) kostengünstig, billig

low coupon securities (Fin) niedrig-
verzinsliche Wertpapiere *npl*

low emission car (com) abgasarmes
Auto *n*

low end (com) untere Preisklasse *f*

lower levels of organization (Bw)
nachgeordnete Ebenen *fpl*

lower management (Bw) untere Leitungsebene *f*

lower of cost or market
(ReW) Niederstwert *m*
*(ie, ,market' means current replace-
ment cost, whether by purchase or
reproduction, but is limited to the
following maximum and minimum
amounts: (1) maximum: cannot exceed the estimated selling price less
any costs of completion or disposal; maximum cost is also the ,net
realizable value', qv; (2) minimum:
the maximum less an allowance for
normal profit; syn, cost or market
whichever is lower)*

lower price segment (com) unteres
Preissegment *n*

lowest bid
(com) preisgünstigstes Angebot *n*
(com) Mindestgebot *n (syn, infml, knocked-down bid)*

lowest bidder (com) preisgünstigster
Anbieter *m*

lowest price (com) niedrigster od äußerster Preis *m (syn, bottom price, qv)*

lowest-price limit (com) Preisunter-
grenze *f*
(syn, bottom price)

low-interest yielding (Fin) niedrigver-
zinslich *(ie, carrying a low interest rate)*

low-margin retailing (Mk) Massengeschäft *n (ie, mit kleiner Gewinnspanne)*

low-paying jobs (Pw) niedrig bezahlte
Arbeitsplätze *mpl*

low-priced (com) preisgünstig

low-price offer (com) niedriges Angebot *n*

low-price store (com) Kleinpreisge-
schäft *n*

low-price strategy (Mk) Strategie *f*
der niedrigen Preise

low-risk approach (Mk) vorsichtiges
Taktieren *n* am Markt

low-weight shipment (com) Stückgut-
sendung *f*

low-yield securities (Fin) niedrigver-
zinsliche Wertpapiere *npl*, Nied-
rigverzinsliche *pl (syn, low yiel-
ders)*

loyalty discount (com) = loyalty rebate

loyalty rebate (com) Treuerabatt *m*
*(ie, esp for branded goods; de-
signed to discourage customers
from seeking alternative sources of
supply; syn, loyalty discount, fidelity rebate)*

LTL
(com, US) = less-than-truckload

lucrative (com) gewinnbringend, lu-
krativ
*(eg, airlines spend lavishly to lure
the... business of traveling
businessmen)*

lucrative market (com) lukrativer Markt *m*

lump sum (com) Pauschalbetrag *m*, Pauschale *f*

lump-sum compensation (com) Pauschalentschädigung *f*

lump-sum contract (com) Auftrag *m* mit Festpreisen

lump-sum freight (com) Pauschalfracht *f*

lump-sum price (com) Pauschalpreis *m (syn, all-inclusive price)*

lump-sum purchase (com) Globalkauf *m*

lump-sum settlement
(com) = lump-sum compensation

lure (Mk, infml) Lockvogel *m*, Lockartikel *m (syn, bait, qv)*

lure away *v* (Pw) abwerben
(syn, bid/entice/hire... away; infml, poach)

lush (com, infml) satt *(eg, profits)*

luxury goods (com) Luxusartikel *mpl (syn, luxuries, prestige goods)*

M

M&A (Bw) = mergers and acquisitions

machine *v* (IndE) (spanend) bearbeiten
(cf, machining operations)

machine downtime (IndE) Maschinenstillstandszeit *f*

machine group (IndE) Maschinengruppe *f*

machine hour (KoR) Maschinenstunde *f*
(ie, unit representing the operation of one machine for one hour)

machine hour rate (KoR) Maschinenstundensatz *m*

machine idle time
(IndE) Maschinenausfallzeit *f*
(IndE) ablaufbedingte Brachzeit *f*
(ie, time during a work cycle when machine is idle, awaiting completion of manual work)

machine loading and scheduling
(IndE) Maschinenbelegung *f*, Maschinenbelastung *f (syn, job sequencing)*

machine maximum time (IndE) maximale Nutzungszeit *f*

machine operator (IndE) Maschinenbediener *m*, Operator *m (syn, operator, operative)*

machinery and equipment
(com) Ausrüstungsgüter *npl*

machine tool maker (com) Werkzeugmaschinen-Hersteller *m*

machining cell (IndE) Fertigungsnest *n*

machining operations (IndE) spanabhebende od spanende Fertigung *f (opp, forming operations = spanlose Fertigung)*

made to order (com) kundenspezifisch *(syn, customized, qv)*

magic solution (com) Patentlösung *f*, Patentrezept *n (syn, patent solution, quick fix, qv)*

maglev transit system (IndE) Magnetschwebebahn *f*
(ie, uses frictionless magnetic suspension instead of wheels; maglev = magnetic levitation)

magnetic levitation train (IndE) = maglev transit system

mail (com) Post *f (ie, material sent or received by post; syn, GB, post)*

mail *v* (com) versenden *(ie, send by mail; syn, GB, post)*

mail box (com) Briefkasten *m (syn, GB, letter/post/posting/pillar... box)*

mailing charges (com) Postgebühren *fpl (syn, GB, postal charges)*

mail interview (Mk) briefliche Befragung *f* od Umfrage *f (syn, mail survey, postal inquiry)*

mail order advertising (Mk) Versandhauswerbung *f*

mail order business (Mk) Versandhandel *m (syn, mail order selling)*

mail order buying (Mk) Versandbestellung f *(syn, GB, postal shopping)*

mail order catalog (Mk) Versandhauskatalog *m*

mail order group (Mk) Versandhausgruppe *f*

mail order house (Mk) Versandhaus *n (syn, GB, catalogue company)*

mail order selling (Mk) Versandhaushandel *m (syn, mail order business)*

mail out *v* (com) versenden, verschicken *(eg, invoices, letters)*

mail rerouting (com) Post-Nachsendung *f*
(ie, to temporary address or to changed domicile)

mail shot (com, infml) Rundschreiben *n (syn, circular letter)*

mail survey (Mk) = mail interview

main bidder (com) Hauptanbieter *m (syn, principal bidder)*

main contractor (com) Generalunternehmer *m (syn, general contractor, qv)*

main deadline (com) Haupttermin *m*

main offices (com) Hauptverwaltung *f (syn, headquarters)*

main organizational unit (Bw) Hauptorganisationseinheit *f*

main place of business (Re) Hauptsitz *m (syn, principal place of business)*

main product
(Bw) Haupterzeugnis *n*
– Hauptprodukt *n*
– Leitprodukt *n*
(syn, chief/major ... product; opp, byproduct = Nebenerzeugnis, Koprodukt)

mainstay business (com) Grundgeschäft *n (syn, bottom line)*

mainstream company (com, US) großes, erfolgreiches Unternehmen *n*

main supplier (com) Hauptlieferant *m*

maintain *v*
(com) warten, instandhalten

(com) behaupten *(ie, argue in favor of)*

maintained markup (Mk) Betriebshandelsspanne *f*

maintained price (Kart) gebundener Preis *m (ie, in resale price maintenance)*

maintenance
(com) Wartung *f*, Instandhaltung *f (syn, maintenance and repair, servicing, upkeep)*

maintenance advertising (Mk) Erhaltungswerbung *f*

maintenance agreement (com) Wartungsvertrag *m*

maintenance bond (com) Leistungsgarantie *f (syn, performance bond, qv)*

maintenance budget (Bw) Budget *n* der Wartungskosten

maintenance charge (Fin) Kontoführungsgebühr *f (syn, account maintenance charge)*

maintenance fee
(Fin) = maintenance charge

maintenance guaranty (Re) Leistungsgarantie *f (syn, performance bond, qv)*

maintenance of capital (Fin) Kapitalerhaltung *f (ie, preservation of corporate assets)*

maintenance of real assets (Bw) Substanzerhaltung *f*
(ie, paper profits and losses are eliminated from results accounting; syn, preservation of real assets; opp, nominal maintenance of capital)

maintenance service (com) Wartungsdienst *m*

major
(com, infml) führendes Unternehmen *n*
(eg, Martin Marietta, the U. S. aerospace major)

major account (com) Großkunde *m (syn, big customer, qv)*

major borrower (Fin) Großkreditnehmer *m (syn, big/massive ... borrower)*

major contract (com) Großauftrag *m*

major debt issuer (Fin) Großemittent *m*

majority (com) Mehrheit *f*

majority holding (Fin) = majority interest

majority interest (Fin) Mehrheitsbeteiligung *f*, Mehrheit *f* *(syn, majority ... stake/holding; controlling interest)*

majority joint venture (com) Joint Venture *f* mit Mehrheitsbeteiligung

majority-owned subsidiary (com) Tochtergesellschaft *f* im Mehrheitsbesitz

majority shareholder (com) Mehrheitsaktionär *m* *(syn, controlling stockholder)*

majority stake (com) = majority interest

majority stockholder (com) = majority shareholder

majority vote (com) Mehrheitsbeschluß *m* *(ie, resolution adopted by a majority of votes)*

major shareholder (com) Großaktionär *m*, Hauptaktionär *m* *(syn, leading/principal ... shareholder)*

major shipping lane (com) Hauptschiffahrtsweg *m*

major supplier (com) Großlieferant *m*

make (com) Marke *f (syn, brand)*

make *v* (com) herstellen *(syn, manufacture, produce)*

make a bargain *v* (com) Geschäft *n* abschließen *(syn, strike a deal)*

make a bid *v* (com) bieten *(syn, bid, submit a bid, offer)*

make a claim *v* (Re) Forderung *f* geltend machen *(syn, assert a claim)*

make a deal *v* (com, infml) sich arrangieren *(syn, GB, go a deal)*

make a down payment *v* (com) anzahlen, Anzahlung *f* leisten

make a fast career *v* (Pw) Karriere *f* machen

make a killing *v* (com, infml) großen Erfolg haben

(eg, the XY product stands to ... because of its unrivaled high tech features)
(Fin, infml) Riesengeschäft *n* machen

make allowance for *v* (com) berücksichtigen *(eg, difficulty, problem; syn, allow for, take into ... account consideration)*

make a loan *v* (Fin) Darlehen *n* gewähren *(syn, extend, grant)*

make an agreement *v* (Re) Vertrag *m* schließen *(syn, conclude an agreement, qv)*

make an application for *v* (com) beantragen, Antrag *m* stellen auf *(syn, apply for)*

make an appointment *v* (com) verabreden, Termin *m* vereinbaren od ausmachen

make an arrangement *v* (com) abmachen, Abmachung *f* treffen

make a profit *v* (com) Gewinn *m* erzielen

make a showing *v* (StR) nachweisen

make a turn *v* (com, infml) Gewinn *m* machen *(syn, turn a profit)*

make cuts in spending *v* (Fin) Ausgaben *fpl* kürzen

make good *v*
(Re) (Verbindlichkeit) erfüllen
(Re) Schadenersatz *m* leisten *(syn, pay damages)*

make inroads into *v* (com) angreifen, Anteile *mpl* erkämpfen *(eg, a market)*

make it *v* (com) Erfolg *m* haben *(eg, in the market)*

make money *v* (com, infml) Geld *m* machen

make off with *v* (com, infml) verschwinden lassen *(eg, gains, profits; syn, spirit)*

make on the side *v* (com, infml) nebenbei verdienen *(eg, make thousands more on the side from a nice moonlight job)*

make or buy (IndE) Eigenfertigung *f* od Fremdbezug *m*

make-or-buy decision (IndE) Entscheidung *f* über Eigenfertigung oder Kauf

make out *v*
(com) ausstellen *(eg, invoice, bill; syn, prepare)*
(com) ausfüllen *(syn, fill... in/out/ up)*

make out a production order *v* (IndE) kommissionieren *(ie, based on specifications of customer purchase order)*

make out a violation *v* (Kart) Verstoß *m* feststellen

make out in blank *v* (com) blanko ausstellen

make over *v* (Re) abtreten *(syn, assign, transfer, set over)*

make payment *v* (com) zahlen, Zahlung *f* leisten *(syn, effect/meet... payment)*

maker
(com) Hersteller *m* *(syn, manufacturer, producer)*

make-ready activities (IndE) = make-ready work

make-ready work (IndE) vorbereitende Arbeiten *fpl* *(ie, prior to start of production)*

make tall claims *v* (com) hohe Ansprüche *mpl* stellen

make the cash *v* (Fin) Kassensturz *m* machen, Kasse *f* machen

make to order *v* (IndE) auftragsbezogen produzieren

make-to-order plant (IndE) Betrieb *m* mit Kundenauftragsfertigung *(syn, job shop, job order plant)*

make-to-order production (IndE) (Kunden-)Auftragsfertigung *f* *(opp, make-to-stock production)*

make to stock *v* (IndE) auf Lager produzieren *(syn, produce to stock)*

make-to-stock output (MaW) Lagerleistungen *fpl* *(ie, to replenish inventory)*

make-to-stock plant (IndE) Betrieb *m* mit Lagerfertigung

make-to-stock production (IndE) Lagerfertigung *f*, Vorratsfertigung *f* *(syn, production to stock, production for inventory; opp, make-to-order/custom... manufacturing)*

make-up (EDV) Umbruch *m* *(ie, in text processing; syn, page make-up)*

malicious falsehood (Kart) Anschwärzung *f* *(syn, disparagement of goods, qv)*

mammoth company (com) Mammutgesellschaft *f*

mammoth project (com) Riesenprojekt *n*

manage *v* (Bw) führen, leiten, managen *(syn, lead, direct)*

manageable (com) handhabbar

manage a credit *v* (Fin) Kredit *m* bearbeiten *(syn, handle, process)*

management
(com) Management *n* *(ie, Genitiv: des Managements)*
(Bw) Management *n*, Unternehmensführung *f*
(ie, executive function of planning, organizing, directing, and controlling
(com) Unternehmensleitung *f*
– Geschäftsleitung *f*
– Betriebsleitung *f*
(Fin) Konsortialführung *f* *(syn, lead management)*

management and control structure (Bw) = management structure

management auditing (Bw) Leistungsbeurteilung *f* und -bewertung *f* von Führungskräften

management buyout
(Fin) Management Buy-Out *n*
(ie, besondere Spielart des LBO: Übernahme durch das Management: das in der erworbenen Gesellschaft tätige Management übernimmt e–n großen Teil des Gesellschaftskapitals: the existing management of a subsidiary, usually with other investors, purchases the company from the owner; it can involve, for example, leverage financing, only a percentage of the

assets, and may subsequently continue to supply the previous owners)

management by corporate identity (Bw) identitäts-orientierte Unternehmensführung f

management by exception (Bw) Management n im Ausnahmefall

management by objectives, MBO (Bw) Management n by Objectives
– zielgesteuerte Unternehmensführung f
– Führung f durch Zielvereinbarung

management by results (Bw) ergebnisorientierte Führung f

management by system (Bw) Führung f durch Systemsteuerung

management carousel (Bw) = management turntable

management chain of command (Bw) Leitungssystem n

management charge (Fin) = management fee

management committee (Bw) Führungsausschuß m, Führungsgremium n *(syn, management group)*

management concept (Bw) Führungskonzeption f

management consultancy (Bw) = management consulting

management consultant Bw) Unternehmensberater m, Betriebsberater m *(syn, business consultant, management/business . . . counselor)*

management consulting (Bw) Unternehmensberatung f, Betriebsberatung f *(syn, management consultancy)*

management counselor (Bw) = management consultant

management development (Pw) Weiterbildung f von Führungskräften *(syn, executive development)*

management education (Pw) Management-Ausbildung f

management efficiency (Bw) Leitungs-Effizienz f

management engineering (IndE) = industrial engineering

management fee (com) Federführungsgebühr f
(Fin) Konsortialgebühr f
(Fin) Kontoführungsgebühr f *(syn, account management charge, service charge)*

management function (Bw) Führungsfunktion f *(syn, managerial function)*

management group (Bw) Führungsgremium n *(syn, management committee)*
(Fin) Konsortium n *(syn, syndicate of security underwriters)*

management information (Bw) Führungsinformation f

management information system (Bw) Management-Informationssystem n, MIS

management-level employees (Pw) Führungskräfte fpl

management model (Bw) Führungsmodell n

management position (Bw) Führungsposition f *(syn, executive/supervisory . . . position)*

management process (Bw) Managementprozeß m

management ratio (Bw, GB) betriebswirtschaftliche Kennziffer f

management roundabout (Bw, GB) = management turntable

management's performance (Bw) Erfolg m der Unternehmensleitung *(ie, may be judged by using a variety of measures other than reported earnings)*

management staff (Pw) Führungskräfte mpl

management structure (Bw) Leitungsstruktur f *(syn, lines of . . . authority/command; management and control structure)*

management style (Bw) Führungsstil m *(syn, leadership style)*

management team
  (Bw) Führungsgruppe *f*
  – Führungsteam *n*
  – Führungsmannschaft *f*
management threshold (Pw) Management-Schwelle *f*
(ie, phase marking the transition on career ladder from specialist to generalist function)
management turntable (Bw, infml) Management-Karussell *n* *(syn, management carousel; GB, management roundabout)*
management unit (Bw) = organizational unit
manager
  (com) Manager *m (ie, Genitiv: des Managers)*
  (Bw) Unternehmensleiter *m*
(ie, may be as high as ‚Konzernchef‘, who, literally, would be ‚group's chief executive‘; his official title may be ‚President and Chief Executive Officer‘ or any other colorful label not normally translated)
  (Fin) Konsortialführerin *f* *(syn, lead manager, qv)*
managerial authority (Bw) Weisungskompetenz *f*
managerial decision making (Bw) unternehmerische Willensbildung *f*
managerial elite (Bw) Führungselite *f*
managerial employee (Pw, US) leitender Angestellter *m (ie, formulates, determines, and carries out management policies)*
managerial function (Bw) = management function
managerial grid (Bw) Verhaltensgitter *n*
managerial hierarchy (Bw) Führungshierarchie *f*
managerial level (Bw) Führungsebene *f (syn, level of management)*
managerial objectives (Bw) Führungsziele *npl*
managerial personnel (Bw) Führungskräfte *fpl*
managerial planning (Bw) Unternehmensplanung *f (syn, company/corporate... planning)*
managerial qualities (Bw) Führungsbefähigung *f (syn, executive skill)*
managerial situation (Bw) Führungssituation *f*
managerial structure (Bw) Leitungsstruktur *f (syn, management structure)*
managerial style (Bw) Führungsstil *m (syn, style of leadership)*
managerial unit (Bw) = organizational unit
manager sickness (Bw) Managerkrankheit *f*
(ie, the physical wear and tear of high achievers; chief symptons are heart trouble and circulatory failure)
managing bank (Fin) konsortialführende Bank *f*
managing director (Bw, GB) Vorsitzender *m* des Vorstandsgremiums *(syn, US, chief executive officer)*
managing owner
  (com) Korrespondentreeder *m (ie, of a ship)*
  (com) Ausrüster *m (ie, of a ship)*
managing partner (com) geschäftsführender Gesellschafter *m (syn, acting/active... partner)*
managing underwriter (Fin) Konsortialführerin *f (ie, in connection with an offering of securities = Wertpapieremission)*
mandatory retirement (Pw) Zwangspensionierung *f (syn, compulsory retirement)*
man days of strike idleness (Pw) Streiktage *mpl*
maneuvering room (com) Spielraum *m (syn, leeway, scope for maneuver, latitude)*
manifest (com) = manifest of cargo
manifest of cargo (com) Ladungsmanifest *n (ie, list of cargo carried by vessel or plane)*
manifold classification (com) Mehrfacheinteilung *f (syn, multiple classification)*

man months (com) Mannmonate *mpl*

man of straw (com) Strohmann *m (syn, dummy, straw man)*

manpower
(Pw) Personalbestand *m (ie, total supply of employees available for service; syn, labor force, staff, workers)*
(Pw) Mitarbeiter *mpl*

manpower analysis (Pw) Mitarbeiteranalyse *f*

manpower budget (Pw) Personaletat *m*

manpower deficit (Pw) Personallücke *f*

manpower hour (Pw) = manhour

manpower intensive (Bw) lohnintensiv *(syn, labor intensive)*

manpower mobility (Pw) Arbeitskräftemobilität *f*

manpower planning (Pw) Personalplanung *f (syn, personnel/human resources ... planning)*

manpower requirements (Pw) Arbeitskräftebedarf *m*

manpower scheduling (Pw) Personalplanung *f*, zeitliche Einsatzplanung *f*

manpower shortage (Pw) Arbeitskräftemangel *m (syn, scarcity/ shortage ... of labor; tight labor market)*

manpower statistics (Stat) Beschäftigungsstatistik *f (syn, statistics of employment)*

manpower surplus (Vw) Arbeitskräfteüberschuß *m*

manpower turnover (Pw) Fluktuation *f (syn, labor turnover)*

manufacture
(IndE) Fertigung *f*
– Herstellung *f*
– Produktion *f*
(IndE) Erzeugnis *n*, Produkt *n*

manufacture *v* (com) fertigen, herstellen *(ie, esp in large volume; syn, make, produce)*

manufactured goods (com) Industriegüter *npl*, Industriewaren *fpl*

manufacturer (IndE) Hersteller *m*,
Herstellerfirma *f (syn, maker, producer)*

manufacturer's brand (Mk) Fabrikmarke *f (opp, dealer's brand = Handelsmarke)*

manufacturer's sales branch (Mk) Werksvertretung *f (ie, in Form des Großhandels; Vertrieb direkt an Industrieabnehmer od Endverbraucher)*

manufacture to specification (IndE) Einzelfertigung *f (syn, individual production)*

manufacturing
(IndE) Fertigung *f*
– Produktion *f*
– Herstellung *f*

manufacturing bill (IndE) Fertigungsablaufplan *m (syn, master operation list, qv)*

manufacturing bill of materials (IndE) Fertigungsstückliste *f*

manufacturing budget (Bw) Teilbudget *n* des Fertigungsbereichs

manufacturing company (Bw) Fertigungsunternehmen *n*

manufacturing concern *m* (Bw) = manufacturing company

manufacturing control (IndE) Fertigungssteuerung *f*

manufacturing division
(com) Sparte *f*, Fertigung, Fertigungsbereich *m*

manufacturing facility (IndE) Fertigungsstätte *f (syn, manufacturing operation; production ... facility/ plant)*

manufacturing industry
(Bw) Fertigungswirtschaft *f*

manufacturing lot (IndE) Fertigungslos *n (syn, production batch)*

manufacturing management (IndE) Produktionsleitung *f*

manufacturing method
(IndE) Fertigungsmethode *f*
– Bearbeitungsmethode *f*
– Bearbeitungsverfahren *n*

manufacturing operation
(IndE) Fertigungsabteilung *f*
(IndE) = manufacturing facility

manufacturing order (com) Fertigungsauftrag *m*, Kommission *f* *(syn, production order)*

manufacturing plant (IndE) Fertigungsanlage *f*
– Fertigungsstätte *f*
– Produktionsstätte *f*

manufacturing process (IndE) Fertigungsverfahren *n*, Fabrikationsverfahren *n*

manufacturing program (IndE) Fertigungsprogramm *n*, Fabrikationsprogramm *n*

manufacturing sector
(IndE) Fertigungsbereich *m (syn, branch of production)*

marathon talks (com) Marathon-Sitzung *f (ie, extending over a long period without a break)*

margin
(com) Rand *m*
(com) Handelsspanne *f*
*(syn,   operating/price/trade ...
margin)*
(com) Gewinnspanne *f*
(syn, profit margin, margin of profit, gross profit)
(KoR) Deckungsbeitrag *m (syn, contribution margin, qv)*

marginal cost
(Bw) Grenzkosten *pl*
(ie, the extra cost incurred for an extra unit of output; mathematically, the first derivative of the total cost function: dK/dY; syn, incremental/differential ... cost)

marginal costing (KoR, GB) Grenzplankostenrechnung *f (syn, direct costing, qv)*

marginal cost pricing (KoR) Grenzplankostenkalkulation *f*

marginal gain (com) geringer Zuwachs *m (eg, in sales)*

marginal income (KoR) Deckungsbeitrag *m (syn, contribution margin, qv)*

marginal segment (Mk) Randsegment *n*

marginal subsidiary (com) gewinnschwache Tochtergesellschaft *f*

margin of error
(Bw) Sicherheitsspanne *f*

margin of profit (com) Gewinnspanne *f*

margin of safety
(com) Sicherheitszuschlag *m*

margin of spare capacity (Bw) ungenutzte Kapazität *f (syn, idle capacity, qv)*

margin of uncertainty (com) Unsicherheitsmarge *f*

margin squeeze
(com) Druck *m* auf die Gewinnspanne

maritime port (com) Seehafen *m*

maritime trade (com) Seehandel *m (syn, sea trade, ocean commerce)*

maritime transportation of goods (com) Güterbeförderung *f* zur See

mark
(com) Marke *f*, Markierung *f*

mark *v*
(com) markieren, kennzeichnen

markdown
(com) Preissenkung *f*, Preisherabsetzung *f*

mark down *v*
(com) ermäßigen, herabsetzen *(ie, prices)*
(com) heruntersetzen *(ie, goods)*

market
(com) Markt *m (syn, marketplace)*
(com) Nachfrage *f (eg, nach: for wheat)*
(com) Preis *m (eg, a falling/rising ... market)*
(ReW) Marktwert *m*, Tageswert *m (syn, market price)*

market *v*
(com) verkaufen, absetzen *(syn, sell)*
(Mk) auf den Markt bringen, vermarkten *(syn, put on the market)*

marketability
(com) Absetzbarkeit *f*
– Marktgängigkeit *f*
– Verkehrsfähigkeit *f*
(ie, ease with which a commodity or security may be sold when desired)

marketable
(com) handelsfähig
– marktgängig
– verkehrsfähig
(syn, merchantable, tradable)
(Mk) absatzfähig, absetzbar *(syn, salable)*

marketable securities (ReW) Wertpapiere *npl* des Umlaufvermögens
(ie, investments held as current assets; syn, temporary investments; opp, permanent investments)

market acceptance (Mk) Akzeptanz *f*
(ie, Aufnahme e–s Produktes durch den Markt)

market allocation (Kart) Marktaufteilung *f*
(ie, among competitors; syn, market... division/sharing, allocation of sales territories)

market analysis (Mk) Marktanalyse *f*, Marktuntersuchung *f (syn, market audit)*

market anticipations (Mk) Markterwartungen *fpl*

market area (Mk) Absatzgebiet *n (syn, sales area)*

market assessment (Mk) Markteinschätzung *f*

market audit (Mk) = market analysis

market behavior (Bw) = market performance

market capitalization
(Bö) Börsenkapitalisierung *f*
– Marktkapitalisierung *f*
(ie, Kurswert e–r Kapitalgesellschaft: Anzahl aller Aktien multipliziert mit dem aktuellen Börsenkurs; oft auch als aggregierte Größe: Börsenkapitalisierung in % des Bruttosozialprodukts)

market center (Mk) Absatzzentrum *n (eg, around the world)*

market channel (Mk) Absatzweg *m*

market compulsions (Mk) Marktzwänge *mpl*

market concentration (Kart) Marktkonzentration *f*
(ie, of an industry = e–s Wirtschaftszweiges; syn, concentra-

tion of a market; cf, concentration ratio)

market conditions (Mk) Marktbedingungen *fpl (syn, circumstances of the market)*

market coverage
(Mk) Abdeckung *f* des Marktes
(Mk) Absatzbereich *m*
(com) Marktanteil *m (syn, market share, qv)*

market diversification (Mk) Markt-Diversifizierung *f*

market division (Kart) = market allocation

market dominance (Kart) Marktbeherrschung *f*

market dominant role (Kart) marktbeherrschende Stellung *f (syn, dominant market position)*

market entrenchment (Kart) Festigung *f* der Marktmacht

marketer
(com) Anbieter *m (ie, person or firm offering a product in the market)*

market-extension merger (Kart, US) Markterweiterungs-Zusammenschluß *m*
(ie, merging firms sell the same product but in different geographic areas; opp, product-extension merger; cf, conglomerate merger)

market fluctuations (Mk) Marktschwankungen *fpl (ie, seasonal and cyclical)*

market forecast (Mk) Marktprognose *f*

market foreclosure (Kart) Aussperrung *f* von Konkurrenten vom Markt

market globally *v* (com) weltweit absetzen

marketing
(com, US) Einkaufen *n*
(eg, go/do the... marketing; syn, shopping)
(Mk) Marketing *n*
(ie, joc, selling by people with a university education)

marketing activity
(Mk) Absatztätigkeit f, Absatzaktivität f (syn, sales activity)
(Mk) Absatzfunktion f

marketing area (Mk) Absatzbezirk m (syn, marketing territory, distribution area)

marketing association (Mk) Absatzvereinigung f

marketing board (com, GB) Absatzorganisation f (ie, esp for food)

marketing by telephone (Mk) Absatz m durch Telefonaktion, Telefonmarketing n

marketing cartel (Mk) Absatzkartell n (syn, sales/distribution . . . cartel)

marketing chain (Mk) Handelskette f

marketing channel (Mk) Absatzkanal m, Absatzweg m (syn, channel of distribution, marketing/trade . . . channel)

marketing committee (Mk) Absatzausschuß m

marketing concept (Mk) Marketing-Konzept n

marketing conditions (Mk) Absatzbedingungen fpl

marketing consultant (Mk) Vertriebsberater m

marketing cooperative (Mk) Absatzgenossenschaft f

marketing costs (Mk) Absatzkosten pl, Vertriebskosten pl (syn, distribution/sales/selling . . . costs)

marketing cycle (Mk) Marketing-Zyklus m (ie, comprises planning, performance, and control)

marketing department (Mk) Marketing-Abteilung f, Vertriebsabteilung f

marketing division (Mk) = marketing department

marketing efforts (Mk) Absatzbemühungen fpl (syn, sales/selling . . . efforts)

marketing environment (Mk) Marketing-Umfeld n

(ie, includes political, legal and regulatory, societal, consumer movement, economic, and technological . . . forces)

marketing expense (Mk) = marketing costs

marketing information system (Mk) Marketing-Informationssystem n

marketing intelligence (Mk) Marketing-Informationen fpl

marketing like hell (Mk, infml) aggressives Marketing n (syn, hell-for-leather marketing)

marketing logistics (Mk) Marketing-Logistik f

marketing management (Mk) Marketing-Management n
(ie, process of planning, organizing, implementing, and controlling marketing activities in order to expedite changes effectively and efficiently; effectively = bezieht sich auf den Zielerreichungsgrad; efficiently = bezieht sich auf die Wirtschaftlichkeit der Marketing-Bemühungen, that is, the minimization of resources that an organization must spend to achieve a specific level of desired exchanges)

marketing manager
(Mk) Absatzleiter m
– Vertriebsleiter m
– Marketing-Manager m

marketing methods (Mk) Absatzmethoden fpl (syn, distribution/ sales . . . methods, marketing/selling . . . techniques)

marketing mix (Mk) Marketing-Mix n (ie, sum of marketing /distribution/promotional/pricing . . . strategies)

marketing model (Mk) Marketing-Modell n

marketing network (Mk) Vertriebsnetz n

marketing organization (Mk) Marketing-Organisation f, Vertriebsorganisation f

marketing orientation (Mk) Absatzorientierung f

marketing outlet
(Mk) Absatzgebiet *n*
(com) Verkaufsstelle *f*

marketing personality (Pw) extrem extrovertierte Person *f* *(ie, craves for recognition by the outside world: behaves in almost all situations so as to appeal to „the market")*

marketing philosophy (Mk) Marketing-Philosophie *f*

marketing plan (Mk) Marketing-Plan *m*

marketing plan evaluation (Mk) Bewertung *f* des Absatzplans

marketing ploy (Mk) Marketing-Gag *m*

marketing policy (Mk) Absatzpolitik *f*, Vertriebspolitik *f* *(syn, distribution policy)*

marketing ratio (Mk) absatzwirtschaftliche Kennzahl *f*

marketing research (Mk) Marketing-Forschung *f*, Absatzforschung *f*

marketing research company (Mk) Marktforschungsgesellschaft *f*

marketing research institute (Mk) Marktforschungsinstitut *n*

marketing risk (Mk) Absatzrisiko *n* *(syn, merchandising risk)*

marketing savvy (Mk) Marketing-Knowhow *n*

marketing segment (Mk) Absatzsegment *n*

marketing segmentation approach (Mk) Marktsegmentierungs-Ansatz *m* *(ie, there are two ways to accomplish it: a concentrated segmentation strategy or a multisegment strategy)*

marketing specialist
(Mk) Marketing-Fachmann *m*, Absatzfachmann *m* *(syn, marketing man)*

marketing strategy (Mk) Marketing-Strategie *f* *(ie, composed of two elements: selecting a target market and creating and maintaining a marketing mix)*

marketing subsidiary (Mk) Vertriebstochter *f*

marketing system (Mk) Absatzsystem *n* *(syn, distribution system)*

marketing target (Mk) = market target

marketing techniques (Mk) Marketing-Methoden *fpl*

marketing territory (Mk) = marketing area

marketing training (Mk) Marketing-Schulung *f*, Vertriebsschulung *f*

market leader
(com) Marktführer *m*

market linkup (Bw) Marktverflechtung *f* *(syn, integration, interpenetration)*

market maturity (Mk) Marktreife *f* *(ie, of a product)*

market niche (com) Marktlücke *f*, Marktnische *f* *(eg, carve out/fill ... a market niche)*

market observer (com) Marktbeobachter *m*

market offering (com) Marktangebot *n*

market operator
(com, Fin) Marktteilnehmer *m* *(syn, market participant)*

market orientation (Mk) Marktorientierung *f*

market outlook (Mk) Marktaussichten *fpl*

market participant (com) Marktteilnehmer *m*

market penetration (Mk) Marktdurchdringung *f* *(ie, extent to which a firm shares the sales in a given market territory)*

market performance
(Bw) Marktverhalten *n* *(syn, market ... behavior/conduct)*

marketplace
(com) Markt *m*
(com) die Wirtschaft *f* *(ie, general term covering all business and trade activities)*

market position
(com) Marktstellung *f*

211

market potential
(Mk) Marktpotential *n*
– Absatzpotential *n*
– Kapazität *f* e–s Marktes

market power (Kart) Marktmacht *f*
(ie, ability of a company to control competitor's access to the marketplace and to sustain prices above market levels in a profitable way)

market price
(ReW) Marktwert *m*, Tageswert *m (syn, current value)*

market profile (Mk) Marktprofil *n*
(ie, potential customer data)

market proximity (Mk) Marktnähe *f*

market quota (Mk) Absatzkontingent *n (syn, sales quota)*

market quotation
(ReW) Tageswert *m (syn, market price)*

market rate (Fin) Effektivverzinsung *f*

market rate of interest
(Fin) Marktzins *m (ie, charged by banks for the particular class of loans at issue)*
(Fin) effektiver Zins *m*, Effektivverzinsung *f (syn, effective rate, qv)*

market reconnaissance (Mk) Markterkundung *f*

market report (Mk) Marktbericht *m*

market representative (Mk, US) Gruppeneinkäufer *m (ie, executive of a material procurement department in charge of a particular grouping of goods)*

market research (Mk) Marktforschung *f*

market research data (Mk) Marktforschungsdaten *pl*

market researcher (Mk) Marktforscher *m*

market resistance (Mk) Marktwiderstand *m*

market ripe (Mk) marktreif *(syn, fully developed, ready for the market)*

market risk (com) Marktrisiko *n*
(ie, combines financial risk, interest-rate risk, and purchasing-power risk)

market saturation (Mk) Marktsättigung *f*

market segment (Mk) Marktsegment *n*

market segmentation (Mk) Marktsegmentierung *f*
(ie, process of dividing a total market into market groups consisting of people who have similar product needs; purpose is to design a marketing mix that more precisely matches the needs of individuals in a segment; segmentation variables may be location, age, sex, rate of product usage, etc)

market share (com) Marktanteil *m*
(syn, share of the market, market coverage)

market sharing (Kart) = market allocation

market sharing cartel (Kart) Gebietskartell *n (ie, saves transport and advertising costs)*

market sharing pact (Kart) Marktaufteilungsabkommen *n*

market situation (Mk) Absatzlage *f*
(syn, sales position)

market strategy (Mk) Marketing-Strategie *f*, Absatzstrategie *f (syn, market/sales . . . strategy)*

market structure (Mk) Marktstruktur *f*

market structure analysis (Mk) Marktstrukturanalyse *f*

market study (Mk) Marktstudie *f*, Absatzstudie *f*

market surveillance (com) Marktbeobachtung *f*

market targets (Mk) Käuferzielgruppen *fpl*
(ie, groups of consumers who are the target of a firm's marketing effort)

market testing (Mk) Markttest *m*

market trends (Mk) Markttendenzen *fpl*

market value
(ReW) Marktwert *m*
– Tageswert *m*
– Zeitwert *m*

(ie, the prevailing price; syn, current market value, current value, market price; opp, book value)

market zoning (Mk) Abgrenzung *f* regionaler Teilmärkte

marking (com) Markierung *f* Kennzeichnung *f (ie, on new goods and products; syn, labeling)*

marking instructions (com) Markierungsvorschriften *fpl (syn, labeling instructions)*

markon (com) Bruttoaufschlag *m (ie, operating expense + profit margin)*

mark out for *v* (com) vorsehen für *(eg, quick promotion, special training)*

mark reader (Mk) Markierungsleser *m (syn, optical bar mark reader)*

mark reading (Mk) Markierungslesen *n (syn, optical bar-code reading, mark... sensing/scanning)*

mark scanning (Mk) = mark reading

markup (com) Preiserhöhung *f* (com) Gewinnaufschlag *m* in %

mark up *v* (com) heraufsetzen *(eg, goods, articles)*

markup factor (com) Kalkulationsfaktor *m*

markup pricing (KoR) Vollkostenkalkulation *f (ie, average variable cost + markup; syn, full cost pricing)*

marshalling yard (com) Verschiebebahnhof *m*, Rangierbahnhof *m*

masked advertising (Mk) Schleichwerbung *f (syn, camouflaged advertising, qv)*

Maslow's hierarchy of needs (Bw) Maslowsche Bedürfnishierarchie *f*

Massachusetts trust (com, US) = business trust

mass advertising (Mk) Massenwerbung *f*

mass consumption (Mk) Massenkonsum *m*

mass consumption society (com) Konsumgesellschaft *f*

mass dismissals (Pw) Massenentlassungen *fpl*

massive borrower (Fin) Großkreditnehmer *m (syn, big/major... borrower)*

mass layoff (Pw) Massenentlassung *f (ie, may be temporary or permanent)*

mass market (Mk) Massenmarkt *m*

mass marketing (Mk) Massenabsatz *m*, Absatz *m* von Massenerzeugnissen

mass product (com) Massenprodukt *m*

mass production (IndE) Massenfertigung *f (ie, continuous special manufacture of identical products; high rates, equipment dedicated to one product, investment in machines and tooling high; subterms: quantity production, flow production, qv; syn, large-scale/volume... production)*

mass selling (Mk) Massenvertrieb *m*

mass tourism (com) Massentourismus *m*

mass transportation facilities (com) Massenverkehrsmittel *npl*

mass unemployment (Vw) Massenarbeitslosigkeit *f (syn, infml, wholesale unemployment)*

master budget (Bw) Gesamtbudget *n (ie, combined budgets of all departments)*

master contract (Re) Mantelvertrag *m*, Rahmenvertrag *m*

master data (EDV) Stammdaten *pl (ie, set of data which is rarely changed)*

master file (EDV) Stammdatei *f*, Hauptdatei *f*

master minding (Bw, US) Planung *f (ie, planning company policy in detail and cleverly)*

master operations list (IndE) Fertigungsablaufplan *m (syn, master route chart, manufacturing data sheet, process chart)*

master parts list (IndE) Stückliste *f*,
Teileliste *f (syn, bill of materials)*
master plan (Bw) Gesamtplan *m*
(syn, overall plan)
master planning (Bw) Gesamtplanung *f*, Globalplanung *f (syn,
overall planning)*
master route chart (IndE) Fertigungsablaufplan *m*, Produktions-
ablaufplan *m (syn, master operations list, qv)*
master system (Mk) Leitkasse *f*
master universal product (UPC) order file (Mk, US) Artikelnum-
merndatei *f*
match (com) Anpassung *f*
match *v*
(com) anpassen, in Übereinstimmung bringen
matching of production program
(IndE) Abstimmung *f* des Produk-
tionsprogramms
material flow (IndE) Materialfluß *m*
*(ie, through the various stages of
manufacturing)*
material handling (IndE) innerbetriebliches Transport- und Lagerwesen *n*
material in bulk (com) Schüttgü-
ter *npl (syn, bulk material, qv)*
material injury (Kart) erhebliche
Schädigung *f*
material in process (ReW) halbferti-
ge Erzeugnisse *npl (syn, work in
process)*
material interest (Fin) wesentliche od
maßgebliche Beteiligung *f*
material item file (IndE) Teilestammdatei *f*
material planning (MaW) Disposition *f*
material planning control (MaW)
Dispositionsüberwachung *f*
material requirements (MaW) Mate-
rialbedarf *m*
materials (IndE) Material *n*, Werkstoffe *mpl*
*(eg, raw materials and supplies,
small parts, bought-out standard
parts, etc)*

materials budgeting (MaW) Bedarfs-
mengenplanung *f*
materials control
(MaW) Materialsteuerung *f*
(MaW) Eingangsprüfung *f*
materials flow control (MaW) Mate-
rialflußkontrolle *f*
materials flow layout (MaW) Mate-
rialflußgestaltung *f*
materials flow system (MaW) Mate-
rialflußsystem *n*
materials handling
(MaW) innerbetriebliches Trans-
port- und Lagerwesen *n*
(MaW) Materialtransport *m*
material shortage (MaW) Materialknappheit *f*
materials intensive (IndE) materialin-
tensiv
materials list (MaW) Materialliste *f*
*(ie, used primarily for purchasing
and costing purposes; the most
simple type of bill of materials; syn,
takeoff)*
materials management (MaW) Materialwirtschaft *f*, Steuerung *f* des
Materialdurchflusses *(ie, procurement, stockkeeping, production,
shipping)*
materials management engineer
(IndE) Stoffwirtschafts-Inge-
nieur *m*
*(syn, materials distribution en-
gineer)*
materials order (MaW) Materialent-
nahmeschein *m*
materials planning (MaW) Material-
planung *f*
materials planning file (MaW) Dispo-
sitionsdatei *f*
materials purchase budget (MaW)
Materialbeschaffungsplan *m*
materials purchasing
(MaW) Materialbeschaffung *f*
(syn, procurement of materials)
materials purchasing policy (MaW)
Materialbeschaffungspolitik *f*
materials receiving (MaW) Material-
annahme *f*

materials receiving report (MaW) Materialempfangsbescheinigung f

materials records (MaW) Materialbelege mpl

materials requirements planning, MRP (MaW) Materialbedarfsplanung f

materials requisition (MaW) Materialanforderung f *(syn, store issue order, stores materials requisition)*

materials usage (IndE) Materialeinsatz m

material withdrawal (MaW) Materialabgang m

mate's receipt (com) Bordbescheinigung f, Steuermannsquittung f

matrix bill of materials (IndE) Erzeugnis/Teile-Matrix f

matrix management (Bw) = matrix organization, qv

matrix of direct requirements (IndE) Direktbedarfsmatrix f *(ie, of assemblies, components, raw materials which are incorporated into a unit of next higher complexity)*

matrix organization (Bw) Matrixorganisation f, Matrixmanagement n *(ie, members have dual allegiance: line and middle managers are required to report to a number of different bosses, depending on where they work and what they do; pioneered by Dow Chemical in the 1960s; syn, matrix management)*

matrix structure (Bw) Matrixstruktur f

matter in controversy (Re) Streitgegenstand m, Streitsache f *(syn, matter . . . in dispute/in issue, subject matter)*

matter in dispute (Re) = matter in controversy

matter of discretion (Re) Ermessensfrage f

matters still in dispute (com) offene Fragen fpl *(eg, negotiate . . .)*

mature v (Fin) fällig werden *(syn, become/fall . . . due)*

matured (Fin) fällig *(syn, due, due and payable)*

matured claim (Re) fälliger Anspruch m

matured items (Fin) fällige Posten mpl

matured liability (Fin) fällige Verbindlichkeit f

mature market (Mk) gesättigter Markt m *(syn, saturated market)*

maturities (Fin) Fälligkeiten fpl, Fristigkeiten fpl

maturity
(Fin) Fristigkeit f, Laufzeit f *(syn, time to maturity)*
(Fin) Fälligkeitstermin m, Fälligkeit f
(ie, terminating or due date of a note, time draft, acceptance, bond, etc; syn, maturity date)
(Fin) fällige Tilgungsrate f

maturity date
(Fin) Fälligkeitsdatum n
– Fälligkeitstag m
– Fälligkeitstermin m
– Fälligkeitszeitpunkt m
(syn, date of maturity, due date, date of . . . payment/expiration/expiry)
(Fin) Rückzahlungstermin m
(syn, date of . . . repayment/redemption, deadline for repaying)

maturity deadline (Fin) Einlösungsfrist f *(syn, redemption period)*

maturity extension (Fin) Fristverlängerung f, Laufzeitverlängerung f

maturity factoring (Fin) Maturity-Factoring n, Fälligkeits-Factoring n *(ie, mit Kreditrisiko und Forderungsverwaltung)*

maturity pattern
(Fin) Fälligkeitsstruktur f
– Fristenstruktur f
– Fristigkeitsstruktur f *(syn, maturity structure)*

maturity period (Fin) Laufzeit f *(syn, time to maturity, qv)*

maturity stage (Mk) Reifephase f *(cf, product life cycle)*

maximum amount (com) Höchstbetrag *m*

maximum capacity (Bw) Höchstkapazität *f*, Betriebsmaximum *n*

maximum duration (com) Höchstdauer *f*

maximum inventory level (MaW) maximaler Bestand *m*, Bestandsobergrenze *f*
(ie, Summe Sicherheitsbestand + optimale Bestellmenge)

maximum load (com) Beladungsgrenze *f (syn, load limit)*

maximum price (com) Höchstpreis *m (syn, ceiling/premium/top . . . price, ceiling)*

maximum salary (Pw) Höchstgehalt *n*

MBO
(Bw) = management by objectives

McGuire Act (Kart, US) McGuire Act *m* od *n*
(ie, 1952 verabschiedete Novelle des Miller-Tydings Act von 1937; erweitert den Bereich der rechtlich zulässigen Verträge zur Preisbindung zweiter Hand; extends the legality of resale-price-maintenance agreements)

mean (com) Durchschnitt *m (syn, average)*
(Stat) arithmetischer Mittelwert *m (ie, average or expected value; syn, arithmetic . . . mean/average)*

means-end hierarchy (Bw) Mittel-Zweck-Hierarchie *f*

means of transportation (com) Beförderungsmittel *npl (syn, transportation facilities)*

mean square deviation
(Stat) Varianz *f (syn, variance)*
(Stat) Standardabweichung *f*, mittlere quadratische Abweichung *f (ie, positive square root of the variance; syn, standard deviation)*

measurement
(com) Maß *n*
− Größe *f*
− Abmessung *f*
(com) Maßeinheit *f*

(syn, unit of measurement)
(com) Messen *n*

measure of damages (Re) Höhe *f* des Schadenersatzes

measure of performance
(Bw) Erfolgskriterium *n (syn, yardstick of performance)*
(Bw) Leistungskennzahl *f*

meat and potatoes
(Mk, infml) Grundgeschäft *n (syn, bottom lines, qv)*

meat-axe reduction (com, infml) pauschale Kürzung *f (syn, across-the-board cut)*

mechanical components assembly (IndE) Teilemontage *f*

mechanical engineering (IndE) Maschinenbau *m (ie, deals with the generation, transmission, and utilization of mechanical power and heat, and with the production of tools, machines, and their products)*

mechanical engineering company (com) Maschinenbauunternehmen *n*

mechanical engineering group (com) Maschinenbaugruppe *f*

mechanical engineering industry (com) Maschinenbauindustrie *f*

media (Mk) Medien *pl*

media analysis (Mk) Werbeträgeranalyse *f (ie, related to a specific product)*

media campaign (Mk) Media-Feldzug *m*

media coverage (Mk) Berichterstattung *f* durch die Medien

media department (Mk) Media-Abteilung *f*

media discount (Mk) Medienrabatt *m*

media mix planner (Mk) Media-Planer *m*

media mix planning (Mk) Media-Mix-Planung *f*

media planning (Mk) Medienplanung *f*, Werbeplanung *f*
(syn, advertising/account . . . planning)

media public (Mk) Umworbene *pl*
(syn, GB, admass)

media reach (Mk) Medienreich-
weite *f*

media research (Mk) Media-For-
schung *f*

media specialist (Mk) Media-Fach-
mann *m*

mediate *v* (Re) schlichten, vermitteln
*(ie, general term: reconcile between
conflicting parties; syn, arbitrate,
conciliate, settle amicably, qv)*

mediating committee (com) Vermitt-
lungsausschuß *m*

mediator (Re) Schlichter *m (syn,
conciliator, intermediary, go-between)*

media tycoon (Mk) Werberiese *m
(eg, Kenneth Thompson)*

medical certificate (Pw, GB) Attest *n
(syn, doctor's certificate, qv)*

medical report (Pw) ärztliches Gutachten *n*

medium account (Mk) mittlerer Betrieb *m*

medium duty truck (com) mittel-
schweres Nutzfahrzeug *n*

medium-haul airliner (com) Mittel-
streckenflugzeug *n*

medium-haul route (com) Mittel-
strecke *f*

medium quality (com) mittlere Qualität *f*, Mittelsorte *f (syn, middling)*

medium-range target (Bw) mittelfristiges Ziel *n (syn, midrange/inter-
mediate . . . goal)*

meet a deadline *v* (com) Frist *f* od
Termin *m* einhalten *(syn, meet a
time target)*

meet a delivery date *v* (com) Liefertermin *m* einhalten *(eg, set by a
buyer)*

meet a need *v* (Vw) Bedürfnis *n* befriedigen *(syn, satisfy a . . . need/
want)*

meet an order *v* (com) Auftrag *m*
ausführen

meet a time target *v* (com) = meet a
deadline

meet a want *v* (Vw) = meet a need

meet demand *v* (com Bedarf *m* dek-
ken *(syn, satisfy/supply . . . demand)*

meeting
(com) Besprechung *f*
– Konferenz *f*
– Sitzung *f*
(com) Gespräch *n*, Unterredung *f*

meeting documents (com) Sitzungs-
unterlagen *fpl*

meeting of members (com) Mitglie-
derversammlung *f*

meeting place (com) Tagungsort *m*

meet payment *v* (com) Zahlung *f* leisten *(syn, effect/make . . . payment)*

meet payment when due *v* (com) fällige Zahlung *f* leisten

megabuck merger (com, infml) =
megamerger

megacarrier (com) Großfluggesell-
schaft *f*

megadollar merger (com, infml) =
megamerger

megamerger
(com, US) Großfusion *f*
– Megafusion *f*
(syn, jumbo merger, qv)

megaproject (com) Megaprojekt *n*,
Riesenprojekt *n (eg, worth $300
bn = 300 Mrd. $)*

member of a company (com) Aktionär *m*
*(ie, recorded on the company's
share register)*

membership dues (com) Mitgliedsbeiträge *mpl*

memo
(com) Aktennotiz *f*, Aktenver-
merk *m*
(com) Memo *n*, Mitteilung *f*

memorandum
(com) = memo
(com, GB) = memorandum of association

memorandum of association (com,
GB) Gründungsurkunde *f* e–r AG
*(ie, regelt das Außenverhältnis;
führt zur Ausstellung des 'certificate of incorporation'; cf, articles of
association)*

memorandum sale (Mk) Absatz *m*
von Kommissionsware

mercantile agency (com, US) Kreditauskunftei *f*
*(ie, company engaged in the busi-
ness of supplying credit information; eg, Dun & Bradstreet, Inc.)*

mercantile agent (com) Absatzmittler *m* für fremde Rechnung *(ie,
Oberbegriff zu: sales agent, merchandise broker, factor)*

mercantile credit (Fin) gewerblicher
Kredit *m*
*(ie, auf allen Fertigungs- und Ab-
satzstufen, ausgenommen Endverbraucher)*

mercantile credit agency (com, US)
= mercantile agency

mercantile custom (com) Handelsbrauch *m (syn, usage of the market, qv)*

mercantile report (com) Bericht *m*
e-r Auskunftei *(syn, status report)*

merchandise (com) Handelsware *f*

merchandise allowance (Mk) Händ-
lernachlaß *m (ie, Unterarten: advertising allowance, display allowance, qv)*

merchandise broker (com) Handelsmakler *m*

**merchandise information system,
MIS**
(Mk) Warenwirtschaftssystem *n*,
WWS
*(ie, roughly: Steuerung von Bestel-
lung, Wareneingang, Lagerung,
Verkauf und Disposition; com-
putergestützt)*

merchandise inventory (com) Bestände *mpl* an Handelswaren

merchandise mark (Mk) Handelsmarke *f*

merchandise on hand (MaW) Bestände *mpl*, Warenvorräte *mpl*

merchandise samples (com) Waren-
proben *fpl*

merchandise technology (Mk) Wa-
renkunde *f*

merchandise turnover (MaW) Lagerumschlag *m*

*(ie, arrived at by dividing annual
net sales by average inventory; syn,
inventory turnover, sales-to-merchandise ratio; US, momentum of
sales)*

merchandising (Mk) Merchandising *n*
*(ie, all activities related to buying
and selling a product)*

merchandising information system
(Mk) = merchandise information
system

merchandising risk (Mk) Absatzrisiko *n (syn, marketing risk)*

merchant
(com) Handelsvertreter *m*
*(ie, nicht gebundener Groß- oder
Einzelhändler; operates for his own
account = takes title to goods)*
(com, GB) Einzelhändler *m*
(ie, shopkeeper, retailer)

merchantable (com) handelsfähig,
marktgängig *(syn, marketable,
tradable)*

merchantable goods (com) vertretbare od fungible Waren *fpl (syn,
fungible goods, qv)*

merchantableness (com) handelsübliche Brauchbarkeit *f*

merchantable quality (com) handelsübliche Qualität *f*

merchanting house (com, GB) großes
Außenhandelsunternehmen *n*
*(ie, activities include export, im-
port, shipping, banking, insurance)*

merchanting trader (com) Transit-
händler *m (syn, transit trader)*

merchant middleman (com) Wiederverkäufer *m*
*(ie, als Eigenhändler, vor allem im
Groß- und Einzelhandel, im Ein-
fuhr- und Ausfuhrhandel)*

merchant shipper (com, GB) Export-
unternehmen *n*
(syn, export merchant)

merchant shipping (com) Handels-
schiffahrt *f*

merchant wholesaler (com, US)
Großhandelsunternehmen *n*
(ie, engaged in selling to retailers

*and other types of business users
and wholesalers, and in full-line
marketing services)*

merge *v*
(com) fusionieren, zusammenschließen

merger
(com) Fusion *f*
*(ie, Verschmelzung durch Auf-
nahme; opp, consolidation, qv)*
(com) (jeder) Unternehmenszusammenschluß *m*

merger agreement (com) Fusionsver-
trag *m*

merger balance sheet (ReW) Fusions-
bilanz *f*

merger contest (com) Übernahmeschlacht *f (syn, takeover battle, qv)*

merger control (Kart) Fusionskon-
trolle *f*

merger fever (com) Fusionsfieber *n*

merger guidelines (Kart, US) Fu-
sions-Richtlinien *fpl*
*(ie, issued by the Department of
Justice in 1968)*

merger of equals (com, US) Zusammenschluß *m* gleichrangiger
Partner
*(ie, involves no excess price over
acquired net worth)*

merger offer (com) Fusionsangebot *n*

mergers and acquisitions, M&A
(com) Fusionen *fpl* und Akquisi-
tionen *fpl*
– Fusionen *fpl* und Übernahmen *fpl*
– *(zusammenfassend oft auch:)*
Unternehmenskauf *m*
*(ie, durch Kauf von Wirtschafts-
gütern = purchase of assets und
Kauf von Anteilen = purchase of
shares)*

merger strategy (com) Fusionsstrate-
gie *f*

merger wave (com) Fusionswelle *f*

meritorious (com) förderungswürdig
(ie, worthy of support)

merit rate (Pw) Leistungszulage *f*

message board (Mk) Werbetafel *f* mit
wechselnder Anzeige

metal-forming company (com) Me-
tallverarbeitungs-Unternehmen *n*

metal trading (com) Metallhandel *m*

metal-working industry (com) metall-
verarbeitende Industrie *f*, metall-
verarbeitendes Gewerbe *n*

method of calculation (com) Berech-
nungsmethode *f*

me-too-product (Bw) Eigenentwick-
lung *f*
*(ie, ist keine unique selling proposi-
tion, sondern e-e Imitation)*

metric pack (com) metrische Pak-
kung *f*

middle-level executive (Bw) mittlere
Führungskraft *f (cf, top-level executive)*

middleman
(com) Mittler *m (syn, go-between,
intermediary)*
(com) Vermittler *m (eg, agent,
broker, factor, etc)*
(com) Zwischenhändler *m*
*(ie, dealer intermediate between
producer and retailer or customer)*

middle management (com) mittleres
Management *n*, mittlere Leitungsebene *f*

middling (com) Mittelsorte *f (syn,
medium quality)*

midrange goal (Bw) mittelfristiges
Ziel *n (syn, medium-range target,
qv)*

midsize company (com) mittelgroßes
Unternehmen *n (eg, one that has
less than $100 million in sales)*

midsummer sluggishness (com) Sommerloch *n*, Sommerflaute *f*
*(ie, in economic activity; syn, infml,
summertime blues)*

migrant worker (Pw) Gastarbeiter *m*

milkmaid's calculation (com, infml)
Milchmädchenrechnung *f*
*(ie, speculation based on self-de-
ceptive reasoning)*

mill acceptance test certificate (IndE)
Werksabnahmezeugnis *n*

mill certificate
(IndE)   Werksbescheinigung *f*
(IndE) Werkszeugnis *n*

Miller-Tydings Resale Price Mainte-nance Act of 1937 (Kart, US) Mil-ler-Tydings Act *n*
(ie, Novelle zum Sherman Act of 1890; erlaubt Preisbindung der zweiten Hand = resale price-maintenance agreements)

millnet price (Bw) Nettopreis *m*
(ie, der höher od tiefer als der Basispreis liegen kann; Unterbe-griff des ‚industry administered price')

mill outlet (Mk, US) = mill store

mill store (Mk, US) Fabrikverkauf *m (syn, company store, qv)*

minimize cost *v* (Bw) Kosten *pl* mini-mieren

minimum acceptable quality (com) Mindestqualität *f*

minimum acceptable rate (Fin) er-strebte Mindestverzinsung *f*, Kal-kulationszinsfuß *m (syn, internal rate of discount, qv)*

minimum contribution (Bw) Min-desteinlage *f*

minimum cost (Bw) Minimalko-sten *pl (ie, lowest average or total cost for optimum capacity working)*

minimum entitlement (Pw) garantier-ter Mindestlohn *m*
(ie, supplements the straight piece-rate system; syn, guaranteed minimum wage)

minimum freight rate (com) Mindest-fracht *f*, Minimalfracht *f*
(ie, in ocean and inland waterway transportation: charged to cover carriage between loading and un-loading ports)

minimum income (Pw) Mindestein-kommen *n*

minimum inventory level
(MaW) Mindestbestand *m*
– Sicherheitsbestand *m*
– eiserner Bestand *m*
(ie, Differenz zwischen dem maxi-mal erwarteten und dem durch-schnittlich erwarteten Bedarf während der Beschaffungszeit; syn,

base/reserve . . . stock; safety. . . level/stock; inventory . . . buffer/ cushion/reserve)

minimum life (com) Mindestlaufzeit *f*

minimum manufacturing quantity (Bw) minimale Losgröße *f*

minimum margin (com) Mindestge-winnspanne *f*

minimum operating rate (IndE) Min-destkapazität *f (eg, blast furnace, brick kiln, engine)*

minimum period for acceptance (Bw) Mindestannahmefrist *f*

minimum price (com) Mindest-preis *m (syn, knocked-down price, price floor)*

minimum purchasing quantity (com) Mindestabnahmemenge *f*

minimum sales (com) Mindestum-satz *m (syn, GB, minimum tur-nover)*

minimum turnover (com, GB) = mi-nimum sales

minimum wage (Pw, US) garantierter Mindestlohn *m*
(ie, lowest pay to workers, as pre-scribed by law; syn, guaranteed minimum wage)

minimum yield (Fin) Mindestren-dite *f*

mining industry (com) Bergbau *m*

minority holder (com) = minority shareholder

minority holding (com) = minority interest

minority interest (com) Minderheits-beteiligung *f (ie, less than 50% of a company's voting stock; syn, minority . . . investment/holding/ stake)*

minority investment (com) = minori-ty interest

minority shareholdings (com) Min-derheitsbeteiligung *f*

minority stake (com) = minority in-terest

minority stockholder (com) Minder-heitsaktionär *m*

minor-merger clause (Kart) Bagatell-klausel *f (cf, § 24 VIII GWB)*

minutage (Mk) Werbezeit *f* vor Beginn e–r Fernsehsendung

minutes (com) Protokoll *n*

minutes from memory (com) Gedächtnisprotokoll *n*

minutes of a meeting (com) Sitzungsprotokoll *n*

MIS
(Mk) = merchandise information system

misallocation (com) Fehlleitung *f*

misbranding (Mk) irreführende Warenkennzeichnung *f*

misdirected capital spending (Fin) Fehlinvestition *f*
(ie, bad/unprofitable . . . investment)

mishandle *v* (com) falsch behandeln

misinform *v* (com) falsch informieren od unterrichten

misjudge *v* (com) falsch einschätzen, falsch beurteilen

misjudgment (com) Fehleinschätzung *f*, falsche Beurteilung *f*

mislabeling (com) irreführende Markierung *f (eg, of shipments)*

misleading advertising (Mk) irreführende Werbung *f*, Falschwerbung *f (syn, deceptive advertising)*

mismanagement (Bw) Mißmanagement *n*
(ie, due to lack of information, bad judgment, serving outside interests, etc)

misrepresentation
(com) falsche Darstellung *f*
(Re) unrichtige Angaben *fpl*
– Irreführung *f*
– Vorspiegelung *f* falscher Tatsachen
(ie, incorrect statement of fact, or of mixed fact and law; renders a contract void or voidable)

miss a deadline *v* (com) Termin *m* überschreiten od nicht einhalten

missed discounts (com) nicht in Anspruch genommene Nachlässe *mpl*

mis-sent item (com, Fin) Irrläufer *m*
(ie, sent in error to another recipient)

miss out *v*
(com) auslassen
– verfehlen
– sich entgehen lassen *(eg, on a contract)*

misuse (com) unsachgemäße Verwendung *f*, Zweckentfremdung *f*

misuse *v* (com) mißbrauchen, zweckentfremden

misused funds (Fin) zweckentfremdete Mittel *pl (syn, diverted funds)*

misuse of a product (Re) unsachgemäße Verwendung *f* e–s Produkts

mitigating circumstances (com) mildernde Umstände *mpl*
(syn, alleviating circumstances; opp, aggravating circumstances)

mixed bag (com, infml) Sammelsurium *n*

mixed consignment (com) Sammelladung *f (syn, consolidated shipment, qv)*

mixed manufacturing (IndE) = mixed production

mixed production (IndE) Gemischtfertigung *f*, Gruppenfertigung *f*
(ie, halfway between job-shop and flow-line production; syn, mixed manufacturing)

mixed top/down-bottom/up planning (Bw) Gegenstromverfahren *n*

MMC (Kart, GB) = Monopolies and Mergers Commission

mobilize *v*
(Fin) flüssig machen *(eg, several million DM)*
(Fin) mobilisieren *(ie, put into circulation; eg, financial assets)*

mock auction (com) Versteigerung *f* mit Scheingeboten
(ie, arranged by seller to force up the price)

model articles of association (com) Mustersatzung *f*

model calculation (com) Modellrechnung *f*

model changeover (com) Modellwechsel *m*

model employment contract (Pw) Musterarbeitsvertrag *m*

model range (com) Modellreihe *f (eg, of motor cars, computers)*

model stock (MaW) Idealbestand *m (ie, right goods at the right time in the right quantities at the right price)*

mode of payment (Fin) Zahlungsweise *f (syn, method of payment)*

mode of transport (com) Beförderungsart *f*

modernization (com) Modernisierung *f*, Rationalisierung *f*

modernization investment (Bw) Rationalisierungs-Investition *f*

modernize *v* (com) modernisieren, rationalisieren

modified absorption costing (KoR) flexible Vollkostenrechnung *f*

modular advertising (Mk) Modulwerbung *f*

modular construction (IndE) = modular design

modular design (IndE) Modulbauweise *f (ie, using preassembled units of standard sizes)*

modular structure (IndE) modulare Struktur *f*, Modulstruktur *f*

mold into *v* (com) zusammenfassen *(eg, departmental budgets into a preliminary budget; syn, condense, combine)*

mollify competitors *v* (com) Konkurrenz *f* besänftigen *(eg, by orderly marketing agreements)*

momentum of sale (MaW, US) = merchandise turnover

monadic product test (Mk) Einzel-Produkttest *m*

monetary fine (Re) Bußgeld *n*

monetary transactions
(Fin) Geldgeschäfte *npl*
(Fin) Geldverkehr *m*

money at call (Fin, GB) Tagesgeld *n*

money at call and short notice (Fin, GB) kurzfristiges Geld *n (ie, 1 to 14 days)*

money back guarantee (com) Rückerstattungsgarantie *f*, „bei Nichtgefallen Geld zurück" *(syn, satisfaction or money back)*

money claim (com) Barforderung *f*

money compensation
(Re) Barabfindung *f*

money-losing deal (com) Verlustgeschäft *n (syn, losing... bargain/ proposition)*

money market
(Fin) Geldmarkt *m*
(ie, trade in short-term instruments)
(Fin, US) Geldmarkt *m*
(eg, the New York market has the following sectors: federal funds, T-bills, bankers acceptances, commercial paper, certificates of deposit, Eurodollar certificates of deposit)

money on call (Fin, GB) = call money

money spinner (com, infml) Kassenschlager *m*, Schnelldreher *m*

money transfer charges (Fin) Geldüberweisungsgebühren *fpl*

money transfer order (Fin) Dauerauftrag *m (ie, rare in the U.S.; syn, GB, banker's order, mandate)*

money transfer system (Fin) Überweisungssystem *n*
(ie, used to send payment instructions to bank)

money transmission service (Fin) Überweisungsverkehr *m*

money wage
(Pw) Geldlohn *m (opp, compensation/wages... in kind = Naturallohn, Sachlohn)*

monitor *v* (com) überwachen

monitor a complaint *v* (com) e–r Beschwerde *f* nachgehen, e–e Beschwerde *f* prüfen

monitoring (Bw) Überwachung *f (syn, follow-up, supervision)*

monitoring costs (Bw) Kontrollkosten *pl*

monitoring of environment (Bw) Umweltbeobachtung *f (syn, external surveillance)*

Monopolies and Mergers Commission, MMC
(Kart, GB) Monopolkommission *f*, Kartellaufsichtsbehörde *f*

monthly income statement (ReW) monatliche Erfolgsrechnung *f*

monthly report
(com) Monatsbericht *m*
(ReW) Monatsausweis *m*

monthly salary (Pw) Monatsgehalt *n*

mood of business (com) Geschäftsklima *n*

mop up *v* (com, infml) schlucken
(eg, mopping up more than half the cash being pumped into . . .)

moribund company (com) marodes Unternehmen *n*

morning credit (Fin) Tagesgeld *n*
(syn, day loan, qv)

morning loan (Fin) = morning credit

mortality probability (Bw) Abgangswahrscheinlichkeit *f*

mortality sequence (Bw) Abgangsordnung *f (ie, of technical products, such as machines, automobiles)*

mortality table
(Bw) Abgangsordnung *f (ie, showing retirement sequence of fixed assets)*

mortgage
(Re) Hypothek *f*
(ie, conveyance of land as security for the payment of a debt)
(Re) beschränktes dingliches Pfandrecht *n* an e–r fremden beweglichen Sache und an immateriellen Gegenständen

mortgage *v* (Fin) hypothekarisch belasten

mortgage bank (Fin) Hypothekenbank *f*

mortgage charge (Re) hypothekarische Belastung *f*

mortgage collateral (Fin) hypothekarische Sicherheit *f*

mortgage credit (Fin) Hypothekenkredit *m*

mortgage creditor (Fin) Hypothekengläubiger *m*

mortgage debt (Fin) Hypothekenschuld *f*

mortgaged material (MaW) auftragsgebundenes Material *n*

mortgagee (Re) Hypothekengläubiger *m*

mortgage indenture (Re) Hypothekenvertrag *m*

mortgage interest (Fin) Hypothekenzinsen *mpl*

mortgage loan (Fin) Hypothekendarlehen *n*

mortgage market (Fin) Hypothekenmarkt *m*

mortgage principal (Fin) Hypothekenbetrag *m*

mortgage rates (Fin) Hypothekenzinsen *mpl*

mortgage redemption (Fin) Hypothekentilgung *f*

mortgage retirement (Fin) = mortgage redemption

mortgagor (Fin) Hypothekenschuldner *m*

mothball *v* (com, infml) einmotten
(ie, withdraw from service and keep in reserve; eg, factory, plant, capacities, battleship)

motivation research (Mk) Motivforschung *f*

motor car industry (com, GB) Autoindustrie *f*, Automobilindustrie *f (syn, US, auto industry, automobile/automotive . . . industry)*

motor industry (com, GB) = motor car industry

motor insurance (Vers, GB) Kraftfahrzeugversicherung *f*, Kfz-Versicherung *f (syn, US, automobile insurance)*

motor insurer (Vers, GB) Kraftfahrzeugversicherer *m*

motor pool (com) Fahrzeugpark *m*, Fahrzeugflotte *f (syn, vehicle fleet, qv)*

motor vehicle density (com) Fahrzeugdichte *f*
(ie, number of motor vehicles per square mile, per road mile, or per head of population)

motor vehicle group (com, GB) Automobilkonzern *m*

motor vehicle liability insurance (Vers) Kfz-Haftpflichtversicherung *f (syn, third-party motor insurance)*

mount *v* (com) steigen *(eg, expenses began to mount; syn, go up, increase)*

mount a strike *v* (Pw) Streik *m* organisieren

mount a takeover *v* (com) Übernahme *f* ,inszenieren'

mounting competition (com) zunehmender Wettbewerb *m*

mount up *v* (com) steigen, langsam größer werden *(eg, debt)*

movable goods (Re) bewegliche Güter *npl*

movable property
(Re) bewegliche Sache *f*
(syn, personal... estate/property/chattel, personalty)
(Re) bewegliches Vermögen *n*

movables (Re) bewegliche Sachen *fpl*

move away *v* (com, infml) wegziehen *(syn, infml, pull up one's roots)*

move downmarket *v* (com) in die untere Preisklasse gehen

movement document (EG) Versandpapier *n*

movement of operations (Bw) Betriebsverlegung *f (syn, relocation of a plant)*

movements of a market (Mk) Marktbewegungen *fpl (eg, seasonal, cyclical)*

move operations *v* (Bw) Betrieb *m* verlegen *(syn, relocate a plant)*

move ticket
(IndE) innerbetrieblicher Transportauftrag *m (syn, move... card/order)*
(IndE) Laufkarte *f (syn, job ticket, qv)*

move to the sidelines *v* (com) sich zurückhalten *(syn, stay on the sidelines)*

move up *v* (com) anziehen, steigen *(eg, prices, interest rates)*

move upmarket *v* (com) in die obere Preisklasse gehen

move upwards *v* (com) steigen *(eg, sales)*

moving projection (Bw) gleitende Prognose *f*

MRP
(MaW) = materials requirements planning

muddled structure (Bw) undurchsichtige Organisationsstruktur *f (syn, infml, higgledy-piggledy structure)*

muddle through *v* (com, infml) sich durchwursteln *(syn, fumble along)*

multi-client survey (Mk) Mehrthemenbefragung *f*

multi-decision problem (Bw) Problem *n* mehrfacher Entscheidung

multi-division group (Bw) mehrspartige Unternehmensgruppe *f*

multi-level distributorship (Mk) Vertrieb *m* nach dem Schneeballprinzip *(syn, pyramid selling)*

multi-level inventory problem (MaW) mehrschichtiges Lagerhaltungsproblem *n*

multinational corporation (com) multinationales Unternehmen *n (ie, one that has operations in a number of countries)*

multi-objective decision model (Bw) Entscheidungsmodell *n* mit mehreren Zielfunktionen

multipack (com) Mehrproduktpackung *f (ie, single container with one or separately packaged items)*

multipart form
(com) Mehrfachsatz *m*

multi-part form set (com) Durchschreibesatz *m*

multiphase decision (Bw) mehrstufige Entscheidung *f*
(ie, breaking down a decision into a temporal sequence of subdecisions)

multiplant economies (Bw) Vorteile *mpl* aus der Zusammenfassung mehrerer Betriebe in e–m Unternehmen *(cf, economies of scale)*

multiple
(Mk) Kette *f*, Einzelhandelskette *f*

multiple choice question (com) Auswahlfrage *f*, Speisekartenfrage *f (syn, cafeteria question)*

multiple command
(Bw) Kompetenzüberschneidungen *fpl (syn, instances of plural executives, qv)*
(Bw) Mehrfachunterstellung *f (syn, multiple subordination)*

multiple delivery contract (com) Sukzessivlieferungsvertrag *m (syn, open-end contract)*

multiple employment (Pw) Mehrfachbeschäftigung *f*

multiple food retailers (Mk) Lebensmittelkette *f (syn, food store chain)*

multiple functions (Bw) Funktionsüberschneidungen *fpl*

multiple letter (com) Mehrfachbrief *m*

multiple-line system (Bw) Mehrliniensystem *n*

multiple plant expansion (Bw) multiple Erweiterung *f*

multiple pricing (Mk) Preisdifferenzierung *f (ie, different prices for the product)*

multiple-process production (IndE) Mehrfachfertigung *f*

multiple product firm (Bw) Mehrproduktunternehmen *n*

multiple shift operation (Bw) Mehrschichtbetrieb *m*

multiple shops (Mk, GB) Filialkette *f (syn, US, chain store)*

multiple store (Mk, GB) Filialgeschäft *n (syn, US, chain store)*

multiple subordination (Bw) = multiple command

multiply up *v* (com) vervielfachen *(eg, costs)*

multi-product firm (Bw) Mehrproduktbetrieb *m*

multi-purpose survey (Mk) Mehrthemen-Befragung *f (syn, omnibus survey)*

multi-stage business (Bw) mehrstufiges Unternehmen *n*

multi-stage interview (Mk) Mehrstufenbefragung *f*

multi-stage planning (Bw) Sukzessivplanung *f*

multi-stage plant (IndE) mehrstufiger Betrieb *m (ie, in which a sequence of operational stages with salable intermediate products is combined)*

mutual agreement (Re) gegenseitige Vereinbarung *f*

mutual consent (Re) Einigung *f (eg, meeting of minds in contract law)*

mutual fault (Re) beiderseitiges Verschulden *n*

mutually agreed upon (between) (Re) vereinbart (zwischen)

mutual obligation (Re) gegenseitige Verpflichtung *f (syn, reciprocal obligation)*

N

nadir (com) Tiefstpunkt *m (ie, lowest point)*

nail down *v* (com, infml) unter Dach und Fach bringen *(eg, a multi-million project)*

naked restraint (Kart, US) eindeutige Wettbewerbsbeschränkung *f (ie, amounts to a per se violation)*

name (Fin) Kreditnehmer *m*

named port of shipment (com) genannter Verschiffungshafen *m*

name of the game (com, infml) Ziel *n* e–s Projektes, das Wesentliche *n* e–r Sache

name plate (com) Beschriftungsschild *n (ie, of a machine)*

name slug (Mk, US) Schriftzeichen *n* oder Logo *n* e–s Werbetreibenden

narrow market (com, Bö) begrenzter od enger Markt *m (syn, thin/tight. . . market)*

narrow organization (Bw) Organisation *f* mit kleiner Leitungsspanne *f* *(syn, deep organization; opp, shallow organization)*

narrow span of control (Bw) kleine Kontrollspanne *f* od Leitungsspanne *f*

national (com) überregional *(syn, nation-wide)*

national accounting (VGR) volkswirtschaftliche Gesamtrechnung *f* *(syn, national accounts, macroeconomic accounting)*

national advertising (Mk, US) überregionale Werbung *f*, Werbung *f* auf Bundesebene

national brand (Mk) überregionale Herstellermarke *f (ie, one that has wide circulation)*

national income
(VGR) Volkseinkommen *n* *(ie, income earned from aggregate production)*
(VGR) Nettosozialprodukt *n* zu Faktorkosten *(ie, GNP adjusted for depreciation and sales and excise taxes; or: net value of all goods and services produced at factor cost)*

national income accounts (VGR) volkswirtschaftliche Gesamtrechnung *f* *(ie, summary statement of GNP and the components of GNP during the year; syn, national accounting)*

nationalized industries (Bw) verstaatlichte Wirtschaftszweige *mpl*

national market
(Bw, US) überregionaler Markt *m*

national trade usages (com) nationale Handelsbräuche *mpl*

national wealth (VGR) Volksvermögen *n* *(ie, real or tangible assets of a country; excludes intangible assets such as bonds, stocks, paper money)*

natural resource enterprise (Bw) Betrieb *m* der Urproduktion *(syn, extractive enterprise)*

natural resources
(Vw) natürliche Ressourcen *fpl*
– Bodenschätze *mpl*
– Grundgüter *npl*
– originäre Produktionsfaktoren *mpl*

natural resources industry (com) Rohstoffindustrie *f*

natural waste
(Pw) natürlicher Arbeitskräfteabgang *m (eg, death, retirement; syn, attrition)*

natural wear and tear (Bw) natürlicher Verschleiß *m* *(ie, as a factor of depreciation = Abschreibungsursache; syn, disuse)*

nature of goods (com) Beschaffenheit *f* der Waren

navigable waters (com) schiffbare Gewässer *npl*

NC machines (IndE) = numerically controlled machines

necessaries
(com) Notwendigkeitsgüter *npl*, Güter *npl* des täglichen Bedarfs *(syn, essential goods)*
(com) Bedarfsgüter *npl*

necessities (com) Notwendigkeitsgüter *npl (syn, necessaries, qv)*

necessities of life (Vw) lebenswichtiger Bedarf *m (syn, essential supplies)*

need for (com, Vw) Bedarf *m* an *(syn, demand, qv)*

needle trades (com, US) Bekleidungsindustrie *f (syn, apparel/garment . . . industry)*

need of recognition (Pw) Anerkennungsbedürfnis *n*

needs (Vw) Bedürfnisse *npl (syn, wants, qv)*

negative clearance (Kart) Negativtest *m*

negative interest (Fin) Strafzins *m*, Negativzins *m (syn, penalty interest)*

negative investment (Bw) Desinvestition *f* *(syn, disinvestment)*

negative reply (com) abschlägige Antwort *f*, abschläger Bescheid *m*

negative strike (Pw, US) Streik *m* zur Abwehr e–r Verschlechterung der Löhne und Arbeitsbedingungen

negligence
(Re) Fahrlässigkeit *f*
(ie, failure to use such care as a reasonable and prudent person would use under similar circumstances; cf, gross negligence)
(Re, US) deliktische Verschuldenshaftung *f*

negligent (Re) fahrlässig

negligent act (Re) fahrlässige Handlung *f*

negotiable instrument
(WeR) begebbares Wertpapier *n*
(ie, must be made payable to the order of a specific person or payable to bearer; includes checks, notes, and bills of exchange)
(WeR) umlauffähiges Wertpapier *n*
(WeR) Wertpapier *n* des öffentlichen Glaubens
(WeR) Wertpapiere *npl* i. e. S.
(ie, Order- und Inhaberpapiere; in den USA häufig ersetzt durch den Terminus ‚commercial paper'; cf, § 3 UCC)
(WeR) Wertpapierrecht *n*
(ie, als Sachgebiet; enger als der deutsche Begriff: umfaßt nur Order- und Inhaberpapiere)

negotiable instruments law (WeR) Wertpapierrecht *n*

negotiate *v*
(com) verhandeln *(ie, about/for/over)*
(com) = manage
(com) zustandebringen *(eg, contract/treaty)*
(WeR) begeben
– übertragen
– negoziieren
(ie, transfer a negotiable instrument from one person to another, by endorsement and/or delivery)

negotiate a contract *v* (Re) Vertrag *m* aushandeln

negotiate a loan *v* (Fin) Darlehen *n* od Kredit *m* aushandeln *(syn, arrange a loan, negotiate the terms of a loan)*

negotiate business *v* (com) Geschäfte *npl* vermitteln *(ie, said of an agent)*

negotiated environment (Bw) durch Kontrakte kalkulierbar gemachte Unternehmensumwelt *f*

negotiated price (com) ausgehandelter Preis *m*

negotiated pricing (com) Preisfestsetzung *f* durch Verhandeln

negotiated rates (Pw, US) Tariflöhne *mpl*

negotiated standard wage rate (Pw) Tariflohn *m (syn, agreed/standard/union wage . . . rate)*

negotiate the terms of a loan *v* (Fin) = negotiate a loan

negotiating mandate (com) Verhandlungsauftrag *m*

negotiating party (com) Verhandlungspartner *m*

negotiating platform (com) Verhandlungsgrundlage *f*

negotiating position (com) Verhandlungsposition *f*

negotiating range (com) Verhandlungsspielraum, *m (syn, room to negotiate)*

negotiating session (com) Sitzungsperiode *f*

negotiating team (com) Verhandlungsteam *n*

negotiation
(com) Verhandeln *n*, Aushandeln *n (eg, sale, pay settlement)*

negotiations (com) Verhandlungen *fpl*

negotiation technique (com) Verhandlungtechnik *f*

negotiator (com) Verhandlungsführer *m*

nem. con. (com) kein Einspruch *m*
(ie, in minutes of a meeting: nemine contradicente)

227

net
(com) netto *(ie, after all deductions)*
(com) abzüglich *(eg, net of taxes)*
(Fin) netto Kasse ohne Abzug

net *v*
(com) netto verdienen, einbringen
(Fin) aufrechnen *(ie, against)*

net amount (com) Nettobetrag *m*
(opp, gross amount)

net assets
(com) Nettovermögen *n*
(ReW) Reinvermögen *n*
(ie, stated on various bases, such as cost, partly amortized cost, and estimated net realizable values, which have little relation to the current value of the net assets)

net assets per share (Fin) Eigenkapital *n* je Aktie

net asset value
(Bw) Teilreproduktionswert *m*, Substanzwert *m (syn, reproduction value)*
(Fin) Liquidationswert *m*
– Inventarwert *m*
(ie, determined by investment trusts; cf, asset value)

net asset value per share (Fin) Inventarwert *m* je Anteil
(ie, e–s Fondsanteils: total assets – total liabilities: total shares outstanding)

netback (com) Rückrechnung *f* von brutto auf netto

netback price (Bw) Nettopreis *m*
(ie, der höher od tiefer als der Basispreis liegen kann; Unterbegriff des ‚industry-administered price‘)

net book value
(ReW) Nettobuchwert *m*
– (Rest-)Buchwert *m*
– fortgeführte Anschaffungskosten *pl*
– Abnutzungswert *m*
(ie, original cost less applicable portions of depreciation provisions; syn, book value, remaining/depreciated... book value, amor-

tized/residual/unrecovered... cost, carrying rate of assets, carrying value; balance of asset cost)*

net cash (com) netto Kasse ohne Abzug

net cost (com) Nettokosten *pl*

net debt (Fin) Nettoverschuldung *f*

net earnings
(ReW) Nettogewinn *m*, Reingewinn *m*, *(syn, net profit, qv)*
(com) Nettoverdienst *m (syn, net wages, take-home pay, qv)*

net earnings area (Fin) Gewinnzone *f*
(ie, in breakeven chart; syn, profits wedge, net income area)

net earnings for the year (ReW) Bilanzgewinn *m*, Reingewinn *m (syn, net... income/profit)*

net earnings per share (Fin) Reingewinn *m* je Aktie *(cf, earnings per share, EPS)*

net export (of goods and services) (VGR) Außenbeitrag *m*
(ie, including net factor income accruing to residents from abroad; syn, net foreign demand)

net exports (AuW) Nettoexporte *mpl*
(ie, difference between the values of exports and the value of imports)

net external indebtedness (Vw) Nettoauslandsverschuldung *f*

net fixed assets (Bw) Nettoanlagevermögen *n*

net foreign investment (AuW) Nettoauslandsinvestitionen *fpl (ie, change in a country's net holdings of interest-bearing assets from abroad + change in its international reserves)*

net income area (KoR) Gewinnzone *f*, Gewinnlinse *f (syn, profits wedge)*

net income for the year (ReW) Jahresüberschuß *m*

net income percentage of sales (Fin) Umsatzrendite *f*

net income retained in the business
(ReW) einbehaltene Gewinne *mpl*
– nicht ausgeschüttete Gewinne *mpl*

– thesaurierte Gewinne *mpl*
(syn, income retentions, plowed back profits)

net loss (ReW) Reinverlust *m*, Bilanzverlust *m (syn, net loss for the year)*

net margin (com) Reingewinn *m*

net national product, NNP
(VGR) Nettosozialprodukt *n (ie, gross national product minus depreciation of capital)*

net of tax (StR) versteuert *(syn, tax paid)*

net operating loss (ReW) Nettobetriebsverlust *m (syn, GB, net trading loss)*

net operating margin (Fin) Umsatzrendite *f (syn, percentage return on sales, qv)*

net operating profit (ReW) Nettobetriebsgewinn *m*,   Reingewinn *m* vor Steuern
(ie, – ao. und neutrale Erträge + Verwaltungsgemeinkosten = Bruttogewinn – Vertriebsgemeinkosten; syn, GB, net trading profit)

net out *v*
(com) bereinigen um *(syn, adjust for)*

net pay (Pw) Nettoeinkommen *n (ie, take-home pay, qv)*

net per share (Fin) Reingewinn *m* je Aktie

net position
(Fin) Nettobestand *m*, Nettoposition *f (syn, net holdings)*

net present value
(Fin) Kapitalwert *m (ie, of an annuity or right of use; syn, capital/ capitalized . . . value)*
(Fin) Kapitalwert
(ie, e–r Investition: ergibt sich aus den Rückflüssen (Ein– und Auszahlungen) e–r Investition, vermindert um die Anschaffungsauszahlungen)

net present value method (Fin) Kapitalwertmethode *f*
(ie, used in preinvestment analysis = Investitionsrechnung)

net price
(com) Nettopreis *m (ie, price less discounts, rebates, allowances)*

net proceeds
(ReW) Nettoerlös *m*
(Fin) Auszahlung *f*
(ie, of a loan; syn, payout, payoff, avail)

net profit (ReW) Reingewinn *m*
(ie, gross profit minus operating expenses; syn, net . . . earnings/income)

net profit after taxes (ReW) Reingewinn *m* nach Steuern

net profit before taxes (ReW) Reingewinn *m* vor Steuern

net profit for the year (ReW) Jahresgewinn *m*

net profit margin (Fin) Nettoumsatzrendite *f (ie, Verhältnis Jahresüberschuß nach Steuern zu Umsatz)*

net profit markup (com) Reingewinnzuschlag *m*

net purchase price (com) Nettoeinkaufspreis *m*
(ie, invoice price + cost of acquisition – deductions)

net receipts (com) Nettoeinnahmen *fpl*

net result (com) Endergebnis *n (syn, final result)*

net return (Fin) Nettoverzinsung *f*

net salary (com) Nettogehalt *n*

net sales
(com) Nettoauftragseingang *m*
(ReW) Nettoumsatz *m*
– Nettoumsatzerlöse *mpl*
– Reinumsatz *m*
(ie, gross sales less deductions = Erlösschmälerungen)

nett (com) = net

netting (Fin) Aufrechnung *f* von Forderungen und Verbindlichkeiten

netting out (ReW) Saldieren *n (syn, balancing out)*

net turnover (ReW, GB, EG) Nettoumsatzerlöse *mpl (syn, net sales, qv)*

net wages (com) = net earnings

net weight
(com) Nettogewicht n, Reingewicht n
(ie, gross weight minus tare, which is weight of wrapping, etc)

net with v (com) verrechnen mit

network of branches (Fin) Filialnetz n

network of branch offices (Fin) Zweigstellennetz n *(eg, widespread...)*

net worth (ReW) Reinvermögen n, Eigenkapital n
(ie, excess of going concern value, qv, of assets over liabilitiy to outsiders; im Falle der Kapitalgesellschaft = paid-in capital, retained earnings, and appropriated surplus; syn, net assets)

net yield (Fin) Nettorendite f
(ie, income of a bond less annual amortization if bought at a premium, but plus annual accumulation if bought at a discount; the yield to maturity)

neuter v (com, infml) verwässern
(ie, deprive of its original vitality; eg, a tax reform; syn, castrate)

never-outs (Mk) Artikel mpl, die immer auf Lager sein müssen *(ie, because of uninterrupted demand)*

new borrowing (Fin, FiW) Neuverschuldung f *(syn, new indebtedness)*

new business
(com, Vers) Neuabschlüsse mpl, Neugeschäft n
(Bw) Neugründungen fpl *(syn, new business formations)*

new-car sales (com) Neuwagengeschäft n

new contracts (com) Neuabschlüsse mpl

new credits (Fin) Neukredite mpl

new hirings (Pw) Neueinstellungen fpl *(ie, taking on new labor; syn, accession/hiring... rate)*

newly industrializing country, NIC (AuW) Schwellenland n

new order intake (com) = new orders

new orders (com) Auftragseingang m *(syn, booking of new orders, incoming... business/orders, inflow of orders, intake of new orders, order bookings, orders received, rate of new orders)*

new plant and equipment (Bw) Anlageinvestitionen fpl

new product development
(Mk) Produktentwicklung f, Produktplanung f
(syn, new product planning)

news agency (com) Nachrichtenagentur f

new share (Fin) junge Aktie f

news letter (com) Informationsbrief m, Mitteilungsblatt n *(ie, addressed to a special group)*

newsletter to shareholders (Fin) Aktionärsbrief m *(ie, Inhalt etwa: Einladung zur HV, Zwischenbericht)*

newspaper ad (Mk) Zeitungsanzeige f
(syn, GB, advert)

newspaper advertising (Mk) Zeitungswerbung f

next business (com) nächster Tagesordnungspunkt m *(eg, proceed to the...)*

NIC (AuW) = newly industralizing country

nighttime rate (com) Nachttarif m

nighttime sales (com) Abendverkauf m
(syn, late opening)

nil norm (com, GB) = zero norm

nil report (com) Fehlanzeige f

nil return (com) Fehlanzeige f

nit-picking (com, infml) kleinlich *(eg, management style)*

no account (Fin, GB) keine Deckung

no-competition clause
(Pw) Konkurrenzklausel f, Wettbewerbsklausel f

no-confidence vote (com) Mißtrauensvotum n

no-holds-barred price cutting (com, US) Preiskrieg m *(syn, price cutting war, qv)*

no-invoice deal (StR, infml) OR-Geschäft *n*, Ohne Rechnung-Geschäft *n (ie, struck in order to evade taxes)*

nolo contendere plea (Kart, US) Urteilsanerkenntnis *n (ie, regarded as consent, not as proof of guilt)*

nominal (com) zufriedenstellend *(ie, satisfactory, according to plan)*

nominal account
(ReW) Erfolgskonto *n*
– Aufwand- und Ertragskonto *n (syn, revenue and expense/operating/income statement... account; opp, real account = Bestandskonto)*

nominal capital (Fin) Nominalkapital *n (ie, represented by the par or stated value of issued stock)*

nominal charge (com) = nominal fee

nominal coupon (Fin) = nominal interest rate

nominal fee (com) Schutzgebühr *f (syn, nominal charge)*

nominal holder (Re) rechtlicher Eigentümer *m (ie, with someone else the beneficial owner = wirtschaftlicher Eigentümer)*

nominal interest rate (Fin) Nominalverzinsung *f*, Nominalzins *m (syn, cash/coupon... rate, yield)*

nominal maintenance of capital (Fin) nominelle Kapitalerhaltung *f (ie, preservation of corporate assets in money terms; opp, maintenance of real assets)*

nominal par (Fin) Nennwert *m*

nominal partner (com) Scheingesellschafter *m (syn, ostensible/quasi... partner; GB, holding-out partner)*

nominal shareholding (com) anonymer Aktienbesitz *m (ie, through straw men, often in preparation of a takeover)*

nominal value (Fin) Nennwert *m (syn, face/par... value)*

nominal yield (Fin) Nominalverzinsung *f (ie, calculated on the par value)*

nominate *v* (com) vorschlagen, benennen
(eg, as a candidate, for appointment to a post)

nominate to *v* (com) ernennen als *(eg, to the finance committee)*

nominee (com) Kandidat *m*

nominee shareholder
(Fin) vorgeschobener Aktionär *m*

nominee shareholding (Fin) anonymer Aktienbesitz *m (ie, through strawmen)*

nonacceptance (com, Re, WeR) Annahmeverweigerung *f*, Nichtannahme *f (syn, refusal to accept)*

non-achievement rate (Mk) Ausfallrate *f (syn, failure rate, non-response rate)*

no-name product
(Mk) markenfreies Produkt *n*
– Gattungsprodukt *n*
– weißes Produkt *n*
– produit libre
(ie, unbranded lower-cost item mostly found in supermarkets; syn, no-name)

nonauthorized absence (Pw) unentschuldigtes Fehlen *n*

nonbinding price recommendation (Kart) unverbindliche Preisempfehlung *f*

noncash capital contribution (Bw) Sacheinlage *f (syn, contribution in kind)*

noncash expense (ReW) nicht ausgabenwirksame Aufwendungen *mpl*

noncash payment (Fin) bargeldlose Zahlung *f*
(syn, cashless payment)

noncash payment system (Fin) bargeldloser Zahlungsverkehr *m (syn, cashless payment system)*

non-committal reply (com) unverbindliche Antwort *f*

non-conformance
(com) Nichtübereinstimmung *f*
(IndE) Fehler *m*

non-conforming
(IndE) fehlerhaft
– nicht vertragsgemäß

nonconforming goods (Re) nicht vertragsgemäße Ware *f*
(ie, not in accordance with the obligations under a contrat to sell)

noncurrent assets (ReW) Anlagevermögen *n (syn, fixed assets, qv)*

noncurrent income (ReW) einmalige Erträge *mpl (syn, noncurrent revenue)*

noncurrent liabilities (ReW) langfristige Verbindlichkeiten *fpl (syn, long-term liabilities)*

noncurrent revenue (ReW) = noncurrent income

nondefaulting party (Re) vertragstreue Partei *f*

nondelivery (com) Nichtlieferung *f*

non-destructive materials testing
(IndE) zerstörungsfreie Werkstoffprüfung *f*

nondestructive testing (IndE) zerstörungsfreie Prüfung *f*
(ie, test sample is not destroyed or damaged during the process; eg, x–rays, ultra-sonics, magnetic flux)

nondiscretionary (com) genau bestimmt, keinen Spielraum lassend

nondurable consumer goods (com) Konsumgüter *npl*

nondurable goods (com) Verbrauchsgüter *npl (ie, relatively brief life time)*

non-essential demand (com) gehobener Bedarf *m*

non-essential goods (com) Nicht-Notwendigkeitsgüter *npl*

non-executive director (com) Mitglied *n* e–s Board of Directors, das nicht an der Geschäftsführung beteiligt ist
(ie, entspricht am ehesten dem deutschen Aufsichtsratsmitglied)

nonexpendable (Bw) Gebrauchsgut *n (ie, not consumed; eg, machine, tool, instrument)*

nonferrous metals industry (com) Metallindustrie *f*

nonfinancial assets (ReW) Sachvermögen *n*

nonfinancial corporation (com) Nichtbank-Unternehmen *n*

nonforfeitability (Re) Unverfallbarkeit *f (syn, unforfeitability)*

nonforfeitable (Re) unverfallbar

nonfulfillment (Re) Nichterfüllung *f (syn, nonperformance, qv)*

non-impairment of vested rights (Re) Besitzstandswahrung *f*

non-interest-bearing loan (Fin) zinsfreies Darlehen *n (syn, interest-free loan)*

nonkey workers (Pw) Randbelegschaft *f*

non-liability clause (Re) Haftungsausschlußklausel *f (syn, disclaimer clause)*

nonlitigated procedure (Kart) nichtstreitiges Verfahren *n*

nonmonetary assets (Bw) Sachgüter *npl (syn, physical/tangible . . . assets)*

nonmonetary compensation (Pw) Sachbezüge *mpl*

non-moving items (com) schwer verkäufliche Ware *f*, Ladenhüter *mpl (syn, infml, cats and dogs, drug on the market, shelf warmer, slicker)*

nonoperating company (Bw) Firmenmantel *m (syn, corporate shell, shell company)*

nonoperating expense (ReW) betriebsfremde Aufwendungen *mpl*, betriebsfremder Aufwand *m (opp, nonoperating revenue)*

nonoperating holding company (Bw) reine Holdinggesellschaft *f*

nonoperating income (ReW) neutraler Erfolg *m (ie, nonoperating revenue – nonoperating expense)*

nonoperating result (ReW) neutrales Ergebnis *n*

nonoperating revenue (ReW) betriebsfremde Erträge *mpl (syn, other . . . revenue/income; opp, nonoperating expense)*

nonpartisan expert (com) unparteiischer Gutachter *m*

nonperformance (Re) Nichterfüllung f, Schlechterfüllung f *(syn, nonfulfillment, failure to perform)*

nonperforming loan (Fin, US) notleidender Kredit m

nonprofit enterprise (Bw) Unternehmen n mit primär nicht-erwerbswirtschaftlichen Zielen
(ie, there is only partial conceptual equivalence with the German term ‚gemeinnützig')

nonprofit organization (Bw) Organisation f ohne Erwerbscharakter
(ie, set up for social, educational, religious purposes, not intended to be operated for profit)

nonprogrammable decision (Bw) echte Entscheidung f

nonprogrammed decision (Bw) nicht-programmierte Entscheidung f
(ie, novel, singular, ill-structured policy decision that can be addressed only by general problem-solving approaches)

nonrecourse factoring
(Fin) echtes Factoring n
– Factoring n ohne Regreß
(ie, involves the outright purchase of receivables from client and factor's guarantee of the credit worthiness of client's customers; syn, old-line factoring; opp, recourse financing = unechtes Factoring)
(Fin) rückgrifflose Finanzierung f
(ie, in der Projektfinanzierung; in der Praxis selten, weil Kreditgeber Unternehmerfunktion ausüben)

nonrecourse loan (Fin) projektgebundenes Darlehen n
(ie, ties replayment strictly to the revenues generated by a particular project)

nonrecurrent charge
(com) einmalige Gebühr f

nonrecurrent expenditure
(com) einmalige Aufwendungen mpl

nonrecurrent income (ReW) außerordentliche Erträge mpl *(syn, extraordinary . . . gains/income)*

non-recurring costs (com) Einmalkosten pl *(syn, one-time costs)*

nonrepetitive production
(IndE) Einmalfertigung f, Werkstattfertigung f

nonresidential buildings (com) gewerbliche Bauten mpl *(syn, commercial and industrial buildings)*

nonresponse rate (Mk) Ausfallrate f
(ie, on surveys; syn, failure rate, non-achievement rate)

nonscheduled (com) außerplanmäßig

nonselective advertising (Mk) Streuwerbung f

nonsked operator (com, US) Charterfluggesellschaft f *(ie, nonscheduled airline; syn, fixed-base operator, qv)*

nonspecific capital (Fin) nichtzweckgebundenes Kapital n

nontariff barriers to trade (AuW) nichttarifäre Handelshemmnisse npl

nontaxable (StR) nicht steuerpflichtig, steuerfrei

nontrading partnership (Bw, US) Dienstleistungsgesellschaft f *(eg, law firm, CPA firm; opp, trading partnership)*

nontransferability (Re) Nichtübertragbarkeit f

nontransferable (Re) nicht übertragbar

nonvariable cost (KoR) fixe Kosten pl, Fixkosten pl *(syn, fixed cost, qv)*

nonvessel operator (com, US) Landspediteur m *(ie, so classed by the Federal Maritime Commission)*

nonvested (Pw) unverfallbar *(eg, employee plan benefits)*

nonwarranty clause (Re) Freizeichnungsklausel f *(syn, contracting-out clause, qv)*

no-par stock (Fin) nennwertlose Aktie f *(syn, GB, nonpar share)*

no-par-value stock (Fin) = no-par stock

normal activity (KoR) Normalbeschäftigung f

normal average earnings (Pw) durchschnittlicher Normalverdienst *m*
(syn, average/straight-time/standard average . . . earnings)

normal capacity (IndE) Kannkapazität *f*
(ie, maximum level of activity under normal conditions)

normal cost (KoR) Normalkosten *pl*
(ie, includes an average or normalized chunk of overhead)

normal costing (KoR) Normalkostenrechnung *f*

normal cost rate (KoR) Normalkostensatz *m*

normal cost system (KoR) = normal costing

normal course of business (com) normale Geschäftätigkeit *f*

normalize *v*
(com) normalisieren *(ie, restore to normal condition)*

normal output (IndE) Normalleistung *f (syn, target performance)*

normal sustainable capacity (Bw) normale Kapazität *f*

nosedive (com) Sturz *m*, Verfall *m*
(ie, sudden extreme drop; eg, of price, interest rates)

nosedive *v* (com) plötzlich stark fallen *(eg, new orders, shipments, prices)*

nosedive in sales (com, infml) Umsatzverfall *m*

nose down *v* (com) abrutschen *(eg, economy into recession)*

no shows (com) festgebuchte, aber nicht mitfliegende Passagiere *pl*

notarial attestation (Re) notarielle Beglaubigung *f*

notarial charges (Re) Notariatskosten *pl*

notarial fee (Re) Notariatsgebühr *f*

notarize *v* (Re) notariell beglaubigen *(ie, have certified by a notary public)*

notary public (Re) Notar *m*
(ie, certifies writings, takes affidavits, depositions, and protests of negotiable paper; no equivalent in German; cf, GB, Commissioner for Oaths)

notch belt tighter *v* (com, infml) Gürtel *m* enger schnallen

note
(com) Mitteilung *f*
– Notiz *f*
– Vermerk *m (syn, memorandum)*
(com) kurze Erklärung *f (ie, brief comment)*
(com) Anmerkung *f*, Fußnote *f (ie, short comment apart from the text; syn, footnote)*
(com) kurzer Brief *m (ie, short informal letter)*
(com) kurzer wissenschaftlicher Aufsatz *m*
(ie, may be scholarly or scientific)
(com) Geldschein *m*, Banknote *f*

note of acceptance (com) Annahmevermerk *m*

note of approval (Re) Genehmigungsvermerk *m*

note of fees (com) Gebührenrechnung *f*, Liquidation *f*
(syn, bill of fees)

notes
(com) Aufzeichnungen *fpl (eg, lecture notes)*
(com) Notizen *fpl (eg, take down . . . = Notizen machen)*
(ReW) Abschlußerläuterungen *fpl*
(Fin) mittelfristige Schuldverschreibungen *fpl (ie, may be 5 to 7 years)*

notes to financial statements (ReW) Abschlußerläuterungen *fpl*

notes to the accounts (ReW, EG) Anhang *m*

notice
(com) Ankündigung *f (syn, announcement)*
(com) Erklärung *f*
(Re) Bescheid *m*
(Re) Kündigung *f*
(ie, to terminate an agreement at a specified time)
(com) Information *f (syn, information, intelligence)*

(com) Aufmerksamkeit *f (syn, attention, heed)*

(com) Kurzbesprechung *f*, Rezension *f (syn, review)*

notice *v*
(com) ankündigen *(ie, give notice of)*
(com, GB) rezensieren *(ie, implies that the review is brief; syn, review)*

notice of defect (com) Mängelrüge *f (syn, customer complaint, qv)*

notice of meeting (Bw) Einberufungsbekanntmachung *f*

notice of reference (Kart, GB) Klageerhebung *f*

notice of rescission (Re) Rücktrittserklärung *f*

notice of termination (Re) Kündigungsschreiben *n*

notice of withdrawal (Re) Rücktrittserklärung *f*

notice term (Pw) Kündigungsfrist *f (syn, period of notice, qv)*

notice to quit (Pw) Kündigung *f (ie, by employee)*

notice to quit for cause (Pw) außerordentliche Kündigung *f (ie, aus wichtigem Grund)*

notice to terminate (Pw) Kündigung *f (ie, by employer)*

notifiable (Re, Kart) anmeldepflichtig *(syn, subject to notification)*

notify *v*
(com, fml) anzeigen
– avisieren
– mitteilen *(ie, of; syn, give notice of)*
(Re) benachrichtigen, notifizieren *(ie, give formal notice of)*

notify party (com) Benachrichtigungsadresse *f*

novelty (com) Neuheit *f (ie, often has a slightly negative connocation in some parts of the U.S.)*

null and void (Re) nichtig, rechtsunwirksam *(syn, void, qv)*

nullify a contract *v* (Re) Vertrag *m* aufheben *(syn, cancel, qv)*

number consecutively *v* (com) laufend numerieren

number crunching
(com) Zahlenverarbeitung *f*

numberized goal (Bw) numerisches Ziel *n (syn, targeted goal)*

number of favorable responses (Mk) Rücklaufquote *f*

number of new contracts (com) Zahl *f* der Neuabschlüsse

number of people on payroll (Pw) Zahl *f* der Beschäftigten *(ie, number of employees or people employed)*

number of people out of work (Vw) Arbeitslosenzahl *f (syn, jobless total, unemployment figure)*

number of undisclosed cases (com) Dunkelziffer *f*

number system character (Mk) Systemkennzeichen *n (ie, in the UPC code)*

numerical control, NC
(IndE) numerische Steuerung *f*

numerically controlled machines (IndE) numerisch gesteuerte Maschinen *fpl*
– NC-Maschinen *fpl*

numerical quantity (Math) numerische Größe *f*

nurse a business *v* (com, infml) Unternehmen *n* wieder hochbringen

nurse stocks *v* (Fin) Aktien *fpl* festhalten *(ie, in Erwartung von Kurssteigerungen)*

nuts and bolts
(com, infml) Grundlagen *fpl (ie, the basic working elements)*
(com) Praxis *f (eg, know the..., as opposed to theoretical considerations)*

nuts and bolts experience (Pw, infml) praktische Erfahrung *f*

nuts and bolts operations (com, infml) tagesaktuelles Geschäft *n (syn, day-to-day business)*

nuts and bolts spending (Bw) Aufwendungen *mpl* zur Sicherung des laufenden Betriebs

O

object (com) Ziel *n*, Zweck *m*

object against *v* (com) Einwand *m* erheben gegen

objection
(com) Beanstandung *f (ie, to; syn, complaint about)*

objective
(Bw) Unternehmensziel *n (ie, of a company; syn, goal, target)*

objective budgeting (Bw) zielgebundene Budgetierung *f (ie, not on the basis of historical precedence)*

objective function (Bw) Zielfunktion *f*

objective-setting process (Bw) Prozeß *m* der Zielbildung

objective value (Bw) objektiver Wert *m (opp, subjective value)*

object lesson (com) Musterbeispiel *n (eg, in single-minded determination)*

object of a company (Re) Gegenstand *m* e–r Gesellschaft

objects clause (Bw, GB) Klausel *f* mit Angaben über den Gegenstand des Unternehmens *(ie, in memorandum of association, qv)*

object to *v* (com) Einspruch *m* erheben gegen, protestieren gegen

obligate *v*
(com) für e–n bestimmten Zweck festlegen *(ie, commit funds to meet an obligation)*

obligation
(Re) Verpflichtung *f*, Verbindlichkeit *f (ie, duty owed; syn, commitment, engagement, promise, undertaking)*

obligations
(com) Verbindlichkeiten *fpl (eg, unable to meet his . . .)*
(Fin) Schuldtitel *mpl*
(ie, notes and bonds which are promises to pay a certain amount with interest)

obligation to buy (Mk) Kaufzwang *m*

obligation to pay damages (Re) Schadenersatzpflicht *f*

obligation to take delivery (com) Abnahmepflicht *f (ie, of merchandise tendered)*

obligation under a guaranty (Re) Garantieverpflichtung *f*

obligatory (com) obligatorisch *(eg, attendance at a conference may be . . .; syn, compulsory; opp, voluntary)*

oblige *v*
(com) verpflichten
(com) entgegenkommen, helfen *(eg, try to oblige a customer = help him)*

obligee (Re) Gläubiger *m (syn, creditor; opp, obligor)*

obligor (Re) Schuldner *m (syn, debtor; opp, obligee)*

observation
(com) Beobachtung *f*
(com) Feststellung *f (syn, statement, remark)*

observer (com) Beobachter *m (eg, knowledgeable observer of an industry = Branchenkenner)*

obsolescene
(Bw) vorzeitiges Veralten *n*
– technisch-wirtschaftliche Überholung *f*
(ie, decreasing value of physical assets from technological changes rather than deterioration)

obsolescent (com) veraltend *(ie, going out of use; opp, absolute)*

obsolete (com) veraltet *(ie, no longer useful, out of date)*

obsolete equipment (IndE) veraltete Anlagen *fpl*

obsolete stocks (com) Ladenhüter *mpl*
(ie, unsalable goods no longer in demand)

obstacle to delivery (com) Ablieferungshindernis *n*

obstacle to performance (Re) Erfüllungshindernis n

obtain v
(com) erhalten *(ie, gain, attain)*

obtain a contract v (com) Auftrag m/ Zuschlag m . . . erhalten *(syn, win a contract)*

obtain a loan v (Fin) Darlehen n aufnehmen *(syn, raise, secure, take up/ on)*

obtain an offer v (com) Angebot n einholen *(ie, send out requests for quotations)*

obtain an order v (com) Auftrag m erhalten od hereinholen

occasional carrier (com) Gelegenheitsfrachtführer m *(opp, common carrier)*

occasional customer (com) Gelegenheitskunde m *(syn, casual customer)*

occasional deal (com) Gelegenheitsgeschäft n

occasional forwarder (com) Gelegenheitsspediteur m

occupancy rate (com) Belegung f *(eg, hotel, hospital; syn, occupancy ratio)*

occupant (com) Inhaber m, Bewohner m
(ie, person occupying position, dwelling)

occupation
(com) Beschäftigung f, Tätigkeit f

occupational accident
(Pw) Arbeitsunfall m
– Berufsunfall m
– Betriebsunfall m *(syn, industrial accident)*

occupational retraining (Pw) Umschulung f

occupational status (Pw) Berufsstellung f, berufliche Stellung f

occupational structure (Stat) Berufsstruktur f

occupational test (Pw) Eignungsprüfung f *(syn, aptitude test)*

occupational training (Pw) Berufsausbildung f *(cf, occupation, vocation, profession)*

occupy v
(com) beschäftigen *(eg, oneself with)*
(com) beanspruchen, in Anspruch nehmen *(ie, take, fill; eg, a lot of my time)*
(Pw) innehaben *(eg, position of vice president)*

occurrence (com) Ereignis n

ocean bill of lading (com) Bordkonnossement n
(ie, evidence that the consignment is on board as stipulated in the affreightment contract; cf, § 642 HGB; syn, on board/shipped . . . bill of lading)

ocean carrier (com) Verfrachter m

ocean commerce (com) Seehandel m *(syn, sea/maritime . . . trade)*

ocean freight (com) Seefracht f *(syn, seaborne cargo)*

ocean freight forwarder (com) Seefracht-Spediteur m

ocean-going cargo ship (com) Seefrachter m

ocean going traffic (com) Seeschiffsverkehr m

ocean going vessel (com) Seeschiff n

ocean packing (com) seemäßige Verpackung f *(syn, seaworthy packing, qv)*

ocean routes (com) Schiffahrtswege mpl

ocean shipping (com) Hochseeschiffahrt f

ocean shipping industry (com) Seeschiffahrt f

ocean shipping trade (com) Seefrachtgeschäft n

ocean transport (com) Seetransport m, Verfrachtung f *(syn, GB, carriage of goods by sea)*

ocean tug (com) Hochseeschlepper m

off a bit (com) leicht gefallen od zurückgegangen

off balance
(ReW) bilanzneutral
– bilanzunwirksam
– in der Bilanz nicht ausgewiesen
– aus der Bilanz ausgegliedert

offbeat (com) ausgefallen, ungewöhnlich *(cf, off the beaten track)*
off-book financing (Fin) Finanzierung *f* außerhalb der Bilanz
off-carriage (com) Nachlauf *m (syn,
post-carriage, qv)*
offer
(com) Angebot *n (syn, quotation,
quote, proposal)*
offer and acceptance (Re) Angebot *n*
und Annahme *f (ie, in contract
law)*
offer document (com) Angebotsunterlagen *fpl*
offer in blank (com) Blankoofferte *f*
offering price
(Fin) Emissionskurs *m*, Zeich-
nungskurs *m (syn, subscription
rate)*
(Fin) Ausgabepreis *m (cf, asked
price)*
offering terms (Fin) Emissionsbedin-
gungen *fpl (syn, terms of an issue)*
offer of transportation (com) Beför-
derungsangebot *n*
offer open for a specified time (com)
befristetes Angebot *n*
offer price
(com) Angebotspreis *m (syn, bid/
quoted/supply . . . price)*
offer proof *v* (Re) Beweis *m* liefern
od antreten
offer to negotiate (com) Verhand-
lungsangebot *n*
offer without engagement (com) frei-
bleibendes Angebot *n*
off grade (com) mindere Güte *f*
office
(com) Büro *n*
(Bw) Geschäftsstelle *f*, Niederlassung *f*
office accommodation (com) Büro-
räume *mpl*
office automation (EDV) Büroauto-
matisierung *f*
*(eg, PCs, electronic messages, voice
mail, video-conferencing systems,
etc)*
office block (com) Bürohaus *n*, Büro-
hauskomplex *m*

office buildings
(com) Bürogebäude *npl*
(com) Geschäftsbauten *mpl*
office condo (com) = office condominium
office condominium (com) Eigen-
tums-Büro *n (ie, condo ownership
provides protection from escalating
rents or forced relocation under
tight rental-market conditions, as
well as potential gains in value; eg,
offices are going condo)*
office equipment (com) Büro- und
Geschäftseinrichtung *f*
office equipment and furnishings
(com) Büroausstattung *f*
office equipment dealer (com) Büro-
maschinenhändler *m*
office equipment manufacturer (com)
Büromaschinenhersteller *m*
office holder (com) Amtsinhaber *m
(syn, office bearer)*
office hours
(Pw) Dienstzeit *f*
– Arbeitsstunden *fpl*
– Arbeitszeit *f (syn, business
hours)*
office landscaping (com) Büroland-
schaft *f*
Office of Fair Trading, OFT
(Kart, GB) Kartellbehörde *f*
office park (com, US) Bürokom-
plex *m (ie, a landscaped complex
of office buildings)*
officer
(Bw) Führungskraft *f*, leitender
Angestellter *m (ie, implies trust,
authority, command; eg, president,
vice president, treasurer, comptroller, etc)*
(com) Sachbearbeiter *m*
officers
(com) = company officers = Organe e–r Gesellschaft
officer with general authority (Bw)
Generalbevollmächtigter *m*
office supplies (com) Bürobedarf *m
(ie, stationery, etc)*
office supplies market (com) Bürozu-
behörmarkt *m*

office temp (Pw) Aushilfskraft *f*, Bürohilfe *f*

office work (com) Büroarbeiten *fpl (syn, clerical operations)*

office worker (Pw) Büroangestellter *m*

official (com) Beamter *m*, Funktionär *m (eg, high-placed government official = hoher Regierungsbeamter)*

official business (Pw) Dienstgeschäfte *npl (eg, away on ... = geschäftlich unterwegs)*

official channels (Bw) Dienstweg *m (eg, through ... = auf dem Dienstweg)*

official form (com) amtlicher Vordruck *m*

official hours (com) Dienststunden *fpl*, Publikumsverkehr *m (eg, von ... bis ...; syn, hours)*

official rate of discount (Fin) Diskontsatz *m (syn, central-bank discount rate; US, rediscount rate)*

official statement (com) amtliche Verlautbarung *f* od Stellungnahme *f*

official strike (Pw) organisierter Streik *m*

off-label merchandise (com, US) Billigware *f*

off list (com) Nachlaß *m* vom Listenpreis

off-load *v* (com) abstoßen, sich trennen von *(eg, block of shares, unprofitable business; syn, unload)*

offload stocks *v* (MaW, infml) Lager *n* räumen *(syn, clear stocks)*

offpeak (com) außerhalb der Hauptzeiten *(eg, fares, electricity rates)*

offprint (com) Sonderdruck *m (ie, separately printed excerpt)*

off-road vehicle (IndE) Geländefahrzeug *n*

off-schedule redemption (Fin) außerplanmäßige Tilgung *f*

off screen (com, infml) privat

off season (com) tote Saison *f*, „Sauregurkenzeit" *f (syn, dead season)*

offset (com) Aufrechnung *f (syn, balancing against, counterbalancing, setoff)*

offset *v* (com) anrechnen *(syn, credit against)* (com) aufrechnen, verrechnen *(ie, mit = against; syn, balance against, counterbalance)*

offsetting (IndE) Rückwärtsterminierung *f*

offsetting transaction (com) Verrechnungsgeschäft *n*

offshoot (com) Nebenergebnis *n*

offshoot of a company (com, infml) Tochtergesellschaft *f*

offshore sourcing (Bw) Verlegung *f* lohnintensiver Fertigungen in Niedriglohnländer

off standard (com) Qualitätsabweichung *f (ie, variation in quality)*

off-standard performance (IndE) Leistungsgradabweichung *f*

off-the-books (com) Bezahlung *f* o. B. *(= ohne Bücher; ie, in cash, no records)*

off-the-job training (Pw) außerbetriebliche Weiterbildung *f*
− Ausbildung *f* außerhalb des Arbeitsplatzes

off-the-line item (com) Sonderposten *m*

off the payroll (Pw) arbeitslos *(syn, unemployed)*

off the shelf (com, infml) ab Lager *(ie, available for immediate shipment)*

off-the-shelf product (com) Standardprodukt *n (opp, customized product)*

off-the-street customer (com, infml) Laufkunde *m (syn, casual customer)*

off the wall (com, infml) ungewöhnlich, unerwartet

OFT (Kart, GB) = Office of Fair Trading

oil industry (com) Erdölindustrie f
O. K. v (com, infml) „absegnen" (eg, a merger or acquisition)
old-age pension
  (Pw) Altersruhegeld n
  – Altersrente f
  – Rente f (syn, retirement pension, retired pay)
old-age pensioner (SozV) Rentner m
old-age protection (SozV) Alterssicherung f
old-established business (com) alteingesessenes Unternehmen n
old-line industry (com) veralteter Wirtschaftszweig m
old share (Fin) alte Aktie f
omit to do/doing v (com) unterlassen (syn, refrain from doing, qv)
omnibus bill of lading (com) = grouped bill of lading
omnibus survey (Mk) Mehrthemen-Befragung f (syn, multi-purpose survey)
omnidirectional code (Mk) richtungsunabhängiger Balkencode m
on account
  (com) gegen Kredit
on account of payment (Re) zahlungshalber
on appro (com, GB) = on approval
on approval (com) zur Ansicht
on approval consignment (com) Ansichtssendung f
on balance
  (com) = in sum
on behalf of (com) im Namen von, für
on board bill of lading (com) Bordkonnossement n
  (syn, on board B/L, ocean/shipped . . . bill of lading)
on business (com) geschäftlich
  (eg, he is here . . .)
on call (com) = on demand
on-carriage (com) Vorlauf m (syn, pre-carriage, qv)
once-and-for-all payment (Fin) einmalige Zahlung f (syn, one-off payment)
on commission (com) in Kommission, kommissionsweise

on consignment (com) in Konsignation
on credit (com) auf Kredit (syn, infml, on the cuff; GB, on tick, on the slate, on the nod)
on demand
  (com) auf Anfordern (syn, on call)
one-line store (Mk) Spezialgeschäft n (syn, specialty store, qv)
one-man band (com, sl) Einmannbetrieb m (syn, one-man business)
one-man business
  (com) Einmannbetrieb m
  (com) Einzelfirma f, Einzelunternehmen n (syn, sole proprietorship, qv)
one-man company (com) Einmanngesellschaft f
  (ie, dominated by one person either through majority holding or by force of his personality)
one-man show (com, sl) = one-man business
one of a kind (com) einmaliges Stück n (syn, GB, one-off, qv)
one-off (com, GB) einmaliges Stück n (eg, a one-off model)
one-off charge (com) einmalige Gebühr f
one-off expenditure (Fin) einmalige Ausgabe f
one-off payment (Fin, GB) einmalige Zahlung f (syn, one-time payment)
one-off production (IndE) Einzelfertigung f (syn, individual production, qv)
one-product company (Bw) Einproduktunternehmen n
one-shot deal (com) einmaliges Geschäft n
one-shot decision (Bw) einmalige Entscheidung f
one-sided (com) einseitig (syn, unilateral)
one-sided contract (Re) einseitiger Vertrag m (syn, unilateral contract, qv)
one-stop banking (Fin, US) Finanz-Supermarkt m (ie, diversified financial service organization)

one-stop finance package (Fin) Finanzierung *f* aus e–r Hand

one-time buyer (Mk) Einmalkäufer *m*

one-time charge (com) einmalige Berechnung *f*

one-time costs (com) Einmalkosten *pl (syn, non-recurring costs)*

one-time payment (Fin) einmalige Zahlung *f (syn, GB, one-off payment)*

one-time rate (Mk) Einmaltarif *m (ie, of advertising)*

one-way container (com) Einwegbehälter *m (syn, disposable container)*

ongoing education (Pw) Weiterbildung *f*

ongoing existence of a company (Bw) Fortbestand *m* e–s Unternehmens

ongoing finance (Fin) Anschlußfinanzierung *f*

ongoing wage round (Pw) laufende Lohnrunde *f*

on hand (com) auf Lager *(syn, in stock, in store)*

on loan (com) leihweise

on offer (Mk, GB) im Angebot *(syn, on sale, qv)*

on or about (com) etwa *(eg, ... December 31)*

on order (com) bestellt

on presentation (com) bei Vorlage

on probation (Pw) auf Probe

on sale
(com) zu verkaufen
(Mk) im Angebot *(eg, article is on sale this week; syn, GB, on offer)*

on schedule (com) planmäßig, termingerecht *(ie, according to plan; eg, project goes ahead . . .)*

onset (com) Beginn , Einsetzen *n (eg, of an economic upturn)*

on shipment (com) bei Versand

on-site training (Pw) = on-the-job training

on stream (IndE) in Betrieb *(eg, plant, machinery)*

on strike (Pw) im Streik *(syn, out on strike)*

on tap (com) vorrätig *(ie, ready for sale)*

on the cuff (com, US, infml) auf Kredit, auf Pump *(syn, on credit, qv)*

on-the-job-security (Pw) Sicherheit *f* am Arbeitsplatz *(syn, job safety, qv)*

on-the-job training (Pw) Ausbildung *f* am Arbeitsplatz *(syn, on-the-site training, desk training)*

on the nod (Fin, GB, infml) auf Kredit, auf Pump *(syn, on tick)*

on the record (Re) aktenkundig

on the reverse side (com) Rückseite *f*, auf der Rückseite *(syn, GB, overleaf)*

on-the-site training (Pw) = on-the-job training

on the slate (com, GB, infml) auf Kredit *(eg, put it on the slate; syn, on credit, qv)*

on the stocks (com, GB, infml) in Bearbeitung *(ie, already started; syn, under way; infml, in the works)*

on tick (com, GB, infml) auf Kredit, auf Pump *(syn, on credit, qv)*

on-time delivery (com) pünktliche od rechtzeitige Lieferung *f (eg, of an order)*

open a bank account *v* (Fin) Bankkonto *n* eröffnen *(syn, open account with a bank)*

open a business *v*
(com) Geschäft *n* eröffnen
(com) Betrieb *m* eröffnen

open advertising (Mk) Offenwerbung *f (opp, camouflaged advertising)*

open a fair *v* (Mk) Messe *f* eröffnen

open air site (Mk) = open air space

open air space (Mk) Freigelände *n (ie, at fairs and exhibitions; syn, open-air site)*

open an account *v* (Fin) Konto *n* eröffnen *(ie, with/at a bank; syn, set up an account)*

open bid (com) offenes Angebot *f (ie, one allowing price reductions)*

open bidding (com) offene Ausschreibung *f (opp, closed bidding)*

open competition (com) freier, ungehinderter Wettbewerb *m*
(syn, open market, unfettered/unbridled... competition)

open decision model (Bw) offenes Entscheidungsmodell *n*

open-end contract
(com) Sukzessivlieferungsvertrag *m*, Bezugsvertrag *m*
(ie, extends over a longer period of time; syn, multiple delivery/continuing sales/continuous purchase/apportioned... contract)

open-ended capabilities (Bw) Entwicklungsmöglichkeiten *fpl*

open-end lease (Fin) offenes Leasing *n*
(ie, lessee pays to the lessor at the end of the lease term the difference, if any, between a specified amount and the value of the leased property when it is returned to the lessor; so risk of decrease in value is placed on the lessee; opp, closed-end lease)

open indent (com) offenes Indentgeschäft *n*
(ie, bei dem der Indentgeber dem Nehmer die Wahl der Lieferquelle überläßt; opp, closed indent)

opening
(Pw) freie od offene Stelle *f* *(syn, vacant job, qv)*

opening balance sheet (ReW) Eröffnungsbilanz *f*

opening bid (com) erstes Gebot *n* *(ie, at an auction)*

opening hours (com) Öffnungszeiten *fpl*

opening inventory (MaW) Anfangsbestand *m*

opening of tender (com) Angebotseröffnung *f (syn, bid opening)*

openings for apprentices (Pw) Ausbildungsplätze *mpl*

opening up new markets (Mk) Markterschließung *f*

open listing (com) Maklervertrag *m* ohne Alleinverkaufsrecht an Immobilien

(ie, available to more than one broker)

open market
(com) freier Markt *m*

open office area (com) Bürolandschaft *f (syn, landscaped /panoramic... office)*

open order
(com) unerledigter Auftrag *m* *(syn, back order, qv)*
(com) offener Auftrag *m*
(ie, without price or delivery stipulations)

open orders (com) offener Auftragsbestand *m*

open plan office (com) Großraumbüro *n*

open price agreement (Kart) Preisinformationsabsprache *f (syn, information/price reporting... agreement)*

open price association (Bw) Preismeldestelle *f (ie, collates and distributes price information; syn, central agency)*

open price system (Kart) Preismeldeverband *m*

open-purchase-order file (com) Auftragsbestandskartei *f*

open tendering (com) offene Ausschreibung *f (ie, all interested suppliers may bid; opp, selective single... tendering)*

open up *v* (com) eröffnen *(eg, business, new branch)*

open up a bottleneck *v* (com) Engpaß *m* beseitigen

open up a market *v* (Mk) Markt *m* erschließen *(syn, develop/tap... a market)*

operable (IndE) funktionsfähig

operate *v*
(IndE) betreiben
(Re) gelten *(eg, law operates or is operative in the U.S.)*

operate a business *v*
(com) Geschäft *n* betreiben
(Bw) Unternehmen *n* betreiben

operate a plant *v* (IndE) Anlage *f* betreiben

operate from v (com) Sitz m od Hauptverwaltung f haben *(eg, company operates from Switzerland)*

operate in the black v
(com) schwarze Zahlen fpl schreiben *(syn, write black figures)*
(com) mit Gewinn arbeiten

operate in the red v
(com) rote Zahlen fpl schreiben *(syn, write red figures)*
(com) mit Verlust arbeiten

operate short-time working v (Pw) kurzarbeiten *(syn, work short time)*

operate to capacity v (IndE) Kapazität f ausfahren *(syn, run/work . . . to capacity)*

operating agreement (Bw) Betriebsführungsvertrag m
(ie, among joint ventures in a mining project, providing for management of the project)

operating area
(com) Geschäftsfeld n
– Geschäftsbereich m
(syn, business sector)

operating authority (com) Betriebserlaubnis f *(syn, operating license, qv)*

operating below capacity (Bw) Unterbeschäftigung f *(syn, underutilization, qv)*

operating budget
(Bw) operativer Rahmenplan m
(ie, short-term plan for managing the resources needed to carry out a program; opp, capital budget)

operating capability (Bw) Arbeitsfähigkeit f *(eines Unternehmens)*
(ie, roughly its ability to produce a given bundle of goods and/or services)

operating capacity (IndE) Betriebskapazität f *(syn, plant capacity)*

operating capital (Fin) Betriebskapital n

operating center (Bw) Betriebseinheit f
(syn, operating unit)

operating company (com) Betriebsgesellschaft f *(syn, operating unit; opp, holding company)*

operating condition
(IndE) Betriebsfähigkeit f *(syn, working order)*
(com) Betriebsbedingungen fpl

operating cost
(ReW) betriebliche Aufwendungen mpl
Auch:
– Betriebsaufwand m
– Betriebsaufwendungen mpl
– betriebsbedingter Aufwand m
(syn, operating . . . expense/charges; opp, operating revenue)

operating department (Bw) Fachabteilung f *(eg, accounting, planning, marketing)*

operating division (Bw) Betriebsabteilung f *(syn, plant division)*

operating efficiency
(IndE) betriebliche Leistungsfähigkeit f
(Fin) Gesamtrentabilität f
(ie, as measured by return on total assets; syn, overall productivity; qv)

operating efficiency ratios (Bw) betriebswirtschaftliche Kennziffern fpl *(syn, activity ratios)*

operating figure (Bw) betriebswirtschaftliche Kennzahl f *(syn, ratio, operating ratio)*

operating funds (Fin) Betriebsmittel pl

operating income
(ReW) = operating revenue
(ReW) = operating result

operating lease
(Bw) Operating Leasing n
(ie, owner remains responsible for maintenance, insurance, property taxes, and similar attributes of ownership; they are not a means of financing; opp, finance lease)

operating license
(Re) Betriebserlaubnis f, Betriebsgenehmigung f *(syn, operating permit)*

(Re) Abbaukonzession f *(syn, operating lease)*

operating life (Bw) Nutzungsdauer f *(syn, service life, qv)*

operating manager (IndE) Betriebsleiter m *(syn, plant/works ... manager; GB, plant superintendent)*

operating margin (ReW) Handelsspanne f, Gewinnspanne f *(ie, equal to the difference between selling price and purchase price; syn, gross profit, profit/price/ trade ... margin, margin)*

operating performance (IndE) Auslastung f, Auslastungsgrad m *(eg, was only 50 of normal; syn, rate of capacity utilization, plant utilization rate, operating rate)*

operating period (IndE) Fertigungsperiode f

operating personnel (IndE) Bedienungspersonal n

operating position (Fin) Ertragslage f *(syn, earnings position, qv)*

operating profit
(ReW) Betriebsgewinn m, Betriebsergebnis n *(syn, operating result, qv)*

operating rate (IndE) Auslastung f, Auslastungsgrad m *(syn, rate of capacity utilization, plant utilization rate, operating performance)*

operating ratio (Bw) Erfolgskennziffer f *(ie, measures the effectiveness of operations: operating expense to sales)*

operating receipts (ReW) Betriebseinnahmen fpl

operating report (Bw) innerbetrieblicher Bericht m

operating result
(ReW) Betriebsergebnis n *(ie, either net profit or net loss; syn, operating ... income/profit; earnings from operations; GB, trading result)*
(ReW) Reingewinn m od Reinverlust m *(ie, as the case may be)*

(ReW, infml) operatives Ergebnis n

operating return (ReW) betrieblicher Ertrag m

operating revenue
(ReW) betriebliche Erträge mpl
– Betriebsertrag m
– betriebsbedingter Ertrag m *(syn, operating income; opp, operating cost, qv)*

operating risk (Bw) Betriebswagnis n

operating scheduling
(IndE) Ablaufplanung f
(IndE) Arbeitsterminierung f

operating sequence (IndE) Arbeitsablauf m *(syn, sequence of work)*

operating supervisor (Pw) Fachvorgesetzter f

operating supplies (IndE) Betriebsstoffe mpl *(syn, factory supplies)*

operating time (IndE) Betriebszeit f, Laufzeit f *(syn, running time)*

operating unit
(Bw) Einzelunternehmen n

operating year (com) Betriebsjahr n *(syn, working year)*

operation
(Bw) Geschäftsbereich m
– Unternehmensbereich m
– Sparte f *(syn, operating area, division, qv)*
(Bw) Zweigwerk n, Zweigniederlassung f *(syn, branch operation)*
(Bw) = operating unit
(Bw) (selbständiges) Unternehmen n im Konzernverband
(Bw) betrieblicher Prozeß m

operational
(IndE) betriebsbereit *(syn, ready to operate, qv)*

operational analysis (Bw) Betriebsanalyse f

operational audit
(ReW) interne Revision f, Innenrevision f *(syn, administrative/internal ... audit)*

operational budget (Bw) Produktionsbudget n

operational capabilities (Bw) betriebliches Potential n

operational control (Bw) laufende Überwachung f *(ie, over the daily performance of a firm)*

operational data (com) Betriebsdaten pl, Betriebsunterlagen fpl

operational decision making (Bw) betriebliche Willensbildung f

operational division (Bw) operativer Geschäftsbereich m

operational efficiency (Bw) Wirtschaftlichkeit f *(syn, economic efficiency)*

operational experience (Bw) Betriebserfahrung f *(ie, in running the day-to-day business)*

operational facility (IndE) Betriebsstätte f *(syn, manufacturing operation)*

operational goal (Bw) operationales Ziel n
(ie, one stated in measurable, verifiable, specific terms of quantity, quality, time, and cost)

operational group (Bw) Geschäftsbereichsgruppe f

operational heart (Bw) operativer Kern m

operational information (Bw) Betriebsdaten pl *(syn, operational data)*

operational level (IndE) operative Ebene f

operational management
(Bw) Leitung f der Geschäftsbereiche
(Bw) Management n in der Ablauforganisation

operational necessity (Bw) betriebliche Notwendigkeit f

operational plan (Bw) operativer Plan m

operational planning (Bw) Ablaufplanung f, Durchführungsplanung f

operational readiness (IndE) Bereitschafts-Wahrscheinlichkeit f *(ie, of machines)*

operational resources (Fin) Betriebsmittel npl

operational sequence (Bw) Ablauf m

(syn, operation, execution, procedure)

operational stock (MaW) Zwischenlager n *(syn, intermediate inventory, qv)*

operational target (Bw) Planziel n *(syn, targeted goal, qv)*

operation and process planning (IndE) Arbeitsvorbereitung f *(syn, production scheduling)*

operation flow chart (IndE) Arbeitsflußdiagramm n

operations
(Bw) Bereich m *(syn, division, group)*
(Bw) betriebliche Prozesse mpl *(ie, ohne Finanzbereich)*

operation sheet (IndE) Fertigungsablaufplan m

operations planning (Bw) Ablaufplanung f, Operationsplanung f *(syn, scheduling and sequencing, ordonnancement)*

operations planning and scheduling (IndE) Arbeitsvorbereitung f *(syn, production scheduling, qv)*

operations scheduling (IndE) Arbeitsvorbereitung f *(syn, production scheduling, qv)*

operation ticket (IndE) Arbeitsauftrag m *(syn, job order)*

operation time standard (IndE) Arbeitszeitvorgabe f

operative
(Pw) ausführende Arbeitskraft f
(IndE) Maschinenbediener m, Operator m *(syn, operator)*
(Re) rechtswirksam *(eg, for/ against)*

operative budget (Bw) Vollzugsbudget n

operative capability (Bw) Leistungsfähigkeit f *(syn, efficiency, productive capacity)*

operative date (Re) Tag m des Inkrafttretens *(syn, effective date)*

operative for and against (Re) wirkt für und gegen

operative goals (Bw) operative Ziele npl

operative management (Bw) Projektleitung f
operative planning (Bw) operative
Planung f
operator
   (com) = telephone operator
   (com) Betriebsinhaber m, Betrei-
ber m (ie, of a plant)
   (IndE) Maschinenbediener m,
Operator m (syn, operative)
   (Fin) Marktteilnehmer m (syn,
market operator)
opinion
   (com) Meinung f, Auffassung f
   (com) Gutachten n, Fachgutach-
ten n (ie, formally expressed by an
expert; syn, expert opinion)
opinion leader model (Mk) Mei-
nungsführermodell n
opinion poll (Mk) Meinungsumfrage f (syn, public-opinion survey)
opinion survey (Mk) Testbefragung f
opinion test (Mk) Meinungstest m
opportunities for long-term survival
(Bw) langfristige Überlebenschan-
cen fpl
opportunity (com) Gelegenheit f (ie,
of/for doing, to do)
opportunity cost
(Bw) Opportunitätskosten pl
Auch:
– Alternativkosten pl
– alternative Kosten pl
(ie, maximum profit that could
have been obtained if the resource
had been applied to some other use;
syn, alternative cost)
oppose v
   (com) widersprechen, sich wider-
setzen
   (Re) Einspruch m erheben
   (Re) anfechten (eg, a will)
opposing expert opinion (com) Ge-
gengutachten n
opposing parties (Re) streitende Parteien fpl, Prozeßparteien fpl (syn,
contending parties, qv)
opposition
   (com, GB) die Konkurrenz f (ie,
rival competitors in one's business

or profession; syn, the competition)
   (Re) Einspruch m
   (Re) Anfechtung f
oppressive contract (Re) Knebelungsvertrag m (syn, adhesion contract, qv)
opt aut v
   (com) aussteigen (eg, of business,
contract, deal; syn, back/drop/
pull... out)
   (com) austreten, kündigen
opt for v (com) sich entscheiden für
optimal solution (Bw) optimale Lösung f
optimum economic life (Bw) optimale
Nutzungsdauer f
optimum life (Bw) optimale Lebensdauer f
optimum lot size (Bw) optimale Losgröße f (syn, economic lot size, qv)
optimum order quantity (MaW) =
optimum lot quantity
optimum order size (Bw) optimale
Auftragsgröße f
optimum output (Bw) Betriebsoptimum n, betriebsoptimale Ausbringung f
optimum scale of operations (Bw) Betriebsoptimum n
optimum scale of plant (Bw) optimale
Betriebsgröße f
optimum service degree (MaW) optimaler Lieferbereitschaftsgrad m
(ie, of a stock of inventory; depends
on optimum mix of holding cost
and stockout cost)
optimum size of inventory (MaW) optimaler Bestand m
(ie, leads to minimum relevant total
costs: inventory carrying cost +
cost of acquisition)
optimum size of major plant (IndE)
optimale Maschinengröße f
(eg, which for modern blast fur-
naces is about 1,2 00 tons of pig
iron per day)
optimum solution (Bw) optimale Lösung f (syn, best solution)
option
   (com) Wahl f, Möglichkeit f

(com) Option *f*, Vorkaufsrecht *n*

(com) Extra *n* *(eg, car having many options)*

option to purchase (com) Kaufoption *f*, Option *f*
(ie, power to require a sale to be made at a future time)

oral agreement (Re) mündlicher Vertrag *m*, mündliche Vereinbarung *f* od Absprache *f*

orbital freight handling (com) Raumtransport *m (ie, by space shuttles)*

orchestrate *v* (com) koordinieren, aufeinander abstimmen *(eg, in advanced building systems: use of air conditioners, heating system, and lighting)*

order

(com) Auftrag *m (ie, on: auf, seltener: über)*

– Bestellung *f (ie, on: auf/über; syn, purchase order, sales order)*

order *v*

(com) bestellen, Bestellung *f* aufgeben *(syn, place/give ... an order for)*

order backlog (com) Auftragsbestand *m*, Auftragsrückstand *m*

order bill of materials (IndE) Auftragsstückliste *f*

order book

(com) Auftragsbuch *n*

(com) = orders on hand

order bookings (com) Auftragseingang *m (syn, new orders)*

order card (com) Auftragskarte *f*

order control (com) Auftragsüberwachung *f*

order cost system (KoR) Zuschlagskalkulation *f (syn, job-order costing, job-cost/production-order ... accounting, qv)*

ordered (com) bestellt *(syn, on order)*

order entry

(com) Auftragserfassung *f*

(EDV) Bestelleingabe *f*

order file (com) Auftragskartei *f*, Auftragsdatei *f*
(ie, contains names of customers and production orders)

order filling (com) = order processing

order filling costs (com) Kosten *pl* der Auftragsabwicklung

order form (com) Bestellformular *n*

order from abroad (com) Auslandsauftrag *m (syn, foreign order)*

order getting (com) Auftragsbeschaffung *f (syn, canvassing /securing/ obtaining ... new orders)*

order getting costs (com) Kosten *pl* der Auftragsbeschaffung

order handling (com) = order processing

ordering cost (MaW) Beschaffungskosten *pl*, Bestellkosten *pl (syn, procurement cost)*

ordering interval (MaW) Bestellabstand *m*

ordering policy (MaW) Bestellpolitik *f*

ordering procedure (com) Bestellverfahren *n*

ordering quantity (MaW) Bestellmenge *f (syn, order ... quantity/ size)*

order intake (com) Auftragseingang *m*

order note (com) Bestellschein *m (ie, either contract offer binding customer for some time, or acceptance of contract)*

order of magnitude (com) Größenordnung *f (ie, range of magnitude extending from some value to ten times that value)*

order of the day (com) Tagesordnung *f*
(ie, list of items to be discussed or decided upon; syn, agenda, business to be transacted)

order on account *v* (com) auf Kredit bestellen *(syn, order on credit)*

order on credit *v* (com) = order on account

order on tick *v* (com, GB, infml) = order on account

order processing (com) Auftragsabwicklung *f*, Auftragsbearbeitung *f (syn, order ... filling /handling)*

order quantity (MaW) = ordering quantity

order release (IndE) Auftragsfreigabe f

order schedule (IndE) Auftragsablaufplan m

order size (MaW) = ordering quantity

orders on hand (com) Auftragsbestand m *(syn, backlog of orders, backlog order books, unfilled orders, orders on the book, order book)*

orders on the book (com) = orders on hand

orders position (com) Auftragslage f

orders received (com) Auftragseingang m *(syn, new orders, qv)*

orders shipped (com) ausgelieferte Aufträge mpl

orders taken (com) Auftragseingang m
(syn, new orders)

order statistics (com) Auftragsstatistik f

order status (IndE) Auftragsstatus m

order system (MaW) Bestellsystem n mit Fixgrößen

order value (com) Auftragswert m, Bestellwert m

ordinary (com) gewöhnlich, normal

ordinary activities (ReW, EG) normale Geschäftstätigkeit f

ordinary breakage (com) gewöhnlicher Bruch m

ordinary business (com) gewöhnliche Tagesordnung f *(eg, at a general meeting of shareholders)*

ordinary care (Re) verkehrsübliche Sorgfalt f
(syn, ordinary diligence = diligentia quam in suis rebus adhibere solet)

ordinary cargo (com) Normalfracht f

ordinary competitive price (com) üblicher Wettbewerbspreis m

ordinary diligence (Re) = ordinary care

ordinary mail (com, GB) gewöhnliche Post f *(syn, US, surface mail)*

ordinary negligence (Re) gewöhnliche Fahrlässigkeit f, konkrete Fahrlässigkeit f
(cf, § 277 BGB; lies in the field of inadvertence: one ought to have known the results of his acts = hätte wissen müssen; civil law: culpa levis)

ordinary practices (Kart) legitimes wirtschaftliches Handeln n
(opp, unzulässige Verhaltensweisen)

ordinary resolution (com) Beschluß m mit einfacher Mehrheit

ordinary shareholder (com, GB) Stammaktionär m *(syn, US, common stockholder)*

ordinary shares
(Fin, GB) Stammaktien fpl
(ie, often divided into preference shares and deferred shares; syn, US, common stock)

ordinary voting shares (Fin, GB) stimmberechtigte Stammaktien fpl

ordinary wear and tear (Bw) technischer Verschleiß m

organization
(com) Organisation f, Struktur f *(eg, high degree of...)*
(com) Gründung f *(eg, of a company)*
(com) Unternehmen n *(syn, business, company, firm)*
(com) Organisation f *(eg, charitable organization; syn, association, society)*

organizational ability (Pw) Organisationstalent n

organizational analysis (Bw) Organisationsanalyse f

organizational chart
(Bw) Organisationsplan m
– Organisationsschaubild n
– Organogramm n *(syn, organization tree)*

organizational climate (Pw) Betriebsklima n

organizational degree (Bw) Organisationsgrad m *(syn, degree of organization)*

organizational environment (Bw) betriebliches Umfeld *n* (*syn, corporate environment*)

organizational goals (Bw) Organisationsziele *npl* (*syn, system-wide goals*)

organizational integration (Bw) organisatorische Eingliederung *f*

organizational lines (Bw) betriebliche Instanzen *fpl* (*cf, organizational unit*)

organizational manual (Bw) Organisationshandbuch *n*

organizational psychology (Bw) Organisationspsychologie *f* (*cf, industrial psychology*)

organizational reshuffle (Bw) Reorganisation *f* (*syn, reorganisation, restructuring of activities*)

organizational shakeup (Bw) organisatorische Umstellung *f*

organizational skills (Pw) Organisationstalent *n*

organizational slack (Bw) Effizienzmangel *m* in Organisationen, Leerlauf *m*

organizational unit (Bw) Instanz *f*, Ressort *n* (*ie, vested with rights of decision, directing, and control; syn, management unit, unit of supervision, level of authority*)

organization chart (Bw) = organizational chart

organization department (Bw) Organisationsabteilung *f*

organization development (Bw) Organisationsentwicklung *f*

organization expense (ReW) Gründungskosten *pl*, Gründungsaufwand *m* (*ie, in the U. S. to be capitalized and amortized over several years; in Germany, to be expensed by corporations when incurred; syn, organization cost, development/setup . . . expense; GB, preliminary expense*)

organization level (Bw) Organisationsebene *f*

organization manual (Bw) Organisationshandbuch *n* (*syn, organizational manual*)

organization meeting (Bw) Gründungsversammlung *f*

organization model (Bw) Organisationsmodell *n* (*eg, functional, divisionalized, matrix*)

organization tree (Bw) = organizational chart

organization unit (Bw) Organisationseinheit *f*, Aktionseinheit *f* (*syn, administrative unit*)

organize *v* (com) organisieren (*ie, set up administrative structure*) (com) einteilen (*eg, one's time*) (com) gründen (*syn, create, establish, found, set up*)

organize a fair *v* (com) Messe *f* veranstalten

organized enterprise (com) eingerichteter Geschäftsbetrieb *m*

organized labor (Pw) gewerkschaftlich organisierte Mitarbeiter *mpl*

organized market (com) organisierter Markt *m* (*ie, a formal market; opp, decentralized/informal . . . market*)

organizer of a fair (com) Messeveranstalter *m*

orientation (Pw) Einarbeitung *f* (*ie, of new employees; syn, familiarization, settling-in*)

orientation period (Pw) Einarbeitungszeit *f* (*syn, lead-in /settling-in . . . period, period of familiarization*)

orientation phase (Bw) Anregungsphase *f* (*ie, in decision theory: pointing up problems, perceiving problems requiring solutions*)

original acquisition cost (ReW) Anschaffungskosten *pl* (*syn, cost, historical cost, qv*)

original capital (Fin) Gründungskapital *n* (*syn, initial capital stock*)

original cash outlay (Fin) Anschaffungskosten *pl* (*ie, in preinvestment analysis = Investitionsrechnung*)

original contract (Re) Hauptvertrag *m (syn, main contract)*

original cost (ReW) Anschaffungs- od Herstellungskosten *pl (syn, first/initial/asset . . . cost)*

Original Equipment Manufacturer, OEM
(EDV) Wiederverkäufer *m (ie, Fremdgeräte und -teile werden in das eigene Produkt eingebaut; der Bezug von OEM-Geräten erspart dem Hersteller Entwicklungskosten, ermöglicht der Fremdfirma aber die Produktion großer Serien mit den Vorteilen der Größendegression und der Kapazitätsauslastung; syn, VAR)*

original financing (Fin) Neufinanzierung *f*
(ie, provision of fresh funds for capital spending; opp, switch-type financing, qv)

original freight (com) Vorfracht *f (ie, up to a point of transshipment)*

original inspection (IndE) Erstgüteprüfung *f*

original investment (Fin) Anschaffungskosten *pl (ie, in preinvestment analysis = Investitionsrechnung)*

original invoice (com) Originalrechnung *f*, Originalfaktura *f*

original package (com) Originalverpackung *f (syn, original wrapping)*

originate *v* (com) ausgehen von, entstehen *(syn, initiate, begin)*

originator (Fin) Auftraggeber *m (ie, bank customer)*

origin marking (Mk) Herkunftsbezeichnung *f*
(eg, of consumer goods; syn, informative labeling)

origin of goods (com) Warenursprung *m*

ostensible authority (Re) Anscheinsvollmacht *f*
(ie, Anerkennung höchstrichterlich sehr umstritten)

ostensible company (com) Scheingesellschaft *f (ie, operates under its name, but without charter and by-laws)*

ostensible partner (com) Scheingesellschafter *f (syn, nominal/ quasi . . . partner; GB, holding-out partner)*

ostensible transaction (Re) Scheingeschäft *n*
(cf, § 117 BGB; syn, dummy/fictitous/sham . . . transaction)

ostrich syndrome (Bw, infml) Vogel-Strauß-Syndrom *n (ie, refusal to face and address the task of planning under uncertainty)*

out-and-out entrepreneur (com, infml) Vollblutunternehmer *m*

outbalance *v* (com) = outweigh

outbid *v* (com) überbieten *(syn, overbid)*

outbid competitors *v* (com) Konkurrenz *f* ausschalten *(ie, in the bidding process)*

outbidder (com) Mehrbietender *m*

outbound logistics (Bw) Beschaffungs- und Distributions-Logistik *f (opp, inbound logistics)*

outcompete *v* (com) Konkurrenz *f* überflügeln od hinter sich lassen

outdistance *v* (com) übertreffen, aus dem Felde schlagen *(eg, competitors)*

outdoor advertising (Mk) Außenwerbung *f*

outdoor media (Mk) Medien *npl* der Außenwerbung

outdoor staff (com) Außendienst-Mitarbeiter *mpl*

outfit (com) Geschäft *n*, Laden *m*

outfit *v* (com) ausrüsten, ausstatten *(syn, equip)*

outfitter (com) Ausrüster *m*, Ausstatter *m*

outflow of funds (Fin) Geldabfluß *m*

outgo
(com) Auszahlung *f (syn, outpayment)*
(com) Abfahrt *f*, Abflug *m (syn, departure)*

outgoing (com) ausscheidend *(ie, retiring; eg, chairman)*

outgoing letter (com) auslaufender Brief *m*

outgoing lot control (IndE) Warenausgangskontrolle *f*

outgoing mail (com) Ausgang *m*, Ausgangspost *f*

outgoing merchandise inventory (MaW) Warenausgangslager *n* *(syn, finished goods warehouse)*

outgoing person (Pw) kontaktfreudige Person *f (ie, responsive, friendly)*

outgrowth (com) Ergebnis *n*, Folge *f* *(syn, consequence, byproduct)*

outlay
(com) Kosten *pl (eg, recover one's . . .)*

outlays (. . . com) Auslagen *fpl (syn, expenses)*

outlet
(Mk) Absatzgebiet *n (ie, market for commodity)*
(Mk) Händler *m*, Geschäft *n (ie, agency marketing a product)*
(Mk) = retail outlet

outlet store (Mk, US) Werksverkaufsstelle *f (syn, manufacture-owned store)*

outline
(com) Grundzüge *mpl*, Abriß *m (ie, condensed treatment)*
(com) Zusammenfassung *f (eg, of a book)*
(com) vorläufiger Plan *m (ie, preliminary account of a project)*

outline *v*
(com) Überblick *m* geben über
– kurz beschreiben
– skizzieren *(eg, one's future duties)*

outline agreement (Re) Rahmenvertrag *m (syn, framework agreement, qv)*

outline drawing (IndE) Übersichtszeichnung *f*, Dispositionszeichnung *f (syn, layout plan, general arrangement drawing)*

outline process chart (IndE) Arbeitsablaufschaubild *n*, Arbeitsablaufskizze *f*

out of action (com) außer Betrieb *(syn, out of . . . operation/work, inoperative)*

out-of-line (com) abweichend

out-of-line situation (Bw) Plan-Istabweichung *f*

out of operation (com) = out of action

out-of-pocket expense (com) Spesen *pl*

out of stock
(com) ausverkauft, vergriffen *(ie, sold out)*
(MaW) nicht am Lager, nicht vorrätig

out-of-stock cost (MaW) Fehlmengenkosten *pl (syn, stockout cost, qv)*

out-of-stocks (MaW) Bestandslücken *fpl*

out of work
(Pw) arbeitslos *(syn, unemployed)*
(com) = out of action

outpayment (Fin) Auszahlung *f (syn, disbursement, outgo)*

outperform *v* (com) übertreffen *(syn, outstrip, qv)*

output
(Bw) Output *m*
– Ertrag *m*
– Ausbringung *f*
– Ausbringungsmenge *f*
– Produktion *f*
– Produktmenge *f*
– Beschäftigung *f (ie, production volume or level)*

output budgeting (IndE) Produktionsplanung *f (syn, production planning and scheduling, qv)*

output capacity (IndE) Produktionskapazität *f (syn, productive capacity)*

output figures (Bw) Produktionszahlen *fpl*

output function
(Bw) Produktionsfunktion *f*

output gains (Bw) Produktionssteigerung *f*
(syn, production . . . advance/increase)

output limitation (Kart) Kontingentierung *f*, Produktionsbeschränkung *f*

output per man-hour (IndE) Produktionsleistung *f* je Arbeitsstunde *(syn, man-hour output)*

output quota (Bw) Produktionsquote *f*

output restriction agreement (Kart) Produktionskartell *n*

outright consolidation (Kart, US) Fusion *f*, Verschmelzung *f (ie, umfaßt Übernahme und Neubildung = merger and consolidation)*

outright sale
(com) Verkauf *m* in Bausch und Bogen

outsell *v* (com) höheren Umsatz haben als *(eg, Pepsi Cola has been outselling Coke)*

outside broker
(com) freier Makler *m*

outside capital (Fin) Fremdkapital *n (syn, borrowed/debt/loan ... capital; opp, equity capital = Eigenkapital)*

outside consultant (com) unabhängiger Berater *m*

outside contract (com) Fremdauftrag *m*

outside director (Bw, US) Mitglied *n* des Board of Directors, das nicht gleichzeitig der Geschäftsleitung angehört *(syn, non-executive director, qv)*

outside equity (Fin) Beteiligungskapital *n*

outside expert (com) unabhängiger Sachverständiger *m (syn, expert, qv)*

outside financing (Fin) Außenfinanzierung *f*
(ie, financing out of outside funds; syn, external financing; opp, internal financing)

outside funds (Fin) = outside capital

outside importer (com) freier Importeur *m*

outside PR counsel (Mk) PR-Berater *m*

outside purchasing (MaW) Fremdbezug *m (syn, external procurement)*

outsider (Kart) Außenseiter *m (ie, firm or company not affiliated with a cartel or pressure group)*

outside research (com) Auftragsforschung *f (syn, contract/sponsored ... research)*

outside shareholder (Fin) freier Aktionär *m*

outside supplier (com) Zulieferer *m*, Zulieferbetrieb *m (syn, supplier, qv)*

outsource *v* (MaW) extern beschaffen, durch Fremdbezug beschaffen *(eg, a high-tech company outsources complex components)*

outsourcing (MaW) Fremdbeschaffung *f*
(ie, practice of subcontracting the manufacture of components that can be more cheaply produced elsewhere)

outstanding order (com) unerledigter Auftrag *m (syn, back order, qv)*

outstanding purchasing orders (MaW) offene Bestellungen *fpl*

outstrip *v* (com) übertreffen
(eg, increase in sales abroad outstripped the group's domestic performance; syn, beat, leave behind, outdistance, outperform)

out-turn (Bw) Istleistung *f (syn, actual output)*

outward arbitrage (Fin) Auslandsarbitrage *f*

outward bill of lading (com) Exportkonnossement *n*

outward cargo (com) Hinfracht *f (syn, outward freight)*

overall agreement (Re) Rahmenvertrag *m (syn, framework agreement, qv)*

overall capacity (Bw) Gesamtkapazität *f*

overall corporate planning (Bw) betriebliche Gesamtplanung *f*

overall development (com) Gesamtentwicklung *f (syn, overall trend)*

overall objective (Bw) Gesamtziel *n*

overall performance
(Bw) Gesamtleistung f
overall plan (com) Gesamtplan m
(syn, master plan)
overall planning (Bw) Gesamtplanung f, Rahmenplanung f *(syn, master planning)*
overall price (com) Gesamtpreis m
(syn, total price)
overall productivity
(Bw) Gesamtproduktivität f *(syn, aggregate /total . . . productivity)*
overall profitability (Fin) Gesamtrentabilität f *(ie, as measured by return on total assets; syn, operating efficiency)*
overall return (Fin) Unternehmensrentabilität f *(ie, ratio of net profit + interest on debt capital to total capital employed)*
overbid v (com, GB) überbieten *(ie, make a higher bid than the preceding one)*
overbook v (com) überbuchen *(ie, issue reservations in excess of available space)*
overcapacity (Bw) Überkapazität f *(syn, excess capacity, qv)*
overcharge v (com) zu viel berechnen
overcrowded market (com) übersetzter Markt m *(eg, in the oil business)*
overdue delivery (com) rückständige Lieferung f
overhang in inventories (com) Überbestände mpl
overhaul (IndE) Instandsetzung f, Überholung f *(ie, of fixed assets in order to restore them to full operating condition)*
overhead cost
(KoR) Gemeinkosten pl
– genauer: echte Gemeinkosten pl
– indirekte Kosten pl
(ie, not chargeable to a particular product; syn, overhead, indirect . . . cost/expense, burden; GB; oncost; G. werden traditionell auf Kostenträger bezogen, daher auch be-

zeichnet als ‚Kostenträgergemeinkosten‘)
overindebtedness (Fin) Überschuldung f *(syn, debt overload, qv)*
overinvestment (Bw) Überinvestition f
overpay v (com) überzahlen *(eg, taxes)*
overprice v (com) zu hohen Preis fordern
overproduction (Bw) Überproduktion f
overqualified (Pw) überqualifiziert
override
(Mk, US) pauschale Absatzprovision f
(ie, commission paid to managerial personnel on sales made to subordinates)
override v
(Re) außer Kraft setzen *(ie, set aside, annul; eg, a veto)*
(com) überlappen
overriding commission
(com) Gebietsprovision f *(ie, of a commercial agent)*
(com) Superprovision f *(ie, paid to a general agent for the benefit of his subagents)*
overriding interests (Re) vorrangige Interessen npl
overriding public interest (Re) überragendes Interesse n der Allgemeinheit
overseas agent (com) Auslandsvertreter m
overseas branch (com) = foreign branch
overseas buyer (com) Auslandskunde m *(syn, foreign customer)*
overseas company (com, GB) = foreign company
overseas direct investment (Fin) Auslandsdirektinvestitionen fpl
overseas market (com) Überseemarkt m
overseas subsidiary (com) Auslandstochter f *(syn, foreign subsidiary)*
overshoot v (com) überschreiten *(eg, money supply targets)*

overshoot a limit v (com) Limit n
überschreiten *(eg, of external finance)*

overshopping (Mk) ruinöser Wettbewerb m wegen zu hoher Laden-
dichte

overstaffed (Pw) = overmanned

overstate v
(ReW) überbewerten, zu hoch bewerten *(syn, overvalue)*
(ReW) zu hoch ansetzen *(eg, real
earnings because of past as well as
present inflation)*

overt advertising (Mk) offene Werbung f *(opp, subliminal advertising)*

over the course of the contract (Re)
während der Laufzeit des Vertrages *(syn, over the life . . .)*

over the long haul (com) langfristig
(syn, long-term, long-time)

over the short term (com) kurzfristig

overvalue v
(ReW) überbewerten *(syn, overstate)*

over-without-bill (com) Fracht f ohne
Konnossement

owe v (com) schulden *(ie, obliged to
pay or repay)*

own v (com) besitzen

own-brand (com) Hausmarke f *(syn,
house brand)*

owner (Re) Eigentümer m
*(ie, term is nomen generalissimum
– Oberbegriff –, its meaning is to be
gathered from the context in which
it is used; cf, proprietor)*

owner-manager (Bw) Eigentümer-
Unternehmer m

owner-occupied land (com) eigenge-
nutzte Grundstücke npl

owner of a business (Bw) Betriebsinhaber m *(syn, proprietor)*

owners' equity (ReW) Eigenkapital n
*(ie, decomposed into investment by
owners and retained earnings; syn,
equity capital)*

ownership (Re) Eigentum n
*(cf, §§ 903 ff BGB; subterms in-
clude: absolute/common/complete/
joint/private   /public/restricted . . .
ownership)*

ownership combinations (Kart, US)
eigentumsmäßige   Zusammenschlüsse mpl *(syn, close combinations, qv)*

ownership participation (Bw) Beteiligung f

ownership structure (Re) Eigentumsverhältnisse npl

P

pack
(com) Packung f, Pack m *(eg, of
cigarettes; syn, packet)*

pack v
(com) packen
– einpacken
– verpacken *(ie, into boxes, cases)*
(com) zusammenstellen

package
(com) Packstück n, Kollo n *(syn,
parcel)*
(com, US) Postpaket n *(syn, GB,
packet)*
(com) Packung f
(com) Maßnahmebündel n

(IndE) Baugruppe f *(ie, preassembled unit; syn, assembly)*

package v (com) verpacken

package deal
(com) Verhandlungspaket n
(com)   Pauschalangebot n   *(syn,
package offer)*
(com) Kopplungsgeschäft n

package design (Mk) Verpackungs-
design n

packaged goods (com) abgepackte
Ware f *(opp, bulk goods)*

package engineering (IndE) Verpak-
kungsgestaltung f,   Verpackungs-
technik f

package freight (com) Stückgutfracht f *(ie, billed by the unit instead of by the carload)*
package insert (Mk) Packungsbeilage f *(eg, advertising folder, sample)*
package offer (com) Pauschalangebot n *(syn, package deal)*
package pay (Pw) Lohn m plus Nebenleistungen
packager
  (com) Makler m *(syn, broker)*
  (com) = underwriter
  (com) Verkäufer m fertiger Programme *(eg, travel, TV)*
package solution (com) Paketlösung f *(ie, detailed treatment of problems)*
package system (IndE) Baugruppensystem n
packaging
  (com) Verpackung f
  (com) Grundverpackung f *(opp, packing = Außenverpackung)*
  (com) Verpacken n *(ie, put into containers sold to the public)*
  (Mk) Packungsgestaltung f *(ie, concerned with protection and promotion)*
packaging and labeling regulations (AuW) Verpackungs- und Auszeichnungsvorschriften fpl
packaging industry (com) Verpackungsindustrie f
packed for carriage by rail (com, GB) bahnmäßig verpackt
packed for ocean shipment (com) seemäßig verpackt
packed for rail shipment (com) bahnmäßig verpackt
packed to commercial standards (com) handelsüblich verpackt
packer
  (com) Packer m
  (com) Verpackungsbetrieb m
packet
  (com, GB, infml) viel Geld n *(eg, cost me quite a packet)*
  (com) Kleinpaket n
  (com, GB) Postpaket n *(syn, US, package)*
  (com, GB) Packung f *(syn, pack)*

packing
  (com) Verpacken n
  (com) Packmaterial n *(syn, packing material)*
  (com) (Außen-)Verpackung f *(opp, packaging = Grundverpackung)*
packing agent (com) Verpacker m
packing and packaging (com) Verpackung f *(ie, generic term)*
packing box (com) Packkiste f
packing case (com) = packing box
packing charges (com) Verpackungskosten pl
packing department (com) Packerei f
packing instructions (com) Verpackungsanweisung f
packing list (com) Packliste f *(syn, specification)*
packing material (com) Packmaterial n, Verpackung f *(syn, packing)*
packing paper (com) Packpapier n
packing slip (com) Packzettel m *(syn, shipping slip)*
pack off v (com) als Paket verschikken *(ie, to)*
pack test (Mk) Verpackungstest m
pac-man strategy (Bw, US) Übernahmeangebot n an ein Unternehmen, das den Anbieter schlucken möchte
page makeup
  (com) Umbruch m *(ie, in printing)*
page numbering machine (com) Paginiermaschine f
page rate (Mk) Preis m für ganzseitige Anzeige
paginate v (com) paginieren *(ie, to number pages)*
paid-in membership (com) zahlende Mitglieder npl
paid-up capital (ReW) voll eingezahltes Kapital n *(ie, aggregate of par value of capital stock fully paid in)*
pain threshold (com) Schmerzgrenze f *(eg, inflationary . . .)*
paint industry (com) Farbenindustrie f *(syn, dye-stuffs industry)*
paired comparison (Mk) Paarvergleich m

palletainer (com) Faltbehälter *m*
*(ie, designed for fork-lifting; sides
and ends fold down for savings of
space of empty units)*

palletize *v* (com) palletieren *(ie, move
and store materials by means of
pallets)*

palletized goods (com) palletierte Güter *npl*

pallet load (com) Palettenladung *f*

palm off *v* (com, infml) jem etwas
„andrehen" *(ie, sell sth worthless;
on sb)*

paltry sum (com) winzige od lächerliche Summe *f (eg, he made a . . .
contribution to . . .)*

pamphlet (Mk) Prospekt *m (ie, small
printed folder accompanying a
product)*

panel
(com) Diskussionsrunde *f*
(Mk) Panel *n (ie, sample of retail
establishments or consumers specially recruited to provide information on buying, media, and consumption habits = permanente
Stichprobe)*

panel discussion (com) Podiumsdiskussion *f*

panel effect (Mk) Paneleffekt *m*

panel interview (Mk) Panelerhebung *f*

panelist (com) Diskussionsteilnehmer *m (cf, panel)*

panel mortality (Mk) Panelsterblichkeit *f*

panel of experts (com) Expertengruppe *f*

Panel on Takeovers and Mergers
(Bw, GB) Panel on Takeovers and
Mergers
*(ie, independent body set up by The
Bank of England in 1968 to supervise the conduct of mergers and acquisitions)*

panic buying (com) Angstkäufe *mpl
(syn, panic purchasing, scare
buying)*

panic purchasing (com) = panic
buying

panic sale (com) Notverkauf *m (syn,
distress sale, qv)*

panoramic office (com) Bürolandschaft *f (syn, landscaped office,
open office area)*

pan out *v* (com) Erfolg *m* haben *(eg,
the grandiose plans of . . . have not
panned out)*

paper
(com) Vortrag *m*
(eg, read a paper; syn, talk, qv)
(com) Referat *n*
(Fin) kurzfristige begebbare Wertpapiere *npl (ie, used in borrowing
short- term funds; eg, bills of exchange, notes, etc)*
(Fin, US) Kreditvertrag *m (syn,
loan contract)*
(Fin) Geldmarktpapiere *npl (ie,
money market instruments)*

paper company (Pw) Scheinfirma *f,*
Übungsfirma *f (ie, used as a training ground for junior clerks)*

paper converter (com) Papierverarbeiter *m*

paper converting industry (com) papierverarbeitende Industrie *f*

paper industry (com) Papierindustrie *f*

paper maker (com) Papierhersteller *m*

paper mill (com) Papierfabrik *f*

paper profit
(ReW) Buchgewinn *m,* rechnerischer Gewinn *m (syn, book/accounting . . . profit)*
(ReW) Scheingewinn *m*
*(syn, fictitious/illusory/phantom . . .
profit; inventory profit; infml,
fool's profit)*

paper rate (com) Mindestfracht *f*

paper stock (com) Altpapier *n (ie,
raw material or merchandise)*

paper work (com) Schreibarbeiten *fpl (ie, routine clerical tasks)*

par (Fin) Nennwert *m,* Pari
*(ie, nominal value of a security; by
British and Irish Company law, for
instance, a company must set a par
value on its ordinary shares; in*

some countries shares can have No Par Value, NPV; syn, face value)

paragraph (com) Absatz *m*

parallel behavior (Kart, US) abgestimmtes Verhalten *n (syn, concerted... action/practice)*

parallel pricing (Kart) gleichgerichtete Preisgestaltung *f*

parcel delivery (com) Paketzustellung *f*

parcel mailing form (com) Paketkarte *f*

parcel of land (com) Grundstück *n (syn, plot of land, qv)*

parcel of real property (com) = parcel of land

parcel of shares (Fin) Aktienpaket *n (syn, block of shares, qv)*

parcel post (com) Paketpost *f (ie, both the service and the packages; syn, US, fourth-class mail; 1 to 70 lbs)*

pare down *v*
(com) kürzen
– beschneiden
– zusammenstreichen
(syn, cut, cut back, reduce, trim)

parent and offspring (com, infml) Mutter *f* und Tochter *f*

parent company (com) Muttergesellschaft *f*
(ie, meist Synonym für ‚Obergesellschaft'; owns full or majority interest in other corporations called subsidiaries)

parent corporation (com) = parent company

parent firm (com) Stammfirma *f*

pare workforce *v* (Pw) Personal *n* abbauen *(syn, reduce personnel, qv)*

paring workforce (Pw) Personalabbau *m (syn, cutback in employment, qv)*

park *v* (Fin) in Pension geben *(eg, shares with a bank for sale later to the public)*

part
(IndE) Teil *n*
– Bauteil *n*

– Werkstück *n (syn, component)*

part company with *v* (Pw) sich trennen von

part delivery (com) Teillieferung *f*

part funding (Fin) Teilfinanzierung *f*

partial amount (com) Teilbetrag *m*

partial billing (com) Teilabrechnung *f*

partial bill of lading (com) Teilkonnossement *n*

partial charter (com) Teilcharter *m (ie, used in tramp trade; opp, chartering a whole ship = Ganzcharter)*

partial order
(com) Teilauftrag *m*
(com) teilbelieferter Auftrag *m*

partial self-service (Mk) Teilselbstbedienung *f*

partial shipment
(com) Teilverladung *f*
(com) Teilsendung *f (syn, part shipment)*

participant
(com) Teilnehmer *m*

participants in the market (com) Marktbeteiligte *mpl*

participate *v* (com) teilnehmen, sich beteiligen *(syn, take part in, have a share in; eg, project, discussion)*

participation
(Fin) Beteiligung *f*
(Fin) Kapitalbeteiligung *f*
(Fin) Konsortialbeteiligung *f (ie, in a syndicate)*

participation agreement (Fin) Konsortialvertrag *m (ie, among the lead bank and the other banks participating in the loan)*

participative management (Bw) partizipative Unternehmensführung *f (syn, bottom-up management, qv)*

particularize *v* (com) im einzelnen od genau angeben

particular partnership (Bw) Gesellschaft *f* zur Durchführung e–s einzelnen Geschäfts

particulars
(com) Einzelheiten *fpl*
– Angaben *fpl*
– Auskünfte *fpl (syn, details)*

257

parties to a contract (Re) = parties to an agreement

parties to a lawsuit (Re) streitende Parteien *fpl (syn, contending parties, qv)*

parties to an agreement (Re) Vertragsparteien *fpl (syn, contracting parties, qv)*

parting shot (com, infml) letztes Wort *(ie, in an argument)*

partition a market *v* (Mk) Markt *m* aufteilen *(syn, divide; infml, carve up)*

partly finished products
(IndE) unfertige Erzeugnisse *npl (syn, semi-finished products, qv)*

partly-owned subsidiary (com) Tochtergesellschaft *f* mit e–r Beteiligung unter 100%

partner
(Bw) Gesellschafter *m*
– Teilhaber *m*
– Partner *m*
– Sozius *m (syn, co-partner)*

partnership
(com) Personengesellschaft *f (ie, includes syndicate, group, joint venture, or other unincorporated organization; mit Vorbehalt vergleichbar der OHG und der BGB-Gesellschaft; schließt Minderkaufleute und freie Berufe nicht aus)*
(com) Sozietät *f,* Teilhaberschaft *f*

partnership agreement (Re) Gesellschaftsvertrag *m (syn, co-partnership agreement)*

partnership share (Bw) Mitunternehmeranteil *m*

part number (IndE) Teilenummer *f,* Artikelnummer *f (ie, in bill of materials)*

part order
(com) Teilauftrag *m,* Teilbestellung *f*
(com) Teillieferung *f (syn, part delivery)*

part payment
(Fin) Teilzahlung *f*
(Fin) Abschlagzahlung *f*

parts (IndE) Teile *npl,* Einzelteile *npl*

parts family (IndE) Teilefamilie *f*

part shipment
(com) Teillieferung *f*
– Teilsendung *f*
– Teilladung *f*
(com) Teilversand *m,* Teilverschiffung *f*

parts list (IndE) Teileliste *f (ie, in production planning)*

parts master file (IndE) Teilestammdatei *f*

parts production (IndE) Teilefertigung *f*

parts requirements planning (IndE) Teilebedarfsrechnung *f (ie, of parts and assemblies required for a planning period)*

parts sourcing (MaW) Teilebeschaffung *f*

part-time employee (Pw) Teilzeitkraft *f (syn, part timer)*

part-time employment (Pw) = part-time job

part-time job (Pw) Teilzeitarbeit *f,* Teilzeitbeschäftigung *f (syn, part-time... employment/work)*

part-timer (Pw) Teilzeitarbeitskraft *f*

part-time work (Pw) = part-time job

part with rights *v* (Re) Rechte *npl* aufgeben *(syn, abandon/give up/ surrender... rights)*

party to an agreement (Re) Vertragspartei *f (syn, contracting party)*

par value (Fin) Nennwert *m (syn, par, qv)*

pass a deadline *v* (com) Frist *f* überschreiten *(ie, fail to meet a time target)*

passage of time (com) Zeitablauf *m (syn, lapse of time)*

pass along to *v* (com, StR) überwälzen auf *(syn, pass on to, qv)*

pass a resolution *v* (com) beschließen, Beschluß *m* fassen *(syn, adopt a resolution)*

passenger traffic (com) Personenverkehr *m (syn, US, transportation of passengers)*

passenger transport(ation) (com) Personenbeförderung f

passing off (Kart) Ausgeben n fremder als eigene Ware *(ie, violates Sec 5 of the Federal Trade Commission Act of 1914)*

pass off risks v (com) Risiken npl abwälzen *(eg, to public institutions)*

pass on v (com) weiterleiten *(syn, transmit)*

pass on fully v (com) voll überwälzen *(eg, rising costs in higher product prices)*

pass on to v (com) überwälzen auf *(ie, prices, taxes; syn, pass along to)*

pass out v (com, infml) verteilen *(eg, free samples of merchandise)*

passover (Kart) Gewinnausgleichssystem n *(syn, profit passover, qv)*

pass over v (Pw) übergehen *(ie, sb in making appointments)*

passover system (com) Finanzausgleich m zwischen Händlern

pass prices on to customers v (com) Preise mpl überwälzen

pass to the order of the day v (com) zur Tagesordnung übergehen

pass up v (com) verzichten auf, sich entgehen lassen *(eg, cheap prices offered by subcontractors)*

past due (com) überfällig *(eg, time to act is ...)*

patch up differences v (com) Meinungsverschiedenheiten fpl oberflächlich beilegen *(ie, mend in a hasty fashion)*

patent answer (com) = patent solution

patent defect (Re) offener Mangel m

patent solution (com) Patentlösung f, Patentrezept n *(syn, patent answer, ready-made/magic ... solution, simple blue print; infml, quick fix)*

path of the economy (Vw) Konjunkturverlauf m

patron
(com) Kunde m; Stammkunde m *(syn, regular customer)*

(com) Gast m

(com) Förderer m, Schirmherr m

patronage (com) Kundschaft f *(syn, clientele, custom)*

patronage discount (com) Treuerabatt m *(syn, loyalty rebate)*

patronize v (com) Kunde m sein

pattern (com) Muster n, Struktur f

pattern of competition (Vw) Wettbewerbsstruktur f

pattern of consumption (Vw) Verbrauchsstruktur f

pattern of cost behavior (KoR) Kostenverlauf m *(syn, cost behavior pattern)*

pattern of employment (Vw) Beschäftigungsstruktur f *(ie, distribution of gainfully employed persons (= Erwerbstätigen) among various sectors or regions of a national economy, either in absolute or in percentage terms)*

pattern of interest rates (Fin) Zinsgefüge n *(syn, structure of interest rates)*

pattern of leadership (Bw) Führungsstil m *(syn, style of leadership, qv)*

pattern of traffic movement (com) Verkehrsströme mpl

pattern sample (Mk) Verkaufsmuster n

pay v
(com) zahlen *(ie, an amount of money; syn, effect/make/meet ... payment)*
(com) bezahlen *(ie, for a consignment, a purchased article)*
(com) sich lohnen *(eg, it pays to do sth)*

pay a bill v
(com) Rechnung f begleichen

payable (com) zahlbar, fällig *(syn, due and payable)*

payable on demand (Fin) zahlbar bei Aufforderung

payable on presentation (Fin) zahlbar bei Vorlage

payable when due (Fin) = payable at maturity

pay a fine v (Kart) Bußgeld n zahlen
(syn, pay in fines . . .)
pay back v
(com) rückzahlen
(Fin) sich amortisieren
payback period
(Fin) = payback time
payback time
(Fin) Amortisationszeit f, Amortisationsdauer f
(Fin) Wiedergewinnungszeit f
(syn, recovery time, qv)
pay by installments v (Fin) abzahlen, in Raten zahlen
pay cash down v (com) bar bezahlen
(syn, sl, pay spot cash)
paycheck
(Pw) Lohn- od Gehaltsscheck m
(Pw) Nettolohn m, Nettogehalt n
(ie, joc, the weekly $5.27 that remains after deductions for federal withholding, state withholding, city withholding, medical/dental, long-term disability, unemployment insurance, Christmas Club, and payroll savings plan contributions)
paycheck deductions (Pw) Lohn- od Gehaltsabzüge mpl
pay contract (Pw) Tarifvertrag m
pay cuts (Pw) Lohn- und Gehaltskürzungen fpl
pay deal (Pw) Lohnabschluß m
pay deductions (Pw) Lohn- und Gehaltsabzüge mpl (syn, paycheck deductions)
pay down v (com) anzahlen
payee
(com) Zahlungsempfänger m
pay for v
(com) aufkommen für
(com) bezahlen (opp, zahlen)
pay for itself v (com) sich bezahlt machen, sich rentieren
pay in v (com) einzahlen
pay in advance v (com) vorauszahlen, im voraus zahlen
pay in cash v (com) bar zahlen, in bar zahlen
pay in money v (Fin) Geld n einzahlen

pay list v (com, infml) Listenpreis m zahlen
payload
(com) Nutzlast f
payload capacity (com) Ladefähigkeit f (ie, of aircraft)
payload expert (com) Nutzlastexperte m
payment after delivery (com) Zahlung f nach Lieferung (eg, 10 days 2%, 30 days net)
payment behavior (Fin) Zahlungsgewohnheiten fpl (syn, prior payment pattern, qv)
payment date (Fin) Zahlungstermin m, Tilgungstermin m
payment in advance (Fin) Vorauszahlung f
(syn, advance payment, prepayment)
payment in kind (com) Sachleistung f (ie, in the form of goods and services rather than money)
payment of damages (Re) Schadenersatzleistung f
payment of debts (Fin) Tilgung f von Verbindlichkeiten
payment on account (Fin) Abschlagszahlung f, Akontozahlung f
payment on delivery (com) Zahlung f bei Lieferung f
payment on invoice (com) Zahlung f bei Erhalt der Rechnung
payment on presentation (com) Zahlung f bei Vorlage
payments in arrears (Fin) Zahlungsrückstände mpl (syn, backlog of payments)
payment when due (Fin) Zahlung f bei Fälligkeit
payment with order (com) Zahlung f bei Auftragserteilung
pay negotiations (Pw) Lohnverhandlungen fpl
payoff
(Bw) Ergebnis n
– Erfolg m
– Mißerfolg m
(Fin) Auszahlung f (ie, of a loan; syn, payout, net proceeds)

(Fin) Wiedergewinnung *f*
– Amortisation *f*
– Kapitalrückfluß *m (ie, relates to investment projects; syn, payback, payout)*

pay off *v*
(com) abzahlen
– abbezahlen
– in Raten zahlen
(com) amortisieren *(eg, purchase has long paid off)*
(Bw) sich lohnen, rentieren *(ie, plan, project, investment)*
(Fin) amortisieren *(is, said of investment projects)*

pay off ahead of time *v* (Fin) vorzeitig zurückzahlen *(eg, loan, mortgage)*

pay off a loan *v* (Fin) Darlehen *n* zurückzahlen od tilgen *(syn, repay, amortize)*

pay off in advance *v* (Fin) = pay off ahead of time

payoff matrix
(Bw) Auszahlungsmatrix *f*
– Ergebnismatrix *f*
– Gewinnmatrix *f*

payoff period (Fin) = payback period

payoff table (Bw) Auszahlungstabelle *f*

pay one's way *v* (com) sich bezahlt machen

pay on the barrel head *v* (com, US, sl) bar bezahlen *(syn, pay cash down)*

pay on the nail *v* (com, GB, sl) bar bezahlen *(syn, pay cash down, pay spot cash)*

pay on time *v* (com) pünktlich zahlen

pay out *v* (com) ausgeben, auszahlen *(syn, spend, lay out)*

payout period (Fin) = payback period

pay over *v* (Fin, fml) einzahlen *(syn, to pay in)*
(Fin) abführen *(ie, make formal payment; eg, to the taxman)*

pay pattern (Pw) Lohnstruktur *f (syn, pay structure)*

pay pause (Pw) Lohnpause *f (ie, temporary wage freeze)*

pay policy (Pw) Lohn- und Gehaltspolitik *f (syn, compensation policy)*

pay promptly *v* (Fin) pünktlich zahlen

pay raise (Pw, US) = pay rise

pay rise (Pw) Lohn- od Gehaltserhöhung *f (syn, US, pay raise)*

payroll
(Pw) Lohn- od Gehaltsliste *f*
(Pw) Lohnsumme *f (ie, sum total of wages and salaries paid; syn, total payroll, wage bill)*
(Pw) Beschäftigte *pl* e-s Unternehmens *(ie, number of people on the payroll)*

payroll costs (KoR) Personalkosten *pl*, Personalaufwand *m (syn, employment/staff... cost)*

payroll cutting (Pw) Abbau *m* der Belegschaft

payroll deductions (Pw) Lohn- od Gehaltsabzüge *mpl*

payroll department (ReW) Lohnbuchhaltung *f*

payroll employment (Pw) unselbständige Beschäftigung *f*

payroll fringe costs (Pw) Lohnnebenkosten *pl*

pay round (Pw) Lohnrunde *f*, Tarifrunde *f*
(syn, bargaining round)

pay scale (Pw) Lohnskala *f*, Lohn- und Gehaltstarif *m*

pay settlement (Pw) Lohnabschluß *m (syn, labor/wage... settlement)*

pay spot cash *v* (com, infml) bar bezahlen *(syn, pay cash down)*

pay structure (Pw) Lohnstruktur *f (syn, pay pattern)*

pay the list price *v* (com) Listenpreis *m* zahlen *(syn, infml, pay list)*

pay through the nose *v* (com, infml) zu hohen Preis zahlen, „bluten"

pay up *v* (com) zahlen *(ie, often unwillingly)*

pay up-front *v* (com) im voraus zahlen

peach on *v* (com, infml) verpfeifen *(syn, inform against, qv)*

peak
(com) Höchststand *m (syn, all-time high)*
peak business hours (com) Hauptge-schäftszeit *f*
peak capacity (IndE) Spitzenkapazi-tät *f (cf, peak reserve margin)*
peak consumption (IndE) = peak load
peak coordinator (Bw) oberster Koordinator *m*
peak demand
(com) Spitzenbedarf *m (eg, of coal)*
(Mk) Spitzennachfrage *f (syn, re-sidual demand, topout)*
peak income (Pw) Spitzeneinkom-men *n*
peak load (IndE) Spitzenbelastung *f (ie, maximum instantaneous load or the maximum average load over a designated interval of time; syn, peak, peak consumption, peak power)*
peak operating rate (Bw) maximale Kapazitätsauslastung *f*
peak price (com) Spitzenpreis *m*
peak viewing time (Mk, GB) Haupt-sendezeit *f (ie, in television; syn, US, prime time)*
pecuniary compensation (Fin) finan-zielle Entschädigung *f*
peer (Pw) gleichrangiger Mitarbei-ter *m (ie, of equal standing)*
peer rating (Pw) Beurteilung *f* durch Gleichrangige
peg (com, infml) Aufhänger *m (ie, fact or reason used as pretext – Vorwand – or support)*
peg at a lower level *v* (com) senken *(eg, interest rates)*
p/e multiple (Fin) Kurs-Gewinn-Ver-hältnis *n (syn, price earnings ratio, qv)*
penalty (Re) Vertragsstrafe *f*, Pöna-le *f (syn, contract penalty, qv)*
penalty for breach of contract (Re) Vertragsstrafe *f*
penalty for delayed delivery (com) Verzugsentschädigung *f*

penalty rate (Fin) Strafzins *m*, Nega-tivzins *m (ie, due to early withdrawal of de-posits)*
penalty tax (StR) prohibitive Steu-er *f*, Strafsteuer *f*
penalty test (IndE) Zusatzprüfung *f (ie, in quality control)*
pending business (com) schwebende Geschäfte *npl*
pending projects (com) schwebende Projekte *npl*
pending transactions (com) = pend-ing business
penenetrate a market *v* (com) in e–n Markt eindringen
penetrate foreign markets *v* (com) Auslandsmärkte *mpl* erobern *(syn, conquer)*
penetration pricing (Mk) Penetra-tionspreispolitik *f (ie, adoption of a lower price strategy in order to secure rapid wide penetration of a market)*
pension consultant (Pw) Rentenbera-ter *m*
pensioned off (Pw) pensioniert, im Ruhestand *(syn, retired)*
pension fund (Pw) Pensionsfonds *m*
pension off *v*
(Pw) pensionieren
– in den Ruhestand versetzen
– (infml) in Rente schicken
pension plan (Pw) Pensionskasse *f (ie, arrangement whereby a com-pany undertakes to provide its re-tired employees with benefits)*
pension scheme (Pw) Pensionsplan *m*
pent-up demand (Mk) aufgestauter Bedarf *m*, Nachholbedarf *m (syn, catch-up demand, qv)*
people down the line (Pw, infml) Un-tergebene *mpl (syn, subordinates)*
people-intensive (Pw) personalinten-siv *(eg, industry)*
people on short-time work (Pw) Kurz-arbeiter *mpl*
pep up *v* (com, infml) ankurbeln *(eg, the economy)*
p/e ratio (Fin) = price earnings ratio

percent (com) Prozent, % *(syn, GB, per cent)*

percentage

(com) Prozentsatz *m*

(Mk) Verkaufsprovision *f (ie, paid on order volume solicited)*

(com, infml) Gewinn *m*

(com) Teil *m*, Anteil *m (eg, a low percentage of companies meet their bills promptly)*

percentage change in price

(com) prozentuale Preisänderung *f*

percentage margin (com) Prozentspanne *f*

percentage of defective items (IndE) = percent defective

percentage rate (com) Vomhundertsatz *m*

percentage return on equity (Fin) Eigenkapitalrendite *f (syn, equity return)*

percentage return on sales

(Fin) Umsatzrendite *f*

– Umsatzrentabilität *f*

– Umsatzgewinnrate *f*

– Gewinn *m* in % des Umsatzes *(ie, component of RoI system; syn, net income percentage of sales, net operating margin, profit on sales, profit percentage, profit margin; GB, profit-turnover ratio)*

percentage return on total capital employed (Fin) Gesamtkapitalrentabilität *f (syn, return on total investment, qv)*

percent sign (com) Prozentzeichen *n*

per diem (com) = per diem allowance

per diem allowance (com) Tagegeld *n*

per diem charges (com) Tagesspesen *pl*

per diem rate (com) Tagessatz *m*

per diem travel allowance (com) Reisespesensatz *m*

perform *v*

(com) ausführen *(syn, carry out, do)*

(Re) leisten, Leistung *f* erbringen

(Re) erfüllen *(eg, contract; syn, fulfill)*

perform a contract *v* (Re) Vertrag *m* erfüllen

(syn, carry out the terms of a contract, discharge the obligations under a contract; syn, discharge/ fulfill... a contract)

performance

(com) Leistung *f*

– Ergebnis *n*

– Erfolg *m*

(Re) Erfüllung *f (eg, contract, obligation; syn, discharge, fulfillment; cf, § 362 I BGB)*

performance analysis

(Bw) Ergebnisanalyse *f*

(eg, ratio analysis = Kennziffernanalyse)

performance appraisal (Pw) Leistungsbeurteilung *f*

(ie, method by which work performance of employees is documented; syn, performance... evaluation/review; employee... evaluation/rating; personnel/efficiency/merit/service... rating; results appraisal)

performance behavior (Pw) Leistungsverhalten *n*

performance bond (Re) Leistungsgarantie *f*, Erfüllungsgarantie *f*

(ie, bond that guarantees performance of a contract; syn, performance guaranty, bank/cash /completion/contract... bond, guaranty deposit, guaranty against defective material and workmanship, maintenance guaranty)

performance capabilities (com) Leistungspotential *n*

performance criterion

(Bw) Erfolgsmaßstab *m*

– Erfolgskriterium *n*

– Effizienzkriterium *n*

(eg, return on capital employed, output per manshift; syn, yardstick of... performance success)

performance data (Bw) Erfolgsgrößen *fpl*

performance efficiency (Bw) = performance level

performance evaluation
(Bw) Erfolgsermittlung *f*

performance figures (IndE) Leistungsdaten *pl*

performance index (Bw) = performance level

performance level
(Bw) Leistungsgrad *m (syn, performance... index/efficiency)*

performance-linked pay (Pw) Leistungslohn *m (syn, payment by results)*

performance measure
(Bw) = performance criterion

performance measurement
(Bw) Leistungsmessung *f*

performance objective (Pw) Leistungsziel *n (syn, standard of performance)*

performance of services (com) Erbringen *n* von Dienstleistungen

performance potential
(Pw) Leistungsfähigkeit *f*
– Leistungsvermögen *n*
– Leistungspotential *n (syn, achievement potential)*

performance ratios (Bw) Erfolgsrelationen *fpl*, Leistungskennzahlen *fpl*
(eg, productivity, economic efficiency, rates of return = Produktivität, Wirtschaftlichkeit, Rentabilitätszahlen)

performance standard
(Bw) Leistungsmaßstab *m*

performance target
(Bw) (Leistungs-)Vorgabe *f*

performer (Mk) Umsatzträger *m (eg, strong, weak)*

periodic franchise fees (Mk) laufende Franchisegebühren *fpl*

period of appraisal (Pw) Beurteilungszeitraum *m*

period of capital tieup (Fin) Kapitalbindungsfrist *f*

period of deferral (com) Stundungsfrist *f*

period of familiarization (Pw) Einarbeitungszeit *f (syn, orientation period)*

period of grace (Re) Nachfrist *f*

period of notice (Re) Kündigungsfrist *f (syn, notice term, period to terminate)*

period of operation (Re) Geltungsdauer *f (syn, period of validity)*

period of payment (com) Zahlungsziel *n (syn, date of required payment, time allowed for payment)*

period of warranty (com) Garantiezeit *f (syn, guarantee period)*

period output (Bw) Periodenleistung *f*

period time charter (com) Zeitcharter *f (eg, two year commitments)*

period-to-period comparison (com) Periodenvergleich *m*

period to terminate (Re) = period of notice

period under review
(com) Berichtszeitraum *m (syn, reporting period)*

perishable goods (com) leicht verderbliche Güter *npl*

perishables (com) leicht verderbliche Ware *f*

perks (Pw, infml) Nebenleistungen *fpl*
(ie, short for: perquisites; noncash compensation, such as a company car, interest-free loan, and – the ultimate – a secretary still willing to make coffee)

perk up *v* (com) steigen *(eg, sales)*

permanent advertising (Mk) Daueranschlag *m (ie, mostly for several years; opp, bill advertising)*

permanent arrangement (com) Dauerregelung *f*

permanent employment (Pw) Dauerbeschäftigung *f (syn, permanent... job/position)*

permanent establishment (StR) Betriebsstätte *f (cf, § 12 AO)*

permanent establishment abroad (StR) ausländische Betriebsstätte *f*

permanent holding (Fin) Daueranlage *f (syn, long-term investment)*

permanent investment (Fin) langfristige Beteiligung *f*

permanent investments
(ReW) Wertpapiere *npl* des Anlagevermögens *(syn, long-term investments; opp, marketable securities, qv)*

permanent job (Pw) Dauerbeschäftigung *f*
(syn, permanent... employment/position/post)

permanent layoff (Pw) Entlassung *f*
(syn, dismissal)

permanent position (Pw) = permanent job

permanent post (Pw) = permanent job

permanent staff of skilled workers (Pw) Facharbeiterstamm *m*

permit
(com) Lizenz *f*, Konzession *f (syn, license)*

perpetual budget
(Bw) rollende Planung *f*

perpetual inventory (MaW) permanente od laufende Inventur *f*
(ie, kept in continuous agreement with stock in hand; syn, continuous/running... inventory)

per procuration (com) per Prokura, ppa. *(ie, abbreviated: per pro)*

per pro signature (com) Prokura-Unterschrift *f (eg, XY Bank, per pro John Doe)*

perquisites (Pw) = perks

per se violation (Kart, US) Per-se-Verstoß *m (ie, of U.S. antitrust laws; examples are: horizontal price fixing, resale price maintenance, division of markets, collective refusals to deal: Preisabsprachen, Preisbindung der zweiten Hand, Marktaufteilung, Gruppenboykott; cf, Sect 1 Sherman Act of 1890, and Sec 2 and 3 Clayton Act of 1914; see also: Rule of Reason)*

persistent demand (com) anhaltende od stetige Nachfrage *f*

persistent weakness of demand (com) anhaltende Nachfrageschwäche *f*

personal assistant (com) Chefsekretärin *f (ie, may just as well be a male humanperson; syn, personal secretary)*

personal background (Pw) Werdegang *m*

personal credit (Fin) Personalkredit *m*

personal data (EDV) personenbezogene Daten *pl*

personal goal (Bw) Einzelziel *n (syn, individual goal)*

personal history (Pw) Lebenslauf *m (syn, curriculum vitae, C. V.)*

personal history form (Pw) Personalfragebogen *m*

personal history record (Pw) Personalakte *f*

personal holding company (StR, US) kleine Holding *f*
(ie, not more than five individuals; at least 60 pct of ,adjusted gross income' must be derived from dividends, interest, royalties, and securities sales)

personal identity number, PIN
(EDV) Identifikationsnummer *f* – (infml) Geheimnummer *f*
(eg, Abhebungen am Geldautomat nur unter Eingabe der PIN)

personal income tax (StR) Einkommensteuer *f (opp, corporate income tax)*

personal liability (Re) unbeschränkte Haftung *f (syn, full /unlimited... liability)*

personal loan (Fin) = personal credit

personal records (Pw) = personal history

personal record sheet (Pw) tabellarischer Lebenslauf *m*
(ie, in place of a written-out CV: curriculum vitae; syn, résumé)

personal selling (Mk) Direktverkauf *m* über Haushaltsreisende, Haustürverkauf *m*
(syn, door-to-door selling, qv)

personal signature (com) eigenhändige Unterschrift *f (cf, autograph signature)*

personnel (Pw) Personal *n*, Belegschaft *f*

personnel administration (Pw) Personalwirtschaft f, Personalbereich m *(syn, personnel function, human resources function)*

personnel appointment consultant (Pw) Personalberater m

personnel consultant (Pw) Personalberater m

personnel cost (KoR) Personalkosten pl *(syn, employment cost, qv)*

personnel department (Pw) Personalabteilung f
(syn, employee relation department, human resources department; US, industrial relations department)

personnel development (Pw) Mitarbeiterförderung f

personnel management
(Pw) Personalwirtschaft f, Personal-Management n *(syn, human resources management)*
(Pw) Personalverwaltung f *(syn, manpower management)*

personnel manager (Pw) Personalleiter m, Personalchef m *(syn, employment manager)*

personnel planning (Pw) Personalplanung f *(syn, manpower planning, qv)*

personnel procurement (Pw) Personalbeschaffung f *(syn, personnel recruitment)*

personnel psychology (Bw) = industrial psychology

personnel rating (Pw) Leistungsbeurteilung f *(syn, performance appraisal, qv)*

personnel recruitment (Pw) Personalbeschaffung f *(syn, personnel procurement)*

personnel turnover (Pw) Fluktuation f *(syn, labor turnover, qv)*

person out of work (Pw) Arbeitsloser m
(syn, jobless person, unemployed person)

persons in dependent employment (Pw) abhängig Beschäftigte mpl, Abhängige mpl

(ie, wage earners and salaried employees)

persuasion advertising (Mk) überredende od überzeugende Werbung f
(ie, used to convince a target audience to prefer the product advertised over alternatives)

petty damage (com) Bagatellschaden m

phantom freight (com) Phantomfracht f, fiktive Fracht f *(ie, in the basing point system)*

phantom inventory gains (ReW) Scheingewinne mpl aus Vorratshaltung

phantom offer (com) Scheinangebot n

phantom profit (ReW) Scheingewinn m
(syn, paper profit, qv)

pharmaceuticals industry (com) Pharmaindustrie f *(syn, drug industry)*

phase-in (com) Anlaufen n *(eg, of program, project)*

phase in v (com) einführen, anlaufen lassen

phase-in period (com) Anlaufzeit f *(syn, startup period)*

phase-out (com) Auslaufen n *(ie, of program, project)*

phase out v (com) auslaufen lassen *(syn, discontinue)*

physical distribution (Mk) physische Distribution f

physical efficiency
(Bw) Produktivität f *(syn, productivity, qv)*
(IndE) technischer Wirkungsgrad m
(syn, engineering effiency)

physical inspection of goods (com) Beschau f der Waren

physical inventory (ReW) körperliche Inventur f od Bestandsaufnahme f
– effektive Inventur f
(syn, physical count, physical stocktaking)

physical life (Bw) Lebensdauer *f (eg, of fixed asset, investment project; opp, service life = Nutzungsdauer)*

physical obsolescence (Bw) technische Überholung *f (opp, economic obsolescence)*

physical tie-in (Mk) Verbund-Marketing *n (ie, simultaneous marketing of two or more new, physically complementary products)*

picking up of orders (com) Belebung *f* des Auftragseingangs

pick up *v*
(com) abholen *(eg, parcels, consignments; syn, collect)*
(com) sich erholen *(syn, recover, revive)*

pick up a call *v* (com) Telefongespräch *n* übernehmen

pickup-and-delivery service (com, US) Abhol- und Zustelldienst *m*

pick up back cargo *v* (com) Rückfracht *f* aufnehmen

pickup in economic activity (Vw) wirtschaftliche Erholung *f (syn, economic recovery, qv)*

pick up steam *v* (com) sich erholen

pictorial advertising (Mk) Bildwerbung *f*

pierage (com) Kaigeld *n*

piercing the corporate veil (Re) Durchgriffshaftung *f*
(ie, direct liability of partners and shareholders beyond corporate assets = Haftung über das Gesellschaftsvermögen hinaus, if legal person is abused to restrict liability or is used in violation of the principle of good faith)

pigeonhole *v*
(com) zurückstellen *(syn, lay aside, shelve)*
(com) einstufen, einordnen *(ie, put into proper class or group; syn, classify)*

piggyback export scheme (com) Hukkepacksystem *n*
(ie, Wahrnehmung der Interessen kleiner Firmen durch große Exportfirmen)

piggyback system
(com, US) Huckepackverkehr *m (ie, a firm's products are exported by another firm that carries complementary goods)*
(com) Huckepackverkehr *m (ie, transporting truck trailers on flat rail cars)*

pilotage fee (com) Lotsengeld *n*

pilot interview (Mk) Pilotinterview *n,* Pilotbefragung *f (syn, throw-away interview)*

pilot lot (IndE) Nullserie *f,* Probepartie *f*

pilot order (com) Erstauftrag *m*

pilot plant
(IndE) Pilotanlage *f*
– Demonstrationsanlage *f*
– Versuchsanlage *f (syn, demonstration plant)*

pilot plant scale production
(IndE) Pilotfertigung *f*
– Probebetrieb *m*
– Versuchsbetrieb *m*
(syn, bench scale production; opp, commercial production = großtechnische Fertigung)

pilot project (com) Pilotproject *n*

pilot run (IndE) Probelauf *m*

pilot study (com) Leitstudie *f,* Pilotstudie *f (syn, exploratory/preliminary . . . study)*

PIN
(EDV) = personal identity number, qv
(Fin, infml) Bankkunde *m*
(com) (jeder) Kunde *m*

pin hopes on *v* (com) Hoffnungen *fpl* setzen auf

pinpointed information campaign (Mk) gezielte Aufklärung *f*

pioneering advertising (Mk) Initialwerbung *f*

pioneering stage (Mk) Einführungsphase *f (cf, product life cycle)*

pioneer product (Mk) Pionierprodukt *n*

pious pledge (com, infml) Lippenbekenntnis *n (eg, to make . . . syn, to pay lip service)*

pitch (Mk) Verkaufsgespräch n *(ie, presentation by salesman to buyer)*

pivotal decision (com) Grundsatzentscheidung f

pizazz (Mk, infml) Reklamerummel m

placard (strip) (com) Beschriftungsschild n

place v

(com) verkaufen, unterbringen

(Fin) plazieren *(eg, new securities: sell them to the public)*

place a deadline on v (com) befristen, Termin m festsetzen für

(syn, set, fix; put a time limit on)

place a loan n (Fin) Anleihe f unterbringen

place an advertisement v (Mk) Anzeige f aufgeben

place an issue v (Fin) Emission f plazieren od unterbringen

place an order for v (com) bestellen, Auftrag m od Bestellung f aufgeben auf

(syn, order, give an order for)

place at a disadvantage v (com) benachteiligen

place of actual management (Bw) Ort m der tatsächlichen Geschäftsleitung

place of arbitration (Re) Schiedsort m

place of business (com) Sitz m e–s Unternehmens

place of delivery

(com) Lieferort m

place of destination (com) Bestimmungsort m *(syn, final destination)*

place of employment (Pw) Beschäftigungsort m

place of establishment (Bw) Ort m der Niederlassung

place of fulfillment (Re) Erfüllungsort m

(syn, place of performance)

place of loading (com) Verladeort m

place of management (com) Ort m der Geschäftsleitung

place of manufacture (com) Herstellungsort m

place of performance (Re) Erfüllungsort m, Ort m der Leistung *(syn, place of fulfillment)*

place of transshipment (com) Umschlagplatz m

place of work (Pw) Arbeitsplatz m, Arbeitsstätte f *(syn, workplace, qv)*

plain vanilla

(com) ohne besondere Eigenschaften

– klassisch strukturiert

– routinemäßig *(cf, vanilla issue)*

plain vanilla issue (Fin, infml) Routine-Emission f

plain vanilla model (com) Basismodell n

plan ahead v (com) planen *(ie, but: planning, not: planning ahead)*

planned magnitude (Bw) Plangröße f

planned maintenance (IndE) vorbeugende Wartung f od Instandhaltung f *(syn, preventive maintenance)*

planned net investment (Bw) beabsichtigte Nettoinvestition f

planned obsolescence (Bw) geplantes Veralten n

planned output (Bw) Soll-Ausbringung f *(syn, predicted budgeted . . . output)*

planning approach (Bw) Planungsansatz m

planning committee (Bw) Planungsausschuß m

planning concept (Bw) Planungskonzept n

planning control (Bw) Planungskontrolle f

planning department (Bw) Planungsabteilung f

planning engineer (IndE) Arbeitsvorbereiter m

planning horizon (Bw) Planungshorizont m *(syn, time level of planning)*

planning of process layout (IndE) Arbeitsvorbereitung f *(syn, production scheduling)*

planning process (Bw) Planungsprozeß m

planning risk (Bw) Planungsrisiko *n*

planning stage (Bw) Planungsphase *f*

planning technology (Bw) Planungstechnologie *f*

planning variance (Bw) Planungsabweichung *f*

plan of task-division (Bw) Geschäftsverteilungsplan *m (syn, distribution-of-business plan)*

plan one's own career *v* (Pw) Karriere *f* planen

plant
(IndE) Betrieb *m*
– Betriebsstätte *f*
– (Produktions-)Anlage *f*
– Werk *n*
– technische Einheit *f* (e–s Unternehmens)
(ie, manufacturing establishment, production unit, works, factory, mill: the buildings, machinery, appliances, tools, implements, and equipment used in production; the fixed investment used to carry on a business)

plant and equipment spending (Bw) Ausrüstungsinvestitionen *fpl (syn, equipment . . . investment/spending)*

plant and machinery
(ReW) Maschinen *fpl* und maschinelle Anlagen *fpl*
(ReW, EG) technische Anlagen *fpl* und Maschinen *fpl*

plant a rumor *v* (com, infml) Gerücht *n* ausstreuen *(syn, put it about that . . .)*

plant builder (IndE) Anlagenbauer *m*

plant building division (Bw) Industrieanlagenbau *m (ie, part of a conglomerate company; syn, project construction division)*

plant capacity
(Bw) Betriebskapazität *f*
(ie, relates to the entire production program; opp, product capacity = Erzeugniskapazität; syn, operating capacity)
(Bw) theoretische Maximalkapazität *f*

plant closing (Bw) Betriebsschließung *f*, Betriebsstillegung *f (syn, plant closure)*

plant closure (Bw) = plant closing

plant division (Bw) Betriebsabteilung *f (syn, operating division)*

plant engineer (IndE) Betriebsingenieur *f*

plant engineering (and construction) (Bw) Anlagenbau *m*, Industrieanlagenbau *m*
(ie, Einrichtung und Betrieb industrieller Anlagen; syn, systems engineering) ,

plant extension (Bw) Betriebserweiterung *f (syn, extension of plant facilities)*

plant facilities
(IndE) Betriebseinrichtungen *fpl*
(Bw) Fertigungsstätte *f (syn, manufacturing facilities)*

plant layout and design (IndE) Anlageplanung *f*

plant location (Bw) (betrieblicher) Standort *m*

plant management
(IndE) Betriebsleitung *f*
– Betriebsführung *f*
– Werksleitung *f (syn, factory management)*

plant manager (IndE) Betriebsleiter *m*, Werkleiter *m*
(syn, works/operating . . . manager; GB, plant superintendent)

plant-operated traffic (com) Werksverkehr *m*, Eigenverkehr *m*
(ie, company carries its own goods; syn, US, private carriage)

plant operating rate (IndE) Auslastungsgrad *m (cf, rate of capacity utilization)*

plant organization (Bw) Betriebsorganisation *f*

plant records
(com) Betriebsaufzeichnungen *fpl*

plant refurbishing program (IndE) Modernisierungsprogramm *n*

plant scheduling (IndE) Produktionsplanung *f (syn, production planning)*

plant shutdown (Bw) = plant closure
plant site (com) Werksgrundstück *n*
plant-site land (com) Betriebsgrundstücke *npl (syn, factory-site land)*
plant size (Bw) Betriebsgröße *f (syn, scale of plant)*
plant superintendent (IndE, GB) Betriebsleiter *m*
(syn, plant/works/operating... manager)
plant utilization (Bw) Kapazitätsausnutzung *f (syn, capacity utilization, qv)*
plant utilization rate (Bw) Auslastung *f*, Auslastungsgrad *m*
(syn, rate of capacity utilization, operating utilization, operating performance rate)
Planumsatz *m* (Mk) budgeted sales
plateau (com) Niveau *n*
(eg, inflation moving to a higher...; syn, level)
play along *v* (com) hinhalten
(eg, personnel manager played him along for a time, hoping to get his services for lower pay)
play at *v* (com) Aufgabe *f* nicht ernst nehmen
play catch up *v* (com, infml) nachziehen *(syn, follow suit)*
play down *v* (com) bagatellisieren, herunterspielen *(opp, play up)*
play off against *v* (com) ausspielen
(eg, one group against the other)
play out *v* (com) ausfechten *(eg, battle for leadership)*
PLC, plc
(Re, GB) = Public Limited Company
plea of the statute of limitations (Re) Einrede *f* der Verjährung
(ie, defense that a claim is statute-barred = verjährt, or that the time prescribed for bringing suit has expired; civil law: exceptio temporis)
please circulate (com) „Umlauf"
please re-present (com) „zur Vorlage"
please turn over (com, GB) bitte wenden *(syn, US, more)*

plot of land (com) Grundstück *n*
(syn, parcel of... land/real property, real estate, real estate tract)
ploughed-back profits (ReW) einbehaltene Gewinne *mpl (syn, retained earnings, qv)*
plough into *v* (Fin, GB) investieren in
(syn, invest in, sink into)
plow *v* (Fin, US) investieren *(eg, $1bn into a megaproject; syn, invest in, sink into)*
plow back profits *v*
(Fin, US) Gewinne *mpl*... nicht entnehmen
– nicht ausschütten
– thesaurieren
– reinvestieren *(ie, into a business; syn, retain profits, qv)*
ploy (com, infml) Taktik *f*, „Masche" *f*
plug (Mk) unbezahlte Werbebotschaft *f*
plug a gap *v* (com) Lücke *f* schließen
plug away at *v* (com) hart arbeiten an
(eg, improving one's skills)
plummet *v* (com) stark fallen, absakken *(ie, drop sharply and abruptly)*
plunge *v*
(com) plötzlich fallen, verfallen
(eg, prices; syn, plummet)
plunge in prices (com) Preissturz *m*
plunge into the red *v* (com) in die roten Zahlen geraten
plunk down *v* (com, infml) zahlen
(ie, pay readily; usually for an up-mark item; eg, $90,000 for a top model)
ply between *v* (com) verkehren zwischen *(eg, ship plies between two ports)*
ply for *v* (com) warten auf, sich bemühen um *(eg, for cargo, passengers)*
poach customers *v* (com) Kunden *mpl* abwerben *(syn, divert custom, qv)*
pocket *v* (com, infml) einstecken, für sich behalten
(eg, money intended for a different purpose)

point-of-purchase advertising (Mk) POP-Werbung *f*, Werbung *f* am Verkaufsort *(eg, by posters, display racks, models)*

point-of-purchase interview (Mk) Kaufort-Interview *n*

point of sale (Mk) Verkaufspunkt *m*, POS

point of sale system
(EDV) Datenkasse *f*
– Datenerfassungskasse *f*
– POS-System *n*
(ie, on-line electronic terminal located in retail establishment that allow for transfer of funds between accounts, verification of checks, and related service at time of buying; optische Artikelerfassung beim Warenausgang und Zahlungsverkehrsabwicklung beim Kauf)

point of sale terminal (EDV) Kassenterminal *n*, POS-Terminal *m* *(ie, used to register cash and credit sales; syn, POS system)*

point of separation (Bw) Gabelungspunkt *m*
(ie, in joint production = Kuppelproduktion)

policies
(com) Politik *f*
– Grundsätze *mpl*
– Ziele *npl*
– Verhaltensregeln *fpl*
– Handlungsalternativen *fpl*

policies amplification (Bw) Erweiterung *f* der Grundsätze

policy
(com) Verfahrensweise *f*, Regel *f* *(ie, method of action selected from among alternatives)*
(com) cf, policies

policy formulation (Bw) Zielformulierung *f (syn, statement of objectives)*

political consultant (com) politischer Berater *m*

poll (Mk) Befragung *f*, Umfrage *f* *(syn, public opinion survey)*

polluter principle (com) Verursacherprinzip *n (ie, in der Umweltpolitik)*

pollution of environment (com) Umweltverschmutzung *f*

pony up *v* (com, infml) zahlen *(eg, government is obligated to… 80% of the capital costs)*

pooled consignment (com) Sammelladung *f (syn, consolidated shipment, qv)*

pool selling (Kart) Absatz *m* durch ein Kartell

poor market (com) schleppender Absatz *m*

poor tool (com, GB, infml) Versager *m (ie, at an activity; syn, total loss)*

popular fallacy (com) weitverbreiteter Irrtum *m (cf, fallacy)*

porcupine provision (com, US) Abschreckungsmaßnahme *f (ie, gegen Übernahme, die bestimmte Mehrheitsverhältnisse für e–e Übernahme in der Satzung der Zielgesellschaft vorschreibt)*

port
(com) Hafen *m (ie, artificial; syn, harbor)*

port bill of lading (com) Hafenkonnossement *n*

port dues (com) Hafenabgaben *fpl* und -gebühren *fpl*

port facilities (com) Hafenanlagen *fpl*

portfolio (Fin) Wertpapierbestand *m*, Portefeuille *n (ie, holdings of loans and securities)*

portfolio analysis (Bw) Portfolioanalyse *f*
(Fin) Portefeuille-Analyse *f*
(ie, Bestandteile: Nutzenanalyse, Strukturierungen und Auswahl, laufende Anpassung, Performance-Messung)

portfolio buying (Fin) Anlagekäufe *mpl*

portfolio company (Fin) Beteiligungsgesellschaft *f*

portfolio matrix (Bw) Portfolio-Matrix *f*

portfolio method
(Mk) Portfolio-Methode *f (ie, Wahl e–s Produktprogramms, das*

an den Chancen und Risiken künftiger Ertragsentwicklung ausgerichtet ist)

port of call (com) Anlaufhafen *m*

port of clearance (com) Abfertigungshafen *m*, Abgangshafen *m (syn, port of departure)*

port of departure (com, Zo) Abgangshafen *m*

port of destination (com) Bestimmungshafen *m*

port of discharge (com) Entladehafen *m (syn, port of unloading)*

port of dispatch (com) Versandhafen *m*, Verschiffungshafen *m (syn, shipping port)*

port of distress (com) Nothafen *m (syn, port of . . . necessity/refuge)*

port of loading (com) Verladehafen *m*

port of necessity (com) Nothafen *m (syn, port of distress, qv)*

port of refuge (com) = port of necessity

port of registry (com) Heimathafen *m*

port of transit (com) Transithafen *m (syn, intermediate port)*

port of transshipment (com) Umschlaghafen *m*

port of unloading (com) = port of discharge

position

(Pw) Stelle *f*, Position *f (syn, job, post)*

position audit (com) = situation audit

position chart (Pw) Stellenplan *m (syn, staffing schedule)*

position guide (Pw) Stellenbeschreibung *f (syn, job description)*

position of broad responsibility (Pw) verantwortungsvolle Aufgabe *f*

position paper (com) Positionspapier *n*

possession

(Re) Besitz *m*

(ie, direct physical control over a thing at a given time = tatsächliche Gewalt od Herrschaftsmacht über e–e Sache; §§ 854 BGB; subterms:

actual possession = unmittelbarer Besitz; constructive possession = mittelbarer Besitz; cf, § 868 BGB)

(Re) Eigentum *n (cf, ownership, §§ 903 ff BGB)*

POS system (EDV) = point-of-sale system

post *v*

(com) versenden *(syn, mail)*

(com) eintragen

(ReW) buchen, verbuchen

(eg, to books of account; syn, enter in/on, carry on, recognize on)

postal advertising (Mk) Postwerbung *f*

postal inquiry (Mk) briefliche Befragung *f (syn, mail . . . interview/ survey)*

postal shopping (com, GB) Versandbestellung *f (syn, US, mail order buying)*

post-carriage (com) Nachlauf *m (ie, in container traffic: to final place of arrival; syn, off-carriage)*

postcode (com, GB) Postleitzahl *f (syn, US, zip code)*

post code register (com) Postleitzahlverzeichnis *n*

postdate *v* (com) vordatieren *(ie, write a date following today's date; opp, antedate = nachdatieren; cf, backdate)*

posted price

(com) Listenpreis *m (syn, list price)*

(com) Erdöl-Listenpreis *m*

poster advertising (Mk) Plakatwerbung *f*

poste restante (com, GB) postlagernd *(syn, US, general delivery, qv)*

post-merger notification (Kart) Anmeldung *f* nach Zusammenschluß *(cf, § 23 I GWB)*

post-notification agreement (Bw) Preisinformationsabsprache *f* über Meldungen nach Preiserhöhungen

postpone *v* (com) aufschieben *(ie, until/to; syn, put off/back, delay, defer)*

postponement (com) Aufschieben *n*

post-qualification (Pw) Weiterbildung f *(syn, further/ongoing... education or training)*

post-sales service (com) Kundendienst m *(syn, customer service, qv)*

postscript (com) Nachtrag m *(ie, to letter, report, etc)*

post-season (com) Nachsaison f

potential
(com) Potential n, Möglichkeiten fpl
(Bw) Erfolgsaussichten fpl

potential acquiree (com) Interessent m *(ie, in merger or acquisition)*

potential and limitations (com) Möglichkeiten fpl und Grenzen fpl

potential buyer (com) = potential customer

potential customer (com) Interessent m *(syn, potential buyer, prospect)*

potential for rationalization (Bw) Rationalisierungsreserven fpl

potential market
(Mk) potentieller Markt m
(Mk) Marktpotential n, Absatzmöglichkeiten fpl

potential trouble spot (com) Schwachstelle f *(syn, weak/ danger... point)*

potential user (com) potentieller Benutzer m od Abnehmer m

pour money into v (Fin, infml) investieren
(syn, invest in, sink into, put money into)

power
(com) Autorität f
– Befugnis f
– Macht f
– Vollmacht f
(com) Strom m

power of attorney
(Re) Vollmacht f
(ie, authorizes the person named to act in place of the signing party; may be general or special)
(Re) Vollmacht(surkunde) f

power of delegation (Bw) Delegationsbefugnis f

power of direction (Bw) Leitungsbefugnis f

power of discretion (Bw) Ermessensfreiheit f *(syn, discretionary power)*

power of representation (Re) Vertretungsmacht f

powers and responsibilities (com) Rechte npl und Pflichten fpl *(syn, rights and duties)*

power-supply industry (com) Energiewirtschaft f *(syn, energy industry)*

power-supply market (com) Energiemarkt m

practical capacity (Bw) praktisch realisierbare Kapazität f, Betriebsoptimum n
(ie, maximum level at which a plant can operate efficiently)

practical plant capacity (Bw) = practical capacity

practical value (com) praktischer Wert m, Gebrauchswert m

practice
(com) Praxis f
(ie, of doctor, dentist, lawyer, etc)
(com) Praxis f
(ie, manner of doing things in practice; eg, it may work in theory but is inconceivable in practice)

practice v
(com) praktizieren *(ie, a profession; eg, as doctors and lawyers)*
(Pw) üben *(eg, typing, speaking foreign languages; syn, exercise)*

practice a profession v (com) freien Beruf m ausüben

précis (com) Zusammenfassung f, Kurzfassung f *(syn, summary, résumé)*

preapproach (com) Vertragsvorbereitung f *(ie, trying to find critical data about a potential customer)*

prebilling (com) Vorfakturierung f

pre-carriage (com) Vorlauf m *(ie, in container traffic; to port of dispatch; syn, on-carriage)*

precedence (com) Priorität *f*, Vorrang *m*

precedence rating (Bw) Dringlichkeitsstufe *f*

precinct (com, GB) Einkaufszone *f*, Fußgängerzone *f (cf, shopping/pedestrian... precinct)*

precipitous fall in earnings (com) Gewinnverfall *m*

precipitous fall in prices (com) Preisverfall *m (syn, plunge in prices)*

preclusive buying (Mk) Ausschlußkauf *m (ie, to prevent someone else from buying)*

preclusive period (Re) Ausschlußfrist *f (cf, bar period)*

preclusive specification (com) begrenzte Ausschreibung *f (ie, für e-e begrenzte Zahl von Bietern)*

precoded question (Mk) Speisekartenfrage *f*

predate *v* (com) = antedate

predatory competition (Kart) Verdrängungswettbewerb *m (ie, elimination of direct competitors in a market; syn, destructive competition)*

predatory practices (Kart, US) Verdrängungswettbewerb *m (eg, by lowering prices solely to put rival competitiors out of business; syn, destructive competition)*

predatory price cutting (Kart) = predatory pricing policy

predatory price discrimination (Kart) = predatory pricing policy

predatory pricing policy (Kart, US) Verdrängungswettbewerb *m (ie, underselling rivals in certain markets to drive them out of business and then raising prices to exploit a market void of competition; syn, predatory price... cutting /discrimination)*

predecessor (Re) Vorgänger *m*

predecessor company (Re) Vorgänger *m* (com) übertragende Gesellschaft *f (syn, acquired company)*

predicted cost (KoR) Plankosten *pl (syn, budget/current /standard/ scheduled/standard/target... cost)*

predictive validity (Bw) Prognosegültigkeit *f*

pre-employment training (Pw) Berufsausbildung *f (syn, occupational /vocational/professional... training)*

pre-feasibility study (com) Vorstudie *f*

prefer a claim *v* (Re) Anspruch *m* geltend machen *(syn, advance/assert/bring forward/put forth... a claim)*

preference item (Mk) Präferenzgut *n (ie, customer sticks to it even when similar items are less expensive)*

preference offer (com) Vorzugsangebot *n*

preference share (Fin, GB) Vorzugsaktie *f (syn, US, preferred stock)*

preference shareholder (Fin, GB) Vorzugsaktionär *m (syn, US, preferred stockholder)*

preferential arrangements (com) Vorzugsbehandlung *f*

preferential discount (com) Vorzugsrabatt *m*

preferential hiring (Pw, US) bevorzugte Einstellung *f (cf, affirmative action)*

preferential import (com) begünstigte Einfuhr *f (syn, importation on preferential terms)*

preferential price (com) Sonderpreis *m (syn, special price, qv)*

preferential rates (com) Präferenz-Seefrachtraten *fpl*

preferential terms (com) Vorzugskonditionen *fpl*

preferential treatment (com) bevorzugte Behandlung *f*

preferred creditor (Re) bevorrechtigter Gläubiger *m (ie, has his claims satisfied before other creditors get anything; syn, preferential/privileged/secured/ senior... creditor)*

preferred operating rate (Bw) optimale Kapazitätsauslastung *f*

preferred stock (Fin, US) Vorzugsaktie *f (syn, GB, preference shares)*

preferred stockholder (Fin, US) Vorzugsaktionär *m (syn, GB, preference shareholder)*

pre-formation agreement (Re) Vorgründungsvertrag *m*

preimplementation stage of a project (com) Stufe *f* der Projektreife

pre-inventory sale (com) Inventurausverkauf *m*

preliminary agreement (Re) Vorvertrag *m*
*(syn, tentative/provisional
. . . agreement, qv)*

preliminary draft (com) Vorentwurf *m*, erster Entwurf *m*

preliminary estimate (com) Kostenvoranschlag *m (syn, cost estimate, qv)*

preliminary expense
(ReW, GB) Gründungskosten *pl*
(syn, organization expense, qv)

preliminary financing (Fin) Vorfinanzierung *f (syn, advance financing)*

preliminary negotiations (com) Vorverhandlungen *fpl*

preliminary screening (Pw) Vorauswahl *f (ie, of job applicants)*

preliminary study (com) Vorstudie *f*, Vorprojektierung *f (syn, pilot study)*

premature retirement
(Pw) Vorruhestand *m*

premerger notification (Kart, US) Anmeldung *f* des Zusammenschlusses
(ie, the Hart-Scott-Rodino Antitrust Improvement Act of 1976 requires such notification for certain large mergers and acquisitions, including joint ventures and tender offers; cf, § 24a GWB)

premerger notification duty (Kart) Anzeigepflicht *f* bei Fusionen

premier producer (com) führender Hersteller *m*

premium
(com) Prämie *f*
– Zuschlag *m*
– Aufschlag *m*
– Zuschuß *m*
(Fin) Agio *n*, Aufgeld *n (opp, discount)*

premium brand (Mk) Marke *f* hoher Qualität

premium coupon (Mk) Gutschein *m (ie, in retailing)*

premium offer (com) Sonderangebot *n (syn, bargain sale, qv)*

premium price (com) Höchstpreis *m (syn, maximum price, qv)*

prenotification agreement (Bw) Preisinformationsabsprache *f* über Meldungen von Preiserhöhungen

preoperating expense (ReW) Anlaufkosten *pl*
(syn, startup/starting/launching . . . cost)

preoperation inspection (IndE) Prüfung *f* vor Inbetriebnahme

prepackaging (Mk) Vorverpacken *n* von Frischware *(ie, by the manufacturer)*

prepaid (com) vorausbezahlt

prepare *v*
(com) ausarbeiten
– abfassen
– entwerfen *(syn, work out)*

prepare a balance sheet *v* (ReW) Bilanz *f* aufstellen

prepare a budget *v*
(Bw) Budget *n* aufstellen

prepare a financial statement *v* (ReW) Abschluß *m* machen *(syn, draw up/make . . . a financial statement)*

prepare a proposal *v* (com) Angebot *n* ausarbeiten

prepare a report *v* (com) Bericht *m* ausarbeiten

prepare a tax return *v* (StR) Steuererklärung *f* ausfüllen

prepay *v* (com) vorauszahlen

prepayment
(Fin) Vorauszahlung *f (syn, advance payment)*

(Fin) Zahlung f vor Fälligkeit *(eg, installments, time drafts, mortgage debt)*

prepayment discount (com) Nachlaß m bei Vorauszahlung

prepayment of freight (com) Frachtvorschuß m, Frankatur f

preposterior evaluation (com) vorlaufende Prüfung f *(ie, of an event about the conditions expected after the event)*

preretailing (Mk) Preisfestlegung f bei Auftragserteilung *(ie, prices are assigned at the time an order is made)*

presale (Mk) dem Absatz vorausgehend

presale service (Mk) absatzvorbereitender Kundendienst m

prescribe v (com) vorschreiben

prescriptive decision making (Bw) normative Willensbildung f

preselection (Pw) Vorauswahl f

presence of a quorum (com) Beschlußfähigkeit f

present a report v (com) Bericht m vorlegen *(syn, submit)*

presentation (com) Vorlage f *(syn, submission)* (Mk) Aufmachung f – Darbietung f – Präsentation f *(syn, getup)*

presentation of goods (Mk) Warenausstattung f

present value (Fin) Gegenwartswert m, Zeitwert m *(ie, current worth of a certain sum of money due on a specified future date after taking interest into consideration: auf den Kalkulationszeitpunkt abgezinstes Endkapital)* (Fin) Barwert m *(ie, a sum invested now at a given rate of compound interest – Zinseszins – will accumulate to a specified amount at a specified future date: $P = A_n/(1 + i)^{-n}$ oder $k_o = k_n \cdot 1/q$)*

preservation of jobs (Pw) Arbeitsplatzerhaltung f

preservation of real assets (Bw) Substanzerhaltung f *(syn, maintenance of real assets, qv)*

preserve jobs v (Pw) Arbeitsplätze mpl erhalten

preside over a meeting v (com) Sitzung f leiten, Vorsitz m führen *(syn, chair a meeting)*

press conference (com) Pressekonferenz f

press cutting agency (com, GB) Zeitungsausschnittdienst m *(syn, clipping bureau, qv)*

pressing financial needs (Fin) dringender Finanzbedarf m

pressing order (com) Eilauftrag m *(syn, rush order)*

press kit (com) Pressemappe f *(syn, information kit)*

press memorandum (com) Pressemitteilung f *(syn, press release)*

press release (com) Pressemitteilung f

pressure for short-term results (Bw) kurzfristiger Erfolgszwang m

pressure group (Re) Interessengruppe f *(ie, organized to influence governmental policy)*

pressure on costs (Bw) Kostendruck m *(eg, capacity utilization normally does not rise enough to put...)*

pressures of competition (com) Wettbewerbsdruck m

pressure to appreciate (Vw) Aufwertungsdruck m

pressure to innovate (Bw) Innovationsdruck m *(eg, as expressed in the slogan „innovate or emigrate")*

prestige advertising (Mk) Prestigewerbung f

prestige economy (com) Prestigegüter npl, Luxusgüter npl

prestige item (Mk) Prestigeartikel m

prestige pricing (Mk) Festsetzung f von Prestigepreisen *(ie, to maintain the high quality image of a product)*

prestudy (com) Vorstudie *f*

presumption of market domination (Kart) Marktbeherrschungs-Vermutung *f*

pretax margin (com) Gewinn *m* vor Steuern *(eg, in percent)*

pretax profit (ReW) Gewinn *m* vor Steuern *(syn, profit before taxes)*

pretest (Mk) Pretest *m (syn, acceptance test, qv)*

pretest interview (Mk) Probeinterview *n*

prevailing wage rate (Pw) geltender Lohnsatz *m*

preventive antitrust policy (Kart, US) Antitrustpolitik *f* nach dem Verbotsprinzip *(ie, as practiced by the per se approach, qv)*

preventive inspection (IndE) vorbeugende Prüfung *f*

preventive maintenance (IndE) vorbeugende Wartung *f* od Instandhaltung *f*

previous year (com) Vorjahr *m*

price
(com) Preis *m*

price *v*
(com) berechnen
(com) auszeichnen, auspreisen *(ie, put price tags on articles)*

price action (Mk) Preisaktion *f (eg, bare-blade . . .)*

price-adjusted sales per man-hour (Bw) preisbereinigter Umsatz *m* je geleistete Arbeitsstunde

price agreed upon
(com) vereinbarter Preis *m*

price auditing (com) Preisprüfung *f*

price booster (com) Preistreiber *m*

price bracket (com) Preisklasse *f*

price bulletin (com, GB) gedruckte Preisliste *f (syn, price(s) current)*

price ceiling (com) Höchstpreis *m*

price clause (com) Preisklausel *f*

price climate (com) Preisklima *n*

price collapse
(com) Preisverfall *m (syn, deep plunge of prices)*

price competitiveness (com) preisliche Wettbewerbsfähigkeit *f*

price concession (com) Preiszugeständnis *n*

price-cost gap (com) Preis-Kosten-Schere *f*

price-cost squeeze (com) Druck *m* auf die Gewinnspanne

price cut (com) Preissenkung *f*

price cutter (com) Preisunterbieter *m*

price cutting (com) Preisunterbietung *f*

price cutting war (com) Preiskrieg *m (syn, price war; US, no-holds-barred price cutting)*

price determinants (com) Preisbildungsfaktoren *mpl*

price determination
(com) Preisfeststellung *f*

price differential
(com) Preisgefälle *n*

price discretion (Mk) Preisspielraum *m (ie, sales representative may alter prices in order to obtain orders)*

price discrimination (Kart) Preisdiskriminierung *f*, Preisdifferenzierung *f*
(ie, sale to different purchasers at different prices; violates Sect 2(a) of the U.S. Robinson-Patman Act of 1936; syn, discriminatory pricing)

price discrimination cartel (Kart) Preiskartell *n (syn, price fixing cartel, prices cartel)*

price earnings ratio (Fin) Kurs-Gewinn-Verhältnis *n*, KGV
(ie, Verhältnis von Kurs e–r Aktie zu dem auf sie entfallenden Reingewinn)

price escalation clause (com) = price escalator clause

price escalator clause (com) Preisgleitklausel *f (ie, in a contract: allows price or profit adjustments or permits adjustment of allowances for cost variation; syn, price redetermination clause, rise-and-fall clause)*

price ex factory (com) ab Werk-Preis *m (syn, price ex works)*

price ex works
    (com) ab Werk-Preis *m*
    – Preis *m* ab Werk
    – Fabrik(abgabe)preis *m*   *(syn, price ex factory)*
price factor curve (Bw) Preis-Faktor-Kurve *f (ie, shows factor demand in relation to its price)*
price fixing
    (Kart, US) Preisabsprache *f (ie, may be horizontal or vertical; syn, common pricing)*
    (Mk) vertikale Preisbindung *f (ie, by manufacturer)*
price fixing agreement (Kart) Preis-vereinbarung *f*
price fixing cartel (Kart) Preiskartell *n (syn, prices cartel)*
price floor (com) Mindestpreis *m*, niedrigster Preis *m (syn, minimum-knocked down ... price)*
price fluctuations
    (com) Preisschwankungen *fpl*
price gains
    (com) Preissteigerungen *fpl*
price gap (com) Preisschere *f*
price hike (com, US) = price increase
price increase (com) Preiserhöhung *f*, Preissteigerung *f (syn, price ... rise/hike)*
price inquiry (com) Preisanfrage *f*
price leader
    (Mk) Lockvogel *m*
    (ie, article priced abnormally low so as to attract customers; device used to increase the sale of other products)
price level
    (com) Preisniveau *n*
price limit (com) Preisgrenze *f*
price lining (Mk) Verkauf *m* von Produkten zum gleichen Preis *(ie, bei unterschiedlichen Kosten)*
price list
    (com) Preisliste *f*
price loco (com) Loko-Preis *m (ie, charged at the place of purchase)*
price look-up procedure (Mk) Preis-abrufverfahren *n*

price maintenance
    (com) Preisunterstützung *f*
    (Mk) Preisbindung *f* der zweiten Hand *(syn, resale price maintenance)*
price maintenance scheme (com, US) Preisbindungs-Regelung *f*
price making
    (com) Preisfestsetzung *f*
    (Fn) Kursbildung *f*
price margin
    (com) Preisspanne *f*
    (com) Handelsspanne *f (ie, between wholesaling and final consumption; syn, operating/gross ... margin)*
price mark (com) Auszeichnung *f (syn, price tag)*
price markdown
    (com) Preissenkung *f*
price marking (com) Auszeichnung *f (ie, marking articles with price tags)*
price movement
    (com) Preisentwicklung *f*
price-numb upper crust (Mk, infml) preisunempfindliche Oberschicht *f*
price of delivery (com) Lieferpreis *m (syn, supply price)*
price out of the market *v* (com) sich durch zu hohe Preise vom Markt ausschließen
price performance (Fin) Kursentwicklung *f*
price-performance ratio (Bw) Preis-Leistungsverhältnis *n*
price-performance standards (Mk) Preismaßstäbe *mpl*
price per unit (com) Preis *m* je Einheit, Stückpreis *m*
price plateau (Mk) Höchstpreis *m (ie, as accepted by buyers)*
price quotation (com) Preisangebot *n (syn, quote, quotation)*
price range
    (com) Preislage *f*, Preisspanne *f*
price recommendation (com) Preis-empfehlung *f*
price recovery (com) Preiserholung *f*
price redetermination clause (com) Preisgleitklausel *f (syn, price escalator clause, qv)*

price reporting agreement (Kart) Preisinformationsabsprache *f (syn, open price agreement, qv)*

price reporting cartel (Kart) Informationskartell *n*

price restraint (com) Preiszurückhaltung *f (eg, to exercise . . .)*

price rigidity (Bw) Preisstarrheit *f*

price risk (com) Preisrisiko *n*

price run-up (com) Preiserhöhung *f*

prices cartel (Kart) Preiskartell *n (syn, price fixing cartel)*

price schedule (com) Preisliste *f (syn, price list, qv)*

price sensitive
(com) preiselastisch
– preisempfindlich
– preisreagibel *(eg, market)*

prices for primary products (com) Rohstoffpreise *mpl (syn, prices of raw materials)*

price shock (com) Preisschock *m*

price signaling (Kart) öffentliche Ankündigung *f* von Preiswirkungen

price softness (com) nachgebende Preise *mpl*

price spread
(com) Preisspanne *f (eg, between new and used cars)*

price stabilization
(com) Preisstabilisierung *f*

price support
(com) Preisstützung *f*

price tag
(com) Preisschild *n*
(com) Preis *m*

price war (com) Preiskrieg *m (syn, pricing battle, price cutting war)*

pricey (com) = pricy

pricing
(com) Preisbildung *f*, Preisfestsetzung *f (syn, price setting)*
(Mk) Preis- und Rabattpolitik *f*

pricing battle (com) = price war

pricing margin (Mk) Kalkulationsspanne *f*

pricing policy (Mk) Preispolitik *f*

pricing pressure (com) Preisdruck *m (eg, imposed by importers; syn, pressures on prices)*

pricing structure (com) Preisgefüge *n*

pricy (com, GB, infml) teuer
(syn, expensive, high-priced; GB, dear)

primage (com) 10%-iger Zuschlag *m* für besonders sorgfältiges Be- und Entladen
(syn, infml, hat money)

primary commodities (com) unverarbeitete od halbverarbeitete Rohstoffe *mpl*

primary contractor (com) = prime contractor

primary earnings per share, PES (Fin) tatsächlicher Gewinn *m* je Aktie
(ie, earnings attributable to each share of common stock outstanding, including common stock equivalents, qv; opp, fully diluted earnings per share)

primary goods (com) Rohstoffe *mpl (syn, commodities)*

primary industry (com) Grundstoffindustrie *f (syn, basic/extractive . . . industry)*

primary line injury (Kart, US) Beeinträchtigung *f* des Wettbewerbs zwischen preisdiskriminierenden und konkurrierenden Unternehmen
(ie, defined by the Robinson-Patman Act of 1936; opp, secondary/tertiary . . . line injury, qv)

primary market
(Mk) Primärmarkt *m (ie, located in a center of consumption)*

primary marketing area (Mk) Hauptabsatzgebiet *n*

primary metals (com) Primärmetalle *npl (syn, virgin metals, qv)*

primary objective (Bw) Primärziel *n*

primary package (com) Grundverpackung *f (ie, directly holds the product of sale)*

primary points (com, US) Zentrallagerstellen *fpl (ie, where grain is warehoused for further distribution; eg, Chicago, Kansas City, Buffalo, Toledo, St. Louis)*

primary producer (Bw) Urerzeuger *m*

primary production (Bw) Urproduktion *f*

primary products (com) Rohstoffe *mpl*, Grundstoffe *mpl (syn, basic commodities, raw materials)*

prime
(com) erstklassig
(ie, highest grade regularly marketed; mostly used of beef)

prime contract (com) Hauptkontrakt *m*

prime contractor (com) Hauptunternehmer *m*, Generalunternehmer *m*
(ie, he assigns portions of the work to subcontractors; syn, general contractor)

prime cost
(com) Gestehungskosten *pl*
(ie, cost less vendor's commission for charges)

prime goal (Bw) vorrangiges Ziel *n*

prime market (Mk) Hauptabsatzmarkt *m*

prime quality (com) Spitzenqualität *f*, erste Wahl *f (syn, best/top ... quality)*

prime time (Mk) Hauptsendezeit *f*
(ie, in radio and television; syn, GB, peak viewing time)

primetime slot (Mk) = prime time

principal
(Re) Auftraggeber *m*, Vertretener *m (ie, in law of agency; opp, agent = Vertreter)*
(Fin) Kapitalsumme *f*, Hauptsumme *f (ie, in the phrase ‚principal and interest' = Kapitel und Zinsen)*
(Fin) Darlehensbetrag *m*, Darlehenssumme *f (eg, pay interest on the ...)*
(Fin) Kapital *n (opp, income)*

principal activity (Bw) Hauptgeschäftsbereich *m*, Haupttätigkeitsbereich *m*

principal amount
(Fin) Kapitalbetrag *m (ie, in: principal and interest)*

(Fin) Darlehensbetrag *m (syn, principal)*

principal and interest (Fin) Kapital *n* und Zinsen *mpl*

principal bidder (com) Hauptanbieter *m (syn, main bidder)*

principal establishment (com) Hauptniederlassung *f*

principal forwarding agent (com) Hauptspediteur *m*

principal holder of equity securities (Fin) Hauptaktionär *m*

principal market area (Mk) Hauptabsatzgebiet *n*

principal office (com) Hauptgeschäftsstelle *f*

principal officer (Bw) Unternehmensleiter *m (ie, head of a company)*

principal plant (IndE) Hauptbetrieb *m*

principal stockholder (com) = principal shareholder

principle of prudence (ReW) Bilanzierungsgrundsatz *m* der kaufmännischen Vorsicht

principle of public disclosure (ReW) Publizitätsprinzip *n*

principle place of business (Re) Hauptsitz *m (syn, main place of business)*

printed advertising material (Mk) Werbedrucksachen *fpl*

printed form (com) Vordruck *m (syn, form, qv)*

printed matter (com) Drucksache *f (syn, GB, printed papers)*

printed papers (com, GB) Drucksache *f*

printing industry (com) Druckindustrie *f*, (sometimes:) graphisches Gewerbe *n*

print media (Mk) Druckmedien *npl*

print media audience (Mk) Leserschaft *f (syn, readership)*

prior approval (Re) Einwilligung *f (opp, affirmative consent = Zustimmung)*

prior consent (Re) vorherige Zustimmung *f*, Einwilligung *f*

(cf, § 183 BGB; opp, subsequent consent = nachträgliche Zustimmung, Genehmigung; § 184 BGB; syn, prior approval)

priority

(com) Priorität *f (eg, project has top priority)*

(Re) Vorrang *m*, Vorrecht *n (ie, legal precedence in exercise of rights)*

priority assignment (Bw) Festlegung *f* von Prioritäten

priority dispatching (IndE) Reihenfolgeplanung *f (syn, job shop scheduling, qv)*

priority foreign country, PFC

(AuW, US) „Prioritäts"-Land *n (ie, country who merits „super-301–" treatment on the basis of the relevant provision of the trade act; its trade barriers are regarded by the U. S. as so egregious that, if not removed during further negotiations, compulsory retaliatory action must be taken against it)*

priority goal (Bw) vorrangiges Ziel *n (syn, prime goal)*

priority level (Bw) Vorrang-Ebene *f*

priority routing and scheduling (IndE) = priority dispatching

priority share (Fin) Vorzugsaktie *f (syn, preferred stock, preference share, qv)*

prior tax (StR) Vorsteuer *f (ie, deducted in computing VAT tax payments; syn, prior turnover tax, input tax)*

prior-tax deduction (StR) Vorsteuerabzug *m*

prior turnover tax (StR) = prior tax

prior-turnover-tax method (StR) Vorsteuerverfahren *n (ie, used in determining the actual amount of VAT to be paid)*

prior written approval (Re) vorherige schriftliche Zustimmung *f*

prior year earnings (ReW) Vorjahresgewinn *m*

prior year results (ReW) Vorjahresergebnis *n*

private acquisition agreement (com) privater Unternehmenskaufvertrag *m*

private and confidential (com) streng vertraulich

private brand (Mk, US) Hausmarke *f*, Händlermarke *f (ie, adopted by a particular dealer or distributor for some or all of the goods it sells; syn, private label, house brand)*

private-brand gas station (com, US) freie Tankstelle *f (syn, GB, independent filling station)*

private carriage (com, US) Werksverkehr *m (syn, plant-operated traffic, qv)*

private carrier (com) Beförderungsunternehmer *m*, privater Frachtführer *m (eg, Werktransport, Werkschiffahrt; syn, transport company; opp, common carrier)*

private company (com) personenbezogene Kapitalgesellschaft *f (opp, public company = Publikumsgesellschaft)*

private company limited by shares (com, GB, appr) Gesellschaft *f* mit beschränkter Haftung

private customer (com) Privatkunde *m*

private customers (com) Privatkundschaft *f (opp, business /commercial... customers = Firmenkundschaft)*

private enterprise

(Vw) Privatwirtschaft *f*

(Vw) freie Marktwirtschaft *f (syn, free market economy)*

private-enterprise solution (Bw) privatwirtschaftliche Lösung *f (eg, of keeping a company alive)*

private extension (com) Privatanschluß *m (syn, infml, home phone)*

private firm (com) Privatfirma *f*, Privatunternehmen *n*

private freight car (com) Privatgüterwagen *m*

private freight traffic (com) werkseigener Güterverkehr *m*

private housing (com) privater Wohnungsbau *m*

private industry (com) Privatindustrie *f*

private label (Mk, US) = private brand

privately financed (Fin) frei finanziert

privately held family company (com) Familiengesellschaft *f* in Privathand

private secretary (com) Privatsekretär *m (ie, may also be a female: Privatsekretärin f)*

private-sector airline (com) private Fluggesellschaft *f (ie, takes decisions on commercial grounds = nach betriebswirtschaftlichen Gesichtspunkten)*

private transportation (com) Individualverkehr *m (syn, GB, private transport system)*

prize competition (Mk) Auslosung *f (ie, in advertising)*

PR man (Mk) Public Relations-Mann *m (syn, GB, P. R. O. = public relations officer)*

pro (com) Profi *m*

probability of failure (IndE) Ausfallwahrscheinlichkeit *f*, Störanfälligkeit *f*

probability of rejection (IndE) Zurückweisungswahrscheinlichkeit *f*

probable life (ReW) wahrscheinliche Restnutzungsdauer *f*

probationary employee (Pw) Mitarbeiter *m* auf Probe

probationary employment (Pw) Anstellung *f* auf Probe

probationary period (Pw) Probezeit *f (syn, trial period)*

probe a market *v* (com) Markt *m* erkunden *(syn, explore, study)*

problem area (Bw) Problembereich *m*

problem loan (Fin) Problemdarlehen *n (ie, saddled with a high risk: may turn out to be nonperforming)*

problem-solving potential (Bw) Problemlösungspotential *n*

pro bono work (com) unentgeltlich geleistete Arbeit *f (ie, performed free of charge)*

probusiness (Bw) unternehmerfreundlich

procedure (com) Verfahren *n*

procedures manual (Bw) Arbeitsablauf-Handbuch *n*

proceed against *v* (Re) jemand verklagen *(syn, take to court, qv)*

proceed from *v* (com) ausgehen von *(eg, assumption, first principles)*

proceedings (com) Tagungsbericht *m* (Re) Klage *f (ie, legal action; start/initiate . . .; eg, divorce proceedings)*

proceed on the assumption *v* (com) von der Annahme ausgehen *(ie, that; syn, assume, suppose)*

proceeds (Fin) Erlös *m* (Fin) Gegenwert *m*

proceeds from intercompany sales (ReW) Innenumsatzerlöse *mpl (syn, internal sales revenues, qv)*

proceeds on disposal (com) Veräußerungserlös *m*

proceed to *v* (com) übergehen zu *(eg, next item of the agenda)*

process *v* (com) bearbeiten *(eg, application, order, incoming mail = Eingangspost)*

process a loan *v* (Fin) Kredit *m* bearbeiten od abwickeln

process an order *v* (com) Auftrag *m* bearbeiten od abwickeln

process average (IndE) durchschnittliche Fertigungsqualität *f*

process average defective (IndE) durchschnittlicher Fehleranteil *m*

process average fraction defective (IndE) mittlerer Ausschußanteil *m* in der Fertigung

process average quality (IndE) mittlere Fertigungsgüte *f*

process capability (IndE) erreichbare Fertigungsgenauigkeit *f*
(ie, of production equipment and procedures to hold dimensions and other product characteristics within acceptable bounds for the process itself; not the same as tolerances or specifications required of the produced units themselves)

process chart
(IndE) Fertigungsablaufplan *m* *(syn, master operations list, qv)*

process control
(IndE) Prozeßsteuerung *f (eg, by feedback and correction)*
(IndE) Fertigungskontrolle *f*, Fertigungsüberwachung *f*

process costing (KoR) Divisionskalkulation *f (opp, job order costing = Zuschlagskalkulation)*

process cost system (KoR) = batch costing

process design (IndE) verfahrenstechnische Auslegung *f* von Anlagen

processed goods (com) veredelte Ware *f*

process engineering (IndE) Verfahrenstechnik *f*

process-flow lane (IndE) Fertigungsstraße *f*
(ie, specific types of work are concentrated at a single spot and production modules are moved to them)

processing
(com) Bearbeiten *n*, Abfertigen *n*
(IndE) Bearbeitung *f*, Verarbeitung *f (ie, convert material from one form into another desired form; syn, conversion)*

processing cost
(com) Be- und Verarbeitungskosten *pl*

processing firm (com) Weiterverarbeiter *m (syn, processor)*

processing industry (com) verarbeitende Industrie *f*

processing operation (IndE) Bearbeitungsvorgang *m*

processing plant
(IndE) Bearbeitungsbetrieb *m*
(IndE) Veredelungsbetrieb *m*

processing procedure (IndE) Bearbeitungsverfahren *n*

processing technology (IndE) Veredelungstechnologie *f (syn, refining /transformation... technology)*

processing time (IndE) Bearbeitungszeit *f*, Durchlaufzeit *f*

process inspection (IndE) abschnittweise Prüfung *f (ie, during production operations)*

processor
(com) Weiterverarbeiter *m (syn, processing firm)*

process out of control (IndE) nichtbeherrschte Fertigung *f*

process planning
(IndE) Produktionsplanung *f (syn, production planning and scheduling)*
(IndE) Arbeitsvorbereitung *f (syn, production scheduling)*

process planning engineer (IndE) Arbeitsvorbereiter *m*

process time (IndE) Bearbeitungszeit *f*

process tolerance (IndE) Fertigungstoleranz *f*

process under control (IndE) beherrschte Fertigung *f*, beherrschter Fertigungsprozeß *m (syn, controlled process)*

procure *v*
(com) besorgen *(ie, pompous for 'obtain')*
(MaW) beschaffen

procure capital *v* (Fin) Kapital *n* beschaffen *(syn, raise)*

procurement (MaW, i. w. S.) Beschaffung *f*, Beschaffungswirtschaft *f (ie, relates to labor, materials, equipment, services, rights, capital; syn, buying, purchasing, resource acquisition, resourcing)*

procurement authorization (MaW) Beschaffungsermächtigung *f*

procurement budget (MaW) Beschaffungsbudget *n*

procurement budgeting
(MaW) Beschaffungsplanung *f*
(syn, procurement planning)

procurement channel (MaW) Beschaffungsweg *m*

procurement contract (MaW) Beschaffungsvertrag *m*

procurement cost (MaW) Beschaffungskosten *pl (syn, ordering cost, cost of acquisition)*

procurement cycle (MaW) = procurement lead time

procurement facility (com) Beschaffungseinrichtung *f (syn, purchasing organization)*

procurement function (MaW) Beschaffungsfunktion *f*

procurement inventory model (MaW) Lagermodell *n*

procurement lead time (MaW) (Wieder-)Beschaffungszeit *f (syn, inventory/purchasing/vendor/replenishment... lead time, procurement cycle)*

procurement of capital (Fin) Kapitalbeschaffung *f*

procurement officer (MaW, GB) Einkäufer *m (syn, materials buyer)*

procurement planning (MaW) Beschaffungsplanung *f (syn, procurement budgeting)*

procurement policy (MaW) Beschaffungspolitik *f*

procurement research (MaW) Beschaffungsforschung *f (ie, market study and market survey)*

procurement statistics (MaW) Beschaffungsstatistik *f*
(ie, comprises a) external market statistics, b) order statistics, c) purchase statistics)

procurement system (MaW) Beschaffungswesen *n*, Beschaffungswirtschaft *f*
(syn, procurement and materials management)

produce (com) landwirtschaftliche Produkte *npl*, Agrarerzeugnisse *npl (ie, agricultural products collectively)*

produce *v*
(com) fertigen
– herstellen
– produzieren
(ie, make from sth; syn, make, manufacture, fabricate, qv)
(Re) vorlegen *(eg, written power of attorney = schriftliche Vollmacht)*

produce broker (com) Produktenmakler *m (ie, sometimes so called in commodity markets other than metals)*

producer (com) Hersteller *m*, Produzent *m*
(syn, manufacturer, maker)

producer advertising (Mk) Herstellerwerbung *f*

producer goods (Vw) Produktionsgüter *npl (syn, intermediate goods)*

producer goods industry (com) Produktionsgüterindustrie *f*

producer price (com) Erzeugerpreis *m*

producer's brand (Mk) Fabrikmarke *f*

producer's risk (Stat) Produzentenrisiko *n*, Lieferantenrisiko *n*
(ie, implies that a lot of goods will be rejected by a sampling plan even though it is a good lot)

produce to order *v* (IndE) auftragsbezogen produzieren *(syn, make to order)*

produce to stock *v* (IndE) auf Lager produzieren *(syn, make to stock)*

produce under license *v* (com) in Lizenz herstellen

product
(com) Produkt *n*
– Erzeugnis *n*
– Fabrikat *n*

product abandonment (Mk) Produktaufgabe *f (ie, stop making or selling it)*

product advertising (Mk) Produktwerbung *f*

product analysis (Mk) Produktanalyse *f*

product assortment (Mk) = product range

product capacity (Bw) Erzeugniskapazität f *(opp, plant capacity = Betriebskapazität, qv)*

product category (Mk) Produktgruppe f

product change (Bw) Produktwechsel m

product class (Mk) Produktklasse f *(ie, range of items treated by consumers as substitutes or complements)*

product classification (Bw) Erzeugnisgliederung f

product conception (Mk) Produktkonzeption f

product costing
(KoR) Stückkalkulation f
(ie, the two polar extremes of product costing are ‚job-order costing' and ‚process costing', qv)

product design (Mk) Produktgestaltung f

product designer (Mk) Produktgestalter m

product development (Bw) Produktentwicklung f

product development potential (Bw) Entwicklungskapazität f

product differentiation (Mk) Produktdifferenzierung f *(ie, horizontal, vertical, over time)*

product directory (Bw) Produktpalette f

product diversification (Mk) Produkt-Diversifikation f

product diversity (Mk) Produktvielfalt f

product division
(IndE) = production department
(Bw) Produktsparte f

product elimination (Mk) Produktelimination f

product engineering
(IndE) Fertigungstechnik f
(Bw) Produktentwicklung f *(ie, follows the stage of product design; opp, process engineering)*

product extension merger (Kart, US) Zusammenschluß m zur Ausweitung des Absatzmarktes

(ie, may be attacked on antitrust grounds because of the elimination of potential competition; opp, market extension merger)

product family (Mk) Produktfamilie f

product field (Mk) Produktfeld n

product field planning (Mk) Produktfeldplanung f

product goal (Bw) Produktziel n *(ie, output of specified products in specified volume and quantity at predetermined times)*

product group (Mk) Produktgruppe f, Erzeugnisgruppe f
(syn, product... category/ grouping/line)

product grouping (Mk) = product group

product group manager (com) Produktgruppenleiter m

product-group-oriented structure (Bw) Anlagenorganisation f *(ie, of a company)*

product group pricing (Bw) Gruppenpreisverfahren n

product identification code (Mk, US) = Uniform Product Code

product image (Mk) Produktimage f

product improvement (Bw) Produktverbesserung f

product information (Mk) Produktinformation f

product innovation (IndE) Produktinnovation f

production
(Bw) Produktion f *(ie, als betriebliche Teilfunktion*
(IndE) Produktion f
– Fertigung f
(IndE) Output m *(ie, total number or quantity turned out)*

production area (com) Erzeugungsgebiet n

production batch (IndE) Los n, Fertigungslos n *(syn, manufacturing lot)*

production bottleneck (IndE) Produktionsengpaß m, Kapazitätsengpaß m

production budget
(IndE) = production plan

production bug (IndE) Produktionsfehler m

production capacity (IndE) Produktionskapazität f, Fertigungskapazität f
(syn, productive/output . . . capacity)

production center (KoR) Kostenstelle f *(syn, cost center)*

production center cost (KoR) Kostenstellenkosten pl

production change-over (IndE) Produktionsumstellung f

production change-over cost (IndE) Produktionswechselkosten pl, Produktionsänderungskosten pl

production control (IndE) Fertigungplanung f und Fertigungssteuerung f
(ie, planning, routing, scheduling, dispatching, and inspection . . . of operations)

production control system (IndE) Fertigungssteuerungssystem n

production cost
(KoR) Produktionskosten pl, Fertigungskosten pl *(ie, factory costs + administrative overhead)*

production cost analysis (Bw) Wirtschaftlichkeitsanalyse f

production cost center (KoR) Fertigungshauptkostenstelle f, Fertigungshauptstelle f *(syn, direct cost center)*

production cutback (IndE) Produktionseinschränkung f, Produktionskürzung f *(syn, cut in production, reduction in output)*

production data acquisition (IndE) Betriebsdatenerfassung f

production department
(IndE) Produktionsabteilung f, Fertigungsabteilung f *(syn, production/product . . . division)*

production division (IndE) = production department

production efficiency (Bw) Produktivität f *(syn, productivity, qv)*

production employee (Pw) Produktionsarbeiter m

production engineering (IndE) Produktionstechnik f, Fertigungstechnik f

production facility (IndE) Produktionsstätte f, Produktionseinrichtung f *(syn, production plant)*

production for inventory (IndE) Vorratsfertigung f *(syn, make-to-stock production, qv)*

production in bulk (IndE) Massenfertigung f
(syn, large-scale/mass volume . . . production)

production lead time (IndE) Fertigungszeit f

production line (IndE) Fertigungsstraße f
(ie, subterms: 1. partially automated production line = Fertigungslinie; 2. transfer line, automated flow line = Transferstraße)

production management (IndE) Fertigungssteuerung f

production method
(IndE) Produktionsmethode f
– Produktionsverfahren n
– Fertigungsmethode f *(syn, production process)*

production model (Bw) Produktionsmodell n, Serienmodell n

production of joint products (IndE) Kuppelproduktion f *(syn, joint-product production)*

production/operations management (IndE) Produktionssteuerung f

production order
(com) Fertigungsauftrag m, Kommission f *(syn, production release)*

production-order accounting (KoR) Zuschlagkalkulation f *(syn, job costing, qv)*

production plan (IndE) Produktionsplan m, Fertigungsplan m *(syn, production . . . budget/schedule)*

production planning and scheduling (IndE) Produktionsplanung f, Fertigungsplanung f *(syn, output budgeting, process planning)*

production planning conference (IndE) Produktionskonferenz f

production plant (IndE) Produktionsanlage f, Fertigungsstätte f *(syn, production unit, manufacturing facilities)*

production policy (Bw) Produktionspolitik f

production process (IndE) Produktionsprozeß m *(ie, turnout of goods through operations which may be mechanical, chemical, assembly, movement, treatment)*

production program (Bw) Produktionsprogramm n, Fertigungsprogramm n

production scheduler (IndE) Arbeitsvorbereiter m

production scheduling (IndE) Arbeitsvorbereitung f *(syn, job preparation, operations planning, operation and process planning, planning of process layout)*

production sequence (IndE) Fertigungsablauf m, Produktionsablauf m

production sequencing (IndE) Fertigungsablaufplanung f, Produktionsablaufplanung f

production series (IndE) Baureihe f

production sharing (Bw) Produktionsaufteilung f *(ie, manufacturing, assembly, marketing take place in different countries)*

production study (IndE) Fertigungsablaufstudie f

production surveillance (IndE) Fertigungsbeobachtung f

production target (Bw) Produktionsziel n

production task (IndE) Fertigungsaufgabe f

production to order (IndE) Auftragsfertigung f, Kundenauftragsfertigung f *(syn, make-to-order production; opp, production to stock)*

production to stock (IndE) Vorratsfertigung f, Lagerfertigung f

(syn, make-to-stock production; opp, custom manufacturing, qv)

production under license (com) Lizenzfertigung f *(syn, licensed production)*

production unit (IndE) = production plant

production worker (Pw) Produktionsarbeiter m *(ie, engaged directly in manufacturing operations)*

productive
(com) produktiv
– ergiebig
– ertragreich

productive capacity
(Bw) Produktionskapazität f
(Bw) Leistungsfähigkeit f *(syn, operative capability, efficiency)*

productive cost center (KoR) = production cost center

productive efficiency (IndE) Produktivitätsoptimum n *(ie, at this point increase in yield of one item results in decrease of yield of another item)*

productivity (Bw) Produktivität f *(syn, physical /production/technological... efficiency)*

productivity agreement (Pw, GB) Produktivitätsabkommen n *(ie, higher wages are to be paid for by productivity gains)*

productivity clause (Pw) Produktivitätsklausel f *(ie, ties wwage rises to long-term productivity gains)*

productivity gain (Bw) Produktivitätsfortschritt m, Produktivitätssteigerung f *(syn, improvement in productivity, growth of productivity)*

productivity gap (Bw) Produktivitätsgefälle n

productivity ratio (Bw) Produktivitäts-Kennzahl f *(ie, volume output to volume input)*

product launch (Mk) Produkteinführung f *(ie, introduction of a product on the market)*

product leader (Mk) Produktführer *m*

product leadership (Mk) Produktführung *f*

product liability (Re) Produzentenhaftung *f*
(ie, Haftung des Herstellers fehlerhafter Waren gegenüber dem Verbraucher; im allgemeinen auf § 823 I BGB gestützt)

product license franchise (Mk) Produktlizenz-Franchise *f*

product life cycle
(Mk) Produktlebenszyklus *m*
(ie, comprises five market acceptance stages:
1. pioneering stage = Einführungsphase;
2. growth stage = Wachstumsphase;
3. maturity stage = Reifephase;
4. saturation stage = Sättigungsphase;
5. decline stage = Degenerationsphase)

product line manager (Mk) Produktgruppen-Manager *m*

product line planning (Bw) Produktlinienplanung *f*

product link (IndE) Produktkopplung *f (ie, in joint production = Kuppelproduktion)*

product management (Mk) Produktmanagement *n*

product manager (Mk) Produktmanager *m*
(ie, in charge of marketing approaches; syn, brand manager)

product/market mix (Mk) Produkt/Markt-Mix *m*

product markets (Mk) Produktmärkte *mpl*

product mix
(Mk) Produktmix *m (ie, composite of products offered for sale)*
(IndE) Fertigungssortiment *n*

product modification (Mk) Produktmodifikation *f*

product performance (Mk) Gebrauchsfähigkeit *f* e–s Produkts

product personality (Mk) Produktprofil *n*

product pioneering (Mk) Einführung *f* neuer Produkte *(ie, launching of new products)*

product placement test (Mk) Markttest *m*, Einführungstest *m (syn, acceptance test, qv)*

product planning (Bw) Erzeugnisplanung *f*, Produktplanung *f*

product policy (Mk) Produktpolitik *f*

product positioning (Mk) Produkt-Positionierung *f*

product puffery (Mk) übertriebene Produktwerbung *f*

product quality (Bw) Produktqualität *f*

product range (Mk) Sortiment *n*
(syn, product assortment, assortment of goods, range of goods, line of merchandise, business mix)

product reliability (Mk) Produkt-Zuverlässigkeit *f*

product research (Mk) Produktforschung *f*

product selection (Mk) Produktauswahl *f*

product simplification (Mk) Produktvereinfachung *f*

product specialization (Mk) Produktspezialisierung *f*

product specification (Mk) Produktbeschreibung *f*

product support network (Mk) Produktunterstützungs-Service *m*

product system (Bw) Produktsystem *n*

product test (Mk) Produkttest *m (ie, anonymous product testing and evaluation)*

profession (com) Beruf *m*

professional activity (Bw) Berufstätigkeit *f (syn, employment, occupation)*

professional body (com) Berufsverband *m*

professional code of ethics (com) beruflicher Ehrenkodex *m*

professional committee (com) Fachausschuß *m*

professional corporation (com, US) Gruppenpraxis *f* in Form einer Kapitalgesellschaft *(ie, set up mainly for tax reasons)*

professional discretion (com) Berufsgeheimnis *n (syn, professional secrecy)*

professional duty (Pw) Berufspflicht *f*

professional experience (Pw) Berufserfahrung *f* *(syn, vocational experience, proven experience; eg, she has several years of...)*

professional expertise (com) Expertenwissen *n*, Sachverstand *m (syn, professional competence)*

professional fee (com) Honorar *n (syn, honorarium)*

professional firm (com) Sozietät *f (eg, lawyers, accountants, physicians)*

professional group (Pw) Berufsgruppe *f*

professionally qualified (Pw) fachlich geeignet

professional misconduct (Pw) Berufspflichtverletzung *f*

professional partnership (com) Gemeinschaftspraxis *f*
– Gruppenpraxis *f*
– Sozietät *f (ie, set up by accountants, doctors, lawyers; syn, nontrading partnership)*

professional qualification (Pw) fachliche Eignung *f* od Qualifikation *f*

professional secrecy (com) Berufsgeheimnis *n (syn, professional discretion)*

professional specialist (Bw) Experte *m*

professional standard (com) Berufsauffassung *f* *(ie, fachliche Erwartungen, die mit e–m Beruf verknüpft sind)*

professional status (Pw) Berufsstellung *f*

professional training (Pw) Berufsausbildung *f (cf, occupation vocation)*

proficiency pay (Pw, GB) Leistungszulage *f*

profit
(ReW) Gewinn *m*, Erfolg *m*
(ie, excess of income over expenditures; syn, income, earnings)
(Bw) Reingewinn *m*
(ie, esp for a given period of time)
(Bw) Risikoprämie *f* des Unternehmers
(ie, compensation accruing for risk assumption; opp, wages, rent)

profit *v* (com) Nutzen *m* oder Vorteil *m* haben von *(ie, by/from)*

profitability
(Bw) Rentabilität *f*
(syn, rate of return on capital employed, rate of profit, return on investment; profitable efficiency)
(Fin) Ertragskraft *f (syn, earning power, qv)*
(Fin) Vorteilhaftigkeit *f*
(ie, of investment projects)

profitability analysis (Fin) Rentabilitätsanalyse *f (syn, return on investment analysis, qv)*

profitability calculation (Fin) Rentabilitätsberechnung *f*

profitability gap (Fin) Rentabilitätslücke *f*

profitability priciple (Bw) Gewinnprinzip *n*

profitable
(com) ertragreich
– gewinnbringend
– gewinnträchtig
– profitabel
– rentabel

profitable efficiency (Bw) Rentabilität *f*
(ie, used in business parlance)

profitable investment (Fin) vorteilhafte Investition *f*

profit and loss account (ReW, GB) Gewinn- und Verlustrechnung *f (syn, income statement, qv)*

profit and loss pooling agreement (Bw) Ergebnisübernahmevertrag *m*

profit and loss statement (ReW) Gewinn- und Verlustrechnung *f (syn, income statement, qv)*

289

profit before taxes (ReW) Gewinn *m* vor Steuern *(syn, income /earnings... before taxes, pretax profit, taxable profit)*

profit center (Bw) Profit Center *n*, Ergebniseinheit *f* *(ie, operating unit accountable for its own revenues and expenses; Bereich mit selbständiger Ergebnisrechnung)*

profit center accounting (KoR) Abteilungserfolgsrechnung *f*

profit collapse (Bw) Gewinneinbruch *m*

profit earning divisions (Bw) Geschäftsbereiche *mpl* mit eigener Ergebnisrechnung

profiteer (com) Preistreiber *m*

profiteering (com) Preistreiberei *f* *(ie, deliberate overcharging)*

profit erosion (Fin) Gewinnerosion *f*

profit exclusion agreement (Fin) Gewinnausschließungsvertrag *m (syn, nonprofit agreement)*

profit forecast (Fin) Gewinnprognose *f*

profit for the year (ReW) Jahresergebnis *n*, Jahreserfolg *m*

profit loss (ReW) entgangener Gewinn *m (ie, from potential sale; syn, loss of expected return)*

profit margin (com) Gewinnspanne *f*, Gewinnmarge *f* *(syn, margin of profit, gross profit, operating margin)* (Fin) Umsatzrendite *f (syn, percentage return on sales, qv)*

profit margin of commodity group (Mk) Warengruppengewinnspanne *f*

profit markup (Mk) Gewinnzuschlag *m (ie, in retail trading)*

profit maximization (Bw) Gewinnmaximierung *f*

profit-minded (Bw) gewinnorientiert *(eg, stockholders, managers)*

profit on sales (Fin) Umsatzrendite *f (syn, percentage return on sales, qv)*

profit orientation (Bw) Gewinnorientierung *f*

profit passover (Kart) Gewinnausgleichssystem *n (ie, protected traders receive part of the sales profit)*

profit percentage (Fin) Umsatzrendite *f (syn, percentage return on sales, qv)*

profit per unit (KoR) Stückgewinn *m*

profit planning and budgeting (Bw) Gewinnplanung *f*

profit responsibility (Bw) Ergebnisverantwortung *f*

profit sharing (Pw) Gewinnbeteiligung *f*, Ergebnisbeteiligung *f*

profit sharing scheme (Pw) Gewinnbeteiligungsplan *m*

profit slide (Fin) Gewinnrückgang *m*

profit squeeze (Bw) Gewinndruck *m (ie, stable prices, increasing costs)*

profits retained in the business (ReW) = profit retentions

profit transfer agreement (Bw) Gewinnabführungsvertrag *m*

profit-turnover ratio (Fin, GB) Umsatzrendite *f (syn, percentage return on sales, qv)*

proforma invoice (com) Proforma-Rechnung *f* *(ie, preliminary invoice, no demand for money)*

prognosticator (Bw) Prognostiker *m (syn, forecaster)*

program of delivery (com) Lieferprogramm *n*

program quality (IndE) Sollqualität *f*

program rating (Mk) Messung *f* der TV-Einschaltquote *(ie, sample population tuned to a particular program)*

progress (com) Fortschritt *m (ie, progressive development, forward movement)*

progress *v* (com) Fortschritte *mpl* machen *(ie, in/with)* (com) übergehen zu *(ie, to; syn, proceed to)*

progress chaser (com, infml) Terminjäger *m (syn, expediter)*

progress control (com) Terminüberwachung *f*

progression (StR) Progression *f*

progress payment (Fin) Fortschrittszahlung *f*, Abschlagszahlung *f* *(ie, made as work progresses instead of making full payment on completion: nach Abschluß von Projektphasen)*

progress planning (IndE) Arbeitsfortschritts-Planung *f*

progress report (com) Lagebericht *m*, Fortschrittsbericht *m (ie, submitted in multi-phase project realization)*

prohibition of discrimination (Kart) Diskriminierungsverbot *n*

prohibition requirements (Kart) Untersagungsvoraussetzungen *fpl*

prohibitive price (Mk) Prohibitivpreis *m*

project (com) Projekt *n (syn, scheme)*

project *v*
(com) planen *(eg, new highway)*
(com) schätzen *(eg, future plunge in birth rates)*

project appropriation request, PAR (Fin) Investitionsantrag *m*

project building (IndE) Anlagenbau *m (syn, general plant construction)*

project building enterprise (IndE) Anlagenbauer *m*

project construction division (Bw) Industrieanlagenbau *m (ie, part of a conglomerate company; syn, plant building division)*

project control system (Bw) Projektüberwachungssystem *n*

project cost (Bw) Projektkosten *pl*

project financing (Fin) Projektfinanzierung *f (ie, Projekt muß nach Anlaufzeit den Kapitaldienst selbständig erwirtschaften; in der Regel mehrere Mrd. DM)*

project financing agreement (com, US) Vertrag *m* über Projektfinanzierung

project funding (Fin) Projektfinanzierung *f*

project life (Bw) Lebensdauer *f* e–s Investitionsobjektes

project management (com) Projektleitung *f (syn, operative management)*

project management system (Bw) Projektmanagement-System *n*

project manager (Bw) Projektmanager *m*

project scheduling (Bw) Projektplanung *f*

project status report (com) Projektlagebericht *m*

project team (Bw) Projektgruppe *f*

project-tied investment funding (Fin) projektgebundene Investitionsfinanzierung *f*

prolong *v*
(com) verlängern, hinauszögern

prolongation
(com) Verlängerung *f*

promise *v*
(com) zusagen *(eg, to deliver on time)*
(Re) sich verpflichten *(eg, to be answerable for debt)*

promised quality (com) zugesicherte Qualität *f*

promising
(com) vielversprechend *(eg, talent)*
(com) zukunftsträchtig *(eg, development)*

promote *v*
(Pw) befördern *(syn, advance)*
(Bw, GB) gründen *(ie, a company)*

promote economic growth *v* (Vw) Wirtschaftswachstum *n* fördern

promoter (com) Gründer *m (ie, of a company)*

promotion
(com, GB) Gründung *f*
(Mk) Verkaufsförderung *f (syn, sales promotion)*
(Pw) Beförderung *f (syn, advancement)*

promotional allowance (Mk) Verkaufsförderungs-Bonus *m (ie, paid to middlemen)*

promotional budget (Mk) Verkaufs-förderungs-Budget *n*

promotional letter (Mk) Werbe-brief *m*

promotional mix (Mk) Verkaufsför-derungs-Mix *m*

promotion ladder (Pw, infml) Beför-derungsleiter *f*, Aufstiegsleiter *f*

promotion of interests (Re) Interes-senwahrnehmung *f*, Interessen-wahrung *f (syn, protection/safe-guarding . . . of interests)*

promotion of jobs (Pw) Arbeitsplatz-förderung *f*

promotion services department (Mk) Abteilung *f* Verkaufsförderung

prompt *v* (com) veranlassen *(eg, management to shut down a sub-sidiary)*

prompt cash (com) prompte Zah-lung *f*

prompt delivery (com) umgehende/ baldmöglichste . . . Lieferung *f (opp, sofortige Lieferung)*

prompt dispatch (com) Schnellabfer-tigung *f (syn, speedy dispatch)*

prompt payment (com) prompte Zahlung *f (ie, without delays; in U.S. within 10 working days)*

proof of delivery (com) Liefernach-weis *m*

properly constituted meeting (com) ordnungsgemäß einberufene Sit-zung *f (syn, regularly constituted meeting)*

properties (com) Immobilien *fpl*, Lie-genschaften *pl (syn, property, real . . . estate/property)*

property
(com) Besitz *m*
(com) Immobilien *fpl*, Liegen-schaften *pl (syn, properties)*
(com) Vermögensgegenstand *m (syn, item of property, asset)*
(Re) Eigentum *n (syn, complete/ full/perfect . . . ownership)*

property company (com) Immobi-liengesellschaft *f (syn, real estate company)*

property damage (Re) Sachscha-den *m*

property dealer (com, GB) Grund-stücksverkäufer *m (syn, real estate operator)*

property developer (com) Bauträ-ger *m (ie, company building and selling completed residential prop-erties)*

property development (com) Grund-stückserschließung *f (syn, real es-tate development)*

property group (com) Immobilien-gruppe *f*

property management company (Fin) Vermögensverwaltungsgesell-schaft *f*

property market (com) Grundstücks-markt *m*, Immobilienmarkt *m (syn, real estate market)*

property right (Re) Eigentums-recht *n*

property shop (com, GB) preisgünsti-ger Immobilienmakler *m (ie, cut-price estate agent)*

proper use (Re) sachgemäßer Ge-brauch *m*

proposal
(com) Vorschlag *m (syn, sugges-tion)*
(com) Angebot *n (syn, offer)*

proposal bond (com) Bietungsgaran-tie *f (syn, bid bond)*

proposal writer (com) Angebotsbear-beiter *m*

propose *v*
(com) vorschlagen
(com) nominieren *(syn, nominate)*
(com) planen

proposed merger (com) Zusammen-schlußvorhaben *n (syn, proposed transaction)*

proposed transaction (com) Vorha-ben *n*

proposition
(com) Angebot *n (syn, business offer)*

proprietary article (Mk) Markenarti-kel *m (syn, trademarked article)*

proprietary company
(com) Muttergesellschaft f, Holdinggesellschaft f *(ie, it is usually not an operating company)*

proprietary goods (Mk) Markenartikel m

proprietary interest (Fin) Eigenkapitalanteil m

proprietary name (Mk) Markenname m *(syn, proprietary label)*

proprietary position (Mk) unangefochtene Stellung f
(ie, in the market, by selling unique products that will provide high margins)

proprietor
(Re) Eigentümer m
(ie, has exclusive title to anything; in many instances synonymous with ‚owner')
(Re) Besitzer m, Inhaber m
(com) Einzelunternehmer m *(ie, in: sole /individual... proprietor; qv)*

proprietor of a business (com) Betriebsinhaber m *(syn, owner)*

proprietorship
(Re) Eigentum n *(syn, ownership)*
(com) Einzelunternehmen n *(syn, sole/individual... proprietorship)*

prop up v (com) stützen *(eg, shaky nations, overindebted nations)*

pro rata (com) anteilig

pro rata freight (com) Distanzfracht f *(syn, freight by distance)*

pro rata refund (com) anteilmäßige Rückerstattung f
(eg, of an unexpired portion of the subscription price)

pro rata temporis (com) zeitanteilig

prorate v (com) anteilmäßig verteilen

prospect (com) Interessent m *(syn, potential... customer/buyer)*

prospective building land (com) Bauerwartungsland n

prospective buyer (com) = prospect

prospective earnings (Fin) Ertragsaussichten fpl

prospective lender (com) potentieller Geldgeber m

prospects of promotion (Pw) Aufstiegsmöglichkeiten fpl *(syn, career prospects)*

prospectus (Mk) Prospekt m *(syn, folder, leaflet)*

prosperity
(com) Wohlstand m
(Vw) Prosperität f, Hochkonjunktur f

prosumer (com, infml) Verbraucher m eigener Erzeugnisse

protection of interests (Re) = promotion of interests

protection of vested rights (Re) Besitzstandswahrung f

protective tariff (AuW) Schutzzoll m *(ie, imposed to discourage foreign imports; syn, protective duty)*

pro tem
(com) zeitweilig *(syn, temporarily)*
(Pw) Teilzeitkraft f

protest strike (Pw) Warnstreik m *(eg, workers staged a...; syn, demonstration/spontaneous/token... strike)*

provable (com) beweisbar, nachweisbar

provide v
(com) bereitstellen
– zur Verfügung stellen
– liefern

„provided that..." (Re) vorbehaltlich, unter der Bedingung, mit der Maßgabe
(ie, on condition, with the understanding: Vorbehaltsklausel in Verträgen und Gesetzen; syn, with the proviso that..., qv)

provision
(Re) (Vertrags-)Bestimmung f
– Klausel f
– Vorschrift f
(ReW) Rückstellung f *(ie, liability reserve)*
(ReW, GB) Wertberichtigung f
(ie, a valuation account; the amount of a reserve for depreciation, bad debts, etc.)

provisional agreement (Re) Vorvertrag m, vorläufiger Vertrag m

(syn, preliminary/tentative... agreement)

provisional deadline (com) Zwischentermin *m*

provisional deposit (com) Bietungsgarantie *f (syn, bid bond, qv)*

provisional estimate (com) vorläufige Schätzung *f*

provision of finance (Fin) Mittelbeschaffung *f,* Zuführung *f* von Finanzmitteln

provisions of a contract (Re) Vertragsbestimmungen *fpl,* vertragliche Bestimmungen *fpl*

(syn, terms/stipulations... of a contract)

proxy

(Bw) Stimmrechtsvollmacht *f*

(ie, power of attorney authorizing a named person to vote corporate stock)

(Fin) Stimmrechtsbevollmächtigter *m*

proxy battle (Bw, US) Proxy-Auseinandersetzung *f*

(ie, contest between two or more groups seeking to gain control of enough proxies to win a vote; syn, proxy... contest/fight)

proxy fight (Bw) = proxy battle

proxy solicitation (com) Bitte *f* um Erteilung der Stimmrechtsvollmacht

proxy statement

(com) Vollmachtsformular *n*

(ie, by which stockholder confers the power to vote on other stockholders)

(com, US) Informationen *fpl,* die dem Aktionär mit der ‚proxy solicitation' zugesandt werden

proxy voting power (com) Stimmrechtsvollmacht *f (syn, proxy)*

proxy voting right (com) Vollmachtsstimmrecht *n*

prune *v*

(com) beschneiden, kürzen, streichen

(com) abstoßen *(eg, unprofitable operations)*

public (com) Öffentlichkeit *f (syn, general public, public generally, public at large)*

publication advertising (Mk) Druckmedien-Werbung *f (eg, newspapers, journals, magazines)*

public at large (com) = public

public carrier (com) öffentlicher Frachtführer *m (syn, common carrier, qv)*

public company (com, GB) Publikumsgesellschaft *f (syn, public corporation, qv)*

public corporation

(com, US) Publikumsgesellschaft *f (syn, publicly held corporation; GB, public company)*

(Re, US, GB) öffentliche Körperschaft *f*

(ie, instrument of government or formed for public purposes; eg, municipal corporation)

public debt

(FiW) Staatsverschuldung *f*

– Staatsschuld *f*

– Verschuldung *f* der öffentlichen Hand

– öffentliche Schulden *fpl*

(ie, in U. S. practice the term is restricted in meaning to the federal debt – „public debt of the United States" –, but in the nontechnical sense it is applicable to all public debt: federal government, the states and political subdivisions thereof, and municipalities; syn, government debt; GB, national debt, qv)

public finance

(FiW) öffentliche Finanzen *pl*

– Staatsfinanzen *pl*

– öffentliche Finanzwirtschaft *f*

(FiW) Finanzwissenschaft *f*

(syn, theory of public finance, public sector /fiscal... economics)

public generally (com) = public

public good (Re) öffentliches Wohl *n,* Gemeinwohl *n (syn, common weal)*

public information office (Bw) Pressestelle *f*

public invitation to tender (com) öffentliche Ausschreibung f *(syn, advertised bidding)*

publicity
(com) Publizität f
(Mk) Werbung f, Reklame f

publicity department (Bw) Abteilung f Werbung und Öffentlichkeitsarbeit

publicity stunt (Mk) Werbegag m *(syn, advertising stunt)*

publicize v
(com) öffentlich bekanntgeben, publik machen
(Mk) Werbung f treiben, Reklame f machen

public limited company, PLC, plc
(com, GB) Aktiengesellschaft f *(ie, number about 6,750; minimum capital £ 50,000; no maximum number of members, publication of accounts and consolidated accounts; cf, Companies Act 1985; opp, private) company)*

publicly held company (com) Publikumsgesellschaft f *(syn, public corporation, qv)*

publicly held corporation (com) = publicly held company

publicly quoted company (com, GB) Publikumsgesellschaft f

public offer (com) öffentliches Übernahmeangebot n *(cf, LSÜbernahmeangebote vom Januar 1979)*

public opinion poll
(Mk) Umfrage f
– Meinungsumfrage f
– Meinungsbefragung f *(syn, opinion survey)*

public opinion survey (Mk) = public opinion poll

public policy (Re) Public Policy f
(ie, als Schranke der Rechtswahl weiter als die kontinentaleuropäische ‚ordre public‘ oder ‚öffentliches Interesse‘; umfaßt insbes das zwingende private und öffentliche Recht)
(Re, appr) Grundsätze mpl der Rechts- und Wirtschaftsordnung

(eg, ... is against ... = verstößt gegen)

public policy maker (com) Politiker m

public purchasing
(FiW) öffentliche Auftragsvergabe f
– Staatseinkauf m
– Behördeneinkauf m
(syn, purchasing by governmental agencies)

public relations
(Mk) Public Relations pl
– PR-Arbeit f
– Öffentlichkeitsarbeit f

public relations outfit (Mk) PR-Firma f

public sale (com) Versteigerung f

public warehouse
(com) öffentliches Lagerhaus n

publisher (com) Verleger m

publishers (com) Verlag m

publishing firm (com) = publishers

publishing house (com) = publishers

publishing rights (Re) Veröffentlichungsrechte npl

publishing trade (com) Verlagswesen n
(syn, book industry)

puff advertising (Mk) übertreibende Werbung f, Superlativ-Werbung f *(syn, puffery)*

puffery (Mk) = puff advertising

pull back a price v (com) Preis m zurücknehmen

pull back from v (com) sich zurückziehen von, aussteigen aus *(syn, back away from)*

pull date (Mk) Frischhaltedatum n *(ie, beyond which a perishable product should not be consumed; aufgestempelt: „haltbar bis ...“)*

pull down v
(com, US) verdienen, „machen“ *(eg, $50,000 in commissions)*
(com) abreißen *(syn, tear down)*

pull down prices v
(com) Preise mpl drücken *(syn, run down/shave ... prices)*

pull in v (com) verdienen

pulling strategy (Mk) Strategie *f* zur Schaffung von Verbrauchernachfrage *(opp, pushing strategy)*

pull in sales *v* (com, infml) Umsatz *m* bringen *(eg product XY pulls in over $500 worth of sales this year)*

pull off *v* (com, infml) Erfolg haben mit, erfolgreich abschließen *(eg, deal)*

pull off a repeat *v* (com, infml) wiederholen *(eg, of Japan's strategy for exploiting RAMS)*

pull oneself together *v* (Pw, infml) sich zusammenreißen *(syn, start moving, show more stuff; GB, pull one's socks up)*

pull one's socks up *v* (com, GB) = pull oneself together

pull-out (com) Ausstieg *m* *(eg, of a big shale-oil project)*

pull out of *v* (com, infml) sich zurückziehen von, aussteigen aus *(eg, business, contract, deal; syn, back drop/opt... out)*

pull together *v* (com) zusammenarbeiten
(syn, work together, qv)

purchase
(com) Kauf *m*
– Erwerb *m*
– Anschaffung *f*

purchase *v*
(com) kaufen
– erwerben
– anschaffen *(syn, buy)*

purchase allowance (com) Preisnachlaß *m* wegen Beanstandung

purchase at lowest price (com) Bestkauf *m*

purchase budget (Bw) Einkaufsbudget *n*

purchase commitments (com) Abnahmeverpflichtungen *fpl*

purchase contract (com) Kaufvertrag *m*

purchase cost (com) = acquisition cost

purchased company (com) übernommene Gesellschaft *f* *(syn, acquire company, qv)*

purchased components (MaW) bezogene od fremdbezogene Teile *npl* *(syn, bought-in/bought-out... parts, bought-in supplies)*

purchase decision (Mk) Kaufentscheidung *f*

purchase discount (com) Skonto *n* od *m*

purchase money (com) Kaufsumme *f*

purchase of assets (com) Kauf *m* von Wirtschaftsgütern *(syn, asset deal; cf, purchase of shares, share deal)*

purchase of shares (com) Kauf *m* von Anteilen *(cf, purchase of assets)*

purchase on credit (com) Kreditkauf *m*

purchase order (com) Auftrag *m* *(ie, auf; seltener: über)*, Bestellung *f* *(ie, auf/über; syn, order, sales customer order)*

purchase order form (com) Bestellformular *n*

purchase order handling (com) Auftragsbearbeitung *f*, Auftragsabwicklung *f*

purchase order number (com) Bestellnummer *f*

purchase order processing
(com) Bestellwesen *n*
(com) Auftragsbearbeitung *f*

purchase price
(com) Kaufpreis *m*, Einkaufspreis *m*
(MaW) Beschaffungspreis *m* *(ie, invoice price of goods + expenses incidental thereto; eg, transportation, insurance, packing, customs duties)*

purchaser
(com) Käufer *m*, Erwerber *m* *(syn, buyer)*
(com) Abnehmer *m* *(syn, client, customer, buyer)*

purchasing (MaW) Einkauf *m*, Beschaffungswesen *n*
(ie, terms like purchasing, procurement, materials management, and logistics are used almost interchangeably)

purchasing agent
(com) Einkaufsagent *m (ie, employed by American and European department stores)*
(MaW) Leiter *m* der Einkaufsabteilung

purchasing and materials management (MaW) Beschaffungswesen *n (syn, procurement system)*

purchasing branch office (Bw) Einkaufsniederlassung *f*

purchasing by governmental agencies (FiW) = public purchasing

purchasing cartel (Kart) Einkaufskartell *n (syn, buying cartel)*

purchasing commission agent (com) Einkaufskommissionär *m (syn, commission buyer)*

purchasing company (com) übernehmende Gesellschaft *f (syn, acquiring company, qv)*

purchasing department (com) Einkaufsabteilung *f*, Abteilung *f* Einkauf

purchasing frequency (Mk) Einkaufshäufigkeit *f*

purchasing lead time (MaW) = procurement lead time

purchasing manual (MaW) Einkaufshandbuch *n*

purchasing planning (Bw) Einkaufsplanung *f*

purchasing policy (MaW) Beschaffungspolitik *f*

purchasing power (Mk) Kaufkraft *f (ie, ability to buy determined by income in relation to the price level; syn, spending power)*

purchasing power research (Mk) Kaufkraftforschung *f (ie, part of consumer analysis)*

purchasing program (MaW) Beschaffungsprogramm *n (syn, buying program)*

purchasing syndicate (Fin) Übernahmekonsortium *n (syn, underwriting group, qv)*

pure conglomerate merger (Bw) reines Konglomerat *n (ie, between non-competing firms;*

no functional business link = ohne wirtschaftliche Wechselbeziehungen; cf, conglomerate merger)

pure research (com) Grundlagenforschung *f (syn, basic research)*

purge a misuse *v* (com) Mißbrauch *m* abstellen

purpose-designed (com) kundenspezifisch *(syn, custom-built, customized)*

purposive rationality (Bw, Vw) zielgerichtete Rationalität *f*

purveyor of services (com) Anbieter *m* von Dienstleistungen

pushing strategy (Mk) Strategie *f*, die den Handel zur Lagerung und zum Absatz e–s Produktes zu bewegen sucht *(opp, pulling strategy)*

push money (com) Verkaufsprämie *f (ie, in retailing)*

pushover (com, infml) leichtes Opfer *n (eg, takeover target easy to defeat)*

push up *v* (com) erhöhen *(eg, prices 20% above year-ago levels)*

put a cap on *v* (com, infml) begrenzen *(eg, railroad rates)*

put a lid on spending *v* (Fin, infml) Ausgaben *fpl* begrenzen *(syn, clamp down on spending)*

put aside *v* (com, infml) sparen, zurücklegen *(syn, put by, put away in savings, squirrel away)*

put a time limit on *v* (com) befristen, Termin *m* festlegen für

put back *v* (com) verzögern *(eg, decision, delivery, production; syn, hold up, qv)*

put by *v* (com, infml) = put aside

put cargo in/on *v* (com) laden, beladen, verladen

put down *v* (com) aufschreiben, aufzeichnen *(ie, in writing; syn, write down)*

put down on the agenda *v* (com) auf die Tagesordnung setzen

put finances in order *v* (Fin) Finanzen *pl* in Ordnung bringen

put financial house in order *v* (Fin) = put finances in order

put forward *v*
(com) geltend machen, erheben *(eg, claim)*
(com) vorlegen *(eg, document)*
(com) vorschlagen *(eg, for promotion)*

put in charge of *v* (Pw) betrauen mit, e–e Aufgabe *f* übertragen

put into active service *v* (IndE) in Betrieb nehmen *(syn, commission, qv)*

put into effect *v* (Re) in Kraft setzen

put into operation *v*
(com) in Betrieb setzen *(eg, plant; syn, commission, qv)*
(Re) in Kraft setzen *(eg, an EEC regulation)*

put into perspective *v* (com) deutlich machen, veranschaulichen *(eg, a budget deficit of 5% of GNP)*

put into play *v* (com, US) angreifen *(ie, a beleaguered company; investment banking parlance for the start of a takeover battle)*

put into service *v* (IndE) = put into operation

put in writing *v* (com) schriftlich niederlegen od fixieren *(syn, fml, reduce to writing)*

put it about *v* (com) Gerücht *n* ausstreuen *(ie, that...)*

put money in/into *v* (Fin, infml) Geld *n* anlegen, investieren

put new life into *v* (com, infml) sanieren

put off *v* (com) aufschieben, zurückstellen *(ie, till /until; eg, decision, appointment, talks; syn, put back, postpone, delay, defer)*

put on *v* (com) verhängen *(eg, embargo, price control; syn impose; opp, take off, lift)*

put one's best foot forward *v* (com, infml) sein Bestes tun *(eg, to meet a promised delivery date)*

put on one side *v* (com) zurücklegen *(ie, article for customer)*

put on stream *v* (com) in Betrieb nehmen *(syn, commission, qv)*

put on the block *v* (com) zum Verkauf anbieten *(ie, up for sale)*

put on the market *v*
(com) auf den Markt bringen *(syn, to market)*

put on the shelf *v* (com) aufschieben, zurückstellen *(syn, put off, shelve)*

put out *v*
(com) herausgen
– veröffentlichen
– verteilen *(syn, broadcast, publish, print)*

put out a proposal *v* (com) Angebot *n* einreichen *(syn, submit a proposal)*

put out for tender *v* (com) ausschreiben *(syn, invite tender, put up for tender, advertise for bids)*

put out of action (com) außer Betrieb setzen

put out of business *v* (com) verdrängen *(eg, competitor; syn, drive out, freeze out)*

put out one's feelers *v* (com, infml) Fühler *mpl* ausstrecken *(syn, send out...)*

put right *v* (com) berichtigen *(eg, mistake)*

put sb's name down *v* (com) jem vormerken

put someone out to grass *v* (Pw, GB) jem in Pension/Rente schicken

put through (com) durchsetzen *(eg, price hike)*

put to *v* (com) vorlegen *(eg, rescue plan put to shareholders at an extraordinary meeting)*

put to rights *v* (com) in Ordnung bringen *(eg, government finance)*

put up *v*
(com) erhöhen, heraufsetzen, anheben *(eg, cost, price, taxes, premium; syn, increase, qv)*
(Fin) aufbringen *(eg, money, funds)*

put up capital *v* (Fin) Kapital *n* aufbringen *(syn, raise capital)*

put up one's brass plate *v* (com, GB, infml) Geschäft *n* eröffnen

put up shop *v* (com, infml) Geschäft *n* eröffnen

put up tent *v* (com, infml) Geschäft *n* eröffnen, sich selbständig machen

put up the shutters *v* (com, infml) Betrieb *m* einstellen; *sl,* „Laden dicht machen"

put up to international tender *v* (com) international ausschreiben

put up trade barriers *v* (AuW) Handelsschranken *fpl* errichten *(syn, erect)*

pyramiding
(Bw) Erwerb *m* e-r Reihe von Mehrheitsbeteiligungen an Holdings

pyramid of authority (Bw) Instanzenaufbau *m*

pyramid selling (Mk) Schneeballsystem *n,* Vertrieb *m* nach dem Schneeballprinzip *(syn, multi-level distributorship)*

pyramid structure of rations (Bw) pyramidenförmiges Kennzahlensystem *n (ie, developed by the British Institute of Management, 1956)*

Q

quadruplicate (com) vierte Ausfertigung *f (ie, write a document in ... = in 4-facher Ausfertigung, mit 3 Kopien)*

qualification
(com) Kennzeichnung *f*
(com) Bedingung *f,* Voraussetzung *f (eg, for membership)*
(Pw) Befähigung *f*
– Eignung *f*
– Qualifikation *f (syn, ability, capacity, aptitude)*

qualification pattern (Pw) Qualifikationsstruktur *f*

qualification profile (Pw) Qualifikationsprofil *n*

qualified majority (com) qualifizierte Mehrheit *f (ie, more than three quarters of all votes cast)*

qualified minority (com) qualifizierte Minderheit *f (ie, represents at least 25% of the equity capital)*

qualified opinion (ReW, US) eingeschränkter Bestätigungsvermerk *m*
(ie, states specific exceptions made as result of audit; cf, disclaimer of opinion, adverse opinion; syn, qualified ... certificate/report, with-the- exception-of opinion)

qualify *v*
(Pw) sich qualifizieren *(ie, for, für)*

qualifying examination (Pw) Eignungsprüfung *f*

qualifying market share (Kart) maßgebender Marktanteil *m*

qualitative edge over (Mk) Qualitätsvorsprung *m* vor *(ie, one's competitors)*

qualitative interview
(Mk) qualitatives Interview *n*
– Intensivinterview *n*
– Tiefeninterview *n (syn, depth interview)*

quality
(com) Qualität *f,* Güte *f*
(com) Beschaffenheit *f,* Eigenschaft *f*

quality analysis (IndE) Qualitätsprüfung *f (ie, of the quality goals of a product)*

quality assurance (IndE) Qualitätssicherung *f*

quality assurance surveillance (IndE) = quality control surveillance

quality-based strategy (Mk) Qualitätsstrategie *f*

quality category (com) Güteklasse *f*

quality competition (com) Qualitätswettbewerb *m,* Qualitätskonkurrenz *f*
(syn, competition on quality, competition in terms of quality)

quality control (IndE) Qualitätskontrolle *f*

quality description (com) Beschaffenheitsangabe *f*

quality extra (com) Güteaufpreis *m*

quality failure (com) Qualitätsmangel *m*

quality label (Mk) Gütezeichen *n* *(syn, quality mark, brand name)*

quality management (IndE) Qualitätssicherung *f (ie, covers quality control and quality assurance)*

quality mark (Mk) = quality label

quality market (Mk) Qualitätsmarkt *m (ie, where quality matters most)*

quality protection (Mk) Qualitätssicherung *f (ie, of merchandise)*

quality risk (com) Qualitätsrisiko *n*

quality specifications (com) Qualitätsvorschriften *fpl*

quality standard (com) Qualitätsnorm *f*, Gütevorschrift *f*

quality system (IndE) Qualitätssicherungs-System *n* *(ie, includes quality control and quality management; syn, quality... plan/program)*

quantitative interview (Mk) quantitatives Interview *n*

quantitative survey (Mk) quantitative Umfrage *f*

quantitative technique (Bw) quantitatives Verfahren *n*

quantity (com) Menge *f*, Quantität *f*

quantity adjustment (Mk) Mengenanpassung *f*

quantity buyer (com) Großabnehmer *m*

quantity discount (com) Mengenrabatt *m*, Rabatt *m* bei Mengenabnahme *(syn, bulk/volume... discount)*

quantity issued (MaW) Entnahmemenge *f (ie, from stock)*

quantity rebate (com) Mengenrabatt *m* *(eg, discount for bulk purchase; syn, bulk/volume/quantity... discount)*

quantity shipped (com) gelieferte Menge *f*

quarter dividend (Fin) Zwischendividende *f*

– Interimsdividende *f*
– Abschlagsdividende *f*
(ie, Zahlung ist in Deutschland im Ggs zu den USA nicht üblich; cf, § 59 AktG; syn, fractional dividend payment)

quasi partner (com) Scheingesellschafter *m* *(syn, nominal/ostensible... partner; GB, holding-out partner)*

quasi reorganization (com, US) Quasi-Sanierung *f*, freiwilliger Vergleich *m* *(ie, formal adoption of a plan to restate all corporate assets and liabilities at current values and to charge an accumulated deficit to the paid-in capital accounts; syn, corporate readjustment)*

quay (com) Kai *m (ie, used to load/ unload cargo; syn, dockside, wharf)*

quayage (com) Kaigebühren *fpl (syn, dock charges, qv)*

quay receipt (com) Kai-Receipt *n*

query (com) Frage *f (syn, question, inquiry)* (com) Fragezeichen *n (syn, question mark)*

query *v* (com) verbindliche Auskunft *f* verlangen *(ie, ask for authoritative information)*

query department (com, US) Reklamationsabteilung *f*

questionnaire (Mk) Fragebogen *m*

queue (com) Warteschlange *f (syn, waiting line, line-up)*

quick assets (Fin) flüssige Mittel *pl* und Forderungen *fpl (ie, current assets minus inventories; syn, realizable assets)*

quick-buck approach (com, infml) Bestreben *n*, rasch Gewinne zu machen *(ie, neglecting any longer-term considerations)*

quick fix (com, infml) Patentlösung *f* *(syn, magic/patent . . . solution, simple blueprint)*

quick freeze (com) Schockgefrieren *n* *(ie, causes the formation of ice crystals too small to rupture cell walls an thawing; method used in food processing)*

quickie poll (Mk) Blitzumfrage *f*

quickie strike (Pw, infml) kurze Arbeitsniederlegung *f*, Blitzstreik *m* *(syn, lightning strike; infml, downer)*

quick money (Fin) flüssige Mittel *pl* *(ie, available at short notice)*

quid pro quo (Re) Gegenleistung *f* *(syn, consideration, qv)*

quintuplicate (com) fünfte Ausfertigung *f* *(eg, in quintuplicate: in 5-facher Ausfertigung)*

quit on the job *v* (Pw, infml) schlampig arbeiten *(ie, do shoddy work)*

quorate meeting (com) beschlußfähige Versammlung *f*

quorum (com) Quorum *n*, beschlußfähige Anzahl *f* *(ie, taken from the Latin phrase: ,numerus membrorum quorum praesentia necesse est'; number of members of a body that when duly assembled is legally competent to transact business)*

quota (com) Quote *f*

quota agreement (Kart) Produktionskartell *n*

quota cartel (Kart) Quotenkartell *n* *(syn, US, commodity restriction scheme)*

quota regime (EG) Quotenregelung *f*

quote a price *v* (com) Preis *m* angeben

quoted company (Fin) börsennotiertes Unternehmen *n* *(syn, listed company)*

R

racking control system (IndE) Hochregalsteuerung *f*

rack jobber (Mk) Regalgroßhändler *m*, Service Merchandiser *m*

rack merchandising (Mk) Regalgroßhandel *m* *(ie, self-service from racks)*

rack up profits *v* (com, infml) Gewinne *mpl* machen

radical redesign (com) völlige Neugestaltung *f*

rag business (com, infml) Damen-Bekleidungsindustrie *f* *(ie, ladies' fashion apparel industry; rag . . . trade/game)*

rail carrier (com, US) Bahnfrachtführer *m* *(ie, provides railroad transportation for compensation; cf, 49 USC § 10102(17))*

rail charges (com) Bahnfracht *f*

rail connection (com) Bahnanschluß *m*

rail connexion (com, GB) = rail connection

rail freight (com) Bahnfracht *f*

rail freight traffic (com) Eisenbahngüterverkehr *m*, Bahnfrachtverkehr *m*

railroad (com, US) Eisenbahn *f*, Bahn *f* *(syn, GB, railway)*

railroad agent (com) Bahnspediteur *m*

railroad bill of lading (com) Bahnfrachtbrief *m* *(ie, this document is transferable or negotiable; the German counterpart is neither: it is a mere instrument of evidence = Beweisurkunde; syn, railroad waybill, freight bill; GB, consignment note, letter of consignment)*

railroad car (com) Eisenbahnwagen *m (syn, railcar)*

railroad delivery (com) Bahnzustellung f

railroad freight (com) Bahnfracht f

railroad freight traffic (com) = rail freight traffic

railroad loading charge (com) Ladegebühr f, Ladegeld n

railroad mail service (com) Bahnpost f

railroad rates (com) Eisenbahntarif m (syn, GB, railway rates)

railroad traffic (com) Bahnverkehr m

railroad waybill (com) = railroad bill of lading

rails
(Bw, US) Eisenbahngesellschaften fpl

rail traffic (com) Schienenverkehr m

rail trailer shipment (com) Huckepackverkehr m (syn, piggyback)

rail transport
(com) Bahnbeförderung f, Bahntransport m
(com) Bahnfrachtgeschäft n

railway (com, GB) Eisenbahn f, Bahn f (syn, US, railroad)

railway advice (com, GB) Bahnmitteilung f über Ankunft von Fracht (ie, und Aufforderung zur Abholung)

railway carrier (com, GB) Bahnspediteur m

railway consignment note (com, GB) Bahnfrachtbrief m (cf, railroad bill of lading)

railway rates (com, GB) Eisenbahntarif m (syn, railroad rates)

railway transport (com, GB) Bahntransport m

raise (com, US) Erhöhung f (syn, increase, rise)

raise v
(com) erhöhen
– heraufsetzen
– anheben
– steigern (syn, increase, qv)
(Fin) aufnehmen (eg, money, funds, loan; syn, borrow, take up)

raise a credit v (Fin) Kredit m aufnehmen od beschaffen (syn, take up/on)

raise a loan v (Fin) Anleihe f aufnehmen (syn, contract a loan)

raise a sample v (com) Stichprobe f hochrechnen (syn, extrapolate/blow . . . a sample)

raise capital v (Fin) Kapital n aufbringen od beschaffen (syn, put up capital)

raise cash v (Fin) = raise funds

raise funds v (Fin) Mittel pl aufbringen od beschaffen

raise money v
(Fin) Geld n aufnehmen
– Geld n aufbringen
– Geld n beschaffen (syn, find/procure/dig up . . . money)

raise the ante v (com, infml) Einsatz m erhöhen

raise the wind v (Fin, infml) rasch Geld n beschaffen

rake in profits v (com, infml) hohe Gewinne mpl einstreichen

rake off
(com, infml) Preisnachlaß m (syn, price reduction)
(com) Gewinnanteil m
(com) widerrechtliche Gewinnentnahme f

rake off v (com, infml) Geld n einstreichen, jem unrechtmäßig zu viel Geld abnehmen (eg, the tax office rakes 50% off every dollar I earn in royalties)

rally v (com) sich erholen, anziehen (eg, economy as a whole, commodity prices, security prices)

ram home v (Mk, infml) (durch ständiges Wiederholen) eintrichtern (eg, an ad message to the public)

rampage on expenses (com, infml) Kosteneinsparung f

ram through v (com, infml) durchboxen, durchpauken (eg, plan, project)

random weight coding (Mk) Codierung f von Gewichtsware

range (com) Bereich m (syn, domain, scope, sector, sphere)

range of goods (Mk) Sortiment *n*
(syn, product range, qv)
range of goods/services offered (Mk)
Angebotspalette *f*
range of investment vehicles (Fin)
Anlagenpalette *f*
range of participants (com) Teilneh-
merkreis *m*
range of products (Mk) Sortiment *n*,
Produktpalette *f*
*(syn, product range, product spec-
trum)*
range of services (com) Dienstlei-
stungspalette *f*
(syn, array, palette)
rapid catch-up (com) kurzfristige
Einführung *f* von Spitzentechnologie auf breiter Front
*(ie, no gradual, step-by-step moder-
nization)*
rapid money transfer (Fin) Eilüber-
weisung *f*
ratable (com) anteilig *(syn, GB, rateable)*
rate
(com) Satz *m*
– Preis *m*
– Kurs *m*
(Fin) = rate of interest
rate *v*
(com) bewerten
– einstufen
– klassifizieren
*(ie, in class or bracket; eg, copper is
rated . . . above its real value; syn,
appraise, assess, evaluate)*
rateable (com, GB) = ratable
rate agreement *n* (com) Frachtratenab-
kommen *n*
*(ie, among ocean carriers, similar
to a conference agreement)*
rate base
(Mk) zugesicherte Mindestaufla-
ge *f*
*(ie, many computer magazines
failed to reach their rate bases in the
first half of this year)*
rate card (Mk) Anzeigenpreisliste *f*
*(ie, lists standard charges for adver-
tising)*

rate cutting
(com) Frachtunterbietung *f (ie, in
ocean shipping)*
rated capacity (Bw) Sollkapazität *f*
rate differential (Fin) Zinsgefälle *n*
rate discrimination (Kart) Preisdiskriminierung *f*
rated output (IndE) Soll-Leistung *f*
rate fixing
(Bw, US) behördliche Preisfestsetzung *f*
*(ie, administrative agencies sets the
charges a company may request for
its services)*
rate holder (Mk) Dauerinserent *m*
rate of activity (Bw) Beschäftigungsgrad *m*
rate of capacity utilization (IndE)
Auslastung *f*, Auslastungsgrad *m*
*(syn, plant utilization rate, operat-
ing . . . rate /performance)*
rate of change
(com) Änderungsrate *f*
rate of equity turnover (Bw) Umschlaghäufigkeit *f* des Kapitals
(syn, equity-sales ratio)
rate of escalation (com) Steigerungs-
rate *f (eg, in material prices)*
rate of exchange (Fin) Wechselkurs *m (syn, foreign exchange rate,
qv)*
rate of expansion (com) = rate of
growth
rate of growth
(Bw) Wachstumsrate *f*
– Zuwachsrate *f*
– Expansionsrate *f (syn, growth
rate, rate of expansion)*
rate of increase (com) = rate of
growth
rate of interest (Fin) Zinssatz *m (ie,
annual percentage paid for the use
of borrowed money)*
rate of merchandise turnover (Bw)
Umschlaghäufigkeit *f* des Warenbestandes *(syn, inventory/sales . . .
ratio)*
rate of new orders (com) Auftragseingang *m (syn, new orders, qv)*
rate of output (Bw) Ausstoßrate *f*

rate of profitability (Bw) Rentabilität *f (syn, profitability, qv)*

rate of public acceptance (Mk) Sättigungspunkt *m*

rate of return
(Bw) Rentabilität *f (ie, rate of annual profit to capital employed)*
(Fin) Rendite *f*

rate of return on capital employed (Bw) Rentabilität *f (syn, profitability, qv)*

rate of return on equity (Fin) Eigenkapitalrentabilität *f (syn, equity yield rate)*

rate-of-return pricing (Bw) Preisfestsetzung *f* unter Berücksichtigung e-r angemessenen Rendite

rate of selling (Mk) Absatzgeschwindigkeit *f*

rate of total capital turnover (Bw) Umschlaghäufigkeit *f* des Gesamtkapitals *(syn, total capital-sales ratio)*

rate of turnover (Bw) Umschlaghäufigkeit *f (syn, turnover rate, qv)*

rate of usage (MaW) Lagerabgangsrate *f (syn, usage rate)*

rate setting
(com) Festsetzung *f* von Abgabepreisen *(syn, rate making)*

rate support (Fin) Kurssicherung *f (syn, covering, rate hedging)*

rate up *v* (com, US) erhöhen *(eg, insurance premiums)*

rate war (Bw) Preiskrieg *m*
(ie, selling below cost in an attempt to drive rivals out of business; syn, price war)

ratio
(Bw) betriebswirtschaftliche Kennzahl *f* od Kennziffer *f (syn, operating figure)*

ratio analysis
(Bw) Kennziffernanalyse *f (eg, the „14 Important Ratios" regularly published by Dun & Bradstreet, Inc. are as follows:*
1. Current assets to current debt.
2. Net profits on net sales.
3. Net profits on tangible net worth.

4. Net profits on net working capital.
5. Net sales to tangible net worth.
6. Net sales to net working capital.
7. Collection period.
8. Net sales to inventory.
9. Fixed assets to tangible net worth.
10. Current debt to tangible net worth.
11. Total debt to tangible net worth.
12. Inventory to net working capital.
13. Current debt to inventory.
14. Funded debt to net working capital.

rational
(com) vernunftgemäß, rational
(com) vernünftig, angemessen *(ie, reasonable)*

rational behavior (Bw) Rationalverhalten *n*

rational buying motives (Mk) rationale Kaufmotive *npl*

rationalization (Bw) Rationalisierung *f*
(ie, productivity improvements through replacing manpower by machinery)

rationalization investment (Bw) Rationalisierungsinvestition *f (ie, investment for plant modernization)*

rationalize *v* (Bw) rationalisieren *(syn, modernize, streamline)*

ratio of debt to net worth (Bw) Verschuldungsgrad *m*, Verschuldungskoeffizient *m*
(ie, relation between share capital and loan capital; syn, debt-equity ratio)

ratio of equity to fixed assets (Bw) Anlagendeckung *f*

ratio of fixed assets to total assets (Bw) Anlagenintensität *f*

ratio of merchandise to sales (ReW) Lagerumschlag *m (syn, merchandise turnover)*

ratio of sales to receivables (Bw) = accounts receivable turnover

ratios (Bw) betriebswirtschaftliche Kennziffern *fpl*

raw commodity market (com) Rohstoffmarkt *m*

raw deal (com) schlechte Behandlung *f (eg, give business travelers a . . .)*

raw land (com) unerschlossene Grundstücke *npl (syn, undeveloped land)*

raw materials
(com) Rohstoffe *mpl (syn, primary products)*
(IndE) Werkstoffe *mpl,* Vormaterial *n*
(ie, used as feedstock for a processing operation)

raw materials and supplies (ReW) Roh-, Hilfs- und Betriebsstoffe *mpl*

raw materials requisition (MaW) Materialanforderung *f*

raw materials stores
(MaW) Rohmateriallager *n*
(MaW) Vormateriallager *n*

R&D
(Bw) = research and development

résumé
(com) Zusammenfassung *f (syn, summary, précis)*
(Pw) tabellarischer Lebenslauf *m (syn, personal record sheet, qv)*

reach an accommodation *v* (com) Einigung *f* erzielen *(ie, esp in money matters)*

reach up *v* (com) anstreben *(eg, to a top position)*

reaction management (Bw, US) passiv reagierendes Management *n (ie, limits its attention and activities to immediate problems)*

reader research (Mk) Leserforschung *f*

readership
(Mk) Leserschaft *f (syn, print media audience)*

reader survey (Mk) Leseranalyse *f (syn, audience analysis)*

readiness to deliver (com) Lieferbereitschaft *f*

readiness to operate (IndE) Betriebsbereitschaft *f*

readjustment losses (Bw) Umstellungsverluste *mpl*

ready cash (com, GB, infml) Bargeld *n*

ready date (com) Zeitpunkt *m* der Versandbereitschaft

ready delivery (com) Lieferung *f* sofort nach Auftragseingang

ready for operation (IndE) = ready to operate

ready for shipment (com) versandbereit

ready-for-shipment note (com) Versandanmeldung *f*

ready for the market (com) marktreif *(syn, fully developed, market ripe)*

ready-made solution (com) Patentlösung *f,* Patentrezept *n (syn, patent solution, qv)*

ready sales (com) leichter Absatz *m*

ready to be voted on (com) beschlußreif

ready to go into operation (IndE) = ready to operate

ready to operate (IndE) betriebsbereit, betriebsfähig
(syn, ready for operation, ready to go into operation, in operating/ working . . . order, operational)

real (com) real
(syn, in real terms, in terms of real value; opp, in money terms = nominell)

real estate
(com, US) Immobilien *fpl,* Grundbesitz *m*
(ie, nonlegal term for ‚real property‘, comprising land, buildings, and appurtenances thereto = Zubehör)

real estate agent (com) Grundstücksmakler *m,* Immobilienmakler *m (syn, real estate broker; GB, estate/ land . . . agent)*

real estate broker (com) = real estate agent

real estate company (com) Immobiliengesellschaft *f (syn, property company)*

real estate developer (com) Immobilienunternehmer *m (syn, real estate operator)*

real estate development company (com) Bauträgergesellschaft *f (ie, one that subdivides land into sites, builds houses and sells them)*

real estate firm (com) Immobilienfirma *f*

real estate industry (com) Immobilienbranche *f*

real estate limited partnership (com, US) Immobiliengesellschaft *f*

real estate management (com) Grundstücksverwaltung *f*

real estate manager (com) Grundstücksverwalter *m*

real estate market (com) Grundstücksmarkt *m*, Immobilienmarkt *m (syn, property market)*

real estate operator (com) Grundstücksverkäufer *m (syn, GB, property dealer)*

real estate owner (com) Grundstückseigentümer *m*

real estate syndicators (com) Immobiliengruppe *f*

real estate tract (com) Grundstück *n (syn, plot of land, qv)*

real estate transaction (com) Grundstücksgeschäft *n*

real interest rate (Fin) Realzins *m (ie, nominal rate minus inflation)*

reality shock (Pw) Praxisschock *m*

realizable value (com) Veräußerungswert *m*

realization
(com) Verkauf *m*, Veräußerung *f (ie, conversion of merchandise, receivables, securities, real estate, etc into cash; may be an ordinary sale, a forced sale, a profit-taking sale, etc; a variant of the term „sale" or „selling")*

realization value (ReW) Veräußerungswert *m*, Realisationswert *m (opp, book/cost/inventory... value)*

realize *v*
(Fin) verkaufen

– veräußern
– realisieren *(syn, liquidate, sell)*

realized gain or loss (com) realisierter Gewinn *m* od Verlust *m (ie, difference between net sale price and its net cost)*

realize upon *v* (com) zu Geld machen, liquidieren *(eg, staple is easy to... by sale at any time)*

reallocate *v* (com) erneut zuteilen, zuweisen
(Pw) (Mitarbeiter) umsetzen *(eg, to new jobs)*

reallocate funds *v* (Fin) Mittel *pl* umschichten

real net output (Bw) Wertschöpfung *f (syn, value added, qv)*

real property (Re, US) = real estate *(ie, this is the term used in law)*

real rate of interest
(Fin) effektiver Zins *m*, Effektivverzinsung *f (syn, effective rate, qv)*

realtor (com, US) Immobilienmakler *m (ie, member of the National Association of Realtors)*

reap high profits *v* (com, infml) hohe Gewinne *mpl* machen

reappoint *v*
(com) wiederernennen
(Pw) wieder einstellen *(syn, re-engage, reinstate)*

reappointment
(com) Wiederernennung *f (eg, as chairman of the board)*
(Pw) Wiedereinstellung *f (syn, re-engagement, reinstatement)*

reapportion *v* (com) neu zuteilen

reappraisal (com) Neubewertung *f (syn, reassessment)*

reappraise *v* (com) neu bewerten

rearguard action (com, infml) Nachhutgefecht *n (eg, fight a... against the robotization of industry)*

rearrange *v* (com) umstellen, umdisponieren

rearrangement (com) Umdisposition *f*

reasearch capabilities (com) Forschungspotential *n*

reasonable (com) angemessen, vertretbar *(syn, defensible, justifiable)*

reasonable care and skill (Re) angemessene Sorgfalt *f*

reasonable degree of competition (Kart) nennenswerter Wettbewerb *m*

reasonable notice (Re, Pw) angemessene Kündigungsfrist *f*

reasonable price (com) angemessener od annehmbarer Preis *m (syn, bona fide price)*

reasonable refusal (Re) begründete Weigerung *f*

reasonable time (com) angemessene Frist *f*

reasonable value (com) angemessener Wert *m* e-r Immobilie
(ie, parallel to the existing market value)

reasoned statement (com) Begründung *f (eg, make a... in defense of...)*

reason out of *v* (com) (mit Gründen) abbringen von

reassess *v* (com) neu bewerten

reassessment (com) Neubewertung *f (syn, reappraisal, rerating)*

rebate (com) Preisnachlaß *m*, Rabatt *m* *(ie, rebate differs from a discount, which is deducted in advance)*
(com) Rückvergütung *f (syn, reimbursement)*

rebid a requirement *v* (com) Bedarf *m* neu ausschreiben

rebound (com) Anstieg *m (eg, a sharp rebound in prices)*

rebound *v* (com) wieder ansteigen *(eg, sales)*

rebuild inventory *v* (MaW) Lager *n* auffüllen *(syn, restock, qv)*

recall (com) Abberufung *f*
(com) Rückruf *m (eg, of defective cars by carmaker)*
(Pw) Wiedereinstellung *f (ie, of laid-off workers)*

recall *v*
(com) abberufen *(eg, board member; syn, dismiss, withdraw)*
(com) rückrufen
(Pw) wieder einstellen

recall action (com) Rückrufaktion *f*

recall notice (com) Rückrufanzeige *f (ie, letter or public statement from the manufacturer that product should be returned for repair or exchange)*

recall test (Mk) Gedächtnistest *m (syn, aided recall test)*

recapture cost *v* (com) Kosten *pl* hereinholen *(syn, recover)*

recargo (com) Aufschlag *m*

recede *v* (com) zurückgehen

receipt (com) Quittung *f*
(ie, evidence of payment; practically abandoned in modern business)

receipt *v* (com) quittieren

receipted invoice (com) quittierte Rechnung *f*

receipt of delivery (com) Ablieferungsbescheinigung *f*

receipt of goods (MaW) Warenannahme *f*

receipt of payment (Fin) Zahlungseingang *m*

receipts (com) Einnahmen *fpl*
(MaW) Lagerzugänge *mpl (syn, inventory receipts, addition to stocks)*

receivables (ReW) Forderungen *fpl*, Debitoren *pl (ie, aggregate of accounts receivables, notes receivables, accrued income receivables)*

receivables outstanding (ReW) = accounts receivable

receivables turnover (Fin) Debitorenumschlag *m (ie, Verhältnis Umsatz zum durchschnittlichen Debitorenbestand)*

receivables turnover ratio (Fin) Forderungsumschlag *m*

received bill of lading (com) Übernahmekonnossement *n (ie, be-*

scheinigt dem Ablader nur den Empfang der Ware durch den Reeder zur Verschiffung; cf, § 642 HGB)

received for shipment bill of lading (com) = received bill of lading

receiver (com) Empfänger *m (syn, addressee, recipient)*

receiving apron (com, US), Wareneingangsliste *f (ie, statement listing all data about an incoming consignment)*

receiving department (MaW) Warenannahme *f*, Eingangsabteilung *f*

receiving forwarding agent (com) Empfangsspediteur *m (ie, routes individual consignments of a collective shipment = Sammelladung zum Bestimmungsort)*

receiving inspection (MaW) Eingangskontrolle *f*, Eingangsprüfung *f (ie, of incoming goods)*

receiving location (MaW) Warenannahmestelle *f*

receiving note (com) Ladeschein *m*

receiving report (com) Eingangsmeldung *f*

receiving slip (MaW) Wareneingangsschein *m (syn, receiving ticket)*

receiving station (MaW) Empfangsstelle *f* der Wareneingangsabteilung

receiving ticket (MaW) = receiving slip

receptive market (Mk, Bö) aufnahmefähiger od aufnahmebereiter Markt *m (syn, ready market)*

receptive to innovation (Bw) innovationsbewußt

recess a meeting *v* (com) Sitzung *f* vertagen *(syn, adjourn a meeting)*

recess contract talks *v* (Pw) Tarifverhandlungen *fpl* unterbrechen

recession-proof industry (Bw) konjunktursichere Branche *f*

recession-resistant (Bw) rezessionssicher *(eg, service business)*

recipe for success (com) Erfolgsrezept *n*

recipient (com) Empfänger *m (syn, receiver, addressee)*

reciprocal buying (Kart, US) wechselseitige Lieferbeziehungen *fpl*

reciprocal dealing (Kart, US) Gegenseitigkeitsvereinbarung *f (ie, one firm agrees to buy from another on condition that the second buy from it; certain types are violative of Sect 1 Sherman Act of 1890 and of Sect 7 Clayton Act of 1914; syn, reciprocity arrangement)*

reciprocal service (com) Gegendienst *m (syn, service in return)*

reciprocity arrangement (Kart) = reciprocal dealing

recitals (Re) Vertragsgrundlage *f (ie, Einleitung durch WHEREAS...)*

reckless price cutting (com) Preisschleuderei *f*

reckon *v* (com) rechnen, berechnen (com, US) annehmen *(syn, figure out)*

reclaim *v* (com) zurückfordern *(syn, claim back)*

reclassify *v* (com) umstufen, umgruppieren

recognition (ReW, US) Ausweis *m (ie, of an item in the financial statement of a business entity)*

recognition test (Mk) Wiedererkennungsprüfung *f*, Wiedererkennungsverfahren *n*

recognize *v* (ReW) verbuchen *(ie, on books of account; syn, enter in/on, carry on, post to)*

recognize on *v* (ReW) buchen, verbuchen *(syn, recognize, qv)* (ReW) ausweisen *(ie, in an account; syn, show on the books, list)*

recommended price (com) empfohlener Preis *m*, Richtpreis *m (syn, suggested price)*

recommended retail price (com) empfohlener Abgabepreis *m*

recompense
(Pw) Vergütung *f* *(ie, as a reward for services rendered)*

reconfirm *v* (com) erneut bestätigen *(cf, confirm)*

reconquer a market *v* (com) Markt *m* zurückerobern

reconsignment (com) Umleitung *f* e-r Sendung

reconstruction (Bw, GB) Sanierung *f* e-r Gesellschaft
(ie, Änderung der Kapitalstruktur: may be achieved through 1. merger or amalgamation; 2. formation of a new company; 3. scheme of composition or arrangement = Vergleich; syn, US, reorganization)

reconvene *v*
(com) erneut einberufen
(com) erneut zusammentreten

recooperage (com) Reparatur *f* beschädigter Container

record
(com) Aufzeichnung *f*
(com) Verzeichnis *n*

record *v*
(com) aufzeichnen, schriftlich festhalten
(com) registrieren
(ReW) ausweisen *(ie, on the books; syn, recognize, show)*
(ReW) erfassen, verrechnen
(Re) protokollieren

record a transaction *v* (ReW) Geschäftsvorfall *m* verbuchen *(ie, make an entry; syn, book, enter, post)*

recorded delivery (com, GB) Bestätigung *f* der Auslieferung e-r Brief- od Paketsendung; it is cheaper than registered post, and something like ‚certified mail‘ in U.S.

records (com) Aufzeichnungen *fpl*, Unterlagen *fpl*
(ie, accounts, correspondence, memorandums, tapes, disks, papers, books and other documents or transcribed information of any

type, whether expressed in ordinary or machine language; cf, Sec 15 USC § 78 (a) (37))

recoup *v*
(com) zurückgewinnen, wettmachen *(eg, losses)*
(com) entschädigen *(syn, reimburse, compensate)*

recoup costs *v* (com) Kosten *pl* wieder hereinholen *(syn, recapture, recover)*

recourse factoring (Fin) unechtes Factoring *n*
– Factoring *n* mit Regreß
– Factoring *n* mit Rückgriffsrecht
– Factoring *n* ohne Delcredere-Übernahme *(opp, nonrecourse factoring, qv)*

recover *v*
(com) sich erholen
(eg, the economy, stock prices)
(com) wieder hereinholen, decken *(eg, increased cost through higher prices; syn, make up for, recoup, recapture)*

recovery
(Vw) Aufschwung *m*, Wiederbelebung *f* *(ie, economic upturn)*

recovery cost (ReW) Wiederbeschaffungskosten *pl* *(syn, replacement cost)*

recovery of demand (com) Nachfragebelebung *f*

recruit *v* (Pw) einstellen *(syn, engage, hire)*

recruiting expenses (Pw) Einstellungskosten *pl*

recruiting policy (Pw) Personalbeschaffungspolitik *f*

recruiting sources (Pw) Anwärterkreis *m*, Bewerberkreis *m*

recruit labor *v* (Pw) Arbeitskräfte *fpl* anwerben

recruitment (Pw) Anwerbung *f*, Personalbeschaffung *f* *(syn, personnel procurement)*

recruitment ban (Pw) Anwerbestopp *m* *(syn, recruitment stop)*

recruitment rate (Pw, GB) Einstellungsquote *f*

rectification (com) Berichtigung *f*
(syn, adjustment, correction)

rectify *v* (com) berichtigen, bereinigen *(eg, mistakes in a contract; syn, correct, put right, straighten out)*

rectify a defect *v* (com) Schaden *m* beheben *(syn, remedy a defect, repair a damage)*

rectify defects *v* (IndE) nachbessern *(syn, rework)*

recuperate *v* (com) sich erholen *(eg, shares recuperated toward the close; syn, recover)*

redeem *v*
(Fin) tilgen, ablösen *(ie, pay off, repay; eg, loan, mortgage)*
(Fin) zurückkaufen

redeemable (Fin) rückzahlbar, ablösbar
(ie, optional retirement before compulsory muturity; refers to stocks and bonds; syn, repayable, refundable)

redeem a loan *v* (Fin) Anleihe *f* tilgen *(syn, repay a loan)*

redefine *v*
(com) neu formulieren, umformulieren *(syn, reformulate)*

redefine a company *v* (Bw) Unternehmen *n* umgruppieren *(eg, will now focus on another product line)*

redemption (Fin) Tilgung *f*
(ie, exchange of bonds for cash; one of three methods of extinguishing bonded indebtedness; the other two are refunding and conversion: Umschuldung/Refinanzierung und Konversion)
(Fin) Rückzahlung *f*
(Fin) Einlösung *f* *(ie, of bank notes in exchange for cash)*
(Fin) Rücknahme *f* von Anteilscheinen *(eg, von Investmentfonds)*

redeployment of assets (Bw) Vermögensumschichtung *f*

redesign *v* (com) umgestalten, umstrukturieren *(syn, restructure)*

redetermination of price (com) Neufestsetzung *f* e-s Preises

redetermine *v* (com) neu festsetzen

redirect *v* (com, GB) umadressieren, weiterleiten *(ie, instruction to Post Office; redirect to . . .; syn, US, forward)*

redirect to *v* (com, GB) weiterleiten *(ie, instructions to post office on envelope)*

rediscount
(Fin, US) Rediskont *m*
(ie, the discounting for the second time of commercial paper by a Federal Reserve Bank for a member bank)
(Fin) Rediskont *m*
(ie, any note is rediscounted whenever an endorser negotiates it)

rediscount *v* (Fin) rediskontieren

rediscount a bill *v* (Fin) Wechsel *m* rediskontieren

rediscountable (Fin) rediskontfähig *(syn, eligible for rediscount)*

redispatch (com) Weiterversendung *f*

redo *v* (com) umbauen *(eg, mansions for sale as multifamily dwellings; syn, convent)*

redraft *v* (com) umformulieren, umschreiben *(syn, rephrase, reformulate)*

redress *v* (com) ausgleichen *(eg, balance of payments)*

redress grievances *v* (Pw) Beschwerdepunkte *mpl* beseitigen

red tape
(com) unbewegliche Bürokratie f, „Papierkrieg" *m*

red-tape ridden (Bw) verkrustet *(eg, organization)*

reduce *v*
(com) abbauen
– herabsetzen
– kürzen
(eg, prices, wages; syn, cut, cut back, pare down, trim)

reduce capital *v* (Fin) Kapital *n* herabsetzen

reduced hours (Pw) verkürzte Arbeitszeit *f*

reduced rate
(com) ermäßigter Satz *m*
(com) ermäßigte Gebühr *f*

reduce inventory v (MaW) Lager n abbauen (syn, destock, qv)

reduce personnel v (Pw) Personal n abbauen, Personalbestand m verringern
(syn, cut staff; slim/pare/trim... workforce)

reduce to writing v (com, fml) schriftlich fixieren

reduction
(com) Kürzung f
– Nachlaß m
– Rabatt m
(syn, discount, deduction, rebate, qv)

reduction in output (IndE) Produktionseinschränkung f (syn, production cutback, qv)

reduction of capacity (Bw) Kapazitätsabbau m (syn, cutback in capacity, qv)

reduction of contract price (Re) Minderung f des Kaufpreises

reduction of hours (Pw) = reduction of working hours

reduction of inventories (MaW) Lagerabbau m (syn, destocking, qv)

reduction of personnel (Pw) Personalabbau m (syn, cutback in employment)

reduction of workforce (Pw) Abbau m der Belegschaft (syn, cutting down of workforce, slashing manning levels)

reduction of working hours (Pw) Arbeitszeitverkürzung f (syn, cut in working time, shorter hours)

redundancies (Pw, GB) Entlassungen fpl

redundancy
(Pw, GB) Entlassung f (ie, dismissal from a job; through layoff or early retirement)
(Pw) Arbeitslosigkeit f (syn, unemployment)

redundant
(Pw, GB) arbeitslos (ie, out of work)

redundant capacity (Bw) Überkapazität f (syn, surplus capacity, qv)

redundant workers (Pw, GB) freigesetzte Arbeitskräfte fpl (cf, redundancy)

reemploy v (Pw) wieder einstellen (syn, rehire, reinstate)

reemployment (Pw) Wiedereinstellung f (ie, of laidoff workers)

reengage v (Pw) = reemploy

reengagement (Pw) Wiedereinstellung f

re-exportation certificate (com) Wiederausfuhrbescheinigung f

re-export document (com) Wiederausfuhranmeldung f

refer v
(com) verweisen auf, hinweisen auf (eg, my latest publication)
(com sich beziehen auf, Bezug m haben auf (eg, the new law refers to the principle of free movement of capital)
(com) überweisen (eg, patient to specialist)
(Re) überweisen, weiterleiten (eg, dispute to arbitrators)

referee
(Pw, GB) Referenz f
(ie, someone willing to attest to an applicant's qualifications; syn, US, reference)
(Re) = arbitrator
(Re, GB) Schlichter m (ie, special... referee/umpire)

reference
(com) Bezugnahme f
(Pw) Referenz f (ie, may be the written statement or the person supplying it)

reference initials (com, GB) Diktatzeichen n

reference pattern (com) Ausfallmuster n

reference price
(com) Vergleichspreis m

reference value (com) Bezugswert m

referral
(com) Überweisung f
(ie, send for treatment, decision, information)
(Re) Verweisung f (ie, to = an)

referral leads (Mk) Angabe f von Interessenten *(ie, by statisfied customers)*

refer to v
(com) verweisen auf
(Re) verweisen an *(eg, proposed merger to the Monopolies and Merger Commission)*

refer to arbitration v (Re) Schiedsgericht n anrufen

refinance v
(Fin) refinanzieren
(Fin) umfinanzieren

refinancing
(Fin, GB) Refinanzierung f *(eg, of export loans at the Bank of England)*
(Fin) Refinanzierung f *(ie, replace financing or obtain new finance)*
(Fin) = Umschuldung f *(syn, rescheduling)*
(Fin, GB) = refunding

refit a plant v (IndE) Anlage f umrüsten

refloat v (com, infml) sanieren *(syn, reforge, reshape, revamp, revitalize, put new life into)*

refocus one's basic thinking v (com) sich umorientieren

reforge v (com, infml) sanieren

refund costs v (com) Kosten pl ersetzen *(syn, reimburse costs)*

refund credit slip (Mk) Gutschrift f *(ie, in retail trade)*

refunding
(Fin) Umfinanzierung f *(ie, disliked by investors; syn, GB, refinance)*
(Fin) Umschuldung f *(ie, replacement of corporate debt with new debt; eg, through the sale of a new issue)*

refund money v (Fin) Geld n zurückerstatten *(syn, pay back)*

refusal
(com) Ablehnung f, abschlägige Antwort f

refusal to deal (Kart, US) Gruppenboykott m *(syn, collective refusal to deal, qv)*

refusal to sell (Kart) Liefersperre f

refuse v (com) ablehnen *(syn, reject, decline)*

refuse to take delivery v (com) Annahme f verweigern

regional (com) regional, überörtlich *(cf, local)*

regional airline (com) regionale Fluggesellschaft f

regional distribution (Mk, US) regionale Absatzkanäle mpl *(ie, established for product sales or magazine circulations by regions)*

regional manager (com) Gebietsleiter m *(syn, division area supervisor)*

register v
(com) eintragen
– eintragen lassen
– anmelden
(com) einschreiben lassen *(ie, letter)*

registered COD consignment (com) Nachnahmesendung f

registered debenture (Fin, GB) Namensschuldverschreibung f

registered letter (com) Einschreiben n, eingeschriebener Brief m

registered mail (com, US) Einschreibsendung f, Einschreiben n *(syn, certified mail)*

registered office (com) eingetragener Sitz m e-r Gesellschaft *(ie, US, registered with the appropriate state agency; in GB, with the Registrar of Companies; syn, statutory office, legal domicile)*

registered post (com, GB) Einschreiben n *(syn, registered mail)*

registered share (Fin, GB) Namensaktie f

register of members (Bw, GB) Aktienbuch n *(syn, share/shareholders' ... register)*

register ton (com) Registertonne f *(ie, unit of internal capacity of ships, equal to 100 cubic feet)*

registrar (Bw, US) Registerstelle f *(ie, führt Namensregister der Ak-*

tionäre, usually a bank or trust company)

Registrar of Companies (Re, GB) Registerführer *m* für Aktiengesellschaften *(ie, issues certificates of incorporation, qv)*

registration documents (com) Anmeldeunterlagen *fpl*

registration fee (com) Anmeldegebühr *f*

registration form (com) Anmeldeformular *n*

registration office (com) Anmeldestelle *f*

registry
(com) Eintragung *f (syn, registration)*
(com) Ort *m* der Eintragung

registry fee (com, US) Einschreibegebühr *f (ie, paid at the post office in addition to the first-class rate)*

regrouping of investments (Fin) Anlagenumschichtung *f*

regroup investments *v* (Fin) Anlagen *fpl* umschichten

regular (com) = regular customer

regular customer (com) Stammkunde *m*
(syn, regular patron, regular)

regular customers (com) Kundenstamm *m (syn, established clientele)*

regular equipment (com) Standardausrüstung *f*

regular gasoline (com, US) Normalbenzin *n*

regular income (Pw) festes od reguläres Einkommen *n*

regularly constituted meeting (Bw) ordnungsgemäß einberufene Sitzung *f (syn, properly constituted meeting)*

regularly employed (Pw) fest angestellt

regularly scheduled service (com) Liniendienst *m*

regular market (Bw) organisierter Markt *m (syn, organized market)*

regular member (com) Vollmitglied *n*

regular patron (com) = regular customer

regulate competition *v* (Kart) Wettbewerb *m* regeln

regulated industries (Kart, US) öffentlich regulierte Wirtschaftszweige *mpl*
(ie, öffentlich gebundene Unternehmen; zuständig für diese Bindung sind die 'Independent Regulatory Commissions', qv)

regulation
(EG) Verordnung *f (opp, directive = Richtlinie)*
(Re) Richtlinie *f*
– Verordnung *f*
– Verwaltungsvorschrift *f*
(ie, rule or order having the force of law issued by an executive authority of a government)

regulation of business (Vw, US) öffentliche Regulierung *f*
(syn, government regulation of business, qv)

regulation of industry (Vw, US) = regulation of business

regulatory agency (Re, US) Regulierungsbehörde *f*
(ie, mit Eingriffsrechten ausgestattet; eg, ICC, FTC, SEC; syn, independent regulatory agency)

regulatory framework
(Re) rechtliche Rahmenvorschriften *fpl*
– rechtliche Rahmenbedingungen *fpl*

rehire *v* (Pw) wieder einstellen *(syn, reemploy, reinstate)*

rehiring (Pw) Wiedereinstellung *f*

reignite inflation *v* (Vw) Inflation *f* wieder anheizen

reimburse *v*
(com) entschädigen
(Fin) rückerstatten, rückvergüten
(syn, refund)

reimbursement
(com) Entschädigung *f*
(Fin) Rückerstattung *f*, Rückvergütung *f*
(syn, refund)

reimbursement of expenses (com)
Auslagenersatz *m*, Erstattung *f*
der Auslagen

re-import *v* (com) wieder einführen

re-importation (com) Wiedereinfuhr *f*

re-importer (com) Wiedereinführer *m*

reinstate *v*
(Pw) wieder einstellen *(syn, rehire, reemploy)*

reinstatement
Pw) Weiterbeschäftigung *f (syn, re-engagement)*

reinvest *v* (Fin) reinvestieren *(ie, plow back profits into the business)*

reinvested earnings (Fin) einbehaltene Gewinne *mpl (syn, earnings 're-tentions)*

reinvestment
(Fin) Reinvestition *f (syn, plowback; GB, ploughback)*

reinvestment time (Bw) Ersatzzeitpunkt *m (syn, replacement time)*

reinvigorate *v* (com) beleben *(syn, revive, stimulate, rejuvenate, revitalize)*

reject *v*
(Re) ablehnen *(ie, stronger implication than ‚refuse‘; syn, decline)*
(com) ablehnen
– verwerfen
– zurückweisen
– nicht akzeptieren

reject a bid *v* (com) Angebot *n* ablehnen *(syn, reject an offer)*

reject an offer *v* (com) Angebot *n* ablehnen *(syn, reject a bid)*

rejuvenate *v* (com) beleben, erneuern *(syn, revive, reinvigorate, revitalize)*

rekindle *v* (com) wieder entfachen, erneut anheizen *(eg, inflation)*

related company (com) verbundenes Unternehmen *n*
(ie, partly or wholly owned by another company; syn, affiliate, affiliated company)

relax *v* (com) senken *(eg, interest rates)*

release
(com) Freigabe *f*, Veröffentlichung *f (eg, press release)*
(Pw) Entlassung *f (ie, aus triftigem Grund = for cause)*

release *v*
(com) freigeben *(eg, documents)*
(com) abrufen *(eg, batch of products)*

release date (com) Freigabedatum *n*

release goods *v* (com) Waren *fpl* freigeben

relevance threshold (Kart) Erheblichkeitsschwelle *f*

relevant date (com) Stichtag *m (syn, effective/key/target . . . date)*

relevant market (Kart, US) relevanter Markt *m*
(ie, area of effective competition; the stress is on ‚reasonable interchangeability‘, der Austauschbarkeit des Produktes nach Verbrauchermaßstäben; put differently: the narrowest market which is wide enough so that products from adjacent areas or from other producers in the same area cannot compete on substantial parity with those included in the market)

relief (com) Entlastung *f*

relief order (IndE) Entlastungsauftrag *m*

relieve *v*
(com) entlasten
(com) befreien *(ie, from: von)*

relinquish a job *v* (Pw) Stellung *f* aufgeben

reload *v*
(com) umladen *(syn, transship)*
(com) nachfüllen

reloading charges (com) Umladegebühren *fpl*

reloading station (com) Umladeplatz *m*

relocate *v*
(com) verlegen *(eg, activity to another place)*
(com) Standort *m* wechseln
(Pw) umziehen, Arbeitsort *m* wechseln

relocate a plant *v* (Bw) Betrieb *m* verlagern *(syn, move operations)*

relocation
(Bw) Standortänderung *f*, Standortverlagerung *f*
(Pw) Versetzung *f (syn, transfer, qv)*

relocation assistance (Pw) Umzugs-(kosten)beihilfe *f (ie, assistance with removal expenses)*

relocation expenses (Pw) Umzugskosten *pl (syn, moving expenses, qv)*

relocation of a plant (Bw) Betriebsverlegung *f (syn, movement of operations)*

relocation of industries (Vw) Industrieverlagerung *f*

relocation of production facilities (Bw) Produktionsverlagerung *f*

remailing
(com) Umgehungspost *f*, Rückversenden *n*
(ie, Aufgabe von Post nicht in dt, sondern in ausländischen Postämtern; Effekt: niedrigeres Porto und bei Massensendungen Mengenrabatte)

remainder
(com) Restbestand *m*
(com) Restbestand *m*, Remittenden *pl (ie, in the book trade; sells at sharply cut prices)*

remaining book value (ReW) (Rest-)Buchwert *m (syn, net book value, qv)*

remaining credit balance (ReW) Restguthaben *n*

remaining life (Fin) Restlaufzeit *n (syn, time to maturity, qv)*

remaining life expectancy (ReW) = remaining useful life

remaining useful life (ReW) Restnutzungsdauer *f (ie, of a fixed asset; syn, remaining life expectancy, unexpired life)*

remake *v* (IndE) aufarbeiten

remanufacturing (com, US) völliger Umbau *m (ie, new and old parts are combined to build versions as good or even better than new)*

remedial action (com) Abhilfemaßnahme *f*

remedy a defect *v* (com) Schaden *m* beheben *(syn, rectify a defect, qv)*

reminder (com) Mahnschreiben *n (eg, send a . . .)*

reminder advertising (Mk) Erinnerungswerbung *f (syn, follow-up advertising)*

remit *v*
(com) weiterleiten *(eg, to the next higher superior)*
(com) aufschieben *(syn, defer, postpone)*
(Fin) überweisen *(ie, money)*
(Fin) Zahlung *f* leisten *(syn, make payment)*

remittance
(Fin) Überweisung *f (ie, sum of money transmitted; instrument; transmittal of money)*

removal
(com) Umzug *m*
(Bw) Verlegung *f (ie, of plant, office, etc)*

removal from office (com) Amtsenthebung *f*

removal of customs barriers (AuW) Abbau *m* von Zollschranken

removal of tariffs (AuW) Zollabbau *m*

removal of trade barriers (AuW) Abbau *m* von Handelsschranken *(syn, dismantling of trade barriers)*

remove *v* (com) entfernen

remove from office *v*
(com) jem s-s Amtes entheben
– aus dem Amt entfernen

remove from the agenda *v* (com) von der Tagesordnung absetzen

remove the heat from *v* (com, infml) entschärfen *(eg, situation, crisis)*

remunerate *v*
(Pw) entschädigen *(eg, for traveling costs)*
– vergüten
– entlohnen
(ie, pay an equivalent for; eg, badly remunerated job = schlecht bezahlt)

remuneration
   (com) Entschädigung f *(syn, recompense)*
   – Vergütung f *(syn, compensation)*
   – Honorar n *(syn, fee)*
   (Pw) Lohn m od Gehalt n *(syn, pay)*
remunerative (com) einträglich *(syn, profitable)*
render services v (com) Dienstleistungen fpl erbringen *(syn, provide services)*
renegotiate v (com) Bedingungen fpl od Konditionen fpl neu aushandeln
renew v
   (com) erneuern, verlängern
   (Bw) erneuern, Ersatz m beschaffen *(eg, plant, machinery; syn, replace)*
renewable natural resources (com) erneuerbare Ressourcen fpl
renewal
   (Re) Verlängerung f, Erneuerung f *(eg, contract, loan; syn, extension, prolongation)*
   (Bw) Wiederbeschaffung f *(ie, of fixed assets; syn, replacement)*
renewal fee (com) Verlängerungsgebühr f
renewal of plant and equipment (Bw) Anlagenerneuerung f
renewal order (com) Anschlußauftrag m *(syn, follow-up sequence ... order)*
renounce a claim v (Re) Anspruch m aufgeben *(syn, abandon/waive ... a claim)*
rent
   (Re) Miete f
   (ie, gewährt den Gebrauch des gemieteten Gegenstandes; cf, § 535 ff BGB)
   (Re) Pacht f
   (ie, gewährt über Miete hinaus den Genuß der bei ordnungsgemäßer Wirtschaft anfallenden Früchte, d. h. die Erzeugnisse und Ausbeute; cf, § 581 ff BGB)

rent v
   (Re) mieten *(eg, house, building; syn, lease, hire)*
   (Re) pachten
rent a car v (com) Auto n mieten *(syn, hire a car)*
rental
   (com) Miete f *(ie, amount of rent)*
   (com) Mieteinnahmen fpl, Pachteinnahmen fpl
   (com) Mietgebühr f
rental car (com) Mietwagen m
rental fee (com) Mietgebühr f
rental rate (com) Leihgebühr f *(eg, car, TV, etc)*
rented floor space (com) Mietfläche f
rented property (com) Mietobjekt n
rent out v (com, US) vermieten *(eg, a house; syn, hire out, let out)*
reopen v
   (com) wiedereröffnen
reorder (com) Nachbestellung f *(syn, repeat order)*
reorder v
   (com) umordnen
   (com) nachbestellen, nachordern
reordering quantity
   (MaW) Bestellbestand m
   – Meldebestand m
   – Sicherheitsbestand m
   – kritischer Lagerbestand m
   (syn, reorder point, protective inventory)
reorder No. (com) Bestellnummer f
reorder priorities v (Bw) Prioritäten fpl ändern
reorder system (MaW) Bestellsystem n
reorganization
   (com) Umstrukturierung f
   – Reorganisation f
   – Neuordnung f
   (ie, shakeup of management and organizational structure)
   (Re, US, appr) Sanierung f, Vergleichsverfahren n
   (ie, proceeding for the reorganization of the business and capital structure of an enterprise under Chapter 11 of the Bankruptcy Re-

form Act of 1978; cf, 11 USC §§ 1101–74)

reorganize *v*
(com) neu ordnen
– umstrukturieren
– reorganisieren *(syn, restructure, reshuffle)*
(com) sanieren

rep (com) = manufacturer's agent

repair a damage *v* (com) Schaden *m* beheben *(syn, rectify a defect)*

repay *v* (Fin) zurückzahlen, einlösen

repayable (Fin) rückzahlbar *(syn, refundable)*

repayable in advance (Fin) vorzeitig tilgbar

repay ahead of schedule *v* (Fin) vorzeitig zurückzahlen

repay a loan *v* (Fin) Darlehen *n* zurückzahlen od tilgen *(syn, pay off, amortize)*

repayment
(Fin) Rückzahlung *f*
(Fin) Amortisation *f*, Tilgung *f (ie, gradual extinction of long-term debt according to an agreed plan; syn, amortization)*

repeat buyer (com) Dauerkunde *m (syn, regular, regular customer)*

repeat buying (com) Wiederholungskäufe *mpl*

repeat demand (Mk) Wiederholungsnachfrage *f*, Dauernachfrage *f*

repeat order (com) Nachbestellung *f (syn, reorder)*

repetitive form letter (com) Standardbrief *m*

repetitive production (IndE) Wiederholfertigung *f*

rephrase *v* (com) umformulieren *(syn, redraft)*

replacement
(Bw) Wiederbeschaffung *f*, Ersatzbeschaffung *f (ie, of fixed assets; syn, renewal)*
(Pw) Nachfolger *m (eg, his replacement is . . .; syn, successor)*

replacement cost (KoR) Wiederbeschaffungskosten *pl*

replacement demand (Bw) Ersatzbedarf *m*, Erneuerungsbedarf *m*

replacement investment
(Bw) Ersatzinvestition *f*
– Reinvestition *f*

replacement part (IndE) Ersatzteil *n (syn, spare/renewal . . . part)*

replacement problem (Bw) Ersatzproblem *n*, Wiederbeschaffungsproblem *n*

replacement time
(Bw) Ersatzzeitpunkt *m (syn, reinvestment time)*
(MaW) Wiederbeschaffungszeit *f*

replanning (Bw) Planrevision *f (ie, budget adjustment)*

replenish inventory *v* (MaW) Lager *n* auffüllen *(syn, restock, qv)*

replenishment lead time (MaW) = procurement lead time

replenishment of inventories (MaW) Auffüllung *f* od Aufstockung *f* von Lagerbeständen *(syn, inventory buildup, qv)*

replenishment order (MaW) Nachbestellung *f*, Nachorder *f (ie, for restocking)*

replication
(Mk) Wiederholungsstichprobe *f*

reply coupon (com) Rückantwortschein *m*

reply-paid envelope (com) Freiumschlag *m (syn, postage-paid/stamped . . . envelope)*

report
(com) Bericht *m (ie, a detailed statement)*
(com) Gutachten *n (syn, expert opinion)*

report *v*
(com) berichten
(com) sich melden *(ie, to: bei)*
(Pw) unterstellt sein
(ie, to; eg, he reports to the vice president)

report form
(com) Berichtsformular *n*

reporting (com) Berichtswesen *n*

reporting data (com) Berichtsdaten *pl*

reporting date (com) Berichtszeitpunkt *m (syn, key data)*

reporting deadline (com) Meldetermin *m*

reporting package (ReW) Abschlußunterlagen *fpl*

reporting period (com) Berichtszeitraum *m (syn, period under review)*

reporting requirements (ReW) Offenlegungspflichten *fpl*

reporting to (Pw) weisungsgebunden *(syn, bound by directives)*

report preparation (com) Berichterstellung *f*

report sick *v* (Pw) sich krank melden *(eg, she reported sick on Monday morning)*

report to *v* (Pw) jem unterstellt sein

repost *v* (ReW) umbuchen *(ie, transfer to another account; syn, reclassify)*

reposting (ReW) Umbuchung *f (syn, book transfer, qv)*

represent *v*
(com) vertreten *(ie, act in place of/ for; eg, agent represents his principal = Vertreter vertritt den Auftraggeber)*
(Re) vertreten *(ie, lawyer represents a client in court)*

representation
(com) Vertretung *f,* Stellvertretung *f (syn, agency)*

representation allowance (Pw) Aufwandsentschädigung *f*

representative
(com) Vertreter *m*
(com) Repräsentant *m*

representative cross-section (com) repräsentativer Durchschnitt *m*

representative office (com) Repräsentanz *f*

representative office abroad (com) Auslandsrepräsentanz *f*

represent graphically *v* (com) grafisch darstellen *(syn, graph)*

represent to *v* (com, fml) hinweisen auf *(eg, a potential customer that the firm would sell high-tech goods only)*

reprocess *v*
(IndE) weiterverarbeiten
(IndE) wiederverarbeiten

repurchase
(com) Rückkauf *m (syn, buying back)*

repurchase *v*
(com) zurückkaufen

repurchaser (com) Wiederverkäufer *m*

request
(com) Antrag *m,* Gesuch *n*

request *v*
(com) auffordern *(syn, ask)*
(com) anfordern

request for bids (com) Ausschreibung *f,* Submission *f (syn, invitation to . . . bid/tender)*

request for proposal (com) = request for quotation

request for quotation, RFQ
(com) **Aufforderung** *f* zur Angebotsabgabe *f (ie, bei geschlossener Ausschreibung; syn, request for proposal*

request to submit an offer (com) Angebotseinholung *f*

requirement planning (MaW) Bedarfsplanung *f (ie, by plant divisions for materials and operating supplies)*

requirements (com, Vw) Bedarf *m (ie, of: an; syn, demand, qv)*

requirements contract (Kart) Liefervertrag *m* mit Ausschließlichkeitsbindung, Bedarfsdeckungsvertrag *m (ie, one type of the exclusive dealing arrangement)*

requisition (MaW) Materialanforderung *f*

rerating (com) Neubewertung *f (syn, reassessment, qv)*

reregulation (Kart, US) Rückkehr *f* zur öffentlichen Regulierung *(opp, deregulation, qv)*

re-routing request (com) Nachsendeantrag *m (ie, made to Post Office)*

resale
(com) Weiterverkauf *m*
– Wiederverkauf *m*

– Weiterveräußerung f *(syn, reselling)*

resale price (com) Wiederverkaufspreis m

resale price maintenance (Kart) Preisbindung f zweiter Hand, vertikale Preisbindung f
(ie, agreement between supplier and his customers to fix prices at which commodities are sold; syn, vertical price fixing; US, sometimes, fair-trade agreement)

resale to third parties (com) Weiterveräußerung f an Dritte

resale value (com) Wiederverkaufswert m

reschedule a loan v (Fin) Anleihe f umschulden

reschedule debt v (Fin) umschulden *(syn, restructure/roll over . . . debt)*

rescheduling (Fin) Umschuldung f *(ie, renegotiation of existing debt; syn, debt rescheduling)*

rescheduling loan (Fin) Umschuldungskredit m

rescind v (Re) anfechten, aufheben *(syn, avoid)*

rescind a sale v (Re) wandeln, Kauf m rückgängig machen *(syn, cancel a sale)*

rescission of contract (Re) Rücktritt m vom Vertrag *(syn, repudiation of, withdrawal from; cf, § 346 BGB)*

rescission of sale (Re) Wandelung f *(ie, Rückgängigmachung e-s Kaufs; cf, § 462 BGB; syn, cancellation of sale)*

rescue company (Bw) Auffanggesellschaft f

rescue consortium (Bw) Auffangkonsortium n

rescue operation (Fin, infml) Sanierung f, „Rettungsaktion" f *(syn, rescue package)*

rescue strategy (Fin) Sanierungskonzept n

research
(com) Forschung f *(ie, in, into, on; eg, research & development, R&D;*

Forschung und Entwicklung, F&E)

research and development company (Bw) Entwicklungsgesellschaft f

research and development, R&D (Bw) Forschung f und Entwicklung f, F&E

research assignment (Bw) Forschungsauftrag m *(syn, research contract)*

research budget (Bw) Forschungsetat m

research contract (Bw) = research assignment

research department (Bw) Forschungsabteilung f

researched (com) recherchiert *(eg, one of the best-researched and well-balanced articles on this subject)*

research facilities (Bw) Forschungseinrichtungen fpl

research funds (Bw) Forschungsgelder npl

research institute (com) Forschungsinstitut n, Forschungsanstalt f

research into v (com) erforschen, untersuchen *(eg, the causes of . . .)*

research project (Bw) Forschungsprojekt n, Forschungsvorhaben n

resell v (com) weiterverkaufen, weiterveräußern

reseller (com) Wiederverkäufer m

reselling (com) = resale

reservation
(com) Buchung f, Reservierung f *(syn, GB, also, booking)*

reservation terminal (com) Buchungsterminal m *(syn, booking terminal)*

reserve v
(com) reservieren *(ie, to set apart/aside)*
(com, US) buchen, reservieren *(eg, hotel rooms, rental cars; GB, also, book)*

reserve a right v (Re) Recht n vorbehalten

reserved material (MaW) auftragsgebundenes Material n

reserve of potential labor (Vw) Beschäftigungsreserve *f*

reserve price (com) Mindestpreis *m (ie, price limit below which sth is not to be sold, esp. in an auction; syn, fall back/upset... price)*

reserve stock (MaW) Mindestbestand *m (syn, minimum inventory level, qv)*

reserve stock control (MaW) Mindestbestandssteuerung *f*

reserve stock method (ReW) Eiserne-Bestands-Methode *f (syn, base stock method, qv)*

reshipment (com) = transhipment

reshipper (com) Behälter *m* für Leer-Container

reshuffle *v* (Bw, infml) umstrukturieren *(syn, restructure, reorganize)*

residence of a corporation (Bw) Sitz *m* e-r Gesellschaft

resident agent (com) Inlandsvertreter *m*

resident buyer (Mk, US) Indentkunde *m*

residual cost (ReW) Restbuchwert *m*, Restanlagenwert *m (syn, net book value, qv)*

residual product (IndE) Nebenerzeugnis *n (syn, byproduct, qv)*

residuals management (Bw) Abfallwirtschaft *f*

resolution
(com) Beschluß *m*
(eg, passed or adopted at a meeting; syn, decision)

resolution by simple majority (com) Beschluß *m* mit einfacher Mehrheit

resource
(Bw) Produktionsfaktor *m (ie, factor of production)*
(Bw) Rohstoff *m*
(Mk) Lieferant *m (ie, für e-e wichtige Ware)*

resource recovery (com), US) Abfallverwertung *f (ie, reprocessing waste material)*

resources
(Bw) Vermögenswerte *mpl*

(Bw) Einsatzmittel *npl*
(com) Ressourcen *fpl*
(Fin) finanzielle Mittel *pl (syn, funds)*

resourcing
(MaW) = procurement

respond adequately *v* (com) angemessen reagieren

respond to changing circumstances *v*
(Bw) auf veränderte Bedingungen reagieren

response
(com) Antwort *f*
(com) Reaktion *f*

response rate (Mk) Rücklaufquote *f*, Antwortquote *f (syn, number of responses)*

responsibility
(Bw) Verantwortung *f*
– Verantwortlichkeit *f*
– Zuständigkeit *f (syn, scope of authority)*

responsibility center (Bw) betriebliches Verantwortungszentrum *n*

responsible committee (com) federführender Ausschuß *m*

responsive to cyclical trends (Vw) konjunkturreagibel

respository (com) Warenlager *n*, Lager *n (ie, where sth is stored for a long time)*

restarting cost (Bw) Wiederanlaufkosten *pl*

restock *v* (MaW) Lager *n* auffüllen od aufstocken *(syn, rebuild/fillup/ refill/replenish... inventories; infml, load the pipelines)*

restocking (MaW) Lagerauffüllung *f*, Lageraufstockung *f*
(syn, inventory... accumulation/ buildup /rebuilding/replenishment; refilling of inventories, replenishment of stocks)

restrain *v* (com) beschränken, einschränken *(ie, from doing)*

restraining clause (Re) Konkurrenzklausel *f (syn, covenant in restraint of trade, qv)*

restraint of competition
(Kart) Wettbewerbsbeschrän-

kung f *(syn, restraint of trade, restrictive practices)*
(Kart) Behinderungswettbewerb m

restraint of competition clause (Pw) Wettbewerbsklausel f *(syn, ancillary covenant, qv)*

restraint of trade
(Kart, US) wettbewerbsbeschränkendes Verhalten n
(ie, defined in Sec 1 of the Sherman Act of 1890; includes horizontal and vertical price-fixing, division of territories or customers, refusals to deal, certain mergers, reciprocal dealing arrangements, tying arrangements, and exclusive dealing arrangements; syn, GB, restrictive practices)

restricted air cargo (com) Sonder-Luftfracht f *(ie, requires extra precautions in handling and packing)*

restricted margin (Mk) gebundene Spanne f

restricted market (com) beschränkter Markt m

restriction
(com) Beschränkung f

restrictive practices (Kart, GB) wettbewerbsbeschränkendes Verhalten n *(syn, US, restraint of trade)*

restrictive trade practices law (Kart, GB) Wettbewerbsrecht n, Kartellrecht n

restructure v
(com) umstrukturieren, reorganisieren *(eg, business organization; syn, reorganize, reshuffle)*
(com) sanieren

restructure debt v (Fin) umschulden *(syn, reschedule debt, qv)*

restructure manufacturing operations v (IndE) Fertigungsbereich m reorganisieren

restructuring (com) Umstrukturierung f, Neuorganisation f

restructuring of assets (Fin) Vermögensumschichtung f

restructuring of operations (com) Umstrukturierung f

restructuring scheme (com) Umstrukturierungsplan m

re-submission
(com) Wiedervorlage f

results appraisal (Pw) Leistungsbeurteilung f *(syn, performance appraisal, qv)*

results from operations (ReW) Betriebsergebnis n *(syn, operating result)*

results of a survey (Mk) Umfrageergebnisse npl

retail (Mk) Einzelhandelsabsatz m

retail audit (Mk) Handelspanel n

retail business (com) Einzelhandelsbetrieb m, Einzelhandelsunternehmen n *(syn, retail establishment)*

retail consumer (Mk) Endverbraucher m *(syn, ultimate consumer)*

retail customer
com) Einzelhandelskunde m

retail distribution (Mk) Einzelhandels-Distribution f

retailer (com) = retail trader

retail establishment (com) = retail business

retail industry (Mk) = retail trade

retailing chain (com) Einzelhandelskette f, Ladenkette f *(ie, chain of retail stores)*

retailing outlet (com) = retail store

retail inventories
(com) Lagerbestände mpl des Einzelhandels

retail margin (com) Einzelhandelsspanne f

retail outlet (com) = retail store

retail price
(com) Einzelhandelspreis m
– Endverbraucherpreis m
– Endpreis m
– Ladenpreis m

retail rebate (com) Einzelhandelsrabatt m

retail sales (com) Einzelhandelsumsätze mpl

retail sales organization (com) Einzelhandelsorganisation f

retail salesperson (com, US) Verkäufer m, Verkäuferin f

retail selling (Mk) Einzelhandelsverkauf *m*, Ladeneinzelhandel *m*

retail shop (com, GB) = retail store

retail store (com) Einzelhandelsgeschäft *n*, Ladengeschäft *n (syn, retailing... business/outlet; GB, retail shop)*

retail stores group (com) Kaufhauskonzern *m*

retail trade (com) Einzelhandel *m (syn, retail industry)*

retail trader (com) Einzelhändler *m (syn, retailer; opp, wholesaler)*

retail turnover (com, GB) Einzelhandelsumsätze *mpl*

retain *v*
(com) aufbewahren *(eg, files)*
(Fin) einbehalten *(eg, earnings, profits)*

retained earnings
(ReW) einbehaltene
– unverteilte
– nicht ausgeschüttete
– thesaurierte... Gewinne *mpl (syn, earnings retained in the business, profit retentions, retained... income/profit, undistributed profits; GB, ploughed-back profits)*

retainer
(com) Vergütung *f (ie, fee for rendition of professional services)*

retaliate against *v* (AuW) Vergeltungsmaßnahmen *fpl* ergreifen gegen *(ie, take retaliatory action)*

retaliation (AuW) Vergeltungsmaßnahmen *fpl*, Retorsionsmaßnahmen *fpl (eg, potential threat of... against; syn, retaliatory measures, reprisals)*

retaliatory action (AuW) Gegenmaßnahmen *fpl (syn, retaliation, countermeasure)*

retaliatory tariff
(AuW) Vergeltungszoll *m*
– Kampfzoll *m*
– Retorsionszoll *m*

retention money (com) nicht ausgezahlter Restbetrag *m (ie, vom Bauherrn/Käufer; Teil des Vertrags- od Kaufpreises)*

retention of earnings
(Fin) Einbehaltung *f*
– Nichtausschüttung *f*
– Thesaurierung *f...* von Gewinnen
(syn, retention of profits, earnings retention, profits retention, plowing back of profits; GB, ploughing back of profits)

retention of ownership (Re) Eigentumsvorbehalt *m*
(ie, ownership cannot pass before payment of purchase price; cf, § 455 BGB; civil law: pactum reservati dominii; syn, reservation of ownership, reservation of right of disposal)

retire *v*
(Pw) in den Ruhestand versetzen
(Pw) in Pension od Rente gehen

retired asset (Bw) ausgeschiedenes Wirtschaftsgut *n*

retired employee (Pw) Pensionär *m*, Rentner *m (syn, retiree)*

retired pay (Pw) Altersruhegeld *n (syn, old-age pension, retirement pension)*

retiree (Pw) = retired employee

retirement
(com) Ausscheiden *n (eg, of a partner; syn, withdrawal)*
(com) Ausscheiden *n*, Pensionierung *f*

retirement age
(Pw) Altersgrenze *f*
(Pw) Pensionsalter *n*, Rentenalter *n (syn, pensionable age)*

retirement from office (Pw) Rücktritt *m (ie, stepping down)*

retirement of an asset (Bw) Ausscheiden *n* e-s Wirtschaftsgutes

retirement of a partner (com) Austritt *m* e-s Gesellschafters

retirement offer (Pw) Abfindungsangebot *n (syn, early retirement scheme)*

retirement of fixed assets (Bw) Abgang *m* von Anlagegegenständen, Anlagenausmusterung *f (ie, removal from active service)*

retirement of plant and equipment
(Bw) = retirement of fixed assets
retirement pension
(SozV) Altersruhegeld *n*
– Pension *f*
– Rente *f (syn, old-age pension, retired pay)*
retirement plan (Pw) Pensionsplan *m*
retirement scheme (Pw) Pensionsplan *m*
retire prematurely *v* (Pw) vorzeitig ausscheiden
retiring partner (com) ausscheidender Gesellschafter *m (syn, withdrawing partner)*
retraining (Pw) Umschulung *f*
retraining measures (Pw) Umschulungsmaßnahmen *fpl*
retrench *v* (com) kürzen, senken *(eg, expenses; syn, cut, cut down, reduce)*
retrenchment
(com) Kürzung *f*, Senkung *f*
retrofit package (com) Modernisierungsprojekt *n*
return
(com, GB) Hin- und Rückfahrt *f (eg, the price is £ 5.9 return)*
(StR) Erklärung *f (ie, tax return)*
(Fin) Ertrag *m*, Rendite *f*
return *v*
(com) zurücksenden *(syn, send back)*
returnable bottle (com) Zweigwegflasche *f*
(opp, nonreturnable bottle)
returnable-bottle deposit (com) Flaschenpfand *n*
return cargo (com) Rückfracht *f (syn, back freight, qv)*
returned empty (com) Leergut *n*
returned merchandise
(com) Rückwaren *fpl*
– Rücksendungen *fpl*
– Retouren *fpl (syn, returns, qv)*
returned sales (com) = returns
return freight (com) = return cargo
return load (com) Rückladung *f (syn, back load)*
return mail (com) postwendend

return-of-money guarantee (com) Geldrückgabe-Garantie *f*
return on capital employed (Fin) Ertrag *m* aus investiertem Kapital, Rückfluß *m* auf das investierte Kapital
return on equity (Fin) Eigenkapitalrendite *f (syn, equity return, qv)*
return on investment method (Fin) Rentabilitätsrechnung *f (ie, of investment analysis)*
return on investment, RoI
(Fin) Kapitalrendite *f*
– Investitionsrentabilität *f*
– Gewinn *m* in % des investierten Kapitals
(ie, Umsatzrendite × Kapitalumschlag)
return on net worth (Fin) Eigenkapitalrentabilität *f*
(ie, ratio of net profit after taxes to net worth)
return on stockholders' equity (Fin) = return on equity
return on total assets (Fin) = return on total investment
return on total investment (Fin) Gesamtkapitalrentabilität *f*
(ie, profit + interest on borrowed capital × 100, divided by total capital; syn, return on total assets, percentage return on total capital employed)
return order card (com) Bestellkarte *f (ie, in mail order business = im Versandhandel)*
return postage (com) Rückporto *n*
return privilege (com) Rückgaberecht *n*
return receipt (com) Rückschein *m (syn, GB, advice of receipt, A.R.)*
returns
(com) Rücksendungen *fpl*
– Rückwaren *fpl*
– Retouren *fpl*
(syn, sales returns, returned... merchandise /sales, goods returned)
reusable
(com) wiederverwendbar

revaluation
  (ReW) Neubewertung *f*
  (AuW) Aufwertung *f (ie, of a currency that has previously been devalued)*
revaluation prone (AuW) aufwertungsverdächtig
revaluation rate (AuW) Aufwertungssatz *m*
revalue *v*
  (com) neu bewerten *(syn, reappraise)*
revamp *v* (Bw) umstrukturieren, umorganisieren *(eg, manufacturing operations; syn, regroup, reshape)*
revenue
  (com) Einnahmen *fpl*
  (com) Einkommen *n*
  (com) Erlös *m*
  (ReW) Umsatzerlös *m (ie, sales revenues)*
revenue and expense (ReW) Aufwand *m* und Ertrag *m (syn, US, income and expense)*
revenue freight (com) fahrende Ladung *f*
reverse *v* (com) stornieren
reverse charge call (com, GB) R-Gespräch *n (syn, transfer charge call; US, collect call)*
reverse course *v* (com) rückgängig machen *(eg, on regulation)*
reverse merger (Bw, US) gegenläufige Fusion *f (ie, acquiring corporation is merged into the acquired corporation)*
reverse takeover (Bw, US) = reverse merger
review
  (com) Überprüfung *f*
  (com) Besprechung *f*, Rezension *f (eg, of a book)*
review *v*
  (com) überprüfen
  (com) besprechen, rezensieren *(syn, GB, notice, qv)*
reviewer (com) Rezensent *m*
review of promotional activities (Mk) Werberevision *f*

revised forecast
  (Bw) berichtigte Prognose *f*
revision
  (com) Überarbeitung *f*
  (com) überarbeitete Auflage *f (eg, of a book)*
revitalize *v* (com) beleben, erneuern *(syn, revive, stimulate, reinvigorate, rejuvenate)*
revitalize a company *v* (com, infml) Unternehmen *n* aufleben lassen *(syn, refloat)*
revitalizing effect (Vw) Belebungseffekt *m (syn, reinvigorating effect)*
revival of demand (com) Nachfragebelebung *f (syn, upturn in demand, qv)*
revival of economic activity (Vw) Konjunkturaufschwung *m*, Konjunkturbelebung *f*
revival of sales (com) Absatzbelebung *f*
revive *v* (com) beleben *(syn, revitalize, qv)*
revolving planning (Bw) revolvierende Planung *f*
rework
  (IndE) Nacharbeiten *n*
  – Nacharbeitung *f*
  – Nachbesserung *f*
rework *v* (IndE) nacharbeiten, nachbessern *(syn, recondition)*
rewrite *v* (com) neu fassen
RFQ
  (com) = request for quotation
ride-sharing group (com) Fahrgemeinschaft *f (ie, as a measure to conserve energy and to reduce commuting cost)*
rightful
  (Re) gerecht *(syn, just, equitable)*
  (Re) rechtmäßig *(eg, owner; syn, legitimate)*
right of notice (Re) Kündigungsrecht *n (syn, right to terminate)*
right of resale (com) Wiederverkaufsrecht *n*
rights and duties (com) Rechte *npl* und Pflichten *fpl (syn, powers and responsibilities)*

rigid (com) starr *(eg, prices, wages; syn, inflexible, sticky)*

rise
(com) Anstieg *m*, Erhöhung *f (eg, in amount, price)*

rise in volume terms (com) mengenmäßiger Zuwachs *m*

rise-or-fall clause (com) Preisgleitklausel *f*
(syn, escalator clause)

rise sharply *v*
(com) scharf ansteigen

rising tendency (com) = rising trend

rising trend (com) Aufwärtsentwicklung *f*, Aufwärtstrend *m (syn, rising tendency, uphill/upward ... trend)*

risk
(com) Risiko *n*
(Fin) Risiko *n (ie, degree of uncertainty of return on an asset)*

risk analysis (Bw) Risikoanalyse *f*

risk management
(Bw) Risikomanagement *n (ie, approach dealing with preservation of assets and earning power against risks of accidental loss)*

risk note (com) Haftungsbeschränkung *f* des Transportunternehmens

risk of breakage (com) Bruchrisiko *n*

risk of transport (com) Beförderungsrisiko *n*, Transportrisiko *n*

risk spreading (Bw) Risikomischung *f (ie, over a number of products)*

rival (com) Konkurrent *m (syn, competitor, contender)*

rival bid (com) = rival offer

rival firm (com) Konkurrenzbetrieb *m*, Konkurrenzunternehmen *n (syn, competitor)*

rival offer (com) Konkurrenzangebot *n (syn, rival bid)*

rival supply (Mk) Konkurrenzangebot *n*

road haulage (com, GB) Güterkraftverkehr *m (syn, freight haulage)*

road motor vehicle (com) Straßenfahrzeug *n*

road-rail link (com) Straße-Schiene-Verbund *m*

road tax (StR) Kraftfahrzeugsteuer *f*

road vehicle construction (com) Straßenfahrzeugbau *m*

Robinson Patman Act of 1936 (Kart, US) Robinson-Patman Act *m*
(ie, prohibits price discrimination and other anticompetitive practices in business; amends Sec 2 of the Clayton Act of 1914)

robotic production line (IndE) Roboterfertigung *f (eg, completely integrated = voll integriert)*

robot technology (IndE) Roboter-Technologie *f (syn, robotics)*

rock-bottom price (com) äußerster Preis *m*
(ie, absolutely lowest level; syn, bottom price, qv)

rocket *v* (com) sprunghaft ansteigen *(eg, prices; syn, shoot up, skyrocket, zoom)*

RoI
(Fin) = return on investment

RoI analysis (Fin) = return on investment analysis

rollback (com) Zurücknahme *f* von Preisen

roll back *v*
(com) abbauen, beseitigen *(eg, protectionist barriers)*
(com) (Preise) zurücknehmen
– senken
– verringern

rolling budget (Bw) rollendes Budget *n (syn, continuous budget)*

rolling forecast (Bw) rollende Prognose *f*

roll on/roll off ship (com) RoRo-Schiff *n*

rollout (Mk) Produktverbreitung *f*
(ie, from local to regional to national market coverage)

roll over debt *v* (Fin) umschulden *(syn, reschedule debt, qv)*

room for competence to decide (Bw) Kompetenzspielraum *m*

room for economy (com) Einsparungsmöglichkeiten *fpl*

room for maneuver (com) Handlungsspielraum *m*

room to negotiate (com) Verhandlungsspielraum *m (syn, negotiating range)*

root-and-branch reform (com) Reform *f* „am Haupt und Gliedern", durchgreifende Reform *f*

roro ship
(com) Roro-Transporter *m*
(ie, roll on-roll off: freighter transporting trucks that enter at one port and leave at another)

roster (com) Warteliste *f (syn, waiting list)*

rough draft (com) Vorentwurf *m*, erster Entwurf *m (syn, preliminary draft)*

rough estimate (com) grobe Schätzung *f*, Überschlagsrechnung *f*

round of negotiations (com) Verhandlungsrunde *f*

round of tariff reductions (AuW, Gatt) Zollsenkungsrunde *f*
(ie, there have been six ‚Rounds' so far to reduce tariff barriers to trade: Geneva (1947–48), Annecy (1949), Torquay (1950–51), Geneva (1956), Dillon Round (1960–62); Kennedy-Round (1963–67); the Tokyo-Round (1973–79) dealt with the reduction of NTBs = nontariff ·barriers to trade = nichttarifäre Handelshemmnisse)

round sum (com) abgerundete od runde Summe *f*

round trip
(com) Hin- und Rückreise *f*

routing of incoming mail (com) Postverteilung *f*

routing order (com) Vorschriften *fpl* über den Transportweg *(ie, made by sender to carrier)*

routing plan (IndE) Arbeitsplan *m*

routings (IndE) Arbeitsfolgen *fpl*

routing scheduling (IndE) Terminierung *f* der Arbeitsfolge

routing slip (com) Laufzettel *m (syn, buck slip)*

routing symbol (Fin) Bankleitzahl *f*, BLZ *(syn, transit number; GB, bank code)*

royalty
(com) Nutzungsgebühr *f*
(com) Autorenhonorar *n (syn, author's royalty, qv)*
(com) Förderungsabgabe *f (ie, for minerals, ores, or oil taken from property)*

rudiments (Pw) Anfangsgründe *mpl (ie, first elements of a subject)*

ruinous competition (com) ruinöse Konkurrenz *f (syn, cut-throat/ destructive . . . competition)*

rule of equal treatment (Pw) Gleichbehandlungspflicht *f*

Rule of Reason (Kart, US) Rule of Reason *f*
(ie, formuliert im Rechtsstreit Standard Oil Co. v. United States, 1911: ermöglicht die teleologische Interpretation des Sherman Act of 1890: rechtswidrig waren nur noch ‚restraints of trade' = wettbewerbsbeschränkende Handlungen, die sich als unreasonable darstellten; opp, per se rule)

rule of the lower of cost or market (ReW) Niederstwertprinzip *n*

rule of thumb (com) Faustregel *f (ie, based on common sense and experience)*

rule out *v* (com) ausschließen *(eg, possibility of a cut in prices)*

rules of competition (Kart) Wettbewerbsregeln *fpl*

Rules of Conciliation and Arbitration (com) Vergleichs- und Schiedsordnung *f (ie, laid down by the Paris-based International Chamber of Commerce, ICC)*

rules of organization (Bw) Organisationsregeln *fpl*

ruling price (com) herrschender od geltender Preis *m*

rumor mill (com) Gerüchteküche *f (eg, is grinding at . . .)*

run a business *v* (com) Geschäft *n* betreiben *(syn, operate a business)*

run a committee v (com) Ausschuß m leiten

run a risk v (com) Risiko n eingehen *(syn, incur a risk)*

run at v (com) betragen, sich belaufen auf *(syn, amount to, add up to)*

run at full steam v (Bw, infml) Kapazität f voll ausfahren

run a „tight ship" v (Bw, infml) straff führen

runaway boom (Vw) überschäumende Konjunktur f

runaway costs (com) explodierende Kosten pl *(syn, skyrocketing costs)*

runaway shop (Bw) Unternehmen n, das sich durch Standortwechsel gewerkschaftlicher Präsenz entzieht

rundown (com) detaillierte Übersicht f *(ie, detailed . . . report/statement)*

run down v (com) abbauen *(eg, stocks, inventories; syn, work off)*

run down inventory v (MaW) Lager n abbauen *(syn, destock, qv)*

run down prices v (com) Preise mpl drücken *(syn, pull down, qv)*

run in v (com) einfahren *(eg, machine, new car; syn, US, break in)*

runner (Mk, US, infml) Renner m, Schnelldreher m *(syn, top selling product, hot selling line, best selling item)*

running cost (KoR) Betriebskosten pl *(eg, wages, rentals, taxes; syn, cost of operation, operational cost)*

running days (com) laufende Kalendertage mpl *(eg, in a charter party)*

running inventory (MaW) laufende Inventur f *(syn, perpetual inventory, qv)*

running operations
(com) laufender Geschäftsbetrieb m *(syn, day-to-day business)*
(IndE) laufender Betrieb m

run of customers (Mk) Käuferandrang m

run-of-mine
(com) tel quel *(syn, sale as is, qv)*
(com) durchschnittliche Qualität f

run-of-the-mill
(com) Routine-. . . *(eg, conveyancing and estate work)*
(com) Standard-. . . *(eg, product)*

run out v (com) auslaufen *(syn, discontinue, phase out)*

run out of cash v
(Fin) in finanzielle Schwierigkeiten fpl geraten
(Fin) illiquide werden

run out of money (Fin, infml) = run out of cash

run out of scope v (com) Spielraum m verlieren *(eg, for productivity gains)*

run out of stock (com) ausverkauft sein

run to capacity v (IndE) Kapazität f ausfahren *(syn, operate/work . . . to capacity)*

run-up (com) Steigerung f *(eg, in interest rates)*

rush delivery (com) Eilzustellung f

rush order (com) Eilauftrag m, Eilbestellung f

S

sack
(Pw, GB) (fristlose) Entlassung *f*
*(eg, I got the sack; syn, bott, kick,
push)*

sack *v*
Pw, GB) (fristlos) entlassen
*(ie, esp summarily; syn, give the
sack, dismiss; US, fire)*

sack up *v* (com, US, infml) verdienen
(eg, how much did we ...)

saddle *v* (com) belasten, aufbürden
*(eg, with financial responsibility,
debt, liability)*

safeguard clause (AuW, GATT)
Schutzklausel *f*
*(ie, provision in a bilateral or mul-
tilateral commercial agreement permitting a signatory nation – Sig-
natarstaat – to suspend tariff or
other concessions when imports
threaten serious harm to the producers of competitive domestic
goods; cf, GATT Article XIX, and
Sec 201 U.S. Trade Act of 1974;
syn, escape clause)*

safeguarding of interests (Re) Inter-
essenvertretung *f*, Interessenwahr-
nehmung *f*

safeguarding of jobs (Pw) Arbeits-
platzsicherung *f*

safety
(com) Sicherheit *f* *(ie, against,
from: gegen, vor)*
(IndE) Sicherheit *f* *(ie, methods
and techniques of avoiding accident
and disease)*

safety level of supply (MaW) Sicherheitsbestand *m*
*(ie, quantity of material, in addition
to the operating level of supply, required to be on hand to permit continuous operations in the event of
minor interruption of normal replenishment or unpredictible fluctuations in demand; syn, minimum
inventory level, qv)*

sag
(com) vorübergehende Schwäche *f*
(ie, temporary decline)

sag *v* (com) nachgeben *(eg, prices)*

sagging demand (com) schleppende
Nachfrage *f*

sail through *v* (com, infml) überstehen
*(eg, the current recession un-
scathed)*

salable (Mk) absatzfähig, absetzbar
(syn, GB, saleable; marketable)

salable products (Mk) verkaufsfähige
Erzeugnisse *npl*

salary (Pw) Gehalt *n*
*(ie, fixed compensation paid regu-
larly, usually monthly or yearly;
contrasts with wages)*

salary structure (Pw) Gehaltsstruk-
tur *f*

salary worker (Pw) = salaried employee

sale
(com) Verkauf *m*
(Re) Kaufvertrag *m*
*(ie, contract in which seller trans-
fers ownership of goods to buyer at
the time the contract is made (!), in
return for a consideration called
price; sofortiger Eigentumsübergang; anders im Dt: Parteien verpflichten sich nur zur Lieferung
und Zahlung, § 433 BGB; der ab-
strakte Übereignungsakt erfolgt erst
durch Übereignung der beweglichen Sache (§ 929), des Grund-
stücks (§ 925), die Abtretung der
verkauften Forderung (§ 398); im
dt positiven System also Zerreißen
der schuld- und sachenrechtlichen
Seite durch zwei getrennte Rechtsgeschäfte; cf, hierzu ‚agreement/
contract ... to sell')*

saleable (com, GB) = salable

sale against cash in advance (com)
Vorauszahlungsgeschäft *n*

sale and leaseback (com, GB) Verkauf *m* bei gleichzeitiger Rückvermietung an den Verkäufer

sale as is (com) tel quel-Geschäft *n* *(syn, sale as seen, sale with all faults, run-of-mine)*

sale as seen (com) = sale as is

sale by public auction (com) Auktion *f*, öffentliche Versteigerung *f*

sale by sample (com) Kauf *m* nach Probe, Kauf *m* nach Muster

sale by tender (Fin) Verkauf *m* durch Submission

sale for immediate delivery (com) Verkauf *m* zur sofortigen Lieferung

sale for the account
(com) Kreditkauf *m*, Zielkauf *m* *(syn, credit sale; US, charge sale)*

sale in the open market (com) freihändiger Verkauf *m*

sale note (com, Bö) Schlußnote *f* *(ie, given by broker to seller and buyer)*

sale of assets (com) Verkauf *m* von Wirtschaftsgütern *(opp, sale of shares)*

sale of goods
(Re) Kauf *m* *(ie, immediate transfer of title – Eigentumsübergang – to movable personal property; cf, comment under ‚sale‘)*
(Re, GB) Recht *n* des Kaufvertrages *(ie, branch of English law)*

sale of shares (com) Verkauf *m* von Anteilen *(opp, sale of assets)*

sale on commission (com) Kommissionsverkauf *m*

sale on consignment (AuW) Konsignationsgeschäft *n*
(ie, property remains the property of owner or consignor, and consignee acts as agent of owner to pass title to buyer)

sale on credit (com) Kreditverkauf *m* *(syn, credit sale)*

sale or return (Re) Kauf *m* mit Rückgaberecht
(ie, goods are delivered primarily for resale; may be returned by buyer even though they conform to the

contract; opp, sale on approval; cf, Sec 2- 326(1) UCC)*

sale price (com, GB) Kaufpreis *m* *(syn, consideration for sale)*

sale proceeds (com) Kauferlös *m*

sales
(com) Umsatzerlöse *mpl*, Umsatz *m*
(ie, in terms of money; syn, sales revenues; GB, turnover)
(Mk) Umsatz *m*, Absatz *m*
(ie, in terms of volume; syn, sales volume; GB, turnover)

sales abroad (com) Auslandsumsatz *m* *(syn, international sales; GB, export turnover)*

sales activity (Mk) Absatzaktivität *f* *(syn, marketing activity)*

sales agency (Mk) Verkaufsagentur *f*

sales agent (com) Handelsvertreter *m* *(syn, selling agent)*

sales allowance (com) Preisnachlaß *m* *(ie, granted if goods are not entirely conforming to customer's order)*

sales analysis
(Mk) Absatzanalyse *f*
– Umsatzanalyse *f*
– Umsatzstatistik *f*

sales anchor (Mk, infml) Aufhänger *m* *(ie, used to overcome buying resistance)*

sales and marketing budget (Bw) Teilbudget *n* des Absatzbereichs

sales anticipations (Mk) Absatzerwartungen *fpl*

sales apathy (Mk) = sales resistance

sales area (Mk) Absatzgebiet *n* *(syn, market/marketing/trading… area or outlet)*

sales barometer (Mk) Absatzbarometer *n*

sales-based bonus system (Mk) Umsatzbonussystem *n*

sales branch (Mk) Verkaufsniederlassung *f*

sales budget (Mk) Absatzbudget *n*, Absatzplan *m* *(syn, volume budget)*

sales call (Mk) Vertreterbesuch *m*

sales canvassing (Mk) Akquisition *f*

sales cartel (Kart) Absatzkartell *n*
(syn, distribution /marketing...
cartel)

sales chain (Mk) Absatzkette *f*

sales charge
(com) Abschlußgebühr *f*

sales check (com) Kassenzettel *m*
(syn, GB, sales slip)

sales commission (com) Umsatzprovi-
sion *f*, Verkaufsprovision *f (syn,*
selling commission)

sales company (Bw) Vertriebsgesellschaft *f*

sales contract
(com) Kaufvertrag *m (cf, sale)*
(com) Abschluß *m*, Verkaufsab-
schluß *m*

sales contract bid (com) Bietungsgarantie *f*

sales control (Mk) Absatzkontrolle *f*

sales data acquisition (Mk) Verkaufs-
datenerfassung *f (eg, through POS*
terminals)

sales deductions (ReW) Erlösschmälerungen *fpl*

sales department (com) Verkaufsab-
teilung *f*, Abteilung *f* Verkauf

sales depot (Mk) Vertriebslager *n*

sales development costs (Mk) Akquisitionskosten *pl (syn, canvassing*
costs)

sales district (Mk) Verkaufsbezirk *m*

sales efforts (Mk) Absatzbemühungen *fpl*

sales figures (Mk) Absatzzahlen *fpl*,
Verkaufszahlen *fpl*

sales force
(Mk) Absatzorganisation *f (syn,*
sales/marketing... organization)
(Mk) Vertreterorganisation *f*, Ver-
kaufsaußendienst *m*

sales forecast (Mk) Absatzprognose *f*

sales giant (com) Umsatzgigant *m*

sales goal (Mk) Absatzziel *n*, Um-
satzziel *n*

sales increase (com) Absatzsteige-
rung *f (syn, jump in sales)*

sales input (com) Wareneinsatz *m*

sales invoice (com) Verkaufsrech-
nung *f*

sales letter (Mk) Werbebrief *m*

sales literature (com) Werbematerial *n*

salesman (com) Verkäufer *m (syn,*
salesclerk, qv)

sales management (Mk) Vertriebslei-
tung *f (syn, marketing manage-*
ment)

sales manager (Mk) Vertriebsleiter *m*, Verkaufsleiter *m*

salesmanship (Mk) Verkaufskunst *f*

sales manual (Mk) Absatzhand-
buch *n*

sales margin (Mk) Vertriebsspanne *f*

sales market (Mk) Absatzmarkt *m*

sales methods (Mk) Absatzmethoden *fpl (syn, distribution /market-*
ing... methods, marketing/sel-
ling... technique)

sales mix (Mk) Absatzmix *m*

sales negotiations (com) Kaufver-
handlungen *fpl*

sales network (Mk) Absatznetz *n*

sales office (com) Verkaufsbüro *n*

sales of retail stores (com) Einzelhandelsumsätze *mpl*

sales opportunities (Mk) Absatzchan-
cen *fpl*, Absatzmöglichkeiten *fpl*
(syn, market/sales... potential,
sales prospects)

sales order (com) Bestellung *f*, Auftrag *m (syn, purchase/customer...*
order)

sales order processing (com) Auftragsbearbeitung *f*

sales organization (Mk) Absatzorganisation *f*, Verkaufsorganisation *f*

sales outlet (Mk) Vertriebsstelle *f*

sales per employee (com) Umsatz *m*
je Beschäftigtem
(ie, sales/average number of em-
ployees)

sales pitch (Mk) Verkaufsargument *n*
(ie, strong statement made to per-
suade a potential customer and
overcome his buying resistance)

sales plan (Mk) Absatzplan *m (syn,*
distribution/marketing... plan,
sales budget)

sales planning (Mk) Absatzplanung *f*

sales position (Mk) Absatzlage f

sales potential (Mk) = sales opportunities

sales presentation (Mk) Produkt-Präsentation f
(ie, total selling process)

sales projection (Mk) Absatzprognose f

sales promotion (Mk) Absatzförderung f, Verkaufsförderung f

sales prospects (Mk) = sales opportunities

sales quota (Mk) Absatzquote f, Absatzkontingent n

sales related fees (Mk) umsatzbezogene Gebühren fpl (eg, in franchising)

sales rep (com) = sales representative

sales representative (Mk) Vertreter m, Verkaufsvertreter m

sales resistance (Mk) Verkaufswiderstand m, Kaufunlust f *(syn, sales . . . apathy/opposition)*

sales restriction (Mk) Absatzbeschränkung f

sales results (Bw) Vertriebsergebnis n

sales resurgence (com) Absatzbelebung f *(syn, revival of sales)*

sales returns (com) = returns, qv

sales revenue (ReW) Umsatzerlöse mpl, Verkaufserlöse mpl *(ie, usually for a given period; syn, sales)*

sales service (com) Kundendienst m

sales staff (com) Verkaufspersonal n

sales statistics
(Mk) Umsatzstatistik f

sales strategy (Mk) Absatzstrategie f *(syn, market/marketing . . . strategy)*

sales talk (com) Verkaufsgespräch n

sales territory (Mk) = sales area

sales test (Mk) Testmarktaktion f

sales-to-merchandise ratio (MaW) = merchandise turnover

sales volume
(Mk) Absatz m
– Absatzmenge f
– Absatzvolumen n

– Umsatzvolumen n *(syn, volume of goods sold)*

sales worldwide (com) Weltumsatz m *(syn, worldwide sales, qv)*

sale value (com) Verkaufswert m *(ie, less whatever cost is yet to be incurred)*

sale with option to repurchase (com) Verkauf m mit Rückkaufsrecht

SAL (surface air lifted) parcels (com) SAL-Pakete npl

salt away v (com, infml) zurücklegen, sparen
(eg, salt away money in Switzerland)

salvage
(com) Abfallverwertung f *(ie, disposition of junk or scrap)*
(com) Bergung f, Bergen n *(ie, saving marine property in peril)*
(com) Bergelohn m

salvage v
(com) rückgewinnen
(com) bergen

salvage from v (com) retten vor *(eg, a company from financial collapse; syn, salve from, save from)*

salvage value
(ReW) Restwert m
– Schrottwert m
– Veräußerungswert m *(syn, residual/scrap . . . value)*

sample
(com) Muster n
– Ausfallmuster n
– Probe f
(Stat) Stichprobe f
– Auswahl f
– Sample n

sample v
(com) bemustern, ziehen *(ie, draw samples to determine the average quality of staple goods)*

sample approval (IndE) Baumustergenehmigung f

sample consignment (com) Mustersendung f

sample fair (Mk) Mustermesse f

sample of small value (com) Warenmuster n von geringem Wert

331

sample without value (com) Muster *n* ohne Wert

sampling
(com) Probenahme *f* *(syn, taking of samples)*
(com) Bemusterung *f*

satellite office (com) Außenstelle *f*

satisfaction of requirements (com) Bedarfsdeckung *f (syn, supply of needs)*

satisfaction or money back (com) „bei Nichtgefallen Geld zurück" *(syn, money back guarantee)*

satisfied with (com) zufrieden mit

satisfy *v*
(Re) erfüllen *(ie, carry out the terms of a contract)*
(com) entsprechen *(ie, conform to specifications)*

satisfy a claim *v*
(Re) Anspruch *m* erfüllen
(Re) Forderung *f* befriedigen

satisfy a condition *v* (Re) Bedingung *f* erfüllen
(syn, comply with /fulfill/perform... a condition)

satisfy criteria *v* (com) Voraussetzungen *fpl* erfüllen

satisfy demand *v* (com) Bedarf *m* decken *(syn, meet/supply... demand)*

satisfy of *v* (com) sich überzeugen von *(eg, the truth of a statement)*

satisfy requirements *v*
(com) Bedarf *m* decken
(Re) Bedingungen *fpl* od Auflagen *fpl* erfüllen

saturated market (Mk) gesättigter Markt *m (syn, mature market)*

saturate with *v* (com) sättigen mit *(eg, market with a product)*

saturation advertising (Mk) Sättigungswerbung *f*

saturation of a market (Mk) Marktsättigung *f*

saturation stage (Mk) Sättigungsphase *f (cf, product life cycle)*

SAU
(Mk, US) = Standard Advertising Unit

save *v*
(com) sparen *(ie, put aside money)*
(com) einsparen *(syn, economize)*

save costs *v* (com) Kosten *pl* einsparen

save harmless *v* (Re) schadlos halten *(syn, hold harmless, indemnify)*

save up *v* (com) sparen *(ie, gradually over time)*

saving of material (IndE) Materialersparnis *f*

savings measure (com) Sparmaßnahme *f*

scale back *v* (com) zurückschrauben, zurücknehmen *(eg, expectation)*

scaled-down version (Mk) abgemagerte Version *f (ie, of a product: no frills, no options)*

scale-down
(com) Kürzung *f (eg, of pay)*

scale down *v*
(com) nach unten korrigieren, senken *(ie, reduce by a certain rate)*

scale fee (com) Gebühr *f (ie, based on a standard scale of fees)*

scale of charges (com) Preisliste *f*, Gebührenliste *f*

scale of plant (Bw) Betriebsgröße *f (syn, plant size)*

scale of transport charges (com) Transporttarif *m*, Beförderungstarif *m*

scale rate (com) Listenpreis *m*

scale-up (com) Erhöhung *f*

scale up *v* (com) nach oben korrigieren, erhöhen

scanner
(Mk) Scanner *m (ie, Gerät zur optisch-elektronischen Erfassung von Artikelnummern im Kassenterminal)*

schedule
(com) Zeitplan *m (eg, of operations)*
(com) Programm *n (syn, program)*
(com, US) Verzeichnis *n (syn, list)*
(com, US) Flugplan *m*
(com, US) Fahrplan *m (eg, bus, train may be on or behind schedule)*

schedule *v*
  (com) planen
  – einplanen
  – festlegen
  – anberaumen
  (com, US) aufführen, auflisten *(syn, list)*

schedule a meeting *v* (com) Sitzung *f* anberaumen

scheduled
  (com) (zeitlich) geplant
  (com) planmäßig

scheduled cost (KoR) Plankosten *pl* *(syn, predicted cost, qv)*

scheduled data (Bw) Solldaten *pl* *(opp, actual data = Istdaten)*

scheduled date (com) Termin *m*, Terminvorgabe *f*

scheduled flight (com) Linienflug *f* *(cf, non-scheds)*

scheduled load (IndE) geplante Maschinenbelastung *f*

scheduled service (com) Liniendienst *m*

schedule of charges (com) = schedule of fees

schedule of fees (com) Gebührenordnung *f*

scheduling and sequencing (Bw) Ablaufplanung *f* *(syn, operations planning, ordonnancement)*

scheduling sequence (IndE) Ablaufterminierung *f*

scheduling vacations (Pw) Urlaubsplanung *f*

schema (com) Darstellung *f*, Schema *n*, *(ie, plural is ‚schemata‘)*

scheme (com) Plan *m*, Programm *n*

scheme of early retirement (Pw) Vorruhestandsregelung *f*

scheme of retirement (Pw) Pensionsplan *m*

schock (com, US, infml) Ware *f* od Dienstleistung *f* schlechter Qualität

school education (Pw) Schulbildung *f*

schooling (Pw) Ausbildung *f*, Schulausbildung *f*

science (com) Naturwissenschaft *f* *(syn, natural science; opp,*
humanities = Geisteswissenschaften)
  (com) (jede) Wissenschaft *f* *(ie, any department of systematized knowledge as an object of study; eg, science of theology)*

science park (IndE, GB) Technologiezentrum *n*

scientific management
  (Bw) wissenschaftliche Unternehmensführung *f*
  (Bw) Arbeitswissenschaft *f*, Betriebswissenschaft *f*

scoop (Mk) Knüller *m* *(ie, sensational news item)*

scoop *v* (com, infml) zuvorkommen *(eg, a trade agreement, esp by being faster than the competition)*

scoop up a product *v* (Mk) Produkt *n* massenweise kaufen *(eg, consumers…)*

scope
  (com) Bereich *m*, Reichweite *f* *(syn, domain, range)*
  (com) Erfassungsbereich *m* *(eg, of survey, estimate, assessment)*
  (Re) Geltungsbereich *m* *(eg, of law or statute)*

scope for advancement (Pw) Aufstiegsmöglichkeiten *fpl*, Aufstiegschancen *fpl* *(syn, career development prospects, career growth opportunities, career prospects)*

scope of application (com) Anwendungsbereich *m*

scope of authority (Bw) Autonomiegrad *m*, Kompetenzbereich *m*

scope of coverage (com) Erfassungsbreite *f*

scope of decision-making (Bw) Entscheidungsspielraum *m*

scope of discretion (Re) Ermessensbereich *m*

scope of duties (Pw) Aufgabenbereich *m*, Aufgabengebiet *n*

scope of responsibilities (Bw) Aufgabenbereich *m* *(syn, task area)*

scope of tender (com) Ausführungsgrenzen *fpl*

scramble for v (com) kämpfen um
(eg, a share of the market)

scrap a division v (Bw, infml) Abteilung f schließen

scrape along/by v (com) sich über Wasser halten *(ie, just able to get along)*

scrape up v (com, infml) zusammenkratzen *(eg, money for the expensive air ticket)*

scrap merchant (com) Schrotthändler m

scrap metal processor (IndE) Schrottverarbeiter m

scrap trade (com) Schrotthandel m

screen v
(com) abschirmen *(ie, from danger, injury)*
(Pw) sieben *(eg, job candidates)*

screening (IndE) Vollprüfung f *(syn, inspection)*

screening process (Pw) Prüfverfahren n

screen out v (Pw) aussieben *(eg, job candidates)*

screw-up (com, sl) Fehler m *(syn, blunder)*

scribble v (com) kritzeln, rasch notieren *(ie, write hastily)*

scrutineer (com) Stimmenauszähler m *(syn, teller)*

scrutiny (com) Prüfung f, Untersuchung f *(syn, examination, surveillance)*

scupper a deal v (com, GB, infml) Geschäft n platzen lassen *(eg, the commerce department will...)*

scuttle v (com) vereiteln, zunichte machen *(eg, a takeover deal; syn, destroy, wreck)*

scuttlebut (Bw, infml) informell weitergegebene Information f

SEA (EG) = Single European Act

seaborne cargo (com) = sea cargo

sea cargo (com) Seefracht f *(syn, ocean freight)*

seagoing ship (com) Seeschiff n *(syn, oceangoing ship)*

sea lane (com) Schiffahrtsweg m *(ie, established sea route)*

sealed bid (com) verschlossenes Angebot n

sealed-tender bid (com) = sealed bid

sea mail (com) Schiffspost f *(ie, carried entirely by ship)*

sea port (com) Seehafen m *(syn, maritime port)*

seaport town (com) Seehafenplatz m

search for v (com) suchen nach
(syn, look for, search after, seek after, seek for)

search for customers (com) Kundensuche f
(ie, soliciting/locating . . . customers)

seasonal adjustment (Stat) Saisonbereinigung f, Ausschaltung f von Saisonbewegungen

seasonal articles (com) Saisonartikel mpl

seasonal closing-out sale (com) Schlußverkauf m *(syn, end-of-season sale)*

seasonal demand (com) saisonabhängige Nachfrage f

seasonal discount (Mk) Nachlaß m außerhalb der Saison

seasonal enterprise (com) Saisonbetrieb m

seasonally adjusted (Stat) saisonbereinigt

seasonal model (Bw) Saisonmodell n

seasonal products (com) Saisonwaren fpl

seasonal sale (com) Schlußverkauf m *(syn, end-of-season sale)*

seasoned
(com) erfahren *(ie, fit by experience; eg, seasoned teacher)*

seasoned goods (com) abgelagerte Ware f

seat (Bw) Sitz m *(ie, of a business enterprise; syn, principal place of business)*

seat-of-the-pants-marketing (Mk) planloses Marketing n
(ie, based merely on instinct and experience not on a formal plan)

sea trade (com) Seehandel m *(syn, maritime trade, ocean commerce)*

seaworthy packing (com) seemäßige Verpackung f *(syn, cargopack)*
seaworthy vessel (com) seetüchtiges Schiff n
secondary employment (Pw) Zweitbeschäftigung f
secondary line injury (Kart, US) Beeinträchtigung f des Wettbewerbs zwischen den Abnehmern
(ie, defined by the Robinson-Patman Act of 1936; opp, primary/tertiary . . . injury, qv)
secondary market
(Mk) Sekundärmarkt m *(ie, located near the points of production)*
secondary requirements (Bw) Sekundärbedarf m
(ie, of raw materials and work-in-process)
second-class quality (com) zweite Wahl f *(syn, infml, seconds)*
second copy (com) Zweitausfertigung f *(syn, duplicate, qv)*
second-hand (com) gebraucht, Gebraucht-, antiquarisch
second-hand information (com) Informationen fpl aus zweiter Hand
second-hand market (com) Gebrauchtwarenmarkt m
second-hand trade (com) Altwarenhandel m
second rate (com) zweitklassig, zweitrangig *(syn, second string)*
seconds (com, infml) zweite Wahl f, IIa-Qualität f *(syn, second-class quality)*
second source (Bw) Zweitproduzent m, Zweitlieferant m
second string (com) = second rate
second-tier company (StR) nachgeschaltete Gesellschaft f
second-tier subsidiary (Bw) Enkelgesellschaft f
(ie, enterprise controlled by another subsidiary)
secrecy (com) Geheimhaltung f
secrecy of mails (com) Briefgeheimnis n
secrecy of telecommunication (EDV) Fernmeldegeheimnis n

secretary
(com) Sekretärin f *(ie, may be executive or office secretary)*
(Bw) = company secretary
secret partnership (com) stille Gesellschaft f
(ie, partner is usually undisclosed; syn, dormant/silent . . . partnership)
section
(Re) Paragraph m *(ie, the symbol § is often used as such)*
(Bw) Abteilung f *(syn, department)*
sectional budget (Bw) Teilbudget n
sector
(com) Bereich m *(syn, domain, range, scope, sphere)*
sector of industry (com) Wirtschaftszweig m, Branche f *(syn, industry, branch of . . . business/industry)*
sector trends (Vw) Branchenkonjunktur f
secure v
(com) erhalten, erreichen
(Fin) sichern, besichern
secure a loan v (Fin) Darlehen n aufnehmen *(syn, raise/obtain /take on/ take up . . . a loan)*
secured credit (Fin) gesicherter Kredit m
secured debt (Fin) gesicherte Forderung f
secured loan (Fin) gesichertes Darlehen n
secure new orders v (com) Aufträge mpl beschaffen od hereinholen *(syn, canvass/obtain . . . new orders; attract /solicit . . . new business)*
securities
(Fin) Wertpapiere npl, Effekten pl *(eg, bonds, stocks, notes, coupons, scrip, warrants, rights, options; cf, Securities Act of 1933)*
(Re) Sicherheiten fpl
Securities and Exchange Commission, SEC (Fin, US) Börsenaufsichtsbehörde f
(ie, independent regulatory agency of the U.S. government formed to

335

protect the interests of the public and investors against malpratices in the securities and financial markets; established in 1934)

securities market (Fin) Wertpapiermarkt *m*

securities portfolio (Fin) Wertpapierbestand *m*, Wertpapierportefeuille *n*

securities trading (Fin) Wertpapierhandel *m*

security
(WeR) Wertpapier *n*
(ie, medium of investment: any note, stock, bond, debenture, transferable share, investment contract; d. h. auch: Namenspapiere, die durch Zession übertragen werden, transferred by assignment; cf, 15 § 77b USC)
(Re) Sicherheit *f*
(ie, there are two general classes: 1. collateral security; 2. personal security)
(Re) Bürgschaft *f*, Garantie *f (cf, guaranty, suretyship)*

security management (Bw) Betriebsschutz *m*
(ie, aspect of management concerned with protecting property, secrets, computer-stored data, etc)

security officer (EDV) Datenschutzbeauftragter *m*

security transaction (Fin) Wertpapiergeschäft *n*

seed capital (Fin) Startkapital *n*, Gründungskapital *n*

seek a job *v* (Pw) Arbeit *f* suchen *(syn, look for a job)*

seek employment *v* (Pw) = seek a job

see-safe (com, GB) = sale or return

see-through pack (com) Klarsichtpackung *f (syn, blister pack)*

segment
(Bw) Bereich *m (ie, the metals ... reported heavy losses; cf, segment of a business)*

segment *v* (com) segmentieren

segmental knowledge (Pw) Wissen *n* über Teilbereiche

segment a market *v* (Mk) Markt *m* segmentieren

segmentation
(Mk) Segmentierung *f (ie, of a market)*

segment of a business (Bw, US) Unternehmensbereich *m*
(ie, may be a division, department, subsidiary corporation; but its assets, operations, and activities must be clearly distinguishable)

segregate *v*
(com) ausgliedern *(eg, subsidiaries from an operating firm)*

segregation
(com) Ausgliederung *f*

selection
(com) Wahl *f*, Auswahl *f*

selection criterion (Bw) Auswahlkriterium *n (syn, eligibility criterion)*

selection interview (Pw) Vorstellungsgespräch *n (syn, personal interview)*

selection of suppliers (MaW) Lieferantenauswahl *f*

selective (com) gezielt *(eg, ... acquisitions of high-tech companies)*

selective incentives (com) gezielte Förderung *f*

selective inventory control (MaW) ABC-Analyse *f* der Lagerhaltung *(syn, ABC inventory control system, usage value analysis)*

selectively targeted program (Bw) gezieltes Programm *n*

selective strike (Pw) Schwerpunktstreik *m (syn, key strike)*

selective tendering (com) geschlossene Ausschreibung *f*
(ie, only suppliers on bidder's list are invited; opp, open/single ... tendering)

self-advertising (Mk) Eigenwerbung *f (syn, individual advertising, qv)*

self-appraisal (Pw) Eigenbeurteilung *f*, Selbstbeurteilung *f*

self-employed person (com) Selbständiger *m*

self-employment (com) selbständige Tätigkeit *f*

self-explanatory
(com) unmittelbar einleuchtend

self-feeding recovery (Vw) selbsttragender Aufschwung *m (syn, self-sustaining recovery)*

self-managing team (Pw) teilautonome Gruppe *f*

self-manufacture (IndE) Selbstanfertigung *f*

self-regulating forces of the market (Vw) Selbstheilungskräfte *fpl* des Marktes

self-regulation (Bw) freiwillige Selbstkontrolle *f (eg, by a trade association)*

self-service (Mk) Selbstbedienung *f (ie, in retail stores; syn, GB, self-selection)*

self-service store (com) Selbstbedienungsladen *m (opp, over-the-counter store = Laden mit Fremdbedienung)*

self-supporting enterprise (Bw) kostendeckender Betrieb *m*

self-sustaining recovery (Vw) selbsttragender Aufschwung *m (syn, self-feeding recovery)*

sell (com) Verkauf *m*

sell *v* (com) verkaufen, absetzen *(opp, buy, purchase)*

sell at a discount *v*
(com) mit Nachlaß verkaufen

sell at ruinous prices *v* (com) verschleudern

sell below value *v* (com) unter Wert verkaufen

sell briskly *v* (com) raschen Absatz finden

sell by private contract *v* (com) freihändig verkaufen *(syn, sell privately)*

sell by public auction *v* (com) versteigern
(syn, auction off, qv)

seller (com) Verkäufer *m (syn, vendor)*

sell for cash *v* (com) gegen bar verkaufen

sell hard *v* (com) sich schwer verkaufen, schwer verkäuflich sein

selling
(Mk) Absatz *m*, Verkauf *m*

selling activity (Mk) Absatzfunktion *f*, Absatztätigkeit *f*

selling agent
(com) Handelsvertreter *(syn, sales agent)*
(com) Verkaufskommissionär *m*

selling area (Mk) Verkaufsfläche *f (syn, selling space)*

selling capacity (Mk) Absatzkapazität *f*

selling center (Mk) Anbieter-Einheit *f*

selling commission
(com) Verkaufsprovision *f (syn, sales commission)*

selling company (Mk) Vertriebsgesellschaft *f*

selling on consignment (com) Konsignationshandel *m*
(ie, type of export selling in which consignee – Konsignatar – does not take title to the goods which passes upon sale to final buyer)

selling option (com) Verkaufsoption *f*

selling organization (Mk) Vertriebseinrichtung *f*

selling period (Mk) Absatzperiode *f*

selling price
(com) Verkaufspreis *m*
(Mk) Abgabepreis *m (ie, in retailing)*

selling space (Mk) Verkaufsfläche *f (syn, sales area)*

selling syndicate
(Bw) Verkaufssyndikat *n*

selling technique (Mk) Absatzmethode *f*, Verkaufsmethode *f*

sell in the open market *v*
(com) freihändig verwerten

sell like hot cakes *v* (com, infml) reißenden Absatz finden *(syn, walk off the shelves)*

sell off *v*
(com) verkaufen
(com) abstoßen *(ie, usually at a loss)*
(com) versteigern *(ie, at an auction)*

sell off the dogs v (com, infml) unrentable Unternehmensteile mpl abstoßen

sell on credit terms v (com) auf Kredit verkaufen

sell on price v (com) preisorientiert verkaufen

sellout
(com) Ausverkauf m (syn, cleanup sale, qv)

sell out v (com) ausverkaufen

sell privately v (com) freihändig verkaufen (syn, sell by private contract)

sell readily v (com) sich gut verkaufen lassen (syn, find a ready market)

sell to the highest bidder v (com) meistbietend verkaufen

semi-annual (com) halbjährlich (syn, GB, half-yearly)

semi-commercial scale (IndE) halbindustrieller Maßstab m

semicustom market (com) Markt m für halbkundenspezifische Produkte

semi-finished products
(IndE) unfertige Erzeugnisse npl
– Halbfabrikate npl
– Halbwaren fpl
(syn, partly finshed/unfinished ... products, in-process items)

semi-manufactured goods (IndE) unfertige Erzeugnisse npl

semi-skilled labor (Pw) angelernte Arbeitskräfte fpl

send v (com) senden, verschicken (syn, send off, forward, dispatch)

send back v (com) zurücksenden (syn, return)

send down v (com) fallen lassen (eg, prices)

sender (com) Absender m

send in v (com) einsenden

send off v (com) absenden, versenden
(syn, dispatch, qv)

send on v
(com) nachsenden (eg, mail)
(com) weiterleiten

send out v (com) verschicken (eg, offers, advertising materials)

send out one's feelers v (com, infml) Fühler mpl ausstrecken

send out requests for quotations v (com) Angebot n einholen (syn, obtain an offer)

send up prices v (com) Preise mpl erhöhen

senior executive (Pw) obere Führungskraft f

senior management (Bw) oberes Management n (syn, US, top management)

senior staff (Pw) Führungskräfte fpl (syn, executive personnel)

sensitive commodities (AuW) sensible Rohstoffe mpl
(eg, manganese, vanadium, cobolt, chromium)

sensitive situation (com) Grenzsituation f (syn, borderline situation)

sensitive to cyclical fluctuations (Vw) konjunkturanfällig

sensitive to the market (com) marktreagibel

sensitivity analysis (Bw) Sensitivitätsanalyse f, Empfindlichkeitsanalyse f
(ie, the procedure is to vary the value of the parameters in question and examine the extent to which these changes effect the results of the analysis)

sequence of operations
(com) Betriebsablauf m

sequence of operations schedule (IndE) Arbeitsablaufplan m

sequence order (com) Anschlußauftrag m (syn, follow-up/renewal ... order)

sequencing (IndE) Reihenfolgeplanung f

sequential decision (Bw) Folgeentscheidung f

serial numbering (com) fortlaufende Numerierung f (syn, consecutive numbering)

series-produced goods (com) Serienprodukte npl

series production (IndE) Serienfertigung *f (syn, batch/serial . . . production)*

serve *v*
  (com) bedienen *(ie, wait on customers; eg, Are you being served?)*
  (com) Amt *n* innehaben *(eg, serve on a jury)*

serve notice *v*
  (com, fml) bekanntgeben
  – mitteilen
  – wissen lassen

service
  (com) Dienstleistung *f*
  (com) Service *m*
  – Wartung *f*
  – Unterhaltung *f*
  (com) Kundendienst *m (syn, customer service)*
  (com) Verkehrsangebot *n (ie, of airline, railroad)*

service *v*
  (com) warten, pflegen *(eg, car)*
  (com) bedienen *(eg, customers, sales area)*
  (Fin) bedienen *(ie, pay principal and interest = Kapital und Zinsen zahlen)*

serviceability
  (Bw) Brauchbarkeit *f*

serviceable
  (com) brauchbar
  (com) betriebsfähig
  (com) strapazierfähig *(ie, fit for long and hard use)*

serviceable life (Bw) = service life

service agreement
  (com) Wartungsvertrag *m (syn, maintenance agreement)*
  (Pw) Dienstvertrag *m*

service a loan *v* (Fin) Anleihe *f* bedienen

service area (com) Bedienungsbereich *m*

service business (com) Dienstleistungsunternehmen *n*

service capacity
  (Bw) Nutzungspotential *n (ie, bundle of potential services; eg, of fixed assets per time)*

service center
  (com) Dienstleistungsbetrieb *m (syn, service establishment)*
  (com) Reparaturwerkstatt *f*

service contract
  (com) Wartungsvertrag *m(syn, service agreement)*
  (Pw) Arbeitsvertrag *m (syn, employment/labor . . . contract)*
  (Pw) Dienstvertrag *m (syn, service agreement)*

service contractor (com) Wartungsunternehmen *n*

service debt *v* (Fin) Schulden *fpl* bedienen

service degree (MaW) Servicegrad *m,* Lieferbereitschaftsgrad *m (ie, ratio indicating supply capability of a stock in inventory; cf, optimum service degree)*

service department
  (com) Kundendienstabteilung *f*
  (Bw) Stabsabteilung *f (syn, staff unit, qv)*

service enterprise (com) = service company

service establishment (com) = service center

service fee (com) = service charge

service industry (com) Dienstleistungsindustrie *f*

service in return (com) Gegendienst *m (syn, reciprocal service)*

service instructions (Bw) Dienstanweisung *f (syn, standing instructions)*

service life
  (Bw) Nutzungsdauer *f (syn, effective/operating/serviceable/useful /economic/working . . . life; opp, physical life)*

serviceman
  (com) Service-Techniker *m*
  – Kundendienstmechaniker *m*
  – (infml) Kundendienst *m (eg, call in the . . .)*

service merchandiser (Mk) Regalgroßhändler *m (syn, rack jobber)*

service module (Mk) Teilpaket *n* von Werbeleistungen

service network (com) Kundendienstnetz *n*

service office (com) Dienstleistungsbüro *n*

service policy
(Mk) Kundendienstpolitik *f*

service quality (com) Bedienungsqualität *f*

service rollback (com) Einschränkung *f* von Dienstleistungen

services (VGR) Dienstleistungen *fpl* *(ie, comprise transportation, public utilities, wholesale and retail trade, finance, health, education, business services, entertainment)*

service store (com) Laden *m* mit Bedienung

service strategy
(Mk) Kundendienststrategie *f*

service transaction (com) Dienstleistungsgeschäft *n (syn, sale of services)*

service transactions (com) Dienstleistungsverkehr *m*

service unit
(com) Leistungseinheit *f*

service value (Bw) Gebrauchswert *m*

service wholesaler (Mk) Großhandelsunternehmen *n* mit Kundendienst

servicing concept (Mk) Service-Konzeption *f*

servive company (com) Dienstleistungsbetrieb *m*, Dienstleistungsunternehmen *n (syn, service enterprise)*

servive organization (Mk) Kundendienstorganisation *f*

session (com) Sitzung *f*

set a deadline on *v* (com) befristen, Termin *m* festsetzen für *(syn, place a deadline on, put a time limit on)*

set amount (com) fester Betrag *m*

set a reasonable period of time *v* (com) angemessene Frist *f* setzen

set aside *v*
(com) beiseite legen, Reserven *fpl* bilden
(com) aufschieben *(eg, plans)*

(Re) annullieren, aufheben *(eg, judgment; syn, rescind, quash)*

set aside an amount *v* (com) Betrag *m* abzweigen *(syn, earmark an amount)*

setback (com) Rückschlag *m*, Einbruch *m*

set back *v*
(com) behindern, zurückwerfen
(com) kosten *(eg, PC set me back DM 10,000)*

setback in economic activity (Vw) Konjunktureinbruch *m*

set down *v*
(com) schriftlich niederlegen *(ie, put in writing)*
(com) halten für *(ie, as; syn, regard, consider)*

set in *v* (com) beginnen

set of action alternatives (Bw) Menge *f* von Handlungsalternativen

set off *v*
(com) auslösen *(syn, spark/trigger... off)*
(Re, ReW) aufrechnen, verrechnen *(ie, against: mit)*

setout
(com) Anordnung *f (syn, arrangement, layout)*
(com) Beginn *m (syn, beginning, outset)*

set out *v*
(com) darlegen, darstellen
(com) anordnen
(com) beginnen *(eg, a career, journey)*

set right *v*
(com) korrigieren, in Ordnung bringen

settle „behind the shed" *v* (com) informell regeln

settle down *v* (com) einpendeln *(eg, prices... at a lower level)*

settle in *v* (Pw) einarbeiten *(ie, new employees)*

settle old scores *v* (com, infml) alte Rechnung *fpl* begleichen

set up *v*
(com) errichten, gründen *(syn, establish, form, create)*

set up a branch abroad *v* (com) Auslandsfiliale *f* eröffnen

set up a committee *v* (com) Ausschuß *m* einsetzen

setup cost
(ReW) Gründungskosten *pl (syn, organization cost, setup expense, qv)*
(ReW) Anlaufkosten *pl (syn, start-up cost, qv)*

severance pay
(Pw) Abfindung *f*
– Abfindungszahlung *f*
– Entlassungsabfindung *f*
(syn, dismissal/termination . . . pay, terminal bonus, ex gratia payment)
(Pw) Trennungsentschädigung *f*
(syn, separation/isolation . . . allowance)

shading
(com) Zugeständnis *n (ie, pricing and other conditions)*
(com) Schraffur *f*

shadow price (Bw) Schattenpreis *m*, innerbetrieblicher Verrechnungspreis *m*
(syn, accounting price, internal transfer price)

shady dealings (com) dunkle Geschäfte *npl (ie, of doubtful honesty)*

shakedown (com) Anpassung *f*, Umstrukturierung *f*

shake down *v* (com) anpassen, umstrukturieren

shakedown in prices (com) Preisverfall *m*

shakeout
(com) Umstrukturierung *f (syn, restructuring)*
(com, infml) Flurbereinigung *f*, Gesundschrumpfen *n*
(ie, failure of a large number of firms in an industry)

shake-up
(com, infml) Reorganisation *f (ie, of the organizational structure)*
(com, infml) Umstrukturierung *f*
(eg, in the structure of the semiconductor industry)

shallow organization (Bw) Organisation *f* mit großer Leitungsspanne *(syn, flat organization; opp, narrow/deep . . . organization)*

shallow span of control (Bw) große Kontrollspanne *f (syn, broad span of control)*

sham bid (com) Scheingebot *n*

shape up *v*
(com, infml) in Form bringen, umstrukturieren *(eg, company needs to be shaped up)*
(com) sich entwickeln

share
(com) Anteil *m*, Beteiligung *f*
(ie, Grundlage des Beteiligungsverhältnisses an Unternehmen)
(Fin) Aktie *f*
(ie, ,share' and ,stock' are almost interchangeable; ,share' is used preferably in England and in Canada; when modified by an adjective or used as an adjective, ,share' often becomes ,stock', as in ,common stock' and ,stock split')

share block (Fin) Aktienpaket *n (syn, block of shares)*

share capital
(Fin) Aktienkapital *n*
(ie, represented by outstanding shares of stock; opp, loan capital = Fremdkapital)
(Fin) Stammkapital *n*
(ie, of a private company not listed on the stock exchange; cf, GmbH)

shared cost (com) Kostenbeteiligung *f*

shareholder
Fin, US, GB) Aktionär *m*, Anteilseigner *m*
(ie, term is used in the Model Business Corporation Act and the New York Business Corporation Law, while ,stockholder' is used in the Delaware Corporation Law)
(Fin) Anteilseigner *m*, Gesellschafter *m*
(ie, holder of a share in a privately-owned family company or in an unincorporated association)

(Fin) Anteilsinhaber *m (ie, in investment fund)*

shareholder employee (Pw) Belegschaftsaktionär *m (syn, stockholder employee)*

shareholders' equity (ReW) Eigenkapital *n*
(ie, preferred stock, common stock, paid–in capital, and retained earnings; syn, net worth)

shareholders in general meeting (Bw) Hauptversammlung *f*

shareholders' letter (Bw) Aktionärsbrief *m (eg, company stated in a . . .)*

shareholders' meeting (Bw) Aktionärsversammlung *f*

share of audience (Mk) Einschaltquote *f (ie, in television)*

share of the market (Mk) Marktanteil *m (syn, market share, market coverage)*

share of world sales (com) Anteil *m* am Weltumsatz

share-out key (com) Verteilerschlüssel *m*, Verteiler *m (syn, mailing list)*

shareowners' equity (ReW) = shareholders' equity

shares-only offer (com) Übernahmeangebot *n* ohne Barabfindung *(eg, from an investors' group)*

shark repellant (com, US) Übernahmeabwehr-Klausel *f (ie, designed to impede takeover attempts: Mitglieder der Unternehmensleitung können nicht alle gleichzeitig ausgewechselt werden; oder Kumulierung von Stimmrechten bei vertrauenswürdigen Aktionären)*

sharpen competitive edge *v* (com) Wettbewerbsfähigkeit *f* verbessern

shave costs *v* (com, infml) Kosten *pl* senken *(syn, level down/cut down/pare/reduce . . . costs)*

shave prices *v* (com, infml) Preise *mpl* drücken *(syn, pull down prices, qv)*

shed *v*
(com) abstoßen *(eg, labor, securities, assets)*

shed assets *v* (Bw) Unternehmensteile *mpl* abstoßen

shed jobs *v* (Pw) Arbeitsplätze *mpl* einsparen

shelf life (MaW) Lagerfähigkeit *f*, Haltbarkeit *f (syn, storage life)*

shelf pricing (Mk) Regalauszeichnung *f*

shelf space (com) Regalfläche *f*

shelf warmer (com, infml) Ladenhüter *m (syn, cats and dogs, drug on the market)*

shell (Bw) = shell company

shell company (Bw) Firmenmantel *m (syn, corporate shell, nonoperating company; GB, skeleton company)*

shell corporation (Bw) = shell company

shell operations (Bw, GB) Übernahme *f* e-s Unternehmens

shell out *v* (Fin, infml) zahlen *(eg, shell out cash for debt service)*

sheltered industries (Bw) subventionierte Wirtschaftszweige *mpl*

shelve *v*
(com) in Regalen lagern
(com) außer Betrieb nehmen *(ie, put out of service)*
(com) aufschieben, zurückstellen *(eg, plan, project, issue)*

Sherman Antitrust Act (Kart, US) Sherman Act *n*
(ie, pioneer federal statute in antitrust; passed on July 2, 1890; cornerstone in the legal expression of public policy against restraint of trade and monopoly or attempts to monopolize)

shift *v*
(com) überwälzen *(eg, expenses, taxes)*

shift in comparative strength (com) Wettbewerbsverschiebung *f*

shift in demand
(Mk) Bedarfsverlagerung *f*

shifting of target dates (IndE) Terminverlagerung *f*

shift into higher gear v (com, infml) ansteigen *(eg, auto sales)*

shift on to v (com) überwälzen *(eg, cost, taxes; syn, pass on to)*

shift out v (com) aussteigen *(eg, of the dollar)*

ship v
(com) versenden, verschicken *(ie, by mail or other means)*
(com) befördern *(syn, carry, convey, forward, transport)*
(com) verschiffen

ship agent (com) Reedereivertreter m *(ie, represents shipowners in distant ports)*

ship broker (com) Schiffsmakler m

shipbuilding industry (com) Schiffbauindustrie f, Schiffbau m

ship goods on consignment v (com) konsignieren

ship load (com) Schiffsladung f

shipment
(com) Versand m, Verschiffung f
(com) Ladung f
(syn, cargo, freight, load, consignment)

shipowner
(com) Frachtführer m, Verfrachter m
(com) Schiffseigentümer m, Reeder m *(ie, in ocean shipping)*

shipped bill of lading (com) Bordkonnossement n *(syn, on board/ocean . . . bill of lading)*

shipper
(com) Befrachter m
– Verlader m
– Absender m
(ie, neither exporter nor carrier)
(com) Ablader m *(syn, forwarder = Seehafenspediteur)*
(com, GB) Spediteur m + Exporthändler m

shipping
(com) Versand m, Expedition f *(syn, forwarding, qv)*
(com) Schiffahrt f

shipping agent (com) Schiffsmakler m, Seehafenspediteur m *(syn, ship broker; GB, land agent)*

shipping business (com) Reedereibetrieb m

shipping certificate (com) Versandbescheinigung f

shipping company (com) Reederei f, Schiffahrtsgesellschaft f

shipping conference (com) Schifffahrtskonferenz f *(syn, shipping ring)*

shipping contract (com) Beförderungsvertrag m
(syn, forwarding contract; GB, contract of carriage)

shipping cost (com) Versandkosten pl
(ie, element of selling expense in cost accounting: cost of sending goods by mail, truck, rail or plane)

shipping department (com) Versandabteilung f
(ie, in charge of packing, loading, shipping; syn, forwarding department)

shipping documents (com) Versandpapiere npl, Verschiffungsdokumente npl
(ie, bill of lading, seller's invoice, consular invoice, certificate of analysis, certificate of origin, warehouse receipt, dock receipt)

shipping exchange (com) Fracht(en-)börse f

shipping expense (com) Versandkosten pl, Versandspesen pl

shipping foreman (com) Versandmeister m

shipping instructions (com) Versandanweisungen fpl, Versandvorschriften fpl *(syn, forwarding instructions)*

shipping line (com) Schiffahrtslinie f

shipping line agent (com) Linienagent m

shipping-line bill-of-lading terms (com) Linien-Konnossements-Bedingungen fpl

shipping manager (com) Schiffsdisponent m

shipping marks (com) Markierungszeichen npl

shipping note
(com) Versandanzeige f *(syn, advice note, qv)*
(com) Schiffszettel m

shipping order
(com) Versandauftrag m *(syn, dispatch order)*
(com, GB) großer Auftrag m

shipping papers (com) Versandpapiere npl
(syn, shipping documents)

shipping point (com) Verschiffungsort m

shipping port (com) Versandhafen m, Verschiffungshafen m
(syn, port of dispatch)

shipping rate (com) Seefrachtrate f

shipping ring (com) = shipping conference

shipping route (com) Versandweg m

shipping slip (com) Packzettel m
(syn, packing slip)

shipping space (com) Schiffsraum m

shipping supervisor (com) Versandleiter m *(syn, traffic manager)*

shipping terms (com) Versandbedingungen fpl

shipping trade (com) Seetransportgeschäft n

shipping weight (com) Ladegewicht n

ship's manifest (com) Schiffsmanifest n

ship-to location (com) Bestimmungsort m

shock loss (com) unerwartet hoher Verlust m

shoddy work (Pw, infml) schlampige Arbeit f *(syn, slipshod work)*

shoot ahead v (com) rasch ansteigen
(eg, final demand shot ahead at the rate of 10%)

shoot up v (com, infml) sprunghaft od rasch ansteigen
(eg, unemployment claims shot up by 40,000; syn, bounce up, leap, rocket)

shop
(com) (kleines) Geschäft n
(Bw, infml) Geschäft n, Unternehmen n

shop around for v (com) sich umsehen nach *(eg, alternatives)*

shop around for the lowest quote v (com, infml) das niedrigste Angebot n suchen

shopfloor
(com) Verkaufsfläche f *(syn, selling space)*

shop-in-the-shop system (Mk) Gemeinschafts-Warenhaus n

shopkeeper (com, GB) Geschäftsinhaber m, Ladeninhaber m *(syn, store owner)*

shop opening hours (com) Öffnungszeiten fpl

shopper
(com) Käufer m
(Mk) Einkäufer m *(ie, agent for customers or employer)*

shopping (com, infml) Einkaufen n
(eg, go shopping around)

shopping center (Mk) Shopping Center n, regionales Einkaufszentrum n
(ie, group of retail stores and service establishments, designed to serve a community; syn, shopping plaza)

shopping district (Mk) Geschäftsgegend f

shopping goods (Mk) Shopping Goods pl, Güter npl des nicht täglichen Bedarfs
(ie, medium-ticket items priced by consumers in more than one store prior to purchase: comparison shopping; opp, convenience goods)

shopping mall (com) Ladenstraße f

shopping plaza (Mk) = shopping center

shopping precinct (Mk, GB) Einkaufszentrum n

shop production (IndE) Werkstattfertigung f

shop sales (com) Einzelhandelsumsätze mpl

shop-soiled goods (com) angeschmutzte Ware f

shop training (Pw) innerbetriebliche Ausbildung f

shop window advertising (Mk) Schaufensterwerbung *f*

shore up *v* (com) stützen, stärken *(eg, dollar, farm prices)*

short (com) = shortfall

shortage of manpower (Pw) = shortage of labor

shortage of materials (MaW) Materialmangel *m*, Materialknappheit *f*

short delivery (com) unvollständige Lieferung *f*

short-distance traffic (com) Nahverkehr *m*

shortening of working hours (Pw) Arbeitszeitverkürzung *f*

short entry (com) Unterdeklarierung *f*

shorter working hours (Pw) Arbeitszeitverkürzung *f (syn, cut in working time, qv)*

shortfall (com) Fehlbetrag *m*, Fehlmenge *f (syn, deficit, deficiency, short, shortage, wantage)*

shortfall in demand (com) Unternachfrage *f*

shortfall in output (com) Minderleistung *f*

short-form merger (com, US) gesetzliche Fusion *f*, Short-form Merger *(ie, besitzt ein Käufer mindestens 90 der Wertpapiere e–r Gesellschaft, darf er die restlichen Anteile von höchstens 10 durch e–e gesetzliche Fusion... erwerben; diese Art der Fusion in den meisten Bundesstaaten zulässig)*

short haul (com) Kurzstreckenfracht *f*

short haulage (com) Nahverkehr *m*

short-haul airliner (com) Kurzstreckenflugzeug *n*

short-haul route (com) Kurzstrecke *f*

short-haul traffic (com) Nahverkehr *m*

short-haul transportation (com) Güternahverkehr *m*

short line (Mk) Auswahl *f* aus e-m Herstellersortiment

short of destination (com) vor Erreichen des Bestimmungsortes

short of funds (com, infml) knapp bei Kasse, nicht liquide

short-range (com) kurzfristig *(syn, short-term, short-haul, short-run)*

short-run goal (Bw) kurzfristiges Ziel *n (syn, lies ahead typically one year or less; syn, tactical goal)*

short sea trade (com, GB) Warenbeförderung *f* über den Kanal

short shipment (com) Minderlieferung *f*

short-termism (com, infml) Handeln *n* auf kurze Sicht

short-term loss (Bw) kurzfristiger Verlust *m*

short-term memory (Pw) Kurzzeitgedächtnis *n*, Fluoreszenzgedächtnis *n*

short-term plan (Bw) Kurzfristplan *m*

short-term planning (Bw) kurzfristige Planung *f*, Kurzzeitplanung *f*

short-time worker (Pw) Kurzarbeiter *m (syn, worker (put) on short time)*

short-time working (Pw) Kurzarbeit *f*

short weight (com) Mindergewicht *n*

shot in the arm (Fin, infml) Geldspritze *f (syn, injection of funds)*

show (com) Ausstellung *f (syn, exhibition, fair, exposition)*

showing (com) Ergebnis *n (eg, the best... since 1986)*

showpiece (Mk) Ausstellungsstück *n*

show room (Mk) Ausstellungsraum *m*

shrink (Mk) Inventurdifferenz *f (ie, due to mistakes, pilfering, or fraud)*

shrinkage (com) Minderung *f*, Schwund *m* (com, euph) Ladendiebstahl *m (ie, theft by customers and employees alike but including breakages; practiced by the absent-minded elderly but no less by army officers, nurses, teachers, nuns, air stewardesses and a host of others; syn, shoplifting)*

shrinkage loss (com) Wertminderung *f* durch Schwund

shrinking market (com) schrumpfender Markt *m*

shrink wrapping (Mk) Schrumpfpackung *f (ie, plastic coating; when heated it conforms to the shape of the package)*

shuffle paper *v* (com, sl) Aktien *fpl* bearbeiten, „Papier verwalten"

shutdown (Bw) Betriebsschließung *f*

shut down *v* (com) schließen *(syn, close down, qv)*

shut down a business *v* (com) Geschäft *n* aufgeben *(syn, close down, discontinue, give up)*

shut down shop *v* (com) = shut up shop

shut out *v* (com) nicht verladen *(eg, consignment arrived too late)*

shuttle inventory card system (MaW) Pendelkartensystem *n (ie, today mostly computer-controlled)*

shuttle service (com) Pendelverkehr *m*

shut up shop *v* (com) Betrieb *m* aufgeben *(syn, close/discontinue/terminate... a business*

side constraint (Bw) Nebenbedingung *f*, Restriktion *f (syn, constraint)*

side deal (com) Nebenabsprache *f*

side effects (com) Nebenwirkungen *fpl*

side-line article (com) Nebenartikel *m*

side-line job (Pw) Nebenbeschäftigung *f*

side payment (Bw) Ausgleichszahlung *f (syn, payoff)*

sign *v* (com) unterschreiben, unterzeichnen *(syn, undersign, subscribe)*

sign an agreement *v*
   (Re) Vertrag *m* schließen *(syn, conclude an agreement)*
   (Re) Vertrag *m* unterzeichnen *(ie, make it legally effective)*

signatory
   (com) Unterzeichner *m*

signature bonus (com) Abschlußprämie *f*

signature power (com) Zeichnungsberechtigung *f*

signature stamp (com) Unterschriftsstempel *m*, Faksimilestempel *m*

signed ine one's own hand (com) eigenhändig unterschrieben

signer (com) Unterzeichner *m*

significance
   (com) Bedeutung *f*, Wichtigkeit *f*

sign in blank *v*
   (com) blanko unterschreiben

signing officer (com) Zeichnungsberechtigter *m*

sign one's name *v* (com) unterzeichnen *(eg, on a check)*

sign on for a job *v* (Pw) Stelle *f* annehmen

sign-up bonus (com) Vertragsprämie *f*

silent partner (com) stiller Gesellschafter *m (ie, takes no active part in management)*

silent partnership (com) stille Gesellschaft *f*
   (ie, partner has no voice in the affairs of the business; syn, dormant/ secret... partnership, qv; note that the German ‚dormant' partner is not liable for the debts of the business)

simmer down *v* (com) sich beruhigen *(eg, economy is beginning to...)*

simple application (com) formloser Antrag *m*

simple blueprint (com, infml) Patentlösung *f (syn, patent solution, qv)*

simple majority (com) einfache Mehrheit *f*

simple solution (com) einfache Lösung *f*, Patentlösung *f (syn, patent solution, quick fix, qv)*

simplify *v* (com) vereinfachen *(eg, computation)*

simultaneous planning (Bw) Simultanplanung *f*

sinewy (com, infml) stark, kräftig *(eg, the dollar)*

Single Act (EG) = Single European Act, qv

single currency (EG) einheitliche Währung *f (syn, sole currency)*

Single European Act, SEA (EG) Einheitliche Europäische Akte, EEA *f*
(ie, substantial amendment of the Treaty of Rome effective 1 July 1987; Ziel ist die Umwandlung der EG in e-e Europäische Union)

single European market (EG) Einheitlicher Binnenmarkt *m*
(ie, is about freedom of movement for goods, services and capital, and the ending of protective barriers, whether direct or indirect)

single-item production (IndE) Einzelfertigung *f (syn, individual production,* qv)

single-line store (Mk) Spezialgeschäft *n (syn, specialty store,* qv)

single-line system (Bw) Einliniensystem *n (syn, straight-line organization, unity of command)*

single proprietorship (com) Einzelunternehmen *n (syn, sole proprietorship,* qv)

single-purpose association (Bw) ad-hoc-Verband *m,* Augenblicksverband *m*

single sourcing (MaW) Einzel-Bezugsquelle *f (ie, für jedes Teil e-s Produkts)*

single-stage business (Bw) einstufiges Unternehmen *n*

single-stage plant system (IndE) einstufiger Betrieb *m*

single tendering (com) Einzelausschreibung *f (ie, invitation to bid goes to a single supplier; opp, open/selective . . . tendering)*

single-unit production (IndE) Einzelfertigung *f (syn, individual production,* qv)

single-use charge (com) einmalige Gebühr *f*

single-use goods (Mk) Konsumgüter *npl (syn, consumer non-durables)*

single-venture partnership (Bw) Gelegenheitsgesellschaft *f*

sink money in/into *v* (Fin) investieren, anlegen *(syn, invest in, put money in/into)*

siphon off *v* (com) abschöpfen *(eg, profits, purchasing power; syn, skim off)*

sister company (com) Schwestergesellschaft *f (syn, fellow subsidiary)*

site plan (com) Lageplan *m*

site selection (com) Standortwahl *f*

sit in for *v* (Pw) jem vertreten *(syn, deputize for,* qv)

sitting target (com, infml) leichte Beute *f (eg, for a takeover bid from a rival)*

situation audit (com) Bestandsaufnahme *f*
(syn, position audit, corporate appraisal, assessment of current position)

situation report (com) Zustandsbericht *m (syn, sitrep)*

skeleton agreement (Re) Rahmenvertrag *m (syn, framework/umbrella . . . agreement)*

skeleton company (Bw, GB) Firmenmantel *m (syn, shell company,* qv)

skeleton contract (Re) Rahmenvertrag *m*

skeleton service (com) Notdienst *m (eg, provided during a strike)*

skeleton staff
(Pw) Stammpersonal *n,* Stammbelegschaft *f (syn, core personnel)*
(Pw) Rumpfbelegschaft *f (ie, during the vacation close-down of business)*

skew *v* (com) verfälschen, verzerren *(eg, results may be skewed by inaccurate figures; syn, distort, twist)*

skid *v* (com) fallen, nachgeben *(eg, stock prices skidded)*

skilled labor (Pw) Facharbeiter *mpl (ie, trained for a relatively long time, exercise substantial independent judgment)*

skilled manpower (Pw) = skilled labor

skilled personnel (Pw) = skilled staff

skilled staff (Pw) Fachpersonal *n (syn, specialist staff, skilled personnel)*

skills and abilities (Pw) Fähigkeiten *fpl*

skimming the cream (Kart) „Rosinenpicken" *n (syn, cream skimming, qv; GB, picking the eyes out)*

skimming-the-market policy (Mk) Abschöpfungspolitik *f (ie, seeks to take the cream off a market before pricing the product for other more price-sensitive consumers)*

skim off by taxation *v* (StR) wegsteuern

skim off purchasing power *v* (FiW) Kaufkraft *f* abschöpfen *(syn, siphon off)*

skimp on *v* (com) sparen an *(eg, capital spending)*

skim the cream *v* (Bw) „Rosinen pikken" *(ie, eliminate excess profits; syn, cream skimming)*

skim-the-cream price (com) höchst erreichbarer Preis *m*

skim through *v* (com) durchsehen *(eg, notes)*

skin *v* (com, infml) schröpfen *(syn, fleece)*

skinny majority (Pw, infml) hauchdünne Mehrheit *f*

skip *v* (com) überspringen

skirt *v* (com) umgehen *(eg, restrictions against interstate banking)*

skirt barriers *v* (com) Schranken *fpl* od Hindernisse *npl* umgehen

skunkworks (Bw, sl) F&E-Gruppen *f*

skyrocket *v* (com) sprunghaft ansteigen *(syn, rocket, qv)*

sky-scraping levels (com, infml) astronomische Höhen *fpl (eg, prices remain at ...)*

slack demand (com) geringe od schwache Nachfrage *f*

slackening of economic activity (Vw) Konjunkturabschwächung *f*

slack sales (com) Absatzflaute *f*, Absatzrückgang *m*

slack year (com) schlechtes Jahr *n*

slander of goods (Kart) Anschwärzung *f (ie, making a false statement about a rival's product; syn, disparagement of goods)*

slap a fine on *v* (Kart, infml) Bußgeld *n* verhängen gegen *(syn, impose a fine on)*

slap restrictions on *v* (com) Beschränkungen *fpl* einführen

slash *v* (com) stark herabsetzen, zusammenstreichen

slash jobs *v* (Pw) Mitarbeiter *mpl* entlassen, Arbeitsplätze *mpl* einsparen

slash orders *v* (com) Bestellungen *fpl* einschränken

slaughtered price (com) Schleuderpreis *m (syn, give-away price, qv)*

sleeper (Mk, infml) potentieller Verkaufsschlager *m*

sleeping beauty (com) potentielles Übernahmeziel *n (ie, with large amounts of cash or undervalue property and land assets)*

sleeping partner (com) stiller Gesellschafter *m*

slicker (com, infml) Ladenhüter *m (syn, nonmoving item, qv)*

slide in economic activity (Vw) konjunktureller Abschwung *m*

slimming jobs (Pw) Abbau *m* von Arbeitsplätzen *(syn, job pruning, qv)*

slimming of workforce (Pw) Personalabbau *m (syn, cutback in employment, qv)*

slim the labor force *v* (Pw) Personal *n* abbauen *(syn, cut down/reduce ... the labor force)*

slip into reverse *v* (com) umkehren *(eg, gas-price spiral)*

slippage (com, Bö) Nachgeben *n (eg, of prices)*

slip printer (Mk) Kassenbelegdrukker *m*

slipshod work (Pw, infml) schlampige Arbeit *f (syn, shoddy/sloppy ... work)*

sloppy work (Pw, infml) schlampige Arbeit *(syn, slipshod work, qv)*

slot
(com) Platz *m*, Stelle *f*
(eg, all 40 slots for the course have long since been taken)

slowdown in the economy (Vw) Konjunkturabschwächung *f*, Konjunkturrückgang *m*

slowdown strike (Pw) Bummelstreik *m (syn, labor slowdown, go-slow)*

slow moving merchandise (com) schwer verkäufliche Ware *f*

sluggish demand (com) schwache Nachfrage *f (syn, weak/lagging . . . demand)*

sluggish organization (Bw) träge Organisation *f*

sluice gate price (EG) Einschleusungspreis *m*
(ie, fiktiver Herstellungspreis für Schweinefleisch, Geflügel und Eier; liegt der ausländische Angebotspreis unter dem E., wird e-e Zusatzabschöpfung erhoben)

slump
(com) anhaltender Preis- od Kursrückgang *m*, Einbruch *m*
(Vw) starker Konjunkturrückgang m

slump in prices (com) Preiseinbruch *m*, Preissturz *m (syn, tumble in prices)*

slump in sales (com) Absatzeinbruch *m*, Absatzrückgang *m*

small ads (Mk) Kleinanzeigen *fpl*

small air packet (com) Luftpostpäckchen *n (syn, airmail packet)*

small batch (IndE) Kleinserie *f*

small batch production (IndE) Kleinserienfertigung *f*

small business (Bw, US) mittelständische Wirtschaft *f (eg, manufacturing enterprises employing 250 to 1,000 people)*

small fry operator (com, infml) Kleinunternehmer *m*

small-group research (Mk) Kleingruppenforschung *f*

small loss
(com) geringfügiger Verlust *m*

small print (Re) das Kleingedruckte *n (eg, in contracts, delivery terms and conditions)*

small shareholder (Fin) Kleinaktionär *m*

small space advertising (Mk) Kleinanzeigenwerbung *f*

smash
(com) Preisverfall *m*

smash hit (com, sl) Verkaufsschlager *m*
(eg, his latest single is an uncontestable smash hit; syn, hot selling line)

smokestack industries (com, US) „Schornstein"-Industrien *fpl (ie, those long past their prime: technisch veraltete Branchen, such as auto, steel, textiles)*

smooth out *v* (com) verstetigen *(eg, cash flow, order intake)*

snag (com) Schwierigkeit *f (eg, the snag is that indexed loans would require indexed deposits)*

snap decision (Bw, infml) schnelle Entscheidung *f (ie, without giving due consideration to details)*

snap poll (Mk) Blitzumfrage *f*

snap up *v* (com, infml) aufkaufen, zusammenkaufen *(eg, a number of small unassorted companies)*

snip (com, GB) günstiger Kauf *m (syn, US, bargain, good buy)*

snowball sales sytem (Mk) Schneeballsystem *n (ie, against bonos mores)*

soak *v* (com) schröpfen *(eg, charge excessive price to gullible customer)*

soak up *v* (Fin) aus dem Markt nehmen

soak up funds *v* (Fin) Mittel *pl* in Anspruch nehmen

soar *v* (com) rasch steigen, emporschnellen *(eg, prices; syn, leap, shoot up, bounce up, zoom)*

soar to record highs *v* (com) auf Rekordhöhen steigen *(eg, the dollar: against the British pound, the German mark)*

social accounting
(VGR) volkswirtschaftliche Gesamtrechnung f *(syn, national accounting system, qv)*
ReW) Sozialbilanz f

social security costs (ReW, EG) soziale Aufwendungen *fpl*

social security payroll tax (SozV, US) = payroll tax

social sensitivity (Bw) soziale Wahrnehmungsfähigkeit f

social services (Bw) Sozialeinrichtungen *fpl*

social welfare expenditure (ReW) Sozialaufwand m *(ie, part of total labor cost)*

sock v (com, infml) hart treffen *(eg, carmakers, homebuilders, capital goods companies)*

soft price (com) niedriger Preis m

soft savings (Bw) qualitative Vorteile *mpl (opp, hard savings, qv)*

soft sell (Mk) „weiche" Verkaufstechnik f *(ie, indirect, subtle, but convincing)*

soft spot
(com) Schwachstelle f *(syn, weak spot, potential trouble spot)*

soft terms (com) günstige Bedingungen *fpl*

soldier on v (com, infml) sich mühsam weiterschleppen

sold note
(com) Verkaufsnote f

sold out (com) ausverkauft, vergriffen *(syn, out of stock)*

sole agent
(com) Alleinvertreter m
(ie, buys and sells in his own name and for his own account, seeking to make middleman's profit; syn, sole distributor)

sole and exclusive agency (com) Alleinvertretung f *(syn, sole and exclusive representation)*

sole and exclusive agent (com) = sole agent

sole and exclusive selling rights (com) Alleinverkaufsrechte *npl (syn, exclusive franchise)*

sole buyer (com) alleiniger Abnehmer m

sole maker (com) Alleinhersteller m

sole proprietorship
(com) Einzelfirma f
– Einzelunternehmung f
– Einzelkaufmann m
(syn, US, individual proprietorship; GB, sole trader)

sole selling right (com) alleiniges Vertriebsrecht n

sole-source supplier (MaW) Alleinlieferant m

sole trader (com, GB) = sole proprietorship

solicit v (com) anwerben, auffordern

solicit a bid v (com) Angebot n einholen

solicit a proposal v (com) = solicit a bid

solicit customers v (com) Kunden *mpl* werben *(syn, canvass customers)*

solicit new business v (com) Aufträge *mpl* hereinholen *(syn, canvass /obtain/secure . . . new orders)*

solicitude for employees (Pw) Fürsorgepflicht f

solid waste plant (IndE) Abfallbeseitigungsanlage f

solvency (Fin) Solvenz f, Zahlungsfähigkeit f
(ie, ability to pay debts when due; syn, solvability)

song (com, sl) Spottpreis m *(eg, got it for a . . .; pick up for a . . .)*

sophisticated
(com) hochentwickelt
– technisch ausgereift
– hochmodern
(syn, highly advanced, high-tech, state-of-the-art)

sophisticated products (Mk) differenzierte Produkte *npl*

sop up profits v (com, infml) Gewinne *mpl* einstreichen

sort out v (com) aussortieren

sound
(com) solide
(Fin) finanziell gesund

sound cargo (com) unbeschädigte Ladung *f*

sound investment (Fin) sichere Anlage *f*

soundness
(com) Solidität *f*
(Fin) gesunde finanzielle Lage *f*

sound out a market *v* (com) Markt *m* abtasten *(syn, explore a market)*

source document
(com) Originaldokument *n*
(ReW) Ersterfassungsbeleg *m*

source marking (Mk) Auszeichnung *f* durch den Hersteller

source of information (Bw) Informationsquelle *f*

source of processed information (Bw) abgeleitete Informationsquelle *f*

source of supply (com) Lieferquelle *f*, Bezugsquelle *f*

source responsibility (Re) Haftung *f* nach dem Verursacherprinzip

sourcing (MaW) Akquisition *f*

space allocation (com) Frachtraumzuteilung *f*

space buyer
(Mk) Anzeigenvermittler *m*
(Mk) Inserent *m*

space charge (Mk) Belegungspreis *m*

space costs (Mk) Anzeigenkosten *pl*

space order (Mk) Anzeigenauftrag *m* *(syn, advertising order)*

span of control
(Bw) Kontrollspanne *f (cf, Gutenberg)*
– Leitungsspanne *f (cf, Kosiol, Heinen)*
– Subordinationsquote *f (cf, Gaugler, Bleichert)*
(syn, span of... command/management /supervision/responsibility; chain of command)

span of management (Bw) = span of control

span of reponsibility (Bw) = span of control

span of supervision (Bw) = span of control

spare capacity (Bw) freie od ungenutzte Kapazität *f*, Kapazitätsreserve *f* *(syn, idle/unused... capacity)*

spare part (IndE) Ersatzteil *n (syn, replacement/renewal ... part)*

spare parts service (MaW) Ersatzteildienst *m*

spark off *v* (com) auslösen *(syn, set off, trigger off)*

spate of mergers (Bw) Fusionswelle *f (syn, wave of mergers, takeover wave)*

spatial consumer analysis (Mk) räumliche Konsumentenanalyse *f*

spatial pattern of purchasing power (Mk) geographische Kaufkraftverteilung *f*

speak-up program (Pw, US) Offen-Gesagt-Programm *n*
(ie, Möglichkeit für Mitarbeiter, Beschwerden und sonstige Informationen direkt an die Unternehmensleitung zu senden)

spearhead growth *v* (com) Wachstum *n* forcieren

special allowance
(com) Sondernachlaß *m*

special bargain (Mk) Sonderangebot *n (syn, bargain sale)*

special bid (Mk) = special bargain

special delivery messenger (com) Eilbote *m (syn, GB, express messenger)*

special discount (com) Sondernachlaß *m*
(ie, granted to special groups of final users)

special expert (com) Sachverständiger *m (syn, expert, qv)*

special field (com) Fachgebiet *n*

specialist
(com) Fachmann *m*, Experte *m* *(syn, expert, authority in the field)*

specialist area (com) Sondergebiet *n*

specialist engineer (IndE) Fachingenieur *m*

specialist shop (com, GB) Fachgeschäft *n (syn, specialty store, qv)*

specialist staff (Pw) Fachkräfte *fpl*, Fachpersonal *n (syn, skilled... personnel/staff)*

specialist wholesaler (com) Fachgroß-händler *m*

specialist wholesaling trade (com) Fachgroßhandel *m*

specialized area (com) Fachgebiet *n*

specialized dealer (com) Fachhändler *m*

specialized knowledge (Pw) Fachkenntnisse *fpl*, Fachwissen *n (syn, technical knowledge)*

specialized literature (com) Fachliteratur *f (syn, technical literature)*

specialized retail trade (com) Facheinzelhandel *m*

specialized trade (com) Fachhandel *m*

specialize in *v* (com) sich spezialisieren auf

special leave (Pw) Sonderurlaub *m*

special line (com) Sondersparte *f*

special meeting (com) Sondersitzung *f*

special meeting of shareholders (com) außerordentliche Hauptversammlung *f (syn, GB, extraordinary general meeting)*

special order (com) Sonderauftrag *m*, Sonderbestellung *f*

special partner (com) Teilhafter *m*, Kommanditist *m (syn, limited partner, qv)*

special partnership (com) Gelegenheitsgesellschaft *f (ie, formed for a single transaction; opp, general partnership)*

special price (com) Sonderpreis *m (ie, granted to special groups of final consumers; syn, exceptional/ preferential . . . price)*

special product carrier (com) Spezialfrachtschiff *n*

special-purpose report (com) Sonderbericht *m*

special rebate (com) = special discount

special terms (com) Sonderkonditionen *fpl*

specialty product (com) Spezialerzeugnis *n*

specialty store (com) Fachgeschäft *n (ie, aimed at a small market segment; syn, single-line retail store; GB, specialist shop)*

specification
(com) Spezifikation *f*, Beschreibung *f*
(com) Packliste *f (syn, packing list)*
(com) Ausfuhrerklärung *f (syn, export declaration)*

specification package (com) Spezifikationspaket *n*

specifications (com) Ausschreibungsunterlagen *fpl*
(ie, in invitations for competitive bidding)

specification sheet
(com) Lastenheft *n*
– Leistungsbeschreibung *f*
– Pflichtenheft *n (syn, specs, spec sheet)*

specific-order cost system (KoR) Zuschlagskalkulation *f (syn, job costing, qv)*

specified task (Bw) eindeutige Aufgabe *f*

specimen
(com) Muster *n*, Probe *f (ie, composed of discrete units that are independent entities; syn, sample)*

specimen signature (com) Unterschriftsprobe *f*

specs (com, US) = specification sheet

spec sheet (com, US) = specification sheet

speculation in real estate (com) Bodenspekulation *f*

speculative buyer (com) Aufkäufer *m*

speedy dispatch (com) Schnellabfertigung *f (syn, prompt dispatch)*

spend *v*
(com) ausgeben *(syn, expend, lay out, pay out)*

spending decision (Mk) Ausgabenentscheidung *f*

spending habits (Mk) Ausgabegewohnheiten *fpl*

spending on plant and equipment (Bw) Ausrüstungsinvestitionen *fpl (syn, equipment outlays)*

spending on research and development (Bw) Aufwendungen *mpl* für Forschung und Entwicklung

spending power
(Mk) Kaufkraft *f (syn, purchasing power)*

spending unit (Mk) Konsumeinheit *f,* Haushaltseinheit *f*

sphere (com) Bereich *m (syn, domain, range, sector, scope)*

spinoff
(IndE) Nebenprodukt *n (syn, byproduct, qv)*
(Bw) Abfallprodukt *n,* Nebenergebnis *n (ie, in research and development)*
(com) Anregung *f*
(Fin, US) Ausgliederung *f* zweier od mehrerer Unternehmen + Aktienübernahme durch Aktionäre der Muttergesellschaft; kein gegenseitiger Aktientausch wie beim splittoff
(ie, measure of corporate reorganization: part of the assets of a corporation are transferred to a corporation controlled by the transferor; this is followed by the distribution of stock or securities of the transferee corporation to the shareholders of the transferor corporation, but without a surrender by the shareholders of stock; cf, § 355 IRC; opp, splitoff, splitup)

spin off *v*
(com) ausgliedern *(ie, part of a company)*
(com, infml) abstoßen *(eg, a stake)*

spin off a stake *v* (Fin) Beteiligung *f* abstoßen *(syn, hive off /unload ... a stake)*

spinoff development (com) Nebenentwicklung *f*

spin off operations *v* (com) Unternehmensteile *npl* abstoßen

split ballot (Mk) gegabelte Befragung *f*

split consignment (com) Sammelladung *f,* die bei Ankunft auf die Bestimmungsorte verteilt wird

split load (com) gespaltene Ladung *f (ie, cargo in a single shipping unit having more than one terminal destination)*

split lot (Bw) Teillosgröße *f*

splitoff (Fin, US) Ausgliederung *f* + Aktientausch *m*
(ie, part of the assets of a corporation is transferred to a corporation controlled by the transferor, and the stock of the transferee corporation is distributed to the shareholders of the transferor corporation, in exchange for part of their stock; cf, § 355 IRC; opp, splitup)

split off *v*
(Bw) ausgliedern *(eg, corporate functions)*

split off operations *v* (Bw) Betriebsteile *mpl* ausgliedern *(syn, hive off)*

split price (Mk) gespaltener Preis *m*

split run advertising (Mk) Anzeigen-Split *m*

split second decision (com) blitzschnelle Entscheidung *f*

splitting (StR) Splitting *n*
(ie, Einkommen beider Ehegatten wird addiert und dann halbiert, auch wenn das Einkommen des e–n Teils gleich Null ist: jeder Ehegatte wird mit der Hälfte des Gesamteinkommens zur ESt herangezogen)

splitup
(Fin, US) Aktiensplit *m*
– Splitting *n*
– Aktienaufteilung *f*
(ie, number of shares is increased by some ratio or multiple; purpose is to reduce the market value of stock to make possible a wider ownership; it affects the capital account only)
(Fin, US) Auflösung *f* und Ausgründung *f* zweier oder mehrerer Gesellschaften mit Aktientausch
(ie, measure of corporate reorganization: all of the assets of a corporation are transferred to two or more new corporations in exchange

353

*for their stock; this is followed by
liquidation and the distribution of
shares of the new corporations to
the shareholders of the original corporation; cf, splitoff, spinoff)*

split up *v* (com) aufteilen *(syn, break
up, apportion, allocate)*

spokesman (com) Sprecher *m (eg,
company spokesman told the press)*

sponsor
(Fin) Geldgeber *m*, Sponsor *m*
(Fin) Konsortialführer *m*
(Fin) Auftraggeber *m*
– Projektträger *m (ie, in project
financing)*
(Fin) Gründerfirma *f e-s* Invest-
mentfonds

sponsored research (com) Auftragsforschung *f (syn, contract /out-
side... research)*

sponsored television (Mk, GB) durch
Werbung finanziertes Fernsehen *n*

spot (com) sofort lieferbar od zahlbar

spot cargoes (com) Spotmengen *fpl
(eg, of crude oil)*

spot cash
(Fin) sofort zahlbar
(Fin) Sofortliquidität *f (ie, immediate cash available for a purchase involving immediate delivery)*

spot check
(Pw) Stichprobe *f (syn, snap
check)*

spread
(com) Marge *f*, Spanne *f*
*(ie, between buying and selling
prices, debtor and creditor interest
rates, etc; Preisspanne, Kursspanne
usw)*

spread *v*
(ReW, KoR) verrechnen, verteilen *(syn, allocate, qv)*

spread cost *v* (ReW) Kosten *pl* verteilen *(eg, over several years)*

spread of competitive prices (Mk)
Preisband *m*

spread sheet
(EDV) Kalkulationstabelle *f*

spreadsheet analysis (EDV) Tabel-
lenkalkulation *f*

spur (com) Anreiz *m (eg, to increased
efficiency)*

spurious conflict (Bw) Scheinkon-
flikt *m*

spurt *v* (com) plötzlich ansteigen *(eg,
prices)*

squander money *v* (com) Geld *n* verschwenden *(syn, infml, throw one's
money about/around)*

square *v* (com, Bö) ausgleichen,
glattstellen

square deal (com) ehrliches Geschäft *n*

squeeze out *v* (Bw) verdrängen *(ie,
competitors)*

squeeze-out merger (Bw, US) „Ver-
drängungs"-Fusion *f
(ie, parent owns 90% of subsidiary
that is to be merged into the parent;
holders of less than 10% cannot
block the merger and can be
„squeezed out")*

squeeze out of the market *v* (com) aus
dem Markt verdrängen *(syn, drive
out, qv)*

stability of prices
(com) Preisstabilität *f*

stabilization of prices
(com) Preisstabilisierung *f*

stack (com) Stapel *m*

staff
(Pw) Personal *n*, Belegschaft *f
(syn, personnel, manpower)*
(Bw) Stabskräfte *fpl*

staff *v* (Pw) mit Personal besetzen
*(eg, a new foreign branch establish-
ment)*

staff activities (Bw) Stabstätigkeit *f*

staff and operatives (Pw) Angestellte
mpl und Arbeiter *mpl*

staff and service department (Bw)
Stabsabteilung *f (syn, staff unit,
qv)*

staff department
(Bw) Stabsabteilung *f*
– Stabstelle *f*
– Zentralabteilung *f (syn, staff...
division/unit)*
(Pw) Personalabteilung *f (syn, per-
sonnel department, qv)*

staffer (Pw) Mitarbeiter *m*

staff function (Bw) Stabsfunktion *f* *(eg, planning, training, clerical services)*

staffing
(Bw) Personalführung *f*
(Pw) Einstellung *f* von Mitarbeitern
– Personalbeschaffung *f*
– Stellenbesetzung *f*

staffing plan (Pw) Personalplanung *f*

staffing schedule (Pw) Stellenplan *m* *(syn, position chart)*

staff manager (Pw) Personalleiter *m* *(syn, personnel manager)*

staff meeting (Pw) Personalversammlung *f*

staff of representatives (com) Vertreterstab *m*

staff operatives (Pw) Beschäftigte *pl* in der Stablinienorganisation

staff organization (Bw) Stablinienorganisation *f*

staff paper (Bw) Stabspapier *n*

staff position (Bw) Stabstelle *f (syn, staff unit, qv)*

staff promotion policy (Pw) Personalbeförderungspolitik *f*

staff reduction (Pw) Personalabbau *m (syn, cutback in employment, qv)*

staff representation (Pw) Personalvertretung *f*

staff turnover (Pw) Fluktuation *f (syn, labor turnover, qv)*

staff unit (Bw) Stabsabteilung *f (syn, staff and service department, service department)*

stage
(com) Stufe *f*, Stadium *n*
(com) Teilstrecke *f*

stage *v*
(com, infml) veranstalten, inszenieren *(eg, a comeback)*

stage of development
(Bw) Entwicklungsstadium *n*, Entwicklungsstufe *f*

stage of production (IndE) Produktionsphase *f*

stages of expansion (Bw) Wachstums-
stufen *fpl (eg, may refer to growth rate of business correspondence)*

stagger *v* (com) staffeln

staggered prices (com) Staffelpreise *mpl*

staging order (com) Bereitstellauftrag *m*

stake (com) Beteiligung *f (syn, interest, participation)*

stakeholders (Bw) Interessengruppen *fpl (eg, stakeholders pitted against shareholders)*

stake out *v* (com) abstecken *(eg, try to ... positions in an industry; a field of interest; syn, pursue, try to get)*

stalemate situation (com) Pattsituation *f (syn, deadlock)*

stamp duty
(com) Stempelgebühr *f*

stamped envelope (com) Freiumschlag *m (syn, postage-paid /reply-paid ... envelope)*

stand-alone activity (com) isolierte Tätigkeit *f*

stand-alone terminal
(Mk) Datenkasse *f*

standard (IndE) Norm *f (eg, DIN, BS, ASME)*

Standard Advertising Unit, SAU (Mk, US) einheitliches Seitenformat *n* *(ie, ab 1.7.84 werden alle großen amerikanischen Zeitungen nach dieser Einheit gedruckt)*

standard capacity (Bw) Normalbeschäftigung *f*, Normalleistung *f*

Standard Conditions of Sale (com) Allgemeine Verkaufsbedingungen *fpl*

standard cost (KoR) Plankosten *pl*, Sollkosten *pl (syn, predicted cost)*

standard cost accounting (KoR) Standardkostenrechnung *f* *(ie, Variante der Plankostenrechnung; baut auf der Normalkostenrechnung auf)*

standard costing
(KoR) Plankostenrechnung *f*, Sollkostenrechnung *f*

355

standard costing rate
(KoR) Standardkostensatz *m*, Kostenstandard *m*
(ie, der auf e-e Leistungseinheit je Kostenstelle bezogene Kostensatz)
(KoR) fester Gemeinkostenzuschlag *m*

standard cost method (KoR) = standard costing

standard direct costing (KoR) Grenzplankostenrechnung *f*, Teilkostenrechnung *f (syn, direct costing, qv)*

standardization (IndE) Normung *f*, Typung *f*

standardization cartel (Kart) Normen- und Typenkartell *n*

standard letter (com) Schemabrief *m*
(ie, identical wording, but addressed to individual persons or firms)

standard of assessment (com) Bemessungsmaßstab *m*

standard of performance
(Pw) Leistungsmaßstab *m*
– Leistungsstandard *m*
– Leistungsziel *n (syn, performance objective)*

standard of valuation (ReW) Bewertungsmaßstab *m*
(eg, fair market value, going concern value, etc; syn, valuation standard)

standard package sizes (Mk) Standard-Packungsgrößen *fpl*

standard packing (com) Einheitsverpackung *f*

standard performance (Bw) Solleistung *f*

standard price
(com) Einheitspreis *m (syn, unit price)*

standard product (com) Standarderzeugnis *n*, Standardprodukt *n*

standard quality (com) Standardqualität *f*

standard rate
(com, US) = flat rate
(Pw) Tariflohn *m (syn, negotiated standard wage rate, agreed/union . . . wage rate)*

standard run quantity (Bw) optimale

Losgröße *f (syn, economic lot size, qv)*

standards of conduct (Bw) Verhaltenskodex *m*

standard specification (IndE) Norm *f (syn, standard)*

standard terms (com) einheitliche Bedingungen *fpl*, Standardbedingungen *fpl*

Standard Terms and Conditions (com) Allgemeine Geschäftsbedingungen *fpl*

standard time
(com) Normalzeit *f (infml, Winterzeit; opp, daylight savings time = Sommerzeit)*

standard utilization (Bw) Normalausstattung *f*

stand as a candidate *v* (com) kandidieren

stand at *v*
(com) stehen bei *(ie, prices)*

standby (com) Stellvertreter *m (syn, deputy, substitute)*

standby unit (com) Ersatzgerät *n*

standing (Fin) Bonität *f*, Kreditwürdigkeit *f*

standing instructions (Bw) Dienstanweisung *f*
(syn, service instructions)

standing invitation to tender (com) Dauerausschreibung *f*

standing order
(Bw) langfristiger Dauerauftrag *m (ie, mit laufendem Abruf = callforward notice)*
(Fin, GB) Dauerauftrag *m (syn, banker's order)*

stand-up leadership (Bw) starke Führung *f*

staple
(com) Massenerzeugnis *n*, Stapelware *f*
(com) Heftklammer *f (ie, thin wire driven into sheets of paper; opp, paper clip)*

staple commodities (com) Stapelwaren *fpl*, Stapelgüter *npl*

stapler (com) Heftapparat *m*, Takker *m*

star (Mk, infml) Produkt *n* mit starkem Wachstum und großem Marktanteil *(opp, dog)*

start business *v* (Bw) Betrieb *m* aufnehmen

start date (com) Anfangstermin *m*

starter (Pw) neuer Mitarbeiter *m (opp, leaver)*

start moving down *v* (com) nachgeben *(eg, interest rates)*

start on a shoestring *v* (com, infml) mit nichts anfangen

start one's own business *v* (Bw) selbständig werden *(syn, start up on one's own)*

start on one's own *v* (Bw) = start one's own business

start operations *v* (IndE) in Betrieb nehmen
(syn, commission, put on stream, take into operation)

start up *v* (IndE) in Betrieb nehmen *(syn, commission, qv)*

start-up company
(Bw) neu gegründetes Unternehmen *n*
– Neugründung *f*
– Jungunternehmen *n*

start-up cost (ReW) Anlaufkosten *pl (ie, under U. S. accounting principles such costs have to be expensed immediately; the German AktG permits to spread them over a period of 5 years; syn, starting-load/starting/launching... cost, pre-operation expense)*

start-up phase (com) Anlaufphase *f*

state *v*
(com) feststellen, angeben *(ie, say that sth is the case)*
(ReW) ausweisen

state-holding company (Bw) staatliche Holdinggesellschaft *f*

statement of account
(Fin) Kontoauszug *m (ie, as of the close of the period, usually one month)*
(com) Abrechnung *f*

statement of objectives (Bw) Zielformulierung *f*

statement of origin (com) Ursprungsangabe *f*

statement of outturn (com) Liste *f* der gelöschten Ladungsmengen

statement of reason (com) Begründung *f*

state of ignorance (Vw, Bw) Ungewißheitsgrad *m*

state of order book (com) Auftragsbestand *m*

state of organization (Bw) Organisiertheit *f (syn, organizational degree)*

state of repair (com) Erhaltungszustand *m*

state-of-the-art technology (IndE) Spitzentechnologie *(syn, high technology, qv)*

state of the market
(com) Marktlage *f*
– Marktsituation *f*
– Marktverfassung *f*

state parameter (Bw) Zustandsparameter *m*

state shareholding (com) staatliche Beteiligung *f*

stationery and office supplies (com) Büromaterial *n*

status enquiry agency (com) Kreditauskunftei *f (syn, credit agency)*

status report
(com) Bericht *m* e-r Auskunftei *(syn, mercantile report)*
(IndE) Fortschrittsbericht *m*, Lagebericht *m*
(syn, progress report)

statute
(Bw) Satzung *f*, Statut *n*

statutory (Re) gesetzlich *(ie, conforming to a statute)*

statutory consolidation (com, US) Fusion *f (ie, Verschmelzung durch Neugründung nach einzelstaatlichem Recht; cf, statutory merger)*

statutory merger (com, US) Fusion *f (ie, Verschmelzung durch Aufnahme nach einzelstaatlichem Recht; cf, statutory consolidation)*

stave off *v* (com) abwenden *(eg, bankruptcy; syn, avoid, avert)*

stay away from v (com) fernbleiben von *(eg, meeting; syn, absent oneself from)*

stay behind v (com) zurückbleiben *(eg, lose competitive strength)*

stay competitive v (com) wettbewerbsfähig bleiben

stay even v (com) Besitzstand m wahren *(eg, union officials hope to . . .)*

stay in step with v (com) Schritt m halten mit *(eg, with state-of-the-art technology)*

stay in the red v (com) in den roten Zahlen stecken *(syn, write red figures)*

stay on the sidelines v (com) sich zurückhalten *(syn, move to the sidelines)*

stay solvent v (Fin) liquide bleiben

steady (com) stetig *(syn, continuous, uninterrupted)*
(com) stabil *(eg, prices)*

steady v (com) festigen *(eg, Deutsche mark against the high-flying dollar)*

steady flow of goods (com) stetiger Warenfluß m

steel cartel (Kart) Stahlkartell n

steel group (com) Stahlkonzern m

steel industry (com) Stahlindustrie f

steel trading (com) Stahlhandel m

steel wholesaler (com) Stahlgroßhändler m

steering committee (com) Lenkungsausschuß m

stellar performance (com, infml) Spitzenleistung f

stellar performer (com, infml) Spitzenunternehmen n

step down v (com) zurücktreten *(ie, as/from: von; eg, office; syn, resign, withdraw)*

step up v (com) erhöhen, steigern *(syn, increase, raise, qv)*

step up pressure (on) v (com) Druck m verstärken (auf)

step up spending v (Fin) Ausgaben fpl erhöhen

sticker price (com) Ladenpreis m, Listenpreis m *(eg, of cars)*

stick for v
(com, infml) Mangel m haben an *(eg, be stuck for money, raw materials)*
(com, infml) geradestehen für *(eg, government will be stuck for 50% of operating deficits)*

stick out for v (com, infml) herauszuholen suchen *(eg, higher profit during negotiations; syn, hold out for)*

sticky (com, infml) starr *(eg, prices, wages; syn, rigid, inflexible)*

stiff competition (com) scharfer Wettbewerb m *(syn, fierce competition, qv)*

stiffening of the market (com) Marktversteifung f

stiff price (com) überhöhter Preis m

stimulate v (com) beleben, ankurbeln

sting for v (com, infml) zu hohen Preis fordern *(eg, $100 for a certain article)*

stipulate v
(com) festsetzen *(eg, price, date of delivery)*

stipulate conditions v (Re) Bedingungen fpl festsetzen

stipulated sum (com) vereinbarte Summe f

stipulation
(Re) Vertragsbestimmung f, Klausel f
(ie, condition specified in a contract, legal instrument, etc)
(Kart) Verpflichtung f, wettbewerbsfeindliches Verhalten aufzugeben

stipulation in restraint of trade (Re) Konkurrenzklausel f

stock
(Fin, US) Aktie f
(ie, share or unit of interest in a corporation or an unincorporated association; the terms ‚share' and ‚stock' are almost interchangeable; the Internal Revenue Code uses ‚stock' but the holders of such stock are termed ‚shareholders'; cf, 17 CFR § 230.405 (1982); § 7701 (a) (7) IRC)

(Fin, US) Aktienkapital *n (syn, capital stock)*

(Fin) Wertpapier *n*

(Fin, GB) (öffentliche od private) Schuldverschreibungen *fpl (ie, debenture bonds issued by the government or a company)*

(Fin, GB) = company stock, qv

(MaW) Vorräte *mpl*, Lagerbestände *mpl (eg, stock of goods; syn, inventory)*

stock *v* (MaW) lagern, einlagern *(syn, store)*

stock acquisition (Kart, US) Beteiligungserwerb *m (cf, asset acquisition)*

stock control

(MaW) Lagerwirtschaft *f (syn, inventory management, qv)*

(MaW) Lagersteuerung *f*

stock corporation (Bw) Aktiengesellschaft *f*

stockholder (Fin, US) Aktionär *m (ie, legal owner of one or more shares of stock in a corporation; syn, shareholder)*

stockholder employee (Pw) Belegschaftsaktionär *m*

stockholders' equity (ReW, US) Eigenkapital *n (ie, may be broadly classified into 1. legal capital; 2. paid-in capital; 3. minority interests; and 4. retained earnings; syn, shareholders' equity, equity capital, owners' equity; GB, total equity)*

stockholders' meeting (com) Aktionärsversammlung *f*, Hauptversammlung *f (ie, may be annual, special, extraordinary)*

stocking up (com) Eindeckung *f (syn, buying ahead)*

stock-in-trade

(com) normales Geschäft *n (ie, business usually carried on)*

(MaW) Bestände *mpl*, Vorräte *mpl (syn, inventory, qv)*

stockless buying (MaW) Nullbestandspolitik *f*, einsatzsynchrone Anlieferung *f*

(syn, systems contracting; cf, just-in-time purchasing)

stockless production (IndE) lagerlose Fertigung *f (ie, based on hand-to-mouth buying of input materials; cf, just-in-time production)*

stock on hand

(MaW) Lagerbestände *mpl*

– Vorräte *mpl*

– Vorratsvermögen *n (syn, goods on hand, qv)*

stock ordering (MaW) Lagerdisposition *f (syn, stockbuilding activity)*

stockout (MaW) Fehlbestand *m (ie, materials or finished products)*

stocks

(MaW) Vorräte *mpl*, Bestände *mpl*

(Fin) Aktien *fpl*

(Fin, GB) öffentliche Obligationen *fpl (ie, perpetual annuities or, perhaps, consols)*

stock-sales ratio (Bw) Lagerumschlag *m (ie, inventory retail value divided by sales)*

stocks of goods on hand (com) Warenbestände *mpl*

stocktaking (MaW) Bestandsaufnahme *f*, Bestandsermittlung *f (syn, inventory taking)*

stock up *v* (MaW) Lager *n* auffüllen

stoke up inflation *v* (Vw) Inflation *f* anheizen

stomach *v* (com, infml) schlucken, hinnehmen *(eg, unwilling to ... the sackings needed to put things right)*

stopgap (com) Lückenbüßer *m*, Notlösung *f (eg, act as a stopgap, stopgap arrangement)*

stopgap order (com) Füllauftrag *m (syn, fill-in order)*

storage

(com) Lagerung *f*, Speicherung *f*, Aufbewahrung *f*

storage area

(MaW) Lagerfläche *f*

(MaW) Lager *n (syn, storeroom, qv)*

359

store
(com) Geschäft *n*, Laden *m (syn, GB, shop)*
store *v* (MaW) lagern *(syn, stock)*
store/door delivery (com) Lieferung *f* frei Haus
store erosion (Mk) Ladenverschleiß *m (ie, langsames Veralten v von Läden)*
store test (Mk) Probeverkauf *m*
straight bankruptcy (Re, US) Konkurs *m*
(ie, intended to liquidate the assets of the debtor, rather than reorganization, qv; cf, bankruptcy)
straight commission (com) Verkauf *m* auf reiner Provisionsbasis
straighten out *v* (com) bereinigen, berichtigen *(eg, mistakes; syn, correct, rectify, put right)*
straight-jacket *v* (com) einengen *(eg, the financial system with regulations)*
straight-line organization (Bw) Einliniensystem *n (syn, single-line system, unity of command)*
straight rebuy (Mk) unmodifizierte Wiederkaufsituation *f (opp, modified buy = modifizierte Wiederkaufsituation)*
straight salary (Pw) Grundgehalt *n (ie, exclusive of fringe benefits)*
straight subsidy
(com) Barzuschuß *m*
strain at the seams *v* (com, infml) aus den Nähten platzen *(eg, plant)*
strategic business area (Bw) strategischer Geschäftsbereich *m*
strategic goal (Bw) strategisches od langfristiges Ziel *n (ie, typically over three years)*
strategic issue management (Bw) Bewältigung *f* strategischer Probleme
strategic management (Bw) strategisches Management *n*
strategic operating area (Bw) strategisches Geschäftsfeld *n*
strategic planning (Bw) strategische Planung *f (opp, tactical planning, operative planning)*

strategic vulnerability (Bw) strategische Anfälligkeit *f*
stratum of buyers (Mk) Käuferschicht *f*
straw bid (com) Scheingebot *n (syn, sham bid)*
straw man (com) Hintermann *m*
straw poll (com) Probeabstimmung *f (syn, straw vote)*
straw vote (com) = straw poll
streamline *v* (com) modernisieren, rationalisieren *(syn, infml, take up the slack)*
streamline a production program *v* (IndE) Produktionsprogramm *n* bereinigen
streamline a product range *v* (Mk) Sortiment *n* bereinigen
streamlining (IndE) Bereinigung *f*, Straffung *f (eg, of operations sequence)*
streamlining operations
(com) Neuordnung *f*
– Neuorganisation *f*
– Umorganisation *f*
strengthen reserves *v* (Fin) Rücklagen *fpl* stärken
strength of demand (com) Nachfrageintensität *f*
stretch a product line *v* (Mk) Produktlinie *f* erweitern *(ie, in order to reach a wider segment of the market)*
stretch-out
(com) Streckung *f (eg, of debt repayments)*
(Bw) Produktionssteigerung *f* ohne gleichzeitige Lohnerhöhung
strict liability (in tort)
(Re) Gefährdungshaftung *f*
– Erfolgshaftung *f*
– verschuldensunabhängige Haftung *f*
(ie, responsibility for hazardous activities where damage was caused neither intentionally nor negligently: auf die übliche Fiktion e–r vertraglichen Haftung wird inzwischen verzichtet; syn, absolute liability, liability based on causation irres-

pective of fault; opp, liability based on proof of fault = Verschuldenshaftung)

strictly confidential (com) streng vertraulich *(syn, in strict confidence)*

strike *v*
(Pw) streiken *(syn, go on strike; eg, against a plant)*
(Pw) bestreiken *(eg, a plant)*

strike a bargain *v* (com) = strike a deal

strike a compromise *v* (com) Kompromiß *m* schließen

strike a deal *v* (com) Geschäft *n* abschließen *(syn, make a bargain)*

strip question (Mk) Filterfrage *f (syn, filter question)*

strong bear hug (com, GB) cf, bear hug

strong market (com) lebhafte Nachfrage *f*

strong order book (com) hoher Auftragsbestand *m*

strong performance
(com) kräftige Entwicklung *f*
– kräftiger Aufschwung *m*
(Bw) Leistungskraft *f*
(Fin) ausgezeichnetes Ergebnis *n*

structural advantage (Bw) Strukturvorteil *m*

structural constraints (Bw) Systemzwänge *mpl*

structural degree of freedom (Bw) struktureller Freiheitsgrad *m*

structural issue (Bw) Strukturproblem *n*, strukturelles Problem *n*

structural policy (Vw) Strukturpolitik *f*
(syn, adjustment policy; GB, development area policy)

structural surpluses (EG) strukturelle Überschüsse *mpl (eg, in farming)*

structural transformation (Bw) Umstrukturierung *f*

structural unemployment (Vw) strukturelle Arbeitslosigkeit *f*
(ie, loss of jobs resulting from changes in the economic environment, such as consumer tastes, level

of technology, population growth, government policies)

structuring of operations (Bw) Ablauforganisation *f*, integrative Prozeßsteuerung *f*
(opp, company organization structure = Aufbauorganisation)

study area (Log) Arbeitsgebiet *n (syn, study field, field of . . . attention/concentration)*

study field (Log) = study area

study group
(com) Studiengruppe *f*
(com) Arbeitsgruppe *f (syn, task force, working . . . group/party)*

stuffed with debt (Fin, infml) verschuldet

stuffer (Mk) Werbebeilage *f*

stump up *v* (Fin, infml) aufbringen, „locker machen" *(eg, an extra $5bn in finance)*

style item (Mk) Modeartikel *m*

style of leadership (Bw) Führungsstil *m (syn, pattern of leadership, managerial style)*

subagency (com) Untervertretung *f*

subagent (com) Untervertreter *m*

subarea (com) Unterbereich *m*

subbranch (com) Zweigstelle *f*

subbudget (Bw) Teilplan *m (syn, subplan)*

subcharter (com) Unterfrachtvertrag *m (syn, subcontract of affreightment, subchartering contract)*

subchartering contract (com) = subcharter

subclassify *v*
(com) unterteilen, aufschlüsseln *(syn, subdivide)*

subcontract
(com) Subunternehmervertrag *m*
– Unterauftrag *m*
– Zuliefervertrag *m*

subcontract *v* (com) Unteraufträge *mpl* vergeben *(ie, relet part or all a contract; syn, farm out work)*

subcontracting (com) Untervergabe *f*, Auswärtsvergabe *f (syn, farming out)*

subcontract of affreightment (com) = subcharter

subcontractor (com) Subunternehmer *m*, Nachunternehmer *m (ie, employed by prime contractor)*

subdivide *v* (com) unterteilen

subgoal (Bw) Teilziel *n*, Unterziel *n (syn, subobjective)*

subgroup (com) Teilkonzern *m*

subholding (com) Unterholding *f*

subject bid (com) Angebot *n* ohne Festpreis *(ie, bid that is negotiable)*

subject to change without notice (com) freibleibend *(syn, without engagement)*

subject to confirmation (com) freibleibend

subject to prior sale (com) freibleibend, Zwischenverkauf vorbehalten

subject to reporting requirements (com) meldepflichtig

subject to sale (com) = subject to prior sale

subject to taxation (StR) steuerpflichtig, steuerbar *(syn, taxable)*

subliminal advertising (Mk) unterschwellige Werbung *f (opp, open advertising)*

submargin (com) nicht kostendeckend

submission (com) Einreichung *f*, Vorlegung *f*

submission of bid (com) Angebotsabgabe *f (syn, bidding)*

submit a bid *v* (com) = submit an offer

submit an expert opinion *v* (com) Gutachten *n* erstatten

submit an offer *v* (com) Angebot *n* einreichen, Angebot *n* vorlegen *(syn, submit a bid)*

submit a proposal *v* (com) = submit an offer

submit a report *v* (com) Bericht *m* vorlegen, Bericht *m* erstatten

subobjective (Bw) = subgoal

suboptimization (Bw) Suboptimierung *f*, Optimierung *f* e–s Subsystems

suboptimize *v* (Bw) suboptimieren

suborder (com) Unterbestellung *f*

subordinate (Pw) (unterstellter) Mitarbeiter *m (syn, euphem, associate)*

subordinate department (Bw) = subordinate unit

subordinate line manager (Bw) nachgeordneter Linien-Manager *m*

subordinate management level (Bw) nachgeordnete Management-Ebene *f*

subordinate unit (Bw) untergeordnete Stelle *f (syn, subordinate department)*

subordination agreement (Bw) Beherrschungsvertrag *m (syn, control agreement, qv)*

subparticipation (com) Unterbeteiligung *f (ie, participation in another's partnership)*

subplan (Bw) Teilplan *m (syn, subbudget)*

subscriber trunk dialing, STD (com, GB) Selbstwählferndienst *m (syn, US, direct distance dialing)*

subscription
(com) Unterschriftsleistung *f*
(com) Abonnement *n (ie, to)*
(com, GB) Mitgliedsbeitrag *m*
(Fin) Zeichnen *n*, Zeichnung *f (ie, of new shares or bonds)*

subsequent approval (Re) Genehmigung *f (opp, prior approval = Zustimmung)*

subside *v* (com) nachgeben, nachlassen
(eg, long-term interest rates have subsided a bit)

subsidiary (com) = subsidiary company

subsidiary company (com) Tochtergesellschaft *f*, Tochter *f (ie, controlled by another corporation through partial or complete stock ownership, interlock, lease, or community of interest)*

subsidiary goals (Bw) abgeleitete Ziele *npl (ie, derived from the profit motive)*

subsidiary of a corporate group (Bw) Konzerntochter *f*, Konzerntochtergesellschaft *f*

subsidized enterprise (Bw) Zuschußbetrieb *m*

subsidy
(Vw) Subvention *f*
(ie, Transferzahlung an Unternehmung; Wort wird – wegen der negativen Beurteilung von ‚Subvention' – oft ersetzt durch: Unterstützung, Finanzhilfe, Beihilfe, Prämie, Zuwendung, Zuschuß u. a.)
(Vw, US) Subvention *f*
(ie, broader definition: governmental financial assistance, at the expense of others in the economy, to the private-sector producers or consumers of a particular good, service, or factor of production; the government receives no equivalent compensation in return, but conditions the assistance on a particular performance by the recipient; subterms include: Barsubventionen, Steuersubvention, Beschaffungssubvention, Verbilligungssubvention, Infrastruktursubvention, Verordnungssubvention)

substandard goods (com) Ausschußware *f (syn, defective goods)*

substandard quality (IndE) normunterschreitende Qualität *f*

substantial benefit (com) erheblicher Vorteil *m*

substantial competition (Kart) wesentlicher Wettbewerb *m*

substantial investment (Fin) wesentliche Beteiligung *f (syn, substantial equity holding)*

substantial market share (com) erheblicher Marktanteil *m*

substitute (com) Vertreter *m*

substitute delivery (com) Ersatzlieferung *f*

substitute for *v* (com) vertreten *(syn, act for, qv)*

sub-subsidiary (com) Enkelgesellschaft *f (syn, second-tier subsidiary)*

subsystem (Bw) Untersystem *n*, Teilsystem *n*

successful bidder (com) erfolgreicher Anbieter *m*

successor company (Bw) Nachfolgegesellschaft *f*, Nachfolgerin *f*

successor organization (com) Nachfolgeorganisation *f*

sue *v* (Re) klagen *(ie, in a civil case)*

sue for *v* (Re) einklagen, klagen auf *(syn, bring action for, qv)*

suggested price (com) empfohlener Preis *m*, Richtpreis *m (syn, recommended price)*

suggested retail price (com) empfohlener Abgabepreis *m*, empfohlener Richtpreis *m (syn, recommended retail price)*

suggestions for improvement (Bw) Verbesserungsvorschläge *mpl*

suggestion system (Bw) betriebliches Vorschlagwesen *n*
(ie, through which employees submit ideas for increasing production)

suggestive advertising (Mk) Suggestivwerbung *f (opp, information-based advertising = informative Werbung)*

suit (Re) Klage *f*, Verfahren *n (ie, at law or in equity; syn, action, qv)*

summary (com) Zusammenfassung *f (syn, brief outline, précis, résumé)*

summary information (com) Ergebnisdaten *npl*

summary report
(com) Kurzbericht *m*, zusammenfassender Bericht *m (syn, summary statement)*

summer sales (com) Sommerschlußverkauf *m (ie, at knockdown prices)*

summer time (Pw) Sommerzeit *f (syn, Daylight Saving Time)*

summertime blues (Mk, infml) Sommerloch *n*

summit conference (com) Gipfelkonferenz *f*

summit talks (com) Gipfelgespräche *npl*

summitteer (com) Gipfelteilnehmer *m*

superintendent (Bw) Abteilungsleiter *m (syn, department head)*

superior (Pw) Vorgesetzter *m*

superior department (Bw) = superior unit

superior market position (Kart) überragende Marktstellung *f*

superior unit (Bw) übergeordnete Stelle *f (syn, superior department)*

supermarket (Mk) Supermarkt *m*

super regional (com, US) überregionale Fusion *f (eg, Bank of New England with CTB Corporation, and Sun Banks of Florida with Trust Company of Georgia; syn, regional interstate merger)*

supersede *v* (com) ablösen, verdrängen, ersetzen

superstore (Mk) Supermarkt *m (ie, at least 27,000 sq ft of selling space and car parking facilities out of town)*

supervisory personnel (Pw) Aufsichtspersonal *n*, Personen *fpl* mit Aufsichtsfunktionen

supplementary processing (com) Weiterveredelung *f*

supplier
(com) Lieferer *m*
– Lieferant *m*
– Lieferfirma *f (syn, supplying firm, seller, vendor)*
(com) Zulieferer *m*, Zulieferbetrieb *m (syn, component/outside ... supplier; subcontractor)*

supplier evaluation (MaW) Lieferantenbeurteilung *f*

supplier's invoice (com) Lieferantenrechnung *f*

supplies
(com) Zulieferungen *fpl*
(Bw) Hilfs- und Betriebsstoffe *mpl*

supplies industry (com) Ausrüstungsindustrie *f (eg, in making aircraft)*

supply (com) Lieferung *f*

supply a demand *v* (com) Nachfrage *f* decken *(syn, meet a demand)*

supply agreement (com) = supply contract

supply bottleneck (com) Lieferengpaß *m*

supply commitment (com) Lieferverpflichtung *f*

supply contract (com) Liefervertrag *m (syn, supply agreement)*

supply elastic (Bw) angebotselastisch *(eg, plant; opp, supply inelastic)*

supply inelastic (Bw) angebotsstarr *(eg, plant; opp, supply elastic)*

supply item (com) Liefergegenstand *m*, Lieferposten *m*

supply needs *v* (com) Bedarf *m* decken

supply offer (com) Angebot *n (ie, auf Lieferung od Leistung)*

supply price
(com) Angebotspreis *m (syn, bid/offer/quoted ... price)*
(com) Lieferpreis *m (syn, price of delivery)*

supply requirements *v* (com) Bedarf *m* decken

supply shortage (com) Lieferengpaß *m*

supply source (com) Bezugsquelle *f*

support (com) Betreuung *f*, Service *m*

supported by documents (com) unterlegt durch Dokumente

supported price (com) Stützpreis *m*

supporting measures (com) flankierende Maßnahmen *fpl*

supporting ratio (Bw, GB) sekundäre Kennziffer *f (syn, advanced ratio)*

supporting the market (com) Markt- und Preisstützung *f*

supportive pattern of leadership (Bw) kooperativer Führungsstil *m (syn, cooperative leadership style)*

supramarginal (Bw) die Kostendeckung übersteigend

surcharge
(com) Aufpreis *m*
– Aufschlag *m*
– Zuschlag *m*

surface freight forwarder (com, US) Landspediteur *m (ie, uses rail and motor exclusively for line-haul transportation)*

surface mail (com, US) gewöhnliche Post *f (syn, GB, ordinary mail)*

surface transportation (com) Bodentransport *m,* Straße-Schiene-Verkehr *m (ie, trucking and rail; syn, ground transportation)*

surge in capital investment (Bw) Investitionsschub *m*

surge of export orders (com) Exportwelle *f (syn, export wave)*

surplus (com) Überschuß *m*

surplus agricultural production (EG) landwirtschaftliche Überproduktion *f*

surplus capacity (Bw) Überkapazität *f (syn, excess capacity, qv)*

surplus on current account (AuW) Leistungsbilanzüberschuß *m*

surplus on invisibles (AuW) Überschuß *m* der Dienstleistungsbilanz

surplus on merchandise trade (AuW, US) Außenhandelsüberschuß *m (syn, trade surplus)*

surplus on visible trade (AuW, GB) Handelsbilanzüberschuß *m (syn, trade surplus)*

surrender *v* (com) vorlegen *(syn, present, produce)*

surrounding circumstances (com) Begleitumstände *mpl (syn, accompanying circumstances)*

surveillance (com) Überwachung *f (syn, watching, guarding over)*

survey analysis (Mk) Umfrageauswertung *f*

survey interview (Mk) Umfrageinterview *n*

survey method (Mk) Umfragemethode *f*

survey research (Mk) Umfrageforschung *f*

suspend *v* (com) aufschieben, aussetzen

(Fin) einstellen *(eg, payment of debts)*

suspension (Bw) Beendigung *f* e–s Unternehmens *(ie, due to insolvency or bankruptcy)*

sustainable growth (Vw) = sustained growth

sustained growth (Vw) stetiges Wachstum *n (syn, steady /sustainable... growth)*

sustained reversal (com) anhaltender Umschwung *m (eg, in current transactions)*

swallow *v* (com, infml) schlucken, vollständig übernehmen *(eg, another enterprise)*

swap *v* (com) tauschen, umtauschen

swap offer (com) Umtauschangebot *n*

swapping ideas (com) Gedankenaustausch *m (ie, on; syn, exchange of ideas)*

sweep under the rug *v* (com) unter den Teppich kehren *(eg, the exploitative nature of modern taxation)*

sweetener (com, infml) zusätzlicher Anreiz *m*

sweetheart deal (com, infml) Übernahme *f* mit großzügigem Abfindungsangebot

sweethearttening (Mk) Nicht- od Teilberechnung *f* von Einkäufen an Freunde und Verwandte *(ie, by checkout personnel)*

switch *v* (com, Fin) umsteigen *(ie, out of/into)*

switch to a rival *v* (com, infml) zur Konkurrenz gehen *(syn, take one's custom elsewhere)*

switch-type financing (Fin) Umfinanzierung *f (ie, extension, substitution, and transformation of funds; opp, original financing, qv)*

sworn appraiser (com) beeidigter Sachverständiger *m (syn, sworn expert)*

sworn broker (com) vereidigter Makler *m*

sworn expert (com) = sworn appraiser

synchronous assembly-line production (IndE) Bandfertigung *f*

syndicate
(com) Konsortium *n*, Arbeitsgemeinschaft *f*
(ie, any joint venture; a temporary association of parties for the financing and completion of some specific project)
(Fin) Konsortium *n (ie, group of investment bankers formed to underwrite a given issue of securities, or group of banks involved in a Eurobond issue)*
(Kart) Verkaufskartell *n (ie, a joint selling organization)*

syndicate agreement (Fin, US) Konsortialvertrag *m*
(ie, types of agreement are:
1. purchase agreement between issuer and purchase group of firms;
2. purchase group agreement among the underwriters, with the syndicate manager placing the „give-up" portion through selected other firms in the selling group at a concession and to institutional investors directly at the public offering price;
3. selling group agreement between syndicate manager and the invited dealers)

syndicated commercial credit (Fin) Gemeinschaftswarenkredit *m*

syndicated Eurocurrency loan (Fin) syndizierter Eurowährungskredit *m*

syndicated Euroloan (Fin) Euro-Konsortialkredit *m*

syndicated market research (Mk) gemeinsame Marktforschung *f*

synenergism (Bw) enge Kooperation *f (ie, between, two companies)*

system analysis (Bw) Systemanalyse *f*

system contract (com) Hauptkontrakt *m (syn, prime contract)*

system leader (com) Systemführer *m (syn, Generalunternehmer)*

system of command (Bw) Leitungssystem *n (syn, directional system)*

system of objectives (Bw) Zielsystem *n (syn, goal system)*

systems analyst (Bw) Systemanalytiker *m*

systems approach (Bw) Systemansatz *m*

systems business (com) Anlagengeschäft *n*
(eg, ‚Großanlagenbau' covered by major contracts)

systems contracting (MaW) einsatzsynchrone Anlieferung *f (syn, stockless buying; cf, just-in-time purchasing)*

systems engineering
(Bw) Systemtheorie *f (syn, systems research)*
(IndE) Großanlagenbau *m (ie, large-scale plant engineering and construction)*

systems research (Bw) Systemforschung *f*

systems seller (com) Systemanbieter *m*

system theory (Bw) Systemtheorie *f*

system-wide goals (Bw) Organisationsziele *npl (syn, organizational goals)*

T

tab
(com, infml) Preis *m*
(com) Reiter *m (ie, used as aid in filing)*

table of organization (Bw, GB) Organisationsschaubild *n (syn, organizational chart)*

tabs (com) Aufwendungen *mpl*, Ausgaben *fpl (eg, annual... for construction are $100 bn)*

tabulate *v*
(com) tabellarisch darstellen, auftabellieren

tackle *v* (com) in Angriff nehmen *(eg, task, problem, assignment)*

tactical (Bw) taktisch *(opp, strategic, operative)*

tactical execution (Bw) taktische Führung *f*

tactical goal
(Bw) taktisches
– kurzfristiges
– taktisch-dispositives... Ziel *n (ie, lies ahead typically one year or less; syn, short-run goal)*

tactical planning (Bw) taktische Planung *f (opp, strategic planning)*

tailoff in the pace of economic activity (Vw) Konjunkturabschwächung *f*, Konjunkturrückgang *m*

tailored (com) „maßgeschneidert", kundenspezifisch *(syn, customized, qv)*

tailor-made products (IndE) kundenspezifische Produkte *npl (ie, aus der Einzelfertigung)*

tailor to *v* (com) zuschneiden auf *(eg, individual requirements)*

take a bath *v* (com, sl) „baden gehen", bankrott machen *(syn, take a cleaning, lose one's shirt, go bankrupt)*

take action *v* (com) tätig werden

take-and-pay contract (com, US) Langzeit-Liefervertrag *m* mit Zahlung bei Lieferung
(ie, agreement to purchase a specified minimum quantity of a product or service over a specified period of time; payment to be made upon the provision of the product or service; cf, take-or-pay contract)

take an equity stake in *v* (com) Beteiligung *f* erwerben an, sich beteiligen an
(syn, acquire an interest in)

take an interest in *v* (com) = take an equity stake in

take a rain check *v*
(com, infml) Entscheidung *f* verzögern
(com, infml) (unter e–m Vorwand) höflich ablehnen

take a share *v* (com) e–e Beteiligung *f* erwerben, sich beteiligen

take a shareholding in *v* (com) = take an equity stake in

take a stake *v* (com) Beteiligung *f* erwerben, sich beteiligen

take a tumble *v* (com) fallen *(eg, leading indicators...)*

take control of *v* (Bw) Leitung *f* übernehmen *(eg, a company)*

take delivery *v* (com) abnehmen *(eg, goods, merchandise; syn, accept)*

take depreciation *v* (ReW) abschreiben *(eg, on an asset)*

take effect *v* (Re) in Kraft treten *(syn, come into force, qv)*

take-home (pay) (Pw) Nettoverdienst *m*
(ie, gross salary/wages after deduction of income-tax withholding, retirement insurance payments, and union dues, etc)

take in payment *v* (com) in Zahlung nehmen

take into account *v* (com) berücksichtigen
(eg, fact, difficulty, problem, situation; syn, allow for, make allowance for, take into consideration)

take into consideration v (com) = take into account

take into operation v (IndE) in Betrieb nehmen *(syn, commission, put on stream)*

take measures v (com) Maßnahmen *fpl* ergreifen

take minutes v (com) Niederschrift *f* anfertigen, Protokoll *n* führen

take notes v (com) Notizen *fpl* machen

take off v
(com) steigen *(eg, prices began to... in 1972 and 1978)*
(com) aufheben *(eg, embargo; syn, lift; opp, put on, impose)*

take on v
(com) übernehmen *(eg, cargo, passengers)*
(Pw) einstellen *(syn, hire, engage)*

take on business v (com) Aufträge *mpl* hereinnehmen

take one's custom elsewhere v (com, infml) zur Konkurrenz gehen *(syn, switch to a rival)*

take on labor v (Pw) Arbeitskräfte *fpl* einstellen *(syn, hire /engage... labor or workers)*

take orders v
(com) Aufträge *mpl* annehmen

take-or-pay agreement
(com, US) Langzeit-Liefervertrag *m* mit unbedingter Zahlungsverpflichtung
(ie, agreement to make periodic payments of a certain amount over a specified period of time; to be made whether or not the product is furnished or the service provided; used as a basis for financing a project; cf, take-and-pay contract)

take out of operation v (com) außer Betrieb nehmen *(syn, decommission)*

take-out shop (Mk, US) Geschäft *n* für Mitnehmware

take over v
(com) übernehmen *(eg, office)*
(com) übernehmen *(ie, a company by acquisition)*

takeover agreement (com) Übernahmevertrag *m (syn, acquisition agreement)*

takeover battle (com) Übernahmeschlacht *f (syn, takeover struggle, bid battle, bidding war, merger contest)*

takeover bid (com) Übernahmeangebot *n*
(ie, bid to purchase shares of a corporation in order to gain control; syn, corporate takeover proposal, tender offer)

takeover candidate (com) Übernahmekandidat *m (syn, takeover target, target)*

Takeover Code (com, GB) Richtlinien *fpl* für Unternehmenszusammenschlüsse
(ie, full title: The City Code on Takeovers and Mergers)

take over costs v (com) Kosten *pl* übernehmen, Kosten *pl* tragen

takeover fight (com) = takeover battle

takeover fracas (com) Übernahme-Spektakel *n*

takeover negotiations (com) Übernahmeverhandlungen *fpl*

takeover price (Fin) Übernahmekurs *m*, Übernahmepreis *m*

takeover rumors (com) Übernahmegerüchte *npl*

takeover struggle (com) = takeover battle

takeover target (com) Übernahmekandidat *m (syn, takeover candidate)*

takeover terms (comn) Übernahmebedingungen *fpl*, Übernahmekonditionen *fpl*

takeover time (Mk, US) Übernahmeperiode *f*
(ie, Zeitspanne für die Verdrängung e–s älteren Produkts: time for a new and better product to go from 10% to 90% displacement of a predecessor product)

takeover tussle (com) Übernahmestreit *m (syn, takeover battle)*

takeover wave (com) Fusionswelle *f (syn, spate/wave . . . of mergers)*

take pressure off *v* (com) entlasten *(eg, money markets)*

take the chair *v* (com) Vorsitz *m* übernehmen

take the edge off *v* (com) abmildern *(eg, recession)*

take the heat out of *v* (com, infml) entschärfen *(eg, situation, crisis)*

take the position *v*
(com) Auffassung *f* vertreten *(daß = that)*

take to court *v* (Re) verklagen *(syn, proceed against a person; infml, bring charges against; GB, infml, have someone up)*

take up a question *v* (com) Frage *f* anschneiden *(syn, address /broach . . . a question)*

take up cargo *v* (com) Ladung *f* übernehmen

take up credit *v* (Fin) Kredit *m* aufnehmen

take up employment *v* (Pw) Beschäftigung *f* aufnehmen, Arbeit *f* aufnehmen *(syn, take-up work)*

take up references *v* (Pw) Referenzen *fpl* einholen

take up the slack *v* (com, infml) straffen *(eg, in an organization)*

take up work *v* (Pw) Arbeit *f* aufnehmen

taking delivery (com) Abnahme *(eg, of goods)*

taking minutes (com) Aufnahme *f* e–s Protokolls

taking the lead (com) federführend *(eg, in arrangements made for a credit; syn, leading)*

talent spotting (Pw) Talentsuche *f*

talk (com) Vortrag *m (eg, give a talk)*

tall organization (Bw, US) vielstufige Organisation *f (opp, flat organization)*

tally
(com) Zählung *f (eg, keep a daily tally of . . .)*
(com) Frachtliste *f (syn, cargo list)*

tally with *v* (com) übereinstimmen mit

tangible fixed assets (ReW) Sachanlagen *fpl*, Sachanlagevermögen *n (opp, intangible fixed assets, trade investment, financial investments = immaterielle Güter des Anlagevermögens, Beteiligungen, Finanzanlagen)*

tap a market *v* (com) Markt *m* erschließen *(syn, open up a market)*

tape *v* (com) mitschneiden *(eg, telephone conversation)*

taper off *v* (com) auslaufen lassen *(eg, subsidies)*

tardy payer (com, infml) säumiger Zahler *m*

target
(com) Ziel *n (ie, meist numerisch; eg, target values of policy objectives)*
(com) = target company

target a niche *v* (com) Marktnische *f* anstreben

target company (com) Zielgesellschaft *f (ie, company for which takerover bid is made)*

target customers (Mk) = target group

target date
(com) Stichtag *m (syn, effective/ key/relevant . . . date)*
(com) Termin *m (syn, time limit, appointed . . . time/day)*
(com) Endtermin *m (syn, deadline, final deadline, finish date)*
(com) Liefertermin *m (syn, date/ time . . . of delivery, delivery date)*

targeted advertising (Mk) gezielte Anzeigenwerbung *f*

targeted goal (Bw) Planziel *n (syn, targeted objective, operational target)*

targeted goal accomplishment (Bw) angestrebtes Zielausmaß *n*

target figures (com) Sollzahlen *fpl*, Zielgrößen *fpl*

target group (Mk) Zielgruppe *f*

target market (Mk) Zielmarkt *m*

target-performance comparison (Bw) Soll-Ist-Vergleich *m*

target planning (Bw) Zielplanung *f*
target population (Mk) Zielgesamtheit *f*
target price
(AuW, EG) Richtpreis *m*
– Zielpreis *m*
– Orientierungspreis *m* *(syn, guide price)*
(Mk) angestrebter Preis *m*
target pricing (Bw) = target return pricing
target sales (Mk) Absatzsoll *n (ie, fixed for the various sales areas)*
target set (Bw) Zielkonstellation *f*
tariff
(com) Tarif *m (ie, schedule of freight or passenger tariff rates)*
(Zo) Zoll *m*
(ie, duty or tax levied on goods taken from one customs area to the other)
(Zo) Zolltarif *m*
(ie, list or schedule of merchandise with the rate of duty to be paid for importing products listed)
tariff barriers to trade (AuW) tarifäre Handelshemmnisse *npl (opp, nontariff barriers, NTBs)*
tariff cut (AuW) Zollsenkung *f*
tariff harmonization (EG) Zollharmonisierung *f*
tariff of charges (com) Gebührentabelle *f (syn, bill of charges)*
tariff policy (AuW Zollpolitik *f*
tariff preferences (AuW) Zollpräferenzen *fpl*
tariff rate
(com) Tarifsatz *m*
(Zo) Zollsatz *m*
tariff rates (com) Tariffrachten *fpl*
tariff reduction (AuW) Zollabbau *m*
task
(Pw) Aufgabe *f*, Arbeitsaufgabe *f (syn, job, assignment, work assignment)*
(Pw) Arbeitsverrichtung *f*
task allocation (Pw) Arbeitsorganisation *f*, Personalorganisation *f (syn, task assignment, work organization)*

task analysis (Pw) Tätigkeitsanalyse *f*
task area (Bw) Aufgabenbereich *m (syn, scope of responsibilitities)*
task assignment (Pw) Aufgabenverteilung *f*
task force (com) Arbeitsgruppe *f (syn, task group, work group, interdisciplinary team)*
task goals (Bw) Aufgabenziele *npl*
task group (com) = task force
task-oriented analysis (Bw) Objektanalyse *f*
task-oriented behavior (Bw) sachzielorientiertes Verhalten *n*
task-oriented style of leadership (Bw) aufgabenorientierter Führungsstil *m*
task variable (Mk) aufgabenorientierte Variable *f*
tax
(StR) Steuer *f*
(ie, compulsory contribution exacted by a government – Gebietskörperschaft – for public purposes; levied on persons or property and transferring wealth from private persons or organizations to meet the needs of government)
tax *v*
(StR) besteuern, Steuern *fpl* erheben *(syn, levy/impose . . . taxes)*
taxable base (StR) Steuerbemessungsgrundlage *f (syn, tax base, basis of assessment)*
taxable income (StR) steuerpflichtiges Einkommen *n*
(ie, after all deductions and exemptions: subject to taxation; syn, chargeable income, income liable in taxes)
taxable to income tax (StR) einkommensteuerpflichtig *(syn, liable in to income tax)*
tax approximation (StR, EG) Steuerangleichung *f (cf, tax harmonization)*
tax assessment (StR) Steuerveranlagung *f*
tax authority (StR) Finanzbehörde *f*, Steuerbehörde *f (syn, fiscal/rev-*

enue... authority; syn, infml, tax-man, tax collector)

tax avoidance
(StR) Steuerausweichung *f*
– Steuerumgehung *f*
– Steuervermeidung *f*
(ie, taking advantage of tax loop holes which is legal, up to a point; syn, tax dodging; opp, tax evasion = Steuerhinterziehung)

tax base (StR) Steuerbemessungs-grundlage *f*
(ie, measure on which tax liability is determined)

tax consultant (StR) Steuerberater *m*

tax consulting firm (StR) Steuerbera-tungsfirma *f*

tax credit
(StR) Steueranrechnung *f*
– Steuergutschrift *f*
– Anrechnung *f* gezahlter Steuern
(ie, subtraction from tax owed, for other taxes paid)

tax depreciation (StR) steuerliche Abschreibung *f (syn, tax writeoff)*

tax dodge (StR) Steuerumgehung *f (syn, tax avoidance)*

tax evasion (StR) Steuerhinterzie-hung *f*
(ie, illegale Steuerausweichung od Steuervermeidung; cf; § 370 AO; syn, tax fraud; opp, tax avoidance = (legale) Steuerausweichung)

tax exempt (StR) steuerfrei *(syn, tax free)*

tax favored (StR) steuerbegünstigt

tax harmonization (EG) Steuerhar-monisierung *f (syn, harmonization of taxes)*

tax haven (StR) Steueroase *f,* Oasen-land *n*
(ie, tiny low-tax country refusing to conclude double-taxation treaties; levies little or no income or death taxes; cf, tax paradise, tax shelter, tax resort)

tax loss company (Fin) Abschrei-bungsgesellschaft *f (ie, scheme of-fering tax savings by producing ar-tificial accounting losses)*

tax neutral (StR) steuerunschädlich

tax paradise
(StR) Nulloase *f*
(ie, Land ohne ESt und KSt od mit geringer Ertragsteuerbelastung; eg, Bahamas, Bermudas)
(com, infml) Steuerparadies *n (cf, tax haven)*

tax rate (StR) Steuersatz *m (ie, per unit of tax base, in %)*

tax return (StR) Steuerklärung *f*

tax treatment (StR) steuerrechtliche Behandlung *f*

tax writeoff (StR) steuerliche Ab-schreibung *f*
(eg, take . . .s on capital spending; syn, tax depreciation)

tax writeoff facilities (StR) steuerli-che Abschreibungsmöglichkeiten *fpl*

team briefing (Pw) Gruppenbespre-chung *f*

team up *v* (com) zusammenarbeiten, sich zusammenschließen
(syn, work together, cooperate)

tear down *v* (com) abreißen *(syn, pull down)*

technical advice (com) technische Be-ratung *f*

technical assistance center (com) technische Kundenbetreuung *f*

technical committee (com) Fachaus-schuß *m*

technical competence (Pw) Fachkom-petenz *f,* fachliches Können *n*
(syn, technical expertise)

technical consultant (com) Fachbera-ter *m*

technical consulting (com) technische Beratung *f (ie, advisory services of a technical nature)*

technical cooperation (com) techni-sche Zusammenarbeit *f*

technical details
(com) technische Einzelheiten *fpl*
(com) fachliche Details *npl*

technical documentation (com) tech-nische Unterlagen *fpl*

technical efficiency (IndE) physischer Wirkungsgrad *m,* Produktivität *f*

technical goods (com) technische Güter *npl*

technicalities (com) = technical details

technical literature (com) Fachliteratur *f (syn, specialized literature)*

technical report (com) Fachbericht *m*

technical risk (Bw) technisches Risiko *n*

technical sales organization (Bw) technische Vertriebsorganisation *f*

technical support (com) technischer Kundendienst *m*

technical tie-up (com) technische Zusammenarbeit *f*

technical training (Pw) Fachausbildung *f*

technological advance (com) = technical progress

technological assessment (IndE) = technology assessment

technological changes (com) technischer Wandel *m*

technological efficiency (Bw) Produktivität *f (syn, productivity, qv)*

technological improvement (com) = technical progress

technological progress (com) = technical progress

technology assessment (IndE) Technologiebewertung *f*, Technologie-Wirkungsanalyse *f (ie, impact of technological change on society)*

technology consultant (Bw) technologischer Berater *m*

teething troubles (com, infml) Kinderkrankheiten *fpl*, Anlaufschwierigkeiten *fpl*

telemarketing (Mk) Fern-Marketing *n*, Telemarketing *n*

teleorder *v* (com) elektronisch bestellen

telephone marketing (Mk) Telefon-Marketing *n*

telephone selling (Mk) Telefon-Verkauf *m (ie, a rapidly expanding sales area)*

telephone survey (Mk) fernmündliche Befragung *f*

teleshopping (Mk) Tele-Einkauf *m*

teleshopping terminal (Mk) Bestellterminal *n*

televised interview (Mk) Fernsehinterview *n (syn, television interview)*

television advertising (Mk) Fernsehwerbung *f*

television interview (Mk) Fernsehinterview *n (syn, televised/TV . . . interview)*

telework (Pw) Telearbeit *f (ie, employees work at home at their office-connected terminals)*

temporary employment (Pw) Zeitarbeit *f*

temporary mailing address (com) Nachsendeadresse *f (syn, GB, accommodation address)*

temporary office help (Pw, US) Büroaushilfskraft *f*

temporary personnel (Pw) Aushilfspersonal *n*

temporary warehousing (com) vorübergehende Einlagerung *f*

temporary worker (Pw) Aushilfe *f*, Aushilfskraft *f (ie, employed for a limited period)*

temporize *v* (com) in die Länge ziehen *(eg, discussion in order to gain time)*

tenancy (Re) Miete *f* und Pacht *f (ie, the provisions of English law relating to the estate of leasehold have no equivalent in §§ 535 ff German Civil Code, BGB)*

tenancy agreement
(Re) Mietvertrag *m*
(Re) Pachtvertrag *m*

tenancy property (com) Mietgrundstück *n*

tenant (com) Mieter *m*/Pächter *m (ie, entitled to the exclusive possession, use, and enjoyment, usually in consideration of rent; for life, for years, from year to year, at will)*

tender
(com, Re) Angebot *n*, Offerte *f*
(com) Lieferangebot *n*
(com) Submissionsangebot *n (ie, in contract awarding; syn bid)*

tender *v*
  (com) anbieten *(ie, at a certain price for acceptance)*
  (com) andienen *(eg, goods)*
tender a contract *v* (com) ausschreiben
tender agreement (com) Submissionsvertrag *m*
tender documents
  (com) Angebotsunterlagen *fpl*
  (com) Ausschreibungsunterlagen *fpl (syn, tender specifications)*
tenderer (com) Bieter *m*, Submittent *m (syn, bidder)*
tender for *v* (com) Angebot *n* einreichen *(eg, auf Lieferung, Errichtung)*
tender guarantee (com, GB) Bietungsgarantie *f*
tendering (com) Angebotsabgabe *f*
tendering procedure (com) Ausschreibungsverfahren *n*
tender offer
  (Fin) Zeichnungsangebot *n*, Tender-Offerte *f*
  (com, US) Übernahmeangebot *n (ie, aims to acquire sufficient shares in the target company to assure effective control despite opposition from management of the target company and usually is resorted to after friendly overtures to management of the target company have been unsuccessful; the acquiring firm must give the management of the target firm and the SEC 30 days' notice of intention to effect the acquisition; syn, takeover bid, qv)*
  (com, GB) Übernahmeangebot *n (ie, a procedure which allows a purchaser to offer to acquire up to 29.9% of a company by formal notice in two national newspapers = überregionale Zeitungen, giving all shareholders at least seven days in which to accept)*
tender one's resignation *v* (com) Rücktritt *m* einreichen
tender procedure (com) Submissions-

verfahren *n (syn, competitive bidding)*
tender specifications (com) Lastenheft *n (syn, specifications, cahier des charges)*
tender terms (com) Submissionsbedingungen *fpl*
tender to contract cover (com, GB) Kurssicherung *f* zwischen Angebotsabgabe und Vertragsabschluß *(ie, if contract currency is US-$ or DM)*
tentative agreement (Re) Vorvertrag *m (syn, provisional agreement, qv)*
tentative order (com) Probeauftrag *m (syn, trial order)*
term
  (com) Dauer *f*, Laufzeit *f (ie, period of a contract, note, acceptance, time draft, bill of exchange, or bond; syn, duration, tenure)*
term deposits (Fin) Festgeld *n*, Termingeld *n*
terminal date (com) Endtermin *m (syn, final date)*
terminal decision (Bw) Handlungsentscheidung *f*
terminal gratuity (Pw) Abfindungszahlung *f*, Abfindung *f (syn, terminal bonus, severance pay)*
terminal job (Pw) Stellung *f* ohne weitere Aufstiegsmöglichkeiten, „Sackgasse" *f*
terminal point of transportation (com) Endpunkt *m* der Beförderung
terminal position (Pw) = terminal job
terminate *v*
  (Re) beenden, auflösen *(eg, contract)*
terminate a business *v* (com) Betrieb *m* aufgeben *(syn, close /discontinue . . . a business)*
terminate a contract *v* (Re) Vertrag *m* aufheben, Vertrag *m* beenden *(syn, cancel, qv)*
terminate a meeting *v* (com) Sitzung *f* aufheben *(syn, close a meeting)*

terminate an employment contract *v* (Pw) Arbeitsvertrag *m* auflösen *(eg, by notice to quit)*

terminate negotiations *v* (com) Verhandlungen *fpl* beenden

termination
(Re) Ablauf *m*, Erlöschen *n (syn, expiration, lapse)*
(Re) Auflösung *f*, Kündigung *f (eg, of contract)*
(Pw) Kündigung *f*

term of office (Pw) Dienstzeit *f*, Amtszeit *f*

terms
(com) Zahlungsbedingungen *fpl (eg, to sell at reasonable terms)*

terms and conditions (com) Verkaufs- und Lieferbedingungen *fpl (syn, conditions of sale and delivery)*

terms of a bid (com) Angebotsbedingungen *fpl*

terms of delivery (com) Lieferbedingungen *fpl*

terms of freight (com) Frachtbedingungen *fpl*

terms of payment
(com) Zahlungsbedingungen *fpl*
(AuW) (handelsübliche) Zahlungsziele *npl*,
Zahlungsmodalitäten *fpl* im Auslandsgeschäft

terms of payment and delivery (com) Lieferungs- und Zahlungsbedingungen *fpl*

terms of reference (com) Aufgabenstellung *f*, Aufgabe *f (eg, it is not within our terms of reference to . . .)*

terms of sale
(com) Preisforderung *f (ie, price basis asked for sth offered for sale)*
(com) Verkaufsbedingungen *fpl (ie, other than price)*
(com) Zahlungsbedingungen *fpl (ie, in mercantile practice these may be: cash before order, cash with order, cash on delivery, B/L attached)*

terms of tender (com) Ausschrei-

bungsbedingungen *fpl (syn, bidding requirements)*

terms to the trade (com) Bedingungen *fpl (eg, please supply at best trade terms, that is, at lowest prices and highest discounts; syn, trade terms)*

territorial restrictions (Kart) Gebietsbeschränkung *f (syn, geographic restrictions)*

tertiary line injury (Kart, US) Beeinträchtigung *f* des Wettbewerbs zwischen den Kunden *(ie, competition at the customer level; defined by the Robinson-Patman Act of 1936; opp, primary /secondary . . . injury, qv)*

tertiary ratio (Bw) tertiäre Kennziffer *f (ie, combination of several elementary or advanced ratios used to promote corporate decision making; syn, GB, explanatory ratio)*

test
(com) Kriterium *n (syn, criterion, yardstick)*

test area (Mk) Testgebiet *n*

test brand (Mk) Testmarke *f*

testimonial (Pw) Zeugnis *n (syn, letter of reference)*

test market (Mk) Testmarkt *m*

test marketing (Mk) Durchführung *f* e–s Markttests

test package (Mk) Probepackung *f*

test specimen
(Mk) Testmuster *n*

textile industry (com) Textilindustrie *f*, Textilwirtschaft *f*

theoretical capacity (Bw) Maximalkapazität *f*

theoretical maximum plant capacity (Bw) theoretische Maximalkapazität *f*

theoretical optimum plant capacity (Bw) theoretische Optimalkapazität *f*

theory of game (Bw) Spieltheorie *f (ie, mathematical study of games or abstract models of conflict situations from the viewpoint of deter-*

mining an optimal policy or strategy; syn, game theory)

theory of interaction (Bw) Interaktionstheorie *f (ie, branch of organizational theory)*

theory of management (Bw) Führungstheorie *f,* Management-Theorie *f*

theory of organization (Bw) Organisationstheorie *f*

thick with competition (com) hart umkämpft *(eg, an area such as ‚factory of the future')*

think up *v* (com) sich ausdenken *(eg, colorful phrases, such as „the market was as dead as my old goat")*

thin market (com, Bö) begrenzter oder enger Markt *m (syn, narrow/ tight... market)*

thin order books (com) schwacher Auftragseingang *m*

third-class mail (com, US) Postgut *n* dritter Klasse *(ie, printed advertising matter of less than 24 pages)*

third-class quality (com) dritte Wahl *f (syn, thirds)*

third-party account (com) fremde Rechnung *f (eg, for...)*

third-party maintenance (com) Wartung *f* durch Fremdfirmen

third-party service (Bw) = third-party maintenance

third-party transaction (com, US) Dreiecksgeschäft *n (ie, seller, buyer, and a source of consumer credit)*

thirds (com) dritte Wahl *f (syn, third-class quality)*

three-quarter majority (com) Dreiviertelmehrheit *f*

threshold (com) Schwelle *f*

threshold country (AuW) Schwellenland *n (ie, one still below the development level of highly industrialized countries, such as Brazil, Mexico, Spain, Argentina; syn, newly industrializing country, NIC)*

threshold of interference (Kart) Eingriffsschwelle *f*

(ie, threshold at which cartel authorities start investigations; eg, volume of sales, number of employees, market shares)

threshold price (EG) Schwellenpreis *m,* Einschleusungspreis *m (ie, fixed for imported grain, rice, sugar, milk, dairy products, and fats)*

thrift price (com) Niedrigpreis *m (syn, cut price)*

through bill of lading (com) Durch-(fracht)konnossement *n (ie, from point of origin to final destination)*

through freight (com) Durchfracht *f*

through-freight shipment (com) Durchfrachtverladung *f*

through shipment (com) Durchgangsladung *f*

through transport (com) Haus-zu-Haus-Verkehr *m (ie, delivers containers door-to-door)*

throwaway (Mk, US) Handzettel *m (syn, broadsheet)*

throw-away interview (Mk) Pilotinterview *n (syn, pilot interview)*

throw-away leaflet (Mk) Flugblatt *n*

throw off balance *v* (com, infml) durcheinanderbringen *(eg, a spending plan)*

throw support behind *v* (com) unterstützen

thrust of economic activity (Vw) Konjunkturverlauf *m (syn, run of business, path of the economy, economic trend)*

tickler file (com) Terminablage *f*

tidal wave (com) Welle *f (eg, of bankruptcies)*

tide over *v* (com, infml) überbrücken

tie *v* (com) festlegen, koppeln mit

tie-breaking vote (com) ausschlaggebende Stimme *f (syn, casting vote)*

tie-in (Kart) Kopplung *f,* Kopplungsbindung *f*

tie-in advertising (Mk) Kombinationswerbung *f,* Verbundwerbung *f*

tie-in sale (Kart) Kopplungsgeschäft *n*
(ie, one product cannot be bought without the other; syn, tie-in transaction; cf, tying arrangement)

tie-in transaction (Kart) = tie-in sale

tie-out (Kart) Wettbewerbsverbot *n* in Lizenzverträgen *(opp, tie-in)*

tie-up
(Bw) Zusammenschluß *m*, Zusammenarbeit *f (eg, ... with the electronics industry)*
(Bw, infml) Betriebsunterbrechung *f (syn, plant interruption)*

tie-up advertising (Mk) Gemeinschaftswerbung *f (syn, cooperative advertising, qv)*

tie up capital *v* (Fin) Kapital *n* binden *(eg, in raw materials und supplies; syn, lock up capital)*

tight deadliner (com) knapper Termin *m*

tighten belt *v* (com, infml) Gürtel *m* enger schnallen *(syn, notch belt tighter)*

tighten up *v* (com) verschärfen *(eg, credit policy)*

tight interlocking (com) enge Verflechtung *f*
(eg, of the banking and industrial sectors)

tightly knit markets (Mk) eng vernetzte Märkte *mpl*

tightly run company (com) straff geführtes Unternehmen *n*

tight market
(com) enger Markt *m (syn, narrow/thin ... market)*

till receipt (Mk) Kassenstreifen *m (ie, the one you get in a supermarket)*

timber industry (com) Holzindustrie *f*

timber merchant (com) Holzhändler *m*

timber trade (com) Holzhandel *m*

time (com, infml) Termin *m (eg, let she give you a time to see me)*

time allowed (com) Frist *f (eg, for cancellation of an order)*

time allowed for payment (com) Zah-
lungsziel *n (syn, date of required payment, period of payment)*

time charter (com) Zeitcharter *f*
(ie, issued when the vessel is chartered for an agreed period of time)

time for filing (com) Abgabefrist *f*, Abgabetermin *m (syn, filing date for acceptance, due date)*

time freight (com) Zeitfracht *f*

time horizon
(Bw) Planungshorizont *m*
(ie, distance into the future to which a planner looks in seeking to evaluate the consequences of a proposed action; syn, time shape, level of time)

time lag
(com) zeitliche Verzögerung *f*

time level of planning (Bw) Planungshorizont *m (ie, length of time covered in a plan; syn, planning horizon)*

time limit
(com) Frist *f (eg, within a ... as provided by the contract)*
(com) Termin *m (syn, deadline, target date, appointed ... day/time)*

time limited for registration (com) = time limited for application

time limit for subscription (com) Bezugsfrist *f*

time limit of application (com) Anmeldeschluß *m (syn, closing date, final deadline)*

time of delivery (com) Liefertermin *m*, Lieferfrist *f*

time of dispatch (com) Aufgabezeit *f*, Versandzeitpunkt *m*

time schedule (com) Terminplan *m*

time scheduling
(com) Terminplanung *f*

time sequence (Bw) zeitlicher Ablauf *m*

time shape (Bw) = time horizon

time stated for acceptance (com) Annahmefrist *f*

time to maturity
(com) Restlaufzeit *f*
(syn, remaining life, remainder of the term, unexpired term)

tiny audience (Mk) kleiner Markt *m*
(eg, for a certain type of car)

toehold acquisition (Kart) „Mini-Übernahme" *f*
(ie, the acquired firm is small but capable of expanding into a substantial competitive force)

toll free call (com, US) gebührenfreier Anruf *m*

tonnage
(com) Tonnage *f*, Tragfähigkeit *f*
(com) Frachtraum *m (ie, of a ship)*

tonnage affreightment (com) Raumcharter *f*

tonnage certificate (com) Schiffsmeßbrief *m*

top *v* (com) übersteigen *(eg, sales will... $2m)*

top bracket (com) Spitzengruppe *f*

top brass (Bw, US, infml) Unternehmensleitung *f*

top corporate goals (Bw) = top corporate objectives

top corporate objectives (Bw) oberste Unternehmensziele *npl*

top dog (Pw, infml) oberster Boss *m*

top-down corporate structure (Bw) hierarchische Unternehmensstruktur *f*
(ie, controlled from the top level)

top-down delegation of authority (Bw) Weitergabe *f* von Kompetenzen von oben nach unten

top-down information (Bw) Information *f* von oben nach unten

top-down planning (Bw) retrograde Planung *f*, Planung *f* von oben nach unten

top drawer (com, infml) erstklassig, hochklassig *(ie, denotes highest level of competence, eg, he is out of the...)*

top echelon (Bw) = top management

top executive (Bw) oberste Führungskraft *f*

top flight (com) erstklassig *(syn, first class, first tier)*

top-flight management (Bw) hochkarätiges Management *n*

top-heavy cost structure (Bw) kopflastige Kostenstruktur *f (ie, of a company)*

top-level executive (Bw) oberste Führungskraft *f (cf, middle-level executive)*

top-level representative (com) Spitzenvertreter *m*

top-level talks (com) Spitzengespräche *npl (syn, high-level consultations)*

top management
(Bw) Unternehmensspitze *f*
– Führungsspitze *f*
– oberste Geschäftsleitung *f*
– oberste Leitungsebene *f*

top manager (Bw) Spitzenmanager *m*, Unternehmensleiter *m (syn, business/top... executive)*

top model (Mk) Spitzenmodell *n (syn, top-of-the-line model)*

top-notch (com, infml) erstklassig

top-notcher (Pw, infml) Leistungsträger *m (syn, high performer, qv)*

top objective (Bw) Oberziel *n*

top off *v*
(com, US) höchsten Stand erreichen
(eg, money supply seems to have topped off; syn, top out)
(com) abrunden
(com, US) erfolgreich abschließen od beenden

top of target range (Bw) oberer Rand *m* des Zielkorridors *(syn, upper end of target range)*

top-of-the-line model (com) Spitzenmodell *n (syn, top model)*

topout (Mk) Spitzenbedarf *m (syn, peak demand, qv)*

top out *v* (com) Höchststand *m* erreichen
(ie, reach a peak and retreat from it; eg, market prices)

top people (Pw) Spitzenkräfte *fpl*

top performer
(Pw) Leistungsträger *m (syn, high performer, top notcher)*

top price (com) Höchstpreis *m*, Spitzenpreis *m (syn, maximum price)*

top priority (com) höchste Priorität *f*

top-quality merchandise (Mk) Spitzenqualität *f*

top seller (com) umsatzstärkstes Produkt *n (syn, top-selling . . . product/ brand)*

top selling article (com) Verkaufsschlager *m (syn, hot selling line, qv)*

top selling product (com) = top seller, qv

top-to-bottom reform (com) umfassende Reform *f (syn, root-to-branch reform)*

total (com) Gesamtbetrag *m (syn, total amount, sum total, grand total)*

total activity (Bw) Gesamtbeschäftigung *f*

total backlog of orders on hand (com) Gesamtauftragsbestand *m*

total billings (com) Gesamtumsatz *m*

total contract value (com) Gesamtauftragswert *m*

total life (Bw) Gesamtnutzungsdauer *f*

total operating performance (Bw) Gesamtleistung *f*

total output (Bw) Gesamtproduktion *f*

total price (com) Gesamtpreis *m*

total proceeds (com) Gesamterlös *m*

total productivity (Bw) Gesamtproduktivität *f (syn, aggregate /overall . . . productivity)*

total requirements (com) Gesamtbedarf *m*

tot up *v* (com) addieren, aufaddieren *(syn, add up, sum up)*

tot up to *v* (com, infml) sich belaufen auf *(syn, amount to, add up to)*

touch off *v* (com) auslösen *(eg, wave of capital flight; syn trigger off)*

touchstone (com) Kriterium *n*

tour a plant *v* (com) Betrieb *m* besichtigen

touring a plant (com) Betriebsbesichtigung *f (syn, plant visit)*

tourism
(com) Fremdenverkehr *m*
– Tourismus *m*
– Touristik *f*

tourist advertising (com) Fremdenverkehrswerbung *f*

tourist industry
(com) Touristik *f*
– Tourismusgewerbe *n*
– Fremdenverkehrsgewerbe *n*

toy fair (com) Spielwarenmesse *f*

toy industry (com) Spielwarenindustrie *f*

toy store (com) Spielwarengeschäft *n*

toy with the idea *v* (com) mit dem Gedanken spielen

tracer
(com) Laufzettel *m*, Suchzettel *m* *(eg, to locate delayed or undelivered mail)*

tradable goods (AuW) handelsfähige Güter *npl* *(ie, exportables and importables)*

trade
(com) Geschäft *n*, Geschäfte *npl* *(ie, note that ‚trade‘ is often used in Britain where Americans would say ‚business‘; eg, to be in trade means to be in business; a ‚roaring trade‘ is a ‚rushing business‘)*
(com) Beruf *m (ie, regular business or work)*
(com) Handwerk *n* *(syn, craft; eg, a carpenter by trade; joc, lawyer by trade)*
(com) Gewerbe *n (cf, Schäfer, Vol. II)*
(com Handel *m (ie, buying and selling commodities)*
(com) = foreign trade
(com) Kundschaft *f (ie, a firm's customers)*
(com) die Branche *f*
(com) Wirtschaftszweig *m*
– Branche *f*
– Geschäftszweig *m (syn, industry, branch of industry)*

trade *v* (com, Bö) handeln

trade advertising (Mk) Händlerwerbung *f* *(ie, directed at wholesalers or retailers)*

trade allowance (com) Nachlaß *m*, Rabatt *m*

trade association
(com) Unternehmerverband *m*, Fachverband *m*
(Kart, US) Wirtschaftsvereinigung *f*
(ie, Verbindung e–r rechtlich zulässigen Vereinigung mit der Tätigkeit e–s illegalen Kartells: four of them have been declared illegal: unification in selling, exclusion from the market, curtailment of production, and price fixing)

trade channel (Mk) Absatzweg *m* *(syn, channel of distribution, qv)*

trade connections (com) Handelsverbindungen *fpl*

trade consultant (com) Fachberater *m*

trade custom (com) Handelsbrauch *m*

trade directory book (com) Bezugsquellenverzeichnis *n*, Branchenverzeichnis *n*
(syn, trade register; syn, US, yellow pages, now used also in Britain)

trade discount
(com) Nachlaß *m (ie, vom Listenpreis)*
(com) jeder Nachlaß *m* über 2%
(com) Nachlaß *m* ohne Bezugnahme auf den Zeitpunkt
(com) Skonto *m/n (syn, cash discount)*
(Mk) Händlerrabatt *m*, Rabatt *m* für Wiederverkäufer

trade fair (Mk) Fachmesse *f*, Fachausstellung *f (syn, trade show)*

trade fair for consumer goods (Mk) Konsumgütermesse *f*

trade intermediary (com) Handelsmittler *m (syn, middleman)*

trade-in value (com) Gebrauchtwert *m*

trade journal (com) Fachzeitschrift *f*, Fachblatt *n (syn, technical/professional . . . journal)*

trademarked goods (Mk) Markenartikel *mpl*

trade name
(Bw) Firmenname *m (ie, used to identify business, vocation, or occupation; cf, 15 USC § 1127; syn, commercial name)*
(Bw) Handelsname *m*, Warenbezeichnung *f*

trade off *v*
(com) tauschen
– ausgleichen
– verzichten auf
– kompensieren

trade practice rules (Kart) Wettbewerbsregeln *fpl*
(ie, Ausnahme vom grundsätzlichen Kartellverbot; entwickelt in der US-Antitrust-Rechtsprechung; e–e Art Wettbewerbskodex für e–e Branche)

trade price (com) Großhandelspreis *m*, Preis *m* für Wiederverkäufer

trader
(com, GB) Geschäftsmann *m*, Unternehmer *m (syn, US, businessman)*
(com, Bö) Wertpapierhändler *m*
(ie, selbständig oder angestellt; spekulativer Marktteilnehmer)

trade register (com, GB) = trade(s) directory book

trade relationship (com) Handelsbeziehung *f*, Austauschbeziehung *f*

trade secret (Bw) Geschäftsgeheimnis *n*, Dienstgeheimnis *n*
(syn, business/industrial . . . secret)

trade show (Mk) Fachmesse *f*, Fachausstellung *f (syn, trade fair)*

trade terms
(com) handelsübliche Vertragsklauseln *fpl*
(cf, Incoterms)
(com) = terms to the trade

trade union (Pw, GB) Gewerkschaft *f*
(ie, shortened to ‚union' oftener in U.S. than in Britain; the British name comes from the fact that membership is based on the worker's craft, rather than on the industry in which he is employed; syn, US, labor union)

trade usage (com) Handelsbrauch *m (ie, usage or customs commonly observed by persons engaged in a particular trade; cf, UCC § 1-205(2); syn, usage of the market, qv)*

trading (com, Bö) Handel *m (syn, dealing)*

trading area (Mk) Absatzgebiet *n*

trading capital (Bw, GB) Betriebsvermögen *n (syn, fixed assets + current assets)*

trading down (Mk) Versuch *m* der Umsatzsteigerung *f* durch Preissenkung und Änderung der Verkaufsförderungs-Strategie *(ie, by lowering prices and/or changing promotional strategy)*

trading establishment (com) Handelsniederlassung *f*

trading estate (com, GB) Geschäftsviertel *n*
– Geschäftszentrum *n*
– Einkaufszentrum *n*
(ie, shopping center; syn, US, business area)
(com, GB) Industriegelände *n (ie, small factory zone)*

trading firm (com) Handelsunternehmen *n*

trading invoice (com, GB) Handelsrechnung *f (syn, commercial invoice)*

trading links (com) Handelsbeziehungen *fpl*

trading network (Mk) Vertriebsnetz *n*

trading partner (com) Handelspartner *m*

trading performance (Bw, GB) Betriebsergebnis *n*

trading profit (ReW, GB) Betriebsgewinn *m (syn, earnings from operations)*

trading result (ReW, GB) Betriebsergebnis *n (syn, operating result)*

trading subsidiary (com) konzerneigene Handelsgesellschaft *f*

trading up (Mk) Versuch *m* der Umsatzsteigerung durch Preiserhöhung und/oder Änderung der Werbestrategie
(ie, appeals to potential customers at the high end of the market)

traffic
(com) Verkehr *m (ie, business of transporting passengers or freight)*
(com) = business
(com) Handel *m (ie, mostly used in negative contexts)*
(com) Markt *m*
(ie, esp in the phrase ‚take what the traffic will bear' = nehmen, was der Markt hergibt)

traffic carrier (com) Verkehrsträger *m (eg, rail, road, air)*

traffic department
(com) Versandabteilung *f*, Transportabteilung *f*
(com) Terminüberwachung *f*

traffic manager
(com) Versandleiter *m*
(MaW) Leiter *m* des Wareneingangs *(syn, accelerator)*
(IndE) Terminüberwacher *m*

trailblazer (com) Bahnbrecher *m*, Pionier *m*

trail-blazing (com) bahnbrechend *(eg, invention)*

trained clerical help (com) Bürofachkraft *f*

trained salesclerk (com) Fachverkäufer *m*
(syn, GB, trained salesman)

training center (Pw) Ausbildungsstätte *f (syn, training facilities)*

training facilities (Pw) Ausbildungsstätte *f (syn, training... shop/center)*

training officer (Pw) Ausbildungsleiter *m*

training shop (Pw) = training facilities

tramp (com) Trampschiff *n*
(ie, no regular trips, takes cargo when and where it is offered and to any port = nach Bedarf und nicht auf festen Routen; syn, tramp steamer)

tramping (com) = tramp shipping

tramping trade (com) Trampverkehr *m*

tramp owner (com) Trampreeder *m*

tramp shipping (com) Trampschiff-fahrt *f (syn, tramping)*

tramp steamer (com) Trampdampfer *m (cf, tramp)*

transact *v* (com) durchführen, tätigen *(syn, carry out, perform, carry on)*

transact business *v*
(com) Geschäfte *npl* tätigen
(com) Aufträge *mpl* abwickeln

transaction
(com) Abschluß *m*
– Geschäft *n*
– Transaktion *f (syn, deal, operation)*

transactional terminal (Mk, US) elektronische Verkaufshilfe *f*

transactions subject to investigation (Kart) prüfungspflichtige Tatbestände *mpl*

transcript
(com) Kopie *f*, Abschrift *f (ie, usually typewritten copy of dictated material)*

transfer
(Fin) Überweisung *f (syn, remittance)*
(Pw) Versetzung *f (syn, transferral, relocation)*

transfer *v*
(Pw) versetzen *(syn, relocate)*

transferability
(Re) Abtretbarkeit *f (syn, assignability)*

transferable (Re) abtretbar

transfer back *v* (Pw) rückversetzen

transfer charge call (com, GB) R-Gespräch *n (ie, ‚reverse charge call' is a popular variant; syn, US, collect call)*

transfer costs (Bw) Kosten *pl* für Fremdteile *(ie, supplied by other departments)*

transferee company (Bw) übernehmende Gesellschaft *f (syn, aquiring company, qv)*

transfer house (com) Umladestation *f*

(ie, where freight is reloaded before going to its final destination)

transfer instruction
(Fin) Überweisungsauftrag *m*

transfer line (IndE) Transferstraße *f (syn, transfer line system, automated flow line; cf, production line)*

transfer of an enterprise (Bw) Betriebsübergabe *f*, Betriebsüberlassung *f*

transferor company (com) übernommene Gesellschaft *f*, übertragende Gesellschaft *f (syn, acquired company, qv)*

transfer orders (com) Streckengeschäft *n*

transferral
(Pw) Versetzung *f (syn, transfer, qv)*

transfer system (IndE) = transfer line

transfer track (com) Ladegleis *n*, Entladegleis *n*

transformation
(com) Umwandlung *f*, Veränderung *f*
(com) Umwandlung *f*
(eg, from corporation to another legal form; syn, reorganization)

transfrontier carriage of goods (com, GB) grenzüberschreitender Warentransport *m*

tranship *v* (com) umladen, ableichtern *(ie, reload cargo, in whole or in part, from one ship to another)*

transhipment (com) Umladung *f*, Ableichtern *n*

transhipment bill of lading (com) Umladekonnossement *n*

transhipment point (com) Umladestelle *f*

transient rate
(Mk) Einmaltarif *m (ie, in advertising)*

transit advertising (Mk) Verkehrsmittelwerbung *f (ie, buses, railway cars, etc)*

transit agent (com) Transitspediteur *m*

transit bill of lading (com) Transit-konnossement *n*

transit bond (com) Transitbescheinigung *f*

transit cargo (com) Transitladung *f*

transit charges (com) Transitabgaben *fpl*

transitional period (com) Übergangszeit *f (syn, period of transition)*

transit store (com) Transitlager *n*

transit trade (AuW) Transithandel *m (syn, merchanting /third-country/ entrepot... trade)*

translate into *v* (com) sich niederschlagen in
(eg, increases are likely to ... higher supermarket prices)

transmit *v*
(com) übermitteln *(syn, forward)*
– weiterleiten

transnational corporation (AuW) transnationale Gesellschaft *f (ie, perferred UN usage; syn, multinational corporation)*

transom order (com, US) unerwarteter Auftrag *m*

transport
(com, GB) Transport *m*, Beförderung *f*
(syn, US, transportation; one possible reason why the British avoid ,transportation' is that it may evoke unpleasant memories of ,transportation' to a penal colony, the sense in which the word was generally understood in old days)
(com, GB) Verkehrsmittel *n*
(eg, have you transport? – syn, US, have you got transportation?)

transport *v* (com) befördern *(syn, carry, forward, convey, ship)*

transportable
(com) transportfähig

transport assignment (Bw) Transportaufgabe *f*

transportation (com, US) Transport *m*, Beförderung *f (cf, transport)*

transportation by rail (com) Bahntransport *m*, Bahnbeförderung *f*

transportation engineering (IndE) Verkehrstechnik *f (ie, relates to the movement of goods and people by rail, water, highway, air, subway, pipeline)*

transportation expert (com) Verkehrsexperte *m*

transportation industry (com) Transportgewerbe *n*
(syn, carrying/haulage... industry)

transportation inventories (MaW) umlaufende Lager *npl*

transportation of goods (com) Güterbeförderung *f*

transportation services (com) Verkehrsleistungen *fpl*

transport by rail (com, GB) Bahntransport *m*, Bahnbeförderung *f*

transport charge (com, GB) Beförderungsentgelt *n (syn, transport rate)*

transport company (com, GB) Beförderungsunternehmer *m (syn, private carrier)*

transport contractor (com, GB) Transportunternehmer *m (syn, haulier)*

transport damage (com, GB) Transportschaden *m (syn, transport loss, damage in transit)*

transport document (com, GB) Beförderungspapier *n (syn, transit document)*

transport expenses (com, GB) Beförderungskosten *pl*, Transportkosten *pl (syn, cost of transport, freight)*

transport in transit (com, GB) Beförderung *f* im Transitverkehr

transport loss (com, GB) = transport damage

transport of general cargo (com, GB) Stückgutbeförderung *f*

transport rate (com, GB) = transport charge

transport routes (com) Beförderungswege *mpl*, Transportwege *mpl*

transport services (com, GB) Transportleistungen *fpl*

transport system (com, GB) Verkehrssystem *n*, Verkehrswesen *n* *(syn, US, transit system)*

transport unit (com) Beförderungseinheit *f*

transship *v* (com) = tranship

travel agent (com) Reiseveranstalter *m (ie, sells package tours; syn, tour operator)*

travel bureau (com) = travel agency

travel expenses (com) Reisespesen *pl*

traveling allowance (com) Reisekostenzuschuß *m*

traveling expenses (com) Reisekosten *pl*

traveling salesman (com) Reisender *m*, Vertreter *m* *(ie, solicits orders in an assigned territory; syn, commercial traveler)*

traveling sales representative (Mk) = traveling salesman

Treaty of Rome (EG) Römische Verträge *mpl*

trend (Stat, com) Trend *m*, Entwicklungsrichtung *f (ie, prevailing tendency)*

trend setting (com) richtungsweisend, zukunftsweisend

trial-and-error pricing (com) probeweise Preisfestsetzung *f (ie, implies response to feedback information)*

trial balloon (Mk) Versuchsballon *m (syn, try-on)*

trial buyer (com) Probekäufer *m*

trial order (com) Probeauftrag *m (syn, tentative order)*

trial phase (com) Erprobungsphase *f*

trial run (IndE) Probelauf *m (syn, dry/pilot . . . run)*

trial shipment (com) Probelieferung *f*

tricky challenge (com) schwierige Aufgabe *f*

trifling amount (com) Bagatellbetrag *m*

trigger *v* (com) = trigger off

trigger off *v* (com) auslösen *(eg, increases in the prime rate; syn, set off, spark off, touch off)*

trim *v*
(com) beschneiden
– kürzen
– reduzieren *(syn, cut, cut back, reduce, pare down)*

trim fat *v* (com, infml) „abspecken" *(eg, by cutting the workforce)*

trim inventories *v* (MaW) Bestände *mpl* verringern od abbauen *(syn, destock)*

trim staff *v* (Pw) Belegschaft *f* reduzieren *(syn, slash jobs, reduce the workforce)*

trim workforce *v* (Pw) Personal *n* abbauen *(syn, reduce personnel)*

triple damages (Kart, US) dreifacher Schadenersatz *m*, Schadenersatz *m* in dreifacher Höhe *(ie, penalty awarded to plaintiff in legal action under federal antitrust laws; eg, collusion to fix prices)*

trip up *v*
(com) verwirren
– ein Bein stellen
– ins Stolpern bringen *(cf, tripping wire)*

trivial damage (com) Bagatellschaden *m*

trnsactions subject to investigation (Kart) prüfungspflichtige Tatbestände *mpl*

troubled loan (Fin) Problemkredit *m*

troubled waters (com, infml) Schwierigkeiten *fpl*

trouble spot (Bw) Schwachstelle *f (syn, potential trouble spot)*

truck
(com, US) Lastkraftwagen *m*, Lkw *m (syn, GB, lorry)*
(com, GB, infml) offener Güterwagen *m (syn, gondola car, open goods waggon, qv)*

truckage
(com, GB) Eisenbahntransport *m (cf, trucking)*
(com) Frachtkosten *pl*

truck away *v* (com) abtransportieren

trucker
(com) Lkw-Fahrer *m*
(com) = trucking company

truck farm (com, US) Gemüseanbaubetrieb *m (syn, truck garden; GB, market garden)*

truck freight (com) Lkw-Fracht *f*

truck garden (com, US) = truck farm

trucking (com, US) Güterkraftverkehr *m*
(syn, GB, road haulage)

trucking company
(com) Güterverkehrsunternehmen *n*
– Kraftverkehrsspedition *f*
– Lkw-Transportunternehmen *n*
(syn, GB, haulage contractor)

trucking industry (com) Kraftverkehrsgewerbe *n*

truck load (com) Lkw-Ladung *f*

truck production (com) Lkw-Produktion *f*

truck trailer (com) Lkw-Anhänger *m*

true origin of goods (com) tatsächlicher Ursprung *m* von Waren

trunk call (com, GB) Ferngespräch *n*
(syn, US, long-distance call)

trunk carrier (com, US) große Linienfluggesellschaft *f (ie, bedient vor allem Hauptstrecken im nationalen und internationalen Flugverkehr)*

trunk line
(com) Hauptstrecke *f (ie, of railroads and air traffic)*
(com) (Telefon-)Fernleitung *f*

trust
(com) Trust *m*
(ie, popular name for a business combination controlling a large number of plants or stores in order to eliminate competition)
(Kart, US) Trust *m*
(ie, technique for extending financial control over a number of enterprises; about 80 years ago replaced by the more flexible device of the holding company)

trust buster
(Kart, infml) Kartellbehörde *f*
– Antitrustbehörde *f*
– „Monopolwächter" *m*
(ie, Antitrust Division of the U.S.
Department of Justice, and the Federal Trade Commission)

trustbusting (Kart, US) Zerschlagung *f* von Trusts, Monopolen usw. *(eg, by the three D's: dissolution, divorcement, divestiture)*

trust receipt
(Re, appr) Sicherungsübereignung *f*
(ie, agreement between bank and debtor/borrower; used principally in connection with import transactions; it has been variously held to be a conditional sale, a chattel mortgage, and a secret lien)

try-on (Mk) Versuchsballon *m (syn, trial balloon)*

tumble in prices
(com) Preissturz *m (syn, drop-off in prices, slump in prices, price crater)*

turnaround (com) Umschwung *m*

turn away business *v* (com) Aufträge *mpl* ablehnen

turn down *v* (com) ablehnen *(eg, offer, transfer; syn, reject)*

turnkey (com) schlüsselfertig

turnkey solution (com) schlüsselfertige Lösung *f*

turnover
(com, GB) Umsatz *m (syn, US, sales)*
(Bw) Umschlagkennziffer *f*

turnover inventory (MaW) Grundbestand *m (syn, lead time inventory, qv)*

turnover rate
(Bw) Umschlaghäufigkeit *f*
– Umsatzgeschwindigkeit *f*
– Umsatzhäufigkeit *f*
(ie, ratio of annual sales to total capital or equity capital or average inventory; syn, rate of turnover)

turnover ratio (Bw) Umschlagkennziffer *f*

turn the corner *v* (com) Trend *m* umkehren *(ie, reverse the trend of affairs)*

turn the screw on *v* (com, infml) unter Druck setzen

TV advertising (Mk) Fernsehwerbung f
TV interview (Mk) Fersehinterview n *(syn, televised interview)*
twin pack (com) Doppelpackung f
twin-track solution (com) doppelgleisige Lösung f
(ie, perhaps arrived at in separate and parallel negotiations)
two-tier board system (Bw) zweistufige Unternehmensleitung f *(ie, as practiced in Germany: Vorstand + Aufsichtsrat = supervisory board + management board; opp, single-tier board system)*
two-tier offer (Bw, US) zweiteiliges Übernahmeangebot n
(ie, acquirers pay premium prices for large blocks of stocks, force a merger, and buy out minority holders at a lower price)

two-tier system (com) zweistufiges System n
two-tier tender offer (com) gestaffeltes Übernahmeangebot n
(eg, $80 je Aktie für bis zu 50 der Aktien, jede weitere Aktie nur noch zu $60)
two-way package (Mk) Mehrwegpackung f
tying arrangement (Kart, US) Kopplungsvereinbarung f
(ie, buyer is forced to purchase a second, undesirable product; usually violates Sec 1 of the Sherman Act of 1890)
tying clause (Kart, US) Ausschließlichkeitsklausel f
type approval (com) Bauartgenehmigung f
typing pool (com) zentraler Schreibdienst m

U

ubiquitous (com) weltweit *(syn, worldwide)*
ultimate buyer (com) Endabnehmer m *(syn, end/intended . . . user)*
ultimate consumer (com) Endverbraucher m, Letztverbraucher m *(syn, final consumer)*
ultimate purchaser (com) = ultimate buyer
ultimate unit of responsibility (Bw) Aufgabenträger m, Organisationsstelle f
ultra vires doctrine (Bw) Grundsatz m, nach dem e–e Gesellschaft nicht über die satzungsmäßigen Zwecke hinaus tätig werden darf *(ie, may act only within its charter power and statutory powers)*
umbrella agreement (Re) Rahmenabkommen n *(syn, framework/skeleton . . . agreement)*
umbrella organization (com) Dachorganisation f, Spitzenorganisation f

unacceptable employment (Pw) unzumutbare Beschäftigung f
unaffiliated independent (Mk) Einzelhändler m *(ie, keiner Kette angeschlossen)*
unaided recall test (Mk) reiner Gedächtnistest m *(syn, pure recall test)*
unanimous decision (Bw) einstimmige Entscheidung f
(eg, was taken = wurde getroffen/gefällt)
unanimous resolution (Bw) einstimmiger Beschluß m
(eg, was adopted = wurde gefaßt)
unauthorized strike (Pw) wilder Streik m *(syn, illegal/wildcat . . . strike)*
unavailable (com) nicht verfügbar
unbranded (Mk) ohne (differenzierenden) Markennamen
unbundle v (com) zerlegen *(eg, elements of a combined cost figure)*

uncartelizable (Kart) nicht kartell-
fähig

unclean bill of lading (com) Konnossement *n* mit einschränkendem
Vermerk *(syn, dirty bill of lading)*

uncleared goods (com) unverzollte
Waren *fpl*

uncleared invoice (com) offene Rechnung *f*

uncommercial (com) unwirtschaftlich

uncommercial rates (com) Dumping-
raten *fpl (ie, in shipping)*

uncommitted (com) neutral, nicht ge-
bunden

uncommitted research (com) freie
Forschung *f (opp, committed research = Auftragsforschung)*

unconsolidated investments (com)
Beteiligungen *fpl* an nicht konsolidierten Tochtergesellschaften

uncovered demand (com) Fehlbe-
darf *m*

uncovered employment (SozV) bei-
tragsfreie Beschäftigung *f*

uncovered exposure (Fin) ungedeck-
tes Risiko *n*

underbid *v* (com) unterbieten

underbidding (com) Unterbieten *n*

under construction (com) im Bau

undercut *v* (com) unterbieten *(eg, by
unfairly low-priced imports; syn,
undersell)*

undercutting (com) Preisunterbietung *f (syn, underselling)*

underemployed
(com) nicht ausgelastet
(com) unterbeschäftigt

underground car park (com, GB)
Tiefgarage *f*

underlying company (com) Tochtergesellschaft *f*, die fortbesteht wegen unübertragbarer, für die Mutter aber betriebsnotwendiger
Rechte

underlying transaction (Re) Grundgeschäft *n (syn, underlying deal,
basic transaction)*

underlying trend (com) Grundten-
denz *f*

undermanned (Pw) unterbesetzt
(syn, understaffed)

under notice (Pw) gekündigt

underpin *v* (com) stärken *(eg, competitive position)*

underpinnings (com) Grundlagen *fpl
(eg, the court disavows the . . . of a
case)*

underprice *v* (com) unter Preis anbieten

undersell *v* (com) unterbieten *(syn,
undercut)*

underselling (com) = undercutting

under separate cover (com) mit gleicher Post

undersign *v* (com) unterschreiben,
unterzeichnen *(syn, sign, subscribe)*

undersigned (com) Unterzeichne-
ter *m*

understaffed (Pw) unterbesetzt *(syn,
undermanned)*

understaffing (Pw) Unterbesetzung *f
(syn, undermanning)*

undertake *v*
(com) auf sich nehmen *(eg, task)*
(com) übernehmen *(eg, office)*
(Re) sich verpflichten *(syn, engage, promise)*

undertaking
(com) Vereinbarung *f*
(Bw) Unternehmen *n*, Betrieb *m*
(Re) Versprechen *n*
– Verpflichtung *f*
– Zusicherung *f (syn, obligation,
commitment)*

under-the-counter (com, infml) unter
dem Tisch *(ie, dealing in an unethi-
cal manner)*

underutilization (Bw) Unterbeschäftigung *f (syn, operating /work-
ing . . . below capacity)*

under way (com) in Bearbeitung *f (ie,
being handled or processed; syn,
infml, in the works; GB, on the
stocks)*

underwriting group
(Fin) Übernahmekonsortium *n
(ie, guaranties to take up any unsold portion of a security issue for*

its own account; rare in Germany; syn, underwriting syndicate, purchase group, purchasing syndicate) (Fin) Versicherungskonsortium *n*

undisclosed factoring (Fin) verdecktes Factoring *n (syn, non-notification factoring)*

undo *v* (com) rückgängig machen *(eg, many of the changes made to the contract)*

uneconomical (com) unwirtschaftlich *(syn, costly, wasteful)*

unemployable (Pw) nicht vermittelbar
(ie, too sick, too young, too old, too lazy, or criminal)

unemployed (Pw) arbeitslos
(syn, jobless, out of work, off the payroll; infml, sitting on the sidelines of business)

unemployed person (Pw) Arbeitsloser *m*
(syn, jobless person, person out of work)

unexpired life (ReW) Restlebensdauer *f (syn, remaining life expectancy, qv)*

unfair advertising (Mk) sittenwidrige Werbung *f (ie, against good morals)*

unfair competition (Kart) unlauterer Wettbewerb *m (syn, dishonest trading)*

unfair dismissal (Pw) grundlose Entlassung *f (syn, dismissal without cause)*

unfair trade practices (Kart) unlautere Wettbewerbshandlungen *fpl (syn, fraudulent trading)*

unfilled order (com) unerledigter Auftrag *m (syn, back order)*

unfinished business (com) unerledigte Tagesordnungspunkte *mpl*, unerledigtes Programm *n*

unfinished products (IndE) unfertige Erzeugnisse *npl (syn, semi-finished products, qv)*

unhedged (Fin) ungesichert

unified managament (Bw) einheitliche Leitung *f (syn, central /cen-*

tralized … management, common control)

unified price structure (com) einheitliches Preisgefüge *n*

Uniform Customs and Practice for Commercial Documentary Credits (com) Einheitliche Richtlinien *fpl* für Dokumentenakkreditive

uniform delivered pricing (com) einheitliche Preisstellung *f* frei Haus *(ie, identical prices to any destination)*

uniformity of corporate policy (Bw) einheitliche Unternehmenspolitik *f*

uniform rate (com) einheitlicher Satz *m*

uniform valuation system (Bw) einheitliches Bewertungssystem *n*

unimproved land (com) unerschlossene Grundstücke *npl (ie, undeveloped or raw land)*

unincorporated voluntary association (com, GB) nicht rechtsfähiger Verein *m*
(ie, örtliche Vereine, Gewerkschaften, Arbeitgeberverbände)

uninvoiced sales (com) nicht abgerechnete Leistungen *fpl*

union
(Pw) Gewerkschaft *f*
(syn, US, labor union; GB, trade union)
(ie, in U. S.: organization of workers formed to negotiate with employers on wages, working conditions, etc; there are many types of union, such as:
1. company = sponsored by an employer (now forbidden)
2. craft or horizontal = persons in the same craft
3. independent = persons working for one employer who form a union with no affiliations
4. industrial or vertical = workers in one industry
5. local = workers in one company or place who affiliate their union with a larger one

6. open = easy to get in
7. trade = a labor union generally or a craft union
8. business union = the conservative U.S. trade unions; are also called ‚bread-and-butter' unions because they concentrate merely on gaining higher wages and better working conditions rather than devoting their efforts to political actions as many European unions have done)

unionized (Pw) gewerkschaftlich organisiert

unionized employee (Pw) organisierter Arbeitnehmer *m*

union-member employee (Pw) gewerkschaftlich organisierter Arbeitnehmer *m*

unique-product production (IndE) Einzelfertigung *f*
(syn, individual production)

unique selling proposition, USP (Mk) einmaliges Verkaufsargument *n*
(ie, primary selling argument; eg, special product benefit)

unit
(com) Unternehmen *n* Unternehmenseinheit *f*
(IndE) Werksabteilung *f* *(ie, of a plant)*
(Fin) Anteil *m*, Fondsanteil *m*
(ie, am Investmentfonds = unit trust)
(MaW) Einheit *f* *(ie, standard of basic quantity into which an item of supply is divided, issued or used)*
(IndE) Aggregat *n*, Gruppe *f (syn, unit assembly, qv)*

unit advertising cost (Mk) Werbestückkosten *pl*

unitary board structure (Bw) einstufiges Leitungssystem *n (syn, single-tier board structure)*

unit billing (com) Ausstellen *n* von Sammelrechnungen

unit contribution margin (KoR) Deckungsbeitrag *m* pro Ausbringungseinheit

unit cost (KoR) Stückkosten *pl*
(ie, cost allocated to a specific unit of a product: cost over time divided by the number of units produced (syn, unit per cost, cost per unit of output)

unit costing (KoR) Stückkostenrechnung *f*

unit fee (com) Gebühreneinheit *f*

unit fee call (com, GB) Ortsgespräch *n*

unitized·cargo (com, US) Einheitsladung *f (ie, grouped cargo carried aboard a ship in pallets, containers, etc)*

unitized load (com, US) Einheitsladung *f*, Unitload *f*
(ie, single item or number of items packaged, packed, or arranged in a specified manner and capable of being handled as a unit: unitization may be accomplished by placing the item or items in a container or by banding them securely together; syn, unit load)

unit load carrier
(com, US) Unit Load Carrier *m*
– Containerschiff *n*

unit of activity (KoR) Kostenstelle *f*
(syn, cost center, qv)

unit of issue (IndE) Lagereinheit *f* e–r Ware
(ie, quantity of an item, such as each number, dozen, gallon, pair, etc)

unit of organization
(Bw) Organisationseinheit *f*
– Instanz *f*
– Stelle *f*

unit of output (IndE) = unit of production

unit-of-output costing (KoR) Kostenträgerrechnung *f*

unit of product (IndE) = unit of production

unit of production
(IndE) Produktionseinheit *f*, Fertigungseinheit *f*
(syn, unit... of product/output, work unit)

unit of supervision (Bw) Instanz *f*
(syn, organizational unit)

unit of transport (Bw) Transporteinheit *f*

unit packing (com) Einzelverpakkung *f*

unit price
(com) Stückpreis *m*, Preis *m* je Einheit *(syn, price per unit)*
(com) Einheitspreis *m (syn, standard price)*

unit price store (Mk) Einheitspreisgeschäft *n*

unit production (IndE) Einzelfertigung *f (syn, individual production, qv)*

unit production cost (KoR) Stückkosten *pl*

unit sales (com) verkaufte Stückzahlen *fpl*

unit store (Mk) = unit price store

unit technology (Bw, US) arbeitsintensive Technologie *f*
(ie, large amount of capital is spent on labor relative to capital spending)

unit train (com, US) Einheitszug *m*
(ie, 100 freight cars holding 100 tons each)

unity of command (Bw) Einliniensystem *n*, Einheit *f* der Auftragserteilung
(ie, subordinate must be responsible to only one superior; syn, straight-line organization, single-line system)

unity of direction
(Bw) Konzept *n* der einheitlichen Leitung

Universal Product Code, UPC
(Mk, US) UPC-Strichcode *m*
(ie, a 10-digit code based on the ratio of printed bars to adjacent space, affixed to a package and readable electronically or by laser beam; used by retail stores for inventory control and checkout)

universal rule of efficiency (Bw) Rationalprinzip *n (syn, efficiency rule, qv)*

universe of actions (Bw) Handlungsrahmen *m*

unlade *v* (com) entladen *(ie, take cargo from; syn, unload, discharge)*

unleash a product *v* (com, infml) Produkt *n* vorstellen *(eg, at an office automation show)*

unlimited company (com, GB) Kapitalgesellschaft *f* mit unbeschränkter Haftung

unlimited partner (com) Vollhafter *m*, Komplementär *m (syn, general partner)*

unlimited partnership (com) Personengesellschaft *f* mit unbeschränkter Haftung der Mitglieder

unlisted number (com) Geheimnummer *f*
(ie, telephone number not recorded in the public phone book and not available from information; GB, ex-directory number)

unload *v*
(com) ausladen
– entladen
– löschen *(syn, discharge)*
(Fin) abstoßen *(ie, „get out from under" before prices collapse; eg, security holdings, assets, subsidiaries)*
(Pw) entlassen, sich trennen von *(eg, 100 white-collar employees)*

unload a cargo *v* (com) Ladung *f* löschen *(syn, discharge a cargo)*

unload a stake *v* (com) Beteiligung *f* abstoßen *(syn, hive off, spin off)*

unloading
(com) Niedrigpreisverkauf *m*
(com) Abladen *n*, Entladen *n*

unloading charges (com) Löschungskosten *pl*, Entladekosten *pl*

unloading weight (com) Abladegewicht *n (ie, determined by the carrier upon arrival at point of destination)*

unlock *v* (com) auflösen *(eg, investment)*

unmailed direct advertising (Mk) Werbung *f* ohne postalischen Werbemittelversand

unmatched prices (com) konkurrenzlose Preise *mpl*

unordered merchandise (com) unbestellte Ware *fpl*

unorganized labor (Pw) nicht organisierte Arbeitnehmer *mpl*

unpack *v* (com) auspacken

unpaid copy (Mk) Freiexemplar *n (ie, of newspaper or journal)*

unpaid letter (com) unfrankierter Brief *m*

unprofitable (com) unrentabel

unprofitable investment (Fin) Fehlinvestition *f*

unqualified opinion (ReW) uneingeschränkter Bestätigungsvermerk *m*
(ie, a clean report by an independent accountant indicating that a firm's financial statements present a fair representation of the firm's condition, eg:
„We have examined the balance sheet and the related statements of income, changes in owners' equity, and summary of changes in financial position for the year ended... Our examination was made in accordance with generally accepted auditing standards and accordingly included such tests of the accounting records and such other auditing procedures as we considered necessary in the circumstances.
„In our opinion, the accompanying balance sheet and statements of income, changes in owners' equity, and summary of changes in financial position present fairly the financial position, and the results of its operations for the year then ended, in conformity with generally accepted accounting principles applied on a basis consistent with that of the preceding year.")

unquote (com) „Zitat Ende" *(opp, quote = „Zitat")*

unreasonable expense (com) unverhältnismäßige Kosten *pl*

unreceipted invoice (com) nicht quittierte Rechnung *f*

unsalability (com) Unverkäuflichkeit *f*

unsalable (com) unverkäuflich

unsalable article (com) unverkäuflicher Artikel *m*, Ladenhüter *m (syn, non-moving item)*

unscheduled maintenance (IndE) außerplanmäßige Wartung *f*

unseasoned (com) unerfahren *(opp, seasoned)*

unsolicited consignment (com) unverlangte Sendung *f*

unsolicited offer (com) unverlangtes Angebot *n*

unstuffing (com) Entladen *n* e–s Containers

unsubstantiated advertising (Kart, US) irreführende Werbung *f (syn, deceptive/misleading... advertising)*

untapped market (com) unerschlossener Markt *m (syn, virgin market)*

Unternehmensergebnis *n* (Bw) operating results

until further notice (com) bis auf weiteres

unused capacity
(Bw) freie Kapazität *f*
– ungenutzte Kapazität *f*
– Kapazitätsreserve *f (syn, idle capacity, qv)*

unutilized (com) nicht in Anspruch genommen *(eg, tax losses)*

unutilized capacity (Bw) = unused capacity

unveil a blueprint *v* (com, infml) Plan *m* bekanntgeben

up (com) höher *(eg, cash flow was up 10% over the first-quarter level)*

UPC
(Mk, US) = Universal Product Code

upcoming (com) bevorstehend *(syn, forthcoming)*

update *v*
(com) aktualisieren
– auf den neuesten Stand bringen
– fortschreiben

(eg, operating figures; syn, bring up to date)

updating training (Pw) auffrischende Ausbildung *f (syn, booster /refresher/upgraded ... training)*

up for sale (com) zum Verkauf stehen

upfront (com) im voraus

upfront buys (Mk, US) Vorauserwerb *m* von Anzeigenraum od Sendezeit

upfront cost (ReW, infml) Anschaffungskosten *pl (syn, first cost, qv)*

upfront payment (com) Vorauszahlung *f (syn, advance payment)*

upfront selling season (Mk, US) Saison *f* für den Vorauserwerb von Anzeigenraum od Sendezeit

upgrade *v*
(com) (an höheres Niveau) anpassen *(eg, products to the state of the art)*
(Pw) höher einstufen *(ie, train and advance; put into a higher group)*
(Mk) Qualität *f* steigern *(ie, of a product)*

upgrade capital equipment *v* (Bw) Anlagen *fpl* modernisieren

uphill climb (com, infml) Anstieg *m (eg, ... in interest rates is still in gear)*

uphill trend (com) Aufwärtsentwicklung *f*, Aufwärtstrend *m (syn, upward trend, rising ... tendency/ trend)*

upkeep
(IndE) Wartung *f (syn, maintenance, servicing)*

upon application (com) auf Antrag

upon first demand (com) auf erstes Anfordern

upon request (com) auf Antrag

upper echelon of management (Bw) obere Leitungsebene *f*

up prices *v* (com) Preise *mpl* erhöhen

upscale (com, infml) gehobene soziale Schicht *f*, obere Preisklasse *f (ie, well above average income and education)*

upscale consumers (Mk) Verbrau-

cher *mpl* höherer Einkommensschichten

upscale market (Mk) Markt *m* der höheren Einkommensschichten *(ie, upper-income areas; cream of the market; opp, downscale market)*

upset price (Mk) Mindestpreis *m (ie, bei Versteigerungen; syn, reserve price)*

upstepping of productive capacity (Bw) Ausbau *m* der Fertigungskapazität

upstream industries (Bw) vorgelagerte Industriezweige *mpl*

upstream information (Bw) Vorausinformation *f (syn, header information)*

upstream sales (Bw, US) Verkäufe *mpl* der Tochtergesellschaft an die Muttergesellschaft *(ie, sales from subsidiary to parent; opp, down-stream sales)*

upstream stage of distribution (Mk) vorgelagerte Absatzstufe *f*

upswing
(Vw) Konjunkturaufschwung *m*, Aufschwung *m (syn, upturn)*
(com) scharfer Preisanstieg *m*

upswing in volume sales (com) Umsatzsteigerung *f*

up the line (com) vorgelagert *(syn, upstream)*

up-to-date (com) aktuell

upturn in demand (com) Nachfragebelebung *f (syn, revival/ /revitalization/upswing ... of demand)*

upturn in prices
(com) Preisanstieg *m*

upward integration (Bw) vertikale Integration *f (syn, vertical integration)*

upward revision (com) Korrektur *f* nach oben *(syn, scaling up)*

upward tendency (com) steigende Tendenz *f*

upward trend (com) = uphill trend

urgent order (com) Eilauftrag *m*

usage of the market (com) Handelsbrauch *m*

*(syn, trade/business/commercial . . .
usage, custom of the trade, mercantile custom, usage of the trade)*

usage of the trade (com) = usage of
the market

usage rate (MaW) Lagerabgangsrate *f (syn, rate of usage)*

usage value analysis (MaW) ABC-
Analyse *f* der Lagerhaltung *(syn,
ABC inventory control system,
selective inventory control)*

use
(com) Benutzung *f*
– Verwendung *f*
– Einsatz *m (syn, utilization)*
(Bw) technischer Verschleiß *m*,
Abnutzung *f* durch Gebrauch *(ie,
one of the factors of depreciation)*
(Re) Nutzung *f (syn, enjoyment)*

use *v*
(com) verwenden
– benutzen
– einsetzen

used-car dealer (com) Gebrauchtwa-
genhändler *m*

used-car market (com) Gebraucht-
wagenmarkt *m*

used-car sales (com) Gebrauchtwa-
gengeschäft *n*

used equipment (com) Gebrauchtma-
schinen *fpl*

useful economic life (Bw) Nutzungsdauer *f (syn, service life, qv)*

useful life expectancy (Bw) betriebsgewöhnliche   Nutzungsdauer *f*
*(syn, average useful life, asset de-
preciation range)*

useful lifetime (com) Nutzungsdauer *f*

use of capacity (Bw) Beschäftigungsgrad *m (syn, capacity utilization
rate, operating rate)*

use one's good offices *v* (com) vermitteln *(syn, go between, bring together)*

user (com, EDV) Anwender *m*, Benutzer *m*

user charge (com) Benutzungsge-
bühr *f (ie, paid by a user of a public
transportation system)*

user cost
(com) Benutzungskosten *pl*

use up *v* (com) verbrauchen, aufbrauchen

USP (Mk) = unique selling proposition

utilities
(IndE) Energieanlagen *fpl (ie,
power, steam, water, air, fuels)*

utility
(com, US) Versorgungsunterneh-
men *n*
*(ie, weiter als im Deutschen: elec-
tric energy, water, sewage disposal,
gas, telephone, railroads; behördlich konzessionierte Privatunternehmen: operating under a federal,
state, or municipal franchise or
monopoly; syn, public-service /uti-
lity . . . company)*

utility helicopter (com) Mehrzweck-
hubschrauber *m*

utilization
(com) Nutzung *f*
(IndE) Auslastung *f*, Auslastungsgrad *m (syn, rate of capacity utilization)*

utilization rate = operating rate, qv

utilize *v*
(com) anwenden
– nutzen
– verwerten
(Bw) auslasten *(eg, capacity of a
plant)*

V

vacancy
　(Pw) freie Stelle *f (eg, for a pro-grammer)*
　(Pw) unbesetztes Amt *n*, Vakanz *f*
vacant job (Pw) offene Stelle *f*
　(syn, job... opening/vacancy, un-filled... job/vacancy)
vacate an office *v* (Pw) Amt *n* aufge-ben *(ie, give up)*
vacation close-down
　(Bw) Werksferien *pl*, Betriebsfe-rien *pl*
　(ie, complete stopping of work dur-ing holiday period)
vacillating customer (Mk) unent-schlossener Kunde *m*
vacuum packed (Mk) vakuumver-packt
vacuum packing (Mk) Vakuumver-packung *f*
valid
　(Re) gültig
　– rechtsgültig
　– rechtskräftig *(ie, having legal force)*
validate *v*
　(com) prüfen, verifizieren
　(Re) bestätigen, für rechtsgültig erklären
validity
　(Re) Gültigkeit *f*, Laufzeit *f (eg, during the... of the contract)*
　(com) Gültigkeit *f*
valid until canceled (com) gültig bis auf Widerruf
valuation
　(com) Bewertung *f (syn, appraisal, evaluation)*
　(ReW) = valuation of assets
　(ReW) Istkosten *pl (ie, accounting valuation)*
valuation account (ReW, US) Wert-berichtigung *f*
　(eg, reserve for depreciation, re-serve for bad debts, unamortized debt discount)

valuation of an enterprise as a whole
　(Bw) Unternehmensbewertung *f*
valuation of assets (ReW, US) Be-wertung *f* des Anlagevermögens
　(ie, promulgated GAAP require that depreciable fixed assets be re-corded at cost; under specific cir-cumstances, assets may be valued in the following ways:
　1. historical costs: actual amount paid at the date of acquisition, in-cluding all normal expenditure of readying an asset for use;
　2. replacement cost: amount that it would cost to replace an asset; fre-quently it is the same as fair value;
　3. fair market value: price at which a willing seller would sell to a wil-ling buyer, neither under any com-pulsion to buy or sell;
　4. present value: the value today of something due in the future;
　5. general price-level restatement: value of an asset restated in terms of current purchasing power)
value *v* (com) bewerten
　(eg, inventories at year end; proper-ty is valued at $1 m; syn, appraise, assess, estimate, evaluate, rate)
value added
　(VGR) Wertschöpfung *f*
　(ie, net value added + nonfactor charges; subterms: gross value ad-ded, net value added)
　(Bw) Wertschöpfung *f*
　(ie, output minus input; calculated as a firm's total sales minus expen-diture on goods and services pur-chased from other firms = Ver-kaufserlöse – Vorleistungen; syn, real net output)
value added reseller, VAR
　(EDV) Wiederverkäufer *m*
　(ie, Weitervertrieb von OEM-Geräten mit Zusatznutzen: addition of significant value; syn, OEM)

value added tax, VAT, vat (StR) Mehrwertsteuer *f* *(ie, sales tax of the multi-stage type, but imposed on the increments of value added at each stage: gross receipts minus the cost of intermediate goods and services; widely applied in Western Europe, but only being talked about in the United States; cf, 6th EEC Directive relating to the harmonization of turnover taxes)*

value date
(Fin) Wertstellung *f*
– Valutatag *m*
– Valutierungstermin *m*
(ie, date on which bank account entry becomes effective)

value of an enterprise as a whole (Bw) Unternehmenswert *m*, Wert *m* der Unternehmung

valuer (com) Schätzer *m* *(syn, appraiser, qv)*

value to the business (ReW) unternehmenstypischer Wert *m*

valve inventory (MaW) Materialzwischenlager *n* *(ie, stockpoint which is too large to be located next to the point of use of material and from which material is drawn by a pull system)*

vamp up *v* (com, infml) oberflächlich verbessern *(ie, make superficially attractive)*

van container (com, US) Standard-Anhänger *m* *(ie, used to carry general cargo)*

vanning (com, US) Beladen *n* e–s Containers

variable budget (Bw) flexibles Budget *n* *(ie, subject to change as operations proceed; syn, flexible budget)*

variable cost accounting
(KoR) Grenzplankostenrechnung *f*
(syn, direct costing, qv)

variable gross margin (KoR) Deckungsbeitrag *m* *(syn, contribution margin, qv)*

variable-order quantity (MaW) variable Bestellmenge *f*

variety store (Mk, US, appr) Niedrigpreisgeschäft *n* *(ie, retail outlet carrying 2,000-3,000 low-priced items in fixed price classes)*

vary between *v* (com) schwanken zwischen *(eg, between straight A and F)*

vary from to *v* (com) schwanken... von/bis, zwischen/und

veep (Bw, US) Vice President *m* *(ie, slang version of V. P.; eg, looking for a new veep to take charge of corporate finance)*

vehicle fleet
(com) Fahrzeugpark *m*
– Fuhrpark *f*
– Flotte *f*
(syn, automobile fleet, vehicle pool, vehicles park; car/motor... pool)

vehicles industry (com) Fahrzeugindustrie *f*

vend *v* (com, fml) verkaufen

vendor
(com) Verkäufer *m* *(ie, may be manufacturer, wholesaler, retailer)*
(com) Lieferant *m*

vendor appraisal (MaW) Lieferantenbeurteilung *f* *(ie, before the fact; cf, vendor rating)*

vendor rating (MaW) Lieferantenbeurteilung *f* *(ie, after the fact; cf, vendor appraisal)*

venture (Bw) risikoreiches Unternehmen *n* *(ie, one involving potential risk)*

venture capital
(Fin) Spekulationskapital *n*
(Fin) Risikokapital *n*, Wagniskapital *n*
(ie, capital to provide funds for start-up situations – seed capital – and for existing high-risk businesses having a profit potential, esp in high technology; syn, risk capital)

venture capital company (com) Wagniskapital-Beteiligungsgesellschaft *f*

venue
(Mk) Messestandort *m*
– Messeadresse *f*
– Messegebäude *n*
(cf, ,locale' in a general one-language dictionary)

venue management (Mk) Messeverwaltung *f*, Messeveranstalter *m*

verbatim (com) wörtlich, Wort für Wort

versatile (com) vielseitig, erfahren

versatility
(com) Vielseitigkeit *f*

vertical combination (com) vertikaler Zusammenschluß *m (cf, vertical merger)*

vertical competition (Mk) vertikale Konkurrenz *f*

vertical diversification (Bw) vertikale Diversifikation *f*

vertical forward integration (Bw) vertikale Vorwärtsintegration *f*

vertical functions (Bw) vertikale Funktionssäule *f*

vertical growth (Bw) vertikales Wachstum *n*
(eg, forward or backward integration)

vertical integration (Bw) vertikale Verflechtung *f*

vertical link (Bw) Vertikalverbund *m*
(ie, comprises all stages of production up to the final consumer)

vertical merger (com, US) vertikaler Zusammenschluß *m*
(ie, links supplier and customer in the chain of production; opp, horizontal merger, conglomerate merger)

vertical price fixing (Kart, US) vertikale Preisbindung *f*
(ie, agreement between seller and buyer fixing the price at which the buyer may resell the product; syn, resale price maintenance)

vertical restraints of competition (Kart, US) vertikale Wettbewerbsbeschränkungen *fpl*
(eg, resale price fixing and territorial allocation)

vertical strain (Bw) Wettbewerb *m* zwischen verschiedenen hierarchischen Ebenen

vested interests (com) = vested rights

vested right (Re, US) gesichertes Recht *n*

vested rights
(com) wohlerworbene Rechte *npl*
– Besitzstand *m*
– Sonderprivilegien *npl*
(syn, vested interests, acquired rights)

vicarious liability (Re) Haftung *f* für fremdes Verschulden
(ie, debtor is answerable for any default – Leistungsstörung, Schlechterfüllung – on the part of his assistants as though it had been his own)

vice president (com, US) Vice President *m*
(ie, second-tier executive; usu. in charge of a specific functional area: production, finance, R&D, etc; but may also vary from second in command to one of innumerable subordinates; no equivalent in Germany; so do not translate; cf, veep)

vicious price war (com) rücksichtsloser Preiskrieg *m*

video conference (com) Videokonferenz *f*

virgin market (com) unerschlossener Markt *m*
(syn, untapped market)

visual demonstration material (Mk) Anschauungsmaterial *n*

vital interest (com) berechtigtes Interesse *n (eg, access to inspect official files)*

vital statistics
(Stat) Personenstandsstatistik *f*
(eg, births, marriages, deaths)
(Mk) weibliche Maße *npl (eg, 96–60–96)*

vocational counseling (Pw) Berufsberatung *f*

vocational counselor (Pw) Berufsberater *m*

vocational guidance (Pw) = vocational counseling

vocational retraining (Pw) Umschulung *f*

vocational training (Pw) Berufsausbildung *f (cf, occupation, profession, vocation)*

void (Re) nichtig, rechtsunwirksam *(syn, null and void, inoperative, invalid, ineffectual, nugatory)*

void *v* (Re) für ungültig erklären

volume
(com) Volumen *n*
(com) Umsatzvolumen *n*

volume budget
(Mk) Absatzbudget *n*
– Absatzplan *m*
– Absatzmengenplan *m*
(syn, sales budget, budget of sales volume)

volume business (com) Mengengeschäft *n (ie, especially in wholesaling)*

volume discount (Mk) Mengenrabatt *m (syn, bulk/quantity... discount)*

volume gains (com) Zunahme *f* des Geschäftsvolumens

volume growth (Mk) Mengenwachstum *n*

volume input (Bw) Faktoreinsatzmengen *fpl*

volume of activity (Bw) Beschäftigungsgrad *m*

volume of business (com) Umsatzvolumen *n*

volume of operations (Bw) = volume of activity

volume of orders on hand (com) Auftragsbestand *m*

volume of output
(Bw) Produktionsvolumen *n*
(Bw) = volume of activity

volume of traffic (com) Verkehrsaufkommen *n*

volume point (Bw) Beschäftigungsgrad *m*
(eg, run a mill at a high...)

volume production (IndE) Massenproduktion *f*
(syn, mass production, production in bulk)

volume purchasing (Mk) Großeinkauf *m (syn, bulk buying)*

volume risk (Bw) Mengenrisiko *n*

volume sales (com) Mengenumsatz *m (ie, sales in terms of volume)*

voluntary chain (Mk) freiwillige Großhandelskette *f*

voluntary counter advertising (Mk) Gegendarstellung *f*

voluntary restraint (Bw) freiwillige Beschränkung *f*

voluntary retail buying chain (Mk) freiwillige Einkaufskette *f*

vote *v* (com) abstimmen, Stimme *f* abgeben
(ie, used as phrasal verb, such as: vote for, against, down, in/into, on, out, out of, through)

vote buying (Bw) Stimmenkauf *m (cf, § 405 III AktG)*

vote out of office *v* (com) abwählen *(eg, chairman)*

voting stockholder (com) stimmberechtigter Aktionär *m*

voyage charter (com) Reisecharter *f (ie, einmalige Reise oder gleiche Reise in gleichen Zeitabständen)*

voyage freight (com) Reisefracht *f*

Vredeling directive (EG) Vredeling-Richtlinie *f*
(ie, EG-Richtlinienentwurf für international tätige Unternehmen zur Sicherung einer speziellen „Unterrichtung und Anhörung der Arbeitnehmer" = Worker Information and Consultation)

W

wage
(Pw) Lohn *m*
*(ie, payment based on hours work-
ed or work produced; opp, salary)*
(Pw) Entgelt *n (ie, can mean salary
+ commissions + bonuses + company housing + tips, etc)*
wage bargaining (Pw) Lohnverhandlungen *fpl*
wage drift (Vw) Lohndrift *f*
*(ie, periodenbezogene Differenz
zwischen Änderungsraten von
Tariflohnsätzen und Effektivlohn-
sätzen: Bruttodrift; die Nettodrift
od echte Drift ist die tatsächlich
nicht tarifvertraglich fundierte
Drift; statistisch kaum berechen-
bar; syn, earnings drift, wage gap)*
wage earning gap (Vw) = wage drift
wage hike (Pw, US) Lohnerhöhung *f*
(syn, pay rise, pay raise, qv)
wage incentive system (Pw) Lei-
stungslohnsystem *n*
wage intensive (Bw) lohnintensiv
wage level (Bw) Lohnhöhe *f*, Lohnni-
veau *n*
wage settlement (Pw) Lohnabschluß *m (syn, pay settlement, qv)*
wages of management (Vw) Unternehmerlohn *m (syn, earnings of
management)*
wages policy (Vw) Lohnpolitik *f*
wait-and-see attitude
(com) Zurückhaltung *f (eg, take
a . . .)*
waiting line (com) Warteschlange
(syn, queue, line-up)
waiting list (com) Warteliste *f (syn,
rooster)*
waiting period
(com) Wartezeit *f*, Sperrfrist *f*
waiting time
(com) Wartezeit *f*
wait order (Mk) Terminauftrag *m*
*(ie, request to release an advertise-
ment at some time in the future)*

waiver of notice (Bw) (schriftlicher)
Verzicht *m* auf die gesetzmäßigen
und satzungsmäßigen Formalitä-
ten und Fristen für die Einberu-
fung e–r Hauptversammlung
walk off the shelves *v* (com, infml)
reißenden Absatz finden
(syn, sell like hot cakes, sell briskly)
walkout (Pw) Arbeitsniederlegung *f*
*(syn, stoppage of work, industrial
stoppage)*
want ad (Mk) Kleinanzeige *f (syn,
classified ad, qv)*
wantage (com) Fehlbetrag *m (syn,
shortfall)*
want of proper care (com) Fahrlässigkeit *f (eg, in handling a consignment)*
warehouse
(com) Depot *n (ie, where freight is
deposited)*
(com) Großhandelslager *n (ie,
wholesale stock)*
(Mk) Mitglied *n* e–r Großhandelskette
warehouse *v* (com) lagern, einlagern
warehouse charges (com) Lager-
geld *n*, Lagergebühren *fpl (syn,
storage charges)*
warehouse company (com) Lagerun-
ternehmen *n*
*(ie, engaged in the business of stor-
ing goods and merchandise for
hire)*
warning strike (Pw) Warnstreik *m*
warranted quality (com) zugesicherte
Eigenschaft *f*
warranty
(Re) Garantie *f*
– Gewährleistung *f*
– Garantieerklärung *f*
*(ie, seller's assumption of responsi-
bility for the quality or performance of the goods sold; in US law, a
warranty is more binding than a
guarantee)*

(Re) unwesentliche Vertragsbestimmung *f*
(ie, gibt in der Regel nur Anspruch auf Schadenersatz)

warranty clause (com) Garantieklausel *f*

warranty guarantee (com) Gewährleistungsgarantie *f (ie, löst e–e Liefer- und Leistungsgarantie ab)*

warranty period (com) Garantiezeit *f (syn, guarantee period)*

warranty terms and conditions (com) Gewährleistungsbedingungen *fpl*

warranty work (com) Garantiearbeiten *fpl (eg, by car makers)*

wasted time (IndE) Leerzeit *f*

waste management
(IndE) Abfallwirtschaft *f*
(IndE) Entsorgung *f*

waste material (IndE) Abfallstoffe *mpl*

wasting asset
(Bw) Wirtschaftsgut *n* mit begrenzter Nutzungsdauer *(syn, limited-life asset)*
(Bw) abbaufähige Betriebsfläche *f*, Abbauland *n*
(eg, mining land, gravel pits, quarries; ie, assets diminishing in value commensurate with the removal of a natural product)

wasting asset industry (Bw) Abbaubetrieb *m*

watchdog (com) Aufpasser *m*, Hüter *m*
(ie, person or agency appointed to check on compliance with laws and regulations)

watch the market (Mk) Markt *m* beobachten

water (com, infml) "Luft" *f (eg, there is some water in the mill order books)*

waterborne traffic (com) Beförderung *f* per Schiff

water down *v* (com) verwässern
(eg, watered-down version of the committee's recommendations)

water pollution (com) Gewässerverschmutzung *f*

wave of mergers (com) Fusionswelle *f (syn, spate of mergers, takeover wave)*

wave of price increases (com) Preiswelle *f*

waybill
(com, GB) Frachtbrief *m (syn, consignment note; US, bill of lading)*
(com, GB) Luftfrachtbrief *m (syn, air consignment note, air waybill)*

weak demand (com) schwache Nachfrage *f*
(syn, lagging/sluggish... demand)

weak market (com, Bö) Marktschwäche *f*

weakness of demand (com) Nachfrageschwäche *f*

weakness of economic activity (Vw) Konjunkturschwäche *f*

weak point (com) Schwachstelle *f (syn, potential trouble spot, danger... point/spot)*

wealth (com) Vermögen *n*

wear and tear (Bw) Abnutzung *f*, Abnutzung *f* durch Gebrauch

weather a recession *v* (Bw) Rezession *f* überstehen

weighing of interests (Re) Güterabwägung *f (cf, Vol II)*

welfare facilities (Pw) soziale Einrichtungen *fpl*

welfare state (Vw) Wohlfahrtsstaat *m (ie, one with comprehensive, excessive social services)*

well-entrenched (com) etabliert *(eg, manufacturer, dealer)*

well-running lines (Mk) gut gehende Produkte *npl*

well-structured task (Bw) gut strukturierte Aufgabe *f*

wheel and deal *v* (com) intensiv verhandeln
(ie, oft nach eigenem Vorteil strebend: he wheeled and dealed his way into a fat government contract)

wheeler dealer (com, infml) gerissener Geschäftemacher *m*
(ie, shrewd business operator bent on making a fast buck)

wholesale business (com) Großhandel *m (syn, wholesaling)*

wholesale buyer (Mk) Großeinkäufer *m (syn, bulk purchaser)*

wholesale center (Mk) Großhandelszentrum *n*

wholesale dealer (com) = wholesaler

wholesale discount (com) Großhandelsrabatt *m*

wholesale margin (com) Großhandelsspanne *f*

wholesalers (Mk) Großhändler *mpl (ie, this group is subdivided into: merchant wholesalers, agents and brokers, and manufacturer's sales branches and offices; syn, wholesale dealer, distributor; opp, retail trader)*

wholly-owned subsidiary (Bw) 100%ige Tochtergesellschaft *f*

wide assortment of products (Mk) breites Sortiment *n*

wide discretion (com) breiter Ermessenspielraum *m*

widening investment (Bw) Erweiterungsinvestition *f*

wide range of goods (Mk) breites Sortiment *n*

wildcat strike (Pw) wilder Streik *m (syn, illegal/outlaw /quickie... strike)*

willingness to buy (Mk) Kaufbereitschaft *f*

win a contract *v* (com) Auftrag *m* erhalten, Zuschlag *m* erhalten *(ie, especially in construction and systems engineering = Bauwirtschaft und Großanlagenbau)*

win back a market share *v* (com) Marktanteil *m* zurückgewinnen

win control of *v* (Fin) Mehrheit *f* erwerben von

windfall profit (com) unerwarteter Gewinn *m (syn, sl, velvet)*
– Zufallsgewinn *m*
– Überraschungsgewinn *m*

window display (Mk) Auslage *f*, Schaufensterauslage *f (ie, goods displayed)*

window dressing (ReW, infml) Bilanzkosmetik *f*

window on technology (Bw) Technologie-Fenster *n (eg, try to gain a . . .)*

winter sales (com) Winterschlußverkauf *m*

wipe out *v* (Bw) stillegen *(eg, an additional 3 million tons of capacity)*

wipe out rivals *v* (Bw) Konkurrenz *f* verdrängen *(syn, cut out, put out of the market)*

with a limited time (com) befristet *(eg, for acceptance of an offer; syn, limited in time, having a time limit)*

withdraw *v*
(com) zurücktreten
(com) abberufen *(syn, recall)*
(Fin) abheben *(syn, draw)*

withdraw a bid *v* (com) Angebot *n* zurückziehen

withdrawal
(Bw) Abberufung *f (ie, from office)*
(Re) Rücktritt *m (ie, from contract; syn, repudiation of, rescission of)*
(Bw) Austritt *m (syn, voluntary withdrawal of partner)*
(Fin) Abhebung *f (opp, deposit)*

withdrawal of a partner (Bw) Austritt *m* e–s Gesellschafters

withdraw an amount from *v* (Fin) Betrag *m* abheben von

withdraw an offer *v* (com) Angebot *n* zurückziehen

withdraw balances *v* (Fin) Guthaben *npl* abziehen

withdrawing partner (com) ausscheidender Gesellschafter *m (syn, retiring partner)*

withdraw money *v* (Fin) Geld *n* abheben *(ie, from bank account; syn, draw)*

withholding tax (StR) Quellensteuer *(ie, tax collected by the source originating the income, in contrast to one paid by the recipient of the income after the money is received)*

within the agreed time limit (com) = within the time stipulated

within the time stipulated (Re) fristgemäß, fristgerecht

with order (com) bei Auftragserteilung

without cause (Re) ohne zureichenden Grund, unbegründet

without charge (com) gebührenfrei, kostenlos *(syn, free of charge, qv)*

without engagement (com) freibleibend *(syn, subject to change without notice)*

without-engagement clause (com) Freizeichnungsklausel *f*

women executive (Pw) weibliche Führungskraft *f*

word-of-mouth-advertising (Mk) Mundwerbung *f*, Mund-zu-Mund-Werbung *f*

work *v*
(com) arbeiten
(com) bearbeiten
(Bw) auslasten *(eg, plant at 80 percent; syn, utilize)*

workable (com) funktionsfähig

workable competition (Vw) funktionsfähiger Wettbewerb *m*, effektiver Wettbewerb *m*
(ie, key criterion: reasonably satisfactory market performance; cf. J. M. Clerk, 1940)

work accident (Pw) Arbeitsunfall *m*
(syn, industrieal/occupational . . . accident)

work assembler (IndE) Arbeitsvorbereiter *m*

work assembly (IndE) Arbeitsvorbereitung *f*, AV

work at full scratch *v* (Bw) mit Vollauslastung arbeiten

work by the book (Pw) Dienst *m* nach Vorschrift *(syn, GB, work to rule)*

workcenter cost (KoR) Platzkosten *pl*

workcenter costing (KoR) Platzkostenrechnung *f*

work cycle
(IndE) Arbeitsgang *m*
– Arbeitstakt *m*

worker
(Pw) Arbeiter *m*
(syn, hourly paid employee, manual/blue collar . . . worker)
(Pw) Berufstätiger *m*
(ie, general term denoting various degrees of qualification; eg, the President of the United States is an industrious worker)

worker put on short time (Pw) Kurzarbeiter *m*

workers' compensation (SozV, US) = workmens' compensation insurance

workforce (Pw) Personalbestand *m*
(ie, number of persons employed; syn, labor force, staff)
(Pw) Belegschaft *f*

work full time *v* (Pw) ganztägig arbeiten

working area (Bw) Arbeitsbereich *m*
(syn, working space)

working assets (Bw) Güter *npl* des Umlaufvermögens

working below capacity (Bw) Unterbeschäftigung *f (syn, underutilization, qv)*

working capital (com) Betriebskapital *n (syn, current operating capital)*

working dinner (com) Arbeitsessen *n (syn, working lunch)*

working group (com) Arbeitsgruppe *f*, Arbeitskreis *m*
(syn, working party, task force, study group)

working hours (Pw) Arbeitszeit *f (syn, hours of work, working time)*

working lunch (com) Arbeitsessen *n (syn, working dinner)*

working majority (com) arbeitsfähige Mehrheit *f*

working partner (Bw, GB) = acting partner

working party (com) = working group

working session (com) Arbeitssitzung *f*

working time lost to strikes (Pw) Streiktage *mpl*

working year (com) Betriebsjahr *n* *(syn, operating year)*

work in process (ReW) unfertige Erzeugnisse *npl*

work in progress (ReW) = work in process

workmen's compensation insurance (SozV, US) Unfallversicherung *f* *(ie, reimburses an employer for damages payable to an employee for injury occurring "in the course of his employment")*

work off *v*
(com) aufarbeiten *(eg, arrears of correspondence)*
(com) abarbeiten *(eg, debts)*
(com) abbauen *(eg, backlog of orders on hand)*

work off the books *v* (Pw, infml) schwarzarbeiten *(syn, go black)*

work one's way up (Pw) sich hocharbeiten *(syn, work one's way through the ranks)*

work out *v*
com) planen, ausarbeiten *(eg, plan, program; syn, prepare)*
com) ausrechnen *(eg, prices, costs; syn, calculate)*
com) betragen *(eg, charge is likely to... somewhere in the region of 1% of the price)*
com) lösen *(eg, a problem)*

work properly *v* (com) einwandfrei funktionieren

work scheduler (IndE) Arbeitsvorbereiter *m*

work scheduling (IndE) Arbeitsvorbereitung *f*, AV

work sharing (Pw, US) Aufteilung *f* der verfügbaren Arbeit *(ie, three types:*
1. *reduction in hours;*
2. *division of work;*
3. *rotation of unemployment)*

work short time *v* (Pw) kurzarbeiten *(syn, operate short-time working)*

works manager (IndE) Betriebsleiter *m (syn, plant/operating . . . manager; GB, plant superintendent)*

workstation handling data/word processing (EDV) Mischarbeitsplatz *m*

work structuring (Bw) Arbeitsgestaltung *f (syn, job design)*

work to capacity *v* (IndE) Kapazität *f* ausfahren *(syn, operate/run... to capacity)*

work together *v* (com) zusammenarbeiten *(syn, act jointly/in concert, join forces, band together, team up, pull together)*

work to rule (Pw, GB) Dienst *m* nach Vorschrift *(syn, US, work by the book)*

workup (com, US) Analyse *f*, Studie *f (eg, do a complete financial workup of a client's needs)*

world commodity markets (com) Weltwarenmärkte *mpl*

world group sales (com) Weltumsatz *m (syn, worldwide sales, qv)*

world market (AuW) Weltmarkt *m (syn, worldwide/global... market)*

world sales revenue (ReW) Weltumsatz *m*

world trade (AuW) Welthandel *m (syn, international/global... trade)*

world trade order (AuW) Weltwirtschaftsordnung *f (syn, international economic... order/system)*

world trading system (AuW) Welthandelssystem *n*

worldwide annual accounts (ReW, GB) Weltabschluß *m (syn, worldwide financial statements)*

worldwide balance sheet (ReW) Weltbilanz *f (syn, global financial statement)*

worldwide consolidated financial statements (ReW) Weltkonzernbilanz *f (syn, consolidated world accounts, global annual accounts)*

worldwide financial statements (ReW) Weltabschluß *m (syn, GB, worldwide annual accounts)*

worldwide group accounts (ReW) Weltbilanz *f*

worldwide market strategy (Bw) Weltmarktstrategie f

worldwide sales (com) Weltumsatz m *(syn, sales worldwide, world group sales)*

wriggle out of v (com) zurückziehen *(eg, an order)*

write black figures v (com, infml) schwarze Zahlen fpl schreiben *(ie, make profits)*

write down v
(com) aufschreiben, niederschreiben *(syn, put down)*
(ReW) abschreiben *(ie, reduce but not wholly)*

writeoff (ReW) Sofortabschreibung f, Vollabschreibung f *(ie, reduce to zero the undepreciated value of an asset)*

write off v
(ReW) abschreiben *(ie, the entire value is charged as a loss; syn, charge off)*
(ReW) ausbuchen *(ie, remove from the books; eg, bad debt as uncollectible)*

writeoff facilities (StR) Abschreibungsmöglichkeiten fpl, Abschreibungserleichterungen fpl

writeoff in full (ReW) Sofortabschreibung f *(ie, to current operations; syn, immediate chargeoff)*

write out v
(com) ausführlich schreiben *(eg, a report)*
(com) ausschreiben, ausstellen *(eg, check, receipt)*

write out a receipt v (com) Quittung f ausstellen

writer com) Aussteller m

write red figures v (com) rote Zahlen fpl schreiben *(ie, make losses; syn, operate in the red)*

writeup (com, infml) Besprechung f, Beurteilung f *(eg, ... got a good writeup)*

Y

yardstick of performance (Bw) Erfolgsmaßstab m *(eg, by what yardstick shall we measure his performance?)*

yardstick of success (Bw) = yardstick of performance

year-end deferrals (ReW) Jahresabgrenzung f

year-end dividend (Fin) Abschlußdividende f *(syn, final dividend)*

year-end financial statements (ReW) Jahresabschluß m *(ie, comprises balance sheet, income statement, and annual report; syn, GB, annual accounts)*

year-end results (ReW, US) Jahresabschluß m

year under review (com) Berichtsjahr n

yield (Fin) Nominalverzinsung f *(ie, of bonds; syn, nominal interest rate, qv)*
(Fin) Effektivverzinsung f, Rendite f
(ie, investment income, investment rate of return; opp, speculative or temporary rate of return. Note: the terms yield and return are often confused; yield is restricted to the net income from a bond if held to maturity, while return denotes current income derived from either a bond or a stock, without reference to maturity)
(IndE) Ausbeute f

yield coefficient (Bw) Ausbeute f *(ie, relation between usable output and processed output)*

Z

zap *v* (com, infml) vereiteln, "abschießen" *(eg, a project)*

zero (com, infml) Null *f*
(eg, he is a big zero in math and English)
(com, US) Null *f*
(ie, in GB 'nought, nil, oh' are often preferred)

zero-based budgeting (FiW, Bw) Null-Basis-Budgetierung *f*, ZBB-Planung *f*
(ie, ohne Berücksichtigung der Vorjahresansätze: forget all past experience and start every year in total ignorance)

zip code, ZIP
(com, US) Postleitzahl *f*
(ie, zip is an acronym for Zone Improvement Plan; syn, GB, post code)

zone (com) Zone *f*
(com) Gebiet *n*, Bereich *m*
(com) Gebührenzone *f*, Fahrpreiszone *f*
(com) Postzustellbezirk *m*

zoning (Kart) Gebietsaufteilung *f*